Johann Pock (Hg.)

Dem Leben auf der Spur

W0085075

Johann Pock (Hg.)

# Dem Leben auf der Spur

Pastoraltheologie autobiografisch

Ferdinand Schöningh

Gedruckt mit freundlicher Unterstützung der Diözese Graz-Seckau
sowie der Augustiner-Chorherren von Stift Vorau.

Umschlagabbildung:
Lizenzangabe: © grthirteen – Fotolia.com

*Gewidmet dem allzu früh verstorbenen Kollegen und Freund,*
*Prof. Dr. Michael Felder (1966-2012)*

Bibliografische Information der Deutschen Nationalbibliothek

Die Deutsche Nationalbibliothek verzeichnet diese Publikation in der Deutschen
Nationalbibliografie; detaillierte bibliografische Daten sind im Internet über
http://dnb.d-nb.de abrufbar.

© 2015 Ferdinand Schöningh, Paderborn
(Verlag Ferdinand Schöningh GmbH & Co. KG, Jühenplatz 1, D-33098 Paderborn)

Internet: www.schoeningh.de

Einbandgestaltung: Anna Braungart, Tübingen
Printed in Germany
Herstellung: Ferdinand Schöningh GmbH & Co. KG, Paderborn

ISBN 978-3-506-78254-0

# Inhaltsverzeichnis

# Vorwort

Pastoraltheologie ist jenes Fach, das sich vornehmlich mit dem Handeln der Kirche in der jeweiligen Zeit befasst – zumindest wenn man den Pastoralbegriff des Zweiten Vatikanischen Konzils zur Grundlage nimmt. Der Gegenwartsbezug des Faches, der ihm programmatisch eingeschrieben ist, bringt es zugleich mit sich, das die Geschichte und die Entwicklungen, die zu dieser Gegenwart geführt haben, leicht aus dem Blick geraten.

Es gibt auch nicht viele Arbeiten zur Geschichte des Faches.[1] Sehr wohl finden sich einige Arbeiten zu herausragenden Persönlichkeiten des Faches im Verlauf der zwei Jahrhunderte. Und es gibt einige wenige autobiographische Bücher.

Das Vorbild für dieses Buch stellt das Werk von Konrad Hilpert, Theologische Ethik autobiografisch,[2] dar. Michael Felder hatte auf der Grundlage dieses Konzeptes seine Vorüberlegungen angestellt, die ich aufgegriffen und weitergeführt habe.

Die Beiträge des Buches versammeln einen großen Teil jener Generation von Pastoraltheologen, die theologisch um die Zeit des II. Vatikanischen Konzils groß geworden sind und das Fach (und zumeist auch die jeweiligen lokalen Kirchenentwicklungen) mitgeprägt haben.

Ich danke hier all jenen, die bereit waren, einen Einblick in ihr persönliches und wissenschaftliches Werden zu geben. Ich verstehe auch jene, die aus unterschiedlichen Gründen gesagt haben, dass für sie das Beschäftigen mit der eigenen Biographie bzw. das Veröffentlichen der Biographien nicht passt.

Leider konnte ich trotz mehrfachen Bemühens mit einigen emeritierten Kollegen keinen Kontakt herstellen, sodass dieses Buch auch nicht den Anspruch erhebt, vollständig zu sein – sondern vielmehr einen Querschnitt zu bieten über die pastoraltheologische Landschaft der zweiten Hälfte des 20. Jahrhunderts und des ersten Jahrzehnts des 21. Jahrhunderts.[3]

Einige der Beiträge konnten nicht mehr selbst von den Pastoraltheologen verfasst werden. Mit Hermann Stenger hat noch Michael Felder im Jahr 2012 ein

---

[1] Die Geschichte des Faches bis zum II. Vatikanum findet sich z.B. in: Heinz Schuster, Die Geschichte der Pastoraltheologie, in: Franz Xaver Arnold (Hg.), Handbuch der Pastoraltheologie, Band I, Freiburg/Br. 1964, 40-92; Ferdinand Klostermann / Josef Müller (Hg.), Pastoraltheologie. Ein entscheidender Teil der josephinischen Studienreform. Ein Beitrag zur Geschichte der Praktischen Theologie, Wien-Freiburg-Basel 1979.

[2] Konrad Hilpert (Hg.), Theologische Ethik autobiografisch, Paderborn u.a. 2007.

[3] An dieser Stelle muss ich mich bei einem Kollegen entschuldigen, der aus unerfindlichen Gründen durch die Maschen der Suche nach den möglichen Autoren gefallen ist: Hanspeter Heinz, von 1983-2005 Prof. für Pastoraltheologie in Augsburg.

ausführliches Interview geführt, das aber auch nie zu Ende geführt wurde. Anhand des mir vorliegenden Materials konnten daher auch nur Fragmente einer Biographie für Hermann Stenger erstellt werden. Rolf Zerfaß ist in diesem Buch durch eine von Christian Bauer (Innsbruck) als Interview zusammengestellte biographische Schau auf sein Wirken vertreten; auch er konnte aus gesundheitlichen Gründen keinen eigenen Beitrag mehr verfassen. Für Norbert Greinacher hat Ottmar Fuchs einen Text zur Verfügung gestellt.

Es fällt natürlich auch sofort auf, dass die Autoren allesamt Männer und zu einem Gutteil Priester sind. Auch daran zeigt sich die Entwicklung des Faches, die in vielen Beiträgen explizit angesprochen wird: Dass es noch bis in die 1980er Jahre nicht selbstverständlich war, dass sich Laien im Fach Pastoraltheologie überhaupt habilitieren konnten; und dass die ersten Frauen auf pastoraltheologischen Lehrstühlen erst ab den 1990er Jahren zu finden sind. Mittlerweile müsste eine Pastoraltheologie weit über die Ordinarien hinausgreifen, da die Forschung derzeit von einer steigenden Zahl von Wissenschaftlerinnen und Wissenschaftlern erfolgt, die in unterschiedlichen Dienstverhältnissen und Dienstbezeichnungen forschen und lehren. So stellt dieses Buch eine Momentaufnahme dar – und ist damit zugleich auch schon wieder „Geschichte".

Für die Gestaltung der Beiträge gab es von Herausgeberseite einen allgemeinen Raster im Blick auf die persönliche Entwicklung zwischen Kindheit, Studium, Berufseinstieg, Wissenschaft und den Grundzügen der eigenen theologischen Entwicklung. Die Autoren nutzten aber auch die ihnen gewährte Freiheit, und so finden sich „rhapsodische" Zugänge ebenso wie in genauer zeitlicher Abfolge dargebotene Lebensbilder.

Die Entscheidung für den Titel fiel aufgrund des durchgehenden Lebens-Themas in den Beiträgen. Denn einerseits haben sich die Autoren auf den Weg gemacht, die Spuren aufzusuchen, die sie mit ihrem eigenen Leben gezogen haben – oder denen sie mit ihren persönlichen wie wissenschaftlichen Entscheidungen gefolgt sind. Andererseits stellt die Frage nach dem Leben in Fülle, nach dem Dienst am Leben, eine der zentralen Konstanten in den meisten Beiträgen dar.

Die Widmung dieses Buches und der erste Dank gilt Michael Felder, der das Buchprojekt angedacht und begonnen hat, aber allzu früh 2012 verstorben ist. Aufbauend auf seinen Vorüberlegungen durfte ich das Projekt zu einem guten Ende führen. Neben der grundsätzlichen Konzeption verdanke ich ihm auch das Interview, das er mit Hermann Stenger geführt hat.

Schließlich gilt mein Dank den Mitarbeiterinnen am Institut für Praktische Theologie in Wien, die in unterschiedlicher Weise zur Entstehung des Buches beigetragen haben: Monika Mannsbarth und Christina Wachelhofer. Laura Battisti gebührt ein Dank für die Transkription des Interviews von Stenger.

Johann Pock – Wien, am Fest der Erzengel, 29.9.2015

Johann Pock

# Dem Leben auf der Spur

## Autobiographische Pastoraltheologie – eine Einleitung

Das Fach Pastoraltheologie hat eine wechselvolle Geschichte seit seiner Gründung im Jahr 1774 hinter sich.[1] Die Anfänge des Faches verbindet man mit den Personen Kaiserin Maria Theresia als Auftraggeberin und Abt Franz Stephan Rautenstrauch als Konzeptionisten für ein Fach, das die Theologie praxistauglicher und anwendungsorientierter machen sollte – und damit zugleich einen umfassenden Zugriff der Herrscher auf die Untertanen mittels der kirchlich Bediensteten ermöglichte.

Das Fach wurde dann einerseits geprägt von den politischen und kulturellen Entwicklungen – wie z.B. absolutistischer Staat, Aufklärung, Antimodernismus, Weltkriege – und nicht zuletzt von kirchlichen Entwicklungen wie vor allem dem II. Vatikanischen Konzil. Es wurde des Weiteren geprägt von einzelnen hervorragenden Theologen, die je unterschiedliche Schwerpunkte setzten: Johann Michael Sailer mit seinem Wunsch, Priester nach dem Vorbild Jesu zu wahren Seelsorgern auszubilden. Die Vertreter der sogenannten „Tübinger Schule", die in der ersten Hälfte des 19. Jahrhunderts die subjektivistische Engführung auf die handelnden Personen ekklesiologisch weiteten und einen Kirchenbegriff entwickelten, auf den 100 Jahre später nicht nur Arnold und Rahner, sondern letztlich die Ekklesiologie des II. Vatikanums in Lumen Gentium und Gaudium et spes zurückgriffen.

Und es wurde andererseits auch geprägt vom Ort der Entstehung – denn Pastoraltheologie findet sich als Studienfach fast nur im mitteleuropäischen, vornehmlich im deutschsprachigen Raum. In anderen Sprach- und Kulturkreisen gibt es wissenschaftlich vor allem die „spiritual care" oder „pastoral care"; unter einer Pastoral- bzw. Praktischen Theologie wird zumeist die berufsbezogene pastorale Einführung von (vornehmlich) Priestern in ihre konkreten seelsorgli-

---

[1] Vgl. zur Geschichte des Faches u.a. Josef Müller, Pastoraltheologie. Ein Handbuch für die Seelsorge, Graz-Wien-Köln 1993, 59-81.

chen Aufgaben verstanden. Thematisch werden somit hauptsächlich die Sakramenten- und Gemeindepastoral behandelt, selten jedoch die gesellschaftlichen Herausforderungen als Lernort für die Kirche bzw. auch für das eigene Fach wahrgenommen.

Hier ging das Fach in den deutschsprachigen Ländern einen anderen Weg: Vor allem in der zweiten Hälfte des 20. Jahrhunderts, nicht zuletzt im Gefolge des II. Vatikanums, entwickelte sich ein eigenständiges wissenschaftliches Profil, das in der Methodik plural ausdifferenziert ist, im Grundverständnis aber von der gemeinsamen Annahme ausgeht, dass die Praxis der Kirche und der Menschen nicht nur und primär der Anwendungsbereich der Theologie ist, sondern ein wesentlicher Erkenntnisort (locus theologicus).

Die wichtigste Prägung erhielt und erhält das Fach dabei immer durch herausragende Persönlichkeiten, die das Selbstverständnis der Pastoraltheologie durch ihre je persönlichen Lebenserfahrungen und Forschungsschwerpunkte ausgestalteten.

In diesem Buch kommen 20 Personen zu Wort, die mit ihrer Lebenszeit – der älteste von ihnen, Josef Bommer, ist 1920 geboren – und mit ihrer theologischen Forschung fast ein ganzes Jahrhundert abdecken. Einige der zentralen Linien sollen einleitend aufgezeigt werden – ohne Anspruch auf Vollständigkeit.

# Ausdifferenzierung des Faches

Eine erste Linie ist die Pluralität des Faches in ihrer Methodik, aber auch in den Themen, die beforscht werden. So hat sich das Fach gerade in der Zeit der Autoren von einer reinen Anwendungswissenschaft, die der praktischen Ausbildung der Priester im Blick auf ihre sakramentalen und pastoralen Dienste diente, zu einer Wissenschaft, die forschungsorientiert und handlungsorientiert vorgeht, entwickelt.

Pastoraltheologie hat sich seit der Mitte des 20. Jahrhunderts ausdifferenziert. Die Vertreter haben diverse innertheologische Qualifikationen als Systematische Theologen, Moraltheologen, Bibliker etc. Viele haben aber auch eine weitere (oft erste) Qualifikation in anderen Wissenschaftszweigen: Philosophie, Psychologie, Soziologie u.v.m.

So entstand durch die persönlichen Interessen (und nicht durch eine bewusste Lenkung, weder von kirchlicher, noch von universitärer Seite) eine Vielfalt neuer Teildisziplinen des Faches. Hier sei an erster Stelle die Entwicklung der

Pastoralpsychologie genannt, die sich an Personen wie Hermann Stenger, Heribert Wahl oder Isidor Baumgartner sehr gut verfolgen lässt[2] – eine bedeutsame Ausdifferenzierung des Faches, die leider in den letzten Jahren mit der Emeritierung der Fachvertreter häufig auch zur Einstellung des Schwerpunktes geführt hat.

Ein weiterer Schwerpunkt sind die Caritaswissenschaften, die es leider kaum zu Lehrstuhl-Ehren geschafft haben. Einige der im Buch vertretenen Pastoraltheologen haben das Fach in die diakonische Richtung ausgefaltet: Isidor Baumgartner, der nicht nur eine Psychologie-Ausbildung hatte, sondern nicht zuletzt mit der Unterstützung des Caritaswissenschaftlers Heinrich Pompey[3] einen Caritasschwerpunkt in Passau aufbaute.

Auch die Missionswissenschaften bzw. interkulturelle Theologie (Franz Weber, Michael Sievernich) wurden explizit zu pastoraltheologischen Kernbereichen. Gerade das durch das II. Vatikanische Konzil erneuerte Verständnis von Inkulturation und Mission hat einen im Kern pastoraltheologischen Ansatz bei der Wahrnehmung der Situation vor Ort und dem Paradigma des gegenseitigen Lernens bzw. des Dialogs zwischen unterschiedlichen Religionen und Kulturen. Das Aufgeben des exklusiven Heilsanspruchs der (katholischen) Kirche führte zu einem vielfachen und fruchtbaren Gespräch über alte ideologische Gräben hinweg.

Eine eigene Studie wäre die Homiletik wert. Sie fristet als Homiletik oder Kerygmatik im katholischen Raum in Lehre und Forschung gewissermaßen ein „Schattendasein" und ist im deutschsprachigen Raum unterschiedlichen Instituten zugeordnet: Pastoraltheologie, Religionspädagogik, Liturgiewissenschaft … Nur wenige der Autoren haben sich in ihrem Schaffen auch explizit der Homiletik zugewandt, und das nicht nur in der Lehre, sondern in der Forschung. Zu diesen gehört vor allem Rolf Zerfaß, dessen Standardwerke „Spruchpredigt" und „Textpredigt" seit Jahrzehnten die Grundlage homiletischer Ausbildung an vielen Orten bilden.

---

[2]  Ich verweise hier explizit auch auf Ass.-Prof. Dr. Karl Heinz Ladenhauf, der an der Universität Graz seit Mitte der 1970er Jahre den pastoralpsychologischen Schwerpunkt aufgebaut und in seiner Doppelqualifikation von Psychologie bzw. Psychotherapie und Theologie die österreichische Gesellschaft für Pastoralpsychologie sowie einen erfolgreichen pastoralpsychologischen Weiterbildungskurs initiiert hat. Dies führte auch zur Einbeziehung der Pastoralpsychologie in den Institutsnamen. Vgl. dazu Maria Elisabeth Aigner / Rainer Bucher / Ingrid Hable / Hans Walter Ruckenbauer, Räume des Aufatmens: Pastoralpsychologie im Risiko der Anerkennung; FS zu Ehren von Karl Heinz Ladenhauf (Werkstatt Theologie 17), Wien-Berlin 2010.

[3]  Heinrich Pompey (geb. 1936) war von 1988-2005 Ordinarius am 1925 in Freiburg errichteten Institut für Caritaswissenschaften und Sozialethik. Davor war er auch „Extraordinarius" für Pastoraltheologie und Pastoralpsychologie in Würzburg.

Schließlich wäre auch noch der Aspekt der Ökumene zentral, konkret die Zusammenarbeit mit der evangelischen „Praktischen Theologie".[4] Die Ökumene kommt im Zusammenhang mit den Aufbrüchen des II. Vatikanums in der biographischen Rückschau vieler Autoren vor – und dieser Aufbruch wird von allen als befreiend erlebt – wie es Leo Karrer beschreibt: „Eine interessante und lebendige Kirche entstand." Aber nicht zuletzt Heribert Wahl, in seiner Biographie stark ökumenisch geprägt, sieht die „Hochzeit" der ökumenischen Aufbrüche als vergangen an. Vereinzelte gemeinsame Symposien und Projekte, teilweise veranstaltet von den beiden Fachschaften auf katholischer und evangelischer Seite, können nicht darüber hinwegtäuschen, dass hier noch viel Arbeit zu tun ist.

## Die Hochblüte der Handlungstheorie

Die Zeit der Autoren ist des Weiteren geprägt von einer Entwicklung des Fachverständnisses weg von der Anwendungs- hin zur Handlungstheorie. Sowohl das Handeln Gottes[5] als auch die Reflexion auf das Handeln des Menschen (und nicht nur der kirchlichen Vertreter) stehen im Zentrum. Und es ist weiterhin das pastorale Handeln jener angezielt, die nicht zuletzt von den Pastoraltheologen auf ihre kirchlichen Berufe vorbereitet wurden.

Gleichzeitig zeigt sich in den Biographien, dass (zumindest anfangs) häufig vor allem noch das Handeln der kirchlichen Amtsträger bzw. der kirchlichen Institutionen im Fokus des Forschens ist. Der Handlungsbegriff wird ausgeweitet – sodass auch das Verkündigen, die Predigt, unter dem Begriff des „kommunikativen Handelns" zu fassen ist.

Methodisch wurde der Handlungsbegriff im auch aktuell noch häufig verwendeten Dreischritt „Sehen – Urteilen – Handeln" gefasst, der im Hintergrund einer Vielzahl von pastoraltheologischen Qualifikationsarbeiten der letzten Jahrzehnte steht.

Eine wesentliche Änderung kam dann im Angebot der pastoralen Praxisreflexion als Ergänzung zum universitären Studium. Es waren Personen wie z.B. Hermann Stenger, die diesen Praxisbezug nicht als Anwendung von Wissen, sondern als genuinen Bezugsort des Faches stark gemacht haben – womit die Pastoraltheologie zu einer wichtigen Partnerin in der Weiterentwicklung des seelsorglichen Weiterbildungsangebots wurde.

---

[4]  Vgl. dazu z.B.: Georg Lämmlin / Stefan Scholpp (Hg.), Praktische Theologie der Gegenwart in Selbstdarstellungen, Tübingen-Basel 2001. Das Buch ist der Versuch, anhand der Selbstzeugnisse aktuell Lehrender die Bandbreite der (evangelischen) Praktischen Theologie darzustellen.

[5]  Vgl. z.B. das aktuelle Projekt von Schmälzle, „Gott handeln".

Die Beiträge zeigen, dass die Autoren dabei keine Berührungsängste hatten, mit schulischen Behörden (vgl. z.B. Schmälzle), mit Organisationsentwicklung, Caritasverband etc. zu kooperieren und dabei nicht nur das eigene Fach, sondern auch das Handeln dieser Organisationen selbst zu verändern.

## Veränderter Zugang zu den Lehrstühlen

Einen wichtigen Aspekt der Beiträge stellt der jeweilige Weg zu einer Berufung auf einen Lehrstuhl dar. Dass die dabei geschilderten Wege und Umwege keineswegs anachronistisch sind, zeigen diverse Berufungsverfahren auch jüngeren Datums. Grundsätzlich sind die Vorgänge im Umfeld der Berufung höchster Geheimhaltung unterworfen – wohl auch deshalb, weil es selten rein wissenschaftliche und fachliche Faktoren waren und sind, wie es zu Berufungen kommt.

So wird bei einigen der Beiträge deutlich, wie sehr der Faktor „Priester" bis in die jüngste Zeit ausschließenden Charakter hatte (und leider immer noch hat).[6] Leo Karrer beschreibt, dass er 1982 mühsam der erste Laientheologe mit einer Professur in Pastoraltheologie bzw. Praktischer Theologe wurde.

Die Habilitation selbst war für einige der Autoren als Laien zu ihrer Zeit noch keine Selbstverständlichkeit. Daher ist es nicht verwunderlich, dass in diesem Buch die Frauen fehlen, denen es lange Zeit verwehrt war, sich in diesem Fach zu habilitieren – und die erst in den letzten beiden Jahrzehnten die Möglichkeit bekommen haben, ihren Fähigkeiten entsprechend in Wissenschaft, Forschung, und Lehre dieselben Chancen zu erhalten, wie ihre männlichen Kollegen.[7]

Dies bedeutet auch, dass das vorliegende Buch gewissermaßen eine wirkliche Retrospektive bedeutet – denn die aktuelle Pastoraltheologie ist (zumindest im deutschsprachigen Bereich) an mehreren Ecken im Umbruch:

- Sie wird in Hinkunft weniger von „Ordinarien" bestimmt werden als vielmehr von Forschungsgemeinschaften, die themenbezogen und nicht hierarchiebezogen wissenschaftlich tätig sind.

---

[6] Auch wenn sehr selten eine Ausschreibung ausschließlich für Priester erfolgt, führt der Mangel an Priestern an den Fakultäten mittlerweile so manche Bischöfe dazu, in Berufungsverfahren indirekt Einfluss zu nehmen. Diese Vorgehensweise ist nicht nur allen anderen qualifizierte(re)n KollegInnen gegenüber unfair, sondern beschädigt auch jene Priester, die vielleicht auch ohne solche Einflussnahme berufen worden wären.

[7] Dies ist interessanterweise nicht nur ein Problem der katholischen Pastoraltheologie. So haben Lämmlin / Scholpp, Praktische Theologie, 2001 in ihrem Buch mit Susanne Heine (Wien) auch nur eine einzige Fachvertreterin – weil es auch da Ende der 1990er Jahre „kaum Lehrstuhlinhaberinnen gab" (ebd., VIII).

–   Sie wird kaum mehr von Priestern mitbestimmt werden, da schlicht und
    einfach bei rückläufigen Weihezahlen auch immer weniger Priester von
    den zuständigen Bischöfen für eine wissenschaftliche Karriere freige-
    stellt werden
–   Sie wird (und muss) ökumenischer, ja religionsübergreifender werden.
    Denn wenn sich die Pastoraltheologie auf die Fahnen schreibt, die jewei-
    ligen gesellschaftlichen Herausforderungen als „locus theologicus"
    wahrzunehmen, können die derzeitigen Veränderungen der religiösen
    Landschaften nicht von einer Konfession allein bearbeitet werden.
–   Und sie muss internationaler werden und über den Tellerrand der mittel-
    europäischen Theologie hinausschauen. Dies geschah von einigen der
    Autoren explizit im Blick auf Lateinamerika oder auch auf Osteuropa.
    Es gibt jedoch (abgesehen von einigen pastoralpsychologisch geschulten
    Autoren) kaum eine Rezeption anderssprachiger Literatur (und damit
    auch kein Austausch von Ideen).

# Dem Leben auf der Spur

Während die Pastoraltheologie in vielen Ländern hauptsächlich auf die priesterlichen Tätigkeiten hin ausbildet, haben sich in der deutschsprachigen Pastoraltheologie sowohl die Themenlandschaft wie auch die Methodik ausgefaltet.
Einen Einblick in diese Entwicklung gibt nicht zuletzt das zweibändige Handbuch von Herbert Haslinger,[8] bei dem viele der jetzigen Emeriti ebenfalls mit-
gewirkt haben.

Die Autoren beschreiben, wie sie durch ihre persönlichen Interessen und Zusatzqualifikationen die Methodenbreite auf empirische Methoden hin ausgeweitet haben, im Gespräch mit anderen Geistes- und Humanwissenschaften.

Der Titel dieses Buches gibt einen Kernbegriff vieler der Autoren wieder:[9]
Es geht um das Leben der Menschen; um den Dienst der Kirche an diesem Leben. Das „Leben in Fülle" (Joh 10,10) wird nicht als ein zukünftig zu erwarten-
des gesehen, sondern als Auftrag, dieses Leben hier und jetzt zu gestalten.

Zugleich zeigt sich bei vielen eine Suchbewegung – nicht nur im Blick auf
den eigenen Lebensweg und die Entscheidungen darin, sondern auch im Blick
auf die Begleitung von Studierenden, auf die Kooperation mit DissertantInnen
und HabilitandInnen; und nicht zuletzt im Blick auf den persönlichen pastoralen

---

[8]   Herbert Haslinger (Hg.), Handbuch Praktische Theologie. Bd. 1 Grundlegungen. Bd. 2 Durch-
      führungen, Mainz 1999-2000.
[9]   Der Begriff „Leben" kommt im Buch fast 600-mal vor!

Einsatz, den sehr viele neben der universitären, wissenschaftlichen Beschäftigung mit der Pastoraltheologie leisteten (und teilweise immer noch leisten).

Pastoraltheologie hat es im Kern mit den Menschen und ihrer Suche nach Leben zu tun – und damit auch mit dem, der „das Leben" ist. Das Ringen um das eigene Gottesbild; der Kampf um ein Verständnis eines Gottes, der Leben verspricht und Leiden zulässt, den man nicht nur verkündigen sondern auch anfragen kann, zeigt in den autobiografischen Zeugnissen, dass hinter aller hohen Wissenschaft letztlich auch der persönliche Glaube in Frage steht.

Insofern sind einige der Beiträge auch eschatologisch ausgerichtet – mit der sehr persönlichen Frage, was es denn da zu hoffen gibt. Kaum jemand zieht ein endgültiges Resümee – und es ist allen zu wünschen, dass noch viele wissenschaftliche und pastorale Beiträge aus dem Kreis der Autoren kommen. Zugleich sind die Beiträge (nicht zuletzt jener Autoren, die nicht mehr selbst in der Lage waren, welche zu verfassen) eine Art Vermächtnis an die nächste Generation von Pastoraltheologinnen und Pastoraltheologen (und von Menschen, die sich um die „Herde Gottes" sorgen) – ein Vermächtnis, das Spuren vorgibt, aber weder den Weg, noch die zu verwendende Methode festlegt.

ISIDOR BAUMGARTNER

# Unterwegs zwischen den Welten – Balance finden im Spagat

# 1. Kindheit und kirchliche Sozialisation

Dem Diktum Sigmund Freuds, dass „alles Erste im Kinde ewig" sei, kann ich – sieht man von dem eschatologischen Beiklang ab – im Hinblick auf meine Person nur zustimmen. Die entscheidenden Impulse für die Leitlinien meines persönlichen und beruflichen Handelns und die damit verbundenen Einstellungen gehen auf meine Herkunft und Kindheit zurück. Ich bin 1946 geboren und in einer Großfamilie im niederbayerischen Weiler Straß, in der Nähe der Kreisstadt Pfarrkirchen, aufgewachsen. Auf dem kleinen landwirtschaftlichen Anwesen lebten unter einem Dach die Eltern mit ihren sechs Kindern, eine unverheiratete Schwester meines Vaters, eine alleinerziehende Mutter mit ihrer Tochter, die aus Hannover kriegsbedingt nach Niederbayern evakuiert wurden, sowie ein Kriegskamerad meines Vaters, der Oberschenkel amputiert war und nur mit Krücken gehen konnte. Weil er ohne Angehörige war, hatten ihn meine Eltern aufgenommen. Weniger als zwölf Personen waren es selten, die sich da am gemeinsamen Tisch versammelten, u.a. auch deswegen, weil immer wieder weitere unverheiratete Schwestern meiner Eltern zu Besuch kamen und teilweise mehrere Wochen des Jahres in unserem Haus mitlebten.

Kein Wunder dass mir hier etwas zugewachsen ist, was ich zeitlebens als starke Ressource empfunden habe. Ich erlebte mich in ein soziales Gefüge einbezogen und „eingeborgen", erfuhr von Anfang an ein dichtes, vielschichtiges Beziehungsnetz, musste mich darin zurecht finden und lernte, mich in dem komplexen familiären Lebensraum zu bewegen. Als zweiter in der Geschwis-

terreihe hatte ich früh auch die Aufgabe, auf die jüngeren Geschwister aufzu-
passen, zur rechten Zeit auch eine Vermittlerfunktion zwischen den älteren und
jüngeren Geschwistern zu übernehmen. Bei meiner autobiographischen Spurensuche stoße ich immer wieder auf diese soziale Prägung. Dass mich die innere
Lebenswirklichkeit der Menschen und damit die Psychologie fasziniert, dass
ich mich in sozialen Systemen mit ihren Kräften der Anziehung und Distanzie-
rung, der Gemeinsamkeiten und Konflikte einigermaßen angstfrei zurechtfinde,
hat hier seinen Ursprung. Wenn mir immer wieder die Rolle zuwuchs, zu vermitteln, als Klassensprecher in der Schule, als Kurssprecher im Knabenseminar
oder später als „Mediator" bei kollegialen Differenzen und Zwistigkeiten, dann
entdecke ich die Wurzeln für dieses intuitive soziale „Charisma" in meiner
Kindheit.

Eine zweite Begabung verbindet mich mit dem Aufwachsen auf dem elterli-
chen Bauernhof. Ich erlebe mich erd- und naturverbunden, bin ein Gartenlieb-
haber und handwerklich durchaus geschickt. Wie damals üblich mussten die
Kinder bei der Arbeit mithelfen, nicht zum Zeitvertreib, sondern man setzte
auch auf ihren Beitrag. Gleichwohl blieb auch Zeit zum Spielen. Eine halbe
Fußballmannschaft fand sich ja schon in der Familie. Gelernt habe ich hier beim
Mitarbeiten vieles: mit Tieren umgehen, ein Ochsengespann führen, Traktor
fahren, bei der Heuernte oder beim Dreschen anpacken, Maschinen reparieren,
Bäume fällen, mit der Axt Holz spalten, Metall schweißen, Elektroleitungen legen, Mauern verputzen, mit der Sense mähen, aber auch: der Witterung ausgeliefert, dem Werden und Vergehen der Natur nahe zu sein. Gerne kokettiere ich
heute mit einem Wort von Ephraim Kishon: „Man muss nicht immer einen
Handwerker bestellen, man kann sein Heim auch selber ruinieren!" So ist nicht
alles perfekt, was da durch meiner Hände Arbeit in Haus und Garten heraus-
kommt, aber es macht mir Freude. Ich erlebe das körperliche Arbeiten und das
damit verbundene kreative Gestalten als sehr erfüllend. Die Tatsache, als Wissenschaftler und Lehrer keine zwei linken Hände zu haben, betrachte ich für
mich als besonderes Privileg. Auf diese Weise habe ich noch ein zweites, ganz
anderes Feld, das ich „beackern", in dem ich zur rechten Zeit aufgehen kann.
Aber auch eine pastorale Dimension ist darin enthalten. Ich fühle mich den
Menschen verbunden, die einer Arbeit mit den Händen nachgehen, zu der meist
auch ein kluger Kopf gehört, und damit ihren Unterhalt erwirtschaften, auch
jenen, die in einfachen Verhältnissen leben.

Aaron Antonovsky stellt in seinem Konzept der Salutogenese, das Christoph
Jacobs[1] pastoralpsychologisch so ertragreich erschlossen hat, das Kohärenzgefühl in den Mittelpunkt. Er betrachtet dieses „Gefühl der Stimmigkeit oder Verankerung" als das zentrale „Geheimnis" von seelischer Stabilität und gesunder
Lebensentwicklung. Menschen mit einem hohen Sinn für Verankerung bestäti-
gen: Meine Welt ist stimmig! Ich kann sie gestalten! Für mein Leben ist jede

---

[1]   Christoph Jacobs, Salutogenese. Eine pastoralpsychologische Studie zu seelischer Gesundheit,
      Ressourcen und Umgang mit Belastung bei Seelsorgern, Würzburg 2000.

Anstrengung sinnvoll! Wer so denkt und lebt, verliert nicht zuletzt auch die Angst vor den unvermeidbaren Stressoren des Lebens. Ja, noch mehr: Wer sich an den Ressourcen, Stärken und Potentialen orientiert, wird daran glauben, dass die Risikofaktoren des Lebens in der Regel „Gesundheitserreger" sind, die es ermöglichen, zu wachsen und zu reifen. Von diesen Ressourcen habe ich eine Menge mitbekommen. Dafür bin ich dankbar. Auch wenn mich das nicht vor Krisen und Grenzerfahrungen bewahrt hat, aber letztlich gab es da doch ein aus den frühen Kindertagen herrührendes Grundvertrauen: Es hat alles seinen Sinn! Du bist gehalten!

Ein zentraler Anteil an meinem Kohärenzgefühl kommt der frühen religiösen Sozialisation zu. Dabei lässt sie sich durchaus als ambivalent beschreiben. Da ist zunächst und unabweisbar ihre problematische Seite, die sich mit dem Stichwort des katholischen Milieus verbindet. Wie in vielen ländlichen Regionen hat es sich auch in meiner Heimat bis in die 60er Jahre und über die Zeit des Zweiten Vatikanischen Konzils (1962-1965) hinaus gehalten. Das Kirchenjahr gab den Takt vor, die Kirchengebote wie der sonntägliche Gottesdienstbesuch, das Freitagsgebot, die regelmäßige Beichte galten als absolut verbindliche Normen. Das „Passauer Bistumsblatt" und der „Altöttinger Liebfrauenbote" bildeten wesentliche Informationsquellen. Weitere religiös zuträgliche Lektüre lieh man sich in der Pfarrbücherei, die im heimatlichen Pfarr-Ort Nöham zu meiner Begeisterung auch mit vielen Karl-May-Bänden bestückt war. Diese von Paul M. Zulehner als „christentümlich" charakterisierte, abgeschottete kirchliche Sozialform war in hohem Maße priesterzentriert. In ihrem Mittelpunkt stand der Pfarrer als die kirchliche Autorität vor Ort. Wenn er sich am Schulhof zeigte, näherten sich ihm die Kinder mit einer angedeuteten Kniebeuge, küssten seine Hand und murmelten dabei ein „Gelobt sei Jesus Christus!" Auf ihn galt es zu hören. Er hatte die Gewalt, Sünden zu vergeben und Bußen zu verhängen. In gewisser Weise war er in seiner Pfarrei wie der Papst: unfehlbarer, „Heiliger Vater". Gottesdienst war Klerus-Liturgie, fremde, magische Welt, an der man pflichtmäßig teilzunehmen hatte. Als Lohn für die Teilnahme war nichts weniger versprochen als der Himmel, das Reich Gottes. Die Kirche fungierte als Vermittlerin und Repräsentantin dieses Heils. Außerhalb der Kirche kein Heil! Und Heil in der Kirche nur durch die Sakramente! Diese letztlich auf Cyprian von Karthago zurückgehende Formel prägte in hohem Maße jene Verkirchlichungs-Pastoral und „Seelsorge vom Altare" aus, die für das damalige katholische Milieu kennzeichnend waren.

Dass die Erziehung in den Familien von diesem obrigkeitlichen religiösen System mitinfiziert war, lag auf der Hand. Allerdings teile ich nicht die seit den 1950er Jahren von Eberhard Schätzing[2] und Klaus Thomas[3] vertretene These

---

[2]  Eberhard Schätzing, Die ekklesiogenen Neurosen, in: Wege zum Menschen 7 (1957) 97-108.
[3]  Klaus Thomas, Ekklesiogene Neurosen, in: W. Arnold / H. J. Eysenck / R. Meili (Hg.), Lexikon der Psychologie, Bd. 1, Freiburg/Br. 1980, Sp. 447.

der ekklesiogenen Neurose, dass ausschließlich die autoritäre religiöse Erziehung mit ausgeprägter Leib- und Sexualfeindlichkeit zu einer Aufblähung der Über-Ich-Struktur, zur Verdrängung der Es-Impulse und zu den daraus resultierenden ekklesiogenen neurotischen Symptomen beigetragen habe. Mit dieser These sprach auch Tilman Moser in seinem Bestseller „Gottesvergiftung"[4] vielen Christen meiner Generation aus der Seele. Ohne dieses kirchlich-autoritäre „Regime über die Seelen" entschuldigen zu wollen, ist doch der Einwand zu erheben, dass ein autoritärer Erziehungsstil, der ja nach der neueren Klinischen Psychologie nie allein primär ursächlich für psychische Störungen ist, keine rein kirchliche Angelegenheit war. Er war auch bei Nichtkatholiken, auch außerhalb der religiösen Erziehung, anzutreffen. Kirchlicher Einfluss hat diesen fatalen, gewaltaffinen Erziehungsstil nicht selten verstärkt und ins Grandiose gesteigert. Darin liegt seine Hypothek, die bis heute kirchlich abzuarbeiten ist.

Ich habe das Christliche in meiner Familie so in Erinnerung, dass es nicht deckungsgleich mit dem Kirchlichen der Pfarrei und des Pfarrers war. Zwar nahm man ganz selbstverständlich an den kirchlichen Pflichtveranstaltungen teil, soweit es die anfallenden Arbeiten etwa im Stall oder im Haushalt ermöglichten. Aber gleichzeitig gab es dazu einen familiären Freiraum in der Erziehung und bei der Gestaltung der „heiligen" Zeiten, des Sonntags, der Feiertage und der Hoch-Zeiten im Kirchenjahr. Sie waren Unterbrechung von Arbeit und Eingespannt-sein, entfalteten eine geradezu „pathische" und gemeinschaftliche Atmosphäre.

Eine Differenz zur Pfarreikirche erlebte ich zu Hause noch in anderer Hinsicht. Diese familiäre Hauskirche war ausgesprochen caritativ. Meine Eltern gaben nicht nur den unverheirateten Tanten ein Heim, sondern auch dem gehandicapten Kriegsveteranen und der fremden, „evangelischen", alleinerziehenden Mutter mit Tochter ein Dach über dem Kopf. Sie praktizierten christliche Inklusion, ohne dass sie dieses Wort jemals kannten. Sie lebten das Christliche in Tatsprache, ohne viel Aufheben. Dazu gehörte auch, dass kein Bettler, keine Zigeunerfamilie, kein Hausierer, die in der Nachkriegszeit häufig vorbeikamen, ohne eine Mahlzeit, ein Stück Brot oder Fleisch, ein paar Eier oder Geldstücke vom Hof ging. Dies war gewiss meine Grundschule der Caritas. Sie führte mich wohl letztlich auch zur Caritaswissenschaft.

## 2. Knabenseminar und Gymnasium

Meine Eltern haben keine höhere Schule besucht und waren nicht akademisch gebildet. Dennoch hatten sie durchaus Bildungsinteressen. Meine Mutter las in

---

[4]  Tilmann Moser, Gottesvergiftung, Frankfurt/M. 1976.

ihrer kargen freien Zeit die Fortsetzungsromane in der „Passauer Neuen Presse" und in den kirchlichen Blättern. Sie führte mit mehreren Freundinnen eine rege briefliche Korrespondenz. Mein Vater bevorzugte den politischen Teil der Tageszeitung und „studierte" sehr genau das „Landwirtschaftliche Wochenblatt". Ein gern zitierter Gedichtschatz zierte und deutete so manche Alltagssituation. Die im Haus wohnende „Flüchtlings-Tante" aus Hannover war eine gute Lehrmeisterin für meine erste Fremdsprache: Hochdeutsch.

Die Voraussetzungen für das Gymnasium waren bei mir offensichtlich gegeben. Zwar schrieb ich in meinem ersten Schulaufsatz, vermutlich in der zweiten Klasse, dass ich einmal ein Lehrer werden möchte, aber die Umstände tendierten dazu, dass Lehrer eher als zweite Wahl erschien. Es sei doch besser, ich werde Pfarrer. So überzeugten der Ortspfarrer und eine Klostertante, die Lehrerin bei den Englischen Fräulein war, die Eltern, ich sollte nach Passau ins Knabenseminar gehen und dort das Humanistische Gymnasium besuchen. Ich vertraute voll und ganz darauf, dass meine Eltern schon das Richtige für mich in die Wege leiten. Deshalb wollte ich das auch. Mit zehn Jahren war ich, wie jedes Kind, sicher völlig außer Stande, mich selbst für irgendein Studium oder gar einen Beruf zu entscheiden. Mir fehlte dazu jeglicher Horizont. Was ich mitbrachte waren Lerninteresse und kindlicher Bildungshunger.

Der Weg führte also nach Passau in das dortige Knabenseminar St. Max, später nach St. Valentin und auf das Gymnasium Leopoldinum. Ich habe neun Jahre kirchliches Internat erlebt, die es, wie jede Lebensphase, später zu verarbeiten galt. Dabei gehöre ich nicht zu denen, die bis ins hohe Alter hinein damit in Unfrieden leben. Dennoch gab es, wie mit jeder familiären Erziehung auch, einiges zu bewältigen. Die frühe Trennung von den Eltern, Geschwistern, der Großfamilie, dem Leben mit der Natur, den Tieren ging mir nahe. Wenn ich nach Wochen in den Ferien nach Hause kam – es gab keine Wochen-end-Heimfahrten – lief mir auf dem langen Weg vom Bahnhof zum Elternhaus als erstes von Weitem der Hund entgegen und begrüßte mich überschwänglich, in dem er an mir hochsprang und mich am liebsten von oben bis unten ableckte. Als ich in den oberen Klassen schon von Homer wusste, erinnerte er mich jedes Mal an Odysseus, wie er aus dem Trojanischen Krieg nach Ithaka heimkehrte und ihn als erster sein Hund „Argos" erkannte oder besser: „er-roch". Das Heimweh plagte mich und die Abschiede nach den Ferien zu Hause fielen mir schwer. Die abgeernteten Felder, die kälter und kürzer werdenden Septembertage erzeugen in mir bis heute immer noch eine Abschiedsstimmung. Hinzukam die mutter- und frauenlose Welt des Knabenseminars, nur von Jungen und Männern umgeben zu sein. Ich war früh, sicher zu früh, in vieler Hinsicht auf mich allein gestellt.

Die am mönchischen Ideal orientierten geistlichen Übungen mit verpflichtender täglicher Frühmesse, Meditation, Tischgebeten, Schriftlesung und – darüber hinaus – jährlichen Exerzitien, Einkehrtagen, monatlicher Beichte, regelmäßigen Einzelgesprächen mit dem Spiritual – all das nahm ich als Gegebenheit hin. Nur in den Klassen der Oberstufe, irritierte es mich zunehmend, dass beim wöchentlichen Rosenkranz immer dafür gebetet wurde, „dass keiner von uns seine hohe Berufung verrate." Ich kam mir vor, dass mir etwas übergestülpt wurde, wovon ich bis dahin nie etwas erlebt und erfahren hatte. Stellte ich mir Berufung doch als eine Art wunderbares, außergewöhnliches, göttliches Ergriffensein vor. Davon spürte ich nichts, was mich beunruhigte, weil ich annahm, meine Mitschüler hätten ein solches Berufungserlebnis bereits gehabt.

Ich brachte aber auch Stärken mit, die mir halfen, hier nicht nur zu überleben, sondern mich mit der Internat-Situation und dem Gymnasium anzufreunden. So fühlte ich mich auch über die Entfernung und physische Trennung hinweg weiter sehr mit Zuhause verbunden. Es gab regelmäßig Briefe und Päckchen von der Mutter. Sie enthielten für mich nicht einfach nur Informationen, frische Wäsche und Nahrungsmittel, sondern vergegenwärtigten sinnlich erfahrbar das Zuhause. Ich konnte mir dieses Zuhause hinein-essen, wenn ich in den Apfel biss. Ich konnte in das Zuhause hineinschlüpfen, wenn ich ein frisches Hemd anzog. Das ganze Paket roch nach Zuhause, mit ihm vergewisserte ich mich im Zuhause. Kurzum: diese Post von Daheim hatte für mich geradezu etwas Sakramentales, Lebenshilfe und wirksames Zeichen, das mich mit seiner Botschaft beruhigte und bestärkte: Wir denken an Dich! Es ist alles in Ordnung! Hab Vertrauen!

Man kann heute kaum von katholischem Internat sprechen ohne die Problematik von Missbrauch und Misshandlung zu thematisieren. Dazu nur wenige Stichpunkte. Wahrnehmung und Erinnerung sind auch hier persönliche und subjektive Konstrukte, die bei den ehemaligen Mitschülern aus demselben Internat, derselben Klasse, oft sehr unterschiedlich ausfallen und jeweils mit der Attitüde der absoluten Gewissheit vorgetragen werden. Insofern ist es geboten, gegenüber weit zurückliegenden Erinnerungen immer auch ihren Konstrukt-Charakter, wo auch manche Erfahrung und Deutung aus späteren Lebensphasen eingeflossen sein kann, mit zu veranschlagen. Unter diesem Vorbehalt sind mir durchaus Beobachtungen in Erinnerung, die den Verdacht pädophiler Übergriffe seitens eines priesterlichen Erziehers nahelegen. Es wäre freilich zu kurz gegriffen, hier lediglich ein persönliches Versagen des betreffenden Priesters zu diagnostizieren. Es sind auch die kirchlichen Strukturen zu kritisieren, in denen man pädagogisch unausgebildete Priester mit der Erziehung in Knabenseminaren betraute, bei denen man wohl vielfach nicht mehr Eignung erkannte, als dass sie gerne mit Jungen zusammen waren und mit ihnen umgehen konnten. Man hätte freilich auch damals schon wissen können, dass vermeintliches heimerzieherisches Charisma und pädophile Gefährdung, den Betreffenden selbst kaum bewusst, nicht selten sehr nah zusammenliegen.

Die Verheimlichung und Vertuschung der Missbrauchsfälle in katholischen Internaten stellt ein nicht minder eklatantes systemischen Versagen dar. Auch dies ist nicht nur einfach den handelnden Personal-Verantwortlichen allein anzulasten. Vielmehr ist das leitende Motiv dahinter zu identifizieren. Es betrifft das idealisierte, ins Grandiose und Übermenschliche idealisierte Bild des Priesters, der als Mittler zwischen Gott und den Menschen fungiert, in „persona

Christi" handelt und damit selbst als heilig und sündelos zu gelten hat. Ebenso versuchte man geradezu reflexhaft das sakralisierte Bild von Kirche, näherhin der Kleruskirche, vor Beschädigung zu schützen. Der Glanz der heiligen Kirche, außerhalb derer kein Heil ist, die das Anwesen des Reiches Gottes auf Erden bildet und die sich von der sündigen und bösen Welt abhebt, durfte auf keinen Fall verdunkelt oder beschmutzt werden. Dafür schien jedes Mittel recht, auch jenes, die Opfer auszublenden, zu demütigen und zu diskreditieren.

Solche systemischen Blindheiten, Abwehrmechanismen wie Verdrängung und Abspaltung, lassen sich offensichtlich nur durch Interventionen von außen begreifen und verändern. Das kirchliche System benötigt dafür den fremdprophetischen Einspruch von Seiten der profanen Psychologie, der öffentlichen Medien und der staatlichen Justiz. Dass damit schmerzhafte narzisstische Kränkungen verbunden sind, darf nicht daran hindern, sich auf einen Prozess der „Metanoia", der Umkehr zu begeben. Es bedarf wahrlich der Kehrtwendung, weg von der Sorge um die „Heiligkeit" von Priester und Kirche hin auf die Seite der Opfer.[5]

# 3. Studium der Theologie in Passau und München (1966-1971)

Nach dem Abitur überlegte ich kurz, ob ich nicht Germanistik studieren sollte. Aber ich habe dann doch dem von meinem Elternhaus und vom Knabenseminar her vorgezeichneten Weg eingeschlagen und mich im Wintersemester 1966/67 an der Philosophisch-Theologischen Hochschule Passau immatrikuliert. Bereits im ersten Semester besuchte ich ein Seminar bei Eugen Biser (1918-2014) zu „Nietzsche's Kritik am Christentum". Dessen geschliffene Sprache beeindruckte mich ebenso wie seine kritische Analyse der Moderne. Alois Winklhofer (1907–1971)[6] faszinierte mich wie er in seinen Vorlesungen nicht rhetorisch brillierte, sondern darum rang, den Kern des Glaubens authentisch und wahr zum Ausdruck zu bringen, sodass er nicht selten zur freudigen Überraschung wurde. Von ihm hüte ich immer noch eine Korrektur-Anmerkung zu einer Seminararbeit, die mich für die Theologie ungemein motivierte.

---

[5]  Diese diakonische Weichenstellung reflektierte im Übrigen beispielhaft meine wissenschaftliche Mitarbeiterin und Doktorandin Dr. Barbara Haslbeck in ihrer Dissertation: Sexueller Missbrauch und Religiosität. Wenn Frauen das Schweigen brechen: eine empirische Studie, Berlin 2007.

[6]  Vgl. Hermann Stinglhammer, Zum Geleit, in: ders. (Hg.), Alois Winklhofer, Hölderlin und Christus, Vortrag 1946. Zum Gedenken an den 100. Geburtstag von Alois Winklhofer, Hauzenberg 2007, 8-16.

Regelmäßige Gastvorträge von auswärtigen Professoren bildeten willkommene Gelegenheiten zum Blick über den Passauer Tellerrand hinaus. Ein voll besetzter Hörsaal – ich konnte nur noch einen Stehplatz ergattern – lauschte am 20. Dezember 1969 auf den Auftritt eines damals schon berühmten, gerade von Tübingen nach Regensburg gewechselten Theologen, über dessen Arbeiten wir durch einen Mitstudenten, Großneffe des in Marktl am Inn geborenen Professors, bestens informiert waren: Joseph Ratzinger. Er referierte über „Für und Wider den Holländischen Katechismus". Die verbrauchte Luft im überfüllten Hörsaal und das lange Stehen, wohl nicht die Positionen des Redners, nötigten mich, die Veranstaltung vorzeitig zu verlassen. Dass er am 19. April 2005 aus dem Konklave als Papst Benedikt XVI. hervorgehen würde, konnte man damals nicht ahnen.

So sehr mich Theologie, nicht zuletzt auch durch die fachliche Leidenschaft der genannten Professoren, die Diskussionsfreude der Studierenden und die hoffnungsvolle Aufbruch-Stimmung in der Folge des eben zu Ende gegangenen Zweiten Vatikanischen Konzils, faszinierte, konnte ich mich selbst zunehmend weniger im Priesterberuf vorstellen. Es war nicht nur der Zölibat, sondern im Vordergrund standen für mich ganz andere Hürden. Ich konnte nicht singen. Schon der Gedanke, in einem Gottesdienst mit Solostimme das Evangelium vorzutragen, trieb mir den Angstschweiß auf die Stirn. Im Gegensatz zu meinen Mitschülern hatte ich als Kind nie Pfarrer oder Messe gespielt. Im heiligen Spiel der Liturgie, in diesem „Theatrum sacrum" eine zentrale Rolle zu übernehmen, dafür hielt ich mich als völlig ungeeignet. Ich spürte immer einen gewissen Widerstand in mir, in Chorkleidung oder gar eine Soutane zu schlüpfen. Dies kam auch viele Jahre später wieder zum Vorschein, als ich mich zusammen mit einigen jüngeren Kollegen weigerte, den bis dahin üblichen Professorentalar bei der Fronleichnamsprozession zu tragen. Vielleicht hatte es damit zu tun, dass für meinen Vater nach den schrecklichen Erfahrungen des Krieges jede Art von Uniform, und sei es nur bei der Freiwilligen Feuerwehr, wo er selbstverständlich aktives Mitglied war, absolut tabu war. Für mich symbolisierte sich in der einheitlichen Kleidung der auf die Spitze getriebene Druck zur Anpassung und Konformität. Es kam mir vor, als würde ich mit Priesterkleidung meine Individualität verraten. Die studentische Revolte der 1968er-Generation bestärkte vermutlich mit ihrer Parole „Unter den Talaren der Muff von 1000 Jahren" meine „Chor-Kleidungs-Phobie".

Die Zweifel am Passungsgefüge von Priesterberuf und meiner Person, veranlassten mich nach zwei Semestern 1967 das Klerikalseminar in Passau zu verlassen und an der Katholisch-Theologischen Fakultät der Ludwigs-Maximilians-Universität München weiter zu studieren. Trotz der massenhaften Protestveranstaltungen, Sit-ins und Vorlesungsblockaden ging es in der Theologie weiterhin recht geordnet zu. Zwei Professoren haben mich damals besonders angesprochen. Der Fundamentaltheologe Heinrich Fries (1911-1998) beeindruckte mich wohl vor allem deshalb, weil ich bei seinen Vorlesungen und Seminaren einen neuen Ton vernahm. Was er vortrug war nicht mehr durchdeklinierte Neu-

Scholastik, wo alles irgendwie von Thomas von Aquin und anderen großen Denkern deduktiv und rationalistisch abgeleitet wurde und wo man sich in einem umzäunten Gedankengebäude bewegte. Für die persönliche Lebensorientierung, für Sinnsuche und Glaubensfragen kam dabei wenig heraus. Heinrich Fries' Theologie klang anders, existentiell, als Suchbewegung. Da war am Ende nichts fertig und abgehandelt, da blieben Fragen offen. Das sprach mich mehr an, als Antworten auf Fragen, die gar nicht gestellt waren, weil sie als existentiell völlig irrelevant erschienen. Diese Theologie bewegte sich stärker im Modus der Frage als der Antwort.

In Erinnerung geblieben ist mir Otto Kuss (1905-1991). In seinen Vorlesungen wurde mir erstmals bewusst, welch schwierigen Weg die katholische Exegese aus der dogmatischen Vereinnahmung hin zur historisch-kritischen Methode gehen musste. Verstärkt wurde diese im Fach bereits angelegte Spannung durch den Charakter von Otto Kuss. Man spürte bei ihm, wie er zwischen traditionell frommer Kirchlichkeit einerseits und intellektueller Redlichkeit andererseits schier zerrissen wurde. Gleichwohl empfand ich viel Sympathie für ihn, weil er mutig und kritisch Stellung bezog und sich den Studierenden immer wieder auch als ein in Glaubensdingen Ringender und Suchender zeigte.

In einer Gastvorlesung erlebte ich auch einmal Karl Rahner (1904-1984), der es mit seiner komplizierten und verschachtelten Redeweise den Zuhörern nicht leicht machte. Ich erinnere mich nicht mehr, worüber er in seinem Vortrag gesprochen hat, aber ich schätze an ihm bis heute, dass er beispielsweise bewusst von der „Gottes*frage*" spricht, weil die Wirklichkeit „Gott" auch dem Theologen nicht als Bezugspunkt einfach zur Verfügung stehe, sondern auch er auf einen Raum des Nichtwissens, auf das Geheimnis aller Wirklichkeit, das wir mehr erahnen und erleiden als wissen und noch in der verneinenden Frage „Gott" nennen, verwiesen sei.[7] Diese Theologie ist elementar und existentiell, sie baut Brücken zwischen Kirche und Welt.

Die Phase des Theologiestudiums, besonders in München, bedeutete für mich eine Zeit des persönlichen Umbruchs. Sie brachte eine zunehmende Emanzipation vom „Kinderglauben" und damit verbunden auch eine Ablösung, ja Entfremdung vom religiösen Habitus der Herkunftsfamilie und Herkunftsgemeinde. Die theologische Wissenschaft selbst erschien mir in vieler Hinsicht als ein kritischer Einspruch gegen mitgebrachte Denk- und Handlungsmuster. Hinzu kam der studentische Freiraum, in dem die gewohnten religiösen Pflichtübungen zunehmend ihre normative Verbindlichkeit verloren. Die neu entdeckte individuelle Spiritualität, das Suchen, Fragen und Zweifeln, das Glauben im Modus des Nichtwissens und doch Vertrauens, all das schien mir mit einem pastoralen Beruf in einem Milieu, aus dem ich mich mühsam befreit hatte, immer unvereinbarer. Ich hatte Angst, diesen persönlichen Glauben mit einem kirchlichen Beruf zugunsten des offiziellen Kirchenglaubens wieder aufgeben

---

[7]  Karl Rahner, Meditation über das Wort ‚Gott', in: Hans Jürgen Schultz (Hg.), Wer ist das eigentlich – Gott?, München 1969, 13-21.

zu müssen. Wolfgang Herrmann benannte dieses Phänomen sehr treffend als die „Angst des Theologen vor der Kirche"[8]. Sie bestehe in der Sorge, mit dem seelsorglichen Beruf wieder in die alten Muster regressiv zurückgezogen zu werden. Noch war ich weder mit dem Theologiestudium fertig noch mit der Berufswahl im Reinen. Ich ging für zwei Jahre nach Passau zurück, schloss mit der theologischen Diplomprüfung ab und trat aus dem Priesterseminar „endgültig" aus. So enttäuschend dies für meine Eltern, Angehörigen und Wegbegleiter in Passau war, sie akzeptierten es, sahen sie doch, dass ich mir diesen Schritt nicht leicht gemacht hatte.

# 4. Studium der Psychologie in Würzburg (1971-1975)

Zum Wintersemester 1971/72 schrieb ich mich an der Universität Würzburg für das Studium der Psychologie ein. Mein Interesse dafür war vorgebahnt durch die Familienerfahrung, angefacht durch die Vorlesungen bei dem Psychoanalytiker Albert Görres (1918-1996) in München und motiviert durch die Hoffnung, beratend tätig sein oder womöglich gar Theologie und Psychologie beruflich miteinander verbinden zu können. Die ersten Semester waren von den Gegenständen her eine arge Durststrecke. Experimentelles Design, Statistik und Psychophysik, Biologie, empirische Persönlichkeitsforschung charakterisierten die explizit empirische und naturwissenschaftliche Ausrichtung der Disziplin. Dies entsprach anfangs weder meinen Erwartungen noch meinen Denkmustern. Aber mit der Zeit fand ich mich zurecht und gewann Interesse. Spätestens mit dem Vordiplom wurde es „mein" Studium. Ich war in einer Aufbruchsphase des Faches, insbesondere der Klinischen Psychologie, in Würzburg gelandet. Das psychotherapeutische Spektrum weitete sich über die klassische Psychoanalyse hinaus. Verhaltenstherapie, Gesprächspsychotherapie und Gruppentherapien traten ins Blickfeld. Sie bildeten nicht nur Reflexionsthemen in den Vorlesungen und Seminaren, sondern die Studierenden konnten auch Ausbildungskurse dazu besuchen. Hier stand „Selbsterfahrung" hoch im Kurs, freilich nicht immer besonders kompetent von Institutsmitarbeitern oder studentischen Hilfskräften geleitet.

Zwei recht unterschiedliche akademische Lehrer – die auch durch anhaltende Dauerkonflikte sich eng verbunden blieben – sind mir aus dem Psychologiestudium im Gedächtnis haften geblieben: Wilhelm Arnold und Ludwig Pongratz

Wilhelm Arnold (1911-1983) vertrat in seinem Hauptwerk[9], das verbindliche Pflichtlektüre für die Prüfungen darstellte, eine Psychologie, die systematisch

---

[8]   Herrmann Wolfgang, Die Angst des Theologen vor der Kirche, Stuttgart 1973.
[9]   Wilhelm Arnold, Person, Charakter, Persönlichkeit, Göttingen ²1969.

konzipiert war, sich an der philosophischen und geisteswissenschaftlichen Tradition orientierte, bewusst wertbezogen ausgerichtet war und auf empirische Methodik setzte. Diese Kriterien machten es den Studierenden nicht leicht, seinen Gedanken im geschriebenen und gesprochenen Wort zu folgen. Als Mitherausgeber eines dreibändigen Lexikons der Psychologie[10] ist er bis heute in mancher theologischen Bibliothek präsent geblieben, wenngleich die Entwicklung des Faches sich von seinem Ansatz weitgehend entfernt hat.

Ludwig J. Pongratz (1915-1995) war Psychoanalytiker, ein didaktisch hervorragender Lehrer und höchst produktiver Wissenschaftler. Sein Name steht für den Weg der anfänglich auf die Psychoanalyse verengten Psychotherapie hin zu einer mehrdimensionalen Klinischen Psychologie. Sein „Lehrbuch der Klinischen Psychologie"[11] galt als Meilenstein der neu formierten Disziplin. Ludwig Pongratz blieb mit seinen Werken zur Psychoanalyse, Tiefenpsychologie und Klinischen Psychologie für mich immer ein verlässlicher Gewährsmann bei der wissenschaftlichen Konzeption meiner Pastoralpsychologie. Sein methodischer Ordnungsansatz des „aspektivischen Denkens" oder der „Konvergenzargumentation", der sich auch in der Moraltheologie findet, war mir immer wieder ein hilfreicher Wegweiser. Vor allem wenn es galt, die unterschiedlichen Logiken von Theologie und Psychologie deutlich zu machen und nebeneinander als spezifische Konstruktionen von Wirklichkeit gelten zu lassen

Zu meiner Würzburger Zeit gehört ganz entscheidend auch Heinrich Pompey (*1936). Als Pastoraltheologe und -psychologe lehrte er seit Anfang der 1970er Jahre an der Katholisch-Theologischen Fakultät der Julius-Maximilians-Universität Würzburg. Ihn hatte mir der Regens und spätere Passauer Diözesanbischof Franz Eder als seinen Studienfreund empfohlen. So nahm ich an Pompeys Seminaren teil und absolvierte bei ihm ein Praktikum. Durch ihn wurde ich mit der konkreten psychologischen Beratungsarbeit vertraut, er übertrug mir in seinen Kursen zum seelsorglichen Gespräch erste Moderations- und Leitungsaufgaben. So verdanke ich Heinrich Pompey nicht nur die ersten praktischen Erfahrungen mit Psychologie in pastoralen Feldern, sondern auch wesentliche Impulse einer wissenschaftlich fundierten Pastoralpsychologie. Er wurde für mich auch zum Impulsgeber und Mentor für den Aufbau des Studiums der Caritaswissenschaft in Passau.

Bedeutete München bereits einen ersten Schritt der Emanzipation von den Denk- und Handlungsmustern des Herkunftsmilieus und der Internatszeit, so folgte ein weiterer, noch entscheidenderer in Würzburg. Fast die ganze Zeit dieses Studiums lernten und diskutierten wir in diversen Arbeits- und Prüfungsteams. In Selbsterfahrungs- und Ausbildungsgruppen vollzog sich das Lernen von psychotherapeutischen Basiskompetenzen. Oft gingen dabei Arbeit, Freizeit und Geselligkeit bei einem Glas Frankenwein ineinander über. In diesem

---

[10] Wilhelm Arnold, u.a. (Hg.), Lexikon der Psychologie, 3 Bde., Freiburg 1980.
[11] Ludwig Pongratz, Lehrbuch der Klinischen Psychologie, Göttingen 1973.

von einem kirchlichen Dunstkreis weit entfernten Ambiente lernte ich Kommi-
litoninnen und Kommilitonen ganz unterschiedlicher Couleur kennen und
schätzen. Diese Erfahrung von mir bis dahin weitgehend fremden und verschlossenen Lebenswelten hat mich ungemein bereichert und ich bin bis heute
dankbar dafür. Dass ich dort meine Frau kennenlernte, macht mir Würzburg in
der Erinnerung noch in ganz besonderer Weise kostbar. Auch sie hat an ihr erstes Studium der Pädagogik noch eines in Psychologie angeschlossen, und später
promoviert. Bald sind es 40 Jahre, dass wir verheiratet sind.

# 5. Erste berufliche Phase und akademische Laufbahn (1975-1993)

Die Sorge, am Ende des Studiums keine berufliche Anstellung zu finden, hatte
ich nicht. Insofern darf sich meine Alterskohorte im Vergleich zur „Generation
Praktikum" als privilegiert betrachten. Von den möglichen Optionen wählte ich
das Angebot, als Dozent für Pastoralpsychologie am Priesterseminar Passau tätig zu werden. So trat ich zum 1. Oktober 1975 den Dienst in der Diözese Passau
an. Es wurden am Ende 18 Jahre, gute Jahre!

Diese Aufgabe angehende Seelsorger in Pastoralpsychologie auszubilden,
bot die Chance, Neues aufzubauen und zu institutionalisieren. Die davon her-
rührende Gestaltungsfreude überwog die durchaus spürbaren Widerstände mancher Studierenden und Verantwortlichen bei Weitem. Hinzukam ein großes
„vorauseilendes" Vertrauen, das mir meine Chefs, die jeweiligen Leiter des
Priesterseminars, Franz Xaver Eder und nach dessen Ernennung zum Bischof
von Passau, Dr. Johann Wagenhammer, entgegenbrachten. Es war eine partner-
schaftliche Zusammenarbeit, die mir einen großen Freiraum in der Gestaltung
meiner Veranstaltungen einräumte. So konnte ich auch Anfragen für Kurse außerhalb der Diözese Passau zum seelsorglichen Gespräch, zu Priesterfortbildun-
gen, Supervisionen und Vorträgen immer wieder nachkommen. Es dürften nicht
allzu viele kirchliche Bildungshäuser im deutschsprachigen Raum sein, die ich
im Laufe der Jahre nicht kennengelernt habe. Dies hing einfach auch damit zusammen, dass eine „Kirche in der Welt von heute", wie es das Paradigma des
Zweiten Vatikanischen Konzils vorgab, ihre Seelsorge neu ausrichten musste.
Die alten Rollen von Hochwürden und gehorsamen Volk, die Muster einer „obrigkeitlichen Seelsorge" griffen längst nicht mehr. Seelsorge ohne Kenntnis der
Seele und kommunikative Kompetenz verlor die Nähe zu den Menschen und
ihren individualisierten und pluralisierten Lebenskontexten. Dass Kirche von
den christentümlichen Verhältnissen Abschied nehmen musste und nur noch
den Platz als gesellschaftliches Teilsystem neben anderen einnehmen sollte,

verunsicherte Seelsorger wie Kirchenvolk. Daraus erwuchs ein immenser Orientierungs- Deutungs- und Lernbedarf für die Seelsorgerinnen und Seelsorger. Dem versuchte man auch mit Hilfe der Pastoralpsychologie zu begegnen.

## 6. Promotion (1982) und Habilitation (1990)

In die berufliche Aufgabe in Passau hatte ich mich einigermaßen eingearbeitet, das Studium lag wenige Jahre zurück, als ich mich an eine Promotion machte. Dieser Wunsch war seit Studientagen wach geblieben. Da ich nach wie vor stark psychologisch orientiert war, wählte ich als Betreuer meinen Würzburger Psychologie-Professor Wilhelm Arnold, der sich dazu auch bereit erklärte. Es kam freilich alles etwas anders als geplant. Als ich meinen „Doktorvater" im Herbst 1978 zu einer turnusmäßigen Besprechung aufsuchte, traf ich ihn an einem seiner letzten Arbeitstage in seinem schon weitgehend ausgeräumten Büro an. Er selbst wirkte krank, abwesend und konnte zu meinen Fragen kaum noch etwas beitragen. Nachdenklich fuhr ich nach Hause. Der Nebel, der mich bei Hin- und Rückfahrt umgab, hatte nun auch mein Promotionsprojekt eingehüllt.

Er lichtete sich einige Wochen später, als ich mit Paul M. Zulehner, der seit 1974 in Passau Pastoraltheologie lehrte, auf einer gemeinsamen Fahrt nach Oberfranken über mein stockendes Promotionsprojekt sprach. Er bot mir an, es doch bei ihm fortzuführen. Damit nahm nicht nur diese Studie, sondern auch mein beruflicher und wissenschaftlicher Weg eine Wende, von der Psychologie zurück zur Theologie. Die psychodiagnostische Ausrichtung der Dissertation auf die Persönlichkeitsstruktur von Seelsorgern hin wurde beibehalten, ihre Zielsetzung und Einbettung jedoch mit dem Schlüsselbegriff „seelsorgliche Kompetenz"[12] pastoraltheologisch profiliert. Dass die Ergebnisse, wie ich immer wieder feststellte, den Extrem-Klischees vom hoch neurotischen wie vom rundum gesunden Priester widersprachen, machte ihre Kommunikation in die kirchliche Öffentlichkeit hinein nicht einfach. Spätestens hier musste ich lernen, die psychologische Logik und Sprache in kirchliches und theologisches Denken zu übersetzen. Was da von der Psychologie her über soziale Ängstlichkeit, Introversion oder Depressionsneigung eines Teils der Seelsorger herauskam, sollte ja nicht kränken, sondern Hilfe und Wachstums-Impuls zur Psychohygiene und zur spirituellen Selbstreflexion sein. Aus ihnen sollte eine Einladung zum Mensch-sein und damit zum Fragment-sein-dürfen zu vernehmen sein. Dieses

---

[12]  Isidor Baumgartner, Seelsorgliche Kompetenz als pastoralpsychologisches Bildungsziel. Ein theoretischer und empirischer Beitrag zur pastoralpsychologischen Ausbildung von Seelsorgern, Passau 1982.

einladende und werbende Zugehen, ohne den kritischen Einspruch zu unterlassen, gehört seit diesen Promotionstagen als eine Art didaktische Diakonie, zu meinen Grundregeln.

Spätestens mit den empirischen Studien von Christoph Jacobs[13] zur Salutogenese, dessen pastoralpsychologische Promotion ich begleiten durfte, wurde mir zudem die einseitige Defizitperspektive der Psychodiagnostik, nicht nur in meiner Arbeit, sondern als Paradigma der gesamten damaligen Psychologie bewusst. Wäre der Wechsel hin zur Ressourcenorientierung auch in der Tiefenpsychologie einige Jahre früher angekommen, wäre vielleicht Eugen Drewermanns Buch „Kleriker. Psychogramm eines Ideals"[14] weniger polemisch ausgefallen und die Kontroversen darauf sachlicher geführt worden.

Für mein wissenschaftliches Arbeiten bot sich die günstige Gelegenheit, dass ich Vieles, was ich zu Papier brachte, bei meiner Zuhörerschaft auf Verständlichkeit hin testen und optimieren konnte. Das meiste, was ich publizierte, hat diesen öffentlichen Kommunikationstest des gesprochenen Wortes, manchmal in mehreren Schleifen, durchlaufen. So haben letztlich auch die Teilnehmerinnen und Teilnehmer der Veranstaltungen die Texte immer auch ein wenig mitgeschrieben. Mit diesem Korrekturschema sind letztlich auch die wesentlichen Teile der Habilitationsschrift „Pastoralpsychologie. Einführung in die Praxis heilender Seelsorge"[15] entstanden. Sie versucht den Spagat zwischen Lehrbuch und Beitrag zum wissenschaftlichen Diskurs. Die Tatsache, dass sie in mehreren tausend Exemplaren verkauft wurde und Übersetzungen ins Italienische, Spanische und Ungarische erfuhr, die Katholisch-Theologische Fakultät der Universität Wien sie akzeptierte, wertete ich als Zeichen dafür, dass die doppelte Intention einigermaßen gelungen war. Wiederum war Paul M. Zulehner mein anregender und verlässlicher Mentor. Nicht zuletzt erschien mir Wien mit seinem besonderen „genius loci" als ein guter Ort für das wissenschaftliches Unterfangen, Praktische Theologie und therapeutische Psychologie miteinander zu verbinden. Hat doch beides hier seinen Anfang genommen. 1777 entstand hier der erste Lehrstuhl für Pastoraltheologie, hier legte Sigmund Freud mit seinem, im Jahr 1900 erschienen, epochalen Werk „Die Traumdeutung"[16] den Grundstein für die Psychoanalyse.

Das konzeptionelle Gerüst für den Versuch einer systematischen Entfaltung der Pastoralpsychologie entnahm ich der Emmauslegende (Lk 24,13-35), die ich als eine pastorale Weggeschichte begreife. Mit diesem Rahmen ist ein entschieden theologisches Vorzeichen gesetzt, das alles Folgende nicht mehr als

---

[13]  Christoph Jacobs, Salutogenese. Eine pastoralpsychologische Studie zu seelischer Gesundheit, Ressourcen und Umgang mit Belastung bei Seelsorgern, Würzburg 2000.

[14]  Eugen Drewermann, Kleriker. Psychogramm eines Ideals, Olten 1989.

[15]  Baumgartner, Isidor, Pastoralpsychologie. Einführung in die Praxis heilender Seelsorge, Düsseldorf 1990, ²1997; (italienisch: Psicologia pastorale: introduzione alla prassi di una pastorale risanatrice, Roma 1993; spanisch: Psicología pastoral: introducción a la praxis de la pastoral curativa, Bilbao 1997; ungarisch: Pasztorálpszichológia, Budapest 2003).

[16]  Sigmund Freud, Die Traumdeutung, Leipzig – Wien 1900.

profane und damit pastoral irrelevante Psychologie abtun lässt. Das hat mir im Übrigen ein Kollege aus dem Kirchenrecht im Zusammenhang eines Bewerbungsgespräches bestätigt: „Ich dachte erst, was Sie machen und schreiben ist ja doch eher Psychologie. Nachdem ich Ihre Texte gelesen habe, habe ich begriffen: Das ist ja gute Praktische Theologie!" Meine Begeisterung, ja Leidenschaft für die Pastoralpsychologie war offensichtlich mit der Habilitation noch nicht erschöpft. Als der Verlag Pustet an mich herantrat, ein „Handbuch der Pastoralpsychologie"[17] zu entwickeln und herauszugeben, sagte ich zu. Ich spürte irgendwie eine Art „Mission", diese Chance für das Fach und die damit verbundenen Impulse für Kirche, Seelsorge und Theologie zu nutzen. Es sollte sich – trotz der guten Resonanz für beide Publikationen – bald zeigen, dass dieser Kairos kurz war.

# 7. Pastoralpsychologie heute

Es ist bedauerlich, dass das offene Zeitfenster für die Institutionalisierung der Pastoralpsychologie spätestens ab den 1990er Jahren sich merklich schloss. Sie konnte an den Katholisch-Theologischen Fakultäten kaum oder nur vorübergehend Fuß fassen. Aber auch die Dozentenstellen an den Priesterseminaren wurden zunehmend zurückgefahren. Die Ursachen dafür lagen nicht nur im Rückgang der Zahl der Priesteramtskandidaten. Es gelang offenbar nicht, die seit einigen Jahrzehnten in Gang befindliche Differenzierung des Fächerkanons der Praktischen Theologie mit der Pastoralpsychologie fortzuführen und zu erweitern. Dabei lag sie von ihrem Selbstverständnis her voll auf der Linie des Differenzierungsprogramms einer Theologie in der Welt von heute, wie sie vom Zweiten Vatikanischen Konzil nahegelegt war.

Pastoralpsychologie kann mit ihrem Ansatz des konstruktiv-kritischen Dialogs der Praktischen Theologie mit der Humanwissenschaft Psychologie geradezu als ein Symbol für den schwierigen Weg der Kirche und Theologie in die Moderne gelten. Die Gründe dafür liegen nicht nur in den Reflexen rigider Besitzstandswahrung in den Fakultäten, auch nicht im missglückten Diskurs um Eugen Drewermann. Vielmehr setzte sich offensichtlich in Kreisen der Verantwortungsträger eine Angst vor Verweltlichung und die Tendenz zu einer kirchlichen Selbst-Ghettoisierung durch, der auch die institutionelle Entwicklung und theologische Rezeption der Psychologie vielfach zum Opfer fielen. Auf diese Weise entledigte man sich fatalerweise der „fremdprophetischen" Anfragen von außen, die von der Psychologie immer wieder gestellt wurden. Dabei

---

[17] Isidor Baumgartner (Hg.), Handbuch der Pastoralpsychologie, Regensburg 1990.

waren und sind sie dringend nötig, etwa im Hinblick auf eine qualifizierte Kultur des seelsorglich helfenden Gesprächs, der Salutogenese durch die Sakramente, einer seelisch hilfreichen Lebensdeutung aus dem Glauben, für den Umgang mit psychisch Kranken, für die Personalführung und -entwicklung durch die Ordinariate, für die blinden Flecken im Umgang mit den Missbrauchsopfern und -tätern, mit Macht und Geld im eigenen Haus der oft „allzu menschlichen" Kirche.

# 8. Von der Pastoralpsychologie zur Pastoraltheologie

Die Habilitation wurde mir von der Universität Wien im November 1990 für Pastoraltheologie ausgesprochen. Ein wohlmeinender Kollege hatte mir freilich schon im Vorfeld der Habilitation, ob seiner eigenen enttäuschenden Erfahrung, nahegelegt, keine allzu großen Hoffnungen zu hegen, als Laie jemals einen pastoraltheologischen Lehrstuhl erklimmen zu können. Er schien recht zu behalten, als im Anschluss an meine Habilitation der Wiener Ortsbischof den in der Regel als Formalie gehandhabten Akt der Verleihung der kirchlichen „Venia legendi" verweigerte. Vom Dekan der Theologischen Fakultät erfuhr ich, dass als einziger Grund dafür mein Status als Laie bei Kardinal Hans Hermann Groer (1919-2003) und seinem damals für die Wissenschaft zuständigen Weihbischof Kurt Krenn (1936-2014) im Raum stand. Als Letztgenannter Bischof in St. Pölten geworden war, lud mich Kardinal Groer am 3. Juli 1992 zu einem für mich denkwürdigen Gespräch, bei dem er mir erklärte, dass selbstverständlich keinerlei Einwände gegen eine kirchliche Lehrbefugnis meinerseits vorlägen. Es hätte mich auch gewundert, war ich da ja bereits 17 Jahre in der Priesterausbildung in Passau mit dem Auftrag des dortigen Bischofs tätig.

Im SS 1992 ergab sich überraschend an der Universität Passau die Situation, dass der Lehrstuhl für Pastoraltheologie und Christliche Gesellschaftslehre neu ausgeschrieben wurde. Im Berufungsverfahren fiel die Wahl auf mich. So trat ich zum WS 1993 als damals einziger Laie in Deutschland den Dienst auf dem Lehrstuhl für Pastoraltheologie an. Mit der neuen Aufgabe weitete sich der Horizont der Inhalte und Themen. Zwar bildete nach wie vor die Pastoralpsychologie einen wesentlichen Teil der Vorlesungen und Seminare, doch war sie begleitet von den klassischen pastoraltheologischen Fragestellungen, wie der kairologischen Analyse der „Zeichen der Zeit", der kirchlichen und pastoralen Strukturen, der Gemeindeleitung, der Einzelseelsorge oder der Sakramentenpastoral. Zunehmend betätigte ich mich auch in Publikationen pastoraltheologisch. So etwa mit einem Beitrag zum „Gestaltwandel der Pastoral heute"[18]. Hier skizzierte ich die Konsequenzen und Chancen, die sich aus dem Ende des kulturgestützten Christentums, aus Pluralisierung und Individualisierung der Lebensverhältnisse ergeben. Die Kirchenfixierung sollte durch das Leitbild einer Reich-Gottes-Praxis abgelöst werden. Diakonische Solidarität mit den Modernisierungsopfern sei ein Gebot der Stunde. An Stelle eines magischen oder verkirchlichenden Sakramentalismus sollten die Sakramente als Lebenshilfe entdeckt werden. Kirchliche Organisationsentwicklung gehöre auf die Tagesordnung. – so die Desiderate. „Eine wandlungsresistente Kirche wäre eine atheistische Kirche!"[19], so das Fazit.

Wie sich solche Wandlungsprozesse in der Praxis darstellen, dazu hatte ich bald Gelegenheit im Entwicklungsgang des überdiözesan viel beachteten Passauer Pastoralplans. Ich fungierte hier neben Paul M. Zulehner als theologischer Berater, wobei mein Lehrer die Hauptrolle innehatte. Es war einer jener synodalen Prozesse, wie sie damals in mehreren deutschen Diözesen stattfanden, wobei in Passau doch einige Charakteristika besonders hervortraten. Es ging nicht einfach nur um einen Leitbild-Text – wenngleich der unter dem Titel „Gott und den Menschen nahe"[20] große Aufmerksamkeit fand. Noch wichtiger war der Weg zu diesem Text. Seine Genese wurde in mehreren Schritten und Formen der Partizipation möglichst vieler angelegt. Mit diesem Prozess war eine enorme Aktivierung verbunden. Er war medial präsent und löste eine Welle des kirchlichen Commitments aus, wie man sie nicht (mehr) für möglich gehalten hätte. Somit war der Passauer Pastoralplan eigentlich nicht nur Plan, sondern bereits dessen Realisierung. Dass es mit ihm abrupt zu Ende ging, ehe die einzelnen anvisierten Projekte in Angriff genommen werden konnten, hing mit dem Wechsel im Bischofsamt zusammen. Die starke Mitwirkung des Volkes und der Laien passte nicht zum Leitungsverständnis des nachfolgenden Episkopus. Zudem stellte sich heraus, dass der gewählte Zeitpunkt des Entwicklungsprozesses, am Ende der Dienstzeit des einen und am Beginn des Episkopates des andern, höchst unglücklich gewählt war.

Eine der schönsten und bleibenden Beigaben meiner Zeit als Pastoraltheologe ist die Freundschaft mit den bayerischen Kollegen. Ich lernte nicht nur viel von ihnen. Unsere Tagungen galten dem Austausch über die neuesten Entwicklungen in Kirche, Diözesen, Pastoraltheologie und Fakultäten. Wir organisierten jedes Semester ein gemeinsames „interuniversitäres Seminar" an einem der Universitätsorte der zur Konferenz gehörenden Pastoraltheologen. Darüber hin-

---

[18] Isidor Baumgartner, Abschied und Aufbruch. Zum Gestaltwandel der Pastoral heute, in: Peter Fonk / Karl Schlemmer / Ludger Schwienhorst-Schönberger (Hg.), Zum Aufbruch ermutigt. Kirche und Theologie in einer sich wandelnden Zeit, Freiburg/Br. 2000, 302-317.

[19] Ebd., 317.

[20] Gott und den Menschen nahe. Passauer Pastoralplan 2000, Passau 1999.

aus kooperierten wir auch in einer wissenschaftlichen Publikation. 2004 erschien als pastoraltheologisches Lehrbuch „Christliches Handeln. Kirchesein in
der Welt von heute"[21].

Ähnlich anregend erlebte ich die Mitarbeit in dem von meinem ehemaligen
Studenten und späteren Kollegen Herbert Haslinger federführend herausgegebenen „Handbuch Praktische Theologie"[22]. Ich hatte im „Handlungsvollzug Diakonie" die Schlüsselworte „Heilung und Befreiung"[23] zu bearbeiten. Ohne es
zu ahnen, spielte mir dieser Auftrag eine verstärkte Auseinandersetzung mit
Caritas zu, aus der später eine entscheidende berufliche Weichenstellung werden sollte. Herbert Haslinger war es auch, der mich kurz vor meiner Pensionierung für einen Artikel zum Thema „Sakramente für Fernstehende"[24] in der Zeitschrift „Theologie und Glaube" einlud und in dem ich Überlegungen weiterfüh-
ren konnte, die ich ganz am Anfang meiner pastoraltheologischen Tätigkeit[25]
publiziert hatte. Der dazu gewählte Untertitel macht meine Intention deutlich:
„Plädoyer für eine bedingungslos sakramentale Pastoral". Man wird Menschen
mit gelegentlicher Kirchenbeteiligung weder mit der soziologischen Erklä-
rungskategorie der „Säkularisierung" noch mit dem normativen Maßstab der
„aktiven Gemeinde" gerecht. Vielmehr ist ihre Gläubigkeit unter dem Blickwinkel einer unabgeschlossenen Gottsuche und je persönlichen Berufung wahrzunehmen. Theologisch reflektierte Sakramentenpastoral wird den „nahen
Fernstehenden" „bedingungslos" begegnen, weil sie nur so die Bedingungslo-
sigkeit der Gnade Gottes widerspiegelt.

Der Passauer Lehrstuhl firmierte seit Gründung der Universität 1978 mit einer doppelten Fachrichtung: Christliche Gesellschaftslehre und Pastoraltheologie. Dies brachte es mit sich, dass ich – ähnlich wie in der Pastoraltheologie –
zu einem Lehrbuch-Projekt der bayerischen Sozialethiker eingeladen wurde.
Auch hier bereicherte mich der fachliche Diskurs der Kollegen unter der Leitung von Marianne Heimbach-Steins sehr. Wir entwickelten ein zweibändiges
Werk[26], in dem sowohl Grundlagen und Sachbereiche fundiert dargestellt wurden. Ich steuerte zusammen mit Albert Wohlfahrt eine Abhandlung mit dem
Titel „Personale Entfaltung und soziale Bindung in Lebensphasen und Lebensformen"[27] bei. Die Bereiche von Ethik in Medizin, Gesundheit, Politik oder Medien wurden ausgiebig behandelt und diskutiert. Insbesondere wurde mir die
Relevanz der Sozialethik für die Diakonie der Kirche eingehend bewusst, dass

---

[21]  Konferenz der bayerischen Pastoraltheologen (Hg.), Christliches Handeln. Kirchesein in der
       Welt von heute, München 2004.
[22]  Herbert Haslinger, u.a. (Hg.), Handbuch Praktische Theologie, 2 Bde. Mainz 1999 u. 2000.
[23]  Ebd., Bd.2, 396-409.
[24]  Isidor Baumgartner, Sakramente für Fernstehende? Plädoyer für eine bedingungslos sakramen-
       tale Pastoral, in: Theologie und Glaube 101 (2011/1), 123-136.
[25]  Isidor Baumgartner, Den Jugendlichen zugewandt. Subjektorientierte Firmpastoral, in: Pasto-
       raltheologische Informationen 17 (1997,1/2), 209-218.
[26]  Marianne Heimbach-Steins, (Hg.), Christliche Sozialethik. Ein Lehrbuch, 2 Bde., Regensburg
       2004 u. 2005.
[27]  Ebd. (zus. mit Albert Wohlfarth), Bd. 2, 193-212.

sie sich nicht darin erschöpft, caritativ zu helfen, sondern Barmherzigkeit unverzichtbar Gerechtigkeit an ihrer Seite führt. Diese zielt auf die politische Intervention für menschenwürdige Verhältnisse und Strukturen.

# 9. Von der Pastoraltheologie zur Caritaswissenschaft

Als zum wiederholten Mal auf politischer Ebene sich Mitte der 1990 Jahre die Anfragen nach Zahl und Ausstattung der Theologischen Fakultäten an den staatlichen Universitäten in Bayern häuften, war sehr schnell auch Passau im Visier. Dies löste innerhalb der Fakultät, der Universität und auch der Diözese einen Reflexionsprozess nach der Zukunft der Theologie in Passau aus. Allen Beteiligten war klar, dass es nicht einfach nur darum gehen konnte, die Fakultät um ihrer selbst willen zu retten. Die Zahlen der Priesteramtskandidaten waren signifikant gesunken. Es war zu fragen, ob es nicht in den gewandelten Verhältnissen ein Feld gab, das theologische Präsenz und Reflexion in einem Maße verlangte, das der Priester- und Lehramtsausbildung von der Dringlichkeit her gleichkam, sowie Sinn und Notwendigkeit einer theologischen Fakultät neu zu Bewusstsein brachte. Ich schlug die Caritas vor.

Im WS 1997/98 startete der Studiengang „Caritaswissenschaft und Angewandte Theologie" mit ca. 40 Studierenden. Sie hatten sich offensichtlich vom Konzept und Profil der neuen universitären Diplom-Studiums ansprechen lassen. Praktische Theologie der Caritas, Sozialethik, Philosophische und Theologische Ethik, Christliche Anthropologie auf biblischer und systematisch-theologischer Grundlage, Rechtliche Strukturen caritativer Diakonie, Handlungsfelder christlicher Sozialarbeit, Beratung und Leitung in sozialen Systemen bildeten die fachlichen Disziplinen. Caritaswissenschaft[28] erfreut sich als Masterstudium in Passau unter der Leitung von Peter Fonk bis zum heutigen Tag einer beachtlichen Resonanz.

Als das Studium im WS 1997/98 eröffnet wurde, befand ich mich in der Situation, dass ich die drei Fächer Pastoraltheologie, Sozialethik sowie Praktischen Theologie der Caritas inhaltlich zu bearbeiten und zu lehren hatte. Hinzukam, dass mir die Leitung und Organisation des neuen Studiengangs übertragen war. Überdies fungierte ich zu dieser Zeit auch noch als Prorektor der Universität. Zwar trug mich die innere Motivation an der Sache, die Freude, mich in ein sinnvolles Projekt, investieren zu können und die Unterstützung der Mitarbeiterinnen und Mitarbeiter am Lehrstuhl und der Kollegen der Fakultät.

---

[28] Der Studiengang trägt heute den Titel „Masterstudium Caritaswissenschaft und wertorientiertes Management".

Doch ich spürte auch die Grenzen, die ich vor allem darin sah, dass eine Vertiefung in drei Disziplinen, wie sie mir für eine qualifizierte Forschung und Lehre unabdingbar erschien, nicht mehr möglich war. Deshalb entschloss ich mich, schweren Herzens, das Fach Pastoraltheologie an meinen Kollegen der Liturgiewissenschaft, Karl Schlemmer, abzugeben. Dies lag einerseits aus der Personalstruktur der Fakultät, andererseits auch aus der Affinität des Kollegen zur Pastoraltheologie nahe.

# 10. Caritaswissenschaftliche Forschungsprojekte

Caritaswissenschaft eröffnete mir ein ganz neues, bislang eher verschlossenes Beziehungsnetz. Ich kam mit den verschiedenen Diözesan- Orts- und Fachverbänden der Caritas in Deutschland in Kontakt. Von ihnen wurde ich zu vielen Vorträgen und Fortbildungen eingeladen und wirkte in einer Reihe von Gremien mit, so u.a. als beratendes Mitglied in der Caritaskommission und in der Kommission Diakonische Pastoral der Deutschen Bischofskonferenz. Bei der Frühjahrs-Vollversammlung 2010 der Deutschen Bischofskonferenz in Freiburg hatte ich einen meiner renommiertesten Vortragsauftritte. Enge Kontakte entwickelten sich zum „Deutschen Caritasverband Landesverband Bayern e.V.", für deren Mitarbeiterinnen und Mitarbeiter ich Fortbildungen zu halten hatte. Mehrere Jahre war ich Mitglied im „Ausschuss für soziale Fragen" des Landeskomitees der Katholiken in Bayern. Im Zusammenhang dieses Kontaktnetzes erwuchs eine Reihe von Forschungsprojekten, in die ich junge Doktorandinnen und Doktoranden einbeziehen konnte.

  – Im Jahr 2000 erteilte der Katholische Deutsche Frauenbund, Landesverband Bayern, den Auftrag zu einer umfangreichen empirischen Studie zum ehrenamtlichen Engagement ihrer Mitglieder. Elfriede Schießleder promovierte im Rahmen dieses Forschungsprojektes[29] und ist heute erste Vorsitzende des Landesverbandes.

  – Im Auftrag der St. Josephskongregation Ursberg untersuchte eine Forschergruppe unter der Leitung des Kollegen Anton Landersdorfer und meiner Person Leben und Werk von Dominikus Ringeisens (1835-1904), dem „Apostel der Bayerischen Behindertenhilfe" und Gründer der Einrichtung in Ursberg. Daraus wurde ein ansehnliches Buch[30], dessen Er-

---

[29]  Elfriede Schießleder, Das Ehrenamt von Frauen im Wandel, Würzburg 2006.
[30]  Isidor Baumgartner / Anton Landersdorfer (Hg.), Jeder Mensch ist kostbar. Dominikus Ringeisen (1835-1904). Ein Anwalt des Lebens, Passau 2004.

trag Andreas Magg, heute Direktor des Diözesancaritasverbandes Augsburg, mit seiner Dissertation unter dem Titel „Dominikus Ringeisen – Heilsam leben und wirken aus den Quellen innerer Kraft"[31] fortführte.

- Für den Katholischen Pflegeverband e. V. entwickelten und evaluierten meine Mitarbeiterinnen Barbara Haslbeck und Martina Kochmann ein Fortbildungsformat mit verschiedenen Modulen eines „Christlich basierten Coachings für Pflegekräfte"[32].

- Von der Deutschen Bischofskonferenz ging die Initiative für ein letztlich dreistufiges Forschungsprojekt zur Seelsorge in Hospiz- und Palliativdiensten aus. Die von mir geleitete Forschergruppe mit Barbara Haslbeck und Claudia Pfrang sollte in Erfahrung bringen, wie viele Seelsorgerinnen und Seelsorger mit welchen Aufgaben und Erwartungen in den Hospiz- und Palliativdiensten, auch in solchen unter nichtkirchlicher Trägerschaft, derzeit tätig sind. Dazu erhoben wir in einem ersten, als empirische Befragung aller ca. 1500 Einrichtungen und Vereine der Hospizarbeit angelegten Schritt die grundlegenden Daten.[33] Wir skizzierten in einer zweiten Stufe ein recht präzises Bild vom tatsächlichen Personal- und Zeitaufwand, mit dem die Bistümer bei der Seelsorge in der „Spezialisierten Ambulanten Palliativ-Versorgung (SAPV)" rechnen mussten. Der Bericht führte seitens der Deutschen Bischofskonferenz zur Empfehlung auf der Ebene der Diözesen sich in der ambulanten Hospiz- und Palliativ-Versorgung im dafür reservierten Bereich von „Spiritual Care", fachlich qualifiziert, seelsorglich zu engagieren und diese Aufgabe neu zu strukturieren.

- Das jüngste Forschungsprojekt wurde mir am Beginn meiner Pensionierung angetragen und konnte vor wenigen Monaten abgeschlossen werden. Es trägt den Titel „Katholische Kindertageseinrichtungen in den pastoralen Räumen" und wurde vom Verband Katholischer Tageseinrichtungen für Kinder (KTK) – Bundesverband e.V. und vom Verband katholischer Kindertageseinrichtungen Bayern e.V. initiiert.[34] Ein zentrales Ergebnis dürfte in der Erkenntnis liegen, dass pastoraler Raum nicht einfach die Fusion von Pfarrgemeinden oder Pfarreien meint, sondern

---

[31] Andreas Magg, Dominikus Ringeisen – Heilsam leben und wirken aus den Quellen innerer Kraft, Augsburg 2008; ders., Dominikus Ringeisen – Seiner Zeit voraus. Entwicklung und Vermächtnis einer faszinierenden Persönlichkeit, Ursberg 2009.

[32] Isidor Baumgartner / Barbara Haslbeck / Martina Kochmann, Christlich basiertes Coaching für Pflegekräfte, Regensburg 2011.

[33] Claudia Pfrang, Ambulante Palliativversorgung und Seelsorge, in: Lebendige Seelsorge 61 (2010/2), 148-152. Vgl. auch: Isidor Baumgartner, Seelsorge in Hospiz- und Palliativdiensten – ein Modell für die pastorale Entwicklung?, in: Maria Elisabeth Aigner, u.a. (Hg.), Räume des Aufatmens. Pastoralpsychologie im Risiko der Anerkennung. FS Karl Heinz Ladenhauf, Wien – Berlin 2010, 362-376.

[34] Vorläufige Informationen liefert: Isidor Baumgartner, Vom Pfarrgemeinde-Kindergarten zur Kita-Gemeinde, in: neue caritas 114 (2013/7), 23-27.

dass sich mit ihm eine neue Logik von Pastoral und Pfarrei verbinden kann. Für die Kindertageseinrichtungen könnte sich damit ein Paradigmenwechsel „vom Kindergarten der Pfarrgemeinde zur KiTa-Gemeinde in der neuen Pfarrei" ergeben. Dies ist dann der Fall, wenn die „neue" Pfarrei als eine Gemeinschaft von verschiedenen (Pfarr- oder Orts-)Gemeinden, vielfältigen kirchlichen Einrichtungen und Initiativen, die in einem Netzwerk von Orten des Glaubens miteinander verbunden sind und die Sendung der Kirche insgesamt vergegenwärtigen, verstanden wird. Die katholische Kindertageseinrichtung avanciert hier zu einem gemeindlichen „Anders-Ort" im Glaubens-Netzwerk eines pastoralen Raumes. Mehr Eigenverantwortung, die Ausrichtung an Personalität, Gemeinschaft, Compassion, Gerechtigkeit, Familie, Sozialraum, Fachlichkeit und Qualität kennzeichnen sie als eine zukunftsorientierte Gemeinde.

# 11. Strukturen der Theologie im Umbruch: Schließung der Katholisch-Theologischen Fakultät in Passau

Seit Mitte der 1990er Jahre geriet die Katholisch-Theologische Fakultät immer mehr auf den Prüfstand.[35] 1997 plädierte der Bayerische Oberste Rechnungshof angesichts der in Bayern stark rückläufigen Zahl von Diplom-Theologie-Studierenden und wegen der „überreichlichen" personellen Ausstattung für die Auflösung der Fakultäten in Augsburg, Bamberg und Passau. Nach zum Teil heftigen Auseinandersetzungen wurde zwischen der Bayerischen Staatsregierung und dem Heiligen Stuhl ein Zusatzprotokoll zum Bayerischen Konkordat von 1924 ausgehandelt und im Januar 2007 unterzeichnet. Es dekretierte die „Ruhestellung" der Katholisch-Theologischen Fakultäten in Bamberg und Passau für 15 Jahre. Auch wenn sie bis dahin als „Institute für katholische Theologie" mit deutlich reduzierter Personalausstattung fortbestehen, ist faktisch die Schließung dieser Fakultäten besiegelt. Für Passau konnte zumindest erreicht werden, dass sowohl das Lehramtsstudium Katholische Religionslehre für alle Schularten, sowie der Master-Studiengang Caritaswissenschaft erhalten blieben.

---

[35]  Vgl. Anton Landersdorfer, Von der Hochschule der Jesuiten bis zum Department für Katholische Theologie – ein Streifzug durch die Geschichte der akademischen Bildungsanstalten in Passau zwischen 1622 und 2009, in: Von der Fakultät zum Department. Katholische Theologie an der Universität Passau. Actus academicus zur Eröffnung des Departments für Katholische Theologie. Schriftenreihe der Universität Passau, Heft Nr. 31, Passau 2010.

Am 1. Oktober 2009 nahm das neue Institut als Department für Katholische Theologie, innerhalb der Philosophischen Fakultät, seine Arbeit auf. Ich war der letzte Dekan der Fakultät und der erste Sprecher des neuen Departments. Damit fiel mir die nicht ganz einfache Aufgabe zu, den Übergang zu gestalten. Die Verhandlungen bezüglich Ausstattung, Eigenständigkeit und Einbindung in die Philosophische Fakultät waren das eine. Mindestens ebenso herausfordernd erwies sich der Umgang mit den angestauten Emotionen von Enttäuschung, Frustration und Zorn bei Lehrenden, Studierenden und Mitarbeiterinnen und Mitarbeitern.

Wenn man freilich die damaligen Vorgänge vom Standpunkt eines außenstehenden Dritten betrachtete – und dieser Übung sich zu unterziehen war geboten – dann wurde einem schnell klar: Die tieferen Gründe für die Schließung der Fakultäten in Passau und Bamberg liegen nicht primär im hochschulpolitischen Versagen einzelner Akteure, sie sind auch nicht vor Ort hausgemacht. Vielmehr ist bei der Analyse des Umbruches in der theologischen Fakultäten-Landschaft der große Wandel des gesellschaftlichen und kulturellen Kontextes, auch von Religiosität und Kirchenbindung einzubeziehen.

Die vorläufige Schließung der Katholisch-Theologischen Fakultät mochte als Zumutung erscheinen. Angesichts des Kontextwandels ist sie, mit den Worten des Zweiten Vatikanischen Konzils, auch als ein „Zeichen der Zeit" zu lesen und zu deuten. Es könnte darin bestehen, dass die Kirchen dem immensen Orientierungs- und Handlungsbedarf in existentieller, religiöser und ethischer Hinsicht heute immer weniger mit theologischen Vollberufen begegnen können, sondern „Theologie vernetzt" gefragt ist, eine Theologie die eingebunden und integriert ist in Lehr- und Sozialberufe, auch in das Ehrenamt, das ja durchaus auch hohe theologische, caritative, liturgische und pastorale Fachlichkeit brauchen kann. Für diese „zeitgenössische" Theologie könnten Passau und Bamberg kreative, Bahn brechende Vorreiter sein.

# 12. Eine persönliche Erfahrung: Sich durch die Aufgaben wandeln lassen!

Zu meinem 60. Geburtstag erhielt ich zu meiner großen Freude eine Festschrift. Barbara Haslbeck hatte zusammen mit Jörn Günther eine stattliche Zahl von Freunden, Weggefährten, Schülerinnen und Schülern, Kollegen, Studierenden und Lehrbeauftragten als Autorinnen und Autoren gewinnen können. Den Titel „Wer hilft, wird ein anderer!" haben die beiden Herausgeber irgendwo in meinen Schriften entdeckt. Ich stehe auch heute dazu, dass Helfen verändert, wandelt, lebenswissender, mitfühlender und menschlicher macht. Dies lässt sich aber nicht nur für das Helfen behaupten, sondern ich empfinde dies auch bei vielen anderen Tätigkeiten und Aufgaben. So bin ich im Nachhinein sehr dankbar, für die Herausforderungen und Aufgaben, denen ich mich stellen musste: Beratung, Lehrtätigkeit, Fortbildung, Didaktik, neue Fachgebiete, neue Themen, neue Studierende und Teilnehmende in den Vorlesungen und Kursen, Veränderungen in Kirche und Gesellschaft. Und nicht zuletzt die Übergänge in der Familie mit dem Aufwachsen und Erwachsenwerden der Kinder, dem Älterwerden als Paar, in den religiösen Einstellungen. Vieles kam von außen auf mich zu. Wenn ich mich auf etwas eingelassen habe, erging es mir wie Dominikus Ringeisen, der einmal äußerte, man müsse manchmal auch eine unwillkommene Last oder Aufgabe schultern. Nach und nach – beim Weitergehen, wird man gewahr, wie sie sich zurechtschiebt und ins Gleichgewicht kommt."[36] Ich würde für mich noch als Leitsatz hinzufügen, was Platon in seiner „Politeia" umkreist: Das Seinige tun! Das heißt theologisch nichts anderes, als seiner inneren Stimme folgen und das einem geschenkte und anvertraute Charisma entdecken und leben, in all dem Fragmentarischen und dem Spagat, die zur conditio humana gehören.

---

[36] Zit. n. Isidor Baumgartner / Anton Landersdorfer (Hg.), Jeder Mensch ist kostbar. Dominikus Ringeisen (1835-1904). Ein Anwalt des Lebens, Passau 2004, 138.

KONRAD BAUMGARTNER

## Seelsorger und Pastoraltheologe

# Kindheit und Jugend

Wer wie ich im großen marianischen Wallfahrtsort Altötting geboren – am 30. Oktober 1940 – und aufgewachsen ist – während des 2.Weltkrieges also und unmittelbar danach –, von dem vermutet man zunächst, dass er automatisch von diesem Milieu geprägt und entsprechend katholisch, zumindest religiös und gläubig ist. Dafür spricht auch, dass nicht wenige meiner Schulkameraden von ihren Eltern für das „Geistlich-werden" vorgesehen waren – und dann doch einen anderen, zum Teil recht kirchenkritischen Weg gegangen sind: der „Weiß Ferdl (= Ferdinand Weisheitinger), der vom Altöttinger Kapellknaben zum berühmten Münchener Volkssänger und Komiker aufstieg, Hannes Burger und Herbert Riehl-Heise, die renommierte Journalisten bei der Süddeutschen Zeitung waren, oder der (evangelisch getaufte) Gerhard Polt, der begabte Satiriker und Kabarettist.

Aber ich möchte diese Prägung für mich nicht in Abrede stellen: die gläubige Erziehung durch meine Mutter (der Vater ist im Krieg gefallen) und die gehäuften festlichen Liturgien im Kirchenjahr, aber auch die volksfrommen Phänomene der Wallfahrt, bei denen ich bald zwischen Peripherie und echtem Kern zu unterscheiden gelernt habe. Die Pfarrer und Kapläne haben für mich weniger eine positiv-prägende Rolle gespielt: sie waren mir gegenüber eher uninteressiert bis skeptisch, ob denn aus dem oft recht wilden Kind und Jugendlichen etwas „Gescheites" werden würde. Immerhin: ich hatte ein kleines Berufungserlebnis. Ob ich Priester werden und ob ich dazu ins Bischöfliche Seminar nach

Passau kommen wollte, fragte mich Direktor Alois Edmaier, nach dem Ministrieren in der Gnadenkapelle. Ich habe mit Ja geantwortet. Und noch heute ist mir wichtig: junge Menschen müssen persönlich angesprochen und ermutigt werden für einen kirchlichen Beruf. Als Theologiestudenten und angehenden Priesterkandidaten stand mir dann ein Teil der Ortsseelsorger von Altötting begleitend und helfend zur Seite.

## Schulischer und universitärer Werdegang

Von weitaus größerem positiven Einfluss aber waren die Erzieher in den beiden Studienseminarien: die Salesianer Don Boscos in Burghausen und die Diözesangeistlichen in Passau während meiner Gymnasialzeit von 1950 bis 1959 sowie dann 1959 bis 1965 die Leitungspersönlichkeiten im Priesterseminar und verschiedene der Professoren an der Phil.-Theol. Hochschule Passau: Regens Anton Hofmann und Spiritual Josef Krumbachner, der Dogmatikprofessor Alois Winklhofer, der bayerische Kirchenhistoriker Benno Hubensteiner und der Pädagogikprofessor Alois Fischer, der mich zum Promotionsstudium empfahl – mit dem Motiv, ich könnte eines Tages seinen Lehrstuhl übernehmen.

1965 wurde ich zum Priester geweiht, war dann mit Leib und Seele Kaplan im Bayerischen Wald – unmittelbar nach dem Ende des Zweiten Vatikanischen Konzils.

## Akademische Laufbahn

Die enthusiastische Prägung davon bestimmte auch meine Zeit als Präfekt im Studienseminar in Passau und dann, ab1968 zum Studium freigestellt, meine Promotions- und Assistentenzeit an der Universität München. Da mir von Seiten der Diözesanleitung in Passau keine Studienrichtung vorgegeben wurde, entschied ich mich für „Religionspädagogik und Katechetik" bei Professor Erich Feifel. Er akzeptierte mein selbst gewähltes Dissertationsthema „Die Seelsorge im Bistum Passau zwischen barocker Tradition, Aufklärung und Restauration". Das Thema und seine Bewertung durch Erich Feifel und Georg Schwaiger mit „summa cum laude" sollten mich 1976 für den freigewordenen Lehrstuhl für Pastoraltheologie in Eichstätt empfehlen. Mein Studienkollege aus Münchener Zeiten und späterer Regens am Priesterseminar in Eichstätt Ludwig Mödl unterstützte die Entscheidung der Fakultät für meine Person „primo et unico loco".

Nun galt es für mich neben den historischen Kenntnissen zur Seelsorge und Pastoraltheologie die aktuellen Fragen zu studieren, um sie angemessen den Studierenden vermitteln zu können: den angehenden Priesterkandidaten von Eichstätt und den Gaststudenten aus Speyer und dem damaligen Jugoslawien. Dazu kamen auch die Interessenten für die neuen pastoralen Berufe und später die Lehramtsstudierenden, denen die Seminaristen teils aufgeschlossen, teils abweisend begegneten. „Seit zwei Jahren sitze ich in der Vorlesung neben einem Seminaristen, aber er hat noch nie ein Wort mit mir gewechselt", klagte eine Studentin. „Die neuen pastoralen Berufe gehören verboten, dann finden die Leute schon wieder die Tür zum Priesterseminar", wetterte ein Dipl. theol. „Auch die Frauen?", fragte ich zurück. Keine Antwort. Auch 1976 gab es schon heftige Gegner der Beschlüsse des Konzils und der Würzburger Synode unter den angehenden Hochwürden.

Da mir die pastorale Aus- und Fortbildung vor und nach dem Diplom anvertraut war, hatte ich die Chance einer länger gehenden Formung der Seelsorger im Bistum Eichstätt.

Doch schon nach vier Jahren wurde ich als Nachfolger des Pastoraltheologen und -psychologen Josef Goldbrunner an die Universität Regensburg berufen. Nach zwei vertretungsweisen Sommersemestern 1979 und 1980 kam ich zum Wintersemester 1980 endgültig in die Donaustadt. Dort sollte bis zum Sommersemester 2006 mein akademisches Wirken gehen.

Die inhaltliche Gestaltung der Lehrveranstaltungen richtete sich natürlich zunächst aus an den offiziellen Vorgaben, vor allem an der Rahmenordnung für die Priesterbildung (1978; 2003) und den daran orientierten Studien- und Prüfungsordnungen für Diplomtheologen bzw. später für Studierende des Lehramtes.

Demnach hatte ein Pastoraltheologe vorzustellen:
- Grundlegung der Praktischen Theologie (Analyse der Situation und deren theologische Reflexion, historische und systematische Einführung);
- Theologie und Aufbau der Gemeinde;
- (Gemeindestruktur, Gemeindeleitung, exemplarische Schwerpunkte der Gemeindearbeit, Gottesdienst);
- die Sakramente als Vollzug des Glaubens in Grundsituationen menschlicher Existenz in ihrem gemeindlichen und gesellschaftlichen Umfeld;
- Schwerpunkte der Einzel-, Zielgruppen- und Milieuseelsorge;
- das seelsorgliche Beratungsgespräch mit einzelnen und in Gruppen;
- pastoralpsychologische Grundorientierungen und Erfahrungen;
- individuelle und soziale Diakonie der Kirche (Caritas).

Einzelne Publikationen dazu unter meiner Autoren- bzw. Herausgeberschaft:
- Das Seelsorgegespräch in der Gemeinde (1982).
- Beraten und begleiten. Handbuch für das seelsorgliche Gespräch (zus. mit W. Müller 1990).
- Mit Außenseitern leben (zus. mit M. Langer 1988).
- Für ein Sterben in Würde (1997).
- Gemeinde gestalten (1999).
- Trauer und Hoffnung feiern (2005).

Die Studienordnung für das Lehramt sah vor:
- Der Selbstvollzug der Kirche in Wort, Sakrament und sozialem Dienst bzw. Das Handeln der Kirche in der Welt von heute (zu beiden Themen legte die Konferenz der bayerischen Pastoraltheologen jeweils ein pastoraltheologisches Lehrbuch vor (München 1994 bzw.2004).

Die Studenten, die im Fach Pastoraltheologie ihre Diplom- bzw. Zulassungsarbeit anfertigten, habe ich jedes Semester zu einem ein- oder mehrtägigen Kolloquium versammelt, bei dem sie den Stand der Arbeit vor allen referierten, Anregungen aufnahmen und schließlich die fertige Arbeit und ihren Werdegang inhaltlich und methodisch zur Reflexion vorstellten. Dies war eine sehr lebendige und für alle gewinnbringende Form des wissenschaftlichen und mitmenschlichen Austausches.

In ähnlicher Weise wurden auch die Doktoranden- und Habilitandenkolloquien gestaltet, wobei ich die inhaltlichen Teile mir immer abschnittsweise zur Begutachtung und kritischen Begleitung vorlegen ließ. Mit mir und untereinander konnte die Gruppe zusätzlich persönlichen und fachlichen Kontakt gewinnen durch gemeinsame pastorale Studienfahrten in verschiedene Länder und Städte Europas: nach Holland, in die Schweiz und nach Österreich, in die Tschechei und nach Rom, wo wir auch mit Joseph Kardinal Ratzinger ein praktisch-theologisches Gespräch führen konnten.

Eine besonders fruchtbare Form des pastoralpsychologischen Praktikums waren die vierwöchigen Krankenhaus-Praktika. Jeden Tag gingen die Teilnehmer je zu zweit auf eine Station, besuchten einzeln Patienten und notierten sich hinterher den Gesprächsverlauf in Protokollform. Mit mir oder dem beteiligten Assistenten wurden am Abend die Protokolle einzeln besprochen. Ein Kurzreferat zu einem pastoralen, medizinischen oder ethischen Problem des Krankenhaus-Alltags sowie Begegnungen mit Ärzten oder der Krankenhausleitung sowie eine Liturgie beschlossen den Abend. Die Teilnehmerzahl bewegte sich zwischen 10 und 16 Personen. Erst als die Teilnehmerzahl sehr klein wurde, stellte ich das Praktikum ein. Noch nach Jahren bestätigten die Teilnehmer (die z.T. aus dem Medizinstudium kamen) den großen Existenz- und Berufswert dieser intensiven Studienzeit.

Insgesamt 14 abgeschlossene Promotionen und vier zum Ziel gekommene Habilitationen konnte ich begleiten. Die schriftlichen Arbeiten wurden zum Teil in der von mir initiierten und mit herausgegebenen praktisch-theologischen Reihe „Studien zur Theologie und Praxis der Seelsorge" (Würzburg 1989 ff; Band 86 ist 2011 erschienen: Religion und Bildung. FS Norbert Mette) veröffentlicht.

Zum 60. Geburtstag widmeten mir E. Garhammer, P. Scheuchenpflug und H. Windisch als Herausgeber die Festschrift „Provokation Seelsorge. Wegmarkierungen heutiger Pastoraltheologie." Und fünf Jahre später gab P. Scheuchenpflug den Festband „Tröstende Seelsorge. Chancen und Herausforderungen für christliches Handeln in der pluralen Welt" heraus. – Im Januar 2006 erarbeitete A. Laumer eine Bibliographie meiner Schriften, die bei ihm erhältlich ist.

Einige hochschulpolitische Ereignisse sind in den insgesamt dreißig Jahren meiner akademischen Lehrtätigkeit von großer Bedeutung gewesen: 1980 wurde die Gesamthochschule Eichstätt zur Katholischen Universität erhoben; 2005 wurde Joseph Kardinal Ratzinger, der nach seiner Lehrtätigkeit in Regensburg als Ordentlicher Professor bis heute Honorarprofessor geblieben ist, zum Papst gewählt – ich hatte als Dekan der Fakultät (in den Jahren 2003 bis 2005) zusammen mit dem Rektor die Ehre, bei der Amtseinführung von Papst Benedikt XVI. in Rom die Universität zu vertreten. Bei der bekannten „Regensburger Rede" des Papstes am 12. September 2006 im Auditorium Maximum der Universität war ich als Zuhörer zugegen.

Die (umstrittene) Studienreform im Zuge des Bologna-Prozesses musste ich nicht mehr umsetzen.

Am 24. Mai 2006 habe ich die Abschiedsvorlesung zum Thema „End-lich leben. Zur Theologie und Pastoral des Abschieds" gehalten.

# Schwerpunkte der Lehr- und Forschungstätigkeit

Während der Promotions- und Assistentenzeit in München haben mich vor allem religionspädagogische und katechetische Anliegen beschäftigt: Theorie und Praxis des Religionsunterrichtes, der religiösen Erziehung und Bildung, der Theologischen Erwachsenenbildung. Eine ausgezeichnete Begleitung in diesen Fragen erhielt ich durch meinen Lehrer Erich Feifel und die Runde der Assistenten, Doktoranden und Habilitanden. Für diese schlug ich bald statt des wöchentlichen Seminars eine Tagung außerhalb der Universität vor, die jedes Semester einige Tage zumeist in Eichstätt stattfand. So wuchs über die Lehrveranstaltungen hinaus der persönliche Kontakt zwischen Lehrer und Studierenden wie auch zwischen diesen. Seinen Höhepunkt erreichten diese Treffen bei der Festfeier des 60. Geburtstages von Erich Feifel 1985 auf Schloss Hirschberg, bei der auch die Festschrift „Glauben lernen – leben lernen" überreicht wurde. Auch die redaktionelle Begleitung des dreibändigen Werkes „Handbuch der Religionspädagogik", das unser Lehrer herausgab, und seine Arbeiten an dem Projekt „Curriculum in Theologie" bewirkten intensive fachliche und hochschuldidaktische Kompetenzen. So war ich auch in Stand gesetzt, die Studierenden mit praxisbezogenen religionsdidaktischen Übungen für den Religionsunterricht zu qualifizieren.

# Seelsorgliches Wirken

Theorie und Praxis, Theologie und Pastoral in ihrer Wechselwirkung zu verbinden wurde immer mehr mein praktisch-theologisches Grundanliegen. Befruchtet wurde es durch meine stets bewahrte Rückbindung in die Seelsorge der jeweiligen Pfarrgemeinde: im Bistum Passau während meiner Zeit als Kooperator 1965/66 in Spiegelau-Riedlhütte – einer Arbeiterpfarrei –, im Studienseminar St. Valentin in Passau, wo ich 1966 bis 1968 als Erzieher tätig war und im Erzbistum München und Freising in der Pfarrei St. Lantpert in München während meiner Promotions- und Assistentenzeit an der Universität in den Jahren 1968 bis 1976, wo ich als Gast herzliche Aufnahme fand – und im liturgisch-homiletischen Bereich, vor allem in der Kinderliturgie, mitgeholfen habe. Als junger Professor an der Gesamthochschule bzw. Universität Eichstätt leistete ich zusammen mit Professor Josef Renker Seelsorgedienst in der Pfarrei Egweil/Attenfeld von 1976 bis 1980. Im Bistum Regensburg habe ich in den Jahren 1980 bis 2002 nebenberuflich als Seelsorger in der Filialgemeinde Oppersdorf der Pfarrei Hainsacker Dienst getan. Und schließlich kam ich im März 2002 nach Regenstauf, wo ich im Bildungshaus der Diözese Regensburg als Kirchenrektor beim Aufbau einer „Profil-Gemeinde", zusammengesetzt aus Christen der verschiedenen umliegenden Pfarrgemeinden, im Sinne erlebbarer Liturgischer Bildung tätig war und den Bau der zum Haus gehörigen Albertus-Magnus-Kirche liturgie-theologisch aktiv mitgestalten konnte.

Aus gesundheitlichen Gründen übersiedelte ich im Oktober 2012 nach Regensburg und bin seither im Ruhestand. Seit 1976 begleitete mich neben ihrer beruflichen Tätigkeit als Religionslehrerin, Gemeindereferentin, Krankenhausseelsorgerin und Referentin in der theologischen Erwachsenenbildung Marie-Luise Januszewicz im Haushalt, aber auch menschlich-geistlich und im liturgisch-pastoralen Bereich.

Im Laufe der Jahre verstand ich immer mehr: Praktische Theologie braucht diese Erdung – nicht im Sinne der Pragmatik, sondern um relevant zu sein und zu bleiben für die Praxisfelder der Pastoral, aber auch für die Theologie als Ganze.

# Akzente der praktisch-theologischen Tätigkeit

Durch die langjährige Mitarbeit und Mitgliedschaft in der Redaktion der Zeitschrift „Der Prediger und Katechet" (seit 1968 bis heute) konnte ich entscheidend mitwirken an der Umsetzung homiletischer Erkenntnisse und wirksame Hilfe leisten für die Prediger vor Ort: für Kinderpredigten und Kindergottesdienste, Sonn- und Festtagspredigten und den Bereich der Kasualien. Dazu gab ich diese Publikationen heraus: Lebendig ist Gottes Wort (zus. mit A. Gruber 1985), Kasualpredigten (1975, 1980, 1988); Unsere Hoffnung – Gottes Wort (zus. mit O. Knoch, 3 Bände 1988-1990).

Ein weiterer Schwerpunkt meiner Lehr- und Forschungstätigkeit sollte die „Theologie und Pastoral von Umkehr und Versöhnung" werden. Eher „zufällig" bin ich dazu gekommen. Erich Feifel hatte 1974 das Theologische Kontaktstudium an der Universität München für die Priester der Erzdiözese zum Thema „Buße – Bußsakrament – Bußpraxis" in Regie genommen. Ein Referent fehlte noch: mein Lehrer bat mich mitzuwirken. Ich schlug vor, doch einmal näher den Anfragen an die Bußpraxis aus der Sicht der Beichtenden nachzugehen. Über eine schriftliche Umfrage in einzelnen Münchener Pfarreien erhielt ich dazu wichtige Aussagen, die ich in einen praktisch-theologischen Kontext brachte. Später habe ich das Thema ausgebaut zu „Erfahrungen mit dem Bußsakrament" – eine große Fragebogen-Aktion mit 300 ausführlichen Antworten konnte ich dokumentieren und mit Kollegen der verschiedenen theologischen Disziplinen in zwei Bänden reflektieren.

Viele Tagungen, Referate und Publikationen sollten folgen, z.B. auch der Text der Deutschen Bischöfe „Umkehr und Versöhnung im Leben der Kirche", den ich 1997 federführend mit einer Arbeitsgruppe erstellt habe. Bereits 1990 hatten mir meine Schüler E. Garhammer, F. Gasteiger, H. Hobelsberger und G. Tischler als Herausgeber zum 50. Geburtstag eine Publikation in zwei Bänden mit insgesamt 38 Beiträgen gewidmet mit dem Titel „... und führe uns in Versöhnung. Zur Theologie und Praxis einer christlichen Grunddimension." Eine „Fernwirkung" dieser Schwerpunktsetzung ist die Mitarbeit am neuen Gotteslob, wo ich in der Arbeitsgruppe „Sakramentliche Feiern" besonders zu den Fragen von Umkehr, Buße, Versöhnung sowie dem Bußsakrament Texte mitverfasst habe (z.B. auch Gewissensspiegel für Kinder und für Jugendliche).

Ein anderer Schwerpunkt meiner Forschungs- und Lehrtätigkeit war die Geschichte der Seelsorge bzw. der Pastoraltheologie. Über das Thema der Dissertation hinaus beschäftigte mich vor allem Leben und Werk des Pastoraltheologen und Bischofs Johann Michael Sailer.

Die beiden Gedenkjahre 1980 (150. Todestag) und 2001 (250. Geburtstag) boten Anlass, in Vorträgen, Artikeln und Buchpublikationen diese berühmte Persönlichkeit in Erinnerung zu rufen und seine Bedeutung für die Gegenwart herauszustellen – z.B. in: Sailer und seine Zeit (1982); J. M. Sailer. Geistliche

Texte (1981); mit der Festschrift: Von Aresing bis Regensburg (zus. mit P. Scheuchenpflug 2001) und den beiden Taschenbüchern J. M. Sailer. Leben und Werk(2011) und J. M. Sailer. Tröstendes Wort. Kleine Krankenbibel (2011).

Zusammen mit Rudolf Voderholzer als Mitherausgeber konnte ich 2014 im Vorfeld des 99. Katholikentages in Regensburg die Festgabe „Johann Michael Sailer als Brückenbauer" edieren, die auch im Zusammenhang der Renovierung und Rückversetzung des Sailer-Denkmals von der Bahnhofstraße zu seinem ursprünglichen Standort am Emmeramsplatz in Regensburg entstanden ist.

Sailer ist für mich eine bedeutende Orientierungsfigur des Christseins, weil er in ökumenischer Spiritualität den Glauben nicht nur gelehrt, sondern auch selbst gelebt und durchlitten hat. Als Lehrer der Pastoraltheologie habe ich mich zudem intensiv mit ihm beschäftigt und sein Erbe für heute immer neu an die Studierenden weiterzugeben mich bemüht.

# Beratungstätigkeit

Beratung ist nach dem Selbstverständnis heutiger Pastoraltheologie eine ihrer wesentlichen Aufgaben neben der Analyse des christlich-kirchlichen und gesellschaftlichen Lebens in Geschichte und Gegenwart und den Optionen für entsprechende Korrekturen sowie der Aus- und Fortbildung der Studierenden und in der pastoralen und diakonischen Praxis Tätigen.

Insgesamt 13 Jahre war ich als praktisch-theologischer Berater in der Pastoralkommission der Deutschen Bischöfe tätig. Beraten hieß dabei auch, Texte zu anstehenden pastoralen Fragen in einer Arbeitsgruppe vorzubereiten, die dann von der Kommission oder auch von der Gesamtheit der Deutschen Bischöfe begutachtet, überarbeitet und schließlich publiziert wurden. Ich habe mich eingebracht in die theologische Beratung und Textformulierung folgender Schriften:

- Sport und christliches Ethos (1990);
- Christen und Muslime in Deutschland (1993);
- Sakramentenpastoral im Wandel (1993);
- Im Sterben – umfangen vom Leben (1997);
- Umkehr und Versöhnung im Leben der Kirche (1997);
- Die Sorge der Kirche um die Kranken (1998);
- Unsere Sorge um die Toten und die Hinterbliebenen (1994).
- „Der Herr vollende an Dir, was er in der Taufe begonnen hat." Katholische Bestattungskultur angesichts neuer Herausforderungen (2011).

Die beiden letzteren Schriften entstanden aufgrund eines intensiven Kontaktes und Austausches mit dem Bundesverband des Deutschen Bestattungsgewerbes, für den ich theologischer Berater, Referent, aber auch Vermittler und Mitgestalter von Fortbildungsreihen für Hunderte von Bestattern in den Räumen der Fakultät in Regensburg wurde, bis der Verband ein eigenes Bildungszentrum in Münnerstadt einrichtete. Über Jahre hin hatte ich selbst am Lehrstuhl mit den Mitarbeitern W. Holzschuh, S. Holzschuh und Th. Schnelzer ein Forschungs- und Fortbildungsprojekt zu Tod, Bestattung und Trauer entwickelt und gestaltet. Ein Höhepunkt dieser Kooperation mit dem Deutschen Bestattungsgewerbe war die von mir angeregte und mit gestaltete Fachtagung „Bestattungskultur – Zukunft gestalten", die am 16. und 17. Oktober 2003 in Erfurt stattfand. Vertreter der katholischen und der evangelischen Kirche kamen durch Referate und Diskussionen mit Vertretern des Bestattungsgewerbes in einen fruchtbaren Austausch. Der Bundesverband hat mir für dieses über zehn Jahre gehende Engagement das Goldene Ehrenzeichen verliehen.

## Mitherausgeber und Fachberater beim „Lexikon für Theologie und Kirche"

Durch einen Telefonanruf von Bischof Walter Kasper, dem federführenden Herausgeber der 3. Auflage des LThK, kam ich als Fachberater für Pastoraltheologie, -psychologie und -soziologie sowie – auf einen Hinweis von Joseph Ratzinger an Kasper hin – auch als Mitherausgeber (zuständig für die gesamte Praktische Theologie) zu diesem Großprojekt, das mich 15 Jahre – von 1986 bis 2001 – intensiv in Anspruch nehmen sollte.

Die regelmäßigen Herausgeber-Arbeitstreffen in Rottenburg zusammen mit Vertretern des Herder Verlages fanden drei bis viermal im Jahr statt: der Nomenklator musste erstellt werden, die Großartikel wurden nach Fachaspekten gegliedert und mit Längen-Vorgaben versehen. Mögliche Fachberaterinnen und Fachberater waren zu gewinnen, Autorinnen und Autoren wurden überlegt und zugeteilt, eingegangene Manuskripte ggf. diskutiert und verändert, finanzielle und verlegerische Fragen mussten besprochen werden.

Dabei hatte jeder der Herausgeber jeweils für seine Sachgebiete, unbeschadet der Letztverantwortung des federführenden Herausgebers, des späteren Kardinals Walter Kasper, die Gestaltungs- und Entscheidungskompetenz. Selten gab es dabei inhaltliche Konflikte zwischen den Herausgebern oder hin zum Verlag. Nur einmal haben wir kritische Rückfragen von Seiten der Glaubenskongregation erhalten.

Die „Teilherausgeber" hatten jeweils Fachberater für einzelne Sachgebiete. Die mir zugeordneten waren: Paul Becher (Kirchliches Vereinswesen, Verbände und Bewegungen); Günter Biemer (Band 1) und Gottfried Bitter (Katechetik, Religionspädagogik); Andreas Heinz (Liturgiewissenschaft); Annette Schavan und Stefanie Spendel (Frauen in Kirche und Gesellschaft); Heinrich Pompey (Caritas, kirchliche Sozialarbeit); Rolf Zerfaß (Homiletik, Publizistik, Kommunikationsmedien).

Zum Abschluss des gesamten Unternehmens trafen sich die Herausgeber und die Verlagsleitung Herder im Februar 2002 in Rom zur Festfeier, die in der Mitfeier der Heiligen Messe mit Papst Johannes Paul II. und einer sich anschließenden Privataudienz ihren Höhepunkt hatte.

Die praktisch-theologischen Stichworte des LThK habe ich 2002 zusammen mit Peter Scheuchenpflug in einem zweibändigen „Lexikon der Pastoral" überarbeitet und ergänzt herausgegeben.

# Der Weg der Pastoraltheologie im Dienst von Kirche und Gesellschaft

Kirche und Gesellschaft, aber auch die Pastoraltheologie haben sich in den 50 Jahren zwischen 1960 und 2010 eminent gewandelt. Die verschiedenen Veränderungen konnte ich in Rezeption und aktiver Auseinandersetzung selbst erleben.

Zu meiner Studentenzeit war die Pastoraltheologie mehr eine Einführung und Einübung in die Pastoral, vor allem der Sakramente. Bezeichnend für das damalige Verständnis war das Werk von Michael Pfliegler, das nach dem Schema „Der Priester als Subjekt – der Laie als Objekt der Pastoral" aufgebaut war. Eine solche „amtsbezogene" Pastoraltheologie prägte auch die Praxis der Seelsorge, die ich als Kind und Jugendlicher selbst erlebt und noch in den ersten Jahren als Seelsorger mit gestaltet habe.

Mit dem Zweiten Vatikanischen Konzil bahnte sich ein Paradigmenwechsel sowohl in der Pastoraltheologie wie in der Pastoral an: Die Pastoraltheologie verstand sich immer mehr als existentielle, gemeinde- und gesellschaftsbezogene Ekklesiologie, die Pastoral aber gestaltete sich im Sinne der Communio-Theologie des Volkes Gottes aus zu einem Miteinander und Zueinander von gemeinsamem und besonderem Priestertum. Mitsprache, Mitverantwortung und Mitentscheidung aller Gläubigen fanden ihren Ausdruck in der participatio actuosa – in Liturgie, Verkündigung, Diakonie und Gemeinschaftsbildung.

Die Würzburger Synode sowie viele Diözesansynoden und -foren, Pfarr-, Dekanats- und Diözesanräte waren Ausdruck dafür, neue pastorale Berufe und die Wiedereinführung des Ständigen Diakonates belebten und bereicherten die Seelsorge.

Derzeit werden viele dieser Impulse und Reformen eher wieder zurückgenommen statt weiterentwickelt. Ein Beispiel dafür ist die im Sande verlaufende Petition, viri probati wenigstens ad experimentum zuzulassen angesichts des immer gravierender werdenden Priestermangels. Erzbischof Oskar Saier hat es mir selbst erzählt: Als er einmal dieses Anliegen persönlich Papst Johannes Paul II. vortrug und sagte, dies sei ein „kairos" in der gegenwärtigen pastoralen Not, antwortete der Papst: „Es könnte auch eine Versuchung Satans sein." Der Reformstau in Kirche und Pastoral wird abgewehrt mit Reformskepsis und Reformverweigerung; oder Reformbedarf wird nur für den spirituellen Bereich postuliert.

Doch die Kirche ist als sacramentum mundi beides: mysterium et societas. Und die Aussage des Konzils von der „ecclesia semper reformanda" muss sich in dieser doppelten Hinsicht auswirken.

Dazu müsste das Konzilsdokument „Die Kirche in der Welt von heute" im Grunde auf die gegenwärtige Situation hin fortgeschrieben werden. Sowohl die Zeichen dieser unserer Zeit müssen im Lichtes des Evangeliums neu bedacht werden. Die Kirche bedarf sicher auch der „Entweltlichung" an Haupt und Gliedern, sie sollte aber auch die Aussagen des Konzils nicht vergessen, dass sie selbst von der Welt viele und mannigfache Hilfe zur Wegbereitung für das Evangelium erfahren kann (GS 40) und viel der Geschichte und Entwicklung der Menschheit verdankt (GS 44) und es deshalb um einen Dialog zwischen Kirche und Welt geht und um einen wechselseitigen Lernprozess.

Im Sinne der Pastoralkonstitution und ihrer Fortschreibung hat sich Pastoraltheologie sowohl am Evangelium Jesu Christi wie auch an der konkreten Situation der Menschen in Kirche und Welt zu orientieren, dazu Handlungsoptionen zu entwerfen und zu vermitteln.

Papst Franziskus hat im Apostolischen Schreiben „Evangelii Gaudium. Über die Verkündigung des Evangeliums in der Welt von heute" am 24. November 2013 dazu entscheidende Impulse gegeben. Schließlich wurde seine vielbeachtete Enzyklika „Laudato sí" vom 24. Mai 2015 „über die Sorge für das gemeinsame Haus" im Kontext des Evangeliums von der Schöpfung zu einer ungeschminkten Analyse der ökologischen und ökonomischen Verhältnisse in der Welt von heute, aber auch zu einem engagierten Aufruf zu einer neuen Weltgestaltung im Geiste Jesu. Beide Texte geben eine Vielzahl von Themen und Aufgaben für die Theologische Ethik, die Praktische Theologie und die Pastoral.

JOSEF BOMMER

# Praktische Theologie
# als Kunst und
# als Wissenschaft

Praktische Theologie als Kunst und Wissenschaft, unter diesem Titel hielt ich
im Jahr 1988 nach sechzehnjähriger Tätigkeit als Professor für Pastoraltheologie meine Abschiedsvorlesung. Als ehemaliger Stadtpfarrer von Zürich bekam
ich den Ruf an die theologische Fakultät in Luzern. Die Fakultät in Luzern, ein
Nachfahre der Jesuitenschule des 16. Jahrhunderts, wurde Jahre später durch
den Willen des stimmberechtigten Luzerner Volkes zur Universität erweitert.
Eine Großtat des Luzerner Volkes. Zu meiner Zeit stand die Fakultät noch stark
im Zeichen der Priesterausbildung. Alle Professoren, neun an der Zahl, waren
Priester. Die einzige Ausnahme machte ein Laie als Philosophieprofessor. Die
Studierenden wohnten zu einem großen Teil im Priesterseminar und die Verbindung zwischen Seminar und Fakultät war sehr eng. Eine einzige Frau fand
sich im Jahr meiner Berufung unter den Studierenden. Im Professorenkollegium
fanden die Frauen erst viel später mit einer tüchtigen Philosophieprofessorin
ihren Platz.

Mir selber fiel der Übergang vom Pfarramt, von der geliebten Seelsorge in
der Zürcher Diaspora nicht leicht. In der Zürcher Diaspora bin ich aufgewachsen, im Industriequartier von Zürich, in einer Arbeiterfamilie. Wir erlebten den
typischen Diasporakatholizismus, einen Milieukatholizismus: Distanz zu den
Protestanten, volle Kirchen, lebendige Pfarrgemeinden mit zahlreichen jungen
Priestern, oft aus der katholischen Innerschweiz stammend, vorkonziliäre Liturgie. Wir waren begeisterte Ministranten und lernten die vorgesehenen liturgischen Texte, ohne ein Wort zu verstehen. Und es waren wohl diese Komponenten: frommes, tief katholisches Elternhaus, tüchtige junge Priester, die in mir
schon sehr früh den Wunsch aufkommen ließen, Priester zu werden. Kam dazu,
dass die engen finanziellen Verhältnisse mit gewissen Erleichterungen den Weg

zum Akademiker auch für ein Arbeiterkind erleichterten: Stipendien durch den Pfarrer, der große Traum meiner tief gläubigen Mutter.

So fand ich den Weg an die Klosterschule der Benediktiner in Disentis. Wir erlebten im Internat eine wundervolle Bergnatur, freundliche und tüchtige Mönche als Lehrer, einfache, aber gesunde Verhältnisse. Nachdem ich dort nach der Matura das Gymnasium hinter mich gebracht hatte, kam die Zeit des obligatorischen Militärdienstes, die Rekrutenschule. Sie fiel zusammen mit dem Ausbruch des Zweiten Weltkrieges. Eine strenge, für mich sehr belastende Zeit. Über ein Jahr im Militär war aber auch eine Zeit wertvoller Erfahrungen fürs Leben.

Es folgten fünf Jahre Priesterseminar in Chur, meiner Heimatdiözese. Dort kam es zur Begegnung mit dem Dogmatikprofessor Johannes Feiner, der einzig Überragende im Professorenkollegium. Er hat uns stark geprägt. Er hat uns – und das war für meine theologische Zukunft von tragender Bedeutung – mit Karl Rahner und seiner Theologie bekannt gemacht und für ihn begeistert. Rahner, damals noch voll im Amt, wurde uns allen zu einer tragenden Figur. Ich bin ihm selber nie persönlich begegnet, seine Schriften zur Theologie sind heute noch der wichtigste Teil meiner Bibliothek.

Es wehte damals bereits die vorkonziliäre Luft. Wir haben Romano Guardini gelesen, Burg Rothenfels besucht, von der Bibelbewegung mit der historisch-kritischen Methode profitiert. Es wehte ein neuer Wind. Ein frommer Regens und ein fortschrittlicher Bischof haben zum guten Klima auch in der Seminarzeit gesorgt. Wir waren gegen 70 Seminaristen, auch beim Ausgang in die Stadt Chur mit der schwarzen Soutane bekleidet. Man wusste, mit wem man es zu tun hatte ... 1946 haben wir, 14 an der Zahl, die Priesterweihe empfangen und in den verschiedenen Heimatpfarreien Primiz gefeiert. Die Stellen für die vielen Neupriester wurden auf einer vom Bischof handschriftlich verfassten Briefkarte mitgeteilt und so schlicht und einfach, ohne lange Vorgespräche zugeteilt. Für mich hatte der Bischof eine gute Wahl getroffen. Ich kehrte als Vikar zurück nach Zürich, in meine Heimatstadt, und erlebte nun die eigentliche Pfarreiarbeit in der großen Liebfrauenpfarrei. Wir waren im Pfarrhaus fünf Priester.

Mir wurde bald der Religionsunterricht an den Mittelschulen (Gymnasium, Lehrerseminar, Handelsschule) zugewiesen und es gelang mir eine Mittelschulseelsorge aufzubauen. Ein Foyer für Mittelschüler ist entstanden, wo man sich versammelte und eine vielseitige Jugendarbeit geleistet werden konnte.

1961, zwei Jahre vor Konzilsbeginn, wurde ich zum Pfarrer der St. Martinsgemeinde in Zürich gewählt. Es begann für ein Dutzend Jahre die für mich schönste Zeit meines Berufslebens: Eine lebendige, reformbereite Gemeinde, die ich zusammen mit einem Vikar begleiten durfte. Es herrschte ein guter Geist, viel ehrenamtliche Mitarbeit. Wir nahmen uns in vorauseilendem Gehorsam manche Freiheiten voraus: Deutsche Liturgie, Zelebration zum Volk, Handkommunion und anderes. Ich entfaltete eine reiche Predigttätigkeit und versuchte durch die Predigt moderne Theologie zu vermitteln: Verkündigungstheologie.

Ich schrieb meine ersten Bücher und stieß auf eines meiner Hauptthemen, das mich längere Jahre begleitete und auch an der Fakultät eines meiner Forschungsgebiete geblieben ist: Die Buß- und Beichtpastoral, mit Schwerpunkt Einzelbeichte und Bußgottesdienste. Es entstanden meine erfolgreichsten Bücher: „Von der Beichte und vom Beichten", „Beichtprobleme heute", „Schuld und Sühne", „Befreiung von Schuld", „Versöhnung als Befreiung". Dazu mehrere Bände mit Modellen von Bußgottesdiensten. Ich erhielt Aufgaben am Rundfunk („Worte auf den Weg", in Buchform erschienen) und am Fernsehen (Worte zum Sonntag).

Das alles mag dazu beigetragen haben, dass ich dann 1971 auf den neu errichteten Lehrstuhl für Pastoraltheologie an die theologische Fakultät in Luzern berufen wurde. Mit schwerem Herzen, aber auch mit der Chance eines Neuanfangs, habe ich die große Stadt Zürich mit der charmanten Kleinstadt am Vierwaldstättersee, mit Luzern vertauscht.

Meine Berufung hatte freilich einen kleinen Schönheitsfehler: Ich hatte mich nicht habilitiert. Man rechnete mir meine vergangene berufliche Tätigkeit in der Seelsorge und meine verschiedenen wissenschaftlichen Publikationen (zuletzt noch einen längeren Artikel in der renommierten Zeitschrift „Concilium") als ebenbürtigen Ersatz an.

Während meiner Zürcher Zeit als Vikar hatte ich mir eine Auszeit von drei Jahren genommen und in Rom an der Dominikaneruniversität „Angelicum" die nötigen Vorlesungen belegt und mein Doktorat in Theologie erworben. Eine bunte, internationale Studentenzahl, die allermeisten Priesteramtskandidaten, besuchten die samt und sonders in lateinischer Sprache gehaltenen Vorlesungen. Strenger Thomismus war Trumpf. Die „Summa" wurde getreulich ausgelegt. Im Ganzen doch eher mühsam, um nicht zu sagen langweilig. Ich fand einen belgischen Professor, einen Neutestamentler, und konnte bei ihm meine Arbeit in deutscher Sprache schreiben.

Das Thema und die Idee dazu verdanke ich dem bekannten Schweizer Theologen Hans Urs von Balthasar, nach Johannes Feiner und Karl Rahner der dritte große Theologe, dem ich persönlich meine theologische Ausrichtung verdanke. Dabei stand mir Hans Urs von Balthasar, ein gebürtiger Luzerner, am nächsten. Wir kannten uns persönlich, und so kam es zu einer freundschaftlichen Beziehung. Balthasar, wohl der genialste Mensch, den ich in meinem Leben kennen gelernt habe, hatte als Jesuit und damals Studentenseelsorger an der Universität Basel eine kleine Gruppe von Theologiestudierenden um sich gesammelt. Wir kamen regelmäßig zu kleinen Symposien zusammen. Wir verarbeiteten theologische Themen im Seminarstil und verbrachten, meist an schönen Orten, wertvolle Tage und Stunden. Balthasar, sonst eher von vornehmer Distanz geprägt, zeigte sich von seiner kollegialen Seite. Er erfreute uns durch sein Klavierspiel mit klassischer Musik. Mozart war natürlich sein Liebling. Wir naschten Süßigkeiten, die er uns anbot, und verbrachten unvergessliche Stunden. Nach seinem Austritt aus dem Jesuitenorden begann für ihn seine schwierige Zeit.

Freunde boten ihm vorübergehend eine Wohnung in Zürich an. Ich konnte ihn dort besuchen. Er wurde für kurze Zeit sogar mein Beichtvater. Ich begeisterte mich für seine „Theologische Ästhetik", ich las und rezensierte einige seiner zahlreichen Bücher, vorab die vielbändige „Herrlichkeit". Ich erinnerte mich an ihn, als ich im Zusammenhang mit meinem Fach auf das Buch von Rudolf Bohren traf, der Sinn und Ziel der Pastoraltheologie unter dem Titel zusammenfasste: „Dass Gott schön werde".

Doch zurück zu meiner Dissertation. Sie trägt den Titel: „Die Idee der Fruchtbarkeit in den Evangelien". Um was ging es? Eine begriffslastige, stark dem Hellenismus und der griechischen Philosophie verpflichtete Scholastik sollte die Nähe zur Bibel und zur biblischen Sprache wiederfinden. Das war das Ziel, um das es Balthasar ging: eine neue Perspektive, biblische Theologie, die Sprache der Bilder vorab. Das sollte nachgewiesen werden an einem tragenden Begriff der Gnadenlehre, das Verdienst (Meritum), die guten Werke. Es geht um das Geheimnis der übernatürlichen Fruchtbarkeit, um die vom Samen Gottes erweckte Fruchtbarkeit der Seele, um die vom Samen Gottes erweckte Vollendung. „Die Saat geht auf und wächst, der Bauer weiß nicht wie. Von selbst trägt die Erde Frucht, erst Halme, dann Ähren, zuletzt das volle Korn in der Ähre" (Mk 4,26). In der Idee des christlichen Lebens geht es um zwei Grundtatsachen: um das Sein in Christus und um die Entscheidung für Christus. In ihrem Zusammenwirken bringen sie das christliche Leben und seine Fruchtbarkeit hervor. Das eine ist vor allem Tun Gottes, das andere Tun des Menschen. Die Früchte des menschlichen Lebens sind die Früchte des Menschen und Früchte Gottes. In der Gemeinschaft des Reiches Gottes einerseits und in der Einsamkeit der persönlichen Entscheidung anderseits vollzieht sich unser Leben. Es ist Wachstum und Entscheidung, statisches Sein und dynamische Tätigkeit.

# Meine Zeit in Luzern

Ich war für meine Arbeit an der theologischen Fakultät ein wenig vorbereitet, da ich schon als Pfarrer in Zürich einige Semester als Lehrbeauftragter Vorlesungen übernommen hatte. Wöchentlich einmal fuhr ich von Zürich nach Luzern und konnte schon sehr bald infolge meiner lebensnahen, lebendigen Art meiner Vorlesungen die Sympathien der Studierenden erobern.

Ich war mir klar darüber: Pastoraltheologie galt in der Vergangenheit als Nebenfach. Sie konnte sich als verhältnismäßig junge Wissenschaft neben den klassischen Fächern, wie Dogmatik, Moraltheologie und Ethik und Exegese nur schwer behaupten. Man sprach ihr den streng wissenschaftlichen Charakter ab, und so führte sie an vielen Fakultäten eher ein Randdasein, was sich natürlich auch in der gewährten Stundenzahl der Lehrveranstaltungen niederschlug.

Homiletik etwa, für mich ein zentraler Nebenzweig meines Faches, kam vielerorts gar nicht zum Zug. Es ist das große Verdienst meines geschätzten Kollegen in Würzburg, Rolf Zerfaß, hier Pionierarbeit geleistet zu haben und mit dem mehrbändigen Handbuch für die Predigtlehre sich gerade um dieses Fach große Verdienste erworben zu haben. Sehr oft sollte die Pastoraltheologie an der Hochschule einige Grundlagen erarbeiten; die praktische Seite des Faches, mit dem das Fach als praktische Theologie steht und fällt, überließ man dem Priesterseminar. Dabei waren es genau die zwei Komponenten, um derentwillen diesem Fach der Ernst der Wissenschaftlichkeit abgesprochen wurde, die mich am meisten angezogen haben: Der Pluralismus, die offenen Grenzen auch zu anderen Wissenschaften und der unabdingbare Praxisbezug: eine Theorie der Praxis. Die Pastoraltheologie wird eben zur praktischen Theologie. Die praktische Vernunft tritt ebenbürtig neben die theoretische Vernunft. Es geht immer auch um das Tun, um die schlichte Frage „wie man's macht", um Machbarkeit zumal. Zentraler Ausgangspunkt ist nicht mehr einfach die Kirche, sondern die Gesellschaft.

Praktische Theologie ist ja nicht nur ein Fach im Sinn einer einlinigen, genau abgegrenzten Disziplin. Unter dem Namen „praktische Theologie" sammelt sich ein ganzes Bündel von recht verschiedenen Fachgebieten, angefangen etwa mit der Liturgiewissenschaft und der damit eng verbundenen Sakramentenpastoral, über die Religionspädagogik und die Katechetik bis hin zur Homiletik, zur Gemeindetheologie und zur Seelsorgewissenschaft im engeren Sinn. Dabei wird heute das seelsorgliche Gespräch zu einem wichtigen Anliegen. Es gesellen sich dazu verschiedene Humanwissenschaften wie Pädagogik, Psychologie und Soziologie, Fachbereiche, ohne die praktische Theologie nicht mehr sinnvoll betrieben werden kann. So ist ob solcher Fülle Pastoraltheologie als eine offene Wissenschaft zu verstehen. Ob solcher Vielfalt könnte einem schon der Mut sinken. Mag sein, dass so strenge Wissenschaftlichkeit um das Wesen dieses Faches nur schwer zu beantworten ist.

Und was die *Praxis* anbelangt, der Weg vom Wissen zum Tun, so ist hier Praxis in einem vierfachen Sinn zu verstehen: Einmal die Praxis Gottes, ein handelnder Gott. Wie Gott in der heutigen Zeit und Gesellschaft als Seelsorger und Seelsorgerin zur Sprache bringen? Hier haben wir es mit dem theologischen Ansatz unseres Faches zu tun.

Als zweites geht es um die *Praxis Jesu*, jene Lebenspraxis, in der sich das Handeln Gottes im Neuen Bund geoffenbart hat. Es geht um die christologische Linie in der praktischen Theologie, es geht um den christologischen Ansatz.

Ein drittes: Die *Praxis der Kirche*, der christlichen Gemeinde. Es geht hier um den „Selbstvollzug" (K. Rahner) von Kirche. „Für die Kirche im Ganzen und im Einzelnen eine Strategie entwickeln, welche die Situation von heute theologisch formuliert und weitertreibt" (K. Rahner). Und hier hat das letzte Konzil mit der pastoralen Konstitution über die Kirche in der Welt von heute zur Aufwertung unseres Faches Großartiges geleistet.

Ein viertes ist die *Praxis des Menschen*, die Lebenspraxis der Gläubigen, die anthropologische Seite der praktischen Theologie (vgl. Gaudium et Spes).

Die Auseinandersetzung mit dieser vierfachen Praxis, die Theorie solcher Praxis, bestimmt den wissenschaftlichen Charakter unseres Faches und mündet dann in einen bestimmten Stil oder Pastoral. Und so werden und wurden für mich die sogenannten Praktika, die unser Fach den Studierenden abverlangt hat, spezifisch und wichtig: Wir kannten in Luzern etwa ein Industriepraktikum, ein Diakoniepraktikum und laufend homiletische Übungen in konkreten Pfarrgemeinden. Wir übernahmen oft in einer bestimmten, dafür geeigneten Pfarrgemeinde die Advents- oder Fastenpredigten. Die Studierenden hielten die in den Vorlesungen vorbereiteten und besprochenen Predigten. Sie wurden in der Kirche mit dem Videogerät aufgenommen. Da diente mir meist der technisch begabtere Assistent. Nach der Predigt wurden die Gläubigen zum anschließenden Predigtgespräch ins Pfarreiheim eingeladen. Und auch an der Fakultät wurden die Aufnahmen noch einmal kritisch besprochen. Da ich leidenschaftlich gerne predige und als Pfarrer oft Sonntag für Sonntag am Ambo stand, wurden mir die homiletischen Übungen und das ganze Fach, eingebunden in eine seriöse Kommunikationstheorie, zu einem Mittelpunkt meiner Tätigkeit.

Meine persönliche Absicht in meiner ganzen Arbeit in Luzern lässt sich mit den folgenden Sätzen, die ich aus verschiedenen Quellen meiner Kollegen zusammenstelle, ausdrücken: Die einst geübte Pastoral der moralischen Disziplinierung, der sakramentalistischen Versorgung und intellektualistischen Belehrung der Gläubigen durch den Klerus hat keine Zukunft. An ihre Stelle tritt im Sinn eines Paradigmenwechsels auch in der Pastoral (und Pastoraltheologie) eine Pastoral des gemeinsamen Lebens, des solidarischen Miteinanders, der gesellschaftlichen Kooperation von Priestern und Laien, eine Pastoral der Subjektwerdung der Gemeinden. Die Versorgungs- und die Angebotspastoral wird abgelöst durch eine Beteiligungspastoral, und eine solche Pastoral verlangt das Mitspracherecht und die Mitbeteiligung aller in der Kirche und für die Kirche.

Ich habe mich in meiner Zeit an der Fakultät in Luzern nie als ein großer Wissenschaftler oder Forscher verstanden. Von den beiden Grundaufgaben eines Universitätsprofessors – Forschung und Lehre – war mir die Lehre wichtiger. Neben der Homiletik war mir die Gemeindepastoral ein zweiter Schwerpunkt, und ich setze mich weiterhin ein für die heute vielerorts in Frage gestellte Gemeindepastoral und Gemeindebildung.

Natürlich habe ich an unserer an sich kleinen Fakultät den großen Umbruch unserer Zeit erlebt, und ich musste in vielem umdenken. Das Problem des katastrophalen Priestermangels machte auch in Luzern und in der größten Schweizer Diözese, der Diözese Basel, nicht halt. Die Folge: Die Zusammensetzung der Studierenden nahm zwar nicht wesentlich ab (etwa 200 im Schnitt). Aber die Zahl der Priesteramtskandidaten wurde immer kleiner; das Priesterseminar, das früher mit der Fakultät eng verbunden war, wurde immer leerer; die Professoren und Professorinnen sind nun in der großen Mehrzahl Laienkräfte, darunter zur Zeit die meisten Ausländer, vor allem aus Deutschland. Die Zahl der Professorinnen hat (mit vier von zehn) mächtig zugenommen. Man studiert in der großen Mehrheit Theologie nicht um Priester zu werden, sondern aus Interesse am Fach selber mit der Absicht, vielleicht als Laientheologe und Laientheologin in den kirchlichen Dienst, vielleicht auch im Bistum Basel zu treten.

Da finde ich am Anschlagbrett des Priesterseminars St. Beat in Luzern (das Seminar für die Diözese Basel) zwei Fotographien, die mir sehr schön die neue Situation, die natürlich auch mich als Professor etwas angeht, bezeichnen. Auf dem einen Foto finden sich zwanzig junge Menschen, mehr Frauen als Männer. Alle in der weißen Tunika. Hinter ihnen die ragende Gestalt des Weihbischofs der Basler Diözese. Sie haben soeben in einem feierlichen Gottesdienst in der herrlichen Barockkirche von Sursee bei Luzern die „Institutio" für den kirchlichen Dienst in der Diözese erhalten. Sie haben alle mit Erfolg das Theologiestudium im ersten oder im zweiten Bildungsweg abgeschlossen und das Diplom erhalten. Von personalem Mangel in der Seelsorge kann demnach nicht die Rede sein. In der untersten Fotographie finden sich, vor dem Diözesanbischof kniend, zwei junge Männer im Messgewand und werden durch Handauflegung zu Priestern geweiht. Bald einmal eine Kirche ohne Priester?

Die zwei Neugeweihten werden wohl bald einmal in erster Linie zu „Sakramentenspendern" und vor allem auch für die Messfeier in großer Zahl zuständig sein. Dass so etwas auch das Gesicht der Pfarreien, das Gesicht der Pastoral und damit auch der Pastoraltheologie verändern wird, ist klar. Ich selber leiste trotz meiner 90 Jahre noch regelmäßig in zwei Pfarrgemeinden über das Wochenende Aushilfe. Beide Gemeinden werden von Laien als Gemeindeleiterinnen geführt. In einem Fall eine Schweizerin mit Doktortitel, im andern Fall eine der zahlreichen Laientheologinnen aus Deutschland. Sie schätzen die liberale, freiheitliche Situation in der katholischen Kirche der Schweiz: Laien, Männer oder Frauen, als Gemeindeleiter und Gemeindeleiterinnen, Laienpredigt natürlich auch im Rahmen der Eucharistiefeier, Erlaubnis zur Taufspendung, Assistenz von Hochzeiten, Beerdigungen, seelsorgerliches Gespräch, das man ja auch mit einem Gnadenwort aus den Psalmen beenden kann, Krankenbesuche, die man mit Gebet und einer Salbung mit Rosenöl beschließen kann, zweimal im Monat Wortgottesdienst mit Kommunionausteilen, oft so schön und feierlich der Messe nachempfunden, dass viele Gottesdienstbesucher den Unterschied kaum bemerken und es oft schöner finden als beim alten, oft schon etwas gebrechlichen Priester, den man hat kommen lassen.

Ich erlebe bei meinen Aushilfen in den zwei von Frauen geleiteten Pfarreien lebendige Gemeinde, guten Gottesdienstbesuch, Zufriedenheit und menschlich sehr ansprechendes Klima. Ich frage mich in aller Ehrlichkeit: Sind unsere Kirchenobern blind? Können auch Sakramente sterben? Die alte Beichtpraxis ist hierzulande schon tot. Wird auch die Eucharistie dieses Schicksal erleben? Könnte man denn in der ganzen Entwicklung nicht auch ein Zeichen des Heiligen Geistes erkennen? Ordination von Verheirateten und von Frauen? Warum eigentlich nicht? Sind die großen christlichen Kirchen, die den Schritt auch zur

Frau Pfarrer schon lange getan haben, wirklich geistlos, nicht Kirchen im eigentlichen Sinn? Sind wir es: Kirche im eigentlichen, im von Jesus gewollten Sinn? Wer sich etwa in Bücher zum Frühkatholizismus vertieft, wird hier stutzig. Was doch alles an Entwicklung möglich war und wäre...

# Praktische Theologie als Wissenschaft und Kunst[1]

Wissen um das Walten des Geistes: Eine neue Ämtertheologie? Und wo bleibt die Kunst, die Kunstfertigkeit in dieser Kirche? Hören wir Rudolf Bohren, selber Theologe und Dichter:

„Gott wird schön in der Gemeinde. Gott wird in den von ihm erwählten Menschen schön, und das ist ein Schön-Werden in Israel zuerst, in der Gemeinde Jesu Christi danach und endlich ein gemeinsames Schön-Werden beider für alle Welt."

Man kann hier auf die Brautmystik, auf das Hohe Lied und auf die Sprache der Propheten hinweisen, alles Texte, die die Gemeinde und das Volk Gottes als ein Kunstwerk verstehen und damit wohl auch eine reine Männerkirche von vorneherein desavouieren. Als ob die Männer die Schönheit gepachtet hätten. Ich meine, dass wir die Schönheit eher mit dem weiblichen Geschlecht assoziieren.

In einer Welt des Funktionalen, in einer Zeit, da auch in unseren Pfarreien vor allem der Aktivismus und die Organisationen blühen, wo Experten immer mehr das Bild der Kirche prägen, wo die Kinder und Dichter eher am Rande stehen, wäre es wichtig, unsere Gemeinden auch wieder einmal als das zu sehen, was sie auch sein möchten: ein Kunstwerk, eine neue Schöpfung, eine geschmückte Braut, eine Doxologie, ein Lobpreis Gottes. Und darum zum Abschluss dieser wohl etwas bruchstückhaften Überlegungen:

„Praktische Theologie sorgt sich darum, dass die Kirche neu und also Kirche sei. Und wenn sie sich um die Neuheit der Kirche sorgt, sorgt sie darum, dass die Kirche Kunst sei."

---

[1]   Zum ganzen Thema unbedingt lesenswert: Karl Rahner, Neue Ansprüche der Pastoraltheologie an die Theologie als Ganzes, in: Schriften zur Theologie IX, Einsiedeln 1970, 127-147.

OTTMAR FUCHS

# Privilegiert und schattenreich

## 1. Auf Kosten anderer?

Ich beginne mit einer Erfahrung, die mich belastet, die im Nachhinein den Schatten verdeutlicht, den Studium und Wissenschaft auf meine Biografie werfen. In diesem vergangenen Sommer habe ich mein Buch zu den „Sakramenten" fertig gestellt. Es hat, wie jedes Mal in der letzten Phase, mehr Zeit und Mühe gekostet als ich es geplant hatte. Eine sehr nahestehende, mir ans Herz gewachsene ältere Dame aus unserer Wohngemeinschaft hat es gerade in diesen Monaten sehr bedauert, dass ich so wenig Zeit für sie hatte. Denn sie hat es geliebt, wenn wir beieinander waren. Vor zwei Wochen ist sie gestorben. Wenn ich daran denke, dass mir das Buch wichtiger war als die Freude dieses Menschen, dann zieht sich etwas in mir zusammen. Das deutsche Wort des „Leidtuns" trifft hier ins Schwarze. Unwiderruflich ist die Zeit verloren, die ich ihr hätte geben können. Es hilft auch nicht viel, dass ich ihr im letzten Augenblick vor der Drucklegung das Buch noch widmen konnte. Eine eher hilflose Geste!

Meine wissenschaftliche Vergangenheit hat wohl auch als ganze, einmal durch diese Brille gesehen, viele solcher Schatten, unzählige ähnliche Entscheidungen für den Schreibtisch gegen möglicherweise viel notwendigere Begegnungen mit Menschen von Fleisch und Blut. Dass die Texte, die ich dabei las, auch von Menschen geschrieben wurden, kann nicht darüber hinwegtäuschen, dass ich in der Konzentration auf den Buchstaben etlichen Menschen nicht gerecht geworden bin, in späteren Jahren auch dadurch, dass ich nach dem Schreibtisch zu Begegnungen und entsprechenden notwendigen Mobilitäten keine Kraft mehr habe.

Die Last der Erbsünde besteht nicht nur in bösen Taten, sondern durchgängig auch darin, dass mein Leben und Arbeiten und dann auch meine Begegnungen immer eine Art „positiver Diskriminierung" ausgeliefert sind, mit jedem Wort an einen Menschen wird anderen ein Wort entzogen, mit jeder Tat wird anderen eine ähnliche Tat verweigert.

Was Primo Levi bei aller Deutlichkeit, dass er schuldloses Opfer und kein Mörder gewesen sei, gleichwohl immer wieder gedacht hat, war: „dass er auf Kosten anderer überlebt hat, dass sein eigenes Handeln oder Nicht-Handeln zum Tod Anderer geführt hat und dass sein eigenes Überleben angesichts des Todes eines Anderen an seiner Stelle unerträglich war. Er scheint der Meinung zu sein, an Stelle eines Anderen überlebt zu haben und hielt sein eigenes Überleben deshalb für eine illegitime Besetzung eines Platzes im Leben, der einem Anderen zustand."[1]

Primo Levi selbst kann diese Sensibilität für keinen Bereich und für keinen Menschen mehr verabschieden: „Es ist nur eine Vermutung, ja eigentlich nur der Schatten eines Verdachts: dass jeder der Kain seines Bruders ist, dass jeder von uns (und dieses Mal gebrauche ich das Wort ‚uns' in einem sehr umfassenden, geradezu universalen Sinn) seinen Nächsten verdrängt hat und an seiner statt lebt. Es handelt sich nur um eine Vermutung, aber sie nagt an dir; sie hat sich in deinem tiefsten Inneren eingenistet wie ein Holzwurm. Von außen kann man sie nicht erkennen, aber sie nagt und bohrt."[2]

Diese Einstellung gewinnt über die Unvergleichlichkeit der Shoah hinaus eine allgemeine Bedeutung, und heutzutage eine besondere Brisanz angesichts der strukturellen Verursachungen von Ausgrenzung und Not, mit Schuldzusammenhängen zwischen Menschen und Völkern, die im Wohlergehen leben, und der mehr als eine Milliarde Menschen, die unterhalb des Existenzminimums kaum überleben. Und dann jener Millionen von Menschen, die vor Hunger, Kriegsgewalt und Zerstörung nicht mehr überleben können und auf der Flucht sind.

Ich selbst bin gerade jetzt, im Abschied von der aktiven Zeit an der Universität und zu Beginn meiner Pensionszeit, voll Dankbarkeit Gott gegenüber, dass ich ein so gutes, gesegnetes und privilegiertes Leben geschenkt bekommen habe und gestalten durfte. Aber ich weiß immer mehr um die Schattenseiten dieses Geschenks, wie es sich in vieler Hinsicht auf Kosten anderer Menschen und Völker ereignet.

Darin kommt die von Gott selber zugelassene und geschaffene Grundstruktur der Schöpfung zum Vorschein. Kein Wohlergehen ist unschuldig, auch wenn es zunächst keine persönliche Schuld ist. Aber nichts dagegen tun, wäre dann doch eine persönliche Schuld. Je länger ich lebe, desto bedrängender spüre ich

---

[1] Judith Butler, Am Scheideweg. Judentum und die Kritik des Zionismus, Frankfurt/M.-New York 2013, 218.
[2] Primo Levi, Die Untergegangenen und die Geretteten, München 1990, 81.

die soziale und politische Verantwortung zur Solidarität und desto weniger ist es für mich aushaltbar.

Und ich frage mich umso mehr, wie es für Gott aushaltbar ist, dass ich so leben darf, und andere im Mittelmeer ertrinken. Wie Gott einmal das hinbekommen wird, dass es am Ende eine umfassende Gerechtigkeit gibt, ist mir genauso absolut rätselhaft, wie ich diese Hoffnung nicht aufzugeben vermag. Wer Gott diesbezüglich nicht entschuldigen kann, ruft nach *seiner* Form der Sühne, wenn er denn tatsächlich ein unendlich Liebender ist![3]

Vielleicht denkt manche/r, ich spinne, denn so sei es halt auf dieser Welt und es habe keinen Zweck, sich darüber einen Kopf zu machen. Und nur der liebe Gott könne allen gerecht werden. Tut er aber gerade nicht, jedenfalls noch nicht. Jesus heilt und heilt gleichzeitig andere nicht, geht sogar in die Wüste und lässt die Ungeheilten zurück. Und hat nicht einmal Gewissensbisse dabei. Manche wollen diesen heilsökonomischen Mangelzustand sogar auf die Liebe Gottes übertragen: die einen liebt er, die anderen (vor allem die nicht in einer bestimmten Form an ihn glauben) nicht! Wenn Gott tatsächlich im Weltgericht mit einer solchen Mängelverwaltung seiner Liebe auf uns zukommt, und nicht mit ihrer unendlichen unerschöpflichen Verschwendung, dann kann er mir gestohlen bleiben.

Das meiste dieser Malaise geht auf das Konto des Schöpfers, der uns ein solches Leben zugunsten der Einen und zu Ungunsten der Anderen konstitutiv zumutet. Aber für mich bleibt doch die Gewissensfrage, die mir, kaum nachdem ich in Bamberg die pastorale Arbeit als Studentenpfarrer mit dem Lehrstuhl an der dortigen Universität eingetauscht hatte, ein Student (Jörg hieß er) in der Vorlesung stellte: Wie ich es verantworten könne, meine Verantwortung als Studentenpfarrer für die Studierenden einfach so an den Katheder abzugeben. In der Studentengemeinde sei ich viel notwendiger als hier. Ja, wo ist man notwendiger? Diese Frage habe ich zwar in meiner Diakonietheologie thematisiert, aber für das eigene Leben nur nebenbei zugelassen. Die Parabel vom Barmherzigen Samariter müsste durch eine weitere Figur erweitert werden, die vorübergeht, nämlich neben Priester und Leviten durch mich als wissenschaftlichem Theologen.

# 2. Privilegiert

An den ersten handgreiflichen Kontakt mit der Wissenschaft kann ich mich sehr gut erinnern: Ende der vierziger Jahre, ich war noch im Kindergarten, hat meine

---

[3]  Vgl. Ottmar Fuchs, Der zerrissene Gott. Das trinitarische Gottesbild in den Brüchen der Welt, Ostfildern [2]2014, 45-80.

Mutter in der Nachbarschaft bei einer Frau Professor Ruhl (sie war die Frau eines Professors, der längst gestorben war) die Wohnung geputzt, und ich durfte, wenn ich mich brav verhielt, mitgehen: eine große Altbauwohnung, mit Bücherregalen von unten bis nach oben, und ich durfte sogar Bücher herausnehmen, wenn ich sie an der gleichen Stelle wieder hineinschob, wie die Frau Professor sagte. Während meine Mutter die Wohnung geputzt hat, war ich auf dem Boden gesessen und habe Bücher durchblättert, habe Bilder und Zeichnungen entdeckt, und manche Überschrift konnte ich schon entziffern. Diese Besuche habe ich als wunderbare Erlebnisse in Erinnerung. Niemals wäre mir damals in den Sinn gekommen, dass ich selbst einmal so viele Bücher haben würde.

Ich war ein Leben lang fasziniert vom Studium und vom Schreibtisch. Eine Studentin sagte einmal, ich hätte ein „erotisches Verhältnis" zu letzterem. Schon als Kaplan zwackte ich jede freie Stunde und vor allem die Nachtstunden (zwischen 22.00 und 1.00 Uhr) für das Studium ab. Ich habe meine Seelsorgeaufgaben in diesen fünf Jahren als Kaplan in Nürnberg und weitere fünf Jahre als Studentenpfarrer in Bamberg nicht gerade vernachlässigt, aber es ging doch auch viel Zeit und Energie davon ab in das Studieren.

Durchgehend war ich zu diesem Zeit- und Energiekonflikt gezwungen, weil ich nie zum Weiterstudium freigestellt wurde. Mein damaliger Bischof erlaubte mir zwar zu promovieren, aber hielt die Pastoraltheologie für kein besonders schwieriges Fach, so dass man das schon nebenbei machen könne, wie er meinte.

Da bin ich natürlich anderer Meinung: Denn mit jedem neuen Denkversuch in der wissenschaftlichen Sprache habe ich mich auch immer wieder daran gefreut, eine neue Präzision zu finden. Denn das finde ich so faszinierend schwierig gerade an der Praktischen Theologie, wo mit jedem Themenbereich ein neues Methodenpaket zu schnüren ist, weil man immer nicht nur etwas macht und denkt, sondern reflektiert, warum und wie etwas erreicht und gedacht wird. Methodendiskussion heißt immer, den Weg zur Erkenntnis und zur Wahrnehmung kommunikativ zu gestalten, nicht nur das Wahrgenommene und Gedachte zu vermitteln.

Es kam dann auch zum massiven Konflikt zwischen Pastoral und Wissenschaft, bei dem ich nicht im Geringsten daran zweifelte, dass der wissenschaftliche Weg für mich richtiger sei, als Studentenpfarrer zu bleiben. Dabei durfte ich erleben – ganz gegen Adorno, der das Gute im Falschen nicht für möglich hält –, dennoch genau dies zu erfahren, dass es Gutes im Verkehrten gibt. So war es aus meiner Perspektive falsch, dass mich mein damaliger Bischof daran gehindert hat, einen Ruf nach Eichstätt anzunehmen, weil er mir die Erlaubnis zur Habilitation nicht erteilt habe.

Nun, nachdem ich einmal gehorsam war, durfte ich habilitieren und bekam den Ruf nach Bamberg (hier auf den Lehrstuhl für Pastoraltheologie, dort für Religionspädagogik). Was ich gerade in dieser Zeit als Studentenpfarrer an Begegnungen und Beziehungen erleben durfte, auch Intensität von beidem, von Pastoral und meiner Arbeit an der Habilitation zum Gebet der Klage, auch hier bei Rolf Zerfaß, möchte ich für mein Leben nicht missen. Nicht mein Wille, sondern der Wille des Bischofs hat mir diese, aus meiner jetzigen Perspektive gesehen, bessere Zukunft ermöglicht.

Ja, ich habe dieses Leben in der Wissenschaft als Privileg genossen, und dafür bin ich sehr dankbar! Aber zunehmend sehe ich auch diesen Schatten: Wäre das Leben mehr wert gewesen, wenn ich hauptamtlich Seelsorger geblieben wäre? Ich drängte mich tatsächlich mit aller Kraft in die Wissenschaft. Auch gegen manche Hindernisse. Ich liebte es zu denken, zu lesen, zu schreiben, Fragen auf den Grund zu gehen. Jahrzehntelang bis ins Alter mit jungen Menschen zu studieren, Themen zu bearbeiten, phantasievoll nachzudenken und die Wirklichkeit genauestens wahrzunehmen, und wenigstens in Büchern, Aufsätzen, Seminaren und Vorlesungen die Wirklichkeit zu verändern. Und ich liebe es bis heute, Schülerinnen und Schüler zu haben, von und mit ihnen zu lernen und mit großer Freude ihre Erfolge und weiteren Wege zu erleben. Ihre Dankbarkeit ist eine große Gnade für mich.

Dabei war es für mich, beginnend mit dem Studium nach dem Abitur, besonders spannend, in der Wissenschaft eine neue Sprache zu lernen, auch eine neue Fremdsprache. Und erlebte dabei: Je komplexer ich etwas durchdenken wollte, desto komplexer wird dabei auch die Sprache. Nicht nur was Fremdwörter anbelangt, sondern auch die Struktur der Sätze, in denen man möglichst zugriffig und umfassend einen Sachverhalt klären will. In einer Rezension schrieb jemand einmal: Herr Fuchs, machen Sie einen Punkt! Und erst vor kurzem habe ich einen ärgerlichen Brief bekommen, warum ich das alles so kompliziert ausdrücke und ob dies nicht auch alles viel einfacher gesagt werden könne. Ja, sicher, andere können das, aber ich nicht, oder erst im zweiten Gang.

Bis heute ist diese sekundäre Sprache der Wissenschaft meine erste Sprache, um über etwas gründlicher nachzudenken. Erst nachträglich kann ich den Text, wenn ich noch Zeit dazu habe, bearbeiten, indem ich Fremdwörter austausche, längere Sätze verkürze u.ä. Es ist verständlicherweise schwer zu vermitteln, dass die komplizierte Sprache eher eine Schwäche als eine Stärke ist. Ich kann es einfach nicht anders und bewundere all diejenigen, die Komplexes unmittelbar in eine verständliche Sprache fassen können; hier bewundere ich vor allem die Bücher des Philosophen Rüdiger Safranski.

Vielleicht ist dies auch ein Schichtenproblem und hängt damit zusammen, dass ich aus einem wunderbaren Elternhaus komme, in dem es allerdings keine Bücher gab, die musste ich mir immer aus der Stadtbücherei ausleihen oder ich bekam sie über die Lernmittelfreiheit an den Schulen ins Haus. Vielleicht fehlte mir eine „elaborierte" deutsche Sprache, so dass ich die komplizierte erlernen musste. Es ist also eher mein *Problem*, als ein Ausdruck wissenschaftlicher Hochnäsigkeit oder Exklusivität.

# 3. „Nach" der Shoah

Seit ich Mitte der fünfziger Jahre, fast noch ein Kind, das erste Mal heimlich von der Kinder- und Jugendbuchabteilung der Erlanger Stadtbücherei in den Erwachsenenbereich hinüber schlich, dort in der zeitgenössischen Geschichtsabteilung gelandet bin und einen der ersten Dokumentationsbände über die Judenverfolgung im Nazi-Deutschland in die Hand bekam: Seit diesem Schock der Bilder, der mich bis ins Innerste traf, hat mich dieses „Thema" nie wieder verlassen.

Meine Praktische Theologie blieb zunächst davon wenig geprägt, ganz parallel zum Diskursverlauf der Praktischen Theologie überhaupt. Nicht dass die selbstkritische Erinnerung an Auschwitz vor allem in ihrem Kontakt zu entsprechenden Paradigmen in anderen theologischen Disziplinen, vor allem in der Fundamentaltheologie von Johann Baptist Metz, nicht Einfluss in der Pastoraltheologie gewonnen hätte, auch der christlich-jüdische Dialog wird in ihr thematisiert,[4] doch wird man dieser Disziplin kaum mit der Feststellung Unrecht tun, dass sie sich fachspezifisch, inhaltlich und methodisch eher von sozialphilosophischen Konzepten (z.B. Habermas), von wissenschaftstheoretischen Verhältnisbestimmungen von Praxis und Theorie, von den empirischen Sozialwissenschaften vor allem hinsichtlich des Ausbaus ihrer empirisch gesicherten Wahrnehmungskapazität, optional von den Theologien der Befreiung vornehmlich in Südamerika und Afrika sowie von der damit mehr oder weniger verbundenen Diakoniediskussion hat leiten lassen als von der Beziehung zum jüdischen Volk, zu seiner Geschichte und „von Auschwitz her".

„Auschwitz", und wofür es insgesamt steht, ist ein „theologischer Ort", von dem sich die christlichen Inhalte ihrer bisherigen Selbstverständlichkeit gründlich beraubt erfahren, und der so zu einer neuen, nunmehr gebrochenen „Identität" führt. Methodisch zeigt sich dabei, dass die vieles andere, wenn nicht alles andere mittende Erinnerung an das tödliche „Brechen" menschlichen Lebens auch die theologischen Diskurse nicht ungebrochen sein lässt, und damit auch ein Gericht über vergangene Diskurse ausspricht, nämlich dass sie derart schon von Anfang an nicht hätten sein dürfen. Auschwitz kann nicht in bestehende Konzepte „integriert" werden, sondern wird zum Ort expansiver Desintegration für die Gottes-, Sinn- und Methodenvorstellungen. Auschwitz kann niemals Objekt der Beobachtung sein, sondern bleibt immer ein eigenes Subjekt, worin leidenden und zerstörten Menschen wie aber auch zerstörenden Menschen jeweils als solchen zu begegnen ist, in Erschütterung und Erschrecken, in vorschneller

---

[4]  Vgl. vor allem hier das praktische und wissenschaftliche Engagement meiner Kollegen Hanspeter Heinz (Augsburg) für den jüdisch-christlichen Dialog und Heinz-Günther Schöttler (Regensburg) im homiletischen Bereich.

Antwortverweigerung, aber in schnellstmöglicher Verantwortung für ein Leben, das dieser Erinnerung „gerecht" wird, ohne dies selbst je endgültig werden zu können.

Wenn diese die bisherigen Brücken (zu unserer eigenen Identität) entbrückende Hermeneutik annähernd den Kern der Begegnung mit Auschwitz charakterisieren sollte, dann ergeben sich daraus elementare und fundamentale Konsequenzen auch für die Optionen und Methoden der Praktischen Theologie, allerdings nicht als Fertigkeitsrezepte verstanden, sondern als Reaktion, die das, was ihr bisher wichtig war, unterbrechen und das Bisherige nur dann fortführen kann, wenn es durch diese Brechung gegangen ist. Zugleich wird sie sich darüber zu rechtfertigen haben, inwiefern genau in diesem Prozess auch ihre christliche Identität als solche vertieft und radikalisiert, d.h. auf ihre Wurzeln gebracht und von diesen her profiliert wird. Dies kann nicht in der Kategorie einer Lehre geschehen, die aus einem Ereignis gezogen wird und dann vom Ereignis selbst abstrahiert werden könnte, sondern das Ereignis bleibt selbst noch in seiner Ernstnahme widerborstig präsent. Als solches attackiert es das Denken und das Handeln auf immer noch verantwortungsvollere Theologie und Praxis hin. Denn was in Auschwitz geschehen ist, wofür es, bei aller Unvergleichbarkeit, doch in relativer Vergleichbarkeit weltgeschichtlich steht, ist die unauslotbare menschliche Leidensgeschichte, die nie „zu Ende" gedacht und in einen deckungsgleichen Respons der Erschütterung und Verantwortung gebracht werden kann.

# 4. Rondonia

Walter Benjamin hat Recht: Es gibt eine Ursprungswirklichkeit unter oder hinter der Kontinuität des Alltags. Er gebraucht das Bild von Fluss und Strudel:[5] Der Strudel steht quer zur Richtung des Flusses und dreht in die Tiefe, manchmal bis zum Grund. Die Erfahrungsformen, auf diesem Grund von Leben und Schöpfung zu kommen, sind Brucherfahrungen, die den Fluss des Lebens unterbrechen und ein buchstäblich tiefgehendes Innehalten ermöglichen. Dieser Grund kann Wirklichkeiten verbinden, die auf der Oberfläche völlig unterschiedlich ausschauen und auch weit voneinander entfernt sein können. Hier fügt sich ein anderes Bild von Walter Benjamin an: Nämlich dass das Grundwasser viele Quellen verbindet und mit dem gleichen Wasser speist, obgleich sie an der Erdoberfläche weit voneinander entfernt sein können.

Die Steiermark ist weit weg vom Frankenland. Aber schon als wir uns in Bamberg im Herbst 1966 zum ersten Semester an der Phil.-Theol. Hochschule

---

[5]  Vgl. Christian Bauer / Michael Schüssler (Hg.), Jeder Fluss hat seine Strudel, Ostfildern 2010.

Bamberg trafen und noch mehr als Franz Weber von Brasilien zurückkam und mit seiner Habilitation begann, da haben wir intensiv gespürt, dass wir „unterirdisch" zusammengehören, dass uns etwas Autochthones verbindet: herangewachsen in 800 km voneinander entfernten Elternhäusern der sogenannten „Unterschicht", der so genannten „einfachen Leute", jeweils verbunden mit der eigenen Landschaft und Kultur und gerade darin verbunden mit gemeinsamen Ursprüngen von Leben und Glauben.

Wo immer wir sind und wo immer wir uns treffen, tragen wir unsere Heimat mit uns, die uns in dieser Tiefe verbindet. Ich finde hier sehr schön, was Werner Bergengruen einmal über sein Verhältnis zu seiner Heimat, zum Baltikum, schreibt: „Ich bin im Grunde ein agrarischer Mensch, wie unter den Balten ja auch jeder Städter im Grunde agrarische Menschen sind. Ich ertappe mich lächerlicherweise selbst in Berlin immer wieder dabei, dass ich den Asphalt des Bürgersteiges meide und, wo es möglich ist, auf jenem schmalen Erdstreifen gehe, in dem man ab und zu einen symbolisch gemeinten Alleebaum gesteckt hat." Überall kann Bergengruen so ein Stück Erde mit seiner herkünftigen Heimat verbinden und deshalb neue Heimat finden. Und wo immer wir sind, sei es in Tirol oder Franken, sind wir das, was wir von unserer Landschaft her geworden sind. Dies dürfte auch zutreffen für all das, was wir geschrieben haben. Bergengruen formuliert dies so: „Ich habe wohl kaum etwas geschrieben, dessen heimlichen oder offenkundigen Grund nicht die Landschaft bildete, die empirische wie die mythische."[6]

Das eindrucksvollste Erlebnis mit Franz Weber hatte ich an einem Abend und dem darauffolgenden Morgen in einer Missionsstation der Comboni Missionare in Rondonia im Amazonasgebiet von Brasilien. Es war ein äußerst frischer Wind aus dem Süden, den ich damals erleben durfte.[7] Nicht nur für meinen Glauben und für meine Theologie, sondern auch hinsichtlich meines Leibes.

Die erste Erfahrung: als ich mich ins Bett legen wollte, brach es vollständig durch. Und ich verschwand in den Trümmern. Franz hatte ganz schön zu tun, um mich wieder herauszupulen. Man muss sich das vorstellen, völlig müde vom Tag, nach vielen Stunden Busfahrt, Gesprächen und Begegnungen, sich gelöst ins Bett fallen lassen und dann das Gegenteil davon zu erleben. Hier habe ich körperlich gelernt, was es heißt, aus den Ruinen heraus wieder aufzustehen. Und wie sehr man dabei auf die Hilfe eines Freundes angewiesen ist.

Am nächsten Morgen die andere Erfahrung: nämlich wie man aus einem Zahnbecher mit Wasser eine relative Vollkörperwäsche mit anschließendem Zähneputzen durchführen kann. Das Erstere sogar mit Seife! Hier konnte ich leiblich erleben, was es heißt, mit Ressourcenknappheit umzugehen. Und ohne

---

[6]  Werner Bergengruen, Herzog Karl der Kühne oder Gemüt und Schicksal, Hamburg 1943, 347-348.

[7]  Vgl. Franz Weber (Hg.), Frischer Wind aus dem Süden. Impulse aus den Basisgemeinden, Innsbruck 1998.

die kundige Anleitung von Franz hätte ich das nie geschafft: wie man das Wasser portioniert, in welcher Reihenfolge es wofür eingesetzt wird und wie man dabei den Kampf gegen den stinkenden Körper gewinnt.

Genau das macht die Theologie so unhintergehbar, wenn sie mit dieser Unmittelbarkeit menschlichen Lebens und Überlebens verbunden ist: und dort kann nichts wegdiskutiert werden, sondern von dort aus kann man überhaupt erst das Denken beginnen. Schmerzen des Leibes, der Armut, der Unterdrückung sind durch nichts hintergehbar, sondern etwas, dem unmittelbar abzuhelfen ist, ohne Diskussion. Der Diskurs hat sich diesen vitalen Noterfahrungen zu beugen, hat sich davon affizieren, infizieren, unter- und zerbrechen zu lassen. Alles Denken, das davon abstrahiert und noch so intelligente Argumente für „Gott weiß was" (aber nicht für „Gott will was") anhäuft, erweist sich als suspekt, im Sinne eines radikalen Antiplatonismus, will man darunter die eher neuplatonische Variante verstehen, dass die Idee wertvoller sei als die wirklichen Phänomene der Erfahrung. Papst Franziskus hält dagegen: nämlich dass die Fragmentarität des Lebens wichtiger ist als über alle Wirklichkeit siegreiche platonische Idealismen; dass die Erfahrungen wichtiger sind als abstrakte Argumente, denn: „Die Wirklichkeit ist wichtiger als die Idee".[8]

Der Gottesdienst in Rondonia in Erinnerung an den damals vor zehn Jahren ermordeten Combonimissionar Pater Ezequiel war zugleich seine Auferstehungsfeier, in das Volk hinein, in seine Hoffnung und für ihn selbst, in Gott hinein: Pater Ezequiel, dem die Feinde den Dialog und damit das Wort verweigern, und der am Ende nur noch seinen Leib für die Bewahrheitung seines Anliegens einsetzen kann. Der christliche Wahrheitsbegriff ist ein im Leib verwurzelter, darin punktueller. Denn flächendeckend ist Gott nicht Mensch geworden: jener, der von sich sagt: ich bin der Weg, die Wahrheit und das Leben.

Das ist es, was mich bewegt, angefangen von Zahnbecher mit Wasser für die Gesamtkörperwäsche, über die Begrenzungen und Möglichkeiten des Leibes bis zu der Einsicht Adornos, dass auch das Denken Anteil hat an der Ambivalenz des Leibes, an seinem Wohlgeruch und an seinem Gestank. Auch die angeblich reinen Schreibtische können zum Himmel stinken.

Das macht ja gerade die Option für die Armen aus, dass das Evangelium, wie bei Jesus auch, in seinen Begegnungen mit den Menschen, nicht bewusstseinsreduziert verstanden werden darf, sondern dass es die soziale und körperliche Leiblichkeit trifft – in diesem Leben, und in der Neuschöpfung des leiblichen Lebens über den Tod hinaus. Die Menschenwürde ist nicht an die Bedingung eines bestimmten Bewusstseins gebunden, sondern an die nackte Leiblichkeit. Der bewusstlose Anfang des Embryos und das bewusstseinsreduzierte Ende im Alter tangieren nicht die Menschenwürde. Wir haben in der Gesellschaft eine ansteigende Plausibilisierung dafür, dass die Menschenwürde bedingungshaft an die Bewusstseinskompetenz und Unbehindertheit gebunden wird. Mehrfach

---

[8]  Papst Franziskus, Apostolisches Schreiben Evangelii gaudium, (Verlautbarungen des Apostolischen Stuhls 194), Bonn 2013, Nr. 231-233.

und vor allem stark geistig behinderte Menschen (wenn man es überhaupt so formulieren darf) fallen aus diesem Menschenwürdebegriff heraus und werden zuerst prä- und dann postnatal um ihr Leben zu bangen haben. Der durch Gewalt geschändete oder durch Exklusion bedrohte Leib ist der urevidente, nicht mehr hintergehbare Ort der Theologie.

Für mich persönlich wird immer mehr klar, für meinen Glauben und meine Theologie: genau das, was Judentum und Islam nur schwerlich akzeptieren können, nämlich dass Gott Mensch wird, ist angesichts dieser so leidvollen und gewaltvollen Welt überhaupt noch die einzige Möglichkeit, an einen Gott zu glauben, ihm zu vertrauen und ihm überhaupt ein Wort abzunehmen. Wenn er uns schon keine Antworten gibt, dann doch wenigstens jene Solidarität, die ihn auch die Erfahrung leidvoller Leiblichkeit und des Todes selbst zufügt. Unterhalb dieses Niveaus braucht er uns gar nicht zu kommen. Ein Gott, der über dem Sternenzelt bliebe, hätte alle Glaubwürdigkeit verloren.

# 5. Richtungen

Die Selbstverständlichkeit, mit der Kirche und Glaube positiv gesehen wurden, wie ich sie vor allem bei meiner Mutter erlebte, ist erst im Studium einer kritischen Sicht gewichen. Übrigens habe ich vor allem in den letzten Jahren in meiner Lehrtätigkeit wieder erlebt, dass sich Studierende am Anfang des Studiums darin schwer taten, zu verstehen, was eine kritische Theorie gegenüber der Wirklichkeit bedeutet und dass die Realität nicht inhaltlich deswegen besser einzuschätzen sei als eine andere Möglichkeit, nur weil sie die Macht hat, Realität zu sein. Nun, für mich war die Studentenbewegung wie auch die unmittelbare Zeit nach dem Zweiten Vatikanum, worin mein Studium fiel, so etwas wie ein Durchlauferhitzer in dieser kritischen Einstellung der Wirklichkeit und ihrer Herrschaften gegenüber, und zwar aus ganz bestimmten inhaltlichen Perspektiven heraus. Dies galt gegenüber der Gesellschaft genauso wie gegenüber kirchlichen Verhältnissen.

In diesen 33 Jahren an der Universität hat sich meine Einstellung zur Wissenschaft oder besser: zu den Kriterien der Wissenschaftlichkeit verändert. Vor allem im Zusammenhang mit meinen Dekanatszeiten, zwei Jahre an der Bamberger theologischen Fakultät und vier Jahre an der theologischen Fakultät in Tübingen. Das allzu Menschliche in unserer Zunft vermag hier auch die diffizilste Argumentation zu instrumentalisieren. Im oberfränkischen Dialekt gibt es einen Ausdruck, der prima verbildlicht, was etwas wert ist, das viel von sich hermacht und dann doch nichts oder nicht viel bringt: nämlich dass dies ein

„aufg'stellter Mausdreck" sei. Das gibt es überall, aber eben auch im wissenschaftlichen Bereich. Und vor allem die Praktische Theologie hat sich davor zu hüten.

War mein Wissenschaftsverständnis anfangs auf unnachgiebige Genauigkeit in Theorie und Methode aus, so hat sich das im Laufe der Jahre verändert und ich habe einer ungebahnten, auch zufälligen Kreativität viel mehr wissenschaftliche Qualität zugeschrieben.[9] Die Lebenszeit, auch die man in Qualifikationsarbeiten investiert, ist einfach zu kurz, als dass man sie mit einem jahrelangen, bei manchen jahrzehntelangen Vollkommenheitswahn verschwenden sollte. Wichtiger als alles gelesen zu haben, ist selber zu denken, und dabei nicht alle, aber viele Kontakte dem Zufall zu überlassen.

Auf meinem Primizbild hatte ich den Spruch von Ernst Käsemann: „Gnade, die nicht tätig wird, ist Einbildung!" Derart leistungsorientiert sind wir nicht nur in die Pastoral gegangen, sondern auch in die Wissenschaft. Wir haben insbesondere in der Praktischen Theologie vor allem jene Sprechakte angezielt, mit denen etwas zu verändern ist, also in denen zu einem bestimmten Handeln aufgefordert wird. Meinen spirituellen und auch wissenschaftlichen Weg kann ich im Nachhinein als eine langsame, aber stetige und unaufhaltsame Dynamik von der Leistung und Last zur Gnade und Ermöglichung beschreiben. Denn auch wenn der Mensch nichts tut, ja wenn er böse ist, ist die Gnade keine Einbildung, sondern sie ist absolut gegeben, nicht unbeeindruckt, aber unabhängig von dem, was Menschen tun oder nicht tun. Und sie wird sich im Gericht für alle erlebnistief und kontrastreich als solche offenbaren.

Mit der Bibelbezogenheit der Pastoraltheologie habe ich begonnen, sie auch bis heute durchgetragen, habe dann im Zusammenhang mit der AIDS-Problematik die von mir bis dahin kaum – jedenfalls nicht thematisch – beachtete Seite der diakonischen Theologie wahrgenommen und vielleicht auch ein wenig inspiriert, und schließlich bin ich, für manche Kollegen und Kolleginnen allzu sehr, in der systematischen Theologie gelandet, so sehr, dass Bernd Jochen Hilberath in Tübingen, mein Kollege in der Dogmatik, einmal in seiner Fasenachtsvorlesung gesagt hat: „Fuchs, du hast mir meine Traktate gestohlen." Diese freundschaftliche Ironie schließt nicht aus, dass es mir nicht um Übergriffe in die Systematik hinein ging, sondern dass ich gar nicht anders konnte – und zwar aus praktischen Gründen –, mich in einer heftigen Weise der Gottesfrage auszusetzen, einer Frage, die vornehmlich in der Dogmatik und der Fundamentaltheologie erörtert wird. Aber spätestens jetzt haben wir eine gesellschaftliche und spirituelle Umgebung, in der die Frage nach dem Glauben und dem Glaubenkönnen und dem Nicht-glauben-Müssen und die Frage nach einem guten Gott in der schlechten Erfahrung der Menschen ein höchst pastorales Problem darstellen.

---

[9] Vgl. Ottmar Fuchs, Wie der Zufall so spielt, in: Johann Pock / Birgit Hoyer / Michael Schüßler (Hg.), Ausgesetzt. Exklusionsdynamiken und Exposureprozesse in der Praktischen Theologie (Werkstatt Theologie 20), Wien-Berlin 2012, 185-198.

Es war mir immer ein Anliegen, und ich habe dies erst kürzlich beim Kongress der Pastoraltheologen gesagt, dass ich in mein Plädoyer für die Vielfalt der Glaubensformen in und zwischen den Kirchen und überhaupt des menschlichen Lebens in unterschiedlichen Kulturen und Vorgegebenheiten, keine ausschließe, auch die nicht, die diese Vielfalt ausschließt. An Pluralitätsterror ist nicht zu denken. Man muss dann allerdings einen modus vivendi finden, dass die exklusive Wahrheitsbeanspruchung einer Gruppe nicht das Glaubens- und Lebensrecht anderer Gruppen tangiert. Noch mehr bin ich dafür, dass überhaupt auch Lebens- und Gemeinschaftsformen aus der Vergangenheit Gegenwart sein dürfen und nicht gezwungen werden dürfen, andere Formen, angeblich modernere anzunehmen. Zeitgemäßheit darf kein Diktat gegenüber jenen sein, die nicht zeitgemäß sein wollen.[10]

Was mich seit Jahren beschäftigt, ist schließlich die Ethik einer vielfältigen Publikationsstrategie. Ich habe die Erfahrung gemacht: In eher versteckten Artikeln habe ich Inhalte publiziert, die auch Jahrzehnte danach noch nicht sehr wahrgenommen wurden. Und was will man denn als Wissenschaftler und vor allem als Pastoraltheologe mehr, als dass das, was man für wichtig hält, auch rezipiert wird. Erst als ich manche Beiträge thematisch zusammenstellte und Bücher daraus machte, durchaus mit neuen Anteilen und auch Überarbeitungen der bisherigen Texte, kamen die Ideen in ein breiteres Publikum, manchmal sogar in die zweite Auflage. Ähnliches geschieht, wenn man eingeladen wird, auf dem Hintergrund eines Vortrags für dessen Publikation wieder etwas zu schreiben, was anderswo bereits veröffentlicht wurde, jetzt mit einigen Veränderungen, aber doch das ähnliche Thema. Ich tue das in der Regel, weil der neue LeserInnenkreis dann meistens ein ganz anderer ist als der vorhergehende.

Ich muss mich hier sicher auch der negativen Sicht dieses Vorgehens aussetzen, nämlich mir zu viel Selbstplagiate und Selbstreferenz leisten zu wollen, manchmal auch im Zitieren eigener Werke, um die genauere Argumentation und die weiteren Literaturbezüge einer Behauptung dort nachlesen zu können. Das Ganze bleibt für mich ein unlösbares Problem. Gerade Wissenschaftler und Wissenschaftlerinnen, die jahrzehntelang in der Wissenschaft sind, und auch für die Wirksamkeit ihrer Gedanken einstehen, und die in biologisch absehbarer Zeit nicht mehr selbst für die Verbreitung ihrer Gedanken einstehen wollen oder können, dürfen hier die entsprechende Freiheit in ihrer Publikationspolitik wahrnehmen.

---

[10]  Vgl. Ottmar Fuchs, Zwischen Wahrhaftigkeit und Macht. Pluralismus in der Kirche?, Frankfurt/M. 1990.

# 6. Pastoralliturgische Bibeltexte

Manchmal gibt es gravierende Neuentdeckungen, auch noch für ältere Semester, und eine immer noch aktuelle will ich wenigstens andeuten. Das habe ich, ein eingefleischter Historisch-Kritischer, was die Bibelexegese anbelangt, erst spät, in einer Seminarveranstaltung mit Ruth Scoralick entdeckt: Gerade die Pastoraltheologie kann ausgesprochen konstruktiv auf eine ganz bestimmte kanonische Bibeltextforschung zugehen und vieles, was ihr inhaltlich und methodisch wichtig ist, darin entdecken und weiterbringen. Dies gilt vor allem für das im Gespräch mit der kanonischen Lektüre geschärfte Verhältnis von Tradition und jeweiliger Gegenwart.

Texte wie das Moseslied in Ex 15,1-21 sind Leuchttürme, die ein besonderes Licht auf die anderen Texte werfen und ihr Verständnis prägen. Man könnte auch, analog zu Archäologie, von einer Tektonik sprechen, insofern hier so etwas wie ein Schnitt durch die Texte geschieht, in dem die unterschiedlichen, subjektbezogen variablen Motive der Texte auf einen Blick sichtbar werden. Solche „Passagen" sind bedeutungs- und handlungsgenerative Unterbrechungen des Textes, worin das im Text, meist narrativ, Vorhergehende und Nachfolgende einer ganz bestimmten Rezeption aufgegeben wird. Nämlich jener Rezeption, die im Volk Israel bezüglich des Exodus vorhanden ist, jener Rituale, die damit verbunden sind. Diese „Senkrechttexte", die quer zum Erzähltext stehen, bedeuten intersituativ sehr viel: insofern sich bereits im Text die Begegnung zwischen zwei Welten – der vergangenen andersortigen mit der jeweils jetzigen an ihrem Ort – ereignet und ähnliche Ereignisse in der Zukunft, also in der Gegenwart der Lektüre will.

Was biblisch begründet und pastoraltheologisch verantwortet ist, wird hier so entfaltet, dass das Erinnerte im Loblied selbst zum Thema wird, analog zur Grundstruktur der biblischen Erinnerung zwischen Vergangenheit und Gegenwart, zwischen Erzählen und Doxologie,[11] also auch des Verhältnisses von Bibel und Pastoral. So sind Erzählungstexte flankiert bzw. unterbrochen von Textteilen, „die einerseits auf anamnetische Vergegenwärtigung und andererseits auf doxologische Performanz der Erzählung zielen."[12]

Das Judit-Lied 16,1-17 ist ein solcher Text, der den Handlungsverlauf unterbricht und Anweisungen für dessen Interpretation gibt. So bringt Vers 5 die Formulierung: „Ja, ich habe erkannt, dass JHWH groß ist und dass unser Herr größer ist als alle Götter". In den Texten zeigt sich der Übergang von der Narrativität zur Interpretation darin, dass Judit bzw. Mose durch das ganze Volk überblendet werden, das mitsingt.

---

[11] Vgl. dazu Ruth Scoralick, Rettung und Untergang. Facetten der Gerechtigkeit Gottes in Exodus 13,17-14,31, in: Theologische Quartalschrift 195 (2015/2), 109-118, 113f.
[12] Ebd., 114.

Hier wird deutlich, dass ein Text der Tradition, hier der Bibeltext, anachronistisch formuliert, eine „Pastoral" in sich enthält: angezielte soziale Vollzugsanweisungen und symboldramatische Regieanweisungen, worin das „überzeitlich", also aus der damaligen Zeit in die gegenwärtige Zeit hineinreichende Gültige als memorative Bestätigung oder Einschärfung gegenwärtiger Praxis ankommt. Indem solche Texte dann auch noch als Lied und Gebet formuliert sind, wird in diesem Vollzug konstitutiv, was im Gotteslob ausgesprochen wird. Im Vollzug des Textes konstituiert sich die Wirklichkeit, die besungen und bedankt wird. So spricht der Dankpsalm 136 nicht nur von der Schöpfung durch Gott, sondern im antiphonalen „denn in Ewigkeit währt seine Liebe" ereignet sich im Beten selbst ein performativer Schöpfungsakt, in dem das darin Ausgedrückte Realität wird.

Egbert Ballhorn spricht hinsichtlich Ex 15 davon, dass sich die Bedeutung des Exodus nicht in der Handlung erschöpft, sondern dass hier die Hermeneutik dieses Ereignisses in einer „zeitübergreifenden Metaphorik" zum Ausdruck kommt.[13] Die Überzeitlichkeit ist also keine platonische Kategorie, sondern eine durch und durch konkrete, insofern sie die jeweilige Jetztzeit ernst nimmt und zugleich um der je neuen Situation willen an keiner Zeit hängen bleibt.

Indem dies in einer Doxologie geschieht, verbindet sich die pastorale mit der spirituellen Qualität dieses Textes. Der Gesang Mirjams und das Lied des Mose verarbeiten nicht nur das erzählerisch gegebene Ereignis, sondern begründen zugleich für Gegenwart und Zukunft, was hier erzählt wird. Solche Zwischentexte heben den (Verlaufs-)Zeitindex auf und formulieren im Sprechakt des Gotteslobes die Kriteriologie des gegenwärtigen und zukünftigen Lebens. Dies geht bis zu dem Paradox (vgl. Ps 137), dass in der Nichtbesingbarkeit der Situation, die semantisch ins Bewusstsein kommt, dann doch im Vollzug das Lied gesungen wird, das Lied von Schöpfung und Rettung, kontrafaktisch zur eigenen Situation. Die im Text zum Vorschein kommende Hermeneutik ist also mit dieser „pastoralen" Intention, nämlich für die Gegenwart und Zukunft relevanzfähig zu sein, immer eine *praktische* Hermeneutik.

Die außerbiblische Pastoral hat selbst die Dignität eines „Leuchtturms" gegenüber der Erinnerung. Denn die Kriterien für die Perspektive auf die narrativen Einheiten kommen aus der gegenwärtigen pastoralen und liturgischen Praxis. Die rituelle und lebensrelevante Praxis des Gottesglaubens bzw. der Gotteshoffnung steuert die Interpretation der „Vergangenheit" der aus der Tradition kommenden narrativen Einheiten. So kann man die kanonische Bibellektüre als besonders differenzierte Manifestation der Sozialhermeneutik biblischer Texte begreifen, insofern die jeweilige gegenwärtige Situation bereits im Text eine ganz bestimmte Leseführung konturiert und von daher dazu ermutigt, im eige-

---

[13] Vgl. Egbert Ballhorn, Mose der Psalmist. Das Siegeslied am Schilfmeer (Exodus 15) und seine Kontextbedeutung für das Exodusbuch, in: Georg Steins (Hg.), Der Bibelkanon in der Bibelauslegung: Beispielexegesen und Methodenreflexionen, Stuttgart 2007, 130-151.

nen Bibelbezug ähnlich vorzugehen. Ist das nicht phantastisch und faszinierend? Und welche Konsequenzen an Bindung *und* Freiheit hat das für das Verhältnis von Bibel und Pastoral?

# 7. Vertrauen zum „Schutzengel"

Im Zusammenhang mit einem Erinnerungsbild aus meiner Kindheit, das mich,
so glaube ich, bis heute geprägt hat, möchte ich nochmals auf die Gnade zu
sprechen kommen: Es ist ja sicher viel leichter, Aufforderungen zur Liebe zu
formulieren, als davon zu sprechen, welche tragende Bedeutung die Gottesbe-
ziehung für unser Leben hat. Nie darf man schweigen von der guten Macht Gottes, die uns die Geborgenheit und Energie schenken kann, die all die Angst im
Vertrauen aushalten und bewältigen hilft, die der zwischenmenschlichen Liebe
oft so zerstörend im Wege steht.

Wenn ich mich an meine frühe Kindheit erinnere, denke ich an ein ganz bestimmtes Bild, das über meinem Bett hing. Ein überdimensional großer Schutzengel führt und beschützt darauf einen Knaben, der über einen Steg geht. Das
ästhetische Urteilsvermögen, es als Kitsch einzustufen, war mir damals noch
fremd. Für mich war das Bild der Ausgangspunkt und bildhafte Ausdruck eines
Vertrauens, das ich haben durfte, wann immer ich es ansah. Da ist einer, zwar
unsichtbar, aber dennoch so real wie auf diesem Bild, der mich begleitet, der
auf meiner Seite steht und der mein Bestes will. Ich kann mich noch an mein
Erstaunen erinnern, als die Eltern erzählten, dass jeder Mensch einen solchen
Schutzengel habe. Eine solche verschwenderische Investition Gottes für alle
Menschen, eine solche Verdoppelung der Menschen im Himmel schien mir sa-
genhaft.

Dieses Schutzengelbild war für mich ein Symbol der Geborgenheit und des
Vertrauens. Zumal es eingebettet war in ganz bestimmte Begegnungen und
Handlungen zwischen Eltern und Kind. Indem die Eltern von dem Engel und
Gott erzählten und durch ihre eigene schützende Sorge die Verheißung des Bildes gegenwärtig machten, wurde es glaubwürdig auch in bezug auf den Engel
Gottes. Die innere Struktur dieses Bildes ist mir, wenn auch in der Ausdrucks-
form immer wieder verändert, als Grundmatrix meines Glaubens geblieben. Da
ist einer, ein Unsichtbarer und Nicht-Greifbarer, auf den man sich verlassen
kann. Dass später der Schutzengel durch Christus und Gott, auch durch die
Schutzmantelmaria ausgewechselt wurde, verändert ja nichts an der einmal in-
negewordenen Grundbegegnung des Vertrauens.

Als mich Rainer Krockauer in unserem Interviewband[14] danach gefragt hat, „wie sich der Katholizismus anfühlt", habe ich geantwortet: „Ja, das ist ein schöner Begriff: ‚Wie es sich anfühlt', das gefällt mir sehr gut. Weil der Katholizismus davon lebt zu berühren, zunächst in der Frömmigkeit: das ist bei den Heiligen so, wenn ich hinaufgehe zur Adelgundis auf den Staffelberg,[15] da sehe ich immer wieder Leute, die ihre Statue berühren. Das Sinnliche, das Berührbare, das geht dann bis hinein in den Bereich der Diakonie, sich von Menschen berühren zu lassen, bis in die Geschichte etwa von Franz von Assisi hinein, der sich vom Aussätzigen küssen lässt. Für beide Bereiche, für die Spiritualität und für die Caritas, gilt: … dass auch das Materielle in das Heilige mitaufgenommen ist, bis zur Theologie des französischen Jesuiten Teilhard de Chardin, der den Glauben an Christus mit dem ganzen Kosmos verbindet." Als wir über Frömmigkeit sprachen, habe ich in ähnlichem Zusammenhang davon gesprochen, dass sich in den Heiligen die Gegenwart Gottes spiegelt, leiblich erfahrbar, „bis in die Leiblichkeit von Heiligenstatuen, die ich berühren kann. Diese Präsenz tut gut, weil hier an eine gute Kraft im Himmel geglaubt wird, die in der Berührung einsteht für die Menschen mit ihren Bitten und Möglichkeiten. Es ist natürlich die Kraft Gottes, aber sie ist bebildert und repräsentiert durch ganz bestimmte Figuren, an denen man diese Kraft ganz anders ablesen kann als an der Abstraktion ‚Gott'."

In der doxologischen Spannung gibt es nicht ein „entweder – oder", sondern ein „sowohl – als auch". So wird es Augenblicke geben, in denen man sich aus ganz bestimmten Notzeiten heraus in die „naive" Frömmigkeit hineinbegibt, um wenigstens dadurch noch etwas Hoffnung in den Blick zu bekommen. So bekenne ich mich zu der fantastischen Inkonsequenz, zwischen der nur leisen Hoffnung, dass Gott doch zuweilen und ungerechterweise hilft, dass im Diesseits manches gut geht, und der großen Hoffnung, dass auch dann, wenn sich hier und gerade dann wenn sich hier nichts ereignet, der letzte Abgrund in die unendliche Grundlosigkeit der Liebe fällt. So wallfahre ich jeden zweiten, dritten Tag, wenn ich zuhause zwischen Bamberg und Lichtenfels bin, auf den Staffelberg zur heiligen Adelgundis, damit sie mit Gottes Hilfe denen hilft, die an Krebs erkrankt sind, und so weiß ich, dass wir angesichts vieler, denen nie geholfen wird, kein Anrecht auf diese Hilfe haben. Weil Gott diese Welt unergründlicherweise so gewollt hat. Dafür ist er nicht zu entschuldigen. Aber auch: Gott muss mir nicht nutzbar sein, um existieren zu dürfen.

Wenn ich diesen „roten Faden" weiter spinne, dann fällt mir ein, dass mich in den Geschichten der Bibel immer wieder die fasziniert haben, in denen Glauben als ein „Sich-Festmachen-in-Gott" verkündet wird, in denen die Freiheit der

---

[14]  Vgl. Rainer Bucher / Rainer Krockauer, Im Gespräch mit Ottmar Fuchs: Es geht nichts verloren, Würzburg 2010, 30.
[15]  Vgl. Ulrike Bechmann, Ulrike, „Det is ja ne Frau!" Adelgundis, die wahre Herrin des Staffelbergs, in: dies. / Joachim Kügler / Manfred Böhm (Hg.), Wohlauf, die Luft geht frisch und rein. Deologische Dragdade zum Lied der Franken, Würzburg 2010, 50-55.

gläubigen Menschen darin besteht, dass sie in der Sorglosigkeit der „Vögel des Himmels" im Grunde nichts festzuhalten und krampfhaft zu sichern brauchen, sondern „loslassen" können, weil ihre Sicherheit in Gott selbst zuverlässig festgemacht ist. Deshalb haben mich immer schon die Gestalten in Bibel- und Kirchengeschichte angerührt, die, ohne ihren Ausgang berechnen zu können, auf eine Verheißung oder auf eine biblische Geschichte hin sich auf den Weg gemacht und ihr Leben verändert haben (Abraham, Franz von Assisi usw.). Auch im Horizont der Flüchtlingsthematik wird deutlich, dass ein solches Gottvertrauen auf keinen Fall nur etwas Individuelles ist, sondern massive politische Konsequenz haben kann. Denn wer seine Sicherheit in Gott festmacht, der braucht weder individuelle noch kollektive Aussperrung, um sich sicher fühlen zu können.

Natürlich gibt es in meiner Glaubensgeschichte etliche und zum Teil lange Passagen der Wüste, des Nicht-Glauben-Könnens und manchmal auch des Nicht-Wollens, der Ausgelaugtheit und der Enttäuschungen. Wenn etwas mich dann wieder erholen ließ, waren es Menschen oder Erinnerungen oder erzählte Geschichten, die es Gott abnehmen konnten und sich darauf verließen, dass er uns und jeden von uns unbedingt will und liebt. Die Grundmatrix des Schutzengelbildes konnte dann wieder Leben gewinnen. Das meine ich von meiner eigenen Biographie her, wenn ich von der Ressource des Gottesglaubens für unser Leben spreche. Denn nur in Liebe Beschützte können solidarisch beschützen.

Das Gottvertrauen des Schutzengelbildes ist mir geblieben, allerdings durch viele Brüche hindurchgehend, auch gebrochen, aber dennoch, zumindest in der Doxologie, im kontrafaktischen Lobpreis Gottes noch aufrechterhalten, manchmal noch trotzig, obwohl alles, auch Gott dagegen spricht. Am Ende muss ich dies alles dem künftigen Gericht überlassen. Ich habe keine Angst davor, aber eine gründliche Gottesfurcht, was da alles zum Vorschein kommt, wo ich Inhalten und Menschen nicht gerecht geworden bin, sicher auch ohne es bis dahin gewusst zu haben.

Gott bleibt der große weite Horizont des Guten und die unerschöpfliche Motivation zum Guten, fraglos vorausgesetzt und immer anbet- und berufbar. Darin ist Gott bereits ein großes Geheimnis. Doch hat sich dieses Gottesverhältnis vor allem durch meine Erfahrungen und Arbeiten zur Spiritualität der Klage kontrastreich erweitert. Gott ist nun auch insofern der Raum des Geheimnisses, als er mit völlig Unverständlichem und Unverzeihlichem konfrontiert wird. Eine darüber hinausgehende Doxologie ist nun nicht mehr nur ein Kontinuitätsprogramm, nämlich dass das Gute im Lobpreis mündet, sondern ein Vorgang der Diskontinuität, der Dekonstruktion derartiger Einstellungen auf eine Doxologie hin, die sich in der Ruine zu ereignen vermag.[16] Vielleicht sollten wir aus dieser Perspektive einen alten Sprechakt der Theologie neu gewinnen, nämlich die Textsorte, die Anselm von Canterbury eingeführt hat, nämlich die Theologie

---

[16] Vgl. Fuchs, Der zerrissene Gott, 219-225.

als Proslogion, als Anrede, als Gebet zu rekonstruieren, in dem alles Gedachte nochmals an Gott abgegeben wird und in dem keine Ambivalenz unterschlagen wird.

WALTER FÜRST

# Pastoraltheologie in der Tradition der ‚Tübinger Schule'

– weiter entwickelt im Geist des Konzils

Die Generation von Pastoraltheologen, der ich angehöre, ist in ihrem beruflichen und theologischen Werdegang nachhaltig vom Ereignis des Zweiten Vatikanischen Konzils geprägt, allein schon aus Gründen der unmittelbaren Zeitgenossenschaft: Ende 1961 erfolgte die offizielle Einberufung des Konzils; im selben Jahr habe ich mit dem Theologiestudium in Tübingen begonnen. Die feierliche Schlusssitzung des Konzils im Dezember 1965 fand statt als ich Alumnus im Rottenburger Priesterseminar war.

Ich erinnere mich lebhaft: Es war die Zeit eines als frühlingshaft empfundenen Neuaufbruchs in der Kirche. Das von Johannes XXIII. überraschend angekündigte Konzil wurde von Katholiken und Nichtkatholiken mit Enthusiasmus begrüßt und weckte über die Grenzen der Kirche hinaus große Hoffnungen. Wenngleich die Konzilsankündigung für mich persönlich nicht der unmittelbare Anlass für die Berufswahl war – ich fasste den Entschluss, Theologie zu studieren, schon einige Jahre zuvor auf dem Gymnasium –, hatte die Begeisterung, die Papst Johannes mit seiner epochemachenden Idee allenthalben auslöste, mein Vorhaben, „als Priester in die Seelsorge zu gehen", außerordentlich beflügelt. Das galt übrigens nicht nur für mich, sondern für die meisten meiner Studienkollegen.

# Tübinger Theologiestudium im Zeichen des Konzils

Im Sommersemester 1961 trat ich zusammen mit 58 erstsemestrigen Mitstudenten in das Wilhelmsstift, das Theologenkonvikt der Diözese, ein und nahm das Studium der Katholischen Theologie an der Universität Tübingen auf. Es war mehr als ein glücklicher Zufall, dass kurz zuvor Hans Küng in der Nachfolge von Heinrich Fries zum Professor für Fundamentaltheologie an die dortige Fakultät berufen worden war. Mit seinem bereits 1960 erschienenen Buch ‚Konzil und Wiedervereinigung‘ hatte er die dezidiert „ökumenischen" Erwartungen an die kommende „Ökumenische Kirchenversammlung" nachhaltig befördert. Von 1962 bis 1965 hielt er sich, neben seiner Tübinger Lehrtätigkeit, regelmäßig als offizieller ‚Peritus‘ des Konzils in Rom auf. Jedes Mal, wenn Küng von dort zurückkam, war der Hörsaal brechend voll. So waren wir als Studierende über den Stand der Vorbereitungen und den späteren Fortgang des Konzils sowie über die Diskussionen in der Konzilsaula stets bestens informiert. Korrespondenten-Berichte in den großen überregionalen Tageszeitungen und nicht zuletzt die unvergesslichen Konzils-Kommentare des Jesuiten Mario von Galli im Rundfunk waren unter Theologiestudenten „Pflicht" und kamen als Informationsquellen hinzu.

Küngs kämpferische Vorlesungen zur „Kritik an der Kirche I und II" trugen bei den Theologie-Studierenden zu lebhaftem Interesse an authentischen kirchlichen „Strukturen" bei. Sein leidenschaftliches Engagement galt zweifelsohne dem Gelingen der Synode als Reformkonzil. Die Kirche schien damals tatsächlich entschlossen zu sein, sich den Krisen und Herausforderungen der Gegenwart zu stellen: durch Rückbesinnung auf das Evangelium, Forschen nach den Zeichen der Zeit und Dialog mit der Welt von heute. Allerdings gab es meiner Erinnerung nach schon gegen Ende des Konzils erhebliche Zweifel daran, ob diese Ziele wirklich erreicht werden würden. Ich denke an kontroverse Gespräche im Kreis der Kurskollegen über die Tragweite der konziliaren Beschlüsse angesichts der auf päpstliche Veranlassung in letzter Minute den Texten vorausgeschickten, vom Konzil weder beratenen noch beschlossenen ‚Nota praevia‘. Trotz allem waren nicht wenige von uns – ich gehörte zu ihnen – überzeugt, dass mit den Konstitutionen ‚Lumen Gentium‘ (*Kirche als Volk Gottes*) und ‚Gaudium et Spes‘ (*Kirche in der Welt von heute*) oder mit Dekreten wie ‚Unitatis Redintegratio‘ (*Ökumene*) und ‚Apostolicam actuositatem‘ (*Berufung der Laien*) eine neue Zeit in der Kirche angebrochen sei. Andere dagegen sahen in den verabschiedeten Konstitutionen, Dekreten und Erklärungen nicht viel mehr als „polyglotte Kompromiss-Texte", aus denen künftig Konservative und Progressive gleichermaßen ihre jeweiligen Positionen herauslesen würden.

Ansonsten ging das Theologiestudium seinen normalen Gang. Doch spürten die studentischen Hörer in nahezu allen Fächern eine wachsende Offenheit und

Bereitschaft der theologischen Lehrer, kritischen Fragestellungen Raum zu geben. Am meisten galt dies für die exegetischen Lehrveranstaltungen. Die alte Epoche, in der es – laut Erzählung der „älteren Semester" – gelegentlich in der einen oder andern Vorlesung geheißen hatte: „Griffel weglegen, bitte nicht mitschreiben", war anscheinend endgültig vorbei. Der damalige Fachvertreter der Dogmatik schickte immerhin seinen traditionellen Traktaten jeweils eine längere „aktuelle" Einleitung voraus.

Im Sommer 1963 absolvierte ich in München ein „Auswärtssemester" – damals war leider nur eines erlaubt! Dort hörte ich u.a. eine Vorlesung von Michael Schmaus zur Eschatologie. Der Dogmatiker äußerte sich mehrfach kritisch über Hans Küng und Josef Ratzinger. Als er die jungen Kollegen eines Tages abfällig als „diese Teenager-Theologen" apostrophierte, machten wir Hörer unserem Unmut durch langes und lautes Rumoren Luft. Schmaus reagierte ironisch bis sarkastisch: „Scharren Sie nur! Bei mir wird dienstags von 9-10 Uhr die Wahrheit verkündet! Damit das klar ist!" – eine Anekdote, die vielleicht für die damalige, noch ziemlich unklare Wetterlage in der deutschen Theologie bezeichnend ist. – Aufs Ganze gesehen waren die Lehrveranstaltungen in München durchaus anregend, namentlich die Vorlesungen von Richard Egenter (Moraltheologie) und Theoderich Kampmann (Pastoraltheologie), nicht zu vergessen die immer spannenden Lektionen von Otto Kuss zur Exegese des Römerbriefs.

Im Laufe des Tübinger Studiums verfasste ich vier obligatorische Jahresarbeiten: Im Fach Philosophie (bei Josef Möller) zum Thema „*Raum und Zeit – die apriorischen Formen der transzendentalen Ästhetik bei Immanuel Kant*"; in der Exegese (bei Karl-Hermann Schelkle) über „*Die Begriffe ‚sarx' und ‚pneuma' bei Paulus*"; in Fundamentaltheologie (bei Hans Küng) zu „*Christologie in der Summa theologiae des Thomas von Aquin und in Hegels Phänomenologie des Geistes – ein Vergleich*" sowie im Fach Dogmatik (unter Leo Scheffczyk): „*Die Heilsbedeutung der Auferstehung Jesu Christi*". Diese Untersuchungen wirkten sich auf mein theologisches Denken richtungsweisend aus.

Außerordentlich hilfreich für die geistliche Orientierung im Theologiestudium war der damalige Spiritual des Wilhelmsstiftes und spätere Leiter des Seelsorgeamtes, Georg Kopp. Theologisch und spirituell gleichermaßen kompetent, hat er uns als Diözesantheologen durch die Zeit des kirchlichen Auf- und Umbruchs begleitet. Ihm verdanke ich persönlich und beruflich Entscheidendes.

Eine besondere Erwähnung verdienen die Tübinger Vorlesungen von Franz Xaver Arnold zur Pastoraltheologie. Aus München zurückgekehrt, gaben mir Mitstudenten aus den oberen Semestern mehrfach den Rat: „Zu Arnold musst Du unbedingt hingehen!" – was ich auch tat. Und ich wurde nicht enttäuscht. Arnold galt damals zu Recht als *der* Pastoraltheologe Deutschlands. Das Vorlesungsangebot umfasste alle Teildisziplinen seines Faches (Allgemeine Pastoraltheologie bzw. Grundfragen der Seelsorge; Homiletik, Liturgik, Katechetik und Religionspädagogik). Gewährsleute und Quellen Arnolds waren neben Johann Michael Sailer vor allem die Vertreter der Praktischen Theologie aus der Anfangszeit der Katholischen Tübinger Schule (Johann Baptist Hirscher und Anton Graf) sowie die sogenannte „Verkündigungstheologie" seines damaligen Innsbrucker Kollegen Josef Andreas Jungmann SJ.

Arnold hatte zwischen 1945 und Konzilsbeginn einen pastoraltheologischen Neuansatz entwickelt, durch den die Reduktion des Pastoralsubjekts auf die Amtsträger endgültig überwunden werden sollte und konnte. Ebenso wandte er sich gegen die Vorstellung einer geschichtslosen ‚Pastoral perennis'. Im Unterschied zur traditionellen Aufteilung des Gottesvolkes in „Klerus- und Laienkirche" betrachtete Arnold die Kirche als Ganzheit und vertrat die damals als klassisch katholisch empfundene Definition: *Pastoraltheologie ist „die echt theologische Wesensschau der seelsorglich handelnden Kirche und ihrer Wirkformen"*. Zugleich setzte er an die Stelle eines (wie in der Aufklärung üblich) einseitig *anthropozentrischen* oder eines (wie in der Neuscholastik gängig) einseitig *theozentrischen* Verständnisses von kirchlicher Heilsvermittlung das von ihm so genannte *„gottmenschliche Prinzip"* und revidierte in diesem Kontext die simple Identifizierung des kirchlichen Wirkens mit dem Wirken Gottes, indem er streng zwischen der kirchlichen „Heilsvermittlung" und dem zwischen Gott und den Menschen sich ereignenden „Heilsprozess" unterschied. „Hauptbeziehung" im Heilsgeschehen ist, wie er immer wieder betonte, das personale Gegenüber von Gott und Mensch. Die Mittlertätigkeit der Kirche in Wort und Sakrament, die er als „werkzeugliche Nebenbeziehung" bezeichnete, hat der personalen Gottesbegegnung der Menschen zu dienen.

Das Konzil entsprach mit seiner pastoralen Intention, seinem communionalen Kirchenbild und seinem dialogischen Handlungsprinzip in vieler Hinsicht den Vorstellungen Arnolds: Bekanntlich verstand es *Pastoral* als umfassende Aufgabe der *gesamten* Kirche in der Welt von heute (vgl. GS). Die Kirche selbst beschrieb er als auf das Evangelium Jesu Christi vom nahe gekommenen Reich Gottes zurückgehende Glaubensgemeinschaft, als Volk Gottes, das berufen ist, Zeichen und Werkzeug der Vereinigung der Menschen mit Gott und untereinander zu sein (vgl. LG). – Von daher war es mir lange Zeit ein Rätsel, warum der Pastoral-Professor sich nur sehr spärlich, und anfangs sogar eher skeptisch, zum Konzil äußerte. Vielleicht lässt sich diese Merkwürdigkeit am ehesten aus dem Umstand erklären, dass Arnold, im Gegensatz zum jüngeren Schweizer Fakultäts-Kollegen, meines Wissens in keiner Phase als Berater zum Konzil hinzugezogen, geschweige denn als ‚Peritus' eingeladen worden war. Dies dürfte den Altmeister der Pastoraltheologie mehr als schmerzlich berührt haben. In dem von Meinrad Sauter aufgearbeiteten Nachlass Arnolds findet sich dann aber doch ein – freilich erst einige Jahre später entstandenes – Manuskript, in welchem er das Konzil als positives Ereignis darstellt und dessen Beschlüsse angemessen würdigt!

# Erste Praxisjahre in einer von Gegensätzen geprägten Zeit

Nach dem Theologischen Schlussexamen im Herbst 1965 trat ich ins Priester-
seminar der Diözese Rottenburg-Stuttgart ein, unterbrach jedoch anfangs 1966
auf eigenen Wunsch die Ausbildung im Seminar zugunsten einer Tätigkeit als
pastoraler Mitarbeiter in der St. Nikolaus-Pfarrei Friedrichshafen, u.a. mit 20
Wochenstunden Religionsunterricht an allen Schularten der Stadt. Nach der
Weihe zum Diakon im Frühjahr 1967 war ich für ein Jahr an der Dompfarrei St.
Martin in Rottenburg tätig. Im Juli 1968 wurde ich durch Bischof Carl-Josef
Leiprecht in Stuttgart/Rot zum Priester der Diözese geweiht. Die anschließende
Zeit als Vikar an der Heilig-Geist-Kirche Schorndorf im Remstal (bis Frühjahr
1970) forderte alle meine Kräfte heraus: Schwerpunkte bildeten (neben den
zahlreichen Anlässen für Sakramenten-Spendung und Kasualien) ein umfang-
reiches Deputat wöchentlichen Religionsunterrichts an mehreren Schulorten,
regelmäßige Gottesdienste in der Hauptgemeinde und in den Außenorten mit
mehrmals wiederholter Predigt, Seelsorge in Krankenhaus und Altenheim sowie verbandliche Jugendarbeit.

Das Konzil begann sich in eben diesen Jahren allmählich innerkirchlich aus-
zuwirken, spürbar zunächst vor allem in der Liturgiereform sowie im Feld der
Ökumene; aber auch weltkirchlich waren einschneidende Änderungen zu bemerken. Papst Paul VI. hatte die Versammlung der Weltbischöfe sicher zu Ende
gebracht und führte in vieler Hinsicht sein Amt im Geist des Konzils: Erstma-
lige Einberufung einer Welt-Bischofs-Synode, Enzykliken wie ‚Ecclesiam
suam' oder ‚Evangelii nuntiandi', die Jerusalemer Begegnung mit dem Ober-
haupt der Ostkirche, Patriarch Athenagoras, sowie die berühmte Rede vor der
UN stärkten die vom Konzil geweckten Hoffnungen. Auch ortskirchlich gab es
bemerkenswerte, positiv stimmende Entwicklungen: Ich denke etwa an die unmittelbar nach Konzilsende vom Rottenburger Bischof Leiprecht in allen De-
kanaten des Bistums als Gesprächsforen (!) abgehaltenen „Konzilstage". Die
folgenden Jahre brachten dann allerdings einen radikalen Stimmungsumschwung. Nach der Veröffentlichung der Enzyklika ‚Humanae vitae' (1969)
schien der konziliare Aufbruch plötzlich wie abgebrochen.

Die Jahre unmittelbar nach dem Konzil erlebte ich nicht zuletzt aber auch
weltpolitisch und soziokulturell als eine Zeit großer Spannungen und Gegensätze. Die bezeichnenden Merkmale der Zeit erschienen mir widersprüchlich:
Fortschrittsoptimismus versus Zukunftsgefährdung, boomende Weltwirtschaft
versus Unterentwicklung in weiten Teilen der Dritten Welt, wachsende Einheit
versus Mangel an Solidarität. Den zunehmenden gesellschaftlichen Spannungen aufgrund eines immer dynamischeren Wandels der menschlichen Lebensverhältnisse standen großartige wissenschaftlich-technische Erfolge gegenüber,
die im erstmaligen Aufenthalt von Menschen auf einem anderen Himmelskör-

per gipfelten. Ich verfolgte mitten in der Nacht stundenlang die Live-Übertragung der Mondlandung am Fernsehen (Juli 1969). – In jeder Hinsicht zeigten sich Widersprüche. Diese waren persönlich bedrängend, stellten aber auch pastoral eine epochale Herausforderung dar. Die Frage stand im Raum: Was heißt das jetzt, im Sinne des Konzils die „Zeichen der Zeit" zu erkennen und sie „im Licht des Evangeliums zu deuten" (GS 4)?

# Dissertation über die Theologie J. B. Hirschers – Grundlegung meines praktisch-theologischen Standpunkts

## Fügungen im Vorfeld der Dissertation

Zu Beginn des Jahres 1970 – ich war schon das zweite Jahr Vikar in Schorndorf – erreichte mich überraschend ein Anruf aus dem Wilhelmsstift. Im anschließenden Gespräch teilte mir der damalige Direktor und spätere Weihbischof Anton Herre mit, die Diözese beabsichtige, mich in das Repetenten-Kollegium des Hochschulkonvikts in Tübingen aufzunehmen. Zugleich richtete er die Frage an mich, ob ich nicht bereit wäre, in der kommenden Zeit eine theologische Dissertation anzufertigen.

Bis dahin hatte ich keinerlei Absicht, eine theologisch-wissenschaftliche Laufbahn einzuschlagen. Nun war plötzlich die Chance dafür gegeben. Sollte ich sie nutzen? Gleich in den allerersten Tagen nach „Amtsantritt" kam mir das Erste Vierteljahresheft der Theologischen Quartalschrift[1] in die Hände. Das unter der Schriftleitung von Max Seckler und Josef Rief außerordentlich informativ und stilvoll gestaltete Jubiläumsheft der ältesten, heute noch erscheinenden theologischen Zeitschrift enthielt literarische und fotografische Porträts fast aller früheren Lehrer der Katholischen Tübinger Fakultät, angefangen von Johann Sebastian Drey bis Franz Xaver Arnold! Ohne Zögern begann ich mit Durchsicht und Lektüre der Beiträge. Bereits nach wenigen Seiten stieß ich auf den von Adolf Exeler verfassten Artikel ‚Johann Baptist Hirscher 1788-1865'. Darin fand sich eine interessante Bemerkung: Zwar sei das Werk des bedeutenden Theologen seit dem Zweiten Weltkrieg bereits „unter einer ganzen Reihe von Aspekten befragt und dargestellt" worden (Moraltheologie, Gesellschaftslehre, Homiletik, Liturgik, Katechismen), gleichwohl stünden noch mindestens zwei weitere Untersuchungen aus, nämlich zu seiner ‚Katechetik' und seinen Vorstellungen von der Kirchenreform. Exeler, der selbst bei Arnold über Hirschers Moraltheologie promoviert hatte, hielt also weitere Arbeiten über den seit der

---

[1]   Theologische Quartalschrift (ThQ) 1970 (150. Jahrgang!)

Studienzeit – dank Arnolds Vorlesungen – beachteten Theologen für überfällig! Wenn das kein „Fingerzeig" war? Ich fühlte mich angesprochen.

Wenig später kam eine weitere „glückliche Fügung" hinzu: In der Reihe ‚Wegbereiter heutiger Theologie' hatte Erwin Keller, ebenfalls ein ausgewiesener Kenner des Tübinger und Freiburger Theologen, den Eröffnungsband ‚Johann Baptist Hirscher' (1969) mit Auswahltexten zu dessen Leben und Werk herausgegeben. „Wer die Texte Hirschers liest", so hieß es im Klappentext, „glaubt einen Peritus des Zweiten Vatikanums, einen Theologen unserer Tage vor sich zu haben." Immer wieder, so war dort weiter zu lesen, sei man „verblüfft von der Aktualität der Gedanken dieses mit Recht berühmten Moral- und Pastoraltheologen, der bereits um die Mitte des vorigen Jahrhunderts ganz konkrete Vorschläge zur Erneuerung der Kirche vorlegte, die erst heute – nur zum Teil – verwirklicht werden." Mir wurde schnell klar: Hier geht es nicht um eine Auflistung der vielen einzelnen Reformvorschläge; vielmehr interessierte den Herausgeber vor allem die dahinter stehende *„theologische Gestalt"*. Namentlich Kellers Hinweise, dass der vielseitige Theologe, erfolgreiche Kunstsammler, Kirchenreformer und sozial eingestellte Politiker Hirscher „die berühmte ‚Katholische Tübinger Schule' und deren Zeitschrift, die Theologische Quartalschrift mitbegründet" habe, und jener Mann gewesen sei, „der nach der Stagnation der Spätscholastik und der Gärung der Aufklärungszeit der katholischen Moraltheologie einen neuen Weg gewiesen hat, auf den man heute wieder interessiert hinblickt", beeindruckten mich und ließen mich fortan nicht mehr los.

## Themenwahl, Verortung und Ausarbeitung der Dissertation

In kürzester Zeit war nicht nur die Frage beantwortet: Soll ich promovieren oder nicht?, sondern zugleich auch die schwierigere Frage geklärt: Welches Thema könnte ich bearbeiten? Plötzlich war ich entschlossen, wenn überhaupt etwas, dann das Theologieverständnis des Moral- und Pastoraltheologen Hirscher näher zu untersuchen. Was mich von da an vor allem beschäftigte war: Welches ist der spezifische Standpunkt, aus dem heraus die zukunftsweisenden Stellungnahmen und wegweisenden Veröffentlichungen des Tübingers entstanden? Welche grundsätzliche Denkart und theologisch wissenschaftliche Methode liegen Form und Inhalt seines Werkes zugrunde?

Für einen Repetenten des Wilhelmsstiftes kam als Doktorvater nur ein Professor der Tübinger Fakultät in Frage. Exeler lehrte an der Universität Münster und schied deswegen aus. Arnold war durch einen Autounfall 1969 ums Leben gekommen. So wandte ich mich an den Inhaber des Tübinger Lehrstuhls für Sozialethik, Josef Rief, der aufgrund seiner Habilitation über das Thema ‚Reich Gottes und Gesellschaft nach Johann Sebastian Drey und Johann Baptist Hirscher' (1965) als profunder Kenner der Gründerväter der Katholischen Tübinger Schule ausgewiesen war.

Rief empfing mich freundlich, war jedoch mit der erhofften Zusage, mein Vorhaben zu unterstützen, zunächst zurückhaltend. Sein Rat: Ich sollte mich in nächster Zeit intensiv mit Fichtes ‚Lehre vom Bild' (Julius Drechsler, 1955) beschäftigen und dann wiederkommen. Rief ließ sich damals wohl von der Überzeugung leiten, dass der große Tübinger von Fichtes transzendental-philosophischem Denken, etwa von dessen ‚Anweisung zum seligen Leben', beeinflusst war! Vielleicht wollte er auch prüfen, ob ich eine derart schwere Kost zu verdauen imstande wäre. Nach mehrwöchigen Fichte-Studien und paralleler Hirscher-Lektüre trug ich Rief meine gewonnenen Einsichten vor und erhielt von ihm nun unverzüglich die Zusage, die geplante Dissertation zu begleiten.

In der Folgezeit widmete ich mich einem breiten Literaturstudium, insbesondere befasste ich mich philosophisch mit der Untersuchung ‚Zur Idee der Transzendentalphilosophie' von Reinhard Lauth (1965), mit dem Buch, ‚Der Mensch ist Person. Kants Lehre vom Menschen' von Johannes Schwartländer (1968), mit Walter Kaspers Traktat ‚Philosophie und Theologie der Geschichte in der Spätphilosophie Schellings' (1965) sowie theologiegeschichtlich mit den Forschungen über ‚Die Katholische Tübinger Schule. Ihre theologische Eigenart' von Josef Rupert Geiselmann (1965).

Zu den wertvollen Einsichten, die ich aus diesen Werken gewinnen konnte, kam erneut ein Glücksfall hinzu: Als Repetent war ich seit 1971 verantwortlich für die mehr als hunderttausend Bände umfassende Wilhelmsstifts-Bibliothek. Bei Übernahme und Aufarbeitung des Nachlasses Geiselmann entdeckte ich darin eine gut geführte, bislang von der Forschung unbeachtet gebliebene studentische Mitschrift der ‚Moral' Hirschers aus dem Studienjahr 1829/30, also aus der für die Entwicklung seines Standpunktes interessanten Zeit *vor* Veröffentlichung der dreibändigen ‚Christlichen Moral' (1834). Aus ihr gewann ich hilfreiche Informationen. Trotz seiner bereits darin erkennbaren weitgefassten ‚Moral'-Konzeption, die auch das *kirchlich-pastorale* Handeln mit einschloss, hielt der Praktische Theologe offensichtlich – wenigstens in den ersten zehn Jahren seiner Lehrtätigkeit – auch separate Kollegien zur ‚Pastoral', aus denen er freilich nur die als grundlegende Pastoraldidaktik zu verstehende ‚Katechetik' veröffentlicht hat. Von daher war nun neben der Mitschrift zur ‚Moral' auch die Mitschrift einer ‚Pastoral'-Vorlesung aus eben diesen Jahren, die sich ebenfalls in dem genannten Nachlass fand, für das Verständnis der Praktischen Theologie Hirschers außerordentlich bedeutsam. Sie ergänzte die bereits bekannten Vorlesungsnachschriften zur ‚Pastoraltheologie' des Tübingers und brachte mir vor allem wichtige Einsichten in seine Verhältnisbestimmung von Kirche und Reich Gottes.

Aufgrund der vielfältigen Aufgaben als Repetent im Wilhelmsstift, als Mitarbeiter am Theologischen Grundkurs der Fakultät sowie an Dienstprüfungen für Pfarrer der Diözese zog sich die Erstellung meiner Arbeit länger als erwartet hin. Rief hatte 1972 an die Universität Regensburg gewechselt, so dass ich für die weiteren Absprachen mehrfach Reisen zu ihm unternehmen musste. Im Einvernehmen mit dem Doktorvater nahm ich jedoch am Tübinger Doktoranden-

Kolloquium des Moraltheologen Alfons Auer teil, der dann beim Promotions-
verfahren als Zweitgutachter meiner Arbeit tätig wurde. Im Frühjahr 1977
konnte ich endlich die Dissertation unter dem Titel ‚*Wahrheit im Interesse der
Freiheit. Eine Untersuchung zur Theologie Johann Baptist Hirschers*' bei der
Fakultät einreichen. Im Herbst erfolgte die Promotion zum Doktor der Theologie – mit höchstem Lob.

### Wichtiger Ertrag der Dissertation für mein Konzept
### der Praktischen Theologie

Im Bemühen um eine konstruktive Vermittlung des lebendig überlieferten
Christentums mit den Anliegen der „positiven Aufklärung" setzte Hirscher die
menschliche Vernunft bewusst in den geschichtlichen Offenbarungs-Prozess,
so dass der gelebte Glaube und dessen zentrale „Idee des Reiches Gottes" durch
systematische (Re-)Konstruktion ins Wissen erhoben und handelnd verwirklicht werden konnten. Die praktisch orientierte Glaubenswissenschaft sollte
dem Nach- und Mitvollzug der ‚Christentumsgeschichte' dienen und die christliche Botschaft dabei aus ihrer „Lebenstüchtigkeit" Evidenz und Plausibilität
gewinnen.

War es Johann Sebastian Drey, dem Lehrer der Dogmatik und Apologetik,
um „Konstruktion des *Glaubens* durch ein Wissen" zu tun, so ging es seinem
Kollegen als Lehrer der Moral und Pastoral um „Konstruktion des *Glaubensle-
bens* durch ein Wissen". Historisch-kritische *Idealeinsicht* in die überlieferte
Lehre und praktisch-kritische *Realeinsicht* in das geschichtlich sich überlie-
fernde christliche Leben sollten sich in seiner Sicht gegenseitig durchdringen.
Mit anderen Worten: Hirscher entfaltete die Moraltheologie, abweichend von
ihrer in Dreys ‚Kurzer Einleitung' vorgeschlagenen Positionierung, nicht als
Moment im aus der *Idee* entspringenden *System des christlichen Lehrbegriffs*,
sondern entwickelte sie – unter der bewusst gewählten neuen Bezeichnung
‚Christliche Moral' – zur umfassenden, transzendental-empirisch fundierten
Darstellung der Realisierung des Reiches Gottes im auf der *Handlung* beruhen-
den *System des christlich-kirchlichen Lebens*. Ursprünglich als wissenschaftliche „*Copie des Lebens*" definiert, bezeichnete er sein Werk später, präziser und
folgerichtiger, als „*organisches System aus dem Leben für das Leben*".

Die ‚Christliche Moral' Hirschers erwies sich folglich nicht nur als *die weiter
entwickelte lebens-praktische Version* der von Drey begründeten Tübinger Theologie, sondern auch als *eine Art Vor-Form der modernen handlungswissen-
schaftlichen Auffassung von Praktischer Theologie*: In ihrer geschichtlichen
Ambition, in ihrer „analytischen", transzendental-anthropologischen Methode
und ihrer auf Real-Einsicht und Praktikabilität ausgehenden Reflexionsform

*„aus dem Leben für das Leben"* präludiert sie gleichsam den vom Konzil favorisierten Dreischritt *„Sehen – Urteilen – Handeln"* und kommt der Vorstellung Rahners von Praktischer Theologie als *„Reflexion auf Entscheidung hin"* nahe.

### Ein für die Geschichte der „Pastoraltheologie als Praktische Theologie der Kirche in ihrer Gegenwart" interessantes Detail

Hirschers Entfaltung der *,Christlichen Moral'* (im Sinn einer umfassenden christlichen Praxis-Wissenschaft) brachte es mit sich, dass er die ,Pastoral' letztlich in die ,Moral' integrierte und insofern das Pastoralprinzip (*„Es werde das Reich Gottes in der Kirche und durch sie verwirklicht"*) im Moralprinzip (*„Dein Reich komme"*) aufgehen ließ. Das war in gewisser Weise genial, hatte aber unglücklicherweise zur Folge, dass der spezifische Gegenstand der *Praktischen Theologie* (im engeren Sinn von *Pastoraltheologie*) strittig wurde. Anton Graf wollte anfänglich als Schüler Hirschers seinen Entwurf der „Praktischen Theologie" ebenfalls auf die Idee der *„Verwirklichung des Reiches Gottes"* (in der Kirche und durch sie) bauen, wovon sich im späteren Text noch deutliche Spuren finden. Graf musste sich dann aber mit dem Weggang des Meisters nach Freiburg und der anschließend in der Tübinger Fakultät endgültig etablierten Möhler'schen Richtung vom Grundgedanken seines Lehrers lösen und die *„amtliche Tätigkeit zur Selbsterbauung der Kirche in die Zukunft"* zum Gegenstand seiner ,Kritischen Darstellung des gegenwärtigen Zustandes der Praktischen Theologie' (1841) erheben. – Die misslichen Fernwirkungen dieser Umorientierung reichen bis hinein in Karl Rahners Entwurf des *,Handbuchs der Pastoraltheologie als Praktische Theologie der Kirche in ihrer je jetzigen Gegenwart'*. Rahner hatte – in den Augen vieler Kritiker – durch die Fokussierung der Pastoral auf den *„Selbstvollzug der Kirche"* nach dem Vorbild Grafs eine unglückliche *ekklesiologische Engführung* des Faches bewirkt. Im Artikel *,Pastoraltheologie', katholisch*[2] habe ich dargelegt, dass eine solche Diagnose nicht meiner Sicht der Dinge entspricht.

Man wird es wohl als tragisch bezeichnen müssen, dass Arnold in seiner Auseinandersetzung mit Rahner die Differenz zwischen der Definition der Praktischen Theologie als Wissenschaft von der *Selbsterbauung der Kirche* bei Graf und der ganz anderen, an der *Reich-Gottes-Idee* orientierten Pastoralauffassung Hirschers nicht ins Feld führen konnte. Geiselmann hatte eben, wie schon erwähnt, die besonders in dieser Hinsicht informative ,Pastoral'-Nachschrift „in seinem Besitz". Hätte Arnold die signifikante Differenz zwischen den beiden unterschiedlichen Tübinger Entwürfen gekannt und von hier aus den real-*symbolischen Zeichen-Charakter der Kirche und ihrer Pastoral für das Kommen des Reiches Gottes* argumentativ eingefordert, wäre der Streit mit Rahner um die Konzeption des Handbuchs wohl anders verlaufen. Rahner hatte damals ja

---

[2] In: TRE XXVI (1996).

bereits selbst, das erscheint mir wichtig, mehrfach den Versuch gemacht, eine Theorie des Symbols, bzw. des Realsymbols im christlich-kirchlichen Sinn, zu entwerfen.

### Unmittelbarer Anlass für weitere Forschungen

Ein unmittelbarer Anstoß für weiterführende Recherchen lag in einem theologischen Topos, der mir nochmals einen neuen Frageaspekt eröffnete: Hirscher hatte bereits um 1840 in Auseinandersetzung mit der Neuscholastik den „Katholizismus" als *„System der Auctorität"* dem Protestantismus als *„System der subjektiven Forschung"* gegenüber gestellt; allerdings in einem völlig anderen Sinn als der Dogmatiker Möhler dies in der ‚Symbolik' tat! Der Pastoraltheologe sah das für den katholischen Standpunkt Entscheidende gerade nicht im Gehorsam gegenüber der Autorität des hierarchischen Lehramtes, vielmehr in der *„Unterwerfung des Privaturteils unter den vom Geiste Gottes behüteten Gemeinglauben".* Offenbar hatte der jetzt in Freiburg lehrende Professor damit nicht nur dem Bild des Konzils von der *Kirche als einer das Reich Gottes bezeugenden Glaubensgemeinschaft* weit vorgegriffen, sondern auch die Frage nach der Eigenart der dem *„Gemeinglauben" innewohnenden Beurteilungsinstanz* aufgeworfen, die darüber zu entscheiden vermag, ob ein konkretes pastoral-kirchliches Handeln ein *„Handeln im Geiste Christi und seines Evangeliums"* darstellt oder nicht.

# Habilitationsschrift über Praktisch-theologische Urteilskraft. Votum für eine künftige symbolisch-kritische Methode der Praktischen Theologie

### Hoffnungszeichen, Ermutigungen, Vertrauenserweise zu Beginn

Während meiner Zeit als Repetent im Wilhelmsstift war ich mehrfach in Diskussionen mit Theologiestudierenden über Fragen zur angekündigten Würzburger Synode (1971-1975) verwickelt. Viele Studierende wurden von der Sorge umgetrieben, die Synode könnte zwar *bischöflich kollegial,* jedoch nicht wirklich *communional* und *partizipativ* vom Volk-Gottes-Gedanken her konzipiert werden. Umso größer war dann die Erleichterung, als auf der Ebene der Bischofskonferenz entschieden und konzediert wurde: Geplant wird keine *Bischofs*-Synode, sondern eine Synode der *Bistümer* in der Bundesrepublik Deutschland! Der allen Synodentexten vorangestellte Grundlagenbeschluss

‚Unsere Hoffnung' basiert zwar im Wesentlichen auf einem von Johann Baptist Metz verfassten Text, erlangte aber aufgrund seiner ausführlichen Durcharbeitung im Plenum den Charakter eines feierlichen „Synodenbekenntnisses", das die vorgelegte, vom Konzil geprägte Programmatik *„Das Volk Gottes als Träger der Hoffnung"* einlöste. Dass praktisch alle an den Papst adressierten „Voten der Synode" bis heute ohne Antwort blieben, steht freilich auf einem anderen Blatt.

Nach der 1977 erfolgten Promotion stand eine Entscheidung über meine weitere berufliche Zukunft an. Bischof Georg Moser, seit 1975 an der Spitze des Rottenburger Bistums, ermutigte mich, nunmehr die Habilitation im Fach Pastoraltheologie anzustreben. Um mir den dafür nötigen Freiraum zu geben, wurde ich als Pfarrverweser auf die vakante Pfarrstelle in Tübingen-Bühl versetzt. Dies erschien insofern sinnvoll, als auf Initiative meines Vorgängers im dortigen Pfarrhaus eine Wohngemeinschaft von Jesuiten existierte, die an der Universität Tübingen studierten. Die separate Wohnung, die gemeinsam mit den Jesuiten eingenommenen (und im Wechsel rundum vorbereiteten) Mahlzeiten sowie die engagierte Mitwirkung der Patres in Seelsorge und Gemeindepastoral gaben vorerst hinreichend Zeit zu wissenschaftlicher Arbeit wie auch zu willkommenem Gesprächsaustausch.

Um mich zu vergewissern, ob es sinnvoll wäre, die Frage nach der praktisch-theologischen Urteilsinstanz zum Gegenstand einer Habilitationsarbeit im Fach Pastoraltheologie zu machen, bemühte ich mich um einen Gesprächstermin in Innsbruck bei Karl Rahner, dem maßgeblichen Herausgeber des ‚Handbuchs der Pastoraltheologie'. Rahner nahm sich viel Zeit, mir zuzuhören, lud mich dann aber überraschend zu einem Ausflug in die Berge ein, schwärmte von den Drachenfliegern, die er dort gerne beobachtete; führte mit lebhaften Gesten vor, wie sie sich an den Steilhängen in die Lüfte erheben, um mir schließlich, bei der Verabschiedung, nicht ohne einen Schuss Humor, zu sagen: „Ihr Thema ist wichtig! Machen Sie mal! Sie verstehen davon mehr als ich!" Ich empfand das wie „eine Art Ermächtigung", die Arbeit unverzüglich in Angriff zu nehmen. Daraufhin konsultierte ich Walter Kasper, früher einmal selbst Repetent im Wilhelmsstift, in der Frage der Ortswahl für die Habilitation; er empfahl mir, an der Katholisch-theologischen Fakultät der Universität München zu habilitieren und verwies mich im Blick auf mein Thema an den dortigen Lehrstuhlinhaber für Pastoraltheologie (und Priester der Diözese Rottenburg) Hans Schilling. Wenige Wochen später empfing mich Schilling in seinem Institut, zeigte Interesse an meinem Forschungsprojekt und nahm mich ohne Umschweife als Habilitant an.

## Erfahrungen und Einsichten während der Entstehungsphase

Ab 1977 engagierte ich mich parallel zur Gemeindearbeit und meinen wissenschaftlichen Recherchen über viele Jahre hinweg bei den vom Rottenburger

‚Institut für Fort- und Weiterbildung' getragenen berufsbegleitenden „Zweijahreskursen" für pastorale Mitarbeiter und Mitarbeiterinnen, einer Kombination von halbjährlichen Kurswochen und zwischenzeitlichen Supervisions-Gruppen zur Praxisbegleitung. Das Themenspektrum der Studienwochen erstreckte sich von ‚Zeitplanung' über ‚Gesprächsführung' und ‚Gemeindebildung' bis hin zu ‚Mystagogie' (verstanden als Lebensdeutung im Glauben). Als (theologisch beratender) Mitarbeiter im Leitungsteam, bestehend aus dem Sozialpädagogen Bruno Ernsperger M.A., der Supervisorin Maria Müller und dem Pädagogik-Professor Armin Riedel, hatte ich die einzigartige Gelegenheit, an kommunikativen Lernprozessen teilzunehmen und entsprechende Methoden personaler und sozialer Verhaltensänderung kennen zu lernen sowie intensive Erfahrungen mit Teamarbeit zu machen. Dabei wurde mir mehr und mehr deutlich: „*Pastorale Urteilskraft*" ist eng an „*kommunikative Kompetenz*" und „*Dialogfähigkeit*" gebunden. Sie kann nicht einfachhin vom *Wissen* abgeleitet werden, sondern geht als ein durch Erfahrung erworbenes *Können* dem Wissen voraus, welches dann umgekehrt unterscheidend und gestaltend auf die Erfahrung zurückwirkt. Meine Erkenntnis war, dass gerade auch in pastoraler Hinsicht der an Kant erinnernde Satz gilt: „Begriffe ohne (praktische) Anschauung sind leer; Anschauungen (praktischer Art) ohne Begriffe sind blind."

Das Nebeneinander von wissenschaftlichem Forschen, pastoraler Praxis und Teilnahme an Bildungsprozessen war eine nicht geringe Herausforderung und kostete mich ein erkleckliches Maß an Kraft. Ich musste schließlich einsehen, dass ich zur Niederschrift meiner ambitionierten Untersuchung noch eine geraume Zeit konzentrierter Reflexion bräuchte. So beantragte ich beim Bischof eine befristete Freistellung, die mir in großzügiger Weise eingeräumt wurde. Dem Umzug nach Tübingen in eine kleine Wohnung am Philosophenweg folgten noch drei Jahre harter wissenschaftlicher Anstrengung, um das Projekt zu vollenden.

### Wissenschaftliche Heuristik und zentrales Resultat der Habilitationsschrift

Auf der Suche nach einer geeigneten Heuristik für das der Praktischen Theologie angemessene dijudikative Prinzip forschte ich vor allem nach Herkunft, Struktur und Reichweite des Begriffs ‚Urteilskraft', vorwiegend anhand der gleichnamigen dritten ‚Kritik' Immanuel Kants. Dabei machte ich zwei überraschende Entdeckungen: Laut Kant ist die (reflektierende) Urteilskraft als *Vermögen der „Analogie"* zu betrachten, sofern sie eine „*symbolische*" Vermittlung zwischen der Naturwelt, die dem Wissen zugänglich ist, und der Freiheitswelt, die nur im hoffenden Glauben ergriffen werden kann, ermöglicht, so dass z.B. die konkrete Staatsform der Republik (oder auch ein bestimmtes Kunstwerk) als „Symbol" der Freiheitswelt angesehen werden kann. Damit hat der

Königsberger Philosoph, was in der Theologie viel zu wenig beachtet wird, die
für die christlich-abendländische Tradition typische Fähigkeit zu ,symboli-
schem Handeln' und ,ästhetischem Verstehen' nicht nur in das neuzeitliche
Denken hinüber gerettet, sondern sie sogar zu einem unverzichtbaren Angelpunkt des modernen, nach Freiheit strebenden Menschen gemacht. – Die zweite
Entdeckung war: Kant erwog, die reflektierende, einzelne Erscheinungen analog als „schön" oder „sinnvoll" verstehende Urteilskraft, wegen der „subjektiven Allgemeingültigkeit" ihrer Urteile, als eine Art von *gesellschaftlichem
„Gemeinsinn" (oder sozialem „Geschmack")* aufzufassen, der es einer menschlichen Gesellschaft und ihren Gliedern erlaubt, gemeinsam Ausdrucksformen
und Zeichen der Freiheit von Anzeichen der Unfreiheit zu unterscheiden, womit
der Philosoph zweifellos *politische* Urteilskraft als *ästhetisches* Vermögen vorgedacht hat.

Von daher kam ich nun zu der Überzeugung, der Begriff der (reflektierenden)
Urteilskraft sei ,analog' auch für *die wissenschaftliche Rekonstruktion des zentralen christlichen Sensoriums der Glaubenden*, wie auch für die kritische Vermittlung zwischen Theorie und Praxis des Christseins, zwischen theologischer
Wissenschaft und christlicher Weisheit geeignet.

Das Resultat meiner Untersuchung habe ich damals wie folgt zusammengefasst: Die praktisch-theologische Urteilskraft ist nichts anderes als die ursprünglich Lehre und Leben einende, ekklesial vermittelte *christliche Weisheit* im
Durchgang durch einen permanenten Dialog zwischen den Begriffsbildungen
theologisch-wissenschaftlicher Theorie und den Erfahrungen pastoral-kirchli-
cher Praxis. Sie ist das dem (dialogisch wiederhergestellten) *christlichen Gemeinsinn* innewohnende Vermögen der Wahrnehmung und *Unter*scheidung des
Christlichen im Erkennen, und als solches zugleich das Vermögen der *Ent*scheidung für die situative Gestaltung des Christlichen im je jetzigen Handeln: *Sensus et intellectus fidei, spei et caritatis*. Als intersubjektiv-prozesshafte Größe
bezeichnet sie sowohl die *Fähigkeit zu symbolischer Anschauung* der christlichen Lebenshoffnung gleichzeitig aber auch die *Fähigkeit, diese im Handeln je
neu zu symbolisieren und zum Ausdruck zu bringen*.

So kam ich schließlich zu dem Gesamtergebnis: Die (Praktische) Theologie
ist auf dem Weg zu einer sowohl dem Zeichencharakter der konziliaren Kir-
chen- und Pastoralauffassung gemäßen, wie auch der vom Konzil evozierten
Fortentwicklung der Tübinger Theologie *von der Dialektik zur Dialogik,* von
der *historisch-* bzw. *praktisch-kritisch* fundierten *Spekulation* zur *kommunikativ
konstituierten Fähigkeit des Symbol-Verstehens und Zeichen-Setzens* Rechnung
tragenden „*symbolisch*-kritischen Methode", welche die Verbindung von bot-
schaftsgemäßem und situationsgerechtem Handeln erst eigentlich ermöglicht.

### Abgabe der Arbeit und Habilitation

Im Herbst 1984 reichte ich die Arbeit unter dem Titel: *„Praktisch-theologische Urteilskraft. Auf dem Wege zu einer symbolisch-kritischen Methode der Praktischen Theologie"* bei der Kath.-theol. Fakultät der Ludwig-Maximilians-Universität München ein. Nach ihrer Annahme als Habilitationsschrift – Gutachter waren die Professoren Hans Schilling und Erich Feifel – erfolgte im Februar 1985 die Habilitation, die in Bayern bekanntlich mit der Verleihung des Titels ‚Dr. theol. habil.' verbunden ist.[3]

# Professur für Pastoraltheologie an der Katholisch-theologischen Fakultät der Friedrich-Wilhelms-Universität Bonn (1985-2006)

### Bemerkenswerte Umstände der Berufung nach Bonn

Im Jahr 1978 hatte Paul M. Zulehner einen Ruf für die Nachfolge des emeritierten Professors Karl Delahaye auf den Bonner Lehrstuhl für Pastoraltheologie und Religionspädagogik erhalten. Er hatte diese Berufung schlussendlich jedoch abgelehnt, da die Fakultät nicht bereit war, seinem Wunsch nach Trennung beider Fächer und der Einrichtung einer separaten Stelle für Religionspädagogik *neben* dem Lehrstuhl für Pastoraltheologie nachzukommen. Die Fakultät reagierte auf die Absage von Zulehner mit der Berufung des Religionspädagogen Gottfried Bitter CssP und einer entsprechenden Umwidmung des Lehrstuhls. Bitter bemühte sich nun umgekehrt sofort und nachdrücklich um eine seinem religionspädagogischen Lehrstuhl zugeordneten Stelle für Pastoraltheologie (C 2), die 1981 tatsächlich eingerichtet und mit Peter Düsterfeld besetzt wurde. 1983 kam es, nach Umwandlung der Stelle in eine C 3-Professur, zur Neuausschreibung.

Kurz zuvor hatte Adolf Exeler eine höchst positive Rezension meiner Doktorarbeit als Titelgeschichte in der Theologischen Revue veröffentlicht. Dies veranlasste Gottfried Bitter – geraume Zeit vor Abgabe meiner Habilitationsschrift in München –, mich brieflich zur Bewerbung auf die neu zu besetzende Stelle in Bonn aufzufordern (1983). Nach Abgabe meines Bewerbungsschreibens wurde ich durch die Bonner Fakultät auf die entsprechende Liste („primo

---

[3]  Die anerkannte Untersuchung wurde 1986 in der im Benziger-Verlag erschienenen Reihe ‚Studien zur Praktischen Theologie', Bd. 32, veröffentlicht.

et unico loco") gesetzt. Die endgültige Berufungszusage war jedoch an die Bedingung der vorherigen Habilitation in München geknüpft. – Im Juni 1983 verstarb Exeler überraschend bei einer Bergtour in Südtirol. Die weit über Deutschland hinaus bekannte Rottenburger Religionspädagogin Dr. Gabriele Miller, die seit Jahren mit Exeler als Vorsitzendem des Deutschen Katecheten-Vereins eng zusammengearbeitet hatte und die ich von einer Mitarbeit in einigen ihrer Arbeitsfelder her kannte (z.B. Katechismus ‚Glauben-Leben-Handeln'), nahm mich im Auto zur Beerdigung des Verstorbenen nach Münster mit. Tief betroffen stand ich am offenen Grab jenes Mannes, der mir in vieler Hinsicht den Weg zur Professur bereitet hatte. Nun war das seit längerem geplante Zusammentreffen mit ihm zu einem Gespräch von Angesicht zu Angesicht leider nicht mehr möglich.

## Stufen und Stationen der akademischen Laufbahn

Im März 1985, kaum vier Wochen nach der Habilitation in München, erreichte mich die offizielle Berufung zum Professor auf Lebenszeit (C 3) an die Katholisch-theologische Fakultät der Rheinischen Friedrich-Wilhelms-Universität Bonn für das Fach Pastoraltheologie, das damals, wie gesagt, dem Seminar für Religionspädagogik inkorporiert war. In mein Amt eingeführt wurde ich, durch Übergabe des ministeriellen Ernennungsschreibens mit Wirkung zum 15. April 1985, vom Moraltheologen und damaligen Rektor der Universität, Prof. Dr. Franz Böckle.

Zunächst ohne jede personelle Ausstattung installiert, nahm ich unverzüglich die mir zufallende Lehr- und Prüfungstätigkeit auf, im Laufe der Zeit gut beraten durch den Kollegen Bitter, der bereits vor meinem Kommen dafür gesorgt hatte, dass mir Andreas Wittrahm aus seinem eigenen Mitarbeiterstab als Wissenschaftliche Hilfskraft mit „halber Stelle" zugewiesen wurde. Die Zusammenarbeit mit Wittrahm war für mich ein großer Segen. Faktisch nahm er die Aufgabe eines Assistenten wahr und füllte sie in hervorragender Weise aus.

Am 4. Dezember desselben Jahres hielt ich unter dem Dekanat von Prof. Dr. Otto Nussbaum (Liturgiewissenschaft) in Gegenwart nahezu aller Kollegen und vieler Studierender meine Antrittsvorlesung zum Thema: *„Communio als Prinzip pastoraler Theologie"*. Sie fand große Resonanz. – Die Anfangszeit in Bonn erwies sich alles andere als leicht. Die Vorgänge des universitären Wissenschaftsbetriebs waren mir als „Quereinsteiger" noch wenig vertraut. Vorlesungen hatte ich noch kaum erarbeitet, die Seminarveranstaltungen waren oftmals überfüllt und Mitarbeiterstunden Mangelware. – 1987 fiel eine entliehene C 4-Professur an die theologische Fakultät zurück. Das Kollegium war einstimmig der Meinung, die Stelle sollte mir zustehen und zum Aufbau eines Seminars für Pastoraltheologie genutzt werden. Lediglich das NRW-eigene Verbot von „Hausberufungen" stand dem entgegen. Glücklicherweise hatte ich kurz zuvor einen Ruf an die Universität Salzburg, wenig später einen weiteren Ruf an die

Universität Mainz erhalten. Ich entschied mich für die C 4-Professur in Bonn. Die vorgewiesenen schriftlichen Absagen an die Fakultäten in Salzburg und Mainz waren eine ‚conditio sine qua non' für die Entgegennahme des Berufungsschreibens aus der Hand des Düsseldorfer Kultusministers (1988). Unmittelbar anschließend erfolgte – nach einigem Hin und Her in Sachen Personalausstattung – die Ernennung zum Direktor des neu eingerichteten Seminars für Pastoraltheologie durch die Fakultät.

Von 1992-1994 war ich Geschäftsführender Direktor der ‚Allgemeinen Abteilung'. Zum SS 1994 wurde ich zum *Dekan* der Fakultät gewählt. Ich begleitete das Mut und Kraft fordernde Amt zwei Jahre bis März 1996 und versah danach weitere zwei Jahre das Amt des *Prodekans*.

## Themen, Intentionen und Ressourcen der Lehrtätigkeit

Was meine *Pflichtvorlesungen* angeht, so bildete sich schon bald ein sechssemestriger Zyklus heraus, der meist vier pastorale und zwei praktisch-ekklesiale Themenbereiche umfasste: einerseits kategoriale Themen wie ‚Gemeindeentwicklung angesichts der neuen Seelsorgeräume'; ‚Kasualien- und Sakramenten-Pastoral'; ‚Seelsorge als Begegnung und Gespräch'; ‚Diakonie und Caritas unter dem Druck des Marktes'; andererseits jeweils zwei spezielle Aspekte der Ekklesiologie: ‚Die Laien und das Priesteramt' sowie ‚Die Zukunft des Christentums in Europa'. Die genauen Formulierungen der einzelnen Vorlesungstitel variierten mehr oder weniger von Zyklus zu Zyklus und signalisierten eine jeweils andere Akzentsetzung. So erhielt z.B. die Vorlesung über Kasualien- und Sakramenten-Pastoral ab 2002 die Beifügung „zwischen kirchlichen Glaubenszeichen und religiösen Passageriten".

Meine durchgängige Absicht in den stets problem- und berufsorientierten Vorlesungen war es, bei Hörerinnen und Hörern die Einsicht oder Grundeinstellung zu wecken, die in dem den Kirchenvätern zugeschriebenen Wort zum Ausdruck kommt: *„Die Kirche verkündet das Evangelium nicht in Worten bloß, sondern durch ihre ganze Lebensgestalt."* Von daher stand für mich nie allein die Frage im Raum, *„was"* in der Pastoral zu tun sei, sondern immer zugleich auch die Frage, *„wie"* das, was zu tun ist, getan werden müsse, um hier und heute überzeugend zu wirken.

Die verpflichtenden regelmäßigen *Hauptseminare* ergänzten entweder die Thematik der Semester-Vorlesung oder griffen anderweitig naheliegende Themenfelder auf, beispielsweise: ‚Vatikanum II als Pastoralkonzil'; ‚Modelle zukunftsorientierter Gemeindepraxis'; ‚Symbol, Ritual, Sakrament und ihre pastorale Bedeutung'; ‚Brennpunkte der Pastoral und Kirchenrecht'; ‚Theorie und Praxis religiöser Erwachsenenbildung'; ‚Spuren Gottes im Film'; ‚Pastoralpsychologie' usw. – Meiner Überzeugung folgend, dass im Bereich der Pastoral theoretische Erkenntnisse stets an praktische Erfahrung geknüpft sind, wurde die Seminararbeit (moderiert meist durch den jeweiligen Assistenten und meist mit Anhörrunden beginnend) entweder „teilnehmerzentriert" oder aber als „themenzentrierte Interaktion" (TZI) durchgeführt, so dass selbst bei größerer Teilnehmerzahl in den einzelnen Sitzungen Jede und Jeder wenigstens kurz zu Wort kommen konnte.

„Fundierte Forschung und Lehre" ist nur in permanentem und intensivem Austausch mit Erkenntnissen, Thesen und Diskussionsbeiträgen der Fachkollegen sowie in Auseinandersetzung mit Inhalten relevanter Nachbardisziplinen möglich. Selbstverständlich gilt dies auch für die Pastoraltheologie. Die Beschäftigung mit Veröffentlichungen der Kollegen Rolf Zerfaß, Paul M. Zulehner, Hermann Steinkamp, Leo Karrer, Norbert Mette, Udo Schmälzle, Ottmar Fuchs, Isidor Baumgartner, Heribert Wahl (und vielen anderen) war für mich nicht nur eine Selbstverständlichkeit, sondern auch eine ständige und unersetzliche Quelle der Begründung und Weiterentwicklung meines Problembewusstseins und meiner Lehrtätigkeit. – Besonders erwähnen möchte ich im Bereich Pastoralsoziologie die Autoren Franz Xaver Kaufmann (,Kirche begreifen') und Karl Gabriel (,Lebenswelten unter den Bedingungen entfalteter Modernität'); in Sachen Pastoralpsychologie Hermann Stenger (,Verwirklichung unter den Augen Gottes'); im Themenbereich Gerontologie Martina Blasberg-Kuhnke (,Gerontologie und Praktische Theologie'); in Fragen der Ekklesiologie des Konzils Hermann Josef Pottmeyer (,Der eine Geist als Prinzip der Einheit in Vielfalt. Auswege aus einer christomonistischen Ekklesiologie').

Die kollegiale Zusammenarbeit innerhalb der Fakultät, insbesondere die Begleitung, die ich in den ersten Jahren durch den Kollegen Gottfried Bitter erfuhr, war für mich überaus hilfreich. Gemeinsame Hauptseminare führte ich vor allem mit Kollegen der praktisch-theologischen Disziplinen und des Kirchenrechts durch. Mit den Professoren der Dogmatik (Hans Jorissen, Joseph Wohlmuth und Karl-Heinz Menke) stand ich in je eigenem, durchwegs regem und furchtbarem Gesprächsaustausch.

## Kirchlicher Kontext, Spannungsfelder und Konfliktpotentiale

Forschung und Lehre an der Universität standen nicht so ohne weiteres „im Zeichen des Konzils" wie seinerzeit das Studium, sondern, genauer betrachtet, im Zeichen *großer Auseinandersetzungen um das Konzil;* im Zeichen eines zuweilen harten Ringens um dessen adäquate Deutung und Verwirklichung. Es waren die Anfangsjahre des Pontifikates von Papst Johannes Paul II, die nicht zuletzt von Turbulenzen der sogen. „nachkonziliaren Krise" geprägt waren: Schillebeeckx war gemaßregelt, Küng die Lehrerlaubnis entzogen worden (1978/79). Die beiden Sitzungen der kurz zuvor eingerichteten „Weltbischofssynode" (Sonderversammlung zum Thema „Die pastorale Situation in den Niederlanden" sowie die Generalversammlung zum Thema „Die christliche Familie") hatten einen wenig erfreulichen Verlauf genommen (1980). Der neue, die Konzilsbeschlüsse restriktiv auslegende CIC 1983 und das Schweigegebot für Leonardo Boff

(1985) taten ein Übriges, um Geduld und Hoffnung nicht nur unter Theologen auf eine schwere Probe zu stellen. Nach einem kurzen positiven Stimmungsumschwung im Zusammenhang mit dem Ende des Ost-West-Konflikts (Fall der Mauer 1989) sorgten die Erklärung ‚Ordinatio sacerdotalis‘ mit ihrer kategorischen Absage an jede Diskussion über Frauenordination (1994) sowie die ‚Instruktion zu einigen Fragen über die Mitarbeit der Laien am Dienst der Priester‘ (1997) neuerlich für Enttäuschung. Rolf Zerfaß klagte damals öffentlich: „Die Kirche des Konzils wird abgebrochen wie ein Zirkuszelt."

In alledem lag ein nicht geringes Konfliktpotential gerade auch im Blick auf Angelegenheiten der Universitäts-Theologie. An der Bonner Fakultät beispielsweise kam es 1992 zur Errichtung eines durch das Land NRW geförderten Lehrstuhls für „Theologische Frauenforschung". Anno 1996 folgte ein von studentischer Seite geforderter und von den Professoren durchgeführter „Projekttag Frauenordination".[4] Kurz darauf konnte, gegen erhebliche Widerstände aus Köln aber mit dem „Segen" der Nuntiatur, der genannte Lehrstuhl schließlich doch besetzt werden: Irmtraud Fischer war von 1997 bis 2004 ordentliche Professorin für „Altes Testament und Theologische Frauenforschung" an der Fakultät.

Was mich persönlich angeht, so kam es nach einem „Tag der Pfarrgemeinderäte" in den Messehallen Köln-Deutz, an dem ich mit mehreren Referaten maßgeblich beteiligt war, zu einer Auseinandersetzung mit Erzbischof Joachim Kardinal Meisner. Ich hatte das Pastoralkonzept des Erzbistums, das angesichts des wachsenden Priestermangels letztlich auf Bildung von Großpfarreien hinauslief, mit dem Hinweis auf die Zukunftsbedeutung der Gemeinden als „Subjekte der Pastoral" kritisch unter die Lupe genommen. Bei einem anschließend anberaumten Gespräch in Gegenwart mehrerer Domkapitulare beurteilte der Kardinal meine Ausführungen mit den Worten: „Was Sie sagen, ist nicht mehr katholisch!", stand vom Tisch auf und schickte sich an, zu gehen. Ich bat ihn nachdrücklich, doch meine Antwort abzuwarten, und fügte hinzu: „Alles, was ich als Professor lehre, überprüfe ich an der Hl. Schrift, an den Kirchenvätern und den großen Konzilien, insbesondere am Zweiten Vatikanum, und selbstverständlich auch an den Erklärungen der Deutschen Bischofskonferenz! Wie können Sie mir da die Katholizität absprechen?" Er hörte sich meine Worte stehend an und verließ dann schweigend den Raum. Generalvikar Dr. Norbert Feldhoff versicherte mir am nächsten Tag telefonisch: „Der Kardinal hat seinen Vorwurf nicht wiederholt!" Letztlich ging es um die Deutung des Konzils und die Rezeption des konziliaren Kirchenbildes.

---

[4]  Die Vorträge, einschließlich meines eigenen Beitrags, sind veröffentlicht in: ‚Kleine Bonner Theologische Reihe‘, 1997.

## DFG-Forschungsprojekte unter meiner Leitung

Aus einer qualitativen Pilotstudie zur „religiösen Entwicklung in der zweiten Lebenshälfte" (1994-1996), die von Andreas Wittrahm initiiert und vom Bistum Aachen unterstützt wurde, entstand das in den Jahren 1999-2003 vom Mitarbeiterstab des Lehrstuhls durchgeführte, nunmehr von der Deutschen-Forschungs-Gemeinschaft (DFG) geförderte empirische Forschungsprojekt *„Religiöse Entwicklung im Erwachsenenalter"*. Hierbei wurden qualitative biographische Explorationsgespräche mit 120 stichprobenartig ausgewählten Gesprächspartnern der Jahrgänge 1930-35 und 1950-55 aus verschiedenen Regionen Deutschlands geführt. Eine etwa zwei Jahre später erfolgte Nachbefragung von rund 40 Personen aus beiden Probanden-Kohorten diente dazu, die Ergebnisse zu validieren und eventuell kurzfristig eintretende Entwicklungen zu konstatieren. – Das Ergebnis war (in aller Kürze): Die sozio-kulturelle Situation hat heutzutage auch bei Menschen im höheren Erwachsenenalter eine starke Pluralisierung und Dynamisierung von Lebensstilen zur Folge und bringt damit eine wachsende Vielfalt unterschiedlicher, teils wechselnder „Gestalten von Religiosität" mit sich. Im Gegensatz zum hergebrachten Pauschal-Urteil gemäß dem Sprichwort: „Im Alter kommt der Psalter" konnte festgestellt werden: Es gibt einen Zusammenhang zwischen der Häufigkeit kritischer Lebensereignisse und der Anzahl religiöser Zäsuren und Wandlungen im Lebensverlauf. Die Projekt-Dokumentation[5] enthält detaillierte Angaben und Berichte über Hintergründe, Ziele und Ergebnisse des Forschungsprojektes und eines daran anknüpfenden Symposions.

Eine weitere Untersuchung wurde in den Jahren 1998-2000 am Seminar für Pastoraltheologie gestartet. Die Fragen: Welche Berufe streben Theologiestudierende an? Welche Berufsvorstellungen sind hierbei im Spiel?, waren der Ausgangspunkt für ein interdisziplinäres, in Kooperation mit dem Seminar für Berufspsychologie (Professor Walter Neubauer, Bonn) durchgeführtes, wiederum von der DFG gefördertes Forschungsprojekt zum Thema: *„Entwicklung des beruflichen Selbstkonzeptes und Berufswahlverhalten von Theologinnen und Theologen"*. Mit Hilfe eines gemeinsam erarbeiteten umfangreichen Fragebogens wurden die Berufsziele von knapp 1000 Studierenden der Katholischen Theologie aus verschiedenen Studienorten Deutschlands erhoben, und zwar in Korrelation zur jeweiligen individuellen Berufsperspektive der Probanden sowie in Bezug auf die berufsrelevante Selbsteinschätzung ihrer eigenen Person.[6]

---

[5]   Die Dokumentation erschien unter dem Titel: Die Senioren sind auch nicht mehr die Alten. Praktisch-theologische Beiträge zu einer Kultur des Alterns, hg.v. Walter Fürst / Andreas Wittrahm / Ulrich-Feeser-Lichterfeld / Tobias Kläden, Münster 2003.

[6]   Das Projektergebnis ist dokumentiert in: Theologiestudierende im Berufswahlprozess. Erträge eines interdisziplinären Forschungsprojektes, hg.v. Walter Fürst und Walter Neubauer, unter Mitarbeit von Ulrich Feeser-Lichterfeld und Tobias Kläden. Münster 2001.

## Interdisziplinäres Symposion zum Thema ‚Pastoralästhetik'

Aus Anlass meines 60.Geburtstages im Jahr 2000 veranstalteten meine Mitarbeiter ein interdisziplinäres Symposion zum Thema *„Pastoralästhetik. Die Kunst der Wahrnehmung und Gestaltung in Glaube und Kirche"* im Haus Magdalena, Bad Honnef.[7] Auf dem Cover der Dokumentation werden Intention und Focus der Tagung zusammenfassend so beschrieben: „Wenn in der postmodernen Medienwelt alles zum Bild wird, sind die Kirchen herausgefordert, ihr Verhältnis zur Bildhaftigkeit des christlichen Glaubens neu zu bedenken. Die Wahrheit des Christentums besteht nicht in einer Sammlung von Sätzen, sondern erscheint als Person, als konkretes Bild und sichtbares Wort Gottes in der Welt. In seiner Nachfolge verkündet auch die Kirche das Evangelium nicht bloß in Worten, sondern durch ihre ganze Lebensgestalt. Die Botschaft hat Gestaltcharakter; sie wird durch das Bild, das die Christen als einzelne und als Kirche in der je jetzigen Gesellschaft abgeben, entweder glaubwürdig bezeugt oder aber verfälscht und verdunkelt. Heute in der kirchlichen Pastoral mitzuwirken, erfordert Wahrnehmungs- und Gestaltungskompetenz, verlangt Stilgefühl und Gespür für die symbolische Form. Die Kunst, die Zeichen der Zeit zu deuten, die Kunst, Gemeinde zu gestalten, die Kunst, Gottesdienst und Sakramente zu feiern, die Kunst, auf Hoffnungen und Nöte der Menschen seelsorglich einzugehen, all dies verlangt (pastoral-)ästhetisches Urteilsvermögen."

## Wissenschaftliche Mitarbeiter und Mitarbeiterinnen, Lehrstuhl-Assistenten und Doktoranden

Es ist hier nicht möglich, sämtliche Mitarbeiterinnen und Mitarbeiter, die im Laufe der Jahre am Seminar für Pastoraltheologie tätig waren, mit Namen aufzuzählen. Allein in den Phasen der DFG-geförderten Forschungsprojekte umfasste das Team zeitweilig rund zwanzig Personen. Stellvertretend für alle möchte ich (in zeitlicher Reihenfolge; mit heutigen Titeln und Tätigkeitsfeldern) die Lehrstuhlassistenten nennen: Dr. Andreas Wittrahm, Bereichsleiter für Sozialpolitik im Caritas-Verband Aachen und Professor an der Kirchlichen Hochschule NRW in Köln; Dr. Thomas Kroll, Leiter des Referates Verkündigung und missionarische Seelsorge im Generalvikariat des Bistums Hamburg; Dipl. theol. Burkard Severin, Inhaber und Leiter des Instituts für Systemische Organisationsentwicklung ISO, Eisbach; Dr. Ulrich Feeser-Lichterfeld, freiberuflicher Organisationsentwickler, Bonn; Dipl. theol. Michael Lohausen, Assistent am Lehrstuhl für Praktische Theologie der Universität Würzburg.

---

[7]  Zahlreiche Referate und Beiträge sind dokumentiert in der von mir unter Mitarbeit von Andreas Wittrahm und Ulrich Feeser-Lichterfeld herausgegebenen gleichnamigen ‚Quaestio disputata', Bd. 199 (2002).

Direkt an der Veröffentlichung zu den Forschungsprojekten beteiligte Mitarbeiterinnen und Mitarbeiter waren (jeweils mit heutiger Berufs- und Tätigkeitsbezeichnung): Dipl. theol. Barbara M. Leicht, Wissenschaftliche Mitarbeiterin und Redakteurin beim Kath. Bibelwerk, Stuttgart; Dipl. psych. Anke Terörde-Wilde, Human Resources Consultant Gesellschafterin, ITB-Consulting GmbH, Bonn; Mechthild Hammerschmidt, StD für Deutsch, Religionslehre, Französisch; derzeit pädagogische Mitarbeiterin im Ministerium für Schule und Weiterbildung NRW; Dr. Tobias Kläden, Stellvertretender Leiter und Referent für ‚Pastoral und Gesellschaft' der Kath. Arbeitsstelle für missionarische Pastoral (KAMP) der DBK in Erfurt sowie Dipl. theol. Stefan von der Bank, Referatsleiter in der Stabstelle Kommunikation des Erzbischöfl. Generalvikariates Köln.

Wenigstens kurz aufgezählt seien die hervorragenden Wissenschaftlichen Arbeiten (für Habilitation und Promotion), die im Kontext des Doktoranden-Kolloquiums entstanden sind: Dr. Reinhard Feiter, ‚Antwortendes Handeln. Praktische Theologie als kontextuelle Theologie' (Habilitationsschrift), Münster 2002; Feiter ist Professor für Pastoraltheologie an der Univ. Münster. – Dr. Michael Anozie, ‚Childless marriage in IGBO-Christianity. Description of and reflections concerning solution in a pastoral problem', Bonn 1998; Anozie ist seither in der Nigerianischen Priesterbildung tätig. – Dr. Andreas Wittrahm (s.o.), ‚Seelsorge, Pastoralpsychologie und Postmoderne. Eine pastoral-psychologische Grundlegung lebensfördernder Begegnungen angesichts radikaler postmoderner Pluralität', Stuttgart 2001. – Dr. Wolfgang Reuter, ‚Heilsame Seelsorge. Ein psychoanalytisch orientierter Ansatz von Seelsorge mit psychisch Kranken', Münster 2004; Reuter ist Professor für Pastoralpsychologie an der Theologischen Hochschule Vallendar. – Dr. Ulrich Feeser-Lichterfeld (s.o), ‚Berufung. Eine praktisch-theologische Studie zur Revitalisierung einer pastoralen Grunddimension'. Münster 2005. – Dr. Meinrad Sauter, ‚Dienst am Glauben. Annäherungen an Person und Werk von Franz Xaver Arnold (1898-1969)', Rottenburg 2005 sowie Dr. Thomas Kroll (s.o.), ‚Der Himmel über Berlin – Säkulare Mystagogie? Wim Wenders' Spielfilm als Herausforderung für die Praktische Theologie', Münster 2008.

## Außeruniversitäre Orte und Formen des Engagements

Bereits wenige Wochen nach meiner Ankunft in Bonn erhielt ich eine Einladung von Msgr. Paul Adenauer nach Bergisch Gladbach zu einem persönlichen Treffen in seinem Haus. Adenauer war damals im Bischöflichen Hochschulkonvikt Albertinum mitverantwortlich für die Bildung der Diözesantheologen in Gesprächsführung. Von daher war es sein Anliegen, zu mir als dem Vertreter der Pastoraltheologie an der Fakultät Beziehung aufzunehmen und mich für eine Mitwirkung bei Aufbau und Entwicklung der Praxisberatung in der Erzdiözese Köln zu gewinnen. Adenauer empfang mich buchstäblich mit offenen Armen: „Herzlich Willkommen in der Erzdiözese Köln! Schön dass Sie da sind! Wir haben auf Sie gewartet!" rief er mir freundlich entgegen. Demgegenüber war meine Begrüßung an der Bonner Fakultät recht prosaisch verlaufen. Während der ersten Semester durfte ich bei den Fakultätsrat-Sitzungen (aus Platzgründen, wie es hieß) nicht im Kreis der etablierten Professoren am großen Tisch sitzen, sondern musste auf einem an der Seitenwand des Raumes stehenden Sofa Platz nehmen. In dieser Situation gab mir der „Außenseiter" Adenauer das Gefühl, im größeren Wirkungskreis der Erzdiözese willkommen zu sein und gebraucht zu werden.

### Mitarbeit beim diözesanen und überdiözesanen Aufbau von Strukturen der Pastoralsupervision

Die Begegnung mit Paul Adenauer war zugleich der Beginn einer langjährigen Mitarbeit als pastoraltheologischer Berater und Referent in den kurz zuvor eingerichteten und von Wolfgang Acht, Paul Adenauer, Jutta Malcher und Elisa Pursch geleiteten Dreijahreskursen für die ‚Ausbildung zum Pastoralsupervisor im Erzbistum Köln' (1991-2006).

Auf Initiative des Instituts für Fort- und Weiterbildung der Diözese Rottenburg-Stuttgart und in Zusammenarbeit mit der Katholischen Akademie Stuttgart-Hohenheim fand, ebenfalls 1991, erstmalig ein überdiözesanes Symposion zum Thema „Befähigung zur Seelsorge. Möglichkeiten und Grenzen pastoraler Praxisbegleitung in der Fort- und Weiterbildung" statt. Ziel dieser ersten überdiözesanen Tagung war es, eine Plattform für interessierte Fachleute zum Austausch über Erfahrungen mit pastoraler Supervision zu bieten. Das Vorbereitungs- und Leitungsteam bestand aus Bruno Ernsperger M.A. (leitender Mitarbeiter des Instituts), Dr. Gebhard Fürst (Akademiedirektor), Prof. Hermann Stenger, Innsbruck (als Pastoralpsychologe) und mir (als Pastoraltheologe). Über sechzig, an verantwortlicher Stelle in den Diözesen tätige Teilnehmer und Teilnehmerinnen aus allen Teilen Deutschlands, darunter auch die Verantwortlichen aus Köln, folgten der Einladung.

Die außerordentlich positiv erlebten Vernetzungseffekte führten im Teilnehmerkreis schnell zu dem Entschluss, die Ziele und Impulse des Symposions in einer Nachfolgetagung im Rheinland aufzugreifen und fortzuführen. In diesem Sinne luden 1993 das Referat Praxisbegleitung/Praxisberatung der Hauptabteilung Seelsorge-Personal des Erzbischöflichen Generalvikariates Köln unter Leitung vom Wolfgang Acht gemeinsam mit der Thomas-Morus-Akademie Bensberg (Direktor Dr. Wolfgang Isensee) unter Übernahme des Hohenheimer Logos zu einer „2. Fachtagung" ein, diesmal mit dem Thema „Supervision im pastoralen Feld. Akzentsetzungen angesichts der Krise in der Pastoral". In ihrer Tradition stehen die bis heute in regelmäßigen Abständen stattfindenden Fachtagungen zum Bereich ‚Pastoralsupervision'.

## Mitglied in der Konferenz der deutschsprachigen Pastoraltheologinnen und Pastoraltheologen

Seit Beginn meiner akademischen Tätigkeit war und bin ich selbstverständlich Mitglied in der ‚Konferenz deutschsprachiger Pastoraltheologen und Pastoraltheologinnen'. In den Jahren 1987-1993 gehörte ich als Vertreter der deutschen Sektion dem ‚Beirat' an. Von 1997 bis 2001 fungierte ich unter dem Vorsitzenden Prof. Leo Karrer, Fribourg, als stellvertretender Vorsitzender der Konferenz, zusammen mit den weiteren Vorstandsmitgliedern Prof. Karl-Heinz Ladenhauf und Prof. Stefan Knobloch (Geschäftsführer). Anschließend arbeitete ich für fünf weitere Jahre als „kooptiertes Mitglied" im Beirat mit. Die Kooperation mit den Kollegen und Kolleginnen war immer menschlich erfreulich und sachlich inspirierend!

Über den Kreis der bereits Genannten hinaus erinnere ich mich dankbar an lebhaften Austausch und fruchtbare Gespräche mit den Fach-Kolleginnen und -Kollegen Martina Blasberg-Kuhnke, Franz Georg Friemel, Ottmar Fuchs, Gerd Heinemann, Anne Kurlemann, Hadwig Müller, Udo Schmälzle, Michael Sievernich, Herman van de Spijker, Hermann Stenger, Hermann Steinkamp und Heribert Wahl.

## Tätigkeit in diversen pastoralen Einrichtungen und Gesprächskreisen.

Von Anfang an und fast während der gesamten Bonner Zeit hielt ich regelmäßig die Sonn- und Feiertags-Gottesdienste im *Kloster Pützchen*, Bonn-Beuel. Bei den dortigen Sacrè-Coeur-Schwestern fand ich so etwas wie geistliche Heimat in der „rheinischen Fremde". – Gleichzeitig gehörte ich als Vertreter der Fakultät (zusammen mit dem evangelischen Kollegen Friedrich Wintzer) von Beginn an bis zur Emeritierung dem Vorstand der *Ökumenischen Telefonseelsorge* Bonn/Rhein-Sieg an und war zeitweise auch in der Fortbildung und Supervision der dortigen ehrenamtlichen Seelsorgerinnen und Seelsorger tätig. – Außerdem arbeitete ich geraume Zeit in der Kommission ‚Grundfragen der Pastoral' des *Zentralkomitees der deutschen Katholiken* mit und war hier u.a. maßgeblich an der Entstehung des an die Bischöfe adressierten, in der Öffentlichkeit heftig diskutierten Grundsatzpapieres ‚Dialog statt Dialogverweigerung' (1994) beteiligt.

Hinzu kamen eine Reihe von eher privat initiierten pastoralen Gesprächskreisen, die für mich in einem sich ständig erweiternden beruflichen und persönlichen Beziehungsgeflecht zu wertvollen Stützpunkten wurden: In der Pfarrei St. Marien im Bonner Norden gehörte ich zu einem, vom dortigen Pfarrer Peter Adolph moderierten *Pastoralkreis*, der dem gegenseitigen Erfahrungs- und Meinungsaustausch diente und dessen „harter Kern" sich bis heute regelmäßig trifft („Peter Adolf-Kreis"). Jeweils mehrtägige gemeinsame *pastorale Studien-reisen* führten uns u.a. nach Paris, Nürnberg und Prag. – Ein weiterer mir wichtiger Gesprächskreis widmete sich, angeregt von Hermann Stenger, Pastoralpsychologe an der Universität Innsbruck, und Msgr. Gerd Heinemann, Direktor des Collegium Leoninum in Bonn und Vorsitzender der Deutschen Regenten-Konferenz, vor allem *Fragen der Priesterausbildung* in den Aachener und Kölner Seminaren. Die Gruppe, zu der auch zwei Lebensberaterinnen, ein Domdekan und ein Jugendheimleiter zählten, traf sich mehrmals im Jahr im Haus von Msgr. Paul Adenauer. – Beide Gesprächsforen wurden zu wichtigen Orten der Begegnung und waren Zentren meines rheinischen Freundeskreises.

## Veröffentlichungen in Kooperation mit Kollegen und Freunden – ein Beispiel

Auf der Liste der Bücher, die ich zusammen mit Kollegen herausgegeben habe, fallen einige Titel auf, die den Rahmen der traditionellen Pastoraltheologie zu sprengen scheinen, in Wirklichkeit jedoch deren Horizont signifikant weiten: *Ein* Beispiel dafür ist der Band *„Ideen für Europa. Christliche Perspektiven der Europapolitik* [8]. Aus einem vom Bischof der Diözese Rottenburg-Stuttgart, Dr. Gebhard Fürst, anlässlich der Diskussion um einen Europäischen Verfassungsvertrag initiierten Arbeitskreis zum Thema ‚Kirche und Europa' entstanden, befasst sich das Buch mit der Frage, wie die Weiterentwicklung der EU von einer bloßen Wirtschaftsgemeinschaft zu einer politischen Wertegemeinschaft der Europäischen Staaten gelingen kann, und welche Bedeutung dabei Christentum und Kirche zukommt. Über zwanzig namhafte Autoren aus Politik, Wirtschaft und Medien, Philosophie, Theologie und Jurisprudenz kommen darin ausführlich zu Wort. Mein eigener Beitrag thematisiert „Die Integration Europas als Herausforderung für die pastorale Selbstgestaltung der Kirche(n)". Der Sammelband wurde in einer in der Brüsseler ‚Landesvertretung Baden-Württemberg' veranstalteten feierlichen Buchpräsentation der Öffentlichkeit vorgestellt.

# Tragende Beziehungen über die Jahre hinweg

Während der Zeit an der Bonner Universität blieben für mich die Beziehungen zur Heimatdiözese Rottenburg-Stuttgart, zum süddeutschen Freundeskreis und zur Herkunftsfamilie auch weiter von großer Wichtigkeit.

---

[8]   Hg.v. Walter Fürst / Joachim Drumm / Wolfgang M. Schröder, Münster 2004.

## Heimatdiözese

Nur einige wenige Berührungspunkte und Anlässe der Verbindung mit der Heimatdiözese seien erwähnt: Anfangs der Achtziger Jahre erhielt das Rottenburger Institut für pastorale Fortbildung ein eigenes Tagungshaus. Nicht zuletzt angeregt durch meine 1978 im Druck erschienene Hirscher-Arbeit entschied Bischof Georg Moser in baulicher Erweiterung des Priesterseminars ein Tagungsgebäude für die neue Bildungseinrichtung zu errichten und ihm den Namen „Johann-Baptist-Hirscher-Haus" zu verleihen. Bei der Einweihung 1981 fiel mir die Aufgabe zu, den Festvortrag zu halten.

Noch vor meiner Übersiedelung nach Bonn hatte mich Bischof Moser zum Mitglied der *Rottenburger Diözesan-Synode* (1984/85) berufen. Ich erinnere mich u.a. an ein kleines, aber bezeichnendes „Geplänkel" mit Prof. Walter Kasper, der ebenfalls als Synodale berufen worden war: Als ich während der Debatten im Plenum Verbesserungen für einen der Beschlüsse vorschlug, machte Kasper seinem Ärger durch den Zwischenruf Luft: „Was nützen uns schöne Texte, wenn sie nicht richtig sind?" Ich konterte: „Was nützen uns richtige Texte, wenn sie nicht schön sind? Schön müssen sie sein – wenn sie etwas bewirken sollen!" In Bonn angekommen, klingelte nach einigen Tagen das Telefon und es meldete sich Kasper. Er wünschte mir einen guten Anfang an der Fakultät und meinte schließlich: „Ich denke, wir verstehen uns."

## Süddeutscher Freundeskreis

Aus meinem seit Jahrzehnten bewährten *süddeutschen Freundeskreis* möchte ich nur einige der vielen Gruppen und Namen nennen, die für meine „pastoraltheologische Existenz" bedeutsam wurden: Seit 1985 treffen sich jährlich eine Anzahl Rottenburger „Pastoralleute" in einem Ferienhaus der Grazer Redemptoristen im nahe bei Berchtesgaden gelegenen Ort Loipl. Ein „innerer Kern", zu dem ich mich selbst zählen darf, ist bis heute personell in etwa derselbe geblieben. Außer dem maßgeblichen Mentor Bruno Ernsperger MA und dem Mit-Initiator, Klinikseelsorger Ludwig Rudloff, gehören dazu Pastoralreferent Max Himmel, Prälat Georg Kopp, Pastoraltheologe Peter Köhldorfner, Pfarrer Walter Stöffelmaier, und nicht zuletzt, gleichsam als „Seele der ganzen Gruppe", Gemeindeberaterin Gerlinde Rempfer sowie der Redemptorist Prof. Hermann Stenger als „heimlicher Spiritus rector". In diesem sogenannten „Loipler Kreis" wurden u.a. zentrale Ideen für das ‚Rottenburger Modell' der Gemeindeberatung und Gemeindeentwicklung vorgedacht und Anstöße gegeben für die diözesanen Leitlinien der Pastoral.

Ein weiterer – zunächst beruflich entstandener – Kreis ist das einstige Kollegium der Wilhelmsstiftsrepetenten, zu dem ich gehörte. Über all die Jahre hin haben sich unter uns freundschaftliche Beziehungen entwickelt. Neuerdings treffen wir uns regelmäßig zum „Theologen-Table" bei Msgr. Heinz Tiefenbacher (zusammen mit Pfr. Ernst Steinhart, Pfr. Wolfgang Gramer. Pfr. Karl Brechenmacher, Emil Wintermantel und mir). Spannungsreiche Gespräche über Theologie und Kirche halten uns zusammen und theologisch miteinander „auf der Höhe der Zeit". Als ehemaliges Repetentenkollegium des Wilhelmsstifts pflegen wir bis heute freundschaftliche Verbundenheit mit „unserem" damaligen Direktor Msgr. Otto Baur.

Langjährige Freundschaft verbindet mich mit Pater Karl Kern SJ und Oberstudienrätin Ulrike Ruf. Karl Kern kenne ich seit den gemeinsamen Jahren im Bühler Pfarrhaus. Sei es während seiner Zeit als Studentenpfarrer in Karlsruhe, als Pfarrer der Offenen Kirche St. Clara in Nürnberg, oder jetzt als Kirchenrektor in St. Michael, München: immer pflegten und pflegen wir regen Gedankenaustausch über Gott, die Welt und den Glauben. – Ulrike Ruf lernte ich als Diakon im Rahmen der Jugendarbeit der Rottenburger Dompfarrei kennen. Sie ist Gymnasiallehrerin in Tübingen und arbeitet zugleich als geprüfte Transaktionsanalytikerin in der Fort-und Weiterbildung von Lehrerinnen und Lehrern für das Regierungspräsidium Tübingen. Von ihr konnte ich viel über Leitlinien und Wege gelingender Kommunikation lernen. Und sie kümmerte und kümmert sich wie eine „treue Seele" immer wieder um mich und, soweit es ihre Zeit erlaubt, auch um die notwendige Ordnung in meinem Hausstand. Beide, Karl Kern und Ulrike Ruf, waren und sind mir je auf ihre Weise Halt und Stütze auf meinem persönlichen und beruflichen Weg.

Dann gibt es da noch zwei „alte Bergkameraden", denen ich viele schöne Erinnerungen verdanke: Pfarrer Hermann Borhauer und Pfarrer Franz Klappenecker. Fast jedes Jahr war es mir zusammen mit ihnen möglich, attraktive Alpen-Gipfel zu erklimmen. Ein markantes Beispiel dafür: der Aufstieg zum über 4000 Meter hohen ‚Gran Paradiso'.

## Familie und Herkunftsgemeinde

Meine Eltern, die Mutter war damals Näherin in einer Textilfabrik, der Vater Gärtner in einer Baumschule, lernten sich im Kirchenchor der St. Laurentius-Gemeinde Bietigheim kennen. Nach ihrer Heirat kamen nacheinander meine Geschwister Bruno (1937) und Wolfgang (1939) zur Welt. Bruno starb bereits nach wenigen Tagen, so dass Wolfgang den Status des „älteren Bruders" einnahm. Als ich Ende 1940 geboren wurde, war mein Vater bereits zum Militärdienst „an der Ostfront" eingezogen. Neben den Ängsten und Schrecken der Kriegszeit, den in Bietigheimer und Kornwestheimer Kellern und Bunkern erlebten Bombennächten, dem Hunger und den Entbehrungen gab es auch viel Erfreuliches in dieser Zeit; insbesondere erfuhren wir viel Hilfe durch „Wohltäter". Als fern vom Vater existierende Familie fanden wir viel Rückhalt in der Zugehörigkeit zur Pfarrgemeinde und in der Mitfeier der Gottesdienste des Kirchenjahres. Nicht zuletzt gab es das gemeinsame häusliche Gebet, getragen vom gelebten Gottvertrauen der Mutter und ihrer mit uns im Haushalt lebenden Schwester.

Ich war bereits sieben Jahre alt, als der Vater im Frühjahr 1948 aus der Kriegsgefangenschaft zurückkehrte. Noch vor Ende des Jahres wurde „mein jüngerer Bruder" Gebhard geboren, so dass wir nun zu Dritt waren. Wolfgang wurde nach seiner Lehre von allen als gelernter Werkzeugmacher bewundert und war später, mit nachgeholtem Hochschulstudium, als bewährter Lehrlingsmeister bei der Flugzeugfirma Dornier tätig. Ich selbst besuchte das mathematisch-naturwissenschaftliche Gymnasium (mit Lateinzug) in Bietigheim und bereitete mich anschließend im sogen. „Vorseminar" zu Bad Cannstatt durch Erlernen der weiteren biblischen Sprachen (Hebräisch und Griechisch) auf das Theologiestudium vor. – Bruder Wolfgang hatte mich Mut und Ausdauer gelehrt, nicht nur im Bergsteigen, auch auf großen Radtouren quer durch die Schweiz. – Bruder Gebhard war für mich ein wunderbares Geschenk des zurückgekehrten Vaters an die ganze Familie. Schon während seiner Gymnasialzeit und nach Aufnahme seines Theologiestudiums wurde er für mich, je länger je mehr, zu einem gesuchten philosophisch-theologischen Gesprächspartner. Nach seiner Priesterweihe leitete er einige Jahre als Direktor die Diözesan-Akademie in Stuttgart. Im Jahr 2000 wählte ihn das Domkapitel zum Bischof der Rottenburger Diözese.

Wenn jemand nach den tiefsten existentiellen Wurzeln meines pastoraltheologischen Impetus fragt, kann ich ohne Zögern antworten: Sie liegen im dynamischen *Beziehungsfeld zwischen Familie und Herkunftsgemeinde*. Was uns Geschwister, wohl alle drei, kirchlich am nachhaltigsten geprägt hat, war die Pfarrei St. Laurentius Bietigheim: die durch den damaligen Pfarrer Viktor Locher immer würdig und stilvoll gestaltete Liturgie, das Vorbild der durchweg als überzeugende Gemeinde-Seelsorger wirkenden Pfarrvikare sowie die in der Gemeinde mögliche Mitarbeit im Ministranten- und Lektorendienst. Hinzu kommt eine langjährige Tätigkeit als Jugendleiter.

## Emeritierung – Festschrift – 70. Geburtstag

Meine Emeritierung als Professor in Bonn erfolgte am 28. Februar 2006. Einige Wochen zuvor hielt ich im Hörsaal 10 des Hauptgebäudes der Universität vor nahezu 200 geladenen Gästen, Kollegen und Studierenden meine Abschlussvorlesung zum Thema *„ Glaube – Liebe – Hoffnung. Das trianguläre Fundament theologischer Wissenschaft und pastoraler Praxis. "* Der Dekan, Prof. Dr. Georg Schöllgen, würdigte in Anwesenheit meines Bruders, Bischof Dr. Gebhard Fürst sowie des Vertreters des Erzbischofs von Köln, Prälat Dr. Norbert

Trippen, meine Tätigkeit an der Fakultät und für die Diözese. Bei der anschließenden Feierstunde im Festsaal überreichten mir die ehemaligen Assistenten
am Lehrstuhl – auch aus Anlass meines 65. Geburtstages – ein die Grundanliegen meiner Pastoraltheologie aufgreifendes und zusammenfassendes Buch
‚Dem Glauben Gestalt geben. Festschrift für Walter Fürst‘.[9]

Nach Abwicklung einiger noch verbliebener Verpflichtungen verlegte ich am
8. Januar 2007 meinen Wohnsitz von Bad Honnef nach Bondorf bei Herrenberg,
unweit von Tübingen, und kehrte damit in mein heimatliches Beziehungsfeld
zurück. Seitdem arbeite ich „als Pensionär“ in der Pastoral der ‚Seelsorgeeinheit‘ Herrenberg-Gäu mit.

Aus Anlass meines 70. Geburtstages im Dezember 2010 veranstaltete die
Bonner Fakultät im Januar 2011 auf Initiative von Reinhard Boschki, Professor
für Religionspädagogik, neuerdings in Tübingen, eine Akademische Feierstunde. Nochmals fühlte ich mich an der alten Wirkungsstätte und im Kreis der
Kollegen wahrgenommen, geehrt und fast nochmals wie zuhause. Den Festvortrag hielt Reinhard Feiter, Professor für Pastoraltheologie in Münster, über das
Thema „*Unterscheidung der Pastoral*“. Die Feier erfüllte mich mit Freude und
Dankbarkeit; sie war wie ein gelungener Schlusspunkt meiner Zeit als Pastoraltheologe an der Bonner Fakultät.

---

[9]   Hg.v. Ulrich Feeser-Lichterfeld und Reinhard Feiter, Berlin 2006.

NORBERT GREINACHER

# Von der Wirklichkeit zur Utopie

## Aus Artikeln Greinachers zusammengestellt und kommentiert von Johann Pock

Von Norbert Greinacher[1] liegt kein eigens für dieses Buch geschriebener Text vor.[2] Ottmar Fuchs hat mich auf die in diesem Beitrag verwendeten Artikel hingewiesen, in denen sich gewissermaßen ein kleines theologisches „Vermächtnis" von Greinacher nachzeichnen lässt.

Zum einen ist es die Festschrift zu seinem 70. Geburtstag,[3] welche ihm seine vier „Mitstreiter" (Ottmar Fuchs, Leo Karrer, Norbert Mette und Hermann Steinkamp) widmen. Und es wird ein Auszug aus einem Aufsatz Greinachers zitiert,[4] den die Herausgeber als paradigmatisch für den Ansatz von Greinacher ansehen.[5]

Greinacher charakterisiert zunächst, was denn so ein Prophet sei:

> Prophetisch reden im biblischen Sinne bedeutet … zunächst einmal offen heraus erklären, öffentlich bekanntmachen, verkünden (analog mit der ursprünglichen Bedeutung von Professor).

---

[1]  Norbert Greinacher ist am 26.4.1931 in Freiburg/Br. geboren.

[2]  Aus gesundheitlichen Gründen war es nicht möglich, einen solchen autobiographischen Text zu bekommen.

[3]  Ottmar Fuchs (Hg.), Pastoraltheologische Interventionen im Quintett. Zukunft des Evangeliums in Kirche und Gesellschaft: Mit einem Dokumentationsteil bisheriger Stellungnahmen. Norbert Greinacher zum 70. Geburtstag (Tübinger Perspektiven zur Pastoraltheologie und Religionspädagogik 11), Berlin 2001.

[4]  Ebd., 11-14. Es handelt sich um Norbert Greinacher, Apostel, Propheten und Lehrer – damals und heute, in: Theologische Quartalschrift 171 (1991) 48-63.

[5]  Ebd., 11: „Hier formuliert Greinacher das Wesen der Prophetie und damit zugleich die Qualität jeglicher prophetischen Intervention. Er bringt auf den Punkt, was wohl, jedenfalls versuchsweise, unser ganzes Bestreben in der ‚Fünferbande' charakterisiert".

Dem Prophet geht es um das ‚hic et nunc'. Der Prophet weigert sich, in den Mitteln selbst schon das Ziel zu sehen. Der Prophet ist derjenige, der gerade die Mittel, die Medien, das Kategoriale, das Institutionelle radikal in Frage stellt und der zentral auf das Wesentliche zugeht. Der Prophet gibt sich mit dem Erreichen nicht zufrieden, sondern er fragt sich, wie das Gegenwärtige als Baumaterial der Zukunft gebraucht werden kann. Der Prophet ist wie Mose, der die Israeliten aus der Sicherheit der Fleischtöpfe Ägyptens in die Unsicherheit der Wüste führt um des gelobten Landes willen.[6]

Zentral ist für Greinacher, dass dieser prophetische Auftrag der ganzen Kirche und nicht nur einzelnen ausgewählten Personen gilt – wobei Einzelpersonen für die Kontinuität und für die Legitimation der Prophetie wichtig sind. Ja – er plädiert sogar für eine „prophetische Sukzession" der Kirche.

> Die ganze Kirche ist prophetisch, alle ihre Mitglieder sind Prophetinnen und Propheten, stehen in der prophetischen Tradition und müssen sich ihr verpflichtet wissen. Eine Kirche, die diese ihre grundlegende prophetische Dimension vergißt, verrät ihre eigene Identität.

> In Analogie zur apostolischen Sukzession muß es – aufbauend auf der grundlegenden prophetischen Dimension der Gesamtkirche und aller ihrer Mitglieder – auch eine Kontinuität von prophetischen Personen, von prophetischen Gruppen und Strömungen geben, die eben nicht nur am Rande der Kirche geduldet werden, sondern ihren legitimen Ort inmitten der Kirche selbst haben. In Differenz zur apostolischen Sukzession kann eine prophetische Sukzession nicht sozusagen von Amts wegen per Handauflegung von einer Generation zur anderen weitergegeben werden. Dies wäre ein Widerspruch in sich selbst. Ein ‚amtlicher' Prophet und seine institutionell geregelte Kontinuität, die es anscheinend im Alten Testament gegeben hat, sind die Ausnahme.[7]

Wohl aus den Erfahrungen des eigenen Lebens gegriffen kommt Greinacher auf die Spannungen prophetischer Existenz zu sprechen. Spannungen sind für ihn aber nicht negativ, sondern der Ursprung von Leben und Reformen.

> Damit sind wir aber mit dem fundamentalen Dilemma des Propheten konfrontiert. Einerseits steht er sozusagen von Berufs wegen in kritischer Distanz zu den kirchlichen Strukturen, in denen er auftritt. Er greift ja die Verfestigung der kirchlichen Institution an. Die Institution ist das Ziel seiner Kritik, das Objekt seiner Reformbemühungen. Andererseits benötigt er dringend eine Institution, um wirksam werden zu können, um überhaupt gehört zu werden, um seinem Wort Nachdruck zu verschaffen.

> Die prophetischen Personen und die prophetischen Gruppen in der Kirche müssen diese Spannung aushalten. Nur dann gelingt es, ein dynamisches Element in die Kirche mit einzubringen. Die Prophetinnen und Propheten können sich ja nicht mit einer statischen Institution zufrieden geben. ...[8]

---

[6]  Greinacher, Apostel, Prophet und Lehrer, 49f.
[7]  Ebd., 54f.
[8]  Ebd., 55.

Das ist für diejenigen furchtbar und gefährlich, welche Spannungen, dialektisches Denken und konfliktreiche Praxis für die Kirche als absolut schädlich betrachten. Demgegenüber ist daran festzuhalten, dass eine solche Polarisation konstitutiv für menschliche Geschichte und menschliche Gesellschaft ist und auch durchaus ihre positiven Seiten aufweist. Ohne Schmerzen kein neues menschliches Leben; ohne Konflikte keine Reifung; ohne Auseinandersetzungen keine Reformen! Damit sollen die Schwierigkeiten, auch das oft damit verbundene Leid nicht verharmlost werden. Es soll nur betont werden, wie sehr die Kirche auf diese tripolare Spannung angewiesen ist und wie dies auch einen großen Reichtum, eine intensive Dynamik in sich enthalten kann.[9]

Greinacher findet für seine Positionen Belegstellen bei Walter Kasper[10] und bei Karl Rahner[11], überraschender Weise aber auch beim frühen Joseph Ratzinger:

'Sekundärer, selbst gemachter und so schuldhafter Skandal ist es, wenn unter dem Vorwand, die Rechte Gottes zu verteidigen, nur eine bestimmte gesellschaftliche Situation und die in ihr gewonnenen Machtpositionen verteidigt werden. Sekundärer, selbst gemachter und so schuldhafter Skandal ist es, wenn unter dem Vorwand, die Unabänderlichkeit des Glaubens zu schützen, nur die eigene Gestrigkeit verteidigt wird. Sekundärer, selbst gemachter und so schuldhafter Skandal ist es, wenn unter dem Vorwand der Unabänderlichkeit, die Ganzheit der Wahrheit zu sichern, Schulmeinungen verewigt werden, die sich in einer Zeit als selbstverständlich aufgedrängt haben, aber längst der Reflexion und der neuen Rückfrage auf die eigentliche Forderung des Ursprünglichen bedürfen. Das gefährliche aber ist, dass dieser sekundäre Skandal sich immer wieder mit dem primären identifiziert und ihn dadurch unzugänglich macht, den eigentlich christlichen Anspruch und seine Schwere hinter den Ansprüchen seiner Boten verdeckt.'[12]

Sein Plädoyer, auch 25 Jahre nach dem Schreiben dieser Zeilen immer noch aktuell, gilt der Stärkung der Prophetie bzw. der ProphetInnen in der Kirche:

Wir brauchen heute viel mehr Raum für den Prophetismus in der Kirche. Wir brauchen Raum für einzelne prophetische Gestalten, und wir brauchen Raum für prophetische Begabungen und prophetische Gruppen, für die verschiedenen Aktions- und Spontangruppen, für die Solidaritätsgruppen und kritischen Gemeinden. Damit ist nicht gesagt, dass alles gut und richtig sei, was diese Personen und Gruppen sagen und tun, sondern es gilt auch hier die Paulinische Maxime: ‚Alles prüft, das Gute behaltet' (1 Thess 5,21).[13]

Diese Prophetie findet er damals vor allem in der lateinamerikanischen Theologie der Befreiung wieder. Zugleich aber geht es ihm nicht nur und primär um

---

[9]  Ebd., 58.
[10] Vgl. Walter Kasper, Ein Grundgesetz der Kirche – ein Grundgesetz der Restauration?, in: J. G. Gerhartz u.a., Kein Grundgesetz der Kirche ohne Zustimmung der Christen, Mainz 1971, 18-30, 23.
[11] Karl Rahner, Kirche und Parusie, in: ders., Schriften zur Theologie 6, Einsiedeln 1965, 348-367, 351.
[12] Ebd., 60: Joseph Ratzinger, Der Katholizismus nach dem Konzil, in: ders., Das Neue Volk Gottes, Düsseldorf 1969, 302-321, 318.
[13] Greinacher, Apostel, Prophet und Lehrer, 61.

eine Veränderung innerhalb der Kirche selbst, sondern um ihren Dienst an der Gesellschaft.

> Es muß also nicht nur den Prophetismus in der Kirche geben, sondern die Kirche muß auch das prophetische Element in einer Gesellschaft sein, die als Ganze von der institutionellen Erstarrung bedroht ist. Sie muß ihre Stimme erheben, wo der Mensch vergewaltigt wird, wo Minderheiten unterdrückt werden, wo Menschen um eines zukünftigen Paradieses willen geopfert werden, wo die Menschenrechte mit Füßen getreten, wo der status quo absolut gesetzt wird um der Privilegien einer Minderheit willen, kurz: überall dort, wo der Mensch sich selbst entfremdet wird.[14]

Vor allem in seinem letzten Buch mit dem Titel „Von der Wirklichkeit zur Utopie"[15] hat er sehr persönlich dargelegt, wie er sich als Theologe versteht und was seine Hoffnungen sind. Greinacher stellt sich darin Fragen, die im Jahre 2015, angesichts einer massiven Flüchtlingswelle und humanitären Katastrophen, an Aktualität noch gewonnen haben:

> Gibt es in unserem eigenen Leben hinter all dem Unsinn, den wir erleben, einen Sinn? Gibt es hinter all den Schmerzen und Leiden, den Katastrophen und Kriegen, hinter den Hungersnöten und Völkermorden in der Welt, deren Zeugen wir täglich werden, einen Sinn?[16]

Für ihn hat gerade diese Erkenntnis, dass die Sinnfrage so zentral ist, nochmals an Brisanz gewonnen durch ein persönliches Erlebnis:

> Verschärft hat sich diese Frage für mich persönlich, als ich im Frühjahr 1996 mit einem Dutzend meiner Studierenden ein Kompaktseminar in der Stiftung Liebenau abgehalten habe, einer kirchlichen Stiftung in der Nähe von Ravensburg im schwäbischen Oberland, die 2036 behinderten Menschen aller Art eine Heimat bietet. Einen Tag verbrachte ich – wie alle meine Studierenden – von 8 Uhr morgens bis 20 Uhr abends in einer Wohngruppe mit zehn schwerstbehinderten Menschen: körperlich und geistig Behinderten, mit denen ich kein auch nur einfaches vernünftiges Gespräch führen konnte; zum Teil deshalb, weil sie nicht sprechen konnten, oder zum größeren Teil, weil das, was sie über die Lippen brachten, unverständlich und völlig wirr war. Die Frage nach Sinn oder Unsinn des Lebens stellte sich für mich und meine Studierenden auf unglaublich eindrucksvolle, ja schreckliche Weise.[17]

Anhand eines literarischen Beispiels über das Aufdecken eines Ehebruchs kommt er auf die Doppelgesichtigkeit des ganzen menschlichen Lebens zu sprechen.

> Wenn wir uns die Frage nach Sinn oder Unsinn des menschlichen Lebens stellen, dann sollten wir dieses Doppelgesicht, diese Doppelwertigkeit der menschlichen

---

[14]  Ebd., 63.
[15]  Norbert Greinacher, Von der Wirklichkeit zur Utopie. Der Weg eines Theologen (Erfahrung und Theologie. Schriften zur Praktischen Theologie 37), Frankfurt/M. u.a. 2010.
[16]  Greinacher, Utopie, 7.
[17]  Ebd.

Existenz nicht verschweigen, sondern wir sollten versuchen, im Lichte der jüdischen und christlichen Tradition, im Lichte des christlichen Glaubens in aller Ehrlichkeit und Redlichkeit so etwas wie eine Antwort darauf zu geben.[18]

Greinacher zieht mehrere prominente Gewährsleute heran für das Fragen nach dem Grund für das Leiden des Menschen. Einer davon ist der katholische Journalist Walter Dirks, der von einem Besuch bei seinem Freund Romano Guardini berichtet, der zu diesem Zeitpunkt schon schwer krank war:

> Der es erlebt, wird es nicht vergessen, was ihm der alte Mann auf dem Krankenlager anvertraute. Er werde sich im letzten Gericht nicht nur fragen lassen, sondern auch selber fragen; er hoffe in Zuversicht, daß ihm dann der Engel die wahre Antwort nicht versagen werde auf die Frage, die ihm kein Buch, auch die Schrift selber nicht, die ihm kein Dogma und kein Lehramt, die ihm keine ,Theodizee' und Theologie, auch die eigene nicht, habe beantworten können: Warum, Gott, zum Heil die fürchterlichen Umwege, das Leid der Unschuldigen, die Schuld?[19]

Greinacher geht hier der Frage nach, wie man angesichts des Leids an Gott glauben kann – und an welchen Gott zu glauben noch möglich ist. Biblische Zeugnisse wie das Sterben Jesu nach Matthäus und Lukas führen ihn zur Aussage:

> Das Rechten des Menschen mit Gott hat eine lange Tradition. Wir erinnern uns an die Gestalt des Hiob im Alten Testament, der Gott zuschreit: „Sprich mich nicht schuldig. Laß mich wissen, warum du mich befehdest. Nützt es dir, daß du Gewalt verübst, daß du das Werk deiner Hände verwirrst, doch über den Plan des Frevlers aufstrahlst?"

> Jene Frage, mit der Jesus von Nazareth nach dem Zeugnis des Matthäus starb, ist Teil des Psalmes 22, der so beginnt: „Mein Gott, mein Gott, warum hast du mich verlassen, bist fern meinem Schreien, den Worten meiner Klage? Mein Gott, ich rufe bei Tag, doch du gibst keine Antwort. Ich rufe bei Nacht und finde doch keine Ruhe."[20]

Er verweist auf eine chassidische Erzählung über den jüdischen Rabbi Levi Jizchak aus Berditschew: Dieser drohte Gott sogar mit dem Abbruch der Beziehungen. Man könnte Jude sein mit Gott, in Gott und sogar gegen Gott; nicht aber ohne Gott.

> Vor dem Mussaf-Gebet am Jom Kippur rief er aus: ,Heute ist der Tag des Gerichtes. David verkündet ihn in seinen Psalmen. Heute stehen alle Menschen vor dir, auf daß du über sie urteilst. Aber ich, Levi Jizchak, der Sohn der Sarah aus Berditschew, ich sage und verkünde, daß du es bist, über den heute geurteilt wird. Deine Kinder werden es tun. Sie, die für dich leiden, die deinetwegen sterben, um deinen Namen, dein Gesetz und deine Verheißung zu heiligen![21]

Greinacher fügt hier an:

---

18 Greinacher, Utopie, 7.
19 Walter Dirks, Ein angefochtener, sehr treuer Christ, in: Die Zeit, 13.10.1968.
20 Greinacher, Utopie, 9.
21 Aus: Elie Wiesel, Chassidische Feier, Wien 1974, 106.

Dieser Hader mit Gott, dieses Rechten mit Gott drängt sich uns heute genauso auf wie eh und je. Denn es stellt sich ja nicht nur die Frage, ob man nach Auschwitz noch Gedichte schreiben dürfe, sondern die viel radikalere Frage, ob man angesichts dieses unsäglichen Elends, der zum Himmel schreienden Unmenschlichkeit in dieser Welt überhaupt noch an Gott glauben könne, oder ob nicht die absolute Sinnlosigkeit das letzte Wort habe. Wenn wir die Frage nach dem Sinn oder Nichtsinn menschlichen Lebens stellen, dann sollten wir auch als Christinnen und Christen unsere Fragen nicht unterdrücken: warum es so viel Leid und Not gibt auf dieser Welt, welchen Sinn überhaupt Krankheit und Tod im Leben der Menschen haben.

Und es stellt sich Frage nach dem „Danach". Was ist nach dem Tod? Ich habe mit Ernst Bloch kurz vor seinem Tode diese Frage erörtert. In diesem Dreiergespräch –zwischen Ernst Bloch, Walter Dirks und mir – hat Bloch dem Sinne nach gesagt, seine Pfeife rauchend, die er fast immer im Munde hatte: Dann wird es spannend. Gibt es etwas danach oder gibt es nur das Nichts? Und vor allem: Wird es Tabak geben?[22]

Greinacher findet einen weiteren Beleg für seinen Zugang zur Theodizeefrage in einem Buch von Primo Levi, der seine Erfahrungen mit dem Nationalsozialismus und sein Überleben des Konzentrationslagers Auschwitz literarisch verarbeitet hat – nach Greinacher ein Buch, das ihn „in den letzten Jahren am meisten getroffen hat".[23]

Und er bringt ein weiteres Beispiel für die Sinnfrage, das im 18. Jahrhundert Europa erschüttert hat: das große Erdbeben von Lissabon.

Sinn oder Unsinn, das ist die Frage. Diese Frage haben sich europäische Christinnen und Christen vor allem vor 220 Jahren gestellt, als das Erdbeben von Lissabon stattfand: am 1. November 1755. Wir können uns heute gar nicht mehr vorstellen, welch geistige und geistliche Erschütterung durch die abendländische Christenheit ging, als in wenigen Minuten die Stadt Lissabon in Schutt und Asche fiel und etwa 60000 Menschen getötet wurden. Damals wurde die etablierte, wohlausgerichtete, wohlgeordnete christliche Ordnung des Abendlandes erschüttert. Der Glaube an die göttliche Vorsehung und die Vernunft des Weltgeschehens erhielt einen entscheidenden Stoß. Der Optimismus der Aufklärung brach zusammen. Noch fünf Jahre vor der Lissaboner Katastrophe hatte Jean-Jacques Rousseau 1750 seinen *Discours sur les arts et les sciences* geschrieben, sein Gespräch über die Künste und die Wissenschaften, in dem er den kulturellen Urzustand der Menschheit als den glücklichsten bezeichnete, woraus dann bei den Zeitgenossen die Losung *Retour à la nature* (Zurück zur Natur) entstand. Und schon Jahre davor, im Jahre 1697, stand der deutsche Philosoph Gottfried Wilhelm Leibniz in einem Briefwechsel mit der Königin Sophie Charlotte von Preußen; in diesem Briefwechsel hat Leibniz zum ersten Mal den Begriff „Theodizee" in Anlehnung an Römerbrief 3,5 verwendet und damit einen Begriff geprägt, der Jahrhunderte danach bis heute die theologische Diskussion entscheidend beeinflußte. Wie ist der Gedanke Gottes mit dem Gedanken der Gerechtigkeit Gottes zu vereinbaren? Voltaire hat nach Lissabon die Fragen gestellt: Welches Verbrechen, welche Sünden haben Kinder

---

[22]  Greinacher, Utopie, 9.
[23]  Primo Levi, Ist das ein Mensch?, München ²1993.

begangen, die blutend vom Schoß der Mutter gerissen wurden? War Lissabon, das
untergegangen ist, lasterhafter als London, als Paris, die in Genüssen schwelgen?
Lissabon ist vom Abgrund verschlungen, und Paris tanzt.[24]

Diese Katastrophe hatte sogar Goethe in seinen Erinnerungen an die Knabenzeit
aufgegriffen – und Greinacher findet darin sein eigenes Rechten mit der Gerechtigkeit Gottes wieder:[25]

> Der Knabe, der alles dies wiederholt vernehmen mußte, war nicht wenig betroffen.
> Gott, der Schöpfer und Erhalter des Himmels und der Erde, den ihm die Erklärung
> des ersten Glaubensartikels so weise und gnädig vorstellte, hatte sich, in dem er
> die Gerechten mit den Ungerechten gleichem Verderben preisgab, keineswegs vä-
> terlich bewiesen. Vergebens suchte das junge Gemüt, sich gegen diese Eindrücke
> herzustellen, welches überhaupt umso weniger möglich war, als die Weisen und
> Schriftgelehrten selbst sich über die Art, wie man ein solches Phänomen anzuse-
> hen habe, nicht vereinigen konnten.[26]

Was kann man als denkender und glaubender Christ angesichts solchen Leids
sagen? Greinacher gesteht ein: es gibt manchmal keine Antworten.

> Sinn oder Nichtsinn. Wir sollten auf unsere quälenden Fragen keine vorschnelle
> Antwort geben. Solche vorschnellen Antworten sind oft so nichtssagend ange-
> sichts des unfaßbaren menschlichen Leids. Ich glaube und bin überzeugt, es ist
> richtiger und menschlicher und christlicher, daß wir uns ehrlich eingestehen: Ich
> weiß wirklich keine Antwort darauf. Es gibt Fragen im menschlichen Leben, auf
> die zumindest ich keine Antwort weiß. Ich weiß im Ernst keine zufriedenstellende
> Antwort darauf, warum Schmerz und Leid und Not und Tod das Leben des Men-
> schen so sehr prägen.[27]

Und doch: er kapituliert nicht, sondern sieht im Blick auf Jesus zumindest die
Richtung einer Haltung, die in dieser Situation möglich ist.

> Eine mögliche Einstellung ist allerdings in der Richtung dessen zu suchen, was
> Jesus von Nazareth nach der Tradition des Lukasevangeliums am Kreuze ausge-
> rufen hat, den Psalm 31 zitierend: „Vater, in deine Hände lege ich meinen Geist."

> Mit anderen Worten: Ich habe zwar keine zufriedenstellende Antwort, warum so
> viele unter dem Leid leiden. Wenn ich mich aber auf die Sache Jesu einlasse, wenn
> ich seinem Zeugnis Glauben schenke, dann darf ich glauben und hoffen, daß es
> trotz allem einen umfassenden Sinnhorizont gibt, den Jesus von Nazareth Gott
> nennt und von dem er bezeigt, daß es ein menschenfreundlicher Gott sei. Der
> Christ und die Christin dürfen glauben und hoffen: In Jesus von Nazareth, in sei-

---

[24] Greinacher, Utopie, 10 verweist hier auf: Paul-Wilhelm Gennrich, Gott im Erdbeben. Naturka-
tastrophen und die Gottesfragen. Eine geistes- und theologiegeschichtliche Studie, in: Wissenschaft und Praxis in Kirche und Gesellschaft 65 (1976), 343-360.
[25] Greinacher, Utopie, 11.
[26] Ebd., 9 – unter Verweis auf Goethe, Dichtung und Wahrheit.
[27] Ebd., 11.

nem Leben und Sterben, in seiner Auferweckung von den Toten hat Gott sein un-
widerrufliches und unüberbietbares Ja gesagt zu den Menschen, zu meinem eigenen Leben und zu der Welt der Menschen.[28]

Die für uns Christen mögliche Hoffnung, die sich auf Jesus stützt, beschreibt er
schließlich mit einem Bild aus der Johannesoffenbarung:

> Aufgrund des Zeugnisses dieses Jesus dürfen wir die Hoffnung haben, daß es ein
> ,Danach' gibt, ein ,Danach', das in der Geheimen Offenbarung des Neuen Testa-
> mentes in einem wunderschönen tröstlichen Bild so beschrieben wird:
>
> „Dann sah ich einen neuen Himmel und eine neue Erde. Denn der erste Himmel
> und die erste Erde sind vergangen und das Meer ist nicht mehr. Ich sah die Heilige
> Stadt, das neue Jerusalem, von Gott her aus dem Himmel herabkommend. Sie war
> bereit wie eine Braut, die sich für ihren Mann geschmückt hat. Und da hörte ich
> eine laute Stimme vom Throne her rufen: Seht das Zelt Gottes unter den Men-
> schen. Er wird in ihrer Mitte wohnen, und sie werden sein Volk sein. Und Gott
> selbst wird mit ihnen sein. Er wird jede Träne aus ihren Augen wischen. Der Tod
> wird nicht mehr sein, nicht Trauer noch Klage noch Mühsal, denn die alte Welt ist
> vergangen. Und er, der auf dem Throne saß, sprach: Neu mache ich alles. (21.
> Kapitel)"[29]

Zum Abschluss dieser Suche nach dem Sinn zitiert Greinacher Pascal – dessen
Gottesbekenntnis er schließlich leicht abwandelt und gewissermaßen als eigenes Vermächtnis, als Unterschrift unter sein Suchen, hinterlässt:

> Weniger poetisch und in der Sache sehr provokativ hat der Philosoph Blaise Pascal
> (1623-1662) unsere Frage nach dem Sinn oder Unsinn mit einem Bild beantwor-
> tet, und zwar mit dem Bild einer Wette. Er schreibt in seinem Hauptwerk *Pensées*
> (Die Gedanken):
>
> „Gott ist oder er ist nicht … Die Vernunft kann dabei nichts festlegen. Es gibt ein
> unendliches Chaos, das uns trennt … Man muß eine Wette eingehen. Das hängt
> nicht von unserem Willen ab. Sie sind mit im Schiff … Wenn Sie die Wette ge-
> winnen, gewinnen Sie alles, wenn Sie verlieren, verlieren Sie nichts. Wetten Sie
> also, daß es Gott gibt, ohne zu zögern."
>
> Ich wette darauf, daß es Gott gibt, allerdings nicht ohne Zögern.[30]

Seinen Beitrag über die Prophetie hatte er im Hinblick auf die notwendige Veränderung der Kirche im Rückgriff auf ihre Anfänge mit einem Hoffnungsbe-
kenntnis beschlossen, das diesen Beitrag über Greinacher beschließen soll:

> Ob dies gelingen wird? Hoffnung wider alle Hoffnung ist vonnöten.[31]

---

[28]  Ebd., 11.
[29]  Ebd., 11f.
[30]  Ebd., 12.
[31]  Greinacher, Apostel, Prophet und Lehrer, 63.

PETER HOFER

# Die anspruchs-volle Sprache des Lebens

Während ich diese Zeilen zu Papier bringe, gilt es für mich, Abschied zu nehmen nach fast fünf Jahrzehnten aktiver Tätigkeit in der Kirche Jesu Christi. Ich denke, es ist uns Alten erlaubt, von einem langen Arbeitstag müde zu sein und ohne große Pflichten zu leben, solange Gott uns seine Sonne scheinen lässt, in der Stille und abseits des Markts. Schüler bin ich gewesen und Student, Pfarrer und Lehrer in verschiedenen Aufgabenfeldern, Professor für Praktische Theologie und Predigtlehre und habe fünfzehn Jahrgänge von Frauen und Männern ausgebildet für eine ungewisse Zukunft in einer dringend gebrauchten Kirche, dann noch einmal Pfarrer in einer kleinen Landpfarre.

Nun kommt für mich die leisere Zeit, in der wichtig sein wird, was in den langen Jahren meines Lebens gewachsen ist an Erfahrung, an Wissen, an Vertrauen. Werk und Tat, Plan und Erfolg verlieren ihre aufgeblasene Wichtigkeit. Die Kraft wendet sich nach innen. Das Alter besteht ja nicht nur aus den Trümmern und Irrtümern unseres Lebens, sondern lebt aus der Wahrheit, dass uns die späten Jahre von Gott zugedacht sind, und wir sie füllen und genießen dürfen, solange wir die Kräfte haben.

So will ich an diesem Scheitelpunkt und beginnenden Abstieg meines Lebens den Erinnerungen nachgehen, mit wachem Bewusstsein und gütigem Blick noch einmal einkehren in den früheren Wohnungen und mich der Berührungspunkte entsinnen zwischen Lebensphasen und der Theologie, die mich umtrieb.

# 1. Studienzeit

Wir, die Zeit- und Weggenossen, saßen als Studenten zusammen in den Hörsälen der wiedergegründeten Salzburger Universität und lauschten begierig den gelehrten Fremdwörtern, den Abfallprodukten der Wissenschaftlichkeit. Von jenseits der Alpen kam eine frische Brise, die den stickigen Dunst der aufgewärmten Scholastik durcheinander wirbelte. Es war ja die Zeit des II. Vatikanischen Konzils, für viele heute kirchengeschichtliche Makulatur, für uns eine Explosion des Heiligen Geistes. Damals begann für uns die Zeit des Fragens, eine unbequeme Zeit, in der sich vielleicht keine einzige Antwort einstellt, mit der man sich restlos zufrieden geben könnte. Im Grunde bedeutet ja studieren, immer radikaler zu werden, das heißt, immer tiefer und ernster nach der Wurzel einer Sache zu fragen.

Das Studium an der Universität (1963-1969) hat mich unheilbar infiziert mit dem Virus der Wissenschaft. Aus einer verschlampten Seminararbeit ist später – unter den bedrängten Verhältnissen eines anstrengenden Berufes – eine Diplomarbeit, dann eine Dissertation, zu guter Letzt auch noch eine Habilitation geworden. Ich halte es mit Blaise Pascal, der in seinen „Gedanken" schreibt: „... alles Unglück der Menschen entstammt dem einen, nämlich dass sie unfähig sind, in Ruhe allein in ihrem Zimmer bleiben zu können". Auch alles Unglück in der Kirche entstammt nur diesem einen, dass wir das Studierzimmer, in dem kein Fernseher und kein Telefon steht, wohl aber eine Kniebank, verloren haben. Das Unglück besteht darin, dass wir den Menschen schuldig bleiben, was unser eigentlicher Auftrag ist: Haushalter über Gottes Geheimnisse zu sein und einen Funken von Ewigkeit in das Leben der Menschen zu werfen.

Ob heute, wo das Bildungswesen von Ratlosigkeit geprägt ist und der Bologna-Mythos Studienzeitverkürzung und Qualifizierungsprogramme als Bildungsziele verkündet, meine Vorstellung von Studium noch eine Chance auf Verwirklichung hat? – Niemand sollte die Hochschule des Lernens und des Lebens verlassen, ohne den besonderen Sinn des Zusammenhangs erspürt, ohne am Ernstfall des Lebens gearbeitet, ohne anfanghaft erfahren zu haben, was das heißt: studieren und sich nicht verlieren, ohne als ein selbst Zweifelnder und Suchender, Hoffender und Tröstender die Wahrheit an diesem Ort gesucht und sich selbst in seinen Möglichkeiten, das heißt „verändert", gefunden zu haben.

# 2. Im kirchlichen Einsatz (1969-1994)

Die Begegnung mit der real existierenden Kirche, speziell mit der österreichischen Prägung derselben, fand in den 25 Jahren meines pastoralen Einsatzes statt: als Kooperator in Bad Hofgastein (1969-1971) und als Seelsorger der Studierenden Jugend (1971-1974), dann als Pfarrer, zuerst in einer Salzburger Stadtpfarre (1974-1984) und dann in der Katholischen Hochschulgemeinde (1984-1994).

## 2.1. Volkskirche im Umbruch

Jahrhundertelang lebten die Christen in unseren Landen in einer überwiegend volkskirchlich geprägten Situation. Christsein und konfessionelle Bindung waren selbstverständlich und durch Sozialkontrollen gestützt. Die Werte von Gesellschaft und Kirche waren weithin ident. Wer Mitglied der Gesellschaft war, war auch Mitglied der Kirche, und zwar zeitlebens. An der Kirche teilzuhaben oder nicht, stand nicht ernstlich zur Wahl; zur Wahl stand lediglich, wie weit der Einzelne die sozial vorgegebene Teilhabe an der Kirche persönlich erfüllte.

Diese volkskirchlichen Lebenszusammenhänge sind durch innere und äußere Veränderungen in die Krise geraten. Aber es scheint, zumindest bei uns in Österreich, dass die Volkskirche stabiler ist, als es den Vertretern einer steilen Entscheidungspastoral lieb ist. Eine Pfarre lässt sich jedenfalls als Ganze nicht einfach in eine „lebendige Gemeinde" umwandeln. Es wird auch künftig Christen geben, die sich nur wenig am unmittelbaren gemeindlichen Leben beteiligen; sie sind nur gelegentlich oder sehr begrenzt bereit, sich stärker in das Leben der Pfarrgemeinde einzubringen.

Eine unreflektierte Volkskirchlichkeit aber birgt die Gefahr in sich, sich unbesehen zu Erfüllungsgehilfen bürgerlicher Religiosität machen zu lassen und im Übrigen selbstzufrieden einer ungebrochenen Versorgungsmentalität zu frönen, deshalb gehört die Kritik an der Volkskirche und ihrer Frömmigkeit zum Alphabet neuerer Konzeptionen von „Gemeindekirche". Zumal in ihrer Gegenüberstellung „Volkskirche – Gemeindekirche" vergisst sie aber ein Grunddatum von Kirche: dass nämlich die Zugehörigkeit zur ecclesia externa durch die Taufe konstituiert wird, durch nichts anderes, wie immer man auch die Taufpraxis der gegenwärtigen Kirchen beurteilen mag. Nimmt man den Begriff „Volkskirche" ernst, dann gibt es eine unkündbare kirchliche Verantwortung für die gesamte Zeitgenossenschaft im Wirkungsbereich unserer Kirchen.

Es gilt ein kirchliches und gemeindliches Selbstverständnis zu gewinnen, das jeder Art von Gemeindeideologie abschwört, die die Gemeinde als Letztziel christlicher Praxis inthronisiert. Ziel ist nicht zuerst die lebendige, aktive Gemeinde, auch nicht die weltumspannende, alles bestimmende Kirche, sondern das heile und erfüllte Leben der Menschen, ihr Miteinander in versöhnungsfähigen Gemeinschaften, der weltumspannende Schalom. An diesem Kommen des Reiches Gottes haben sich Gemeinden gestaltend zu beteiligen, so dass sich immer mehr Raum für die Praxis des Schalom bei Christen und Nichtchristen eröffnet.

In den letzten Jahren ist uns sehr drastisch zu Bewusstsein gekommen, dass eine Gemeinde von sogenannten Christen nicht von selbst und unter allen Umständen Zukunft hat, sondern nur, wenn sie die Sache Jesu weitertreibt – das heißt, wenn sie sich in seiner Nachfolge auf dem Weg hält, auf den Horizont zubewegt, in welchem der Welt und der Kirche von Gott her eine Zukunft verheißen ist. Zukunft hat eine Gemeinde nicht in sich und an der Welt vorbei, sondern nur in dem Maße, als sie sich auf die konkrete Umwelt einlässt.

Auf der Suchbewegung nach der christlichen Gemeinde stieß ich auf den Namen Ferdinand *Klostermann* (gest. 1982). Sein Wirken ist in der Katholischen Theologie der Sechziger- und Siebziger-Jahre des 20. Jahrhunderts mit dem Stichwort „Gemeinde" verbunden wie von niemand sonst. Selten hat ein theologischer Begriff in Theorie und Praxis eine so atemberaubende Rezeption erfahren wie das Wort „Gemeinde".

Ausgehend von einer Rekonstruktion des biblischen – wie Klostermann es nennt – „Urmodells" einer christlichen Gemeinde, beschreibt er ihre zentralen Merkmale: „Christliche Gemeinde" ist

> „die Gemeinschaft, die Versammlung derer, die glauben, daß Jesu Scheitern im Tod als Ausgestoßener seines Volkes und am Kreuzesgalgen Gehängter von Gott her überwunden ist, was wir Auferweckung nennen, und daß auch wir alle, nämlich alle Menschen von einer letzten Liebe umfangen sind und in Jesus, dem Christus, und mit ihm das Leben gewinnen können trotz Tod, hoffen können wie Abraham gegen alle Hoffnung (Röm 4,18), uns versöhnen, einander vergeben, uns füreinander engagieren, eben lieben können trotz aller schlechten Erfahrungen, die wir mit anderen und auch mit uns selbst machen; die Versammlung derer, die sich selbst auf den Weg Jesu machen, nach seinem Sinn und Existenzentwurf zu leben versuchen, das wäre ja Nachfolge Jesu, die seine Botschaft weitersagen, damit auch andere sich auf diesen Weg machen, die Welt mit Glaube, Liebe und Hoffnung anstecken und, soweit sie es vermögen, zu ändern versuchen."[1]

Es ist eine sehr dynamische Umschreibung dessen, was Gemeinde ausmacht. Eine Kaskade von aktiven Verben charakterisiert die Definition: versammeln, glauben, hoffen, sich versöhnen und vergeben, sich engagieren und lieben, nachfolgen, weitersagen, ändern. Kein Wunder, dass manchen vor so viel Dynamik bange wurde und sie die Bastionen der Kirche wanken sahen! Viele aber,

---

[1]  Ferdinand Klostermann, Die pastoralen Dienste, Linz 1980, 203; vgl. ders., Kirche – Ereignis und Institution, Wien 1976, 23; ders., Prinzip Gemeinde, Wien 1965; ders., Allgemeine Pastoraltheologie der Gemeinde, in: Handbuch für Praktische Theologie, Bd. III, Freiburg ²1972, 17-58; ders., Die Gemeinde Christi, Augsburg 1972; ders., Gemeinde – Kirche der Zukunft, Freiburg 1974.

in der kirchlichen und gemeindlichen Praxis Engagierte, haben sich von Klostermann ernstgenommen und verstanden gefühlt und seine Orientierungen und Anregungen als wertvolle Hilfe für ihr gemeindepädagogisches Tun empfunden.

Wir leben jedenfalls in einer Übergangssituation von der „Volkskirche" zu einer veränderten Sozialgestalt der Kirche bzw. der Gemeinde. Übergangssituationen sind voller Ambivalenzen und gestatten keine eindeutigen Urteile und Prognosen. Die Konturen dieser Übergangsphase deutlich wahrzunehmen ist Voraussetzung zur Reflexion pastoraler Praxis.

Die Sorge, wie es mit „der Gemeinde" weitergeht, ist eine der bedrängendsten Fragen des gegenwärtigen katholischen Lebens und Nachdenkens. Es ist das große Thema meines Lebens geworden und geblieben. Und es bleibt den engagierten Haupt- und Ehrenamtlichen aufgegeben, mit Vorläufigem und Unvollkommenen sich anzufreunden und die verschiedenen Spannungen auszuhalten: zwischen der Treue zur Jesusverkündigung und der eigenen Begrenztheit in der Verwirklichung dieses Anspruchs, zwischen dem rückwärtsblickenden „Noch" und dem Zukunftsblick des „Noch-Nicht". Und vor allem: Wir sind nicht die Manager Gottes; er ist es, der Menschen zu sich bekehrt.

## 2.2. Schwerpunkt Verkündigung

Ein zweiter Schwerpunkt meiner Arbeit als Pfarrer ist mir die Verkündigung geworden, in den vielfältigen Formen menschlicher Kommunikation, aber besonders in der amtlichen Rede von Gott, in der Predigt.

Die meisten Mängel der Predigten hierzulande sind wohl auf einen Nenner gebracht mit: keine Gegenwart haben. Man singt vielleicht „Gott ist gegenwärtig", erfährt aber nicht, warum Gott in seinem Christus die größte Liebes- und Kriminalgeschichte aller Zeiten inszenierte. Auch wird nicht ausgelegt, was diese Geschichte heute bedeutet, was wir heute an ihm haben, wie wir seine Teilhaber werden. Teilhaber sein bedeutet, von dem leben, was er verdient, seine Fülle aufnehmen, Überfluss haben. Eine Brunnenschale empfängt die aufsteigende Fontäne, wenn sie niederfällt. Das aber ist die Aufgabe der Predigt, Fontäne zu sein, die neuen Sinn schenkt, neuen Lebensinhalt und zwar überfließenden.

Wo aber wird der Zeitgenosse Schale sein? Wo steigen die Fontänen? Geht die Gegenwart verloren, wird auch die Zukunft in Befreiung oder Untergang abstrakt, nämlich losgelöst vom kommenden Christus. Auf diese Weise bleiben die Menschen mit ihrem Zukunftsschock allein. Gottes Geschichte wirkt unverbindlich, eine historische Hypothese, die wenig zu tun hat mit unserer Biographie und der Geschichte unserer Welt.

Der Name Gottes bleibt dann nur noch als Chiffre übrig: Mit der Entleerung der Zeit, dem Verlust an Gegenwart, geht auch die Sprache verloren. Entleert wie die Zeit stimmt die Sprache nicht mehr und vermag nur in Ausnahmefällen ins Staunen zu versetzen und ins dankbare Empfangen. Statt Überfluss herrscht Mangel. Die meisten Christen hierzulande sind denn auch nicht fähig, über ihren Glauben Rechenschaft abzulegen.

So kommt es zu kirchlicher Eiszeit. Das Evangelium gefriert in historische Belehrung. Da heißt es: „Der Text sagt ...“; aber man weiß nicht, auf gut deutsch wiederzugeben, was Gott sagt. Gerade da, wo von Gott geredet wird, kommen häufig unaufgelöste dogmatische Formeln, theologische Versatzstücke, religiöse Klischees. Solcher Starrheit gegenüber treten predigende Leichtmatrosen auf, die nach Konkretionen Jagd machen und mit ihren Harpunen haargenau daneben treffen.

Sie bemühen sich, auf der Höhe der Zeit zu stehen, und merken nicht, wie die Zeit ihnen davonläuft. Es fehlt an verbindlicher Weisung: Wo es an Gegenwart mangelt, kann auch das gute Gebot nicht mehr gepredigt werden, ein Ermahnen, das zu trösten und zu befreien vermag, wird zur Ausnahme.

In einem jahrelangen, wunderbaren Austausch mit dem großen evangelischen Predigtlehrer Rudolf Bohren und seiner Predigtforschungsstelle in Heidelberg habe ich wertvolle Anregungen für diese Grundfunktion kirchlicher Existenz erfahren und in meiner Untersuchung der Predigttheorie und Predigtpraxis des Freiburger Religionsphilosophen Bernhard Welte[2] an einem konkreten Beispiel aufgezeigt, wie es geht, die menschlichen Probleme in das Licht des Glaubens hinein vorzutreiben und den Anspruch des Evangeliums in die Sprache des menschlichen Lebens zu übersetzen. Deshalb habe ich mir als Überschrift für diesen Beitrag auch den Titel dieser Schrift ausgeborgt.

Dass eine Gemeinde nicht ins Leere singt „Gott ist gegenwärtig“, ist eine Aufgabe, die sich jedem Christen stellt. Wir sollten sie gemeinsam anpacken, damit aus Mängeln Fülle werde und sich der landesweite Predigtfrust in Predigtlust wandle.

# 3. Professur in Linz (1994-2009)

Ich halte es schlichtweg für einen Glücksfall meiner Biographie, dass ich in der Lebensmitte noch einmal mit einer neuen, faszinierenden Aufgabe beginnen durfte: sozusagen den Teppich, den ich vorher in zwanzig Jahren als Pfarrer mit den Christinnen und Christen der Gemeinde in der pastoralen Praxis zu weben versucht hatte, umzudrehen, das Webmuster zu studieren und die Kombination weiterzugeben. Denn diese Phase der Lebensgeschichte eines Menschen ist ja nicht nur geprägt vom Sich-Neueinstellen auf die veränderten physischen und

---

[2]     Peter Hofer, Die anspruchs-volle Sprache des Lebens, Predigttheorie und Predigtpraxis von Bernhard Welte, Graz 1997.

psychischen Gegebenheiten, vom Abschiednehmen von den hochfliegenden Träumen der Jugend und dem Fertigwerden mit dem Nachlassen der körperlichen und geistigen Kräfte, sondern auch vom Einordnen neuer Wünsche und Sehnsüchte. Nicht selten wachsen sich diese Erfahrungen zu einer handfesten und tiefen Existenzkrise aus, in der die Frage nach dem Sinn des Ganzen auftaucht: Warum arbeite ich so viel, warum hetze ich mich ab, ohne noch Zeit für mich zu finden? Warum, wieso, wozu, für was, für wen?

Damit bin ich nun bei dem Fach, dessen Betreuung in Forschung und Lehre an der Theologischen Privatuniversität in Linz mir für 15 Jahre anvertraut wurde: der Pastoraltheologie, einem „Fach zwischen den Stühlen"[3]. Der Pastoraltheologe ist es gewohnt, dazwischen zu existieren: zwischen den „Praktikern vor Ort", die von ihm Rezepte, Tipps und Tricks für eine effiziente und erfolgreiche Praxis erwarten, und den „eigentlichen" theologischen Fächern, der biblischen, historischen und systematischen Theologie. Ihnen gegenüber glaubt die Pastoraltheologie immer wieder, ihre Theologizität und Wissenschaftlichkeit rechtfertigen zu müssen. Seit ihrer Einrichtung als eigenständige Universitätsdisziplin durch kaiserliche Verordnung im Zuge der theresianisch-josephinischen Studienreform 1774 haftet ihr der Geruch einer bloßen „Anwendungslehre" an und wird sie zum Umschlagplatz für die Resultate der anderen theologischen Disziplinen degradiert. Der Pastoraltheologe durchlebt schon vor seinem Tod den Zwischenzustand: zwischen Anspruch und Wirklichkeit, zwischen Theorie und Praxis, zwischen Idee und Realität, zwischen damals und heute. Er erlebt diesen Zustand noch einmal auch innerhalb seines Faches: zwischen Angebotspastoral oder Bedürfnispastoral, zwischen personaler Pastoral oder Milieupastoral, zwischen offener Pastoral oder Entscheidungspastoral, zwischen Methodenerneuerung oder Glaubenserneuerung.

Vielleicht leidet unsere ganze Gesellschaft und auch das Tun und Sein der Kirche – und damit auch das Fach, das sich mit diesem Tun beschäftigt – in unseren Tagen an diesen Symptomen der Midlife-Crisis. Ein wackeres Herumstochern im mitteleuropäischen Gegenwartsgemüt fördert es zutage: den zarten Hauch von Larmoyanz bis hin zur ausgewachsenen Jeremiade, die neue Weinerlichkeit. Die selbsternannten Propheten der unfrohen Botschaft geben in den Parteien und Verbänden den Ton an, bei den Jugendlichen mit dem verdrossenen Blick, am Stammtisch und in den Studentenkneipen. Es ist schrecklich, wenn man junge Leute trifft, die sich auf ihre eigene Wehleidigkeit zurückgezogen haben und alles nur noch in einer Distanziertheit betrachten, die nicht mehr spürbar werden lässt, dass das Denken und Reden das Herz ritzt. Sie kennen nur noch die Ergebung in fraglose Zustände, aber nicht den Widerstand, der in jeder Frage zum Ausdruck kommt, in der das „Ich", der Fragende, erscheint. Und da sind auch noch die, die sich gebärden, als ob sie die Geheimnummer der

---

3  So heißt die Überschrift einer Standortbestimmung der Pastoraltheologie von Th. Henke, in: Herder Korrespondenz 47 (1993/4), 197-203.

heiligsten Dreifaltigkeit kennten, und sie reden über Gott wie über die Punischen Kriege oder die Käferkunde. Natürlich kann man Stunden und Tage damit zubringen, die Scheinfragen und Scheinalternativen zu behandeln, mit denen sich das neuzeitliche Christentum mehr schmückt als dass es merkt, wie es an ihnen zugrunde geht.

Der Wahrheit über Gott und die Welt und über uns selbst sind wir verpflichtet, im Sinne des Wortes aus dem Johannesevangelium: „Ihr werdet die Wahrheit erkennen. Und die Wahrheit wird euch freimachen" (Joh 8,32). Wir möchten das heute gerne vergessen, weil die einen mehr ins Suchen als ins Finden verliebt sind und die anderen die Wahrheit, oder was sie dafür halten, als Prügel verwenden, um einander auf den Kopf zu schlagen. Nur die das Denken vermeiden, „wissen" ganz sicher Bescheid, und es läuft immer auf einen Verrat an sich selbst hinaus, diesem Konvoi der Großtuer und Wichtigmacher, diesem Führerkult der Angst sich anzuvertrauen. Gegen die Angst vor der Wahrheit in jeglicher Gestalt wendet sich die Verheißung des johanneischen Christus: die Wahrheit wird euch frei machen.

Die neue Aufgabe war eine große Herausforderung für „meine" Theologie, dass sie nicht der Versuchung erliegt, nur in den Hauspantoffeln der theologischen Fachsprache sich zu bewegen; war eine Herausforderung für „meine" Praxis, auf dass sie keine „Nörgelpastoral" wird, sondern mit dem „Liebgewinnen" (Mk 10,21) anfängt und aufhört; war eine Herausforderung für „meine" Homiletik, dass sie nicht hineingreift in den Sack der Predigt-Märlein, mit deren Hilfe biblische Botschaft so rasch und überzeugungskräftig ihren „Sitz im Leben" zu gewinnen meint, sondern die unerbittlichen Fragen, die eigenen und die der Zuhörer, aushält, bis es weh tut.

In der Spaßgesellschaft, in der wir leben, wird die Frage zusehends unser Schicksal. Aber nicht die Fragen der ewigen Skeptiker und ständigen Zweifler, die damit nur ihre Spielereien betreiben, sondern die der Suchenden und Verunsicherten, deren bisherige Antworten erneut zu Fragen zusammengeschmolzen sind. Unser Schutzpatron ist der Thomas des Johannesevangeliums (Joh 21). Er ist kein blasierter Zweifler, der eigentlich vor Selbstsicherheit strotzt und alles bezweifelt, nur nicht sich selber; er ist auch kein Agnostiker, der mit seiner Entscheidungslosigkeit, mit seinen sogenannten Erkenntnissen angibt wie ein Don Juan mit seinen Liebschaften; er ist auch nicht jener verlogene, snobistische Zweifler, der nur unverbindlich diskutieren und sich in Wirklichkeit aus der Affäre ziehen will. Thomas will sich eben nicht aus der Affäre ziehen. Er ist bereit, an seinem Zweifel zu sterben – das trostloseste Wort des Neuen Testaments stammt nicht zufällig aus seinem Munde: „Kommt, lasst uns mit ihm (scil. Mit Jesus) sterben!" (Joh 11,16) – und sein altes Leben gerade nicht an den fragenden Augen Jesu vorüberzuretten. Es ist ein sehnsüchtiger, nach Wahrheit hungernder Zweifel – und darum gilt ihm nicht nur die Verheißung „Selig die Armen", sondern auch „Selig, die hungern und dürsten" (Mt 5,3.6).

Thomas ist nicht so sehr der Zweifler, als vielmehr der aufrichtig Glaubende; der Gerechte, der zugleich der Ungerechte bleibt; der Glaubende, der zugleich im Unglauben gebunden bleibt; der Heilige, der ein Sünder bleibt.

Das In-Frage-Stellen, das Anfechten, die Kontestation ist heute gewiss auch eine Mode. Aus der echten Leidenschaft wird bei manchen eine Manie, ja bisweilen eine Pose. Umgekehrt ist es in manchen Kreisen in gleicher Weise eine Manie, jedes und alles Fragen gleich zu verdächtigen und jeder Frage vorzuwerfen, sie verwirre die Gewissen.

An diesem Punkt mache ich mir Sorgen um unsere Kirche: Ihr drohen die Fragenden, die Suchenden und Tastenden verlorenzugehen, der Zweifel, der Bruder des Glaubens, der sich durch die Geschichte der Kirchen zieht, von den Emmaus-Jüngern über Thomas, den Ungläubigen, bis hin zu Mutter Teresas Bekenntnis, am Schweigen Gottes beinahe verzweifelt zu sein. Wie dünn ist da der „Ich hab´s gefunden"-Glaube, der den Abgrund nicht kennt![4]

# 4. Ausblick

Nach vielen schönen Jahren des Lernens und des Lehrens gehört es zum Lehrstoff des Lebens am Ende, auch mit Erfolglosigkeit zu leben. Ich habe gelernt, mit meinen eigenen Grenzen zu leben. Ich habe gelernt, dass es nicht entscheidend ist, etwas Großes zustande zu bringen. Diese Vorstellung habe ich desto gründlicher abgelegt, je älter ich wurde. Es ist nicht wichtig, Großes zustande zu bringen. Wichtiger ist, dass wir wahr werden, durchsichtig, eindeutig. Und möglicherweise bin ich in den letzten Jahren diesem Ziel ein Stück näher gekommen. Dafür danke ich Gott.

Auch als Pensionist werde ich nicht aufhören, die Kirche zu lieben, in der ich groß geworden bin und die mir unendlich viel geschenkt hat. Und sie, meine Kirche, wird mich weiter nerven, weil sie so hilflos im Strudel der Umbrüche treibt oder aktivistisch strampelt. Ich bin traurig über die allzu leichtfertige Preisgabe des kostbaren Erbes, über den Verlust an liturgischer Beheimatung samt theologischem Niveau.

Aber ich hoffe weiter auf ein Christentum, das für die Zukunft taugt, ohne der Vergangenheit untreu zu werden. Wir – besonders wir Pastoraltheologen – hätten für die Melodie unseres Lebens und unserer Kirche gerne eine sauber geschriebene Partitur – und finden doch nur verstreute Noten. Der göttliche Komponist, der das ganze Opus von Welt und Geschichte entworfen hat, muss

---

[4]  Wer eine literarische Anregung zur Thematik wünscht, der sei verwiesen auf zwei anregende Bücher: Christian Nürnberger, Kirche – wo bist du?, München 2000; ders., Jesus für Zweifler, Gütersloh 2007.

sich etwas dabei gedacht haben. Er muss ein Gott der Überraschungen und der Zumutungen sein. Denn er liebt das Rätsel mehr als die klare Darstellung; er zieht die Freiheit dem vorausgeplanten Programm vor; er lässt es eher darauf ankommen, als dass er unfehlbar die Fäden zieht; er wählt nicht die fertig ausgefeilte Regie, sondern das Stegreifspiel. Das Manna, das heute vom Himmel fällt und Nahrung gibt, ist morgen wurmig. Das musste schon das Volk Israel erfahren. Der es gibt, muss ein Gott sein, der uns in Atem halten will – bis ins Pianissimo des höchsten Alters.

LEO KARRER

# Praktische Theologie –
# Subjektive Rechenschaft

Spurensuche nach dem Thema hinter
den Themen[1]

Vor wenigen Tagen wurde ich in angeregter Runde unvermittelt gefragt, was ich als persönliche Berufung oder als spezifische Sendung in meinem Leben betrachten würde. Ich war verlegen. Wie antworten, wenn eine solche Frage keinen Hauch von Täuschung oder Angeberei erträgt. Vieles hat sich in meinem Leben einfach zugeschickt und eröffnet, ohne dass dahinter eine weitsichtige Planung oder eine subtile Idee gestanden hätten. In meinem Leben kam das Gemüt ohnehin meist vor dem Denken. So wird meine Rechenschaft über meinen Weg mit Theologie und insbesondere mit der Praktischen Theologie sehr bruchstückartig und stotternd ausfallen ... und sehr subjektiv. – Denn hinter allen Rollen, die man spielen durfte oder musste, ereignete sich die persönliche Lebensgeschichte, und dies zunehmend von der eigenen Mitte her. Was ist also das persönliche Ur-Thema hinter all den Themen und Rochaden meiner Biographie im Blick auf die Praktische Theologie?

# 1. Fährten und Spuren zur Theologie

Wenn man heute mit jungen Menschen über die Kirche ins Gespräch kommt, erntet man leicht ein müdes Lächeln. Ganz anders in meiner Jugendzeit. Kirche bzw. Religion war im Alltag ausgesprochen prägend und wichtig. Fast noch

---

[1] Das Foto von Karrer wurde von Vera Rüttimann gemacht (info@veraruettimann.com).

mehr als der „liebe Gott" selber. Aber sie hatten miteinander zu tun. Auf alle Fälle war Religion für mich brennend wichtig, beglückend und etwas Schönes. Kirchlich-religiös habe ich mich sozusagen als Gefühls-Fundamentalisten in Erinnerung. Warum nicht? Vielleicht lag darin so etwas wie psychische Schubkraft für den weiteren Lebensweg.

Und eines Tages wurde mir bedeutet, dass Religion mit dem konkreten Leben zu tun hat. Bei einer Diskussion am heimischen Herd erklärten unsere Eltern, dass sie sich vor Gott ein Gewissen machen würden, wenn sie nicht um gesunde Nahrung besorgt wären. Was hat das mit Gott zu tun? Die Verknüpfung von Religion und Lebenspraxis war – im Rückblick betrachtet – in meinem Bewusstsein geboren. Etwas anderes hat sich in meiner Wahrnehmung tief eingegraben, und zwar Ende der 40er Jahre im letzten Jahrhundert. Es war nach der Erstkommunion. Als ich versehentlich eine Banane gegessen hatte und trotzdem zur Kommunion ging, hatte ich wegen des Nüchternheitsgebotes ein schlechtes Gewissen. War das nicht fast schon eine „Todsünde"? Ich dachte mir: Bevor ich beichten gehe, lagere ich diese Schuld doch lieber bei unserer Mutter ab, nicht beim Pfarrer. Ihre Antwort: „Pass das nächste Mal auf. Aber der liebe Gott sieht es nochmals anders, als sie (die Geistlichen) sagen." Welch geistige Freiheit. In meinem Bewusstsein war die Unterscheidung „Gott – Kirche" geboren; es eröffnete sich die Ein-Sicht, dass Gott größer ist als die Kirche. In den letzten Jahren ist dies für mich entscheidend geworden: Gott ja nicht zu klein denken.

Meine kindliche Religiosität war ein vom Denken her ungehemmtes und eher intuitives Gottesbild, das Gott selbstverständlich als gut und Geborgenheit schenkend empfand. Es war eingebettet in die Religiosität und in das Beten unserer Eltern.

Am Religionsunterricht war ich mit „Leib und Seele" interessiert; und Kirche als „Haus Gottes" wurde mir gefühlsmäßig teuer und lieb. Allerdings begannen damit auch die unüberbrückbaren Widersprüche. So entsinne ich mich u.a., wie ich in der 2. oder 3. Schulklasse zutiefst betroffen und unbeherrscht war, als ein Klassenkamerad behauptete, in der Bibel stehe, dass es Gott reute, den Menschen erschaffen zu haben. Das war für mich damals unerträglich. Denn einerseits konnte ich mir nicht vorstellen, dass Gott etwas reuen sollte oder könnte, was er getan hat; das fühlte ich als Widerspruch in sich. Auf der anderen Seite war doch alles wahr, was in der Bibel stand. Ich erinnere mich nur, dass wir diese Kontroverse so temperamentvoll ausgetragen haben, dass daraus beinahe eine Schlägerei (so etwas wie Religionskrieg) entstanden wäre. Wir einigten uns dann darauf, den „Herrn Pfarrer" zu fragen. An dessen Antwort erinnere ich mich leider nicht mehr.

Die Erstkommunion – viel stärker als später die Firmung – war für mich ein ungemein tiefes Erlebnis. – Meine subjektive Religiosität geriet, wie bei anderen auch, immer mehr unter den prägenden Einfluss von außen – durch die Volksreligiosität zu Hause und im Dorf, durch die Pfarrei und die Pfarrkirche, durch ihre Geistlichen, die für mich irgendwie direkteren Zugang zu Gott hatten, und durch das kirchliche Milieu mit dem Festkalender und den Prozessionen des Kirchenjahres. Und ich war begeistert Ministrant. War man dadurch nicht doch schon – wenigstens ein bisschen – näher beim „lieben Gott"?

Ein neues Gottes-Bild legte sich auf die frühere Religiosität: Religion wurde Leistung. Und die Kirche war selbstverständlich die Garantin, aber auch die stellvertretende „Buchhalterin" des nun zum Herrgott gewandelten „lieben Gottes". Aber die verschiedenen Gottesbilder balancierten sich existentiell in etwa aus (was ich damals natürlich nicht durchschaute, sondern nur gefühlsmäßig wahrnahm). So blieb gleichsam ein Urvertrauen in den „lieben Gott"; und Religion blieb für mich beglückendes Bedürfnis, dem ich mit Eifer nachging. Aber gleichzeitig wurde ich Schuldner gegenüber einem strengen Herrgott, der durch Wohlverhalten gnädig zu stimmen und durch Sünden und Verstöße gegen die Gebote zu verstimmen war. Religion wurde anstrengend. Das „eigene Verdienst" und „Opfer bringen" machten im Alltag das, was mir in einer tieferen Schicht Freude und Bedürfnis war, auch zur strengen und moralischen Pflicht. Ohne die Beachtung der Zehn Gebote und ohne Erfüllung der Vorschriften der Kirche gab es keinen „Weg zum Himmel". Verständlich, dass auf solch enger Basis mich das Schicksal der Heiden nicht losließ und sich ein „Mitleid" mit jenen einschlich, die nicht zur „richtigen Kirche" gehörten. – Denn in unserer Schulklasse hatten wir auch reformierte Mädchen und Buben. Die waren ja auch nett, aber nicht die (konfessionell) Richtigen. Ein tiefer Gefühlszwiespalt, gegenüber dem ich gedanklich hilflos war. – Aus diesen und weiteren Gründen erwachte der Wunsch, Missionar zu werden und Priester. Ich ertrug es nicht, dass Menschen, die nichts dafür konnten, nicht in den „Himmel kommen" sollten. Wer soll so etwas verstehen?

# 2. Zwischen Fremdbestimmung und Selbstbestimmung

Meine Jugendzeit ist in der Folge von dieser sog. „Berufungs-Frage" sehr stark geprägt gewesen, von den Fragen nach dem Priesterberuf und dann später nach der zölibatären Lebensform, alles Erkundungen, die mich bis an den Rand der Unterscheidungs- und Freiheitsfähigkeit herausforderten. Gott sei Dank! Denn mit der Zeit begann ich zu ahnen, dass diese Fragen elementar mit meinem eigenen Selbstbild, mit dem Verständnis von Kirche und noch entscheidender mit meinem Gottesbild zusammenhingen. Insofern entwickelten sich diese „religiösen" Fragen zu Impulsen und sozusagen zu „Schienen" für die sehr bewusste

Auseinandersetzung um den eigenen Lebensweg und um das Wagnis der persönlichen Freiheit und der eigenen Verantwortung zwischen Beflissenheit gegenüber außen und Treue zu sich selber.

Meine damalige Religiosität und die Berufungsfrage haben sich für Jahre ineinander verheddert. Und es ist für mich nicht leicht, die beiden Stränge analytisch voneinander zu trennen. Andererseits ist die Frage um den Priesterberuf für mich zu einer solchen Herausforderung an die eigene Identitätssuche geworden, wie sich dies auf anderen Wegen vermutlich nie so eindeutig und scharf gestellt hätte. Denn die (durch Internat verstärkte) religiöse Beeinflussung von außen und die geistlichen Lehrer und Erzieher (denen ich auch viel verdanke) bestärkten die konventionellen Formen, forcierten ein religiöses Leistungsdenken (Gebet, Gottesdienst, Beichten etc.) und leisteten einem moralischen Gottesverständnis Vorschub, gegenüber dem ich intellektuell vorerst hilflos war; allerdings nicht emotionell, denn es war schon damals „nichts für mein Gemüt", wie ich frühzeitig immer wieder betonte. Es gab also gegen das moralische und „religiöse" Korsett einen gefühlsmäßigen Vorbehalt. – Der Tendenz nach hing der eigene persönliche Wert von der Anpassung an den übergestülpten religiösen Code ab; die eigene Bewertung wurde am Maß-Stab der anderen gemessen; und durch Opfer und Buße musste man die durch eigene Verfehlungen verloren geglaubte Liebe Gottes zurückgewinnen. Es war eine moralisierende Leistungsreligiosität, die ich über gewisse Strecken meines Lebens alles andere als befreiend oder beglückend erlebt habe, sondern als Zwang, durch quantitativ immer mehr Religiosität die eigene Qualität vor Gott und die eigene Perfektion (Über-Ich) vor sich selber zu sichern, eben den „Himmel zu verdienen". Man meinte zutiefst sich selbst, aber im Spiegel der Normen und der Erwartungen von außen. Gegenüber solchen Rechnungen wird wohl jeder Mensch am Ende zahlungsunfähig. Entweder verzweifelt er am Unerreichten bzw. Unerreichbaren oder er lässt sich vom Moloch der fremdbestimmten Religiosität und den zwanghaften Gottesbildern verschlingen, was auch zum Selbst-Verlust führen kann.

Dabei darf natürlich heute nicht übersehen werden, dass damals kirchlich und gesellschaftlich noch traditionelle Vorstellungen und Mentalitäten herrschten. Die großen Umbrüche in der Gesellschaft und in den Kirchen waren noch nicht erfolgt. Das damalige kirchliche Leben und klerikale Regiment, wie man heute sagen würde, wurden wohl als enge moralische Kontrolle empfunden, aber auch als Sicherheit gebende religiöse Heimat. – Ich würde vermutlich heute auch nicht so über die Prozesse meiner Glaubensbiographie reflektieren und schreiben können, wenn nicht die Wandlungsprozesse in Gesellschaft, Kirche und Theologie mir das „kritische" Bewusstsein und die Sprache schenkten. Vieles im Leben schenkt sich ja dadurch, dass man von anderen mitgenommen wird. Allerdings gehen muss man selber.

Mir wurde immer bewusster, dass hinter vielen religiösen Motiven, die nach außen honorig waren, handfeste Eigeninteressen und infantile Idealbilder steckten. Zudem fanden die „barocken" Anteile in meiner Gemütswelt im Religiösen ein weites Feld für „Erlebnistiefe": ich tat mich damals schwer, wenn ich das Religiöse sozusagen nicht auch „genießen" und emotional „kosten" konnte. Von daher waren manche Ausdrucksformen und mancher Eifer überschwänglich und schwärmerisch, das andere zum Spötteln reizte. Heute erfordert es schon ein gewisses Quantum an schmunzelndem Humor, bestimmte Abschnitte aus meinen damaligen geistlichen Tagebüchern zu lesen und „auszuhalten". Aber, so war es nun einmal. Und irgendwie lag darin so etwas wie Energievorschuss für den weiteren Weg. – Auf alle Fälle ist mir in tiefer Erinnerung geblieben, wie mir während des Philosophiestudiums in einer Kirche in Wien-Mödling (Steyler Missionare) nach einem langen Gebet an einem Freitagnachmittag ein Blitz durch mein Bewusstsein zuckte: nicht die Zehn Gebote Gottes sind entscheidend, sondern Glaube, Hoffnung und Liebe. Nicht meine religiöse Leistung, die zur Erschöpfung führte, ist entscheidend, sondern Gott.

## 3. Wegsuche als kleine Schritte zu sich selber

Meine religiöse Befreiungsgeschichte hat damit vorerst in meinem Herzen ihren Lauf begonnen. Es brauchte psychisch aber noch Jahre, diese „Bekehrung" gegen den Erwartungsdruck von außen und gegen die Überichs mit der Selbstdefinition über Rollen und Status wachsen und zum Durchbruch kommen zu lassen. Ohne dieses Geschenk („Gnade") könnte ich mir kaum vorstellen, wie ich mich auch bewusstseinsmäßig auf den Weg hätte machen können, ein Verhältnis zu mir, zur Mitwelt und zur Umwelt und darin und dadurch ein Verhältnis zum Gott Jesu zu suchen. Der intensive „Ort" dieser Prozesse war das Beten. – Auf dieser Basis wuchs dann auch die Kraft zur Freiheit, mich gegen die zölibatäre Lebensform (nicht gegen den „Priesterberuf") zu entscheiden und damit praktisch gegen alle erpresserischen Erwartungen von außen. Es war wie ein Sprung aus dem fliegenden Flugzeug, wobei ich nur wusste, dass ich auf diesem „Lebens-Kurs", der schlussendlich hätte zur Verzweiflung führen können, nicht weiterreisen durfte. Es galt vielmehr, herauszuspringen, egal wie die Landung erfolgen, ob sie glücken oder ob ich daran zerschellen sollte. Dies erwies sich im Nachhinein zwar als ein Sturz von den vermeintlich fast schon „erklommenen" obersten Sprossen der „Himmelsleiter", war aber ein Sprung in mein Leben. Und hatte nicht auch Gott gerade dort gewartet?

Das Theologiestudium in Amerika (1961-1964) brach ich ab und wollte nun nochmals alles gründlich à fond studieren. Und so begab ich mich an jene Universität, wo damals m.E. die besten Voraussetzungen für ein gutes Philosophie- und Theologiestudium gegeben waren, nach München. Das berufliche Wohin war total offen und meine Zukunft unklar. Vorübergehend war ich mir auch nicht mehr sicher, ob ich noch in der Kirche stände oder außerhalb und wo ich mich überhaupt theologisch bzw. glaubensmäßig hätte orten dürfen. In der anregenden und herausfordernden Umgebung nicht nur an der Universität München, sondern auch durch die Erfahrungen als Werkstudent und durch viele Freundschaften, vor allem in der Bekanntschaft mit meiner späteren Frau, gewann ich wieder Boden unter den eigenen Füßen.[2]

Meine früheren Gottesbilder waren z.T. durchschaut und nicht mehr „brauchbar", weil sie keine authentische Basis hatten. Aber Gott blieb verhüllt. Meine Zweifel zogen wie düstere Nebelschwaden in alle Nischen meines Denkens und in die abgelegenen Kammern meines Gefühlslebens. War nicht alles doch nur Täuschung und Wunschdenken?

Und ist der christliche Glaube vielleicht doch nichts anderes als eine grandiose Rationalisierung einer unverdaubaren Welt und eines letztlich der Tücke aller Natur anheimfallenden Lebens, das über sich hinaus keinen Sinn ausmachen noch gebären kann? Lebt Religion nicht doch zuletzt von der Trost- und Sinnbedürftigkeit der Menschen? Haben wir einen Gott, weil wir ihn für unser seelisches Gleichgewicht „brauchen"? Ist in diesem Sinn der christliche Gottesglaube letztlich doch Täuschung, allerdings eine geniale und unvergleichliche Erfindung des Menschen? Ist Gott nur das gedankliche Ergebnis eines unendlichen Prozesses, bei dem das ewige Kreisen der Materie um sich selbst und aus einem selektiv kosmischen Zufall heraus eine Ahnung wachsen ließ, aus der dann in der undurchsichtigen Zerrissenheit des Lebens in Raum und Zeit die Sehnsucht nach Transzendenz und Heil entsprang? Oder ist das Diesseits doch ein Horchposten für das „Jenseits"? – Die Fragen der Religionskritik hatten mich geistig und emotional massiv eingeholt und mir über Jahre hinweg schlaflose Nächte bereitet. Vor allem waren es die Fragen um menschliches Leid und Leiden, die keine Antwort fanden. (Dies ist der Hintergrund für meine Publikation: Gottes fremde Sprache. Das Kreuz mit dem Leid, Freiburg 1990) – In meiner Hilflosigkeit fand ich nur einen Weg, nämlich weg von den Gottesbildern der Philosophen und meinem früheren „Gottes-Glück" hin zum historischen Jesus von Nazareth, den nüchternen Weg zur Bibel. Exegese und Bibelmeditation wurden sehr wichtig; und sie sind es bis heute geblieben (Exegese und Praktische Theologie betrachte ich heute als Hauptfächer der Theologie). Letztlich ging es darum, den eigenen Weg über die Botschaft Jesu und über dessen Weg mit Gott meinen bzw. unseren Weg zu Gott zu finden. Dass in solchen Prozessen sich nicht nur das Verhältnis zur Kirche änderte, sondern einem eine Entmythologisierung vieler „heiliger" Bilder und Begriffe und eine eigene subjektive Dogmengeschichte als Exodus aus der „gesicherten" Doktrin und aus dem festen Glaubens-Gehäuse zugemutet wurden, versteht sich von selbst. Aber damit verbindet sich auch eine befreiende Dimension, die ich ausdrücken möchte mit „Auferstehung zu sich selber" im Horizont der Hoffnung für alle, die Jesus uns eröffnet hat.

---

[2]  Vgl. dazu meinen Beitrag: Wandle vor mir und werde ganz, in: Vreni Merz (Hg.), Alter Gott für neue Kinder, Fribourg 1994, 158-173.

# 4. Lebensschule: Mut zur Wirklichkeit als Wagnis

Der Lebenslauf ist wohl selten so geradlinig, wie ihn die Rückschau leicht begradigt. Das Leben mäandert vielmehr mit seinen Fluss- und Talschlingen und mit seinen Krümmungen und unvorhergesehenen Wasserläufen.

Für meine Theologen- und Theologinnengeneration war die Konzilserfahrung von prägender Inspiration. Bei den 50-Jahr-Feiern avanciert man heute plötzlich zum „Zeitzeugen" des Konzils. Für uns war es damals ideell eine geistige Explosion, ein Erwachen zu gesellschaftlichen und kirchlichen Anliegen. Heute zeigt sich, dass es intergenerationell sehr unterschiedliche Positionen gibt, nicht nur eine synchrone Vielfalt, sondern auch eine diachrone Unterschiedlichkeit. Dies zeigt besonders der Vergleich mit der „Konzilsgeneration".

Die Ankündigung des Konzils 1959 löste großes Erstaunen und noch größere Erwartungen aus. Natürlich gab es nicht nur Begeisterte; das sickerte mit der Zeit durch. Vor allem an der Kurie gab es Widerstand. Man dachte, warum ein neues Konzil, das Unruhe bringt, da doch seit dem I. Vatikanum bzw. mit dem Unfehlbarkeitsdogma und mit dem Jurisdiktions-Primat des Papstes amtlich alles geklärt werden könne und deshalb die Zeit der Konzilen endgültig vorbei sei. – Natürlich durchschaute ich dies erst später. Aber für uns gab es atmosphärisch eine befreiende Unruhe, obwohl ich mir konzeptionell wenig Konkretes vorstellen konnte. Ich erlebte dann das Konzil während des Theologiestudiums von 1961-1967 in Chicago und in München in televisionärer Distanz und Nähe als inspirierenden Aufbruchprozess und als geistig spirituelles Abenteuer. Es war kirchlich und subjektiv ein dynamischer Prozess des Aufbruchs aus einer moralisierenden und scholastischen Statik und spekulativen Orientierung.

Bis zum Beginn meiner Studienzeit war die Kirche eine wohl behütete und Sicherheit garantierende Heimat, in der der Katechismus und der Klerus mit seinen Heilsmitteln entscheidend waren. Die Lebenspraxis war der Anwendungsort der lehramtlichen und disziplinären Doktrin. Kirche war erlebnismäßig zuerst Pfarrei. Sie war kirchliche Heimat, gemütshaft, aber auch hausbacken. Man war katholisch durch Zugehörigkeit. Zweifel und Fragen hatten öffentlich keine Chance. Die widersprüchlichen Realitäten des Lebens hatten kein Einspruchsrecht gegen die Doktrin. Und was in meiner Erfahrungswelt über Pfarrer und Bischof hinausging, empfand ich näher bei Gott als zu uns. Es war eben eine sakrale Welt. Und ich liebte sie. Es galten religiös prägende und moralische Prinzipien mit einer üppigen Frömmigkeitskultur. Und ich erinnere in diesem Zusammenhang an das schon erwähnte einschneidende Erlebnis, an mein „Turmerlebnis", als mir an einem Freitagnachmittag in einer Kirche in Wien bewusst wurde, dass das entscheidend Christliche nicht zuerst die Moral und religiöse Leistungen sind, sondern Glaube, Hoffnung und Liebe. Das hing mit dem Konzilsgeschehen zusammen. Die Kirche erwachte zur Achtsamkeit für die Lebenssituationen unter gesellschaftlichen Bedingungen und zur Dialogbereitschaft und argumentierenden Vertiefung ihrer Botschaft. Es begann der ökumenische Frühling. Eine interessante und lebendige Kirche entstand, die sich als Volk Gottes und als Verkünderin des Heils für alle Menschen verstand.

Im Nachhinein wurde mir bewusst, wie dieser Aufbruch auch mit dem Lebensgefühl und mit dem technischen Fortschritt in der damaligen Kommunikationskultur zusammenhing. Während meines Theologiestudiums in Amerika herrschten generell ein Befreiungspathos (Entkolonialisierung), eine euphorische Fortschrittsgläubigkeit und ein Elan des Aufbruchs zu neuen Ufern (John F. und Jacqueline Kennedy). Auch die Konzilstexte, die heute auf uns z.T. recht blumig wirken, sind davon geprägt. Nicht zu vergessen das damals noch junge Medium Fernsehen, das einen dynamisierenden und demokratisierenden Effekt hatte, und die Bilder und Diskussionen der in Rom tagenden Kleriker (erstmals) mitten hinein in die Wohnstuben der interessierten Leute trug. Erst viel später wurde mir klar, dass wir in unserer Kirche eine Art 68er-Bewegung hatten schon vor 1968. Das Konzil nahm etwas vorweg, was die 68er Kulturrevolution später mit dem Freiheitspathos und mit dem Auszug aus den miefigen Systemen und Institutionen signalisierte.

In theologischen Vorlesungen in Chicago hatten wir einen Professor, der im Zusammenhang mit dem Konzil plötzlich von einem „Swiss Theologian Aans Ggung" sprach (Hans Küng). Ein Studienkollege brachte mir 1961 Küngs Buch „Konzil und Wiedervereinigung". Dieses Buch wurde für mich inhaltlich zu einem Augenöffner für das Konzil. Es war ein Gegenhorizont zur sonst uns vermittelten Theologie. Es ging dort um Visionen wie Erneuerung der Kirche als Voraussetzung für die Wiedervereinigung und um die Notwendigkeit steter Reformen.

In der ersten Zeit nach dem Konzil stand ich – so vermute ich heute – zuerst unter dem Eindruck der dogmatischen Konstitution „Lumen gentium" und dann zusehends der Pastoralkonstitution „Gaudium et spes". Diese zuletzt verabschiedete Konstitution symbolisierte für mich die Überwindung des Ghettos als Rückzug vom konkreten Leben in religiöse und in lebensfremde Nischen hin zur Öffnung der Kirche auf die Menschen und ihre Welt hin. Ebenso der Notenschlüssel des Konzils bzw. des unvergesslichen Papstes Johannes XXIII.: „Aggiornamento" – eine Kirche in einem offenen Dialog mit der Welt und mit Andersdenkenden und Andersgläubigen. Freude und Hoffnung, diese Aspekte waren für mich prägend... und ich habe den Eindruck, sie sind es trotz allem bis heute geblieben. So nannte der einflussreiche Konzilsberater Karl Rahner das Konzil den „Anfang eines Anfangs". Auch unmittelbar nach dem Konzil war die Poesie des Aufbruchs noch förmlich zu spüren. Es geht auch heute um den Prozess und das Ereignis des Konzils, um den Geist dieses Seminars des Hl. Geistes. Das Konzil muss als Ereignis und als Geschehen weitergehen. Im Nachhinein habe ich den Eindruck, dass mir damals bewusster wurde, was mich in den letzten Jahrzehnten besonders beschäftigte: die Einheit von Wirklichkeit und Vision bzw. Hoffnung, kein Entweder-Oder. In langen Prozessen wurde mir bewusst, dass sich das spezifisch Christliche als das entscheidend Menschliche zeigt.

# 5. Wege zur Praxis

Doch zurück zur Spurensuche. Meine fachliche „Jugendliebe" im Studium war die Dogmatik, die Einsicht in das Geheimnis, als ob sich das Geheimnis enträtseln ließe. Wenn man sich ihm öffnet, führt es eher noch tiefer in sich hinein, ohne sich selbst preiszugeben. Ein anderes Wort damals – in Anlehnung an Hans Küng – war: „Die Wahrheit und nichts als die Wahrheit". Es war auch eine Spannung zwischen Vision und Wirklichkeit, psychologisch ein Balanceakt über Jahre. Ursprünglich war bezüglich meiner „Lebensplanung" (was meine ich damit?) vorgesehen, dass ich nach meiner Promotion in Dogmatik bei Prof. Dr. Michael Schmaus („Die historisch-positive Methode des Theologen Dionysius Petavius") im Jahre 1967 in die USA zurückkehren würde, weil es für die sog. Laientheologen, zumal in der Schweiz, kaum einen Berufsmarkt gab (außer an den Schulen in Deutschland). Von der Universität Notre-Dame in South Bend hatte ich schon ein Angebot. Aber dann änderte sich – wie so oft in meinem Leben – alles. Durch die damalige Beziehung zum heutigen Kardinal Karl Lehmann wurde mir angeboten, Assistent bei Karl Rahner in Münster zu werden.[3] So kam es im Sommer 1967 zu dem wunderbaren Dreiklang: Promotion – Heirat – Theologie als Beruf. Die Weichen waren gestellt. Das Fahren selber lehrte das Leben. Die Jahre bei Karl Rahner waren ein großes Geschenk für mein Leben. Ich gehe auch heute bei keinem anderen Theologen wohl so oft in die Schule wie zum Denker und Mystiker Karl Rahner. Ich besuche nie Innsbruck, ohne an seinem Grab zu verweilen. Aber trotzdem habe ich meinem Gefühl nach meine Rolle in dieser Funktion – aus mehreren Gründen – nicht gefunden. Ich hätte so gerne auch habilitiert, um die Theologie zum Lebensberuf zu machen. Aber damals war dies für die sog. Laientheolog/inn/en nicht erlaubt. So musste ich eine Zweitausbildung ins Auge fassen und belegte einige Semester u.a. Psychologie.

Durch die gesprächstherapeutische Ausbildung fand ich Zugang zur Telefonseelsorge in Münster. 1968 wurde ich nebenberuflich Mentor d.h. Ansprechpartner für die in Münster studierenden Laientheolog/inn/en. Diese Spurenlegung erwies sich als eine großartige Chance und als Impuls für meine Bekehrung zur Praktischen Theologie. Zwar hatte man in Wien und Chicago hilfreiche Rhetorikkurse und Predigtausbildung genossen und Religionsunterricht an einer Primary School im Norden von Chicago erteilt; und von 1960-1961 war ich

---

3   Vgl. D. Deckers, Der Kardinal, München 2002, 142.

Gymnasiallehrer und Vizepräfekt am Gymnasium Marienburg in Rheineck, was in mir die Lust auf die Praxis verstärkte. Aber es waren Anwendungsorte der Doktrin bzw. der Dogmatik. Die Realität prägte zwar unmissverständlich den Alltag, aber die „Theorie" blieb davon tautologisch unverändert. Dies änderte sich durch das Konzil und durch großartige Theologen und Theologinnen (Jetzt würde ich gerne in Dankbarkeit viele Namen nennen.).

Biographisch wurden die 70er Jahre in Münster prägend. 1969 wurde ich als „Laie" der erste hauptamtliche Mentor für die studierenden Laientheolog/inn/en in Münster und Gemeindeassistent (später: Pastoralreferent) in der Studentengemeinde mit einem inspirierenden Team und mit Mitarbeiter-Kreisen etc. Erwähnen möchte ich eigens die Kollegin Anne Kurlemann (heute in Bamberg) und Pfarrer Ferdinand Kerstiens. Wieder ein Erfahrungsfeld, das auf mich zugekommen ist und mir einen Reichtum an Begegnungen, Projekten und Themen (es war ja noch die 68er Generation) eröffnet hat, für die ich nur dankbar sein kann. Sie lösen in mir noch heute Freude aus, auch wenn ich 1978 im Konflikt mit dem „Domplatz" (Bistumsleitung in Münster) wegziehen musste. Das Leben spielt eben manchmal so. In diesem Bereich explodierten plötzlich neue Berufschancen für Laien mit einer theologischen und zusätzlichen Ausbildung. Diese Fragen und die praktischen Modellversuche und die pastorale Wegsuche drängten sich mir bzw. uns geradezu auf. Wiederum: eine spannende und überraschende Geschichte, aber nicht das Ergebnis einer weitsichtigen Planung. Auch jetzt zeigte sich wieder: Das Leben und die existentielle Intelligenz kommen vor der kognitiven Vernunft. Es geht entscheidend um Erfahrungen, um die Wahrnehmung von Wirklichkeit und ihre analytische und handelnde Verarbeitung sowie um Anliegen und Ziele. Diese Beobachtungen haben den erfahrungsorientierten Verständniszugang für die Praktische Theologie, für alle Theologie und letztlich für das Glaubensverständnis geprägt und vermutlich vorbereitet.[4]

Vor diesem Hintergrund wurden für mich die sog. Laienfrage (Kirche als Volk Gottes) und Christsein als Mut zu wahrer Menschlichkeit sowie die neuen Kategorien von Seelsorger/inn/en zu Hauptthemen als Theologe.

Ein großartiges Potential erwachte. Das Phänomen der sog. „Laientheolog/inn/en" im pastoralen Dienst wird jetzt in etwa 45 Jahre alt.

Mit historischen Prozessen ist es ähnlich wie mit Organismen: sie brauchen Latenzphasen bis zum wahrnehmbaren Erscheinen der nachhaltigen Symptome.

Über die ersten Anfänge tappen alle Interessierten im Dunkeln. Allem Anschein nach vollzogen sich in Münster 1919 die ersten Schritte in Richtung eines Theologiestudiums durch Laien: Frauen waren die Pionierinnen.

Aber der Bogen ist noch weiter zu spannen. In dieser Zeit, als vermutlich etwa 10 Frauen Theologie studierten, begann auch die „Seelsorge" durch Laien,

---

[4]  Vgl. meinen Beitrag: Erfahrung als Prinzip der Praktischen Theologie, in: Herbert Haslinger, u.a. (Hg.), Praktische Theologie. Grundlegungen, Mainz 1999, 199-219; siehe auch: Glaube, der das Leben liebt, Freiburg 2014, 20-56.

auch wenn dies noch nicht so verstanden wurde, denn die eigentliche Pastoral oblag ausschließlich den Priestern. Es waren wiederum Frauen: Seelsorge-*Helferinnen*, die vor allem in der Diaspora unter formal und menschlich oft schwierigen Bedingungen ein wachsendes Engagement an den Tag gelegt hatten.

In den 50er und 60er Jahren des letzten Jahrhunderts sind über den universitären Bereich und über die Pädagogischen Hochschulen hinaus neue Wege der theologischen Ausbildung von Laien beschritten worden: Theologie- und Glaubenskurse in Würzburg, Zürich und Wien. Nicht zuletzt sind analoge Entwicklungen in den Missionsländern (Katechisten) und durch Orden zu beachten. In den USA hörte ich anfangs der 60er Jahre zum ersten Mal das Wort „Lay-Theologians" (damals eher Ordensleute.) Dadurch ist das Phänomen „Laientheologe/in" in eine umfassendere Bewegung eingebettet gewesen. Es zeigte sich schon, dass diese neuen Potentiale insgesamt nicht das Ergebnis einer weitsichtig planenden Kirchenleitung waren, sondern sich gleichsam von unten her entwickelt haben. Nach dieser Inkubationszeit begann mit den 50er Jahren die erste Phase im Schuldienst. Es war die Zeit der Religionsphilolog/inn/en (erste Phase des neuzeitlichen Phänomens).

Die „eigentliche" Entwicklung setzte erst einige Jahre nach dem Zweiten Weltkrieg ein, vorerst in Deutschland. Seit Beginn der 50er Jahre boten immer mehr katholische Fakultäten die Möglichkeit zum Studium der Theologie für Religionsunterricht an den berufsbildenden und höheren Schulen denen an, die kein geistliches Amt anstreben wollten noch konnten. – Die Frage der Promotion beanspruchte eine längere Zeit. Ausgesprochen zähflüssig war bis etwa Anfang der 70er Jahre die Frage der Habilitation.

Die spirituelle Begleitung der studierenden Laientheolog/inn/en verlief sehr unterschiedlich. Dabei ist vor allem Pfarrer Hans Werners in Münster, an den ich mit großer Dankbarkeit denke, Pionier gewesen, der auch die Tradition der Theologenkreise in den Studentengemeinden geprägt hat.

In diesem Rahmen begann auch früh die theologische Nachdenklichkeit über diese Entwicklung. Zudem wandelte sich vor allem durch das Konzilsgeschehen das Bild vom passiven Laien zum aktiven Mitglied des Volkes Gottes. Die sog. Laientheolog/inn/en waren so etwas wie Folge oder Ergebnis dieses Prozesses und aber auch aktive Symptomträger/innen bzw. Subjekte der Entwicklung, vor allem im katechetischen und pastoralen Bereich bzw. Segment.

Seit den 70er Jahren des letzten Jahrhunderts änderte sich das Bild fast explosionsartig: Gab es bis in die späten 60er Jahre hinein außer an der Schule und an der Hochschule sowie an Akademien und Bibliotheken, in Gewerkschaften, Verbänden und bei den Medien nur vereinzelte Berufschancen, so „explodierten" diese um etwa 1970 auf Aufgabenfelder und Berufe im kirchlichen, pastoralen und auch fachtheologischen Bereich hin.

Diese zweite Berufsphase differenzierte somit die damals vorhandenen beruflichen Möglichkeiten und weist weit über die Bundesrepublik Deutschland und über den deutschsprachigen Raum hinaus. Zunächst handelte es sich recht pragmatisch um eine kurz- und mittelfristige pastorale Ortssuche. Gleich zu Beginn spürte man, dass dieser pragmatischen Ortssuche eine mittel- und langfristige institutionelle Ortsdefinition durch die Kirche erfolgen müsste. Es genügte nicht, den neuen Kategorien von Seelsorger/inn/en zu sagen, was sie tun durften. Es musste auch geklärt werden, wer sie sind – auch im geschichtlich gewachsenen System der Kirche. Dafür gaben uns damals Soziologen und Psychologinnen Hilfen und zwar ausgehend von der Rollennormtheorie: Subjekt der Rolle – Ort/Situation – Institution (Von der Geschichte der Seelsorgehelferinnen lernte ich damals auch, was alles bei den neuen pastoralen Berufen anders und unbedingt besser geschehen und verlaufen sollte.). Man spürte die Dringlichkeit eines Konzepts. Dieses galt es berufssoziologisch zuverlässig, psychologisch zumutbar, theologisch vertretbar und pastoral fruchtbar zu gestalten. Auf der praktischen Handlungsebene ist man seit 1970 einen relativ weiten und differenzierten Lernweg gegangen. Man hat verschiedene pastorale Modelle und Sozialformen erprobt.

Bezüglich der institutionellen Ortsdefinition innerhalb des Systems der katholischen Kirche haben sich bis jetzt die Naherwartungen der damaligen Pionierzeit auf schnelle Lösungen und Reformschritte hin (wie z.B. Viri probati, Weihe der Frauen, Partizipation...) verzögert. Aber ohne die neuen Kategorien von Gemeinde- und Pastoralreferent/inn/en ist das pastorale Handeln der Kirche in unseren Ländern undenkbar geworden. Sie nehmen Ämter als Dienste in unseren Teilkirchen wahr, auch wenn sie noch nicht als Ämter der Gesamtkirche anerkannt werden. Aber in den 70er Jahren spielte es sich einem zu, dass man – mit vielen anderen zusammen – diesen Fragen und Gehversuchen seine Stimme lieh.

Könnte es nicht sein, dass mit diesem Potential mit all seinen Segmenten ein Element geschenkt ist, das die sichtbare Kirche mit dem rasanten Wandel ihrer Sozialgestalt in unseren Breitengraden erst überlebensfähig macht? Diese Frage kann nur angedeutet werden. Die eigentliche Personalfrage der Kirche sind jedoch die Menschen, zu denen Kirche gesandt ist. Werden die neuen Kategorien von Seelsorger/inn/en zu Herzschrittmacher/inn/en für eine glaubwürdige Kirche in der Weite des Lebens?

Es ist nach der prophetischen Kraft zu fragen: Welche Langzeitwirkung für den praktischen Christen-Mut und für eine glaubwürdige Kirche bis in ihre Strukturen hinein können daraus erwachsen, wenn immer mehr Frauen und Männer mit theologischer, pastoraler und religionspädagogischer Qualifikation das charismatische Selbstbewusstsein der Laien stärken und sich in den Dienst des Volkes Gottes stellen, damit dieses sich selbst für die Kirche artikuliert und zum Subjekt glaubwürdigen Christseins wird?

Es versteht sich von selbst, dass diese Prozesse zu vielen Begegnungen und Projekten führten, die hier nicht genannt werden können. Es war aber wichtig, Alleingänge zu vermeiden und solidarische Wegsuche über die Pfarreien und Bistümer und über die Landesgrenzen hinaus zu gestalten. So entstanden in den

70er Jahren z.B. Mentorenkonferenzen und die Arbeitsgemeinschaft der Theolog/inn/en in Deutschland (AGT). In der Würzburger Synode und im Arbeitskreis Synode etc. fand ich Zugang zur eindrucksvollen Weite des deutschen Katholizismus.

Hinzu kamen alle die Impulse durch die Kulturrevolution der sog. 68er, der Befreiungstheologie, der feministischen Theologie und die Diskussionen und Spannungen infolge der Verzögerung unserer innerkirchlichen Naherwartungen auf die konziliären Reformschritte hin. Für mich waren diese Jahre eine ungemein durch Beziehungen und Begegnungen reiche Erfahrung und eine gesellschaftspolitische Lehre, für die ich nicht genug dankbar sein kann. Allerdings war ich nicht bereit, die ideologischen Feindbilder zu bedienen. Es war auch ein Weg von der dogmatischen Idealität zur Wirklichkeit im Humus des Lebens; und wo Humus ist, da ist auch Dreck zu finden. Die Orte der menschlichen und gesellschaftlichen Realitäten wurden bewusster zum Angelpunkt für Theologietreiben, aber im Lichte des Weges und der Botschaft Jesu von Nazareth. Dies ist vermutlich der Hintergrund für meine Entscheidung für die Praktische Theologie, auch wenn sie im theologischen Fächerkanon nicht gerade das höchste Ranking einnahm.

# 6. „Bekehrung" zur Praktischen Theologie (zum Ernstfall des Lebens)

Genau weiß ich es auch nicht mehr. Innerlich war ich schon unterwegs zur praktischen Reflexion des christlichen und kirchlichen Handelns im gesellschaftlichen Kontext. Aber das Verbot der Habilitation für die sog. Laientheolog/inn/en begann sich in der ersten Hälfte der 70er Jahre zu lockern, zuerst nur für die Randfächer wie z.B. Christliche Archäologie. Dann erweiterte sich der Rahmen mit Ausnahme der sog. vier Kernfächer, zu denen auch die Praktische Theologie gezählt wurde. Aber ich begann trotzdem ein Projekt unter der Begleitung von Prof. Dr. Adolf Exeler, und zwar zum Thema: „Der Glaube in Kurzformeln. Zur theologischen und sprachtheoretischen Problematik und zur religionspädagogischen Verwendung der Kurzformeln des Glaubens".[5] Und plötzlich ging es doch. So wurde ich als wohl einer der ersten Laientheologen im Herbst 1976 für das Fach Praktische Theologie habilitiert und wurde Privatdozent an der Universität Münster. Bei den nachträglichen Feiern und Reaktionen ging mir erst ein Licht auf. Der Vorgang hatte für viele eine symbolische Bedeutung für

---

[5]  Leo Karrer, Der Glaube in Kurzformeln. Zur theologischen und sprachtheoretischen Problematik und zur religionspädagogischen Verwendung der Kurzformeln des Glaubens, Mainz 1978.

die Subjektwerdung der Laien in der Kirche. Aber mit der Bistumsleitung kam
es zu Meinungsverschiedenheiten und dann zum Konflikt bzgl. des Einsatzes
der sog. Laientheolog/inn/en im pastoralen Dienst. Der Konflikt begann nach
der Synode zu schwelen, obwohl ich für das Ressort Pastoralreferent/inn/en in
der diözesanen Personalkommission mitarbeiten konnte. Ich hatte aber wiederum Glück, denn der damalige Bischof von Basel, Anton Hänggi, bot mir mit
einem äußerst kollegialen Domherrn zusammen die Verantwortung für das gesamte Seelsorgepersonal im Bistum Basel an. So wurde wohl zum ersten Mal
ein Laie für das Personalamt eines Bistums mit Ausbildung und Weiterbildung
etc. mitverantwortlich. Menschlich war das trotz des herben Abschieds von
Münster wiederum ein einmaliger Gewinn. Dieser Dienst erleichterte mir das
Heimkommen in die Schweiz, die mir nach 20 Jahren doch etwas fremd geworden war. Großzügig war dann die Umhabilitierung an die Theologische Fakultät
in Luzern. Der Personaldienst wurde zu einer intensiven pastoralen Erfahrung
und Lehre. Hier schenkte es sich, durch Stellenplanung, Stellenvergabe, Ver-
handlung mit kirchlichen Stellen und staatskirchenrechtlichen Behörden (z.B.
Pfarrwahl), durch die Konzeptsuche für die neuen pastoralen Dienste, durch
Kommissionen, Fortbildungskurse und als Privat-Dozent in Luzern, wachgerüt-
telt zu werden für die konkrete Realität durch die vielen Begegnungen mit Menschen mit unterschiedlichen Biographien. Die Privatdozentur half mir zu einem
Blick von außerhalb des Ordinariates. Ich erlebte dort bei mir selber die Spannung zwischen System und Realität. Dieser Blick von außen auf das eigene Ar-
beitsfeld mit seiner internen Logik kann Alarmfunktion bedeuten. Diesen Blick
von außen gewann ich vor allem durch meine Familie, aber auch durch die aktive Mitgliedschaft in Musikgesellschaften. Diese bereichernde Phase als praktisch-theologische Schulung ging schneller zu Ende als geplant gewesen ist.

# 7. Praktische Theologie als Beruf

Anfang des Jahres 1981 rief mich der Präsident der Berufungskommission für
Praktische Theologie an der Universität Fribourg an, ob ich bereit wäre, den
verwaisten Lehrstuhl zu übernehmen: „Du musst nur Ja sagen und du bist es in
drei Wochen." Es wurden anderthalb Jahre von Diskussionen in der Fakultät
und Verhandlungen zwischen den vatikanischen Instanzen und den Schweizer
Bischöfen, bis der erste sog. Laientheologe für Praktische Theologie dann endlich das Nihil obstat der Bildungskongregation erhielt. Ein amüsantes, aber bezeichnendes Aperçu erlebte ich, als ich informiert wurde, dass man die Homiletik vom Deputat ablösen und einem geistlichen Kollegen zuspielen würde,
denn ich sei ja Laie. Meine Antwort: „Wenn ihr etwas streicht, weil ich Laie
bin, komme ich nicht und ihr müsst von vorne beginnen." Ich hörte nichts mehr

davon. Diese Reminiszenz deshalb, um die damalige Atmosphäre in Erinnerung zu rufen. Im Sommer 1982 wurde die Praktische Theologie mein voller Beruf. Das war ein einmaliges Geschenk, das Weite eröffnete und weitere Chancen für die Spurensuche nach der Tiefe bot. Dies ist nur stichwortartig zu „archivieren", obwohl der Charme im Detail liegt.

Aufgrund der intensiven Diskussion innerhalb einer auf Systematik und Exegese konzentrierten zweisprachigen Fakultät über den von den Bischöfen gewünschten Ausbau der pastoralen Fächer gingen Reformen relativ zügig voran. So wurde ein Lehrstuhl auf französischer Seite beschlossen und eine Assistenzprofessur für Religionsunterricht und Homiletik in der deutschsprachigen Sektion (Prof. Dr. Josef Sayer, später Hauptgeschäftsführer bei Misereor, Aachen).

Das Fach wurde auf deutschsprachiger Seite von zwei (!) Pflichtsunden auf zehn Stunden aufgewertet, nicht in der französischen Sektion (weshalb die ersten Stelleninhaber innerhalb kurzer Zeit die Fakultät verließen). Das Fach hatte einen schweren Stand.

Als Schwerpunkte ergaben sich auf deutschsprachiger Seite der Fundamentaltraktat (Geschichte und wissenschaftstheoretische Grundlagen im Rahmen der ganzen Theologie, neuere Ansätze im Verständnis der Praktischen Theologie, Erfahrung als Basis, Januskopf zwischen Theorie und Praxis bzw. methodisches Vorgehen...). Wichtig wurden auch Veranstaltungen zur Sakramentenpastoral (mit Leuten aus der Praxis), Sozialformen des kirchlichen Lebens (Pfarrei und staatskirchenrechtliches System in der Schweiz, Verbände und Orden...). Seelsorge unter gesellschaftlichen Bedingungen, Berufskunde und Seelsorger/inn/en als Rollenträger und Spiritualität. Stark gewichtet wurden regelmäßige Diakonie-Lehrveranstaltungen und ökumenisch durchgeführte Diakoniepraktika und Seminare zu einschlägigen Themen wie Tourismus, Migration usw. sowie homiletische Übungen und Pfarreipraktika. Homiletische Praktika wurden mit Fachleuten (Exegeten) durchgeführt, ebenso Medienseminare und Kurse mit soziologischen oder psychologischen Fragestellungen. Um kulturellen Brückenbau ging es bei Lehrveranstaltungen zu „Film und Theologie", an denen viele Studierende anderer Fachrichtungen teilnahmen.

Natürlich kamen – wie überall üblich – die Forschungsprojekte und Doktorandenseminare dazu. Wir haben dazu fast alle Fachkolleg/inn/en aus dem deutschsprachigen Raum einzuladen versucht. Mir war wichtig, dass der Nachwuchs sie kennen lernte. Professor zu sein ist (war) ein einmaliges Privileg. Nebst den Lehr- und Forschungsverpflichtungen und den Verwaltungsaufgaben genießt man doch eine große Freiheit in der Gestaltung der Schwerpunkte und der Vernetzung mit der Kollegenschaft und mit einschlägigen Organisationen (z.B. mit Beiräten, kirchlichen Gremien und Fortbildung, International Academy for Practical Theology, Swiss Academy for Development usw.) und mit der Welt der Medien. Wichtig wurde für mich die Reihe „Praktische Theologie im Dialog" (seit 1987), mit der man auch weniger beachtete Themen gewichten konnte wie z.B. die neuen pastoralen Dienste. Man konnte auch Initiativen in die Wege leiten wie z.B. die synodale Bewegung „Tagsatzung für die katholische Kirche Schweiz" (analog zu „Wir sind Kirche") oder das „Forum für offene Katholizität", das einen Brückenschlag zwischen Theologie und Praxis beabsichtigte und heute an das Romerohaus in Luzern gebunden ist und regelmäßig interessierte Leute zu aktuellen Themen erreicht („Katholische Dialoge"). Zudem lehrten einem Präsidien (wie z.B. des Katholischen Medienvereins für die Deutschschweiz und das Fürstentum Lichtenstein, Kommission Dritter Bildungsweg) und Mitgliedschaften (in Fortbildungskommissionen oder der Caritas-Inland-Kommission) die Realitäten des Lebens. Bereichernd war auch, dass man trotz aller Konflikte und Spannungen Menschen mit großer Sensibilität und Engagement begegnen durfte. Allein das internationale Projekt „Film und Theologie", der Projektbeirat für Theologie im Fernkurs (Würzburg), die sog. „Mainzer Gespräche" und nicht zuletzt das Präsidium der Europäischen Gesellschaft für katholische Theologie (2001-2004) waren für mich je einzeln Foren, die theologisch und politisch bereicherten und zu Brücken zu unterschiedlichen Lebensfeldern wurden.

Zuvor ist aber noch auf die sog. „Fünfer-Bande" zu verweisen. Es wurde immer bewusster, dass man auch bei allen Umbrüchen mit ihren Abbrüchen und Aufbrüchen selber gehen muss, aber möglichst gemeinsam mit anderen zusammen und nicht alleine. Das „Miteinander" war mir eigentlich immer wichtig. Um im Rahmen unseres Faches eindeutiger die Fragen der Zeit und in der Kirche aufzugreifen und Spuren in die Zukunft zu suchen, schlossen wir uns gegen Ende der 80er Jahre zu einer Gruppe zusammen, um uns entsprechend zu Wort zu melden (mit Norbert Mette, Ottmar Fuchs, Hermann Steinkamp, Norbert Greinacher). Wir publizierten Bücher zum pastoralen Notstand und über anstehende Reformen im Geiste des II. Vatikanischen Konzils. Noch nachhaltiger waren für mich unsere Treffen und Diskussionen und auch Meinungsverschiedenheiten. Ähnliche Erfahrungen durfte ich mit vielen intensiven Glaubenskursen z.B. in Fribourg oder Bern machen. Realität und Vision fanden ein Forum für Rechenschaft und Ermutigung. Für mich waren auch sie seismographische Hinweise für Befindlichkeiten und Spurensuche und für die Generationenunterschiede.

Und in diesem Kontext verdient besonderer Erwähnung die Konferenz der deutschsprachigen Pastoraltheolog/inn/en bzw. deren Beirat. Es war für mich ein besonderer Ort für die Wahrnehmung einer kritischen und prophetischen Solidarität und der wissenschaftstheoretischen Vergewisserung über unser Fach im Kanon der theologischen Fächer. Als Vorsitzender (1993-2001) ergab sich für mich eine Intensität des Miteinanders. Eigens erwähnen möchte ich den langjährigen Geschäftsführer Stefan Knobloch. Wiederum war es mir vergönnt, Frauen und Männern zu begegnen und mit ihnen unterwegs zu sein, die zu kennen dankbar macht, auch wenn es im einzelnen natürlich Missverständnisse und leidige Konflikte gab. Uns war es ein Anliegen, vor allem auch die jüngeren Kollegen (Assistent/inn/en) und Frauen mit im Boot zu wissen. Und sie haben fachlich wie menschlich gutgetan.

Dieses Panorama kann ich nicht „schließen", ohne in besonderer Weise an die Diakonia-Redaktionskommission zu erinnern, die z.T. verwoben war mit der Konferenz der deutschsprachigen Pastoraltheolog/inn/en. Für mich waren diese Konferenz, die Glaubenskurse sowie die Diakonia-Redaktionskommission die beste berufsbegleitende Fortbildung und Sensibilisierung. Über die Diakonia (unter der Moderation von Helmut Erharter und Veronika Prüller-Jagenteufel) gewann man nicht nur Zugang zu engagierten Leuten in den Verlagen und zu anderen Wissenschaftsbereichen, sondern zur Kompetenz von Kolleginnen und Kollegen und zu kirchlichen Stellen. Nennen möchte ich auch das Pastoralsoziologische Institut in St. Gallen, das geschätzte Grundlagenarbeit leistet und Brücken zu einschlägigen Gremien und zu Humanwissenschaften schlägt.

Nun sind es schon sieben Jahre, dass ich emeritiert bin. Das formale Korsett der Universität bin ich los. Aber es ist wieder ein Privileg, wie man mit anderen in gemeinsamen Anliegen unterwegs sein darf. Hoffentlich kann ich das auch noch morgen sagen. Denn ich werde nicht nur älter, sondern bin alt. Und es zeigt sich, dass auch Älterwerden ein Werden ist.

Natürlich ist eine biographische Rechenschaft über den eigenen Weg als Praktischer Theologe nur ein Teil des Lebens. Menschlich tragend und entscheidend waren in all den Jahren die biographischen Stränge oder Erfahrungen in der Partnerschaft mit meiner Frau mit ihrem Realitätssinn und Kulturempfinden und mit der Familie bzw. mit unseren Kindern und Großkindern, die in Frage stellen, ohne zu fragen, ob sie das auch dürften. Atmosphärisch sind sie Quellen für die Freiheit und die Freude an den Themen des Lebens und für die Suche nach dem Thema hinter allen Themen.

# 8. Das Thema hinter allen Themen

Kann man das Grundanliegen, das Thema hinter all den Themen und Rollen in Griff bekommen?

## 8.1 Langer Atem: in und mit der Kirche

Kirche ist als Ereignis ein unüberschaubares Thema – nicht nur in der Theologie. Sie ist nicht nur ein funktionales und geschichtlich gewachsenes System, sondern primär eine dynamische Gemeinschaft von vielen Menschen im Glauben. Das kanonische System der Kirche ist eine geschichtliche Größe von Menschenhand. Es hat sich im Verlauf der Geschichte aber selber zum Glaubenssatz erhöht (Hierarchie, De jure divino...).

Durch die Selbst-Sakralisierung kam es auch zur Tabuisierung der Reformbedürftigkeit und zum Entscheidungsstau bei pastoral brisanten Anliegen. Denkverbote (z.B. Frauen-Ordination, partizipatorische Strukturen...) haben die innerkirchliche Atmosphäre belastet und vergiftet, nicht zuerst die praktische Hilflosigkeit bei der Problemlösung. Auch in der Kirche ist der Ort der Probleme der Ort der Problemlösung. Es geht um theologisch mögliche und pastoral notwendige Reformschritte. Und es ist gerade die weltweit wahrgenommene Ausstrahlung von Papst Franziskus, der die sog. heissen Eisen beim Namen nennt und Kirche nicht idealisiert, sondern auf ihre Sendung im Namen eines barmherzigen Gottes hinweist und damit an ihre aktuellen „Hausaufgaben" erinnert. Damit bricht er die innerkirchlichen Tabus, denen allerdings konkrete Reformen folgen müssen. Sonst holt sich das Kirchenvolk, was ihm die Hirten vorenthalten. Kirche ist nicht selber das Heil, aber sie dient ihm. Vielleicht verrät sich hinter all den Kirchenkrisen und dem moralischen Grounding durch die Missbrauchsfälle so etwas wie eine indirekte Pädagogik der Umkehr. Ist eventuell zu lernen, auf die Botschaft Jesu von einem Gott, der den Menschen in Liebe nahe ist, alle Karten zu setzen und nicht zuerst auf die institutionalisierte Kirche mit all dem Reichtum ihrer sog. „Heilsmittel"? Das System der Kirche darf nicht suggerieren, dass Gott und Mensch nur dann eine Chance haben, wenn dieses System mit seiner Doktrin, seiner Disziplin und seinen pastoralen Instrumenten dazwischentritt. Die Grenzen der Kirche sind nicht die Grenzen Gottes.

Es wäre zu einfach, mit der berechtigten Kritik an der Kirche bzw. an ihrem System sich von der Kirche als Glaubensgemeinschaft zu verabschieden. Mit Hinweis auf das unideale System der Kirche kann man sich nicht aus der persönlichen Eigenverantwortung stehlen. Man muss auch im Christsein erwachsen werden und sich selbst und andere dabei aushalten. Zudem meint das spezifisch Christliche das entscheidend Menschliche. Wenn immer es um das Entscheidende im Leben geht, bezahlt man mit sich selber, auch in seiner Glaubensbiographie.

Zudem ist nicht zu übersehen: Unsere Kirche ist mit den anderen Kirchen zusammen eine zweitausendjährige auf der Basis der jüdischen Tradition aufbauende Interpretationsgemeinschaft der Botschaft Jesu und der Impulse für die praktische Nachfolge in seinem Geiste. Trotz aller historischen Veruntreuungen ist dies auch eine ungeheuer reiche Weisheits- und Solidaritätsgeschichte, auch wenn dies in unserer medialen Öffentlichkeit nicht die verdiente Beachtung findet. Die Kirche ist doch vielfach auch ein Frühwarnsystem in der Welt mit ihren menschlichen Nöten, aber auch ein Leuchtturm für Orientierung und Solidarisierung mit jenen, die im Dunkel sitzen (Jes 42,7). Zudem ist das institutionelle Gewand unserer Kirche ein weltweit bis in die territoriale (Pfarrei-)Struktur hinein organisiertes System, das als Solidaritätsverband kein vergleichbares Pendant in der Welt findet. Es gibt auch in unserer Kirche hierzulande und weltweit trotz der Ermüdungserscheinungen eine charismatische Dynamik, spirituelle und geistige Schubimpulse, menschliche Ressourcen, ethische und solidarische

Synergien und so viel guten Willen mit prophetischer Wut und Glut; und in aller Stille so viel selbstverständliche Treue. Es gibt eine richtige Praxis auch in einem falschen oder reformbedürftigen System. Und für diese Praxis sind wir persönlich verantwortlich. Für die eigene Glaubwürdigkeit gibt es keine Stellvertretung. Der Mensch ist das zur Selbsthingabe (Liebe) fähige Wesen. Es geht um unsere je eigene Verantwortung, aber mit anderen möglichst zusammen. Für das pastorale Handeln bedeutet dies: erreichbar für die Menschen in ihrem Alltag (eher Pfarreiebene) und kritisch-prophetisch präsent in der Gesellschaft. Aber hinter all diesen Optionen ahnen wir das tiefste Motiv oder Anliegen: die Gottesfrage. Es geht um die Hoffnung der Menschen auf „Leben in Fülle" (Joh 10,10): Glaube – Hoffnung – Liebe.

## 8.2 Gott nicht zu klein denken

Die Grundfrage jeder Kirchenreform und des pastoralen Handelns und letztlich des Christseins als Mut zu wahrer Menschlichkeit mündet letztlich in die spirituelle Existenzfrage: Wem vertrauen wir? Auf wen setzen wir die Hoffnung? Ist es das Vertrauen auf die Treue Gottes oder auf die scheinbaren Garantien der Kirche als Institution oder unsere Leistung?

Empirische Daten über das System Kirche und ihr Handeln unter gesellschaftlichen Bedingungen sind Chancen, um Realitäten wahrzunehmen und Verständniszugänge zu gewinnen. Sie können Ratschläge erteilen. Aber sie können nicht das ersetzen, was die Seele von Kirche ausmacht, was uns Glut und Freude schenkt.

Die Seele der Kirche ist im Horizont der biblischen Botschaft die Einheit der Menschen- und Gottesliebe (Karl Rahner). Kirche wird als solche da erfahren, wo Menschen sich miteinander auf den Weg und die Botschaft Jesu einlassen, und wo in unserem persönlichen und gesellschaftlichen Alltag von jener neueren und größeren Liebe und Hoffnung etwas gelebt und erfahren wird, von denen uns die biblischen Urkunden des Glaubens erzählen. Somit hat sie zwei Plattformen: die Menschenfragen und die Gottesfrage(n). Sie sind nicht zu trennen. Ansonsten drohen von beiden Ebenen her Realitäts-Verlust und Gottes-Verlust. Kirche wird insofern glaubwürdig und mystisch-spirituell einladend, als ihre Sozialformen und ihr pastorales Mühen immer wieder zur christlichen Tiefen-Dimension konvertieren. Dann wird sie zum Erlebnisraum gelebten Christseins. Sie muss dann nicht krampfhaft Gottes Handeln an ihre eigenen Bedingungen knüpfen. Sie kann in ihrer Selbstevangelisierung als Konversion zur christlichen Tiefe offen und gelassen werden, weil sie Gott nicht ängstlich zu klein denkt, sondern immer größer als alle unsere eigenen Möglichkeiten mit ihren Chancen und Tücken, in der ewigen Spannung zwischen Natur und Kultur. Dann wird Kirche ökumenisch und offen für andere Religionen; sie wird dialogisch und heilend; sie wird politisch engagiert im Kontext von sozialer Gerechtigkeit, Freiheit, Menschenwürde und Solidarität; sie wird eine Gemeinschaft von Pilgern auf dem Weg und nicht von passiven Passagieren im Kirchenkahn; sie wird Weite in den Realitäten des Lebens gewinnen, weil sie sich der Tiefe ihrer Hoffnung im Vertrauen auf Gott aussetzt und hingibt; sie wird nicht der volkskirchlichen Pastoral des Erntens nachjammern, sondern ihre Sendung heute als Zeit des Säens wagen; sie wird Mut und Phantasie aufbringen, im Leben daheim zu sein und dort ihr „Adsum" zu wagen; sie wird die einzelnen Menschen wohl selber gehen lassen, aber nicht alleine lassen, sondern im Miteinander den gemeinsamen Weg suchen. Katholisch sein kann man nie allein und nie gegen andere.

So wird sich der Kirche die Einsicht als Auftrag und als Entlastung schenken, dass sie einer Liebe dient, die sie nicht selber erfüllen muss und kann. Gott ist immer größer. Haben dazu das Konzil und der seitherige Weg der Kirche nicht Spuren gelegt, für die wir dankbar sein können und die als Impulse uns heute herausfordern und Mut machen? Denn durch diese konkrete Kirche ist mir bei allem Widerstand und bei allen Chancen in mir und im Leben ein Zugang zu Jesus von Nazareth und zu seiner Botschaft eröffnet und geschenkt worden. Was kann ich uns Besseres wünschen. Zudem: auch in und durch diese Kirche mit ihren menschlichen Wunden und menschlichen Wundern durfte ich so vielen Menschen begegnen, die zu kennen mich einfach dankbar macht. (Darin liegen wohl die Gründe, warum ich sozusagen „unheilbar" katholisch bin.) Ohne diese Wege, auf denen ich von anderen mitgenommen und sozusagen abgeholt worden bin, könnte ich heute auch nicht Rechenschaft über den eigenen Weg zu geben versuchen.

Und es ist diese oft auch allzu menschliche Kirche, in der und durch die wir den Weg zur Botschaft Jesu mit der Hoffnung für alle Menschen finden durften. Und diese Hoffnung möchte in vielen Schritten in unserem Alltag gleichsam „auferstehen". Damit verbunden sind Erfahrungen der Freude, der Dankbarkeit und der Bereitschaft zur Hingabe und zur Liebe, Erfahrungen des Suchens, Ringens und des Streitens, aber auch der Versöhnung und des Aushaltens von Fremdheit, Erfahrungen des Mutes zum langen Atem und des Staunens... und hoffentlich auch des Trostes bei allem Verstummen. Allen Menschen gelten die Worte an Abraham: „Brich auf ... und sei ein Segen" (Gen 12.1f) und „Wandle vor mir und werde ganz" (Gen 17,1). Und all dies mündet in die wunderbare Grundmelodie der Botschaft Jesu: „Ich bin gekommen, damit sie das Leben haben und dass sie es in Fülle haben" (Joh 10,10).

STEFAN KNOBLOCH

# Pastoraltheologie –
# autobiographisch reflektiert

### Aufgaben heute als Wege
### in die Zukunft

Meine erste Textfassung dieses Beitrags im August 2012 stand ganz unter dem Eindruck des plötzlichen Todes von Michael Felder, Fribourg. Er hatte das Projekt „Pastoraltheologie – autobiographisch" angeregt, und der Tod hatte es ihm aus der Hand genommen. Ich fühlte mich, mit Helmut Krätzl gesprochen, „im Sprung gehemmt". Mir fiel es schwer, gewissermaßen nach dem Motto „the games must go on" mich mit der größten Selbstverständlichkeit der wechselseitigen Rolle zuzuwenden, die die Pastoraltheologie mit mir und die ich mit der Pastoraltheologie gespielt hatte und spiele. Mich ließ der Gedanke an den so früh aus dem Leben Gerissenen nicht los. Der frühe Tod eines Kollegen führte mir, führte uns vor Augen, wie fragmentarisch unser Leben ist und bleibt und enden wird. Nicht freilich, um für immer in dieser Fragmentarität zu verewigen. Sie wird, so glauben und hoffen wir, vom dreifaltigen Gott, der schon immer unser Leben durchwaltet, eschatologisch vollendet in einer Weise, vor der unsere Vorstellungen versagen. „Dieses Vergängliche muss sich mit Unvergänglichkeit bekleiden und dieses Sterbliche mit Unsterblichkeit" (1 Kor 15,53). Was nicht heißt, es beginne dann etwas völlig Neues. Unser Lebenswerk ist kein Sandkastenspiel, das wir zurücklassen. Es wird vom dreifaltigen Gott, der immer schon der Grund unseres Lebens ist, gewandelt und zur Vollendung geführt.

Wenn es sich so verhält, wie wir glauben und christlich hoffen, dann tun wir nichts Unrechtes – wenn wir dabei nur die Maßstäbe nicht verlieren –, wenn wir uns reflektierend autobiographisch unseres Lebens vergewissern, und zwar unter der Fragestellung, in welcher Weise die Pastoraltheologie als theologische Disziplin unser Leben geprägt hat, bzw. ob wir der Pastoraltheologie irgendeinen Stempel aufgedrückt haben.

# 1. Wie beginnen?

Gedächtnisfetzen, lange zurückliegende Eindrücke aus der Kindheit stellen sich bei mir ein. Warum, weiß ich nicht. Ich sehe mich als Acht- oder Neunjährigen in der Pfarrkirche von Tittmoning, einem kleinen Ort an der Salzach, während eines Rorateamtes. Ein mäßig erhellter Kirchenraum, durch die hohen Kirchenfenster lugt die dunkle Nacht. Der Priester singt das Evangelium, in einer Sprache, die ich nicht verstehe. Da schnappe ich ein Wort auf: „Jesus" habe ich eben verstanden. Ich wende mich wie ein kleiner Entdecker meiner Mutter zu. Am Morgen eines Dezembertages 1945 oder 46 muss es gewesen sein.

Monate später stehe ich im Sprechzimmer eines Seminars der Kapuziner in Burghausen. Vor mir ein bärtiger Pater in einer braunen Mönchskutte, wie ich ihn noch nie gesehen hatte. Nicht unfreundlich, aber doch befremdlich. In seine Obhut sollte ich genommen werden? Ob ich Kapuziner werden wollte, fragte er mich, den Zehnjährigen. Diesmal verstand ich nichts und suchte fragend den Blick meiner Mutter. Das könne man noch nicht sagen, meinte sie unterwürfig, darum wissend, dass es jetzt darauf ankam, keinen Fehler zu machen. Sie wollte mich ja in diesem Seminar unterbringen. So kam es dann auch. Nicht mein Interesse an Kapuzinern, sondern schlechte Verkehrsverbindungen zwischen Tittmoning und Burghausen legten den Grundstein meines beruflichen Werdeganges. Kapuziner waren damals für mich eine fremde Spezies. Ähnlich, aber nicht ganz so für meine Mutter. Sie kannte von unserer Heimat in Neisse her, damals Oberschlesien, heute Polen, die Franziskaner. Als sich mit den Jahren mein Interesse an den Kapuzinern andeutete, meinte sie, um mein Leben besorgt, werde doch lieber Franziskaner. 25 Jahre später, ich war längst Kapuziner geworden, entdeckte ich bei einem ersten Neisse-Besuch nach dem Krieg, im jetzt polnischen Nysa, ein Kapuzinerkloster! Es lag am Weg zu unserem früheren Garten. Wir kannten es nur als „Priesterhaus", ein in der Säkularisation 1803 aufgehobenes Kapuzinerkloster. Hatte also meine Berufsentscheidung tiefere (historische) Wurzeln, von denen ich keine Ahnung hatte? Sorgen um mich machte sich in den letzten Jahren meiner Gymnasialzeit auch mein ältester Bruder. Er war 1954 in Neuzelle an der Oder zum Priester geweiht worden. Aus der räumlichen und mentalen Distanz befeuerte er mich mit Briefen, in denen er mich geradezu warnte, ein Kapuziner zu werden. Die hielt er für unkritische, ein wenig ungehobelte „Antonius-Anbeter". Zu seiner Sorge allerdings bestand damals kein Anlass. Ich betete damals nicht Antonius an, sondern Elisabeth. Nicht die von Thüringen, sondern die von der 6 b. Sie spielte im Schulorchester Cello, und ich Bratsche. Die Briefe des Bruders trugen ihren Teil dazu bei, bei durchaus eigener Unsicherheit, exakt die abgeratene Richtung einzuschlagen: Kapuziner zu werden, warum sollte das nicht mein Weg sein?

Die Jahre des Hochschulstudiums in Eichstätt forderten mich nicht sonderlich. Was mich aber in diesen Jahren forderte, war die Entscheidung, mit 23

Jahren die Ewige Profess abzulegen. In einer Zeit, in der ich mich intellektuell mit philosophisch-theologischen Fragen herumschlug und weniger mit eigenen existentiellen Fragen. Der Sprung über die Hürde in eine berufliche Zukunft, die ich nicht antizipieren konnte, schien mir zu hoch. Ich war, wie ich wiederum mit Helmut Krätzl sagen könnte, „im Sprung gehemmt". Schließlich sprang ich doch.

Nach meinen ersten Kaplansjahren wurde Mitte der 1964er Jahre ein neuer Provinzial gewählt, der vom Aufwind und der Aufbruchsstimmung des Konzils getragen war und der zu vorsichtigen Reformprozessen der noch Bayerischen Kapuzinerprovinz ansetzte. Unter dem Eindruck des Konzils schwebte ihm vor, in der Provinz einen „Pastoralkurs" zu installieren, der nach Abschluss des Hochschulstudiums in die seelsorgliche Praxis überleiten sollte. Dazu bedurfte es einiger „Dozenten". Mich sah er dazu vor, im Pastoralkurs die Fächer Pastoraltheologie und Homiletik zu vertreten. Unter dieser Vorgabe kam ich nach Würzburg, zum Promotionsstudium bei Professor Heinz Fleckenstein, dem dortigen Pastoraltheologen. So begann das Fach Pastoraltheologie für mich herausfordernde Konturen anzunehmen. Nicht, ohne mir dabei übel mitzuspielen. Ich hatte mir als Promotionsthema die damals diskutierte Fragestellung der quasisakramentalen Wirksamkeit des Predigtwortes gewählt. Mein Pech war nur, was ich geraume Zeit nicht wusste, dass ein Jesuit in Bonn exakt an diesem Thema arbeitete. Ich brach mein Projekt ab und wollte den Auftrag in die Hände des Provinzials zurücklegen. Er aber motivierte mich und empfahl mir ein Projekt, an das ich von mir aus nie gedacht hätte. Ich sollte einen Kapuzinerbarockprediger bearbeiten, an einem solchen Projekt sei sicher kein anderer dran. Diese Alternative kam mir vor wie ein Umstieg „eis allon genos": ein Barockprediger. Ich stieß schließlich auf P. Franz Joseph von Rodt (1631-1697), ein Mitglied der Vorderösterreichischen Kapuzinerprovinz „Austria anterior". Er hatte eine stattliche Reihe von Predigtbänden hinterlassen, zu meinem Leidwesen die Hälfte davon in Latein. P. Franz Joseph möge es mir nachsehen: Ich wurde nie wirklich warm mit ihm, ich ging das Projekt pragmatisch an, nach der Devise: eine Doktorarbeit ist kein Lebenswerk.

Dass mir in dieser Zeit die Pastoraltheologie nicht abhanden kam, lag weniger an meinem Barockprediger als vielmehr an interessanten Seminarsitzungen mit Professor Fleckenstein. Wir sogen in einem Geist der Freiheit ohne Denkverbote die Dokumente des Zweiten Vatikanischen Konzils in uns hinein. Gewiss blieben wir dabei mehr bei innerkirchlichen Themen stehen wie zum Beispiel bei neuen Modellen des Priestertums. Vom „part-time-Priester" war oft die Rede, was wir unglaublich spannend fanden. Der wirklichen Weite der Pastoralkonstitution Gaudium et spes, der Erklärung über die Religionsfreiheit Dignitatis humanae, des Dekrets über den Ökumenismus Unitatis redintegratio, der Erklärung über das Verhältnis der Kirche zu den nichtchristlichen Religionen Nostra aetate und anderer Fragestellungen wurden wir – wenn mich die Erinnerung nicht täuscht – nicht voll gerecht. Das brauchte noch Zeit.

Die Promotion war geschafft. Mittlerweile war es 1972 geworden. Der „Reformprovinzial" war längst abgewählt worden, er war gewissermaßen wie ein Sündenbock in die Wüste geschickt worden. Das Projekt eines Pastoralkurses war sang- und klanglos untergegangen. Angesichts dieser Erfahrung irrlichterte durch meinen Kopf gelegentlich die Warnung meines Bruders vor den Kapuzinern als „Antoniusanbetern". Jedenfalls wusste ich eine Zeitlang nicht genau, wie weiter.

## 2. Neue biographische Anforderungen

Da kam eine Anfrage aus dem Bischöflichen Seelsorgeamt Passau zu Hilfe. Dort wurde ein neuer Referent für die Organisation und Durchführung von „Gebietsmissionen" gesucht. Das in den vierziger Jahren des letzten Jahrhunderts in Frankreich entwickelte Modell der „mission générale" war Ende der fünfziger, Anfang der sechziger Jahre von einer Reihe deutscher Bistümer übernommen worden. Es sollte die bis dahin mit mehr oder weniger – meist mit weniger – Erfolg praktizierte Volksmission ersetzen. Die Idee der französischen „mission générale" – im Deutschen dafür von „Generalmission" zu sprechen, hätte ihre Intention von vornherein in ein eher schlechtes Licht gerückt – lief darauf hinaus, in einem soziologisch abgegrenzten und überschaubaren Gesellschaftsraum in einer viele Kräfte in Anspruch nehmenden gemeinsamen Aktion Menschen wieder mehr an den Glauben heranzuführen.

In Frankreich hatte man dabei mit großem Aufwand in soziologischen Erhebungen so genannte „zones humaines", einigermaßen plausibel abgrenzbare menschliche Lebensräume festzulegen versucht, auf die sich die missionarischen Großeinsätze beziehen sollten. Die meisten dieser Erhebungen gingen dabei von der binären Alternative aus, dass die Menschen entweder mit der Kirche lebten oder dem Atheismus verfallen seien. Also entweder christlich oder atheistisch, das war die einfach gestrickte Alternative. Und man hielt die überwiegende Zahl der Menschen in Frankreich für atheistisch. Da hinein passte die berühmt gewordene Veröffentlichung von H. Godin und Y. Daniel, „La France pays de mission" (1943), Frankreich – Missionsland, und das von J. F. Motte und M. Dourmap in „Mission générale – oeuvre d' Eglise" (1957) ausgegebene Ziel, in den Missionseinsätzen ganze Regionen auf Dauer wieder in die Kirche zurückzuführen („rendre à l'église d'une manière permanente toutes regions").

Dieser Anspruch, der etwas Verführerisches auch für die deutschen Bistümer hatte und mit dem sich alte Sehnsüchte verbanden, unterschied sich in seinen Prämissen um Lichtjahre von im heutigen Frankreich da und dort praktizierten neuen Formen der Pastoral, die unter dem Begriff „Proposer la foi dans la société actuelle" – „Den Glauben vorschlagen in der heutigen Gesellschaft" laufen.[1] Diese pastoralen Maßnahmen gehen nicht mehr von einem landläufigen Atheismus, sondern von der Pluralisierung des religiösen Lebens aus. Davon, dass sich in den Erfahrungen der Menschen Residuen der Botschaft Jesu festgesetzt haben, die dort zu finden und behutsam zu heben sind.

Der Übernahme der französischen „mission générale" in deutschen Bistümern, so auch im Bistum Passau, waren solche Gedanken noch fremd. Selbst 1972, sieben Jahre nach Abschluss des Konzils, galten noch die alten Prinzipien, die sich freilich in der Praxis kaum bewährt hatten. Was aber nicht dazu führte, sie in Frage zu stellen. Stattdessen verfuhr man nach dem Watzlawickschen Prinzip des „Mehr desselben". In meiner Rolle als Gebietsmissionsleiter versuchte ich etwas gegen den Stachel zu löcken. In einer Veröffentlichung[2] setzte ich neue Akzente, die – ohne dass ich dabei selbst schon von religiöser Pluralisierung gesprochen hätte – stärker den Fokus auf die Glaubenserfahrungen der Subjekte setzten. „Vom Glaubensimport zur Mystagogie" lautete ein Impuls. „Von der klerikalen Glaubensvermittlung zum gemeindekatechetischen Konzept" ein anderer. Da ich zur selben Zeit ein oder zwei Perioden als Vorsitzender der AMDO-Süd fungierte, einer Vereinigung der mit missionarischen Einsätzen betrauten Ordensgemeinschaften Süddeutschlands, wurden meine alternativen Vorstöße von diesen Gemeinschaften wenig goutiert. Dabei hatte ich lediglich einen neuen Referenzrahmen vorgelegt, ohne Anspruch einer Rezeptur. „Vor der Verwechslung der Rahmenbedingungen mit einer Rezeptologie bewahrt uns eine theologische Grundoption: der wirkliche ‚Ort' der missionarischen Gemeindebildung kann nur die Praxis selbst sein."[3]

Eines Tages stand vor meiner Bürotür Prälat Johannes Sommer, mein Amtschef, mit Professor Paul Michael Zulehner, der damals den pastoraltheologischen Lehrstuhl an der Katholisch-Theologischen Fakultät der Universität Passau innehatte. Zulehner hatte sich bereit erklärt, sich in Wien beim Kongress der Konferenz der deutschsprachigen Pastoraltheologen[4] zum Vorsitzenden der Konferenz wählen zu lassen. Dazu sollte er nach Möglichkeit einen promovierten Pastoraltheologen an seiner Seite als Geschäftsführer präsentieren. Wir kannten uns von flüchtigen Begegnungen. Sein Ansinnen fand bei mir offene Ohren Ich hatte nach knapp zehn Jahren Arbeitseinsätzen im Bereich der Ge-

---

[1]   Vgl. H. Müller / N. Schwab / W. Tzscheetzsch (Hg.), Sprechende Hoffnung – Werdende Kirche. Proposer la foi dans la société actuelle. Den Glauben vorschlagen in der heutigen Gesellschaft, Ostfildern 2001; H. Müller (Hg.), Freude an Unterschieden – Kirchen in Bewegung, Ostfildern 2002; R. Feiter / H. Müller (Hg.), Frei geben. Pastoraltheologische Impulse aus Frankreich, Ostfildern 2012.

[2]   Vgl. Stefan Knobloch, Missionarische Gemeindebildung. Zu Geschichte und Zukunft der Volksmission, Passau 1986.

[3]   Knobloch, Missionarische Gemeindebildung, 238.

[4]   Heute nennt sich die Vereinigung Konferenz der deutschsprachigen Pastoraltheologinnen und Pastoraltheologen.

bietsmission, die gewisse Verschleißerscheinungen mit sich brachten, längst bemerkt, dass mir eine intensivere Anbindung an das Fach der Pastoraltheologie gut zu pass käme. So stellten sich Zulehner und ich in Wien zur Wahl. Dass die Kongresse, woran nebenbei erinnert sei, damals ausschließlich in Wien stattfanden, hatte mit der Neutralität Österreichs zu tun, die es Kollegen aus der DDR, aus der CSSR, aus Ungarn und Jugoslawien ermöglichte, an den Kongressen teilzunehmen.

Die Aufgabe des Geschäftsführers, die ich neben meiner Tätigkeit im Seelsorgeamt bewerkstelligte, war es, unter Führung des Vorsitzenden, gemeinsam mit dem Beirat, einem etwa zwanzigköpfigen Organ der Konferenz, die alle zwei Jahre stattfindenden Kongresse vorzubereiten, Symposien anzubieten, die Entwicklungen in Gesellschaft und Kirche und die Situation der Pastoraltheologie an den theologischen Fakultäten der staatlichen Universitäten im Auge zu behalten. Es war eine fruchtbare Zeit, die dazu beitrug, meinen pastoraltheologischen Horizont über den Barockprediger des 17. Jahrhunderts und über die Probleme der Gebietsmission hinaus zu erweitern. Im Beirat wurden interessante Themen ventiliert, „Länderberichte" gaben Einblick in kirchliche wie gesellschaftliche Belange der Niederlande, Österreichs, der Schweiz, beider Teile Deutschlands, nach der Wende auch Polens, Tschechiens und Ungarns. Kritisch begleitet und kommentiert wurden kirchliche Vorgänge wie die Auseinandersetzung des Paderborner Erzbischofs Degenhardt mit Eugen Drewermann, die Praxis des römischen Nihil obstat, die „Lineamenta", das heißt die römischen Textentwürfe zum jeweiligen „Instrumentum laboris" vor römischen Bischofssynoden, die römische Invektive gegen die Befreiungstheologie und dergleichen. Interessant war freilich am Rande auch die Beobachtung, dass bei aller gemeinsamen Interessenslage, die dem Beirat all die Jahre eigen war und sicher auch heute, oder heute erst recht, eigen ist, persönliche Eitelkeiten und Empfindsamkeiten gemeinsame Projekte in Frage zu stellen drohten und dazu führten, dass Projekte „individualisiert" wurden, indem zwei oder drei Personen in die Bresche sprangen und ein Projekt zu Ende brachten, wozu der Beirat im Ganzen nicht in der Lage zu sein schien.[5]

Eine der Hauptaufgaben der Beiratssitzungen – in der Regel ursprünglich drei bis vier, später zwei bis dreimal im Jahr – war die Vorbereitung der zweijährlichen Kongresse. Sie griffen und greifen jeweils Themen auf, die in der Luft lagen und liegen, wobei es die Eigenart der Kongresse war, dass sie nicht nur eine Versammlung der Hochschullehrer waren, sondern gezielt jeweils auch Verantwortliche kirchlicher „Stabsstellen" der höheren und mittleren Ebene eingeladen wurden. Die Pastoraltheologischen Informationen dokumentierten dann die Kongressergebnisse.

---

[5] Als Beispiel sei an die schließlich von Norbert Mette und Martina Blasberg-Kuhnke herausgebrachte Publikation erinnert: Kirche auf dem Weg ins Jahr 2000. Zur Situation und Zukunft der Pastoral, Düsseldorf 1986.

Erwähnung verdient auch, dass Anfang der achtziger Jahre die Förderung der Konferenz und des Beirats durch den Verband der Diözesen Deutschlands (VDD) aufgrund allgemeiner Einsparmaßnahmen – und nicht etwa als gezielte Maßnahme gegen Konferenz und Beirat – eingestellt wurde. Das machte es notwendig, dass sich die Konferenz als ein gemeinnütziger Verein e.V. konstituierte, was Mitte der achtziger Jahre am Rande einer Beiratssitzung in einem Würzburger Notariat über die Bühne ging.

Ich schweife ab. Für mich und meine Beziehung zur Pastoraltheologie waren die Jahre im Beirat von entscheidender Bedeutung. Erst recht, nachdem mich Paul Michael Zulehner im Sommer 1982 telefonisch mit der Offerte konfrontierte, bei ihm eine Habilitation ins Auge zu fassen. Das läge doch nahe. Ich war über diesen Vorschlag, wie man so sagt „von den Socken". Vieles hatte ich mir zugetraut, das aber nicht, eine Habilitation. Woran ich schon länger gedacht hatte, war allenfalls, ein Buch über die Situation der Gebietsmission zu verfassen, da ich mit ihrem Konzept schon länger meine Schwierigkeiten hatte. Als Arbeitstitel ging mir schon der Titel „Kontextuelle Mission" durch den Kopf. Zulehner wusste davon freilich nichts. Und jetzt seine Offerte, über die ich erst einmal schlafen musste, bis mir aufging, welches Geschenk mir mit diesem Angebot gemacht wurde. Ich griff zu, und die Pastoraltheologie griff nach mir. Was lag näher, als mich in einem Habil-Projekt mit der Gebietsmission zu befassen. Nur war ich schon etwas in die Jahre gekommen, so ein Projekt konnte schnell in die Binsen gehen. Ich behielt die Sache für mich, machte mich aber mit Eifer daran. Mein Habil-Stoff lag in meinem Büro gewissermaßen ausgebreitet vor mir, so dass ich Abende lang und die Wochenenden in meinem Büro verbrachte. Mein Fenster ging in den Innenhof. Dass bei mir bis in die späte Nacht Licht brannte, rief bei der Hausmeisterin eines Tages mütterliche Gefühle hervor. Sie klopfte und brachte mir eine Kaffeemaschine, dass ich mich wach halten könne. Warum ich so viel arbeiten müsste, fragte sie besorgt. Meine ausweichende Antwort war ein Fehler. Ich sagte, ich mache das gern. Und schon war ihre Sorge um mich so getroffen, dass sie am nächsten Morgen schnurstracks zu Prälat Sommer lief und sich bei ihm darüber beklagte, dass ich so viel arbeiten müsse. Der fiel aus allen Wolken. Er rief mich zu sich, und ich gestand ihm mein gentlemen's agreement mit Paul Michael Zulehner. Ja, mach das, war seine mich überraschende Reaktion. So bekam ich gewissermaßen den Segen „von oben". Im Haus sprach sich rasch herum, was für manche ein Fremdwort blieb: ich würde mich (re-)habilitieren. Es war auch an der Zeit, die Sache „öffentlich" zu machen, denn mittlerweile hatte Prof. Zulehner einen Ruf nach Wien angenommen, so dass die Kolloquien mit dem Doktorandinnen-, Doktoranden- und Habilitandenkreis nicht mehr in Passau, sondern in Wien stattfanden. Schließlich kam es dort zur Eröffnung des Habilitationsverfahrens, das ich im Juni 1986 abschloss. Was sich so einfach anhört, hatte eine charmante Hürde zu nehmen, ob die heute unter EU-Bedingungen noch so besteht, entzieht sich meiner Kenntnis: Ich musste alle meine im Verfahren eingereich-

ten Unterlagen je mit einer „Stempelmarke" versehen und meine Abschluss-
zeugnisse aus Deutschland in Österreich „nostrifizieren" lassen. Mittlerweile
sind sie auf meinen Unterlagen vergilbt und legen davon Zeugnis ab, dass das
alles schon reichlich lange her ist.

Mit vollzogener Habilitation war ich verpflichtet, Lehrveranstaltungen anzubieten. Ich wählte Blockveranstaltungen, zu denen ich jedes Mal von Passau
anreiste. Alsbald aber war man auf mich an der Philosophisch-Theologischen
Hochschule der Salesianer in Benediktbeuern aufmerksam geworden, die einen
Pastoraltheologen suchten. Während ich dort eine Lehrstuhlvertretung übernommen hatte, liefen Bewerbungen in Salzburg und Mainz, und ich bekam
1988 den Ruf nach Mainz. An dem Tag, als ich zu Berufungsverhandlungen
nach Mainz reiste, war am Morgen Kardinal Hermann Volk in Mainz verstorben.

# 3. Aufgaben der Pastoraltheologie heute

Meine Zeit als Pastoraltheologe an der Mainzer Johannes Gutenberg-Universität von 1988 – 2002 liegt auch schon wieder Jahre zurück. Es würde langweilen,
sie Revue passieren zu lassen. Wichtiger erscheint mir, gewiss aus der Frucht
dieser Jahre und der schon wieder fortschreitenden Ruhestandsjahre über Fragestellungen und Herausforderungen nachzudenken, die sich nach meiner Einschätzung der Pastoraltheologie heute stellen. Nach meiner Einschätzung, die,
wie sollte es anders sein, subjektive und biographische Züge trägt und um ihre
perspektivische Begrenztheit weiß. Es sind Fragestellungen und Herausforderungen, die nicht randscharf voneinander zu trennen sind, die sich überlagern,
was im Folgenden gelegentlich zu Wiederholungen führen kann.

## 3.1 Im Fokus: Die dem Zweiten Vatikanischen Konzil verpflichtete
Pastoraltheologie

Es mag verwundern, wenn nicht anachronistisch erscheinen, heute fünfzig Jahre
nach dem Abschluss des Zweiten Vatikanischen Konzils die Verpflichtung der
Pastoraltheologie zu betonen, sich an diesem Konzil zu orientieren. Sind seine
Erneuerungsimpulse im Lauf der letzten fünfzig Jahre nicht in die Praxis umgesetzt worden? So zu fragen zeugt von einiger Blauäugigkeit. Denn seit dem
Abschluss des Konzils ist es durch Rom zu einer Reihe von Akzentsetzungen
und Maßnahmen gekommen, die sich zwar den Anschein authentischer Konzil-
sinterpretation gaben, in Wahrheit aber von seinem Geist abrückten. Man denke

an die römische Instruktion zu einigen Fragen über die Mitarbeit der Laien am Dienst der Priester von 1997,[6] an den vor Jahren von Rom den deutschen Bischöfen abverlangten Ausstieg aus der Schwangerschaftskonfliktberatung oder an die Aufhebung der Exkommunikation von vier illegal geweihten Bischöfen der Priesterbruderschaft Pius X. durch Benedikt XVI. im Januar 2009.

Das sind Schlaglichter, die zeigen, dass Rom über Jahre das strikte Ziel verfolgte, die Interpretationshoheit über das Konzil zu behalten. Dabei lieferte es mehrfach Beweise, Konzilstexte gegen deren eigentliche Aussagerichtung auszulegen.[7] Was die Rezeption der Konzilstexte betraf, fanden mit einer gewissen Breitenwirkung die Liturgie- und die Kirchenkonstitution im Gottesvolk Aufnahme. Von der Pastoralkonstitution, der Offenbarungskonstitution und anderen Dokumenten kann man das weniger behaupten. Wobei es sich bei der Pastoralkonstitution Gaudium et spes um die eigentliche Frucht des Konzils handelte, die im Prozess des Konzils selbst heranreifte und auf weitere Dekrete und Erklärungen Einfluss nahm. Papst Franziskus ist nun in seinem Pontifikat dabei, die Impulse des Konzils wieder ungebrochener zur Geltung zu bringen. Da hat er die Praktische Theologie und viele andere theologische Disziplinen an seiner Seite, um ihm gegenüber eher konservativen Kardinälen, Erzbischöfen und Bischöfen den Rücken zu stärken. Für die Pastoraltheologie heißt das, sich gemäß Gaudium et spes als theologische Disziplin zu verorten, die dazu beiträgt, institutionell verfestigte Strukturen der Kirche im Geiste des Evangeliums zu verflüssigen und die Kirche auf die Welt hin zu öffnen. Damit folgt sie einem Verständnis von „pastoral", nach welchem der Begriff *pastoral* den gesamten Auftritt der Kirche als Volk Gottes in all ihren Ausfaltungen umfasst. Und dies nicht aufgrund eines ängstlichen Einknickens vor den heutigen Lebensverhältnissen, sondern aufgrund der vom Konzil neu rezipierten Prinzipien der Lehre der Kirche selbst.[8] Es ist, als hätte Gaudium et spes mit einem kräftigen Ruck einen schweren Vorhang beiseitegeschoben, und helles Licht fiel bzw. sollte fallen auf die kirchlich-sakramentale Würde des gesamten Gottesvolkes.

Zur Aufgabe der Pastoraltheologie gehört es also – gewiss nicht nur zu ihr allein, aber zu ihr in spezifischer Weise –, die Botschaft des Evangeliums und die jeweilige Gesellschaftssituation miteinander zu vermitteln. Dazu kann es aber nur kommen, wenn die Gesellschaftsverhältnisse wirklich ernst- und wahrgenommen werden. Das leistet die Pastoraltheologie nicht aus eigener Kraft. Dazu ist sie auf den interdisziplinären Dialog mit anderen Wissenschaften, insbesondere mit den Human-, Sozial-, Kultur- und Lebenswissenschaften angewiesen. Aufgrund dieser Verwiesenheit gerät die Praktische Theologie bei man-

---

6    Vgl. Peter Hünermann (Hg.), Und dennoch … Die römische Instruktion über die Mitarbeit der Laien am Dienst der Priester. Klarstellungen – Kritik – Ermutigungen, Freiburg 1998.

7    Vgl. Stefan Knobloch, Zurück vor das Konzil? Die Instruktion und die Texte des II. Vatikanischen Konzils, in: Peter Hünermann (Hg.), Und dennoch …, 50-67, hier 58f.

8    Vgl. dazu die amtliche Fußnote zu Gaudium et spes 1.

chen in den Verdacht, nur noch mit Einschränkungen eine „theologische" Disziplin zu sein. Ein Verdacht, der auf Uneinsichtigkeit beruht. Verdeutlichen wir uns das an einem Paradigma. Welchen Bedingungen, welchen Kontexten, welchen Einflüssen verdankte sich die Entstehung des Neuen Testaments? Es liefert uns Glaubenstexte, die davon Zeugnis geben, wie erste christliche Gemeinden die Botschaft, das Leben, das Wirken und die Auferstehung Jesu aus ihren unterschiedlichen Perspektiven, in ihren unterschiedlichen Gesellschaftskontexten für sich glaubend aufnahmen und vertexteten. Im Neuen Testament haben wir es nicht ungebrochen, sondern gebrochen – gebrochen durch die Perspektiven der Gemeindeverhältnisse – mit Jesu Worten und Taten zu tun. Diese so generierten, wie die Theologie sagt, inspirierten Texte bilden den Corpus des Neuen Testaments. An diesem Paradigma kann für uns die Grundstruktur jedes Glaubensprozesses deutlich werden: Es gibt den Zugang zur Botschaft Jesu, den Zugang zur Botschaft des Glaubens, immer nur über den „Umweg" über die Verstehenshorizonte einer jeweiligen Zeit. Diese Horizonte trüben und verunreinigen die Botschaft des Glaubens nicht. Sie generieren sie jedes Mal hermeneutisch neu.

Wenn wir uns das vor Augen halten, wird klar, dass die Praktische Theologie auf den Austausch mit anderen Wissensbereichen des Lebens, die andere Wissenschaften erschließen, angewiesen ist. Man spricht von ihrer Interdisziplinarität, die gewiss ihre Tücken und Hürden hat.[9] Es reicht für die Praktische Theologie nicht aus, sich von den empirischen Wissenschaften einfach sagen zu lassen, was bezüglich Mensch und Gesellschaftsverhältnissen „Sache" ist. Denn die Wissenschaften arbeiten unter je eigenen Forschungsperspektiven, so dass es für die Interdisziplinarität nicht ausreicht, wenn Disziplinen, also Praktische Theologie und empirische Wissenschaften, sich lediglich mit dem „selben" Gegenstand befassen. Wirkliche Interdisziplinarität beginnt erst dort, wo unterschiedliche Differenzen, unterschiedliche Methoden und Erkenntnisinteressen zu einer friedlichen Koexistenz führen. Aber selbst das wäre noch zu wenig. Hinzu kommt noch, dass die einzelne Wissenschaft anhand der Perspektiven anderer Wissenschaften den Blick auf ihren „Gegenstand" erweitern kann. So wird sie darauf aufmerksam, dass ihr Blick nicht alles erfasst, was zu einem „Gegenstand" zu sagen ist oder gesagt werden kann. Für die Praktische Theologie wie für die Theologie überhaupt ist dieser interdisziplinäre Anspruch ein Muss allein schon aufgrund von Gaudium et spes, wonach für die Kirche die „Verbundenheit der Kirche mit der ganzen Menschheitsfamilie" konstitutiv ist.

---

[9]  Vgl. A. Kosenina, Wir schenken euch die Neuronen gerne. Am lautesten rufen nicht Wissenschaftler, sondern Drittmittelgeber und Politiker nach grenzüberschreitender Forschung. Doch wer sagt eigentlich, dass die beste aller Welten interdisziplinär ist?, in: FAZ, 15. August 2012, N. 5.

## 3.2 Im Fokus: Wofür die Kirche steht

Ein zweites, theoretisch längst erkanntes, aber in der Glaubenspraxis und im kirchlichen Alltag zu wenig eingeholtes Thema tut sich in der Frage auf, wofür die Kirche eigentlich steht. Nach Lumen gentium 1 ist die Kirche „in Christus gleichsam das Sakrament, das heißt Zeichen und Werkzeug für die innigste Vereinigung mit Gott wie für die Einheit der ganzen Menschheit." Ein Satz, der in vielerlei Hinsicht bedenkenswert ist. Er benennt das Wesen der Kirche, das Wesen des Gottesvolkes, *als Sakrament* und erläutert dies, indem er die Kirche als Zeichen und Werkzeug bezeichnet. Vom Satzaufbau her ist interessant, dass nicht gesagt ist, die Kirche sei Zeichen und Werkzeug *ihrer* innigsten Vereinigung mit Gott, als beschränke sich der Vereinigungsaspekt lediglich auf sie. Von Anfang an ist von der über die Kirche hinaus sich in einen offenen Horizont ausdehnenden Vereinigung der Menschheit mit Gott die Rede. Kirche ist das Zeichen der Einheit der Menschheit. Das kann nur so gelesen werden, dass es sich bei der Einheit der Menschheit nicht um irgendeine von Menschen bewerkstelligte Einheit handelt, sondern um die Einheit der Menschheit *mit Gott.*

Für diese Einheit steht die Kirche *als Sakrament*, als Zeichen und Werkzeug. Lumen gentium lenkt den Blick nicht auf die Kirche, sondern auf die Menschheit, auf die Welt, um diese erkennen zu lassen, was sich ihr, zumal auch der Kirche selbst, immer wieder verdunkelt: nämlich die Realität der Präsenz Gottes in der Welt. Das Konzil hat den Horizont aufgebrochen, das Heil Gottes lediglich als eine allein der Kirche anvertraute Verschlusssache anzusehen, zu der nur sie die Schlüssel hat. Es hat bewusst gemacht, wie Lumen gentium 8 deutlich macht, dass Gottes Heil, dass Gott *in der Welt* gegenwärtig *sind* und ihr nicht erst durch die Kirche eingespeist *werden*. Die Augen der Menschen für diese Präsenz Gottes in der Welt zu öffnen und zu schärfen, ist die Aufgabe des Gottesvolkes, der Theologie, der kirchlichen Praxis. Lumen gentium 8 spricht von den „vielfältigen Elementen der Heiligung und der Wahrheit", die außerhalb des Gefüges der Kirche zu finden sind. Der Text gibt sich nicht zögerlich, er schwächt nichts ab. Er sagt nicht, es mag manches Gute und Gott Wohlgefällige in der Welt geben, *aber* … Nein, er betont die Vielfalt der Heiligung und der Wahrheit unter den Menschen. Erfahrungen somit, in denen sie mit Gott in Berührung sind. Das betont auch Papst Franziskus mit erfrischender Nonchalance in seinem Apostolischen Rundschreiben Evangelii Gaudium. Bezogen auf die heutigen Lebensverhältnisse, zumal in den Mega-Cities der Welt, sagt der Papst: „Wir müssen die Stadt von einer kontemplativen Sicht her, das heißt mit einem Blick des Glaubens erkennen, der jenen Gott entdeckt, der in ihren Häusern, auf ihren Straßen und auf ihren Plätzen wohnt. Die Gegenwart Gottes begleitet die aufrichtige Suche, die Einzelne und Gruppen vollziehen, um Halt und Sinn für ihr Leben zu finden. Er lebt unter den Bürgern und fördert die Solidarität, die Brüderlichkeit und das Verlangen nach dem Guten, nach Wahrheit und Gerechtigkeit. Diese Gegenwart muss nicht hergestellt, sondern entdeckt, enthüllt werden. Gott verbirgt sich nicht vor denen, die ihn mit ehrlichem Herzen

suchen, auch wenn sie das tastend, auf unsichere und weitschweifige Weise tun"
(EG 72).

Dem steht freilich der Eindruck entgegen, dass heute die Gottesfrage für eine
Reihe von Menschen keine Rolle mehr spielt. Ob es viele sind oder gar die
schweigende Mehrheit, ist schwer zu beurteilen. Woher kommt das? Da spielen
viele Gründe herein. Einer dürfte allein schon in der Tradierung des christlichen
Gottesbildes selbst liegen. Hat das christliche Bewusstsein Gott nicht vielfach
in einer jenseitigen Transzendenz „verortet"? Der alle Bezüge zur Immanenz
fehlen? Wurde und wird nicht selbst die Inkarnation des Gottessohnes auf dieser
Deutungsfolie gelesen? Gott sei in seinem Sohn in die Welt gekommen, nachdem diese der Gottlosigkeit und Gottesfinsternis anheim gefallen war? Und
auch Gott selbst hatte sich sozusagen „zurückgezogen", so dass er sich der
Menschheit in der Inkarnation wieder neu zuwenden musste? Das provoziert
freilich sogleich die Gegenfrage: Kam denn Gottes Sohn in eine ihm fremde
bzw. in eine Gott fremde Welt? Er kam doch in seine Welt. „Er kam in sein
Eigentum" (Joh 1,11), wenn ihn auch die Seinen nicht aufnahmen. Aber sie waren immer die Seinen geblieben.

Ohne uns hier in dogmatisch-vermintem Terrain zu verirren, muss an der
Stelle aus praktisch-theologischem Interesse die Frage nach dem Verhältnis von
Natur und Gnade, von Natur und Übernatur aufgeworfen werden. Wie steht es
eigentlich um die gängige Unterscheidung von Natur und Gnade, wenn wir bei
Gnade begründetermaßen zuerst an die „gratia increata" denken, an die uner-
schaffene Gnade, in der sich Gott selbst mitteilt? Teilt sich Gott denn nicht im
fortgesetzten Schöpfungsakt der „creatio continua" der Welt ununterbrochen
mit? Sonst könnte das dritte liturgische Hochgebet nicht formulieren: „Denn
durch deinen Sohn, unseren Herrn Jesus Christus, und in der Kraft des Heiligen
Geistes erfüllst du die ganze Schöpfung *mit Leben und Gnade*." Das schließt
aus, dass die Schöpfung erst in der Inkarnation des Gottessohnes mit Leben und
Gnade erfüllt worden sei, als hätte Gott seine Zuwendung zur Welt gewissermaßen „portioniert". Sie ist gewiss in der Inkarnation ausdrücklicher geworden,
aber unüberbietbar war sie im Grunde schon immer. In der Formulierung des
dritten Hochgebets „mit Leben und Gnade" schwingt die Unterscheidung in Natur und Gnade mit, aber in einer Weise, die beide aneinander bindet. Das deutet
schon der Schöpfungsbericht der Genesis an, wenn er von der Urflut sagt: Gottes *Geist* schwebte *über dem Wasser*" (Gen 1,2). Noch deutlicher kommt das im
dritten Hochgebet zu Ausdruck, wenn wir dort Gott, den Vater, bitten, dass uns
das ewige Leben zuteil werde „mit allen, die bei dir *Gnade* gefunden haben *von
Anbeginn der Welt*".

Die menschlich vorgestellte Abschottung Gottes von der Welt macht es dann
nötig, die Inkarnation des Gottessohnes als „Eingriff" in die Welt zu interpretieren. Wenn wir aber die Inkarnation unter der Perspektive des Eingriffs sehen,
laufen wir Gefahr, ihre Reichweite zu verkennen, als bündle sich jetzt die Liebe,
das Licht Gottes ausschließlich in ihr, außerhalb von ihr aber herrsche weiter

Nacht und Finsternis. So deuteten wir aber die Menschwerdung – wider die eigentlich durchgängige kirchliche Tradierung – lediglich als ein punktuell-partikuläres Ereignis, dessen Partikularität ihren universalen Charakter gewissermaßen verschlingt. Mit Recht behauptet deshalb Gaudium et spes 22: „Der Sohn Gottes hat sich in seiner Menschwerdung gewissermaßen mit jedem Menschen vereinigt" Lateinisch, „Filius Dei incarnatione sua cum omni homine quodammodo se univit."

Wir müssen heute Gottes Immanenz in der Welt betonen, wie das auch Papst Franziskus tut. Das Konzil sprach dafür von den „Zeichen der Zeit", in denen sich Gott *in der Welt* vernehmbar macht, und eben nicht nur im Raum der Kirche! Das geht aus der Pastoralkonstitution Gaudium et spes in aller Deutlichkeit hervor. Im Glauben daran, dass das Volk Gottes vom Geist des Herrn geführt werde, „bemüht sich das Volk Gottes, in den Ereignissen, Bedürfnissen und Wünschen, die es zusammen mit den Menschen unserer Zeit teilt, zu unterscheiden, was darin *wahre Zeichen der Gegenwart oder der Absicht Gottes* sind" (GS 11). Eine glaubenspessimistische Mentalität könnte versucht sein, aus diesem Satz eine Warnung vor den Bedürfnissen und Wünschen der Menschen herauszuhören. Doch der Satz behauptet das genaue Gegenteil. Er warnt nicht vor den Bedürfnissen und Wünschen der Menschen. Er lädt dazu ein und fordert dazu auf, in den Banalitäten des Lebens Zeichen der Gegenwart Gottes oder seiner Absicht zu erkennen. Das heißt aber, dass die Banalitäten keine Banalitäten mehr sind. Sie sind der Stoff, aus dem in Prozessen des Austausches, des Dialogs, der Besinnung, der Achtung vor den Lebenserfahrungen der Menschen sich Wege in Gotteserfahrungen anbahnen.

### 3.3 Im Fokus: Der Weltcharakter der Laien

Mit dem Stichwort des Weltcharakters der Laien berühren wir ein heißes Eisen, ein Thema, das das Konzil zu bearbeiten zwar begonnen hat, um das sich freilich gegenläufige Interessen versammelten und das heute fünfzig Jahre später dringend einer Weiterbearbeitung bedarf. Nicht nur bezüglich dieser Problematik darf man an eine Aufforderung Kardinal Karl Lehmanns erinnern, der die Theologie ermahnte, im Konzil unerledigt gebliebene Aufgaben „auf ihre eigene Verantwortung hin mutig auf(zu)nehmen und weiter(zu)führen."[10] Für die theologische Tiefenauslotung *des Weltcharakters der Laien* ist der Zeitpunkt längst überfällig.

Erinnert sei zunächst, worauf mittlerweile oft genug hingewiesen wird, dass in Lumen gentium das zweite Kapitel über „das Volk Gottes" dem dritten Ka-

---

[10] Karl Lehmann, Das II. Vatikanum – ein Wegweiser. Verständnis – Rezeption – Bedeutung, in: Peter Hünermann (Hg.), Das Zweite Vatikanische Konzil und die Zeichen der Zeit heute, Freiburg 2006, 16.

pitel über „die hierarchische Verfassung der Kirche, insbesondere das Bischofsamt" vorgeschaltet wurde. In Lumen gentium 30 ist den Laien zum ersten Mal
der Status eines „Standes" zuerkannt worden. Er hat seine Grundlage im *gemeinsamen* – und nicht mehr bloß allgemeinen – Priestertum. Diese neue Wertschätzung der Laien war um Lichtjahre entfernt von der immer noch virulenten
und nachwirkenden Einschätzung da und dort, die aus einem Wort eines englischen Monsignore namens George Talbot spricht. Der hatte sich zur Zeit John
Henry Newmans zu der Bemerkung hinreißen lassen: „Wofür sind die Laien
zuständig? Für Jagen, Schießen und Unterhaltung. Das sind die Dinge, von denen sie etwas verstehen, aber sich in kirchliche Dinge einzumischen – dazu haben sie nicht das geringste Recht."[11]

Nach Lumen gentium 31 sind Laien Gläubige, „die durch die Taufe Christus
einverleibt, zum Volk Gottes gemacht und des priesterlichen, prophetischen und
königlichen Amtes Christi auf ihre Weise teilhaftig (sind), (um) zu ihrem Teil
die Sendung des ganzen christlichen Volkes in der Kirche und in der Welt aus-
zuüben." Solche Sätze mögen für unser Empfinden theologisch-überladen daherkommen, und wir könnten schnell an ihnen unser Interesse verlieren. Dabei
sei auf Zweierlei hingewiesen. Zum einen darauf, dass die Laien durch die
Taufe nicht der Kirche, sondern *Christus* einverleibt sind. Zum anderen darauf,
dass Rom immer wieder den Eindruck erweckt, die Teilhabe der Laien am drei-
fachen Amt Christi herunterzuspielen. Einen klassischen Beleg dafür liefert die
schon erwähnte römische Instruktion über die Mitarbeit der Laien am Dienst
der Priester. Dort ist in Nr. 2 gesagt: „*Nur* das Weiheamt gewährt dem geweihten Amtsträger eine besondere Teilhabe am Amt Christi."[12] Diese Aussage
spreizt sich mit Lumen gentium 10. Denn dort werden das gemeinsame und das
Priestertum des Amtes so charakterisiert: „Das eine wie das andere (nämlich)
nimmt je auf besondere Weise am *einen* Priestertum Christi teil." Die deutsche
Textfassung unterschlägt allerdings den Hinweis auf das *eine* Priestertum und
spricht lediglich vom Priestertum Christi. Daran ist die Tendenz zu erkennen,
den theologischen Gehalt des *gemeinsamen* Priestertums gegenüber dem Amtspriestertum wieder einzunivellieren. Das ist ein entschiedener Schritt zurück
hinter das Konzil.

Der konziliare Begriffswechsel vom allgemeinen zum gemeinsamen Priestertum, der sich freilich noch längst nicht durchgesetzt hat, begründet einen
neuen Sachverhalt. Wer am hierarchischen Priestertum Anteil hat, hat damit
dem gemeinsamen Priestertum nicht den Abschied gegeben. Er bleibt dem gemeinsamen Priestertum dauernd verbunden. Es gibt, heißt das in der Konsequenz, keinen Papst, keinen Bischof, keinen Priester ohne Fundament im gemeinsamen Priestertum. Karl Rahner hat dies einmal so formuliert: „ Die ...

---

[11] Zitiert nach H.J. Meyer, Ratgeber für heute. John Henry Newman und das Zeugnis der Laien,
in: Herder Korrespondenz 66 (2012/6), 299-303; hier 303.

[12] Vgl. Instruktion zu einigen Fragen über die Mitarbeit der Laien am Dienst der Priester (Verlautbarungen des Apostolischen Stuhls 129), Bonn 1997, 13.

Gemeinschaft der Glaubenden (ist) als irreversibel siegreiche Präsenz der Selbstzusage Gottes ontologisch und logisch *vor dem Amt* in der Kirche."[13] Ähnlich schrieb Franz Xaver Kaufmann in einem FAZ-Artikel, dass das gemeinsame Priestertum der Laien „elementarer ist als das Amtspriestertum."[14]

Das muss heute deutlicher zur Geltung kommen. Heute, in einer Zeit, in der die pastoralen Strukturreformen beim wohl schwächsten Glied des Gottesvolkes ansetzten: beim Klerus. Ohne Häme muss man dies konstatieren. Die Überalterung des Klerus ist bekannt, die krisenhafte Nachwuchssituation ebenso, die Priester*mängel* und nicht bloß der Priestermangel ebenso.[15] In dieser Situation erhält Lumen gentium 31 aus einer neuen Perspektive ein besonderes Gewicht. Dort ist den Laien *der Weltcharakter*, die „indoles saecularis", in besonderer Weise zugesprochen worden. „In saeculo vivunt", sie leben in der Welt. Dort seien sie von Gott gerufen, ihre ihnen eigenen Aufgaben zu erfüllen. Möglicherweise haben manche Konzilsväter damals aus diesen Sätzen die Tendenz herausgehört, zwischen hierarchischem und gemeinsamem Priestertum eine Brandmauer zu errichten, um die Aufgaben beider Gruppen deutlich zu trennen. Das hierarchische Priestertum sollte sich dem kirchlichen Dienst „ad intra", das gemeinsame Priestertum dem Dienst „ad extra" widmen. Heute erst wird die Relevanz der Festschreibung *des Weltcharakters* der Laien im ganzen Umfang sichtbar. Ihr wohnt prophetischer Sprengstoff inne.

Das Konzil hatte das Tor zur Welt aufgestoßen. Es hatte die Welt den Ort der Kirche genannt, um an ihm Sakrament, Zeichen und Werkzeug der Präsenz Gottes zu sein. Zu Recht lautet deshalb die Überschrift zu Gaudium et spes 1: „Von der engsten Verbundenheit der Kirche mit der ganzen Welt." D*er Weltcharakter* schält sich heute *als Essential des Gottesvolkes* heraus. Das Gottesvolk erkennt, dass sein Verhältnis zur Welt nicht antithetisch, sondern relational ist.[16] Wenn Lumen gentium 31 vom Weltcharakter der Laien spricht, spricht es, im Verbund mit Lumen gentium 1, exakt vom *sakramentalen Charakter* der Kirche. Ihr Weltcharakter ist kein bloßer „Außenausleger". Er bringt vielmehr auf den „sakramentalen" Punkt, wofür die Kirche steht.

Insofern nun Laien auf der Basis des gemeinsamen Priestertums einen freieren Atem führen als das Priestertum des Dienstes und insofern sie dabei ihrem eigenen, von Christus übernommenem Sendungsauftrag in der Welt nachgehen und gewiss noch mehr nachgehen sollen, bringt das eine gewandelte Gestalt von Kirche mit sich. Das gemeinsame Priestertum erscheint unter dieser Perspektive

---

[13]  Karl Rahner, Sämtliche Werke. Christentum in Gesellschaft (Schriften zur Pastoral, zur Jugend und zur christlichen Weltgestaltung 28), Freiburg/Br. 2010, 294.

[14]  Franz Xaver Kaufmann, Das Elend des römischen Zentralismus, in: FAZ, Dienstag, 3. Juli 2012, 6.

[15]  Vgl. Gisbert Greshake, Zeichen-Sein. Priestersein in einer Kirche, die anders sein wird, in: Pastoraltheologisches Institut der Pallottiner (Hg.), Der Realität entsprechend. Seelsorge im Kontext der Gegenwart, Friedberg 2011, 21-52, hier 28.

[16]  Vgl. F. Wilfred, Interreligiös Christ werden, in: Concilium 47 (2011/2), 154.

komparativisch kirchlicher als das hierarchische Priestertum. Es ist das elementarere, weil in Taufe und Firmung begründete Priestertum. In dieser Richtung ist heute die Entwicklung voranzutreiben. Eine Entwicklung, die vom Zweiten Vatikanischen Konzil angestoßen wurde und der sich heute alle theologischen Disziplinen stellen sollten.

### 3.4 Im Fokus: Sakramente – „sakramental" verstehen

Sind das eigentlich noch pastoraltheologische Fragen, mit denen ich mich hier beschäftige? Oder sind das eher theologisch-systematische Fragen, von denen der Pastoraltheologe besser die Hände lassen sollte? In keinem Fall, jedenfalls nicht nach dem Zweiten Vatikanischen Konzil. Es gibt zwei unterschiedliche Arten, theologische Fragen zu behandeln. Im ersten Fall verortet man die Fragen streng im Referenzrahmen der Tradition und stellt die Antworten gewissermaßen wie einen Fremdkörper in die Gegenwart herein. Im anderen Fall unterzieht man sie im Licht und im Verstehenshorizont der Gegenwart einer Neuinterpretation und „verheutigt" sie in einem Prozess des *aggiornamento* oder noch besser des *ressourcement*.[17] Um Letzteres bemüht sich die Pastoraltheologie, wobei sie sich von einer Reihe namhafter Systematiker unterstützt weiß, wie zum Beispiel von Karl Rahner und Edward Schillebeeckx, um nur zwei Namen zu nennen. Nicht umsonst gab Karl Rahner vor Jahrzehnten schon die Losung aus, dass alle Theologie eigentlich Pastoral- bzw. Praktische Theologie sein müsse.

Wenden wir uns aus dieser Perspektive noch einmal dem bereits angeklungenen Thema der Sakramentalität der Kirche und ihren Sakramenten zu. Die Sakramente haben es in heutiger Zeit nicht leicht, verstanden zu werden. Manche denken, die Kirche besitze in ihnen einen mirakulösen Zugang zu Gott, der anderen religiösen Formationen verschlossen ist. Ein Eindruck, der sich manchen dadurch noch verstärkt aufdrängt, dass das Konzil die Kirche insgesamt als „Sakrament" bezeichnete. Wollte es damit einen Graben ausheben zur Welt, zu den anderen Religionen, auch zu christlichen Konfessionen, die keine sieben Sakramente kennen? Tritt die Kirche also, so könnte weiter gefragt werden, mit gespaltener Zunge auf, wenn sie sich auf der einen Seite im Konzil zwar wortreich zur Welt öffnet, Dialog und Kontakt mit den Menschen sucht, auf der anderen Seite aber eine Sakramentenpraxis ausübt, die strikt binnenbezogen bleibt, die geheimnisumwittert ist und sogar innerhalb der Gemeinschaft der Glaubenden Personengruppen von Sakramenten ausschließt? Wiederverheiratete Geschiedene vom Kommunionempfang? Frauen vom Sakrament der dreistufigen Weihe?

---

[17]  Vgl. J.W. O'Malley, Ressourcement und Reform im II. Vatikanum, in: Concilium 48 (2012), 270-278.

Solche Fragen werden zu Recht gestellt. Sie zeigen an, dass die Sakramentalität der Kirche und ihre Sakramente in einer Schieflage dahindümpeln. Sie aus dieser Schieflage zu befreien, fällt nicht leicht[18] und bleibt doch eine aktuelle Herausforderung. Vorauszusetzen ist dabei, dass die Kirche in ihrer Sakramentenpraxis nicht mirakulösen Bezügen zu Gott nachgeht, die sich gewissermaßen in geheimen Zirkeln abspielen. In den Sakramenten lebt die Kirche vielmehr ihre Grundsakramentalität aus. Die Sakramente zielen über das Volk Gottes hinaus auf die Menschheit als Ort Gottes, als Ort seiner Gegenwart und Präsenz. Sie sprechen von der Welt als einem von Gott durchwalteten und durchwirkten Ort. Sie sind davon inspiriert, die Räume der Welt und unserer Geschichte als Räume der heilsgeschichtlichen Gegenwart Gottes in Jesus Christus zu deuten.[19] So wie Jesus festgefügte Gesellschaftsräume und Gesellschaftskonventionen aufbrach, wie er Vorschriften und Schranken in einer Unmittelbarkeit zu Gott, seinem Vater, durchbrach, so will er als Auferstandener der Impulsgeber unserer Zeit sein. Dafür sind die Sakramente sprechende Zeichen.

Nur müssen wir Sorge tragen, dass die Sakramente wirklich zu sprechenden Zeichen werden, dass sie eine „Sprache" sprechen, die die Menschen verstehen. Hier können uns Erkenntnisse der „Ritual Studies"[20] einen Weg aufzeigen. Ritologen, die sich mit Theorie- und Praxisfragen der Rituale befassen, machen darauf aufmerksam, dass wir in Ritualisierungen zeichenhaft auf eine Wirklichkeit zugreifen, die *da* ist, die wir in Anspruch nehmen, ohne über sie zu verfügen. Wir verfügen nicht über das, was in den Ritualisierungen *da* ist, was sich in ihnen andeutet und was unsere instrumentelle Vernunft für irrelevant und bedeutungslos halten mag. Und doch bedienen wir uns im Lebensalltag vieler Ritualisierungen. Wir lassen nicht von ihnen ab, weil sie uns zeichenhaft mit etwas in Kontakt bringen, das in diesen Zeichen *da* ist.

Das ist eine grundlegende Einsicht. Rituale beziehen sich auf etwas und bezeichnen etwas, was *da* ist. Und sie überschreiten dabei gewissermaßen oder nehmen uns dabei mit, eine Grenze zu überschreiten, die wir in den Ritualisierungen tatsächlich zu überschreiten bereit sind. In dieser Charakterisierung erblickte Edward Schillebeeckx eine „theologische Fundgrube", um den Menschen von heute die Sakramente eher verständlich zu machen.[21] Ritualisierungen enthalten den inneren Ruf zu einer Grenzüberschreitung. Wir vollziehen so eine Grenzüberschreitung zum Beispiel dann, wenn ein Brautpaar vor dem Standesbeamten sich das Ja-Wort gibt. Es setzt damit eine Wirklichkeit, ohne

---

[18] Vgl. Concilium 48 (2012/1), Die menschliche Geschichte als Sakrament. Edward Schillebeeckx zu Ehren; hier besonders Borgman, E., Edward Schillebeeckx' Überlegungen zu den Sakramenten und die Zukunft der katholischen Theologie, 5-16.

[19] Vgl. E. Borgman, Edward Schillebeeckx' Überlegungen zu den Sakramenten, 6.

[20] Ebd., 14.

[21] Schillebeeckx, E., Hin zu einer Wiederentdeckung der christlichen Sakramente. Ritualisierung religiöser Momente im alltäglichen Leben, in: A. Holderegger / J.-P. Wils (Hg.), Interdisziplinäre Ethik. FS Dietmar Mieth, Fribourg 2001, 309-339, hier 331. Vgl. auch Stefan Knobloch, Lebenszeichen. Für eine Wiederentdeckung der Sakramente, Ostfildern 2014, 98-120.

dass dabei eine kausale Wirkung im Spiel ist. Durch das Ja-Wort ist etwas Neues, Zusätzliches da zu ihrer wohl schon oft gegenseitig versicherten Liebe und Zuneigung. Von da aus legt sich eine Analogie zur zeichenhaften Wirklichkeit der Sakramente nahe. Wie das Ja-Wort eine „performative Bedeutungskraft"[22] hat, so haben das analog auch die Sakramente. In ihnen kommen die Wirklichkeit Gottes bzw. die Gegenwart des Auferstandenen in der Kategorie eines Zeichens wirksam zur Geltung. Das bedeutet, die Alltagserfahrung, nach der Rituale keine inhaltsleeren, sondern bedeutungsgefüllte rituelle Zeichen sind, kann uns den Blick dafür öffnen, dass uns in den Sakramenten in der Kategorie von Zeichen die Wirklichkeit des Auferstandenen begegnet. Und dies in einer Art und Weise, bei der wir unseren Beitrag zum Zustandekommen des Zeichens leisten, indem wir uns auf das Zeichen einlassen und es, um es ganz gewagt zu sagen, in einer „zeichenhaften Kooperation" mit dem Auferstandenen setzen.[23] Das aber heißt gerade nicht, Gottes Gegenwart bzw. die Gegenwart des Auferstandenen reichten nur so weit, wie das sakramentale Zeichen ihrer Gegenwart reiche. Denn das würde ja bedeuten, dass der viel größere nicht vom sakramentalen Zeichen erfüllte Raum sozusagen „gott-los" wäre. Das aber wäre das schlimmste Missverständnis des zeichenhaften Charakters der Sakramente.

Verdeutlichen wir uns das Gemeinte an den eucharistischen Gaben von Brot und Wein. Dabei müssen wir bis zum Abendmahl Jesu zurückgehen. Bei diesem Mahl deutete Jesus in großer Souveränität die Paschamahlgaben – nicht alle, aber das ungesäuerte Brot und den Weinbecher, der die Runde machte; sie symbolisierten den Bund Gottes mit seinem Volk – auf seine Existenz, auf sein Leben. Ich in Person bin das im Brot, bin das im Wein Symbolisierte. Meine Existenz, meine Person, mein Leben sind wirksame Zeichen der heilsgeschichtlichen Gegenwart Gottes in der Welt. In der Gabenbereitung zur Eucharistiefeier sprechen wir über das Brot: „Du schenkst uns das Brot, die Frucht der Erde und der menschlichen Arbeit." Und über den Wein: „Du schenkst uns den Wein, die Frucht des Weinstocks und der menschlichen Arbeit." Brot und Wein – Ergebnis des natürlichen Wachsens und der menschlichen Hege dieses Wachstums wie der menschlichen Verarbeitung der Körner und Reben –, Brot und Wein symbolisieren Leben und Lebensfreude. Sie stehen für das ganze Leben. Im eucharistischen Ritual werden sie zum sakramentalen Zeichen der hegenden und schützenden, ja lebenstragenden Gegenwart Gottes in Jesus Christus. Dabei sollte uns nicht die Frage beschäftigen, wie Christus in der Hostie gegenwärtig sein kann – das mag die Frage früherer Generationen gewesen sein.[24] Wir sollten uns Brot und Wein wie überhaupt alle Sakramente als Zeichen der realen

---

[22] Edward Schillebeeckx Hin zu einer Wiederentdeckung der christlichen Sakramente, 330.
[23] Für den Theologen klingt hier das alte Begriffspaar vom „opus operatum" und vom „opus operantis" an.
[24] Vgl. E. Borgman, Edward Schillebeeckx' Überlegungen zu den Sakramenten, 14.

Gegenwart und Präsenz Gottes in unserer Zeit erschließen. Sie sind Zeichen, in denen die Kirche als Volk Gottes ihre Grundsakramentalität auslebt.

## Ein kurzes Fazit

Einige heute anstehende Themen und Aufgaben der Pastoraltheologie wollte ich aus meiner Perspektive im Vorausgehenden benennen. Ohne Frage ist es eine beliebige, subjektive Auswahl an Themen und Aufgaben geworden, die biographisch und durch andere Umstände beeinflusst ist. Es ist eine Themenauswahl, aus der hoffentlich nicht Resignation, sondern Hoffnung und Zuversicht sprechen. Aus der vor allem die Glaubenszuversicht spricht, dass Gottes Geist mit unserer Zeit geht. Aber auch Hoffnung und Zuversicht, dass die Kirche als Volk Gottes sich unter Papst Franziskus von diesem Geist leiten lässt und so die richtigen Wege in die Zukunft einschlägt.

LUDWIG MÖDL

# Als Pastoraltheologe
# ein Generalist?

Autobiographien leben von der Erinnerung. Und Erinnerung gibt nicht historisch exakt wieder, wie alles verlaufen ist. Erinnerung ist immer selektiv und sagt mehr über den augenblicklichen Stand des Autors als über das in der Vergangenheit Erlebte aus. Dennoch ist dieses Erinnerte wahr, weil es die gedankliche Entwicklung skizziert und somit die historischen Einzelereignisse in einen gesamten Lebensentwurf einbindet. Die Thesen eines Wissenschaftlers entwickeln sich aus dem, was er gelernt, gelesen, aufgenommen und – vielleicht noch mehr – erlebt und erfahren hat. Begegnungen mit Menschen spielen dabei eine nicht zu unterschätzende Rolle. Doch selten werden diese Einflüsse bewusst. Vieles spielt sich im Unbewussten ab.

Wenn ich im Folgenden versuche, mein Leben so zu erzählen, dass dabei jene Erlebnisse, Begegnungen und Erfahrungen hervorgehoben werden, die meine praktisch-theologischen Thesen und Überzeugungen mitgeprägt haben könnten, dann treten dabei möglicherweise Motive ans Licht, die sich hinter Einzelaussagen verbergen. So beginne ich mir zu überlegen: Welche Ereignisse sind mir geblieben, von denen ich heute meine, dass sie meinen Glauben und meine Glaubensreflexion beeinflusst bzw. möglicherweise bestimmt haben?

# Der Lebens-Verlauf

Geboren bin ich in Ingolstadt am damaligen Stadtrand, getauft in einer Notkirche St. Joseph, aufgewachsen in Oberhaunstadt, heute ein Stadtteil von Ingolstadt, in meiner Kindheit – obwohl ganz nahe bei der Stadt – noch ganz dörflich geprägt. Mein Vater war Gutsverwalter. Die Gutsherrschaft hatte am Ort das Flair von Adel, hatte in der Kirche eine eigene Kapelle mit separierten Plätzen in einer Loge. Unsere Familie partizipierte an diesem Flair, zudem meine Mutter, obwohl aus einfachen Verhältnissen kommend, etwas liebenswürdig Vornehmes ausstrahlte. Sie war Damenschneiderin und hatte ein sehr frequentiertes Geschäft. Mein Vater – unehelich geboren, Vater unbekannt (die Großmutter hat die Identität erst preisgegeben, als man für mich eine „Arische Abstammung" nachweisen musste) – hatte sich aus ärmsten Verhältnissen hochgearbeitet und war in der Bevölkerung hoch angesehen. Viele holten sich bei ihm Rat. Zudem war er vielseitig begabt, was in den Notzeiten des Krieges und erst recht nach dem Krieg hilfreich war. Vor allem hat er viel künstlerisch gearbeitet. Im Winter hat er fast jeden Abend – in der Stube mit der Mutter, mit mir und später mit meinem viel jüngeren Bruder zusammensitzend – geschnitzt: Kruzifixe, Figuren, Tiere und anderes mehr. Er hatte eine kleine Bibliothek von Kunstbüchern mit vielen Bildern. Oft schaute er mit mir diese Bilder an. Ich war schon als Kind stolz auf meine Eltern und spürte vor allem ihre gegenseitige Zuneigung. Da in unserem Umfeld eine Familie lebte, in der es stetig Streit gab, wurde mir schon früh diese vornehme Art meiner Eltern im Umgang miteinander bewusst.

Frömmigkeit war in unserer Familie im Alltag integriert. Täglich wurde bei Tisch gebetet, in der Adventszeit und im Mai gab es abends eine kurze Familienandacht. Sonntags war der Kirchgang selbstverständlich. Die Mutter ging, wenn sie irgendwie konnte, auch öfter werktags zum Gottesdienst. Vom Schulbeginn an im Herbst 1944 ging ich täglich zur Messe, wurde schon nach wenigen Wochen Ministrant. (Die Großen mussten – es war kurz vor Kriegsende – immer am Sonntagvormittag zum Appell antreten und konnten nicht mehr ministrieren. Sie wurden, wie es hieß, für den Kampf an der Heimatfront vorbereitet). So wuchs ich ins kirchliche Leben hinein und fühlte mich zum innersten Kreis gehörig. Der Pfarrer meiner Kindheit war ein überzeugender Mann, den ich sehr verehrte. Er war in der Nazizeit mutig und sprach oft kritisch von der Kanzel. Ich spürte schon als Kind, dass er ablehnte, was die Vielen propagierten. Zugleich feierte er sehr gesammelt Liturgie. Er hat mich schon als Kindergartenkind (ich durfte etwa ab dem vierten Lebensjahr sonntags mit dem Vater auf die Empore der Kirche gehen) fasziniert. Dadurch ergab es sich für mich – fast wie selbstverständlich –, dass ich Priester werden wollte.

Noch etwas fällt mir ein, was meinen kirchlichen Weg beeinflusst haben könnte: Zu uns kamen viele arme Leute zum Betteln. Sie schlichen durch eine

Hintertür in unseren Garten, wodurch die Nachbarn sie nicht sehen konnten. (Betteln und Hausieren war in der Nazizeit streng verboten). Und Mutter hat ihnen immer etwas gegeben, und zwar: Sie hat sie ins Haus gebeten, hat mit ihnen gesprochen und sie behandelt wie Nicht-Bettler.

In unserer Nähe lebte eine verkrüppelte arme Frau, mit der ich großes Mitleid hatte. Als sie starb – ich war damals etwa neun Jahre alt – war ihre Beerdigung erbärmlich, wenige Leute kamen, es waren nur zwei Leichenträger da, so dass man sie nur mühsam ins Grab senken konnte. Ich erinnere mich lebhaft, dass ich darüber furchtbar zornig nach Hause ging und erbost meinen Eltern Vorwürfe machte. Sie hätten doch wenigstens kommen können. Mutter und Vater verteidigten sich, dass sie hätten arbeiten müssen.

Meine schulische Laufbahn begann in der Endphase des Zweiten Weltkrieges 1944 in einer überfüllten Schule, in welcher vier Jahrgänge in einem Klassenzimmer gleichzeitig unterrichtet wurden. Ich musste nicht viel lernen, es fiel mir so zu. Das änderte sich rapid im Gymnasium, wo ich auch in eine überfüllte Klasse kam. Es hat mir vom ersten Tag an überhaupt nicht gefallen. Ich beschloss schon nach wenigen Tagen, nur vier Jahre zu bleiben, damit ich nicht in die Volksschule zurück musste. Dann wollte ich eine Schreiner- und Bildhauerlehre machen und Künstler werden. Es kam anders. Durch einen Zufall ging ich mit einem Freund (Bernhard Mayer) ins Eichstätter Knabenseminar (er wurde später Professor für Neues Testament). Dort musste ich viele schulische Versäumnisse nachholen, was mich an den Rand meiner Kapazitäten brachte – und mich vor allem tief traurig stimmte. Ich war später nie mehr so traurig wie damals, wo ich in der Schule mit anderen nicht mithalten konnte. Ich hatte mich fast aufgegeben, als mir ein Lehrer Mut machte, was in einem Fach schlagartig zum großen Erfolg führte (ich sprang von der schlechtesten Note „Fünf" auf die beste „Eins"). Nach zwei Jahren wurde ich schwer krank, war fast ein Jahr in einer Lungenheilstätte und musste dann, nach meiner Rückkehr, noch fünf Jahre in Dauerbehandlung bleiben, was meine Möglichkeiten sehr einschränkte.

In Eichstätt hatte ich Lehrer, die mich stark beeinflusst haben. Es waren hauptsächlich drei Männer der Fächer Deutsch und Geschichte. Sie forderten mich heraus, jeder auf andere Weise, und förderten vor allem mein Interesse für Philosophie, Theologie und Geschichte. Mit einem Religionslehrer habe ich mich permanent angelegt. Dies ging so weit, dass ich in der letzten Schulaufgabe vor dem Abitur als Einziger in der Klasse (alle anderen hatten Note „Eins" oder „Zwei") eine „Vier" bekam, weil ich nachzuweisen versuchte, dass das, was im Religionsbuch stand, einseitig apologetisch wäre und nicht dem augenblicklichen Stand der wissenschaftlichen Theologie entspräche. Ich hatte Hans Küngs Doktorarbeit gelesen und begründete mein Urteil mit seinen Thesen.

Im Studium der Theologie an der Philosophisch-Theologischen Hochschule in Eichstätt begeisterten mich in den ersten Semestern die Philosophiegeschichte und die Nebenfächer Biologie (mit Paläontologie), Grenzfragen zu den Naturwissenschaften (Physik) und vor allem Kunstgeschichte. Diese drei Fächer nahmen einen breiten Rahmen in unserem Studienplan ein, und dies drei bis vierstündig vier Semester lang. In der Theologie legte ich meine Schwerpunkte auf Kirchengeschichte und später dann auf Dogmatik. Ich habe sehr intensiv studiert (wegen meiner angeschlagenen Gesundheit konnte ich nicht viel anderes unternehmen) und suchte immer herauszufinden, warum ein Thema zu bestimmten Zeiten aufkam und warum es für mich wichtig sein könnte. Dabei dachte ich nicht an die spätere Seelsorge, sondern wollte selbst überzeugt sein von der Wichtigkeit der Aussagen.

Eingebettet war das Philosophie- und Theologiestudium in ein Seminarleben, das geprägt war von einer Abgeschiedenheit zur Außenwelt (die ich lediglich durch das Lesen der Feuilletons überregionaler Zeitungen wahrnahm), durch geistliche Übungen und Gottesdienste sowie durch ein straff geregeltes Gemeinschaftsleben. Ich habe diese dichte Lebens- und Arbeitsatmosphäre genossen.

## Auf dem Weg zum Professor

Nach meiner Priesterweihe 1966 bin ich mit Elan in die Seelsorge eingestiegen, zunächst als Aushilfskaplan, dann nacheinander an zwei Kaplanstellen. Dann bot man mir an, ich sollte in Kirchengeschichte promovieren. Ich lehnte ab mit dem Hinweis, ich möchte in der Seelsorge bleiben und nicht in die Wissenschaft einsteigen. Daraufhin sollte ich Jugendpfarrer werden. Der damalige Jugendpfarrer überzeugte die Bistumsleitung, dass sein Nachfolger auf diese Arbeit durch ein Zusatzstudium vorbereitet werden sollte. So schickte man mich 1969 an das damals in München aufgeblühte „Institut für Katechetik und Homiletik" mit dem Auftrag, mich für die „Verkündigung an die Jugend" vorzubereiten. Ich schrieb mich zunächst in die Abteilung Katechetik ein. Doch als ich nach einer Woche merkte, dass hier sehr stark alles auf Religionspädagogik und Katechetik ausgerichtet war, wechselte ich zur Homiletik. Diese dort sehr auf die Praxis blickende und zugleich die Theorie reflektierende Art der Studien hat mich begeistert. Zugleich schrieb ich mich an der Ludwig-Maximilians-Universität ein und hörte dort neben Pädagogik und Kirchengeschichte vor allem Erich Feifel (Religionspädagogik mit Jugendkunde) und Hans Schilling (Pastoraltheologie). Mit einem Diplom für Homiletik schloss ich nach zwei Jahren die Studien am Institut und an der Universität ab. Doch dann wurde ich überraschend zum Regens des Priesterseminars Eichstätt ernannt. Jetzt merkte ich, dass ich für diese Aufgabe eigentlich promoviert sein müsste. Die Professoren, die im damaligen Eichstätt sehr eng mit dem Priesterseminar verbunden waren – die Hochschulräume waren alle im Seminar und der Regens übte de facto das Kanzleramt für die Hochschule aus – sagten mir immer wieder: Schade, dass du nicht promoviert bist. So begann ich, ohne jemanden zu fragen, nebenher eine Promotionsarbeit zu verfassen. Mein Lehrer Erich Feifel meinte: Nebenher kannst du nur eine historische Arbeit schaffen, wenn du die Quellen alle griffbereit zur Hand hast. Er begleitete mich und förderte mich dahingehend, dass er alle Blockseminare mit seinen Promovenden in Eichstätt und im Bildungshaus Schloss Hirschberg abhielt, so dass ich daran teilnehmen konnte. Die übrigen Seminare, die ich noch besuchen musste, wählte ich so aus, dass ich zwei Semester lang einen halben Tag pro Woche nach München fuhr und zwei hintereinander liegende Veranstaltungen besuchte. Da mein Thema direkt mit meiner Arbeit als Regens zu tun hatte (es ging um Fortbildung des Klerus in der Mitte des 19. Jahrhunderts), war ich hoch motiviert, historische Hintergründe der Priesterfortbildung, die wir für die Kapläne damals wieder einführten, zu erfahren. Erich Feifel, ein Schüler des Tübinger Pastoraltheologen Franz Xaver Arnold, den ich ob seiner komprimierten Sprache zunächst nicht verstanden habe, hat mich von meinen akademischen Lehrern langfristig wohl am meisten geprägt. Sein anthropologischer Ansatz der praktischen Theologie war mir, der ich von Eichstätt her neuscholastisch geprägt war und durch Ludwig Ott ein absolut stringentes System als Ideal eines wissenschaftlichen Denkens vermittelt bekommen hatte, zunächst fremd. Der geniale Alttestamentler Hermann Seifermann, ein Schüler des Freiburgers Bernhard Welte und teilweiser Autodidakt, faszinierte mich und ließ mich langsam Feifels Grundanliegen verstehen. Mit dem Neutestamentler Heinrich Kahlefeld setzte ich mich sehr kontrovers auseinander. Auch er half mir, die Lebensferne der strikten Systematik zu entdecken.

So bildete sich für mich eine theologische Welt, die zunächst nicht die Literatur befragte, sondern einem eigenen Denken mehr traute als zeitgenössischen Autoren, von denen sich in den Endsechziger Jahren einige äußerst kompliziert ausdrückten. Ich versuchte dann immer, die komplexen Formulierungen zu entschlüsseln und einfach, der Alltagssprache zugewandt, auszudrücken. Und nicht selten war ich verwundert, wie banal mir so manches von dem kompliziert Ausgedrückten letztlich vorkam.

Die Auseinandersetzungen, die ich dann als junger Regens mit den Studenten hatte – viele waren in den siebziger Jahren ausnehmend skeptisch gestimmt –, motivierte mich, theologische Fragen noch gründlicher als bisher zu studieren. Da viele der Professoren der Philosophisch-Theologischen Hochschule täglich im Seminar verkehrten – wir hatten mittags einen Professorentisch –, konnte ich mir viel im Gespräch aneignen. Ich pflegte also einen regen Austausch mit den Professoren Josef Kürzinger (Neues Testament), Rudolf Mosis (Altes Testament), Ernst Reiter (Kirchengeschichte), Alfred Gläser (Fundamentaltheologie), Bernhard Mayer (Neues Testament), Joseph Weitzel (Kirchenrecht), Karl Merkl (Psychologie) und Alex Bucher (Philosophie). Auch mit Professoren anderer Fakultäten der Gesamthochschule bzw. Universität Eichstätt hatte ich regen Kontakt.

Sehr vieles lernte ich sozusagen „by doing". Ich musste mich als Vorstand der Seminarstiftung viel mit Bauen beschäftigen, vertrat die Bauherrschaft beim Ausbau der Sommerresidenz zu einem Bürogebäude (dem heutigen Zentralgebäude der Universität), bei der Gestaltung des Juramuseums auf der Willibaldsburg (ein hochfrequentiertes naturwissenschaftliches Museum), beim Neubau und den Restaurationsbauten des Priesterseminars und leitete den Aus- und Neubau auf Schloss Hirschberg noch ein. Bei alledem hatte ich das Glück, einen hervorragenden Architekten zu haben, den berühmten Karl Josef Schattner, der mich zusätzlich mit vielen anderen Architekten und Künstlern bekannt gemacht hat.

Im Seminar, dem Collegium Willibaldinum, war ich der Letztverantwortliche für das Priesterseminar, für drei angeschlossene Internate (Knabenseminare) mit je einem eigenen Leiter, für die Seminar-Bibliothek und in den beiden Jahren 1971-72, also vor der Gründung der Gesamthochschule bzw. der Universität, auch noch (als Quasikanzler) für die Finanzen und die Organisation der Philosophisch-Theologischen Hochschule. Dazu kam noch die Verantwortung für die seminareigene Landwirtschaft, Metzgerei, Bäckerei und Gärtnerei. Und schließlich war ich als „wirklicher Geistlicher Rat" mit Sitz und Stimme involviert in die Bistumsleitung.

Diese vielseitigen praktischen Tätigkeiten haben selbstverständlich meine Theologie beeinflusst. Ich bekam einen ausgemacht praktischen Blick und überlegte bei jeder neuen Anregung, ob und wie diese realisierbar sei.

# Meine Theologie

Die Frage ist, was bei alledem herauskam und wo meine theologischen Schwerpunkte liegen. Es fällt mir gar nicht leicht, diese wahrzunehmen und vor allem zu formulieren. Irgendwo bin ich ein Generalist geworden, der eine Vielzahl von Themen aus ganz unterschiedlichen Lebensbereichen bedenken musste. Fast jedes Thema versuchte ich historisch anzugehen, indem ich mich regelmäßig fragte: Wie ist es zu diesem Thema gekommen? Was ist dazu im Laufe der Geschichte gesagt worden? Wo liegt jeweils das eigentliche Problem? Und vor allem interessierte mich: Was war oder ist die Motivation der Menschen, diese Thematik anzugehen und so und so zu behandeln? Die Motivationen interessieren mich – und damit auch der Zusammenhang eines theologischen Themas mit der Lebenspraxis.

Und dann habe ich mir angewöhnt, zu bedenken, was mir einmal Karl Rahner gesagt hat, als ich ihn gefragt hatte, wie er es denn fertig bringe, dass er so präzise auf Fragen antworten könne. Er sagte mir: „Wissen Sie, ich frage mich immer, was ist die Frage hinter der Frage. Und auf diese Frage antworte ich."

Mit dieser Hintergrunds-Frage suche ich oft die Motive herauszufinden, welche Menschen leiten, wenn sie ein Thema angehen oder warum sie genau diese Frage stellen. Warum fragt der Mensch so? Was ist sein eigentliches Interesse? Und was ist ebenso mein Interesse, ihn entweder in mein Denken einzubinden oder seine These abzulehnen? Diese letzte Frage zu beantworten fällt mir meist besonders schwer.

Wo aber liegen nun die Schwerpunkte meines theologischen Schaffens? Ich habe schon gesagt: Ich habe eine Vielzahl völlig unterschiedlicher Themen bearbeitet – weniger in Artikeln als in Vorträgen. In der Homiletik sind es die Fragen der Sprache und des kommunikativen Handelns sowie der Hagiographie. In der Pastoraltheologie sind es die Fragen nach Amt und Aufgabe des Priesters heute, der Priesteraus- und fortbildung, der Verwandtschaft von Theologie und Kunst, der Diakonie und dann philosophischer Hintergründe sowie deren gesellschaftliche Kontexte. In der Spiritualität interessieren mich vor allem Entwicklungen bestimmter religiöser Praktiken und ihre Einbettung in die verschiedenen Lebensbereiche.

Ich bin überzeugt: Jeder theologische Begriff hat seinen historischen Sitz im Leben und braucht weiterhin seinen Ort in den gegenwärtigen Bezugssystemen. Dennoch bin ich absolut kein Modernist – im Gegenteil. Die Inkarnation des göttlichen Wortes spielt in meinem theologischen Denken eine große Rolle, da mir immer deutlicher wurde: Göttliches hat sich in Jesus historisch-menschlich gezeigt. Und auch das Trinitarische bewegt mich dahingehend, dass mir bewusst ist: Der Beziehungsaspekt dominiert jeden sachlichen Zusammenhang und jede theologische Aussage. Er bestimmt somit die theologischen Begriffe, die oft so glatt und lebensfern daherkommen und wie Schachfiguren hin und hergeschoben werden.

Alle diese angedeuteten Schwerpunkte hängen sicherlich zusammen mit meinen ungezählten Tätigkeiten als Seelsorger, als Regens und als Organisator.

Für den Seelsorger hatte es sich schon als Kaplan ergeben, dass ich Menschen auf ihrem Lebensweg geistlich begleiten durfte. Ich habe im Laufe der Jahre – vornehmlich später dann als Spiritual im Herzoglichen Georgianum (nach meiner Pensionierung von 2003-2013) – viel an menschlicher Größe und gleichzeitiger menschlicher Not kennengelernt. Ich musste mich oft theologisch hinterfragen und hinterfragen lassen. Wo Theologie und Leben, wo Zweifel an der Theologie und an der Glaubwürdigkeit ihrer Vertreter oft so nahe beieinander stehen, da formt sich die theologische Rede anders, kritischer – oder sie gemahnt sogar zum Schweigen.

Für mich als Regens stand die Begleitung der Theologiestudenten an erster Stelle. Immer versuchte ich, dem Einzelnen gerecht zu werden. Dabei habe ich mich orientiert an Johann Michael Sailers „Geistlich-Geistlichen". Als langjähriger zweiter Vorsitzender der deutschsprachigen Regentenkonferenz war ich beteiligt, mit anderen Kollegen zusammen die Vorlagen für die „Ratio Nationalis" zu erstellen und in vielen Konferenzen die Situation der Gegenwart auszuleuchten und Wege für eine menschengerechte und kirchengemäße Ausbildung zu finden. Als (für sechs Jahre gewählter) Vertreter der theologischen Arbeitsgemeinschaften im Gesprächskreis mit der Bischofskonferenz war ich involviert auch in Fragen der Hochschulpolitik. Die Bedeutung der Theologie für einen geistlichen Weg und für eine kulturprägende Seelsorge wurde mir (auch im Zusammenhang mit diesen Sonderaufgaben) mit jedem Jahr bewusster. Zehn Jahre war ich Berater der Pastoralkommission der Deutschen Bischofskonferenz. Gegenwärtig bin ich Berater der Kommission für „Geistliche Berufe und kirchliche Dienste". Heute weiß ich: Theologie muss sich auf Augenhöhe mit den Wissenschaften, die sich mit dem Menschen und seinem Umfeld beschäftigen, auseinandersetzen. Und ein Priester muss ein Mann der Kultur sein, der von der geistlichen Wirklichkeit des Glaubens zu künden weiß.

Deshalb habe ich mich schwerpunktmäßig mit Homiletik und Kunst auseinandergesetzt. In der Homiletik sind mir die Relation „Wirklichkeit und Sprache", „Theologie und Lebensbezug" und überdies das „Kommunikationsgeschehen" besonders wichtig. In den 17 Jahren (1986-2003), in denen ich Vorsitzender der ökumenischen „Arbeitsgemeinschaft für Homiletik e.V." war, ist mir aufgegangen, wie wichtig der Zusammenhalt der christlichen Kirchen und wie fruchtbar für alle die theologische Auseinandersetzung ist.

Im Umgang mit der Kunst bewegen mich die spirituellen Anteile von Kunstwerken, und zwar gleichermaßen jener Werke, die uns historisch überkommen, als auch jener, die der Gegenwart entstammen. Die Kirche muss mit der Kunst zusammenwirken; denn sie ist auf alle Künste angewiesen in der Verkündigung, in der Liturgie und im Gemeindeleben. Ich spreche bewusst von „Kulturdiakonie" (neben der ebenso wichtigen Solidardiakonie und Sozialdiakonie). Die Kirche braucht alle Künste, und zwar die historischen wie die gegenwärtigen, da sie vom Geheimnis Gottes nicht anders künden kann denn durch Formen der Kunst. Sie braucht in ihrem Reden die literarische Kunst; sie braucht in ihrer Liturgie die Inszenierungskunst, die musikalische Kunst, die bildende Kunst, die Kunst der Gegenstände; sie braucht in der Verkündigung die Kunst des Sprechens, der Interpretation, der Darstellung; sie braucht für die Räume die Kunst der Architektur, der Akustik, der Lichtführung; sie braucht für ihr ganzes Wirken auch noch andere Künste. Und stets ist die Zeitgenossenschaft angesagt, da nur so die Herzen der Menschen erreicht werden können.


# Resümee


Ich hatte keine wissenschaftliche Karriere geplant. Ich wollte einfach Seelsorger werden – nicht unbedingt Pfarrer; da hatten mich vor allem die organisatorischen Verpflichtungen abgeschreckt. Es ist alles anders gekommen. Die Berufung ins Regensamt hat mich gezwungen, mich intensiver mit den Ausbildungs- und Fortbildungsfragen von Priestern zu beschäftigen. Früh habe ich erkannt: Dazu braucht es eine geerdete Theologie. So habe ich neben dem Diplom in Homiletik, das ich am Institut für Katechetik und Homiletik erworben habe, rasch begonnen, neben meiner Arbeit als Regens eine Promotion zu schreiben. Fast zwölf Jahre habe ich dazu gebraucht. Sie fiel dann so überraschend positiv aus, dass Freunde mich ermunterten, mich für eine Professur zu bewerben, zumal ich damals (aus Gesundheitsgründen) das Regensamt abgeben sollte. Nach einem Zwischenjahr, in welchem ich das Exerzitien- und Bildungshaus Schloss Hirschberg leitete, hat sich dann ergeben, dass ich in Luzern den Lehrstuhl für Pastoraltheologie und Homiletik angeboten bekam. Nach vier Jahren übernahm ich – auf Drängen von Bischof Dr. Karl Braun und Dekan Prof. Dr. Peter Krämer – den Sonderlehrstuhl „Spiritualität und Homiletik" in Eichstätt, und nach weiteren drei Jahren wurde ich nach München berufen auf den Lehrstuhl für Pastoraltheologie. Nebenher habe ich vor allem während meiner Zeit in Eichstätt und in München als Pfarradministrator gewirkt und habe viele Menschen, Einzelne wie Gruppen, auf ihrem geistlichen Weg begleitet. Regelmäßig habe ich Exerzitienkurse geleitet. So verstehe ich mich eigentlich mehr als Lehrer und Begleiter denn als Schreibtischmann. Was nicht heißt, dass ich das wissenschaftliche Suchen und Fragen vernachlässigen möchte. Wissenschaftliche Theologie ist notwendig, um die Praxis der Seelsorge verantwortlich und lebensbezogen gestalten zu können.

UDO FRIEDRICH SCHMÄLZLE OFM

# „Back to the roots":
# Spurensuche auf dem Weg in
# die Praktische Theologie

Kann ich zu Lebzeiten etwas über mich selbst schreiben, was nicht in narzisstischer Selbstbespiegelung endet? Eine Frage, die mich bei jeder Zeile begleitet hat. Entstanden sind Fragmente zu wichtigen Stationen auf meinem Lebensweg. Hilfreich waren für mich Olaf Hähners Erwartungen an einen Biographen. Der „Lebenslauf eines Individuums" sei „in seiner Beziehung zur Geschichte"[1] darzustellen. Ich will's versuchen!

## Kindheit

Die ersten Jahre meines Lebens sind überschattet vom Ende des Zweiten Weltkrieges und seinen Folgen. 1943 fiel der jüngste Bruder meines Vaters, Onkel „Frieder", in den Kämpfen um Stalingrad. Kurz nach der Kapitulation in Stalingrad (2. Februar 1943) erblickte ich am 20.3.1943 in Seebach im Nordschwarzwald das Licht der Welt und wurde auf den Namen meines gefallenen Onkels getauft. Der Fall von Stalingrad wurde für unsere Familie zum „Glücksfall", denn mein Vater konnte mit dem Zusammenbruch der russischen Front nicht mehr mit seiner ganzen Familie nach Russland auf ein Sägewerk deportiert werden. Nach dem Ersten Weltkrieg hat mein Vater die Holzarbeitergewerkschaft in Südbaden mitbegründet. Als Gründungsmitglied stand er mit der

---

[1]  Olaf Hähner, Historische Biographik, Frankfurt/M. u.a. 1999, 254.

ganzen Familie auf der Deportationsliste der NSDAP. Der Ortsgruppenleiter hatte bereits 1942 meinem Vater diese Strafaktion angedroht. Diese Pläne sind mit dem Zusammenbruch der russischen Front geplatzt, unser Glück.

Mein Vater stammt von einem kleinen Bauernhof und hat als Gattersäger mehr als 50 Jahre auf demselben Sägewerk gearbeitet. Meine Mutter hatte bereits als kleines Kind die eigene Mutter verloren, wuchs bei Verwandten auf und hat dann nach ihrer Schulzeit als „Maidli" bei einem Fuhrunternehmer in unserem Dorf gearbeitet. Nach einem Bericht des Süddeutschen Rundfunks über die „Hütebuben" im Schwarzwald gehörten die sogenannten „Maidli" auf den Bauernhöfen zur untersten sozialen Schicht in den Schwarzwalddörfern. Meine Mutter hatte Glück. Sie wurde in dieser Familie wie die eigene Tochter behandelt und hat in diesen Jahren das „Wirtschaften" gelernt. Selbst in schwierigsten Zeiten nach dem Krieg hat sie ihre Familie mit zwei Töchtern und vier Söhnen gut „durchgebracht". Wir waren arm. Der innerdeutsche Ferienboom in den fünfziger Jahren brachte dann die Wende und etwas Wohlstand. Jedes Bett wurde vermietet. In den Sommerferien schlief ich mit meinem Vater auf Matratzen unter den Dachziegeln.

Trotzdem, es waren glückliche Jahre! Wir hatten eine Mutter und einen Vater, die für ihre Kinder durchs Feuer gingen. Unvergesslich bleiben für mich die sonntäglichen Wanderungen mit meinem Vater über die umliegenden Berge, während die Mutter daheim ihre Auszeit nahm und Briefe an ihre Tante in Amerika schrieb: „Sister Mary Solana Fischer", eine Franziskanerin (+1970), die noch vor dem Zweiten Weltkrieg mit ihrer Kongregation in die USA auswanderte. Diese Schwester war der gute Geist unserer Familie, Engel, Notrufsäule, Care-Paket-Tante und Gebetswache in familiären Turbulenzen. Wir bekamen diese Schwester nie zu Gesicht. Kontinuierlich versorgte sie uns mit ziemlich kitschigen Heiligenbildchen. Ein großes Bild mit der Vogelpredigt des Hl. Franz von Assisi – es hing über meinem Bett – stammte ebenfalls von ihr. Eine Zeitung konnte sich die Familie nicht leisten. Die Gewerkschaftszeitung kam regelmäßig ins Haus und wurde neben „Konradsblatt" und „Achertäler" zum zentralen Medium, auf das ich bei den ersten Leseversuchen zurückgreifen konnte. Der älteste Bruder sorgte später dafür, dass ein Radio ins Haus kam. In eine eigene Hausbibliothek, von der mir später Klassenkameraden auf dem Gymnasium berichteten, konnte ich mich nicht zurückziehen!

Die ersten Schritte zum Lesen, Schreiben und Rechnen begannen noch auf der von den Geschwistern geerbten Schiefertafel. Zwei Klassen wurden gemeinsam unterrichtet. Die Prügelstrafe war noch gang und gäbe. Bei tiefem Schnee im Winter konnte die Schule nur mit Schlitten oder Skiern erreicht werden. Die sozialen Klassenunterschiede bekamen alle zu spüren, die daheim nicht über Speck, Wurst, Milch und Honig verfügten. An irgendeine Beratung und Unterstützung zum Besuch weiterführender Schulen kann ich mich nicht erinnern. Da ich nach dem Krieg von einem bei uns wohnenden und an offener Lungentuberkulose erkrankten, jungen Kriegsheimkehrer angesteckt wurde und immer wieder kränkelte, sollte ich nach dem Wunsch der Mutter Schneider oder Gärtner werden. Das war alles, was mir damals zugetraut wurde.

## Aufbruch oder Ausbruch?

Wie kam es nun zum Ausbruch aus dieser geschlossenen Welt des verwinkelten Schwarzwalddorfes? Bereits mit 11 war mir drei Jahre nach der Erstkommunion klar: Ich will Priester werden! Dreimal habe ich beim Beichten unserem Pfarrer diesen Wunsch mitgeteilt und um Hilfe gebeten. Beim dritten Versuch hat er mich ins Pfarrhaus mitgenommen. Er wollte mich in das bischöfliche Konvikt nach Rastatt vermitteln. Das wollte ich aber nicht. Ich war von den Berichten über die Arbeit der Missionare fasziniert. *„Zu welchem Orden willst Du denn?"*, wollte dann der Pfarrer wissen und zählte mir einige Ordensnamen auf. Darunter waren auch die „Franziskaner". Ich hatte bis zu diesem Zeitpunkt noch nie einen „Franziskaner" gesehen. Jetzt ging es nur noch um die Frage, wo die Franziskaner ein Internat führten und ob es in diesem Internat noch einen Platz für mich gab. Bis zu diesem Zeitpunkt wussten die Eltern noch nichts von diesem Gespräch und meinen Plänen. Der Pfarrer nahm Kontakt mit meinen Eltern auf. Er stieß auf den radikalen Widerstand meiner Mutter. Unterstützung fand ich erst später beim Vater. Die Mutter hat den Vertrag mit dem Internat erst unterschrieben, als das Auto, das mich nach Riedlingen bringen sollte, schon vor der Türe stand. Bis heute mache ich mir Vorwürfe über meine Sturheit. Ich brachte die ganze Familie in erhebliche finanzielle Turbulenzen. Dieser Aufbruch wäre beinahe gescheitert, wenn sich nicht der damalige Internatsleiter P. Beda Schmidt ofm nach meiner verpatzten Aufnahmeprüfung am Gymnasium in Riedlingen für mich eingesetzt hätte. Ich wurde auf „pröbster Weise" aufgenommen und konnte nach guten Leistungen im ersten Halbjahr dann doch bleiben. Mit diesem Start begann für mich ein neues Leben. Ich könnte es auch als „zweite Geburt" bezeichnen, denn ich hatte plötzlich Zugang zu Sprachen, zur Literatur, zu Kunst und Sport und fand neue Freunde. Nach einem Jahr folgte der Wechsel auf das Albertus-Magnus-Gymnasium (AMG) in Rottweil. Die folgenden acht Jahre bis zum Abitur 1964 gehören für mich zu den glücklichsten in meinem Leben. Das Internat wurde von weitblickenden und aufgeschlossenen Franziskanern geführt. Mit Nachhilfeunterricht konnte ich später meine Familie finanziell entlasten. Zwei Ereignisse haben in diesen Jahren mein Leben und Denken verändert: Der Film „Nacht und Nebel" und die Teilnahme an den internationalen franziskanischen Jugendtreffen des „Marienthaler Kreises".
    Alain Resnais gelang 1955 mit seinem Film „Nacht und Nebel" ein frühes und einzigartiges Dokument über den Holocaust. Erstmals wurden die Aufnah-

men der Alliierten von der Befreiung der Konzentrationslager filmisch aufgearbeitet und der breiten Öffentlichkeit zugänglich gemacht. Es muss im Jahr 1957 oder 1958 gewesen sein, als wir mit dem ganzen Internat diesen Film im Kino zu sehen bekamen. Diese Bilder haben mich bis heute nicht losgelassen. Ich begann, in der Vergangenheit meiner Bezugspersonen in Familie, Lehrerschaft und Orden herumzuschnüffeln. Der Blick auf die „Väter" und ihre Geschichte im Nationalsozialismus wurde schärfer. Das Misstrauen und die Distanz zu dieser Generation wuchsen. Sie waren nicht mehr die großen Vorbilder, sondern wurden für den Krieg mit seinen Grausamkeiten und Gräueltaten in die Pflicht genommen. In diesen Jahren würde ich auch meine Geburtsstunde als „1968-er" ansetzen. Hier begann der Weg vieler aus meiner Generation in „die vaterlose Gesellschaft". Gleichzeitig hat sich die Beziehung zu meinem Vater mit seiner Lebensgeschichte vertieft. Die Glaubwürdigkeit unserer Erzieher stand auf dem Spiel. Wir hatten am Albertus-Magnus-Gymnasium großes Glück. Der Geschichtsunterricht von Dr. Oskar Flemming – einer der jüngsten Offiziere unter Hitler –, der sich unseren Fragen stellte, und die beiläufigen Erzählungen über den Überlebenskampf im russischen Gefangenenlager unseres Altphilologen Dr. Dankwart Schmitt haben Vertrauen gestiftet. In diesen Jahren haben wir in der Schule oft über die Wiederbewaffnung der Bundesrepublik und die Einführung der Wehrpflicht diskutiert. Aus dieser Zeit stammt auch der erste längere Schriftsatz aus meiner Feder. Mein Referat beschäftigte sich mit der Kriegsdienstverweigerung und hat „Staub aufgewirbelt". Unser junger, gerade aus den USA zurückgekehrter Deutschlehrer Dr. Otto Rebstock quälte uns nicht mit schöngeistiger Literatur, sondern konfrontierte uns mit Franz Kafka, Bert Brecht und John Steinbeck und schlug von diesen Literaten die Brücke zu den Klassikern. Unvergesslich bleibt für mich seine Eingangsfrage beim mündlichen Abitur in Deutsch: „Vergleichen sie den Roman ‚Das Schloss' von Kafka mit dem ‚Urfaust' von Goethe". Die Prüfung wurde nach relativ kurzer Zeit vom eingeflogenen Prüfungsvorsitzenden aus Tübingen mit dem Satz abgebrochen: „Es reicht! Wir sind hier noch nicht im Staatsexamen!". Solche Sätze hat ein allzu oft von Selbstzweifeln angefressener „Wäldler" nicht vergessen.


# „Ein ungeprüftes Leben ist nicht lebenswert!" (Platon) – Jahre der Entscheidung und Setzungen


Der Ausbruch des Zwölfjährigen war prägend für mein zweites Lebensjahrzehnt. Das folgende dritte Jahrzehnt ist geprägt von Jahren des Fragens und Zweifeln, in denen am Ende aber fundamentale Entscheidungen gefällt wurden.

Die Krise begann bereits in den letzten Jahren auf dem Gymnasium. Die Lektüre von Platons Schrift *Phaidon*, in der er über den Tod des Sokrates berichtet, hat mich tief bewegt. Nach Sokrates hängt das Schicksal der Seele nach dem Tod von ihrem Verhalten während des Lebens ab. Seine Forderung, sein Leben radikal in Verantwortung zu nehmen, hat mich aufgerüttelt: *„Ein ungeprüftes Leben ist nicht lebenswert"* (*„ἀνεξέστατος βίος οὐκ ἔστιν βιότος"*). Was heißt das? In den vielen Gesprächen mit meinen evangelischen und agnostischen Mitschülerinnen und Mitschülern relativierte sich sehr schnell meine konfessionelle Religionszugehörigkeit und spitzte sich in der Frage zu: Was können die einen dafür, dass sie in einer evangelisch geprägten Umwelt groß wurden? Was kannst Du dafür, dass Du in einem katholischen Reservat im Schwarzwald das Licht der Welt erblickt hast? Die Begegnung mit einer jungen Frau auf den internationalen Begegnungen des *„Marienthaler Kreises"* stellte die früh getroffene Entscheidung, Priester zu werden, fundamental in Frage. Die im Kolleg erfahrene franziskanische Lebensform wurde durch die Entscheidungen anderer Mitschüler relativiert, die sich für ein Noviziat bei den Jesuiten oder Benediktinern entschieden. Alle Konstanten, auf denen bisher mein Leben aufbaute, wurden hinterfragt. Richtig aufgebrochen ist diese Krise nach meinem Eintritt in das Noviziat der Franziskaner. Mir wurde endgültig klar, dass jetzt Entscheidungen zu fällen waren.

Im Noviziat begann ich, den Römer- und Galaterbrief aus dem Griechischen ins Deutsche zu übersetzen. Im Ringen um jedes Wort erschloss sich für mich ganz neu der Sinn von Wörtern und Sätzen, mit denen *Paulus* sich in einer ähnlichen Existenz- und Glaubenskrise gegenüber seinen Gemeinden in Rom und Galatien zu rechtfertigen suchte: *„Zur Freiheit hat uns Christus befreit (Gal 5.1)… Ihr seid zur Freiheit berufen, Brüder… dient einander in Liebe (Gal 5,13)"*. Diese Sätze haben in mir einen spirituellen Raum eröffnet und mich in eine Weite geführt, in der Denken, Glauben und Beten wieder zusammenfinden konnten. Gleichzeitig wurde klar: Paulus musste sich entscheiden! Auch Du bist frei! Auch Du kommst nicht an fundamentalen Entscheidungen vorbei und – was ganz wichtig war – auch Du kannst und musst dem Geist vertrauen, um den Du schon so oft gebetet hast! Ein weiterer Satz aus dem Galaterbrief hat mir in der Auseinandersetzung mit dem quälenden und zermürbenden Rechtfertigungspostulat von *Platon* und *Kafka* geholfen. Kafka lässt im Roman „Das Schloss" *„Josef K"* durch Gänge und Räume irren, um die „Instanz" zu suchen, vor der *„Josef K"* Rechenschaft ablegen will, eine Instanz, die aber auch *„Josef K"* zur Rechenschaft ziehen will. Martin Walser verweist in seinem Buch *„Über Rechtfertigung. Eine Versuchung"* ebenfalls auf Franz Kafka. In diesen Aporien eines Rechtfertigungsdenkens fiel folgender Satz aus dem Galaterbrief auf fruchtbaren Boden:[2] *„Wir werden gerecht durch den Glauben an Jesus Christus"* (*„δικαιωθῶμεν ἐκ πίστεως Χριστοῦ"* Gal 2,16). Bei allen Prägungen

---

[2]  Vgl. Martin Walser, Über Rechtfertigung. Eine Versuchung, Hamburg 2012, 7f.

und Zuordnungen durch Geburt, Konfession und Kultur: Du kannst Dich existentiell nicht aus Dir selbst rechtfertigen und aus Dir selbst neu schaffen. *Martin Walser* hat diesen inneren Prozess in seinem Versuch *„Über Rechtfertigung"* überdeutlich beschrieben. Ich habe damals im paulinischen Sinn den Sprung in den Glauben gewagt: *„Soweit ich aber jetzt noch in dieser Welt lebe, lebe ich im Glauben an den Sohn Gottes, der mich geliebt und sich für mich hingegeben hat" (Gal 2,20)*. Dieser Satz umschreibt eine meiner *„Setzungen"*, oder anders ausgedrückt, eine der neuen Konstanten für meinen weiteren Lebensentwurf: Du bist gerechtfertigt und in die Freiheit entlassen. Du bist erlöst! Du musst dich nicht selbst erlösen. Du bist frei und kannst versuchen, die Welt in Liebe zu gestalten, „εἰς οἰκοδομὴν ἐν ἀγάπῃ" sagt Paulus im Epheserbrief 4,16. In den Büchern von *Karl Adam* und *Henri de Lubac* über den Katholizismus und in *Teilhard de Chardin's „Le milieu divin"* habe ich vieles gefunden, was mir in dieser Phase half, mich selbst zu verstehen und Entscheidungen zu fällen.

Auf einen ähnlichen, aber natürlich nicht vergleichbaren bitteren Prozess des Suchens und Fragens bin ich in der Biographie meines Ordensväterchens *Franziskus* gestoßen. Sein Gebet vor dem Kreuzbild in San Damiano war auch meines: *„Höchster glorreicher Gott, erleuchte die Finsternis meines Herzens"*.[3] Seine klare Verpflichtung in der Regel auf das biblische Mandat passte zu der Weite, die ich im Galaterbrief gefunden habe: *„Regel und Leben der Minderen Brüder ist dieses, nämlich unseres Herrn Jesus Christus heiliges Evangelium zu beobachten"*.[4] Die Stunde der Entscheidung, mich nach Jahren des Zweifelns und Suchens auf Lebenszeit im Orden der Franziskaner zu verpflichten, war für mich dann mit einer einzigartigen Erfahrung von Freiheit, Gewissheit und Glück verknüpft, ein Gefühl, das sich so in meinem späteren Leben nie mehr eingestellt hat. Diesen schwierigen spirituellen Prozess haben meine Begleiter im Orden sehr offen und sensibel begleitet. Dafür bin ich heute noch dankbar. Das Suchen und Fragen ging trotzdem weiter. Die erste Auseinandersetzung mit der franziskanischen Spiritualität schlug sich literarisch bereits im Noviziat in einer umfassenden Arbeit *„Zur religionspädagogischen Bedeutung des Sonnengesangs"* nieder. Das Studium der Theologie absolvierte ich vom 1965-1971 an verschiedenen Ordenshochschulen der Franziskaner (Philosophie 1965-1967 in Sigmaringen, Theologie von 1967-1971 in Fulda und München). Das Abschlussexamen legte ich an der seit 1968 bestehenden staatlich anerkannten, philosophisch-theologischen Hochschule der Franziskaner in München ab. Auch an den Ordenshochschulen hatten wir hervorragende Lehrer und Wissenschaftler. In der Abschlussarbeit beschäftigte ich mich mit den erkenntnistheoretischen Grundlagen des Evolutionsbegriffes bei Teilhard de Chardin. Mit diesem Thema konnte ich mein ständiges Suchen nach einer Verbindung zwischen Glauben und Wissen fortsetzen. Auch in dieser Phase bestimmte immer noch

---

[3]    Franziskus-Quellen, Die Schriften des Heiligen Franziskus, Kevelaer 2009, 13.
[4]    Ebd., 94.

das Rechtfertigungsparadigma das erkenntnisleitende Interesse in den theologischen Arbeiten. In dieser Zeit war ich oft Gasthörer bei Prof. Dr. Krusche und bei Prof. Dr. Gerhard von Rad an der Evangelischen Fakultät. Ich will nicht weiter auf diese Zeit eingehen, weil sie mein Mitbruder Helmut Schlegel in der Festschrift zu meiner Emeritierung ausführlich beschrieben hat.[5]

## Priesterweihe und Promotion

Nach der Weihe zum Diakon 1969 unterbrach ich die Studien in München. Die Provinzleitung erlaubte zum ersten Mal einem Studenten das Diakonatsjahr. Für mich stand fest: Ich kann nur dann Priester werden, wenn ich mich in diesem Jahr bei der Arbeit in der Seelsorge nicht verbiegen muss. Kurz zuvor wurde der Provinzleitung von Bischof Leiprecht die Seelsorge in der Stuttgarter Gemeinde St. Konrad übertragen. Ich wurde vom neu bestellten Pfarrer P. Dr. Otfried Reuter ofm, mit dem Aufbau der Jugendarbeit betraut, übernahm Religionsunterricht am Wagenburggymnasium und die Krankenhausseelsorge in der evangelischen Bethesda-Klinik. Auf dem Rückweg von einer turbulenten Sitzung im Pfarrgemeinderat ins Pfarrhaus ist für mich blitzartig die Entscheidung zum Promotionsstudium in der Pastoraltheologie gefallen. Das Ringen um eine neue Liturgie und die Suche nach Formen einer befreienden und entscheidungsorientierten Spendung der Sakramente haben auf den Sitzungen immer wieder zu Kontroversen geführt. Mir wurde bereits damals klar: Das Konzil hat mit der Anerkennung der Religionsfreiheit zwar fundamentale Entscheidungen gefällt und endlich realisiert, dass jegliche sakramentale Praxis, die unter Furcht und Angst zustande kommt, null und nichtig ist, jedoch Frauen und Männer in der Pastoral allein gelassen, wenn es um neue identitätsstiftende und damit auch entscheidungsorientierte Formen der Glaubenskommunikation geht. Dieses Problem hat mich herausgefordert. Daran wollte ich bei einer Fortsetzung des Theologiestudiums weiterarbeiten. Damit war mein weiterer Weg vorprogrammiert. Im Juli 1971 absolvierte ich in München mein Abschlussexamen und wurde noch im selben Monat am 21.7.1971 zum Priester geweiht. Meine Losung für diesen Tag stammt aus dem Prophetenbekenntnis bei Jeremia: *„Du hast mich betört und ich ließ mich betören" (Jer 20,7)*. Vier Wochen später trat ich die Arbeit als Kaplan in der Herz-Jesu-Pfarrei in Rastatt an, einer Gemeinde mit vielen sozialen Brennpunkten, in der zuvor Pfarrer und Kaplan abgezogen

---

[5]    Vgl. Helmut Schlegel, Udo Friedrich Schmälzle – 65 Jahre alt, in: Tobias Kläden / Judith Könemann / Dagmar Stoltmann (Hg.), Kommunikation des Evangeliums. FS Schmälzle, Berlin 2008, 15-29.

wurden. Mein neuer Chef war noch nicht da, so dass ich als junger Kaplan kurz nach der Priesterweihe allein eine schwierige Gemeinde zu leiten hatte.

Noch in diesem Jahr reiste ich nach Münster, um mit Prof. Dr. Adolf Exeler die Möglichkeit einer Promotion auszuloten. Sein Kolloquium war überfüllt und er verwies mich an Prof. Dr. Rolf Zerfaß, der damals noch in Trier lehrte und gerade einen Ruf nach Würzburg erhalten hatte. Sofort machte ich mich auf den Weg nach Trier. Zerfaß wollte wissen, was mich theologisch besonders beschäftigt. Mir war klar, dass ich meine fundamentaltheologischen Studien zu Teilhard de Chardin in der Pastoral nicht weiter verfolgen konnte. In dem ersten Gespräch in Trier kristallisierte sich dann ein Forschungsprojekt zu den Ehe- und Familienhirtenbriefen der Deutschen Bischöfe heraus. Ich sollte mich mit den theologischen Grundlagen der Vermittlungsstrategien in diesen Dokumenten beschäftigen und die Konsequenzen aus dem Freiheitsbegriff für eine erneuerte Ehe- und Familienpastoral nach dem Konzil aufzeigen. Mit Beginn des Sommersemesters immatrikulierte ich mich am 4.4.1972 an der Universität in Würzburg. Auf die Anfrage von Zerfaß, seine wissenschaftliche Mitarbeiterstelle zu übernehmen, ging ich nicht ein, weil ich neben dem Promotionsstudium noch das Studium der Psychologie antreten wollte. Ich wollte mir bei den vielen offenen Fragen in meinem Kopf mit dem Zweitstudium einen Freiraum sichern, der mir jederzeit die Möglichkeit eröffnet hätte, auch außerhalb von Theologie und Kirche mein Brot zu verdienen. Dieser Freiraum hat mir in vielen kritischen Situationen geholfen, Konflikte durchzustehen und keine „faulen" Kompromisse einzugehen.

Bereits bei den ersten Sitzungen im Doktorandenkolloquium hat mich Zerfaß ermutigt, mit *Prof. Dr. Lazlo Vaskovics* am familiensoziologischen Institut der Universität in Trier Kontakt aufzunehmen, um die empirische Durchführung einer Inhaltsanalyse zu den Ehe-und Familienhirtenbriefen der Deutschen Bischöfe seit 1900 auch soziologisch abzusichern. Vaskovics nahm mich in sein Doktorandenkolloquium auf, machte mir aber bereits nach kurzer Zeit klar, dass er für die methodologische Begleitung des Projektes der falsche Ansprechpartner sei und ich durch *Prof. Dr. Julius Morel SJ* am soziologischen Institut der Universität in Innsbruck besser begleitet werden könnte. Morel hat die Methode der quantitativen und qualitativen Inhaltsanalyse von Amerika im deutschsprachigen Raum eingeführt und mich dann auch in den folgenden Jahren empirisch sehr gut beraten. Aus diesen Gesprächen hat sich eine tiefe Freundschaft entwickelt. Das bis zu seinem Tod von Adorno geleitete *Institut für Sozialforschung* an der Universität in Frankfurt verschaffte mir Zugang zu den Unterlagen eines Oberseminars, auf dem sich bereits Adorno mit Möglichkeiten und Grenzen quantitativer und qualitativer Inhaltsanalysen beschäftigt hat – eine wahre Fundgrube für alle, die sich mit der Weiterentwicklung dieser Methode beschäftigten. Die Entwicklung und Begründung eines Forschungskonzeptes zur Durchführung einer quantitativen und qualitativen Inhaltsanalyse wurde sehr aufwändig, zumal sich damals Vertreter der Familiensoziologie intensiv mit

dem Interesse der Kirche an Ehe und Familie beschäftigten und bereits differenzierte Hypothesen vorlagen, die jedoch noch nicht empirisch überprüft wurden. Für die Soziologen konzentrierte sich das Hauptinteresse der Kirche auf
die Reproduktions- und Rekrutierungsleistungen der Familie. Eine Arbeit zu
Fragen der Ehe- und Familienpastoral musste diese offenen Fragen aufgreifen.
Die Arbeit an diesem Forschungskonzept wurde so umfangreich, dass Zerfaß
und Morel mir den Vorschlag unterbreiteten, das Forschungsdesign als solches
zur Grundlage für die Promotion zu nehmen und erst danach im Rahmen eines
Habilitationsprojektes mit der praktischen Durchführung der Inhaltsanalyse zu
beginnen. Die Arbeit wurde dann unter dem Titel „*Die Sorge der Kirche um
Ehe und Familie. Interdisziplinäres Forschungskonzept zur Durchführung einer quantitativen Inhaltsanalyse der Hirtenbriefe zu Ehe und Familie*" (1979)
von der Katholisch-theologischen Fakultät der Universität Würzburg angenommen. Die Promotion fand am 20.7.1978 mit „summa cum laude" ihren Abschluss. Vor der Abgabe der Arbeit wurde ich im Doktorandenkolloquium mit
der Frage zum theologischen Profil einer solchen interdisziplinär angelegten
Arbeit konfrontiert. Ich konterte bei der nächsten Sitzung mit einem Thesenpa-
pier zu meinem theologischen Selbstverständnis und zur Aufgabenstellung einer Praktischen Theologie nach dem Konzil. Diese Thesen bildeten später die
Grundlage meiner Einführungsvorlesung in die Praktische Theologie.[6] Mit dem
Wintersemester 1978 übertrug mir Zerfaß einen Lehrauftrag in „Katechetik, Ju-
gend- und Schulpastoral".

# „Kooperation der Sozialisationsinstanzen":
# Das erste große Forschungsprojekt und die Gründung
# des „Franziskanischen Bildungswerkes"(FBW)

Während den Abschlussarbeiten an der Promotion zeichnete sich bereits an dem
1967 neugegründeten Franziskanergymnasium Kreuzburg ein spannendes Forschungsprojekt ab. Das Gymnasium hatte am Beginn der 1970er Jahre in Kooperation mit dem Bonifatiushaus, der heutigen Akademie der Diözese Fulda,
damit begonnen, für die Familien einer Klassengemeinschaft das Konzept zu
einer generationsübergreifenden Bildungsarbeit zu entwickeln. Eltern und
Schüler einer Klasse konnten dabei selbst entscheiden, über welche Probleme
sie in ihrer Klassengemeinschaft sprechen wollten. Über diese Themen konnten

---

6    Vgl. Udo Schmälzle, Thesen zum Selbstverständnis einer Praktischen Theologie, in: Pastoral-
     theologische Informationen 21 (2001/1), 137-141.

sich dann Eltern und Schüler auf freiwilliger Basis unter Begleitung von Fach-
kräften aus der Jugend- und Familienbildung an einem Wochenende informie-
ren und Stellung beziehen. Schule und Akademie betraten damit völliges Neuland. Absolut neu war, dass bei diesen ersten Seminaren nicht nur mit den Eltern
über ihre Kinder geredet wurde, sondern Eltern einer Klassengemeinschaft gemeinsam mit ihren Söhnen und Töchtern an zentralen Problemlagen wie Schul-
angst, Drogen, Sexualerziehung, Freizeitgestaltung und Fremdenhass gearbeitet
haben. Auf diese Seminare wurde über die *Arbeitsgemeinschaft katholisch-so-
zialer Bildungswerke (AKSB)* auch die Politik aufmerksam und stellte aus den
Etats des damaligen Ministeriums für Jugend, Familie und Gesundheit und der
Bundeszentrale für politische Bildung in Bonn Mittel zur Durchführung eines
vierjährigen Forschungsprojektes zur Verfügung mit dem Titel: *„Kooperations-
projekt Bonifatiushaus-Franziskanergymnasium Kreuzburg: Kooperation der
Sozialisationsinstanzen Familie, Schule und außerschulische Jugendbildung".*

Mitten in den Abschlussarbeiten an meiner Promotion übernahm ich auf Bitten der Ordensleitung und der Geschäftsführung der AKSB im Dezember 1976
die Leitung dieses Forschungsprojektes. Für die wissenschaftliche Begleitung
konnte ich Prof. Dr. Herbert Feser gewinnen. Allen Unkenrufen zum Trotz –
nur wenige konnten damals mit dem Konzept einer generationsübergreifenden
Arbeit mit Familie etwas anfangen, Religionspädagogen schon gar nicht –
konnte dieses arbeitsintensive Projekt 1980 erfolgreich abgeschlossen werden.
Die Geschichte, das Konzept und die Ergebnisse dieses Projektes sind neben
den unveröffentlichten Abschlussberichten an das Ministerium und die Bundeszentrale ausführlich in der Literatur dokumentiert.[7] Die Medien interessierten
sich auf breiter Ebene für das neue Bildungskonzept.[8]

Mit dem Projektabschluss versiegten auch die Bundesmittel. Die Kooperation mit dem Bonifatiushaus wurde auf Wunsch von Erzbischof Dr. Johannes
Dyba beendet. Ich wurde vom Provinzkapitel der Franziskaner beauftragt, wieder vom Punkt Null anzufangen und mit der Gründung eines eigenen *„Franziskanischen Bildungswerkes" (FBW)* an der Kreuzburg die Strukturen zu schaffen, die langfristig die Fortsetzung der erfolgreichen Bildungsarbeit mit Eltern,
Schülern und Lehrern ermöglichten. Diese Sisyphusarbeit habe ich in der Fest-

---

[7]   Vgl. Udo Schmälzle, Schüler, Lehrer, Eltern. Wie wirksam ist die Kooperation? (Evaluation in
      der politischen Erwachsenenbildung 1), Opladen 1985. Vgl. weitere Publikationen von
      Schmälzle zwischen 1980 und 1991, u.a.: Das Schulleben mitgestalten. Schule als pastorale
      Aufgabe der Kirche, in: Thomas-Morus-Akademie Bensberg (Hg.), Konzepte der Schulseel-
      sorge. Zum pastoralen Dienst der Kirche in der Schule (Bensberger Protokolle der Thomas-
      Morus-Akademie 39), Bensberg 1984, 31-48; Schule als Weg zum Menschen, in: Katholische
      Glaubensinformation (Hg.), Erfahrungen mit Randchristen. Neue Horizonte für die Seelsorge,
      Freiburg 1985, 109-125.
[8]   Vgl. die Sendung von Evelyne Rossberg am 4.11.1978, 10.30 -11.00 im SWF 2 zum Thema
      „Lernen, miteinander zu leben. Eltern, Schüler und Lehrer berichten über das Kooperations-
      projekt".

schrift zum 25. Jubiläum des Franziskanischen Bildungswerkes ausführlich beschrieben.[9] Unterstützung fand ich dabei weiter bei *Tillmann Ernst* von der *Bundeszentrale für politische Bildung.* Er finanzierte auch den ersten bundesweiten
Kongress in der *Familienbildungsstätte Ilbenstadt,* der sich mit der Bedeutung
der Projektergebnisse für die Schulsozialarbeit und Schulpastoral beschäftigte.
Es war der erste Kongress, der auf Bundesebene Fragen der Schulpastoral diskutierte. Ein erster Überblick zu den Konsequenzen aus dem Projekt für die
Schulpastoral ist in den Beiträgen für das KGI (1985) und in der Nr. 39 der
*Bensberger Protokolle* (1984) nachzulesen. Zur Rezeptionsgeschichte der For-
schungsergebnisse in Gesetzgebung und Politik hat *Johannes Tessmer,* der Geschäftsführer der AKSB, in seinem Schreiben vom 19.4.1991 zum zehnjährigen
Bestehen des FBW festgestellt: *„Dass wir heute ein neues Kinder- und Jugend-
hilfegesetz haben, in dem die schulbezogene und familienbezogene Jugendarbeit neben der arbeitsweltbezogenen Jugendarbeit als gleichwertig und gleich-
berechtigt betrachtet wird, ist zu einem guten Teil auf den von Ihnen entwickelten Ansatz und seine Verbreitung in der katholisch-sozialen Bildungsarbeit zurückzuführen. Im 7. Jugendbericht der Bundesregierung wurde dieser Ansatz
auch aus der Sicht der ihn erarbeitenden Experten positiv gewürdigt."* Die For-
schungsergebnisse dieses Projektes werden bis heute rezipiert und in der Schul-
entwicklungsliteratur berücksichtigt.[10]


# Habilitation und Kampf um die Anerkennung
# der Befreiungstheologie


Mitten in diesen Arbeiten bekam ich im Januar 1984 Besuch von *Prof. Dr. Rolf
Zerfaß* und *Prof. Dr. Ottmar Fuchs,* der mit mir promovierte und kurz zuvor
den Lehrstuhl in Bamberg übernommen hatte. Sie wollten mich zur Fortsetzung
des Habilitationsprojektes ermutigen und schlugen nach einem kurzen Blick auf
den soeben fertiggestellten Abschlussbericht für die Bundeszentrale für politische Bildung vor, diesen Bericht weiter zu entwickeln und als Grundlage einer
Habilitationsschrift mit dem Titel zu verwenden: *„Schule als Weg zum Menschen. Praktisch-theologische und sozialwissenschaftliche Handlungsfor-
schung bei der Kooperation zwischen Schülern, Eltern und Lehrern".* Neben

---

9   Udo Schmälzle, Einer guten Sache läuft das Geld hinterher. Erfahrungen mit der Gründung
    eines Bildungswerkes, in: Bernward Bickmann, FS 25 Jahre FBW, Großkrotzenburg 2005, 38-
    49.

10  Vgl. Deutsches Jugendinstitut (DJI) / Regina Soremski / Andreas Lange, Bildungsprozesse
    zwischen Familie und Ganztagsschule. Eine familienwissenschaftliche Explorativstudie. Mün-
    chen 2010, 43 [http://www.dji.de, 15.9.2015].

der Durchführung dieses Habilitationsprojektes ging die kräfte- und zeitraubende Aufbauarbeit im FBW weiter. Das folgende Jahr mit seiner enormen Doppelbelastung möchte ich nicht noch einmal erleben. Am 25. Februar 1985 wurde mir von der Katholisch-Theologischen Fakultät der Universität Würzburg der „Grad eines habilitierten Doktors der Theologie" zugesprochen.

Nach dem Tod von *Prof. Dr. Heinz Schuster* wurde mir vom WS 1986 bis zum SS 1987 die Lehrstuhlvertretung an der Universität in Saarbrücken übertragen. Für den 5. November 1986 wurde ich in dieser Zeit von der Katholisch-Theologischen Fakultät in Münster zu einer „Probevorlesung" eingeladen. Nach dem plötzlichen Tod von Prof. Dr. Adolf Exeler 1983 ergab sich eine langjährige Vakanz auf diesem Lehrstuhl. Das erste Berufungsverfahren blieb ohne Erfolg. Bevor ich weiter auf den Start in Münster eingehe, ist der für das weitere Berufungsverfahren gefährliche Konflikt mit meinem Heimatbischof Dr. Johannes Dyba in Sachen Befreiungstheologie anzusprechen. Im August 1984 veröffentlichte Kardinal Ratzinger die römische Instruktion „Über einige Aspekte der Theologie der Befreiung". Es folgten heftige Kontroversen, in denen sich in Deutschland die Missionszentrale der Franziskaner in Bonn zum Anwalt der Kardinäle, Bischöfe, Theologinnen und Theologen machte, die von Rom unter Häresie- und Marxismusverdacht gestellt wurden. Als Mitglied des wissenschaftlichen Beirats der Missionszentrale war ich in all den Jahren ständig mit diesen Anfragen konfrontiert. Eine der wichtigsten Aktionen in dieser Zeit war die deutsche Übersetzung und publizistische Verbreitung der *„Santa-Fe-Papiere"(1980)* durch die Missionszentrale und das Franziskanische Bildungswerk. In diesem Dokument haben die USA ihre Ziele in den Militärdiktaturen Lateinamerikas begründet, Aktivitäten, die sich auch gegen die katholische Kirche in diesen Ländern richteten. Es folgte die Veröffentlichung des *„Aktionsplans der bolivianischen Regierung gegen die Kirche (Hugo Banzer-Papiere von 1975)"*, in dem minutiös in 15 Punkten die CIA-Aktionen gegen Basisgemeinden, Priester und Ordensleute beschrieben werden. Mit diesen Veröffentlichungen gerieten wir in das Visier der CIA. Als ich rund zehn Jahre später im Auftrag der *Bundeszentrale für politische Bildung* 1998 für die Mitglieder der *Enquete-Kommission „Zukunft der Medien"* im Deutschen Bundestag einen Kongress in Münster zur Medienethik plante, kam unser Pförtner zu mir in das Dekanat und meldete zwei „Herren" aus der amerikanischen Botschaft an, deren wahre Identität sehr schnell klar wurde. Auch nach zehn Jahren war ich noch immer im Visier dieses Dienstes. Die NSA-Affäre hat mich deshalb nicht überrascht.

Nach der Veröffentlichung der ersten Instruktion 1984 blieb offen, ob es nach der Verhängung eines Bußschweigens über meinen Mitbruder *Leonardo Boff* in der angekündigten zweiten Instruktion, die dann auch im April 1986 folgte, zur Verurteilung zentraler Thesen der Befreiungstheologie kommen würde. Mitten in diesen Debatten wurde ich zu einer Diskussion im 3. Fernsehprogramm in Hessen, Baden-Württemberg und Bayern zum Thema *„Bußschweigen und Theologie der Befreiung"* gemeinsam mit Erzbischof Dr. Johannes Dyba, Prof. Dr.

Norbert Greinacher und Pfarrer Brüning eingeladen (23.5.1985 23.15-01.00). Ich muss gestehen, dass ich einen Augenblick aus bewerbungstaktischen Gründen versucht war, abzusagen. Erzbischof Dyba war mein zuständiger Heimatbischof. Mir war klar, dass er im Fall eines Rufes auf einen Lehrstuhl ein gewichtiges Wort beim „*nihil obstat*" mitsprechen würde. Für mich stand jedoch schnell fest: Sollte Rom die Befreiungstheologie als Häresie verurteilen und sich damit auch vom Reformkonzept des Konzils verabschieden, werde ich mich aus der Seelsorge zurückziehen und nur noch als Psychologe weiterarbeiten. In dieser Fernsehdebatte sind in der Tat „die Fetzen geflogen". Mein Glück war, dass die Redaktion des Publik-Forums in einem Sonderheft die ganze Debatte verschriftlichte und publizierte. Damit konnte jeder nachlesen, wie Erzbischof Dyba zur Theologie der Kardinäle Evaristo Arns und Aloisio Lorscheiders – er war auf dem Konklave von 1978 Papstkandidat – Stellung bezog: „*Sie wollen doch nicht sagen, dass die Kardinäle Arns und Lorscheider Theologen sind!*" Es folgten in der Diözese weitere heftige Kontroversen. Es ehrt jedoch Bischof Dyba, dass er der späteren Berufung nach Münster nichts in den Weg legte.

Nach dieser Fernsehdebatte wurde ich 1986 vom damaligen evangelischen Jugendpfarrer Friedrich in Eisenach eingeladen, auf dem Treffen der evangelischen Jugend- und Friedenspfarrer aus der DDR im Zinzendorfhaus in Neudietendorf bei Erfurt einen Vortrag zur Entwicklung und den theologischen Grundlagen der Befreiungstheologie zu halten. Ich berichtete über die gewaltlosen Aktionen von Christinnen und Christen gegen die Militärdiktaturen in Lateinamerika und auf den Philippinen. Der Vortrag wurde gut aufgenommen, bis dann am Ende ein Pfarrer resigniert feststellte: „*Ist ja alles gut und schön, was Sie da berichten. Unser System ist so stark und mächtig. Wir haben keine Chancen, etwas zu verändern!*" Spontan entfuhr mir der Satz: „*Wenn wir den richtigen Gott verkünden, stürzt jedes System!*" Der Satz war nicht mehr zurückzuholen! Mir und Pfarrer Friedrich war klar, was bei der Ausreise auf dem Spiel stand, zumal ein Vertreter der Partei aus Ostberlin mit im Raum war. Mein Gastgeber versuchte mich zu beruhigen: „*Die Herren von Berlin sind so dumm, dass sie meistens nicht merken, was wir eigentlich sagen!*" Ich kam gut durch die Kontrollen. Wir wissen, wie wenige Jahre später diese Pfarrer 1989 den Mut fanden, den „*richtigen Gott*" in Leipzig und anderen Städten zu verkünden.

## Der Start in Münster

Aus der bisherigen Biographie ist sicher jedem Leser klar geworden, dass ich nicht an der Brust der „Alma Mater" groß wurde. Ich verfügte 1987 weder über Erfahrungen als studentische oder wissenschaftliche Hilfskraft und schon gar nicht über das Know-how eines langjährigen wissenschaftlichen Mitarbeiters an einem Lehrstuhl. Die Komplexität der Arbeit in universitären Gremien und das von Vorgrimler in seiner Biographie in epischer Breite beschriebene Geschachere um Personalstellen und Priester-Laien-Quoten war mir als Quereinsteiger bis zu diesem Zeitpunkt unbekannt und völlig fremd.

Das Berufungsverfahren und der Kampf zwischen den verschiedenen Lagern in der Fakultät in Münster haben damals selbst den *Spiegel* (30.6.1986) beschäftigt. Unter Berufung auf Aussagen von Prof. Dr. Peter Lengsfeld ist im *Spiegel* zu lesen: *„Der Bischof möchte entgegen dem Votum der Fakultät Priester und keine Laientheologen als Professoren".* Erst 20 Jahre später nach der Lektüre der Biographie von Herbert Vorgrimler[11], der wider jegliche Schweigepflicht eines Dekans ausführlich über die verschiedenen Phasen des Besetzungsverfahrens und entsprechende Ratsbeschlüsse berichtet, wurde mir endgültig klar, worum es letztendlich damals 1986 und 1987 im Streit zwischen den beiden Lagern unter den Professoren, im Streit zwischen Fakultät und Bischof und im Clinch zwischen Bischof und dem Kultusministerium in Düsseldorf ging. Für mich begann im Blick auf den Umgang mit universitären Gremien und Entscheidungsprozessen ein gefährlicher und tückischer Lernprozess. Ich musste in relativ kurzer Zeit wichtige Entscheidungen treffen, über die ich heute im Rückblick nicht immer glücklich bin. Fakt ist: Wenn Bischof Dr. Lettmann nicht auf der Berufung eines Priesters bestanden hätte oder sich Fachbereichsrat und Seminar auf die durchaus mögliche interne Lösung geeinigt hätten, wäre aus meiner Berufung nach Münster nichts geworden. Da gibt es nichts zu beschönigen und zu vertuschen. Fakt ist aber auch, dass ich nach der Fortsetzung des Verfahrens und der Probevorlesung einstimmig vom Rat für die Nachfolge Exeler vorgeschlagen wurde, im Wintersemester 1987/88 meinen Dienst antrat und am 9. Juni 1988 in der Antrittsvorlesung mich mit dem Thema beschäftigt habe: *„Impulse aus der Befreiungstheologie zur Grundlegung einer Praktischen Theologie".*

Es ist nur begrenzt möglich, die Zeit der Lehrtätigkeit in Münster bis zur Gegenwart in der gesamten Komplexität autobiographisch zu erfassen. Eine minutiöse und additive Aneinanderreihung von Ereignissen, Dokumenten und Begegnungen, wie wir es bei Vorgrimler nachlesen können, entspricht nicht meinem Anspruch. Ich beschränke mich auf die Tätigkeiten, Konflikte und Projekte, in denen zentrale Ziele und Funktionen universitärer Gremien und die eigenen handlungsleitenden Interessen auf dem Spiel standen und zur Entscheidung drängten. In einem ersten Schritt gehe ich kurz auf die Arbeit in Gremien ein, um mich dann mit den Schwerpunkten in Forschung und Lehre zu beschäftigen.

---

[11] Herbert Vorgrimler, Theologie ist Biographie. Erinnerungen und Notizen, Münster 2006, 245.

# Gremien und Funktionen

Nach meinem Amtsantritt in Münster war ich noch bis 1991 Mitglied der Provinzleitung der Thüringischen Franziskanerprovinz. Später folgte die Berufung in die Caritaskommission (XIII) der Deutschen Bischofskonferenz (DBFK) und zum Arbeitskreis „Pastorale Grundfragen" des Zentralkomitees der deutschen Katholiken. Ich verzichte auf die ausführliche Darstellung all der Gremien, in denen ich in den vergangenen Jahrzehnten tätig war und beschränke mich auf die Tätigkeitsfelder an der WWU in Münster. 1989 übernahm ich die Aufgabe des „Rektoratsbeauftragten für Studierende mit Behinderungen". Da sich in all den Jahren Kolleginnen und Kollegen um diesen Job rissen, bin ich über die Emeritierung hinaus bis 2014 an der Seite dieser Studierenden geblieben! Eine herbe Enttäuschung für unsere Gruppe war, wie das Rektorat der WWU unser Reformpapier „university and diversity" vom Tisch fegte. Verglichen mit der Behindertenkultur an anderen Universitäten fällt die WWU weit ab.

1996 folgte für mich völlig überraschend die Wahl zum Dekan. Prof. Dr. Klemens Richter, meinem Vorgänger, war es gelungen, beim Ministerium die Kontroversen um die Wiederbesetzung des seit 1991 vakanten neutestamentlichen Lehrstuhls von Prof. Dr. Kertelge zu bereinigen und eine neue Ausschreibung zu ermöglichen, aber wie? Das erste Verfahren war – ähnlich wie auch bei der Nachfolge von Prof. Dr. Exeler – am Widerspruch des Bischofs gegen die Berufung eines Laien gescheitert. Historiker werden in hundert Jahren ihre wahre Freude haben, wenn Sie die Ausführungen von Herbert Vorgrimler dazu in seinem Buch einmal mit der Aktenlage im Ministerium vergleichen. Weitere Informationen sind dazu heute unter Wahrung der Verschwiegenheitspflicht nicht an die Öffentlichkeit zu tragen. Weder die Frage der Priester-Laienquote noch die Abstimmungsmodalitäten im Berufungsverfahren sind im Preußenkonkordat geklärt. In nicht zu unterschätzenden Kontroversen und extrem schwierigen Debatten und Abstimmungsverfahren im Fachbereichsrat und noch mehr im Senat der WWU ist es gelungen, für die Zukunft eine Form der Ausschreibung zu finden, die Transparenz schafft, wenn ein Lehrstuhl mit einem Priester besetzt werden soll. Zum ersten Mal in der Geschichte der Katholischen Fakultäten in Deutschland wurde dann der neutestamentliche Lehrstuhl mit dem Vermerk ausgeschrieben: „Dieser Lehrstuhl wird mit einem Priester besetzt". In einer weiteren Strukturreform ist es gelungen, in Zukunft die Wahl des Dekans in einer geheimen Abstimmung unter den Professoren für den Fachbereichsrat vorzubereiten. Damit werden die Egalität im Professorium gesichert, undurchsichtige Mauscheleien ausgetrocknet und die Legitimität und Unabhängigkeit des Gewählten untermauert. Dieses Verfahren wird noch heute in der Fakultät praktiziert.

In den folgenden drei Jahren dieser Amtszeit (1996-1999) war die Besetzung von sechs zentralen Lehrstühlen zu klären. Für jedes Verfahren gäbe es Storys, die ich mir lieber verkneife. Mit dem Tod von *Prof. Dr. Franz Furger* (†1997) war die Stelle des Senators vakant, die unsere Fakultät abwechselnd mit der Evangelischen Schwesterfakultät im Senat der WWU zu besetzen hatte. *Thomas Pröpper*, der Nachfolger im Amt des Dekans, beauftragte mich, ab 1999 die Fakultät im Senat zu vertreten. In dieser Funktion hatte ich eine Rektorenfindungs- und Kanzlerfindungskommission zu leiten. 2004 wurde ich zum Vorsitzenden des Senats der WWU gewählt. Bis zum Ende dieser Amtsperiode 2006 konnten wir gemeinsam die generelle Einführung von Studiengebühren in Münster verhindern. Dabei kam es zweimal bei der Besetzung des Sitzungssaals durch protestierende Studierende zu erheblichen Turbulenzen. Bei der ersten Besetzung konnte ich die eingedrungenen Studierenden dazu bewegen, den Senatssaal wieder friedlich zu entlassen. Bei der zweiten Besetzung musste die Sitzung abgebrochen werden – Erfahrungen und Turbulenzen, die ich nie vergessen werde. Nach meiner Amtszeit als Vorsitzender wurden dann die Studiengebühren auf einer Senatssitzung unter Polizeischutz eingeführt.

Ich hatte in den vergangenen Jahren wenig Zeit, den Kontakt zur „scientific community", sprich der *„Konferenz deutschsprachiger Pastoraltheologinnen und Pastoraltheologen e.V.",* intensiv zu pflegen. Umso mehr hat es mich überrascht, dass ich 2003 gebeten wurde, den Vorsitz dieser Konferenz zu übernehmen, den ich dann erst nach der Emeritierung 2009 wieder abgeben konnte. Mein Ziel bei dieser Arbeit auf Kongressen und Symposien in all den Jahren war, gemeinsam mit Kolleginnen und Kollegen die Zeichen der Zeit zu deuten, uns in die laufenden Pastoralplanungen in den Diözesen einzumischen, Projekte zu planen und die Position der Praktischen Theologie in den Fakultäten zu sichern und zu stärken. Gerade für die nächste Generation unserer Zunft ist die Arbeit in dieser Konferenz von fundamentaler Bedeutung.

# Lehre und Forschung

Hier schlagen immer noch zwei Herzen in meiner Brust, das Herz des Naturwissenschaftlers – deshalb meine Affinität zur empirischen Forschung und Skepsis gegenüber verstiegener theologischer Spekulation – und das Herz des Gottsuchers, der sein Denken und Handeln nicht nur vor sich selbst rechtfertigen will, sondern aus dem Glauben an Jesus von Nazareth zu leben versucht. Beide Haltungen und Denkformen haben in den bislang geschriebenen Zeilen schon Spuren hinterlassen. Das Schlüsselerlebnis von Stuttgart habe ich bereits geschildert. Zu diesem Erlebnis gibt es eine Vorgeschichte. Unser Homiletiker *P. Michael Tupec ofmcap* (†2008) hat in der Münchner Zeit einige Studenten zu religiösen Besinnungstagen ins Heim für sogenannte schwer erziehbare Jugendliche, den *„Donauhof" in Passau,* mitgenommen. Dort wurde uns erzählt,

wie ein Junge in einer Nacht das Kreuz im Aufenthaltsraum von der Wand nahm
und den Gipskorpus am Boden mit den Füßen zermalmte. Übrig blieb das
blanke Holzkreuz. Der Junge wurde gestellt. Er hat seine Tat – den Finger auf
das Kreuz richtend - mit dem Satz begründet: „*Der ist schuld, dass ich immer
brav sein muss!*" Dieser Satz wurde für mich zum Menetekel für eine Theologie
und Pastoral, die ich nie vertreten und vor der ich Studierende bewahren wollte.
Was wurde dem Jungen in all den Predigten und Unterrichtsstunden von Jesus
alles erzählt? Sicher keine einzige Häresie! Trotzdem haben Erzieherinnen und
Erzieher diesem Jungen den Weg zu dem Gott verstellt, zu dem Jesus gebetet
hat. Die Arbeit an dem Spannungsfeld zwischen Orthodoxie und Orthopraxie
bildet eigentlich das Herzstück meiner Forschung und Lehre bis heute. Für dieses Spannungsfeld wollte ich die Studierenden sensibilisieren, damit sie nie verantwortlich dafür sein müssen, dass ein Kind das Kreuz von der Wand holt und
es mit den Füßen zermalmt. Solche Forschung muss sich gnadenlos mit der Praxis auseinandersetzen, die sich in der Geschichte auf das Evangelium Jesu
Christi berufen hat und noch mehr mit der Praxis, die sich heute darauf berufen
will. *Karl Rahner*[12] nimmt alle theologischen Disziplinen für „diesen Selbstvollzug der Kirche" in die Pflicht und erwartet von der Praktischen Theologie,
„die Prüfung der Geister auf die Tat der Entscheidung hin". Das heißt konkret,
dass der praktische Theologe in „kritischer Funktion" von den anderen theologischen Disziplinen deren „essentialen" Beitrag zum Selbstvollzug der Kirche
einfordert, jedoch „in vorausschauender Reflexion" selbst eine Antwort auf die
existentielle Frage sucht, „was hier und jetzt zu tun ist". Wer sich für diese Arbeit in Forschung und Lehre entscheidet, macht sich weder bei den Vertretern
der anderen theologischen Disziplinen noch bei den Amtsträgern in der Kirche
nur Freunde und passt mit seinen Projekten nur schlecht und recht in bestehende
„Exzellenzcluster"!

Es besteht kein Zweifel, dass die Kapazitäten und Ressourcen, die dem Hochschullehrer an der größten theologischen Fakultät in Europa (in der Spitze über
3000 Studierende) für Lehre und Forschung bleiben, nicht vergleichbar sind mit
den Freiräumen und Möglichkeiten an Fakultäten mit niedrigeren Studentenzahlen. Oder doch? In den Berufungsgesprächen habe ich im Scherz oft zu den
Kollegen gesagt: „*Wenn Sie kein Interesse an der Lehre und Arbeit mit Studierenden haben, dürfen Sie nicht nach Münster kommen!*" Als Hochschullehrer
haben wir eine große Verantwortung beim Umgang mit den Kompetenzen, die
in den jungen Köpfen stecken. Mein Freund und Senatskollege aus der Mathe-
matik Wolfram Pohlers hat im Gespräch einmal festgestellt: „*Was ein Mathe-
matiker bis zum 35. Lebensjahr nicht denkt, das denkt er auch später nicht
mehr!*" Das gilt mit Sicherheit auch für uns in der Theologie. Es war mein er-
klärtes Ziel, Studierende möglichst nicht für die eigenen Ideen und Projekte zu
instrumentalisieren, sondern bei der Suche nach Themen für ihre Diplom- und

---

[12]  Rahner, Karl, Sämtliche Werke: Selbstvollzug der Kirche, Solothurn-Düsseldorf-Freiburg
      1995, 505f.

Staatsexamensarbeiten an die Fragen heranzukommen, die in den jungen Köpfen „dampften". Mit der großen Zahl von Studierenden steht damit in Münster ein ungeheures Forschungspotential zur Verfügung.

Unter den 122 Diplom- und 118 Staatsexamensarbeiten, die unter meiner Begleitung zum Abschluss gebracht wurden, befinden sich viele empirisch ausgerichtete Arbeiten, in denen Handlungsfelder zum ersten Mal ganz neu erschlossen wurden. Bei vielen dieser Arbeiten wurde eigentlich schon der Grundstein für eine Promotion gelegt. Leider sind Absolventinnen und Absolventen auf der Grundlage ihrer Forschungsleistungen sehr schnell von den Verantwortlichen in entsprechenden Praxisfeldern abgeworben worden. Für uns in der Wissenschaft ein herber Verlust, für Pastoral und Schule ein großer Gewinn! Ähnliches gilt für die 14 Promotionen, die am Lehrstuhl zum Abschluss gebracht wurden (Monika Ahmann, Michael Arnemann, Veronika Bock, Eugene Ebere Dike, Stefan Gärtner, Peter Hahnen, Helmut Jansen, Judith Könemann, Gudrun Lohkemper, Angela Reinders, Martin Schomaker, Helge Wulsdorf, Thomas Suermann, Gregor Watzlawiak). Leider ist es im Rahmen dieser Biographie nicht möglich, auf die einzelnen Aspekte dieser Arbeiten und ihre Autorinnen und Autoren einzugehen. Besonders erfreulich ist, dass die fünf Habilitierten (Egon Spiegel, Stefan Gärtner, Bernhard Grümme, Markus Tomberg, Peter Kohlgraf) in der Zwischenzeit ihren Platz an einer Universität gefunden haben. Dies gilt besonders auch für Judith Könemann, die bereits mit ihrer Promotion eine habilitationsadäquate Arbeit vorlegte. Die weiteren Promovendinnen und Promovenden arbeiten heute an zentralen Schaltstellen in Kirche und Gesellschaft.

Wichtige Impulse für die eigenen Forschungen ergaben sich oft aus der Tätigkeit in Beiräten, Kommissionen und Gremien und aus den Anfragen von Institutionen und Verbänden, die auf der Grundlage unserer Veröffentlichungen den Kontakt und die Kooperation mit dem Seminar suchten. Diese Offenheit birgt die Gefahr, sich zu verzetteln. Gleichzeitig ermöglichen solche Kontakte die Verwirklichung dessen, was Rahner fordert: „die Prüfung der Geister auf die Tat der Entscheidung hin". Dabei kam es uns weniger darauf an, „Geister" zu prüfen, sondern bei Menschen und Gruppen zu sein, bei denen es in der heutigen Kirche überhaupt noch „geistert". Ich kann hier nicht alle Projekte anführen, sondern beschränke mich auf solche, die literarisch greifbar sind und in Gesellschaft und Kirche Prozesse auslösten.

So wurden wir von der Bundeszentrale für Politische Bildung in Bonn schon sehr früh aufgefordert, uns mit dem Gewaltproblem in Schulen[13] und im Kontext der sich damals entwickelnden Mediatisierung Fragen der Medienethik für den Religionsunterricht aufzuarbeiten.[14] Es folgte ein Kongress für die Medienenquete-Kommission des Dt. Bundestages, den wir in Münster gemeinsam

---

[13]  Udo Schmälzle (Hg.), Mit Gewalt leben, Arbeit am Aggressionsverhalten in Familie, Kindergarten und Schule, Frankfurt/M. 1993.
[14]  Schmälzle, Udo, Neue Medien – Mehr Verantwortung. Analysen und pädagogische Handreichungen zur ethischen Medienerziehung in Schule und Jugendarbeit, Bonn 1992.

mit Prof. Dr. Rüdiger Funiok von der Phil. Hochschule der Jesuiten in München durchführten.[15] Ein geplantes Projekt mit der VW-Stiftung zum Thema Gewalt und Schule wurde damals vom Vorstand der Stiftung mit der Begründung abgelehnt: Dieses Thema stelle kein relevantes gesellschaftliches Problem dar. Jahre später folgten die Amokläufe in Erfurt, Emsdetten und Winnenden!

Die Arbeiten zur Schulpastoral fanden von Anfang ein breites Echo und haben mit dazu beigetragen, dass die Verantwortlichen von *„Theologie im Fernkurs"* in Würzburg ein neues Kursprogramm zur *„Fort- und Weiterbildung in der Schulpastoral – Befähigung zum Dienst von Christinnen und Christen in der Schule"* auflegten, an dem ich als Projektbeirat und Lehrbriefautor beteiligt war[16] mit der Konsequenz, dass ich auch zur Mitarbeit an der Revision des pastoraltheologischen Aufbaukurses eingeladen wurde und den Lehrbrief zu den theologischen Grundlagen verfasste.[17]

In den letzten beiden Jahrzehnten vor dem hundertjährigen Jubiläum des *Deutschen Caritasverbands (DCV)* in Freiburg spitzte sich die Debatte um das christliche Profil des Verbandes und vor allem um die Kirchlichkeit seiner Mitarbeiterinnen und Mitarbeiter zu. Es ist uns dann bei der wissenschaftlichen Begleitung der von Allensbach durchgeführten repräsentativen Mitarbeiterbefragung gelungen, die Urliste der Daten (Rohdaten) von *Allensbach* einzufordern und sie eigenständig zu interpretieren. Mit diesen Sekundäranalysen konnten wir unter der Leitung von *Dr. Eugen Baldas* vor dem Jubiläum ein empirisch abgesichertes Meinungsbild zur Arbeit des DCV vorlegen und viele Unterstellungen zur Arbeit des Verbandes und zu den Mentalitäten seiner Mitarbeiterinnen und Mitarbeiter widerlegen.[18] Diese langjährige Kooperation mit dem DCV wurde in den folgenden Jahren mit der Durchführung der *Sozialraumstudie* noch vertieft.[19] Die Ergebnisse dieser Studie sind wiederum vom ökumenisch ausgerichteten Projekt *„Kirche findet Stadt"* (2013) aufgegriffen worden.

Einen Höhepunkt meiner Lehrtätigkeit in Münster bildete das interdisziplinäre Oberseminar mit dem verstorbenen Kollegen und Freund *Thomas Pröpper* (†2015) und *Helmut Peukert*, dem langjährigen Professor für Systematische Erziehungswissenschaft an der Universität Hamburg. Den Ausgangspunkt bilde-

---

[15]  Schmälzle Udo / Rüdiger Funiok / Christoph Werth, Medienethik. Die Frage der Verantwortung, Bonn 1999.

[16]  Udo Schmälzle, Theologische Grundlagen für den Dienst von Christinnen und Christen in der Schule (Fort- und Weiterbildung Schulpastoral 6), Würzburg 2000.

[17]  Udo Schmälzle, Pastorales Handeln (Pastoraler Basiskurs, Lehrbrief 3), Würzburg 2003 [2. überarb. Auflage 2007].

[18]  Vgl. Udo Schmälzle / Eugen Baldas / Johann Michael Gleich, Meinungsbild Caritas. Die Allensbacher Studien zum Leitbildprozeß. Bd. 2: Perspektiven, Freiburg/Br. 1997.

[19]  Udo Schmälzle, Kirchen als Solidaritätsstifter, in: Petra Potz (Hg.), Kirche findet Stadt. Kirche als zivilgesellschaftlicher Akteur in sozial-kulturellen und sozial- ökologischen Netzwerken der Stadtentwicklung. Ein ökumenisches Pilotprojekt im Rahmen der Nationale Stadtentwicklungspolitik. Eine Gemeinschaftsinitiative von Bund, Ländern und Gemeinden, Berlin 2013, 26-29 [vgl. www.nationale-stadtentwicklungspolitik.de, 15.9.2015].

ten die Studien von Karl Rahner zum Selbstverständnis der Praktischen Theologie im Schnittpunkt von Pastoral und Systematik. Wir haben versucht, drei fundamentale Denkansätze zusammen zu bringen: Die prinzipielle Frage nach der Bedeutung des christlichen Glaubens in der Moderne im gegebenen „Bruch zwischen Evangelium und Kultur" (EN 20), die Konsequenzen aus dem auf der Grundlage des Zweiten Vatikanums von Thomas Pröpper entwickelten Freiheitsverständnisses für die Pastoral und – „in anamnetisch-solidarischer Erinnerung an Jesus von Nazareth" – die Suche nach einer „Existenzform und einer Praxis, in der das Abhängigmachen der eigenen Identität vom Glück des Anderen ... gelebt" wird.[20] Bei diesem Seminar hat Helmut Peukert nach langen Jahren zum ersten Mal seine frühere Wirkungsstätte an der Katholisch-Theologischen Fakultät wieder betreten. Seit diesem Seminar arbeite ich mit dem Buchprojekt „Gott handeln" an den Grundlagen für eine Pastoral „nach dem Bruch zwischen Evangelium und Kultur". In der Abschiedsvorlesung 2008 zum Thema: „Ich hasse Dich Gott, auch wenn es Dich nicht gibt!" habe ich das Fenster zu diesem Projekt etwas geöffnet. Dass es noch nicht zum Abschluss kam, hängt ganz entscheidend mit meinem Prinzip zusammen: „Menschen und Projekte zu begleiten ist wichtiger als das Bücherschreiben!" Dies betrifft vor allem das Engagement in meinem Orden, dem ich so viel verdanke, und die weitere Begleitung von Menschen, die in Diözesen und Verbänden hautnah am „Bruch zwischen Evangelium und Kultur" leben und arbeiten. Trotz dieses Engagements ist das Literaturverzeichnis immer noch am Wachsen!

Rückblickend ist zu fragen: Wie war dies alles im Spagat zwischen Orden und Universität zu leisten? Im Orden habe ich den verschiedenen Provinzleitungen zu danken, die mich auf der einen Seite für die Forschung freistellten, jedoch auf der anderen Seite mich immer wieder für Aufgaben im Orden in die Pflicht genommen haben. Die Ablösung vom Franziskanischen Bildungswerk war nur möglich, weil ich das Werk in die sicheren Hände von Bernward Bickmann übergeben konnte. Mein Dank gilt vor allem unserer langjährigen Sekretärin am Seminar, Frau Siepmann, die mir nicht nur mit Rat und Tat zur Seite stand, sondern mir im Seminar bei all den verschiedenen Aktivitäten und Baustellen den Rücken frei hielt; weiter unserem akademischen Oberrat Karl Baus, der über all die Jahre für die fachdidaktische Ausbildung der SEK-II-Lehramtsstudierenden verantwortlich war; und nicht zuletzt meinen wissenschaftlichen Mitarbeiterinnen und Mitarbeitern – Robert Rödl, Judith Könemann, Dagmar Stoltmann und Tobias Kläden –, die mich 2008 mit einer wunderbaren Festschrift überraschten[21] und in all den Jahren ihren manchmal chaotischen Chef im Seminar ausgehalten haben.[22]

---

[20] Helmut Peukert, Bildung in gesellschaftlicher Transformation, Paderborn 2015, 283.

[21] Tobias Kläden / Judith Könemann / Dagmar Stoltmann (Hg.), Kommunikation des Evangeliums. FS für Udo Schmälzle (Theologie und Praxis 35), Berlin 2008.

[22] Weitere Belege zur eigenen, hier nicht aufgeführten Literatur finden sich auf der Homepage: http://www.uni-muenster.de/FB2/personen/pastoral/schmaelzle.html (15.9.2015).

HELMUT SCHWALBACH

# Theorie für pastorale Praxis an einer Fachhochschule

Am Ende des Sommersemesters 2001 wurde ich an der Katholischen Fachhochschule Mainz[1] als Professor für Pastoraltheologie emeritiert. Ich war dort seit 1974 tätig gewesen.

# 1. Mein Weg bis an die Fachhochschule

1936 wurde ich in Frankfurt am Main geboren. Mein Vater, städtischer Verwaltungsbeamter, war evangelisch, meine Mutter katholisch. Ich wurde wie auch meine jüngere Schwester katholisch getauft und erzogen. Mein Vater musste 1941 als Soldat in den Krieg und ist 1944 gefallen.

1943 wurde unsere Wohnung bei einem Bombenangriff zerstört und wir in ein sehr kleines Dorf in den Odenwald evakuiert. Schule und Kirche waren drei km Fußweg entfernt in der nächsten Kreisstadt. Die Gegend war katholische Diaspora, die Pfarrgemeinde zählte etwa 20 Ortschaften, war aber doch recht aktiv. Im Dezember 1944 ging ich dort zur Erstkommunion und wurde Messdiener. Ab 1946 besuchte ich ein Realgymnasium. Auch hier waren Katholiken nur eine kleine, aber selbstbewusste Minderheit. Mit 14 Jahren wurde ich begeisterter Pfadfinder in der DPSG[2]. Eine pädagogische Maxime der Pfadfinder, „learning by doing", hat mir bei neuen Aufgaben später oft geholfen. 1952

---

[1]   Jetzt: „Katholische Hochschule Mainz – Catholic University of Applied Sciences"
[2]   Deutsche Pfadfinderschaft St. Georg.

durfte ich als 16-jähriger für ein Jahr in die USA. Es geschah im Rahmen eines Programms der USA für deutsche Schülerinnen und Schüler. Ich kam in eine katholische Familie nach Ohio, arbeitete auf deren Farm mit und besuchte eine „Catholic High School". Erst später ist mir bewusst geworden, wie gut dieses Auslandsjahr für mich war.

Nach dem Abitur 1956 wollte ich Pfarrer werden und trat deshalb in das Priesterseminar der Diözese Mainz ein. Der damalige Regens, der Mainzer Weihbischof Dr. Josef Maria Reuß, galt später als Pionier einer zeitgemäßen Priesterausbildung in Deutschland. Ein zentraler Begriff seiner Ansprachen und Exhorten war die „Christusförmigkeit" als Ziel priesterlicher Existenz. Er legte dabei großen Wert auf die Eigenverantwortung und Selbständigkeit der Seminaristen, was sich auch in einer für damalige Verhältnisse sehr offenen Hausordnung zeigte. Am Ende eines Semesters stand dann für jeden Seminaristen eine längere persönliche Aussprache mit dem Regens an über das Leben im Seminar, Studium und den weiteren Weg. Etwas von der Grundhaltung von Regens Reuß zeigte sich in seinem Aufsatz „Von der Freiheit im kirchlichen Gehorsam", der 1960 in einer Festschrift für den Mainzer Bischof Dr. Albert Stohr erschien.[3]

An der Universität Mainz studierte ich Katholische Theologie. Die Lehre dort war sehr traditionell ausgerichtet, weder von der zeitgenössischen Philosophie noch von der historisch-kritischen Methode in der Bibelwissenschaft wurde etwas erwähnt, die Dogmatik streng neuscholastisch. Das alles bemerkte ich zunächst nicht – ich hatte ja von Philosophie und Theologie noch keine Ahnung! Die spätere Aufarbeitung dieser Defizite war für mich ein mühsamer Weg. Zum Konzept der Mainzer Priesterausbildung gehörten sog. Freisemester an einer anderen Universität und auch, dass man nicht im dortigen Priesterseminar, sondern privat wohnte. So studierte ich 1958/59 für zwei Semester in Innsbruck. In einigen Fächern an der theologischen Fakultät wurde in lateinischer Sprache doziert, und nicht nur ich, sondern auch manche meiner Mitstudenten verstanden deshalb am Anfang nur wenig. Das betraf auch die Vorlesungen von Karl Rahner, der nur teilweise in Deutsch dozierte. Allerdings gab es bei ihm schon zu Semesterbeginn ein ausführliches Vorlesungsskript, wodurch man sich in Stoff und Fragestellungen des Semesterthemas hineinarbeiten konnte. Besonders in Erinnerung geblieben ist mir bei Karl Rahner sein Seminar „Der Ungläubige". Es wurde zunächst besprochen, wie unterschiedlich das sein kann, was man als „ungläubig" bezeichnet und woher eine solche Haltung kommen kann. Der Ansatz war also das Hin-Schauen, um zu verstehen, also „pastoraltheologisch"!

Nach dem theologischen Examen in Mainz nach dem 10. Semester folgten im Priesterseminar zwei Semester Praktische Theologie, d.h. vor allem Pastoraltheologie und Religionspädagogik. Der Lehrstuhl für Pastoraltheologie war

---

[3]    Universitas. FS Bischof Dr. Albert Stohr, Bd. L, Mainz 1960, 274-283.

nach der Neugründung der Universität Mainz 1946 im Priesterseminar verblieben, und Regens Reuß war der Professor für Pastoraltheologie. Im Mittelpunkt seiner Vorlesungen stand das Bild des Guten Hirten als Grundlage seiner Pastoral. Glaube bedeutete personale Hingabe an Jesus Christus und nicht nur ein Für-wahr-halten dessen, was Gott geoffenbart hat. Themen seiner Vorlesungen waren außer der Grundlegung der Pastoraltheologie besonders die Sakramentenpastoral mit den Schwerpunkten Eucharistie, Buße und Ehe. Davon zeugt auch sein kleines Buch: „Opfermahl – Mitte des Christseins. Eine pastoraltheologische Untersuchung zur Messfeier" (Mainz 1960) und sein damals vielbeachtetes kleines Buch: „Geschlechtlichkeit und Liebe. Sexualpädagogische Richtlinien und Hinweise" (Mainz 1961).

Reuß gehörte 1959 auch zu den Initiatoren der Konferenz der deutschsprachigen Pastoraltheologen. Die zweite Konferenz 1961 stand unter dem Thema: „Unser Dienst am Glauben", und Reuß hat die Referate dieser Konferenz herausgegeben unter dem Titel „Glauben heute. Überlegungen für den Dienst am Glauben." (Mainz 1962).

Nach meiner Priesterweihe 1961 und der Beendigung der Ausbildung am Priesterseminar wurde ich 1962 Kaplan in einer Mainzer Altstadtpfarrei – von der Theorie in die Praxis. Der Pfarrer dort übertrug mir u.a. die „Messdienerarbeit" in der Pfarrei und sagte dazu: „Und zuerst besuchen Sie die Eltern der Messdiener". Erst später erkannte ich: einen besseren pastoralen Rat hätte er mir nicht geben können. Dadurch lernte ich etwas von den unterschiedlichen Milieus, Lebenssituationen und Glaubenshaltungen in den Familien kennen – ich übte das „Sehen" ein als ersten Schritt pastoralen Handelns. Zu meinen Aufgaben gehörte auch Religionsunterricht in den Klassen 5-8 von „Volksschulen". Auch durch die Schule gewann ich manchen Einblick in konkrete Lebensverhältnisse.

In den Jahren meiner Kaplanszeit fand das Zweite Vatikanische Konzil statt. Die Ankündigung einer römischen Diözesansynode und eines Konzils durch Papst Johannes XXIII. hatte ich 1959 noch als Student im Priesterseminar erlebt. Zu Anfang war nicht klar, was von einem Konzil zu erwarten war. Zunächst war enttäuschend, dass die römische Diözesansynode, die als ‚Muster" für das Konzil dienen sollte, stark restaurativen Charakter hatte.

Das Wort des Papstes Johannes XXIII. vom „Aggiornamento" weckte zwar manche Erwartungen, aber es blieb doch etwas unklar, was das genauer bedeutete. Positiv stimmte, dass es nach der Absicht des Papstes ein pastorales Konzil sein sollte, bei dem keine neuen Lehren verkündet und keine Verurteilungen ausgesprochen werden sollten. Am Ende der 2. Sitzungsperiode des Konzils 1963 wurde in der 1. Konzilskonstitution („Konstitution über die heilige Liturgie") in Art. 1 noch einmal deutlich das Ziel des Konzils benannt: Es „hat sich zum Ziel gesetzt, das christliche Leben unter den Gläubigen mehr und mehr zu vertiefen, die dem Wechsel unterworfenen Einrichtungen den Notwendigkeiten unseres Zeitalters besser anzupassen, zu fördern, was immer zur Einheit aller, die an Christus glauben, beitragen kann, und zu stärken, was immer helfen kann, alle in den Schoß der Kirche zu rufen." Das klang verheißungsvoll. Damals verstand es besonders der Jesuit und Konzilsberichterstatter Mario von Galli, in Rundfunk-und Fernsehberichten die wesentlichen Vorgänge auf dem Konzil interessant und verständlich zu vermitteln, sodass das Konzil auch allgemeines Gesprächsthema über enge Kirchenkreise hinaus wurde.

In den Pfarrgemeinden war die erste erkennbare Neuerung durch das Konzil, dass die Landessprache langsam in der Liturgie Einzug hielt. Dies und die späteren liturgischen Neuerungen führten in den Gemeinden und beim Klerus sowohl zu freudiger Zustimmung als auch zu teilweise heftiger Ablehnung und unguten Polarisierungen. Ich spürte das besonders deutlich auf meiner 2. Kaplanstelle, wo der „Pfarr-Herr" streng an der lateinisch-tridentinischen Form der Messe und den traditionellen Formen der Seelsorge festhielt und der Kaplan nach Freiräumen suchte. Für mich waren auch Sprache und Form der Liturgie dabei eine zutiefst pastorale Frage. Während meiner insgesamt fünf Jahre als Kaplan arbeitete ich noch weiter an einem kirchengeschichtlichen Thema und promovierte 1966 mit einer Arbeit über die Mainzer Zeitschrift „Katholik".[4] 1967 kam ich als Religionslehrer an zwei Gymnasien. Es fehlten damals ein entsprechender Lehrplan für den Religionsunterricht und geeignete Schulbücher. Dazu kam, dass die späten 1960er Jahre Zeiten des gesellschaftlichen Auf- und Umbruchs waren, und das zeigte sich auch in der Schule und in den Diskussionen im Religionsunterricht. Ich versuchte besonders in der Oberstufe, Konzilstexte in den Unterricht einzubeziehen, vor allem „Gaudium et spes". 1968 erschien die Enzyklika „Humanae vitae" von Papst Paul VI., die sog. „Pillenenzyklika" – und die war auch in der Schule ein heißes Thema. Neben der Tätigkeit in der Schule war ich „Stammeskurat" bei den Pfadfindern der dortigen Pfarrei und habe auch in der kirchlichen Erwachsenenbildung mitgearbeitet.

1971 wechselte ich als Pfarrer in eine große Mainzer Vorortgemeinde. Angeregt zu diesem Wechsel wurde ich von Mitbrüdern meines Weihekurses, die dort als Nachbarpfarrer stärker zusammenarbeiten wollten. Wir trafen uns dazu wöchentlich zu einem Dienstgespräch. In der Pfarrei, in der ich tätig war, wirkte mit mir noch ein weiterer Pfarrer statt eines Kaplans, außerdem eine Gemeindereferentin und einer der ersten hauptamtlichen Diakone der Diözese. Wir arbeiteten dabei auch eng mit dem Pfarrgemeinderat zusammen. Diese Räte mit eigenen Vorsitzenden gibt es in der Diözese Mainz seit 1969.

1971-1975 fand die „Gemeinsame Synode der Bistümer in der Bundesrepublik Deutschland" statt. Sie sollte der Umsetzung der Beschlüsse des Zweiten Vatikanischen Konzils dienen. Beschlüsse und Arbeitspapiere der Synode haben dabei vorhandene Ansätze einer pastoralen Neuorientierung in Deutschland aufgegriffen und weitergeführt. Als Beispiel nenne ich die neue Form der „Ge-

---

4    Der Mainzer „Katholik" als Spiegel des neuerwachenden kirchlich-religiösen Lebens in der
     ersten Hälfte des neunzehnten Jahrhunderts (1821-1850).

meindekatechese", die dadurch starken Auftrieb erhielt und in manchen Gemeinden viel an Bewusstsein bezüglich der Mitarbeit und Verantwortung von „Laien" in der Vorbereitung der Kinder und Jugendlichen auf Erstkommunion, Beichte und Firmung verändert hat. Ich bedauere, dass bei aller wichtigen Besinnung auf das Konzil die Besinnung auf die Beschlüsse der Gemeinsamen Synode etwas zurückbleibt.

## 2. Als Pastoraltheologe an der Katholischen Fachhochschule Mainz

1974 wurde unsere Pfarrergruppe angefragt, ob jemand von uns an der Katholischen Fachhochschule in Mainz einen Lehrauftrag für Gemeindepastoral übernehmen könnte. Ich erklärte mich dazu bereit, ohne zunächst genauere Kenntnis zu haben über diese neue Einrichtung.

Fachhochschulen entstanden damals als neuer Hochschultyp mit sechssemestrigen Studiengängen zum Zweck der anwendungsbezogenen Lehre und Forschung. Die Ausbildung sollte berufsbezogen geschehen, jedoch auf wissenschaftlicher Grundlage. Die KFH in Mainz war 1972 gegründet worden mit den Fachbereichen Sozialarbeit, Sozialpädagogik und Praktische Theologie.

Der Fachbereich „Praktische Theologie" mit dem Studienabschluss „Religionspädagoge /-pädagogin" war bestimmt für die Ausbildung von Gemeindereferenten/innen der Bistümer Mainz, Trier, Speyer, Limburg und Köln. Für kurze Zeit gehörte auch die Diözese Fulda zu den Trägerdiözesen, schied ab unter Erzbischof Dyba bald wieder aus. Weitere Fachbereiche für die Ausbildung von Gemeindereferent/inn/en wurden damals errichtet in Paderborn, Freiburg und Eichstätt.

Der kirchliche Beruf Gemeindereferent/in hatte sich entwickelt aus der Tätigkeit von „Pfarrhelferinnen" bzw. „Seelsorgehelferinnen". In der Diözese Mainz war dazu 1946 die erste Ausbildungsstätte gegründet worden.[5] Grund war der Mangel an Seelsorgern, der durch den Krieg und den Zuzug von Heimatvertriebenen entstanden war. Ich selbst hatte die Tätigkeit einer solchen Pfarrhelferin schon nach dem Krieg in der Diaspora, dann aber auch auf meiner ersten Kaplanstelle kennengelernt.

Voraussetzung für einen Studienplatz an der KFH war mindestens das Fachabitur und ein Sozialpraktikum. In den ersten drei Semestern (sog. Grundstudium) lag ein Schwerpunkt auf den Humanwissenschaften Psychologie, Sozio-

---

[5]    „Caritas-und Pfarrhelferinnenschule St. Gottfried" in Ilbenstadt/Oberhessen.

logie und Pädagogik/Medienpädagogik sowie Philosophie. Im Fach Pastoraltheologie konnte man also humanwissenschaftliche Kenntnisse voraussetzen. Im Hauptstudium konnten die Studierenden anfangs wählen zwischen den Schwerpunkten „Schule" und „Gemeindearbeit", aber diese Aufteilung wurde später aufgegeben im Blick auf den konkreten Einsatz der Gemeindereferent/inn/en.

1975 wurde ich dann der erste Professor für Pastoraltheologie an der KFH. Als Qualifikation für eine Professorenstelle war neben einem abgeschlossenen Studium eine mindestens fünfjährige einschlägige Berufsausübung notwendig. Neben der Tätigkeit an der KFH blieb ich aber auch Pfarrer in der Pfarrei und hätte die Stelle an der KFH nicht angenommen, wenn ich dafür die Pfarrstelle hätte aufgeben müssen. Allerdings wechselte ich 1979 in eine kleinere Pfarrei, in der ich dann 32 Jahre Pfarrer war, bis ich 2011 pensioniert wurde. Auch in dieser Pfarrei war immer ein/e Gemeindereferent/in tätig. Damit war für mich die Verbindung von Theorie und Praxis tägliche Herausforderung. Heute helfe ich als Pensionär noch manchmal in verschiedenen Gemeinden aus, besonders bei Gottesdiensten. Mir wird dabei immer wieder deutlich, dass es ein großer Unterschied ist, ob man als gelegentliche Aushilfe und „Wanderprediger", aber auch als Pastoraltheologe von außen eine Pfarrgemeinde sieht oder selbst Teil dieser Gemeinde ist.

Die Lehrverpflichtung für FH-Professoren betrug 18 Semesterwochenstunden. Dadurch blieb mir kaum Zeit für eigene Forschungen und systematische Entwürfe, da ich ja zugleich auch Pfarrer war. Deshalb beschränkte ich mich vor allem auf Studium und Vergleich der wissenschaftlichen Veröffentlichungen zu pastoraltheologischen Fragen und einschlägigen Praxisfeldern. Dazu war für mich wichtig die Überprüfung von Arbeitsmaterialien für die Gemeindearbeit auf ihre kairologische, theologische und pädagogische Stimmigkeit. In diese Überprüfung sollten dann auch die Studierenden eingeübt werden.

Ein Blick in mein Bücherregal zeigt eine kleine Auswahl dessen, woran ich mich in meiner Lehrtätigkeit zunächst orientiert habe.

Am Anfang stehen die zehn kleinen Bändchen „Pastorale – Handreichung für den pastoralen Dienst", die ab 1970 von der Konferenz der deutschsprachigen Pastoraltheologen herausgegeben wurden.

Dann ist es das ab 1970 von Franz Xaver Arnold u.a. herausgegebene fünfbändige „Handbuch der Pastoraltheologie".

„Praktische Theologie heute", 1974 herausgegeben von Ferdinand Klostermann und Rolf Zerfaß, bot einen Überblick und Zugang zu manchen aktuellen Fragen und Sichtweisen.

Da es bei mir vor allem um die Ausbildung von Gemeindereferent/inn/en ging, war das zweibändige Werk von Ferdinand Klostermann, „Gemeinde – Kirche der Zukunft", Freiburg 1974, eine gute Orientierung.

Von Paul Michael Zulehner war da „Religion nach Wahl. Grundlegung einer Auswahlchristenpastoral" (Wien 1974). Gerade der etwas umstrittene Begriff „Auswahlchristen" gab Anlass zu fruchtbarer Diskussion und Reflexion mit den

Studierenden. Das kleine Bändchen „Helft den Menschen leben" (Freiburg 1978), empfahl ich als Ansatz für einen eigenen reflektierten Glauben und die spätere Berufstätigkeit. Zu der Literatur, an der ich mich öfter orientierte, kam 1989 auch Zulehners vierbändige Pastoraltheologie.

Als hilfreich für den Zugang zu soziologischen Sichtweisen empfahl ich u.a. Gerhard Schmidtchen: „Was den Deutschen heilig ist. Religiöse und politische Strömungen in der Bundesrepublik Deutschland" (München 1979).

Eine theologische und praktische Reflexion über den Beruf bot später Josef Hochstaffl: „Von Beruf Gemeindereferent. Aufnahme eines Bestandes – Perspektive einer Zukunft" (Paderborn 1985).

Gegen Ende meiner Tätigkeit gehörte auch das zweibändige „Handbuch Praktische Theologie", hg.v. Herbert Haslinger (Mainz 1999), zu meiner Literaturliste.

Die Zeitschriften „Diakonia. Internationale Zeitschrift für die Praxis der Kirche" und „Lebendige Seelsorge. Zeitschrift für praktisch-theologisches Handeln" gaben aktuelle Anregungen.

Eine wichtige Hilfe für meine Tätigkeit als Pastoraltheologe war auch die „Konferenz der deutschsprachigen Pastoraltheologen und Pastoraltheologinnen". Auf diesen Konferenzen und Symposien waren mir neben der jeweiligen Thematik das Gespräch und der Austausch mit den anderen Teilnehmerinnen und Teilnehmern wichtig. Dabei wurde mir anfangs sehr bewusst, dass ich zwar pastorale Praxiserfahrung hatte, aber zu der Pastoraltheologie, wie sie an den Universitäten betrieben wurde, doch ein ganzes Stück Abstand. Ich war ja nie Assistent an einem Lehrstuhl gewesen, nicht habilitiert, hatte keine Promotion im Fach und keine Zusatzausbildung. Daher war ich auf den Konferenzen eher Hörender und Lernender, obwohl ich auch einige Jahre Mitglied im Beirat der Konferenz als Vertreter der Fachhochschulen war.

# 3. Zu den Inhalten und Zielen meiner Lehrtätigkeit

In meiner Lehrtätigkeit musste ich mich vor allem an den späteren Aufgabenfeldern der Studierenden orientieren. In der Studienordnung von 1987 hieß es dann auch ausdrücklich: „Zu den Inhalten der Pastoraltheologie gehören: Einführung in die Grundlagen der Praktischen Theologie; Theologie und Aufbau von Kirche und Gemeinde (Strukturen und exemplarische Schwerpunkte); Sakramentenpastoral; Gemeindekatechese; Erwachsenenbildung; Einzel-, Zielgruppen-und Milieuseelsorge, individuelle und soziale Diakonie der Kirche".

Die gegenseitige Durchdringung von theologischem Wissen, praktischen Fähigkeiten, Persönlichkeitsbildung und Spiritualität waren dabei wesentlicher Bestandteil der Ausbildung. Diese umfassende Ausbildung wurde dann auch später für die Studierenden an den Universitäten gefordert. So hieß es 1993 in einer Erklärung des Beirates der Konferenz der deutschsprachigen Pastoraltheologen über neue Wege und Schwerpunktsetzungen in der theologischen Ausbildung: „Deren erstrangiges Ziel muss es sein, die Studierenden für die Lebensrealitäten der Menschen sensibel und für den Umgang mit Menschen kompetent zu machen. Das Studium muss nicht nur Wissen, sondern auch Erfahrung vermitteln und dazu anleiten, Theologie vom Menschen her zu betreiben."[6]

Die Themen meiner Vorlesungen waren: Einführung in die Pastoraltheologie als Teil der Praktischen Theologie, Theologie und Grundfunktionen christlicher Gemeinde, Gemeindestrukturen und Gemeindeaufbau, die Sakramente der Kirche in pastoraltheologischer Sicht, Initiationssakramente, Ehe-und Familienpastoral, Krankenpastoral sowie die Fragen von Alter, Sterben und Trauer. Es gab Pflichtseminare zum Thema Jugendarbeit und Gemeindekatechetisches Arbeiten, aber auch über Zusammenarbeit und Planung in der pastoralen Arbeit. Dazu kamen homiletische Übungen zur Kinderpredigt. Sogenannte „Schwerpunktseminare", die zusammen mit Vertretern eines anderen Faches bestritten wurden, sollten verhindern, dass die verschiedenen theologischen Disziplinen unverbunden nebeneinander standen.

Zum Studium gehörten außerdem Vollzeitpraktika in den Heimatdiözesen der Studierenden. Diese Praktika wurden an der KFH vor-und nachbereitet. In die Vorbereitung der Praktika habe ich Frauen und Männer aus verschiedenen Praxisfeldern einbezogen wie z.B. aus der Jugendarbeit, Krankenhausseelsorge, Caritasverband, Arbeit der verschiedenen Katholischen Verbände, Seelsorge bei Katholiken anderer Muttersprache usw. Sogenannte „Praktikantentage" fanden in den jeweiligen Trägerdiözesen statt und halfen zu einem guten Austausch zwischen den Diözesen und der KFH.

Zu meinen Lehrveranstaltungen gehörte auch der Blick auf die Praxis der Kirche in anderen Ländern und Kontinenten. Da war vor allem der Ansatz der lateinamerikanischen „Basisgemeinden". Für mich war dabei wichtig der Blick auf die Arbeit der dortigen Katechetinnen und Katecheten, die recht selbständig in diesen Gemeinden tätig waren, nicht nur Katechesen hielten sondern auch Wortgottesdienste feierten, Beerdigungsfeiern leiteten und teilweise tauften. Ich selbst lernte solche Gemeinden in Peru näher kennen. Dabei konnte ich 1982 am damaligen Priesterseminar in Cajamarca / Peru in einer „Pastoralen Woche" die Ansätze und Arbeitsweisen in deutschen Gemeinden vorstellen, mit der Praxis in Peru vergleichen und darüber mit den Seminaristen diskutieren. Auch die Form der sog. „Kleinen christlichen Gemeinschaften", wie es sie z.B. auf den Philippinen gab und die ich ansatzweise 1984 auf einer Studienreise mit Missio Aachen kennenlernen durfte, habe ich in Lehrveranstaltungen besprochen. Ich versuchte, entsprechende Anregungen den Studierenden hier weiterzugeben.

---

[6]    Zur Zukunft der Seelsorge: „Suchet zuerst das Reich Gottes und seine Gerechtigkeit ..." (Mt 6,33). Erklärung des Beirats der Konferenz der deutschsprachigen Pastoraltheologen, Würzburg 1993.

Dabei zeigte sich aber doch deutlich, wie unterschiedlich die jeweilige gesellschaftliche, religiöse und kirchliche Situation war und die Modelle nicht einfach übertragbar.

Bei dem Rückblick auf meine Lehrtätigkeit an der KFH fielen mir noch eine Reihe von Paradigmen ein, durch die Pastoraltheolog/inn/en im Laufe der Jahre jeweils entsprechende Akzente setzen wollten: Mystagogische Seelsorge – Diakonische Seelsorge – Missionarische Seelsorge – Sozialpastoral – kooperative Pastoral – Milieupraxis. Alle diese Paradigmen waren auch Thema meiner Lehrveranstaltungen. Dabei ging es für mich nicht um Alternativen sondern sich gegenseitig ergänzende Ansätze bzw. Leitvorstellungen pastoralen Handels.

Die Erwartungen der Studierenden an das Fach Pastoraltheologie bezogen sich vor allem auf die praktische Seite „wie man was macht" – z.B. bei einem Taufgespräch, in der Erstkommunion- und Firmvorbereitung, in der Jugendarbeit, bei Elternabenden usw., also den Bereichen, die sie als Tätigkeitsbereiche ihrer Berufsgruppe kennengelernt hatten. Viele Studierende waren eher interessiert an Orientierungen und praktischen Hilfen für pastorales Handeln als an praktisch-theologischer Theorie. Ausgehend von diesen Erwartungen war es wichtig, Praktische Theologie und damit auch Pastoraltheologie als Handlungswissenschaft zu vermitteln. Aus diesem Ansatz ergab sich dann der Dreischritt von Sehen -Urteilen -Handeln. Diese drei Schritte galt es in Theorie und Praxis immer wieder zu reflektieren. Im Anschluss an die Praktika der Studierenden waren Praktikumsberichte zu erstellen. Dazu gehörte zuerst eine Beschreibung der Gemeinde und ihres Umfeldes, also der Versuch einer ersten „Gemeindeanalyse". Bei der Beschreibung eigener Tätigkeiten im Praktikum sollte der Dreischritt von Sehen -Urteilen -Handeln bestimmend sein. Bei dem Schritt „Urteilen", wenn es also um Orientierungen aus dem Glauben und der Lehre der Kirche ging, zeigte sich für mich immer wieder, dass kein unverbundenes Nebeneinander der theologischen Disziplinen möglich war. So ist z.B. eine dem heutigen Verständnis angemessene Sprache und Ausdrucksweise in der Verkündigung nicht nur Aufgabe der Gemeindekatechese oder Homiletik oder der Pastoraltheologie allgemein, sondern aller theologischen Disziplinen. Hier scheint mir viel Nachholbedarf.

Von meiner eigenen Tätigkeit als Gemeindepfarrer her hatte Pastoraltheologie dienende Funktion für pastorales Handeln. Ziel pastoralen Handelns muss es sein, Menschen zu helfen, ihr konkretes Leben zu orientieren an Jesus Christus, seinem Leben und seiner Botschaft, und den Glauben in Gemeinschaft zu leben und zu feiern. Ich glaube und wollte vermitteln, dass dadurch das Leben und Zusammenleben von Menschen aller Zeiten und weltweit menschengemäßer, menschenwürdiger und sinnvoller werden kann. Daher ist Pastoraltheologie für mich weder reine Anwendungslehre, die dogmatische Entwürfe oder kirchenamtliche Entscheidungen auf die Praxis appliziert, noch darf sie sich begnügen mit einer Situationsanalyse, Ursachenforschung und allgemeinen Zielangaben. Ebenso wichtig war es für mich, auch im Interesse der zukünftigen

Berufstätigkeit der Studierenden, Handlungsstrategien zur heilsamen Veränderung von Lebensweisen und Glaubensweisen zu suchen. Dabei war der empirische Ansatz wichtiger als eine umfassende Systematik. Zu vermitteln war dabei allerdings auch, dass die Wahrnehmung von Wirklichkeit – das Sehen – stets begrenzt und immer auch ein Stück interessegeleitet ist. Ich betrachtete deshalb die rechte Wahrnehmung von Wirklichkeit als einen Prozess, der nur im Dialog mit anderen gelingen kann. Das gilt in gleicher Weise für das rechte Urteil und die Wege zu rechtem Handeln. Auch aus dieser Sicht ist ein Dialog aller theologischen Bereiche untereinander und mit den Humanwissenschaften erforderlich.

# 4. Gemeindereferent/in als Beruf in der Kirche

Zum 20-jährigen Bestehen unserer Fachhochschule 1992 hat der Fachbereich einen kleinen Sammelband veröffentlicht: „Gemeindereferent/in: Hobby – Beruf – Berufung." In einer Problemanzeige zum Beruf Gemeindereferent/in aus pastoraltheologischer Sicht habe ich mich mit der Frage beschäftigt: Wen und wofür bilden wir in Zukunft aus?[7] Dabei war auch zu bedenken, dass immer mehr Studierende ihr Studium abbrachen oder eine zweite Ausbildung anfügten oder schon nach kurzer Berufstätigkeit wieder aus dem Beruf ausschieden. Gründe, die dafür immer wieder genannt wurden, lagen in der persönlichen Familiensituation, Unzufriedenheit über den Beruf oder dass man von der Veranlagung her für den Beruf wenig geeignet schien. Die Anzahl der Studierenden im Fachbereich Praktische Theologie in Mainz ist seit Mitte der 1980er Jahre deutlich zurückgegangen. 1976/77 gab es 202 Bewerbungen. Die fünf Trägerdiözesen hatten sich dann auf 60 Studienanfänger/innen pro Jahr festgelegt. Die Auswahl der Bewerber/innen, die einen Studienplatz erhielten, geschah durch die einzelnen Diözesen auf Grund der Bewerbungsunterlagen und eines Bewerbungsgespräches, an dem auch ein/e Vertreter/in der Fachhochschule teilnahm. 1981 hatten von 118 Bewerber/inne/n dann 60 einen Studienplatz erhalten, 10 Jahre später, 1991, waren es noch 29 von 53. Der Rückgang der Zahl der Studierenden hatte auch zur Folge, dass der Fachbereich weniger Lehraufträge vergeben konnte. Da Kirchengeschichte durch Lehraufträge abgedeckt war, habe ich dieses Fach dann mit übernommen. Inzwischen nimmt die Zahl der jungen Menschen, die einen pastoralen Beruf anstreben, weiter ab. Das hat einmal zu tun mit den gesellschaftlichen Veränderungen insgesamt. Der weltanschauliche

---

[7]    Gemeindereferent/in: Hobby – Beruf – Berufung. Diskussionsbeiträge zu Ausbildung, Berufsziel und Berufsbild von Gemeindereferent/inn/en, hg.v. Katholische Fachhochschule Mainz, Ludwigshafen 1992.

Pluralismus wurde größer, institutionalisierte Religion verliert in der Gesellschaft immer mehr an Bedeutung und führt besonders in der jungen Generation zu einem großen Schwund christlich-kirchlicher Praxis und nachlassender Plausibilität des christlichen Glaubens für die Lebensgestaltung. Dazu kommen innerkirchliche Ursachen: Glaubensaussagen werden oft mehr behauptet als einsichtig gemacht, die Verbindung zwischen Leben und Denken in unserer Zeit und den Aussagen des christlichen Glaubens ist für viele Menschen kaum herstellbar und die Art der Amtsausübung in der Kirche oft ärgerlich.

Der Rückgang der Zahlen in den kirchlichen Berufen und besonders der Priesterzahlen zwang die Diözesen dazu, neue Strukturen zu schaffen. Dabei entwarf jede Diözese ihre eigenen Pläne und schuf eigene Begriffe für die neuen Strukturen. Das, was man auf der Gemeindeebene voraussetzt, nämlich Zusammenarbeit und gemeinsame Planung, geschah zwischen den Diözesen nicht. Ich musste deshalb in den Lehrveranstaltungen die unterschiedlichen Konzepte der fünf Diözesen darlegen.

Der sog. „Pfarrermangel" führte auch zu neuen Überlegungen und praktischen Veränderungen in den übrigen kirchlichen Berufen. Mit dem Konzil kam die Wiedereinführung eines eigenständigen Diakonates mit hauptamtlichen Diakonen. Inzwischen gibt es auch Diakone mit Zivilberuf, bei deren pastoraler Ausbildung ich in der Diözese Mainz noch mit tätig bin.

Aus der „Pfarrhelferin" war der Beruf „Gemeindereferent/in" geworden, wobei der Anteil der Frauen nach einer Statistik von 1991 ca. 80% betrug. Nach den Rahmenstatuten von 1987 sollen Gemeindereferent/inn/en mitwirken beim Aufbau lebendiger Gemeinden, ihre Tätigkeit wird beschrieben als allgemeine Unterstützung des kirchlichen Amtes in den Grunddiensten der Liturgie, der Verkündigung und der Diakonie, und sie sollen auch eine eigene Aufgabe in gewisser Eigenverantwortlichkeit haben.[8]

Des Weiteren entstand der Beruf der „Pastoralreferent/inn/en", die in Abgrenzung zu den Gemeinderefent/inn/en nur in der kategorialen Seelsorge eingesetzt werden sollten. Der Einsatz der einzelnen pastoralen Berufsgruppen ist uneinheitlich in den verschiedenen Diözesen und oft mehr bestimmt von der konkreten Situation als einer theologischen Begründung und umfassenden Planung. Auf ihrer Frühjahrskonferenz 1992 klagten die Gemeindereferentinnen, es herrsche „oft ein verwaschenes Berufsprofil. Häufig scheine es zu wenig abgegrenzt von anderen kirchlichen Berufen, aber auch vom Sozialarbeiter, Pädagogen oder Psychologen".[9]

Die Frage der ekklesiologischen Einordnung des Berufs Gemeindereferent/in und die Frage nach einem entsprechenden Berufsbild haben mich während all der Jahre an der KFH begleitet. Es wurde deutlich, dass die einfache Unterteilung in „Heildienst der Kleriker" und „Weltdienst der Laien", wie sie durch

---

[8]   Rahmenstatuten und -ordnungen für Gemeinde- und Pastoralreferenten/referentinnen. (Die deutschen Bischöfe 41), hg.v. Sekretariat der Deutschen Bischofskonferenz, Bonn 1987.

[9]   Vgl. KNA (Katholische Nachrichten Agentur) 12.5.1992.

Konzil[10] und Synode[11] getroffen worden war, in der Praxis nicht einsichtig war. In einem Schwerpunktseminar „Gemeindereferent/in im Spannungsfeld des kirchlichen Amtsverständnisses" habe ich die unterschiedlichen Konzepte der Diözesen in den Blick genommen, dabei auch die kirchlichen „Laienberufe" in manchen Ländern Lateinamerikas und Afrikas beleuchtet und die theologische Einordnung des Berufs „Gemeindereferent" diskutiert.

Aufgabe der Pastoraltheologie muss es dabei immer bleiben, das jeweilige Berufsbild der unterschiedlichen kirchlichen Berufe nach Theorie und Praxis zu reflektieren. Dabei ist allerdings zu bedenken, dass es immer auch problematisch ist, aus einem pastoralen Dienst einen Beruf zu machen nach den Maßstäben unserer Gesellschaft, der vor allem bewertet wird nach Berufsprofil, Gehaltsgruppe, Arbeitszeiten, Aufstiegsmöglichkeiten und Sozialprestige. Die Wirksamkeit und der „Erfolg" der in pastoralen Berufen tätigen Menschen hängen vor allem ab von ihrer persönlichen Glaubwürdigkeit und ihrem Einsatz und weniger von einem „Berufsprofil".

# 5. Welcher Weg in welche Zukunft der Kirche in Deutschland?

Stichworte, die in den Ordinariaten im Laufe der Jahre immer wieder diskutiert wurden zur Optimierung pastoralen Handelns, waren Organisationsentwicklung, Leitbildentwicklung, Personalentwicklung, Schlüsselqualifikationen, Qualitätssicherung usw. Die damit gemeinten Inhalte sind nicht immer klar voneinander abzugrenzen, sondern gehen ineinander über. All dies sollte aber berücksichtigt werden bei der Ausbildung und in dem Beruf Gemeindereferent/in.

Im Herbst 1999 veranstaltete die Pastoraltheologenkonferenz einen Kongress zum Thema „Organisationsentwicklung in der Kirche"[12]. Organisationsentwicklung wurde dabei verstanden als Frage nach den Zielen der Kirche und ihrer Erreichbarkeit (Effizienz) und nach dem angemessensten Mitteleinsatz.

Bezüglich des Einsatzes der finanziellen Mittel ließen sich inzwischen die Diözesen beraten durch entsprechende Unternehmen von außen, z.B. das Bistum Mainz von der Firma McKinsey. Dabei wäre aber die primäre Frage, welche Ziele die Diözesen verfolgen. Auch wenn das Ziel der Beratung der notwendigen Haushaltssanierung dienen soll, müssen zunächst die Ziele und Optionen der pastoralen Arbeit für die Diözese und die Gemeinden konkret benannt

---

[10] Dekret über das Apostolat der Laien.
[11] Beschluss über „Die pastoralen Dienste in der Gemeinde".
[12] Pastoraltheologische Informationen 20. Jg. (Heft 1/2000).

werden. Und welche Ziele und Optionen lassen sich z.B. ablesen an der Verteilung der finanziellen Mittel in einem Bistumshaushalt?

Bei der Frage nach der Zukunft ist vor allem zu bedenken, dass es nicht nur um die Zukunft der Kirche geht, sondern um die Zukunft der Menschen insgesamt. Wir stehen am Beginn des sog. digitalen Zeitalters. Es zeigt sich ein Umbruch in der Technik, der sich stark auf das Leben des Menschen auswirkt. Inzwischen können Mikrochips nicht nur in Maschinen, sondern auch in den Menschen selbst eingesetzt werden, um seine Möglichkeiten zu steigern bzw. ihn zu steuern. Im Bereich der Medizin führen die Hirnforschung und der mögliche Eingriff in die Erbanlagen zu einer Veränderung des Menschenbildes. Wie wird sich die Kirche in ihrem Zeugnis und ihrer Verkündigung auf die neue Zukunft einstellen?

# 6. Sehen – Urteilen – Handeln als bleibende Aufgabe

Das Thema meiner Abschiedsvorlesung an der Hochschule 2001 lautete: „Sehen – Urteilen – Handeln. Zum Dreischritt der Praktischen Theologie als Einübung in pastoraltheologische Theorie für pastorale Praxis".[13]

Sehen – Urteilen – Handeln, das fängt auch für Pastoraltheolog/inn/en an mit dem Blick auf die eigene Glaubenspraxis: Wie steht es mit meinem eigenen Glauben? Was bedeutet mir Jesus Christus? Inwiefern ist mein Glaube an meiner Lebensführung erkennbar? Was kann da für andere ansteckend sein? Der Dreischritt ist auch eine bleibende Aufgabe für Praktische Theologie / Pastoraltheologie selbst. Daraus ergibt sich auch eine kritische Funktion in, aber nicht neben der Kirche. Insgesamt hat sie eine dienende Funktion für pastorales Handeln – praxisnah und konkret!

Der Dreischritt ist sodann Aufgabe bei der Arbeit in jeder „Seelsorgeeinheit". 2005 wurde im Auftrag der Deutschen Bischofskonferenz die sogenannte „Sinus-Milieustudie" erstellt. Folgerungen für die pastorale Planung sind in den Gemeinden nicht überall erkennbar. Größere Seelsorgeeinheiten sowie die abnehmende Zahl aktiver Kirchenchristen bergen die Gefahr, sich überwiegend auf die sog. Kerngemeinde und „religiösen Service" zu beschränken.

Der Dreischritt ist auch eine Aufgabe für die einzelnen Diözesen und die Kirche in Deutschland insgesamt – auch im Blick auf ihr Vermögen. Unser Kirchensteuersystem stabilisiert die Kirche als Institution. Was bedeutet das aber für die Kirche als Glaubensgemeinschaft? Dazu kommt, dass bei uns im sozia-

---

[13] Sehen-Urteilen-Handeln. Zum Dreischritt der Praktischen Theologie. Schriften der Hochschulgesellschaft „forum sociale", Heft 10, Mainz 2002.

len Bereich eine enge Beziehung besteht zwischen Kirche und Staat. Durch gesetzliche Regelungen und weitgehende Finanzierung der sozialen Einrichtungen und Dienste durch die Öffentliche Hand sind Caritasverband und Diakonie so etwas wie Auftragsunternehmen des Staates geworden und Arbeitgeber nach staatlichen Vorgaben mit Chancen, Verantwortlichkeiten und Gefährdungen des eigenen Profils. Das wirkt sich aus bis in die Gemeinden (z.B. kirchliche Kindergärten).

Meine Zuversicht: Immer werden Menschen fragen und suchen nach Sinn und Ziel des Lebens in der Welt und unter den unterschiedlichsten Lebensbedingungen. Es wird dabei auch immer wieder Menschen geben, die bei ihrer Suche Leben und Botschaft Jesu bedenken als Weg zum wahren Leben. Und sie werden diesen Weg hoffentlich für sich entdecken können durch Menschen, die diesen Weg selbst zu gehen versuchen. Es gibt heute lt. Statistik ca. 2,1 Milliarden Menschen auf der Welt, die sich Christen nennen. Wie anders würde unsere Welt aussehen, wenn alle als einzelne und als Gemeinschaft ihren Glauben konsequent zu leben versuchten, und es wäre etwas deutlicher mehr von dem erkennbar, was die Bibel „Reich Gottes" nennt.

MICHAEL SIEVERNICH SJ

# Ein Pastoraltheologe im Kontext seiner Zeit

Wer autobiographisch über sein Selbst schreibt, muss damit rechnen, dass das selbst Geschriebene keineswegs mit dem schreibenden Selbst identisch ist, schon gar nicht, wenn andere implizit mitschreiben. Ignatius von Loyola nutzt in seinem autobiographischen „Bericht des Pilgers"[1] den gnädigen Ausweg, zu sich selbst in Distanz zu gehen und in der dritten Person als „peregrino" von sich zu sprechen. Mit diesem Objektivierungsvorgang ermöglicht er auch andere Lesarten der Erzählung seiner Lebensgeschichte, da auch Nahe und Ferne, Freunde oder Feinde über diese dritte Person sprechen können und sich ihren eigenen Reim machen können. Denn autobiographisches Schreiben ist eine Rekonstruktion, die *nolens volens* „hairesis" betreibt, aus der gelebten Wirklichkeit auswählt, beiseiteläßt und verschweigt, oder betont und dazu dichtet, Papier errötet ja nicht. Auch wer sich autobiographisch auf die berufliche, diesfalls akademische Tätigkeit beschränkt, kann nicht alles aufschreiben, gleichgültig, ob er ein paar Bände oder ein paar Seiten verfasst. Es bleibt paulinisches „Stückwerk" (1 Kor 13,9).

---

[1] Ignatius von Loyola, Bericht des Pilgers, hg., übers. u. eingel. v. Michael Sievernich, mit Kupferstichen von Peter Paul Rubens u.a., Wiesbaden 2006.

# Mit Gleichaltrigen in der pastoralen Schule

Mein Fach der Pastoraltheologie hat den Vorteil, jedenfalls bei kirchlicher Sozialisation, dass man schon früh mit den Stückwerken praktischer Pastoral in
Berührung kommt, wenn auch nur als Kind oder Jugendlicher. Gleichwohl können diese Erfahrungen und Beobachtungen tief prägen, zu positiven Sternstunden werden, aber auch negativ abschrecken. Jedenfalls geht die eigene Lebensgeschichte auch in die professionell betriebene Pastoraltheologie ein.

Das früheste Ereignis dieser Art war wohl meine Taufe. Da ich das Licht der
Welt am 22. Februar 1945 in Gestalt der Mündungsfeuer amerikanischer Jagd-
flugzeuge erblickte, nahm meine Mutter eine Nottaufe vor, die Fenster zersplit-
terten über ihr. Später taufte mich der Pfarrer bedingungsweise nach, was aber
wegen Fliegeralarm wiederum so schnell gehen musste, dass die Taufkerze zer-
brach. Immerhin gehörte der Ort im Oberhessischen zum letzten Zipfel des römischen Reiches und zum Bistum Mainz. Derselbe Pfarrer erhielt nach dem
Krieg zahlreiche amerikanische Care-Pakete zur Verteilung, einen Keller voll.
Doch bei Müttern mit Kindern, die dringend Milch(pulver) und Nahrungsmittel
brauchten, landete trotz Not und Bitten nichts; so hielt es später auch der städtische Pfarrer. Denn die Pfarrherren verkauften ihre Care-Schätze, um die Kir-
chengebäude zu reparieren. So erzählt es jedenfalls meine Mutter, da mein zar-
tes Alter noch kein eigenes Urteil über diese Art der Kriegs- und Nachkriegs-
pastoral zuließ. Doch später haben Care-Dosen tatsächlich meine Familie erreicht und den jungen Gymnasiasten mit der Aufschrift beeindruckt: „Donated
by the people of America".

Meine Eltern, der Kölner Hanns Sievernich (1915-1977) und die Frankfurte-
rin Maria Sievernich (*1918), hatten mutig mitten im Krieg geheiratet, waren
aber durch Krieg und Gefangenschaft die meiste Zeit voneinander getrennt.
Meine Mutter war während des Krieges aus Frankfurt in die Nähe von Lich
evakuiert worden, doch bald nach dem Krieg lebten meine Eltern und die vier
Jungen, mein älterer Bruder Johannes und die zwei jüngeren Brüder Christoph
und Gereon, wieder in Frankfurt-Sachsenhausen, dann berufsbedingt in Limburg an der Lahn und schließlich in Köln am Rhein. Dort arbeitete mein Vater
im Verlagswesen und der kommunalen Verwaltung, meine Mutter beim Regie-
rungspräsidenten.

Zur Kirchenerfahrung meiner Familie in Limburg gehören die guten Erfahrungen mit dem Kindergarten und Kinderhort der Dernbacher Schwestern
(*Arme Dienstmägde Jesu Christi*), von denen Sr. Makaria bis heute im Gedächtnis steht. Auch die Erstkommunion der beiden mittleren Brüder in der Pallotti-
ner-Pfarrei St. Marien gehört dazu. Zu den weniger guten Erfahrungen zählten
Verweigerung des pastoralen Gesprächs, Zurückweisung meines Bruders als
Firmling oder die von der Kanzel verkündete Verdammung einer neuen Tageszeitung aus dem sündigen Frankfurt, bei deren Einführung mein Vater beruflich

beteiligt war. Wir waren im Kleinstadtmilieu zugezogene Fremde. Gottseidank verzog meine Familie bald nach Köln, wo ich ab 1956 zuerst das staatliche Friedrich-Wilhelm-Gymnasium besuchte, später nach einem Akt literarischer Emanzipation das staatliche altsprachliche Dreikönigsgymnasium, an dem ich das Abitur machte (1965), in weiser Voraussicht mit Sonderprüfung in Hebräisch. In Köln lernte ich lebenspraktisch drei weitere Felder der Pastoral kennen, ohne sie damals zu reflektieren. Aus der Rückschau werden deren Profile deutlich erkennbar.

Am Friedrich-Wilhelm-Gymnasium erlebte ich den Glücksfall von zwei Lehrern, eines hervorragenden Deutsch-Lehrers und eines Religionslehrers, der auch Latein gab. Es war der Jesuit P. Alois Schuh (1900-1984), der durch seinen didaktisch hervorragenden Unterricht und durch seine Zivilcourage bei den Schülern hohe Achtung genoss. Er war der einzige Lehrer, der auch dem Direktor zu widersprechen wagte, während alle anderen kuschten. Dazu muss man wissen, dass dieser Direktor schon vor dem Krieg die Schule geleitet hatte, in SA-Uniform, und zum Schluss seiner Laufbahn wieder eingesetzt wurde und seinen gewohnten autoritären Stil weiterpflegte, der alle das Fürchten lehren sollte. Es waren wohl alte NS-Netzwerke, die ihn wieder ins Amt gebracht hatten. Pater Schuh, liebevoll „Schluffen" genannt, war durch seine pädagogische und zugleich pastorale Art ein Lichtblick in der Schule, später als Pfarrer auch an Sankt Peter in Köln. Dort pflegte er eine verstehende Pastoral, die er in den letzten Kriegsjahren während der Bombennächte mit dem großen Kölner Seelsorger Robert Grosche (1888-1967) erlernt hatte. Dieser war in meiner Schulzeit Pfarrer der Pfarrei St. Gereon, wozu ich gehörte. Doch sonntags ging ich lieber zur Predigt von Pater Schuh, dem Heinrich Böll ein kleines Denkmal gesetzt hat.[2] Als Schüler hatte ich erstaunlich breite Ansprüche an die Pastoral: Zur Predigt nach St. Peter, zur Beichte zu den Dominikanern in St. Andreas, zur Liturgie in den Kölner Dom als Messdiener. Als religiös interessierter Schüler wurde ich ins Kölner Haus des *Opus Dei* (Stadtwaldgürtel) eingeladen, ohne dort jemals diesen Namen zu hören. Als die dort geübte Pastoral zudringlich wurde und mir Vorgaben machte, wo ich zu beichten und meine Hausaufgaben zu machen hätte, nahm ich instinktiv Abstand; erst später lernte ich die Hintergründe kennen.

Ein weiteres pastorales Feld, das ich im Laufe meiner katholischen Sozialisation aus eigener Praxis und Anschauung kennenlernen konnte, war die Mitgliedschaft im *Bund Neudeutschland* (ND). Dieser aus der bündischen Jugendbewegung der Weimarer Zeit stammende und in der NS-Zeit verbotene katholische Schülerbund heißt heute *Katholische Studierende Jugend* (KSJ). Hier habe ich gute Jugendseelsorger wie P. Josef Pöppinghaus (1920-1981)[3] und P.

---

[2]  Heinrich Böll / P. Alois Schuh S.J., 65 Jahre Jesuit, in: Canisius. Mitteilungen der Jesuiten 34 (1983/2), 22-23.
[3]  Robert Eiter (Hg.), Josef Pöppinghaus S.J. 1920-1981, Köln 1995.

Rudolf Steinwede (1917-1987) kennengelernt, die unaufdringlich klare Orientierung gaben und vor allem durch regelmäßige Gottesdienste (morgens vor der Schule!) und durch Veranstaltung von Fahrten in die Alpen und von Zeltlagern in den Mittelgebirgen Zusammenhalt und kommunikative Bedeutung der Gleichaltrigengruppe erfahren ließen. Auch die frühe Übernahme von Verantwortung als Leiter von Gruppen nach dem Prinzip „Jugend führt Jugend" hat zu einem starken Verantwortungsgefühl geführt, nicht nur für sich selbst und das eigene spirituelle Leben, sondern auch als Verantwortung für andere, aber nicht im autoritären Stil. Noch heute erinnere ich mich an das Bundeszeltlager des ND am Ansveruskreuz in Ratzeburg, das den 17jährigen eindringlich in die Verantwortung rief, zur „Lebensgestaltung in Christus" und zur Mitgestaltung von Kirche und Gesellschaft.

Schließlich lernte ich als Messdiener am Kölner Dom, der sonntags wie werktags Dienst hatte, die Liturgie der Kirche kennen und vollziehen. Sie war zu meiner Zeit am Dom (bis 1965) natürlich noch tridentinisch, wie seit unvordenklichen Zeiten. Tatsächlich aber gehörte zur Aufgabe der Messdiener in den Frühmessen der vollständig lateinischen Liturgie Lesungen und Gebete parallel auf Deutsch vorzutragen: die Anfänge der Liturgie in der Volkssprache. Überdies lehrte das liturgische Ritual – außer den biblischen Inhalten und dem festliegenden Kanon – die Bedeutung der Formensprache, von den Gerätschaften und der Kleidung bis zum Lesen und Gehen und zur Performance. Überdies war der Dom als Gebäude Schauplatz vielfältiger Erkundungen an normalerweise unzugänglichen Orten, wie Grabungen, Wendeltreppen, Triforiengalerien, Gewölbebau und Dachkonstruktionen sowie Details der Steinmetzkunst aus der Nähe. So erschloss sich die Gotik als Architektur und die Kathedrale als Gotteshaus.

In diese Zeit fällt als weitere entscheidende Kirchenerfahrung das Ereignis des Zweiten Vatikanischen Konzils. Zwar wurde die Konzilseröffnung am 11. Oktober 1962 live als Eurovisionssendung von der ARD übertragen, da aber Fernsehapparate noch rar waren und wir zu Hause keinen hatten, war man auf andere Informationsquellen angewiesen. Dass es sich um ein großes Kirchenereignis handeln musste, war mir und meinen Freunden durchaus klar, auch wenn wir kaum ahnten, welche Themen dort traktiert und welche Entscheidungen getroffen wurden. Immerhin brachte mitten in der Konzilszeit (1964) eine Romfahrt des Bundes Neudeutschland etwas mehr römische Anschauung. Jedenfalls gewannen wir über das Konzil einen Eindruck von der internationalen Weltkirche und waren mächtig stolz, dieser Kirche anzugehören. Im Vorfeld des Konzils gab es einen weitverbreiteten Bildband, der Weltkirche schon in der pianischen Epoche anschaulich darstellte, im Angesicht der Völker.[4] Damit hat sich

---

[4] Überall bist Du zu Hause. Dokumentarischer Bildband aus dem Leben der Weltkirche, zusammengestellt von Bertram Otto, mit einem Geleitwort von Joseph Kardinal Frings, Einführung von Hugo Rahner, Bonn 1957.

offensichtlich *avant la lettre* die Idee der Weltkirche und ihrer Mission ins jugendliche Herz eingeschlichen, und das Konzil hat mein Interesse am Studium der Theologie und an einem kirchlichen Beruf, womöglich in der Gesellschaft Jesu, inspiriert. Das beschäftigte mein geistliches Leben, in dem ich auch Varianten eines Studienfachs ventilierte, vor allem meine beiden anderen Favoriten, Germanistik und Jus. Was Ausbildung und Beruf angehen, gaben die Eltern uns Brüdern alle nötige Freiheit, verbunden mit vielen geistigen Anregungen aus unserer reichhaltigen Familienbibliothek und starkem begleitenden Interesse am zeittypischen Jugendkosmos.

## Ordensausbildung und akademisches Studium

Nach dem Abitur führte mich eine Reise mit zwei Freunden an der Donau entlang nach Wien. Per Autostopp unterwegs, trafen wir einen Autofahrer, der so froh war, junge Leute mit Interesse an Kunst und Kirche zu treffen, dass er uns den ganzen Tag zu den Stiften der Wachau chauffierte. Dann setzte ich meine lange gereifte Entscheidung in die Tat um, ohne Umweg über den Wehrdienst (für Theologen nicht obligatorisch) in der Gesellschaft Jesu anzufragen, um zu sehen, ob sich dieser Schritt würde durchhalten lassen, Rückzugsmöglichkeiten (siehe oben) waren durchaus eingeplant. Ich wollte also Jesuit werden. Einige Individuen dieser Art hatte ich schon in der Schule, in St. Peter und in der Jugendarbeit kennengelernt. Im Mai 1965 trat ich mit einigen anderen Kandidaten in das Noviziat in Ascheberg (Westfalen) ein, rauchte angesichts der zu erwartenden Aszese die letzte Zigarette und harrte gespannt der Dinge. Der strenge Tagesrhythmus hatte sich schnell eingespielt, die hohe Motivation überspielte manches und das damals noch getragene Ordenskleid hielt in Form. Mich interessierte weniger der *ordo solitus*, sondern mehr die klassischen Schriften des Jesuitenordens und seiner Geschichte, aber auch die Gäste, ob der japanische Pater, der gerade Deutsch lernte, oder ein junger Pater, der uns den französischen Strukturalismus erklärte. Mit der größten Spannung jedoch erwarteten wir die vierwöchigen ignatianischen Exerzitien, die uns der verständige Novizenmeister P. Georg Mühlenbrock gab, und die in der Tat hielten, was sie versprochen hatten. Das abwechslungsreiche Programm von Spiritualität und Praktika (Krankenhaus, Straßenbau, Volksschule, Seminar an der Münsteraner Uni), Hausarbeit und schriftlichen Ausarbeitungen ließ die zwei Jahren im Flug vergehen, hatte aber auch die Erwartung aufs ersehnte Studium gesteigert.

Die weitere Ausbildung vollzog sich hauptsächlich an fünf Orten: an den Hochschulen des Ordens in Pullach bei München (Lic. phil.) und in Frankfurt

(Dipl. theol.), sowie an der Universität Münster (Dr. theol.); dazu kamen Aus-
bildungsabschnitte in den USA und in Lateinamerika (Kolumbien) sowie immer
begleitende pastorale Tätigkeiten. In der Philosophischen Fakultät Berchmans-
kolleg in Pullach bei München (heute Hochschule für Philosophie in München)
war das Studium einerseits geprägt von damaligen Koryphäen wie Josef de
Vries (Erkenntnislehre), Walter Brugger (philosophische Gotteslehre), Emerich
Coreth (Metaphysik), Johannes Baptist Lotz (Transzendentalphilosophie), mit
differenzierten neuscholastischen Positionen. Andererseits prägten Ansätze der
modernen Philosophie die Arbeit am Begriff, von Descartes über Kant und den
Deutschen Idealismus über Marx, Nietzsche und Heidegger bis hin zu Wittgen-
stein und zur analytischen Philosophie. Ergänzt wurde dieses Angebot durch
moderne Sozialwissenschaften (Psychologie), Naturwissenschaften (Physik,
Biologie) und Kunstgeschichte. Die Mischung machte den Reiz aus. Gute Stu-
dien- und Bibliotheksbedingungen haben zusätzlich angeregt und philosophisch
herumstöbern lassen. Die philosophischen Bemühungen kulminierten in einer
Lizenzarbeit über das semiotische Dreieck in Ogden und Richards „Meaning of
Meaning". In einem mehrmonatigen Aufenthalt an der Ostküste der USA
konnte ich erstmals Amerika kennenlernen, die Sprache einüben, pastoral mit
Jugendlichen arbeiten und Land und Leute kennenlernen. Und ich konnte 1968
Deutschland aus amerikanischer Perspektive wahrnehmen.

Nach den philosophischen Studien war Frankfurt am Main der nächste Stu-
dienort. In der dortigen Hochschule Sankt Georgen absolvierte ich den theologischen Teil des Gesamtstudiums, wo bekannte Professoren lehrten wie Alois
Grillmeier (Patristik) und Otto Semmelroth (Dogmatik), semesterweise auch
Karl Rahner, bei dem ich Gnadentheologie hörte. Dazu kamen jüngere Exege-
ten wie Norbert Lohfink (AT), Fritz-Leo Lentzen-Deis und Johannes Beutler
(NT), andere wie Hans Wolter (Kirchengeschichte) und Johannes Günther
Gerhartz (Kirchenrecht), semesterweise Hans Waldenfels (Religionswissen-
schaft). Mit Grillmeier, Semmelroth und Hans Hirschmann hatten wir Zeitzeu-
gen und Mitgestalter des Konzils, die uns authentische Auskunft geben konnten;
Hirschmann war überdies der geborene Seismograph für moraltheologische
Entwicklungen, innerkirchliche Bewegungen und umstrittene Lehrfragen wie
„Humanae vitae" (1968). Von P. Hirschmann hieß es, er habe oft ein Zehnfa-
ches unterscheiden und auf Katholikentagen am besten zusammenfassen können, auch die Veranstaltungen, die gar nicht stattgefunden hatten.

An allen Studienorten hat mich die Pastoral begleitet, so in München in der
dortigen Studentengemeinde mit ihren Berliner Treffen, in Frankfurt auf Frei-
zeiten mit Oberstufenschülern, wiederum in Berlin. Das geteilte Berlin und der
damalige Ost-West-Konflikt hat mich politisch immer sehr interessiert, auch die
Lage in Ost-Berlin. Schon als Schüler auf Klassenfahrt in Berlin hatte ich die
damalige Kuba-Krise miterlebt (1962) und gesehen, wie sich am Checkpoint
Charly amerikanische und sowjetische Kampfpanzer mit gereckten Rohren und
röhrenden Motoren auf wenigen hundert Metern gegenüberstanden. Jedenfalls

ist mir klargeworden, dass Kirche und ihre Pastoral sich nicht in einer prästabilisierten Harmonie befanden, dass die politischen Probleme dieser Welt zum Kontext unserer Zeit gehörten, von denen auch die Theologie, weil vermeintlich „zeitlose" Wahrheiten behandelnd, nicht absehen konnte.

Eine Theologie mit Zeitindex, also im Kontext der Zeit, hat den Vorteil, dass sie auf die jeweiligen Herausforderungen eingeht und die christliche Perspektive einbringt. Meine theologische Diplomarbeit spiegelte nicht nur diese Fragestellung, sondern war auch interdisziplinär angelegt: Es war eine moraltheologische Arbeit, die sich mit der rechtlichen und ethischen Beurteilung von Gewaltdarstellungen im Fernsehen befasste, also Medientheorie (Wirkungsforschung), Strafrecht, Sozialethik, Moraltheologie und Gewaltproblematik reflektierte. Gutachter waren die Professoren Hirschmann und der schon emeritierte Oswald von Nell-Breuning. Mein theologischer Lehrer in Pastoraltheologie war in Frankfurt Ludwig Bertsch (1929-2006), der nacheinander alle Leitungsämter von Sankt Georgen innehatte und die Hochschule geprägt hat, wie er auch maßgebend an der Würzburger Synode (1971-1975) beteiligt war.

Nach dem Ende des Studiums wurde ich vom Mainzer Bischof Hermann Kardinal Volk im Frankfurter Dom im Alter von 29 Jahren zum Priester geweiht. Damit gewannen die pastoralen Aktivitäten eine neue Dimension, da ich nun als Priester auch in der Eucharistiefeier und im Predigtdienst, in der Seelsorge und in der Beichtpastoral wirken konnte, was ich vor allem über zahlreiche Aushilfen tat. Zugleich stand die „Destination" an, d.h. meine künftige Verwendung im Orden. Zuständig dafür war der Provinzialobere Johannes Günther Gerhartz, den ich aufgrund seiner Führungskraft schätzte und der später in der römischen Ordensleitung als „Sekretär" der Gesellschaft Jesu wirkte. Mein pastorales Interesse aufgreifend, sollte ich an der Universität Münster (Westfalen) in Pastoraltheologie promovieren, um später gegebenenfalls dozieren zu können.

Meine „Initiation" in die Pastoraltheologie als wissenschaftliche Disziplin erhielt ich vor allem auf dem Wiener Kongress von 1974, den die Konferenz der deutschsprachigen Pastoraltheologen veranstaltete. Anlass war die Zweihundertjahrfeier (1774-1974) der Pastoraltheologie als wissenschaftlicher Disziplin, die mit einem Entwurf von Abt Stephan Rautenstrauch und mit der Einrichtung dieser neuen Disziplin durch Kaiserin Maria Theresia begann. Hier lernte ich die wichtigen Leute der Zunft kennen und die diskutierten epistemologischen, methodologischen, interdisziplinären und handlungstheoretischen Grundfragen, übrigens in ökumenischer Eintracht. Überdies hatte das damals neu erschienene Buch von Helmut Peukert eine aufschließende Bedeutung, weil es den wissenschaftstheoretischen und handlungstheoretischen Horizont öffnete.[5]

---

5 Vgl. Praktische Theologie heute, hg. v. Ferdinand Klostermann / Rolf Zerfaß, München-Mainz 1974; Helmut Peukert, Wissenschaftstheorie – Handlungstheorie – Fundamentale Theologie. Analysen zu Ansatz und Status theologischer Theoriebildung, Düsseldorf 1976.

In Münster ergänzte ich meine Studien bei den dort lehrenden Professoren, vor allem Johann Baptist Metz mit seiner eigenwilligen praktischen Fundamentaltheologie, aber auch bei Bruno Schüller mit seiner metaethischen Kritik der moraltheologischen Sprache; auch Peter Hünermann (Dogmatik), Dieter Emeis (Katechetik), Erich Zenger (Altes Testament) gehörten in den Reigen. Über den theologischen Kanon hinaus interessierten mich Publizistik, Pädagogik und Philosophische Anthropologie (Hans Blumenberg). Mein Doktorvater, dem ich am meisten verdanke, war Adolf Exeler (1926-1983),[6] der mit seinem Lehrstuhl Pastoraltheologie und Religionspädagogik vereinigte und als Vorsitzender den Deutschen Katecheten-Verein (DKV) vertrat. Er verfügte in der Praktischen Theologie über ein breites Spektrum, von dem viele Innovationen und Impulse ausgingen. Im Bereich der Pastoraltheologie etwa Jugendpastoral, Theologische Erwachsenenbildung, „Theologie des Volkes", vergleichende (Pastoral)Theologie; im Bereich der Religionspädagogik Religionsunterricht als Daseinsdeutung, Moralpädagogik, Fehlformen religiöser Erziehung. Leider ist er im Alter von 57 Jahren viel zu früh verstorben. Nach Abschluss meiner Promotion verabredeten wir künftige Kooperation, und er machte sich auf seine letzte Weltreise nach Lateinamerika und Asien. Während er noch unterwegs war, fuhr ich für ein Jahr nach Kolumbien, um meine letzte Ausbildungsphase im Orden zu absolvieren (Terziat). Diese von den vierwöchigen Exerzitien und der Pastoral in einem *barrio* von Cali geprägte Phase war eine wunderbare Zeit geistlicher Reflexion und seelsorglicher Erfahrung. Nach meiner Rückkehr aus Lateinamerika war Adolf Exeler schon verstorben. Er hat mich vielfach inspiriert, sicher auch bei Fragen der Weltkirche und der interkulturellen Dimension der Pastoraltheologie.

Mein thematisches Interesse changierte zwischen einem pastoral- und moraltheologischen Thema, das sich schnell hamartologisch einpendelte, da ich einerseits Klärungsbedarf bei einem theologischen Terminus sah, dessen Lehre in verschiedenen theologischen Disziplinen angesiedelt war – in der Moraltheologie (persönliche Sünde), in der Dogmatik (Erbsünde) und damals neuerdings auch in der Sozialethik (strukturelle Sünde) –, ohne dass diese systematisch verknüpft gewesen wären; schlug hier das Pekkaminöse gleichsam epistemologisch durch. Andererseits war das Thema von Schuld und Sünde als vormodern in die Kritik und in Misskredit geraten. Tatsächlich schlug sich das wachsende Freiheitsbewusstsein theologisch kaum nieder, wie denn die traditionelle Bußpraxis nicht selten als bedrückend erfahren wurde. Die pastorale Praxis hatte mit den eigenen Übertreibungen zu kämpfen, die Katholiken mehr auf der praktischen, die Protestanten mehr auf der theoretischen Ebene. Das Ergebnis der noch ohne Computer geschriebenen Dissertation war das Buch „Schuld und

---

[6]  Vgl. Gottfried Bitter / Norbert Mette (Hg.), Glauben macht lebendig. Zur Erinnerung an Adolf Exeler, München 2006.

Sünde in der Theologie der Gegenwart",[7] das einerseits im Gespräch mit ökumenischen Autoren wie Karl Rahner, Piet Schoonenberg, Paul Tillich, Teilhard
de Chardin, Dorothee Sölle, Johann Baptist Metz und Gustavo Gutiérrez ein
theologisch verantwortetes und lebensweltlich relevantes Verständnis erarbeitete, aber im Hinblick auf die Pastoral auch der Gattung der „Glaubensbücher"
und der Theologischen Erwachsenenbildung nachging, die damals en vogue
waren. Die Arbeit, die den beiden Gutachtern Adolf Exeler und Heribert Vorgrimler vorlag, erhielt den Preis der Universität Münster (1981) und erfuhr nach
Erscheinen schnell eine zweite Auflage. Parallel zur Verfertigung der Dissertation amtierte ich zeitweise als Subregens am Priesterseminar Sankt Georgen in
Frankfurt. Doch immer habe ich als Begleitmusik zu den beruflichen Anforde-
rungen die Kunst im Auge behalten, vor allem die neuere deutsche und die la-
teinamerikanische Literatur, christliche Ikonographie, die Vielfalt des Barock
und der Moderne, sowie die darstellende Kunst in Theater und Kino.

## Aufgaben, Konflikte und Kooperationen

Nach der fachlichen Horizonterweiterung in Münster und der spirituellen, pastoralen und weltkirchlichen Weitung in den beiden Amerikas folgten die neuen
Aufgabenstellungen in Frankfurt am Main, die in parallelen Strängen verliefen.
Zum akademischen Strang gehörten die ersten Schritte in der akademischen
Lehre, zunächst als Hochschulassistent und Dozent, dann nach der Habilitation
die Ernennung zum Professor für Pastoraltheologie an der Philosophisch-Theologischen Hochschule Sankt Georgen (1988). Zum Lehrprogramm gehörten
die fachüblichen Standardthemen, die schnell von Schwerpunkten ergänzt wurden, zum Beispiel die urbane Pastoral, der kontextuelle Grundzug, Themen der
Befreiungstheologie aus europäischer Perspektive. Auch homiletische Übungen
gehörten zum Standardprogramm. Zudem hatte ich in dieser Zeit seit 1991
mehrmals Gastprofessuren an lateinamerikanischen Universitäten in Buenos
Aires und in Mexiko-Stadt (*Universidad Iberoamericana*) inne. Zum pastoralen
Strang gehörten praktische und pastorale Tätigkeiten wie ehrenamtliche Mitarbeit in der Jugendpastoral (KSJ). In der Medienpastoral war ich jahrelanger
Sprecher für das „Wort zum Sonntag" im ersten Fernsehprogramm (ARD).[8] Innerhalb des Ordens kamen weitere Aufgaben hinzu als Berater des Provinzials
und Leiter der Ausbildung der jüngeren Mitbrüder.

---

[7]   Michael Sievernich, Schuld und Sünde in der Theologie der Gegenwart (Frankfurter Theologische Studien 29), Frankfurt/M. 1982, [2]1983.
[8]   Ruth Avaß, Das Wort zum Sonntag. Fallstudie einer kirchlichen Sendereihe, Stuttgart 1997,
201-218.

Nach der Wahl zum Rektor der Hochschule absolvierte ich zwei Amtszeiten und wollte die Hochschule ins neue Jahrtausend führen (1996-2000). In diese Zeit fiel ein mit sachkundiger Hilfe vom Kollegen Rainer Berndt SJ veranstaltetes internationales Symposion und ein Festakt zum 400. Todestag von Petrus Canisius in der Frankfurter Paulskirche, bei dem P. General Peter-Hans Kolvenbach und Bundespräsident Roman Herzog epochale Reden hielten.[9] Nach der Jahrhundertwende erhielt ich einen Ruf auf die Professur für Pastoraltheologie an der Katholisch-Theologischen Fakultät der Johannes Gutenberg-Universität in Mainz, dem ich gern folgte und den ich bis zur Emeritierung 2011 innehatte. Parallel wurde ich in Frankfurt zum Gastprofessor ernannt. An die Zeit in der Mainzer Fakultät, der ich eine Zeit lang als Dekan vorstand, erinnere ich mich gern zurück: An das hervorragende Team mit Gundelinde Stoltenberg im Sekretariat und mit meinem Assistenten Dr. Wolfgang Fritzen. Intradisziplinäre Zusammenarbeit in der Fakultät ergab sich besonders mit der Liturgiewissenschaft und den Kollegen Hansjakob Becker und Ansgar Franz, mit der leider früh verstorbenen Kollegin Ilona Riedel-Spangenberger (Kirchenrecht), mit dem Religionspädagogen Werner Simon und dem Kirchenhistoriker Johannes Meier; interdisziplinär mit Kollegen aus der Romanistik, Geschichtswissenschaft, Amerikanistik und Germanistik. Die universitäre Tätigkeit erhielt eine Ergänzung durch das Mitwirken in diözesanen Gremien, zu denen mich Kardinal Karl Lehmann eingeladen hatte. In der Lehre an der Hochschule Sankt Georgen in Frankfurt und an der Universität Mainz hatte ich neben zahlreichen Diplomarbeiten 23 Dissertationen, darunter auch einige aus Lateinamerika, Afrika und Asien, sowie zwei Habilitationen zu betreuen.

Neben Forschung und Lehre traten eine Reihe von ehrenamtlichen Engagements, so die langjährige Mitwirkung im *Stipendienwerk Lateinamerika-Deutschland*, das heute von Kollegin Margit Eckholt geleitet wird. Dazu kommt die Mitarbeit über drei Amtsperioden als Berater in der Kommission X (Weltkirche) der Deutschen Bischofskonferenz und in der Unterkommission Lateinamerika (Adveniat), temporäre Mitarbeit in der Konferenz der deutschsprachigen Pastoraltheologen und Pastoraltheologinnen. Regelmäßige Mitarbeit in den Redaktionen der *Zeitschrift für Missionswissenschaft und Religionswissenschaft* und der Kulturzeitschrift *Stimmen der Zeit* ergänzen die Tätigkeit ebenso wie zahlreiche Vorträge und Gastvorlesungen zu klassischen und aktuellen Themen in Deutschland, in Europa und im außereuropäischen Ausland.

Kirchenpolitische Konflikte dieser Zeit waren die lateinamerikanischen Befreiungstheologien, die ich aufgrund meiner Sprachen-, Länder- und Personenkenntnisse eng verfolgte und dazu publizierte.[10] Ging es doch im Kern um soziale („Option für die Armen") und pastorale („Wo steht die Kirche?") Fragestellungen, die im Streit mit Rom auf die dogmatische Spitze getrieben wurden.

---

[9]　Petrus Canisius, Humanist und Europäer. Reden in der Frankfurter Paulskirche, hg.v. Phil.-Theol. Hochschule Sankt Georgen, Frankfurt 1997.

[10]　Impulse der Befreiungstheologie für Europa, hg.v. Michael Sievernich, München-Mainz 1988.

Mit Kardinal Ratzinger als Präfekt der Glaubenskongregation tauschte ich nach Gelehrtenart bisweilen Sonderdrucke aus, verstärkt im Zusammenhang der beiden römischen Instruktionen zur Theologie der Befreiung „Libertatis nuntius" (1984) und „Libertatis conscientia" (1986); letztere versuchte, die europäische Freiheitstheologie mit der lateinamerikanischen Befreiungstheologie zu vermitteln. Dieser positive Kontakt konnte freilich weder mich von kritischen Positionen abhalten, noch die Kongregation von Ermahnungen an meine Oberen, die mich vor der Befreiungstheologie bewahren sollten oder höchstoffiziell Rechenschaft zu meiner Unterschrift unter die „Kölner Erklärung" (1989) fordern sollten, die ich allerdings nie unterschrieben hatte ...

Zum 65. Geburtstag – die Emeritierung erfolgte erst ein Jahr später – schenkten mir die Kollegen Mariano Delgado und Hans Waldenfels eine Festschrift, mit der mich zahlreiche Kollegen, Mitbrüder, Schüler und Freunde überraschten und noch mehr erfreuten. Unter dem Titel „Evangelium und Kultur"[11] gliederten sich die Beiträge in vier Themengruppen, die etwas von meiner Arbeit in Forschung und Lehre widerspiegeln und mit den Stichworten von Mission und Evangelisierung, Kultur und Inkulturation, Religionen und Jesuitica wichtige Facetten herausheben. Manch einem Kollegen ist aufgefallen, dass bei diesen Stichworten (nicht in den Beiträgen) die Pastoraltheologie fehle. In der Tat hatten im thematischen Spektrum neue Fokussierungen stattgefunden, weil mein Verständnis der Pastoraltheologie erhebliche Weitungen und Vertiefungen erfahren hatten, was Mission, Kultur, Religion und Spiritualität angeht.

Erstens zähle ich die Stichworte der Mission und Evangelisierung, wie übrigens auch andere Kollegen, zu den Gegenständen der Pastoraltheologie, da die missionarische Kernaufgabe ein unabdingbarer kirchlicher Vollzug ist, der auch in der Pastoraltheologie zu reflektieren ist, zumal im Gesamtfeld der Theologie die „Missionswissenschaft" nur an einigen wenigen katholisch-theologischen Fakultäten als eigenes Fach ausgegliedert (Münster, Würzburg, Sankt Augustin, Vallendar, neuerdings auch Frankfurt) ist, ansonsten aber die Thematik eher zufällig aufgegriffen wird. Zweitens verweisen Kultur und Inkulturation auf die Frage der Interkulturalität. Die Pastoral der Kirche, wo immer sie sich vollzieht, ist in bestimmte unterschiedliche Kontexte eingebettet, die jeweils zu berücksichtigen sind. Pastoraltheologische Reflexion kommt nicht umhin, diese Kontexte mitzubedenken. Einer Inkulturation bedarf das Christentum nicht nur in fernen Ländern, sondern auch in der späten Moderne, zumal dann, wenn der christliche Glaube, jedenfalls in europäischen Ländern, eine Art Exkulturation erlebt. Drittens verweist das Stichwort der Religionen auf die radikal neue Situation, dass andere Religionen wie der Islam Europa nähergerückt sind, leider auch in Form eines gewalttätigen Islamismus, und einer angemessenen (pastoral)theologischen und religionspädagogischen Reflexion bedürfen. Viertens

---

[11] Mariano Delgado / Hans Waldenfels (Hg.), Evangelium und Kultur. Begegnungen und Brüche, FS Michael Sievernich SJ, Fribourg-Stuttgart 2010.

schließlich verweist das Stichwort der Jesuitica nicht bloß auf meine Ordenszugehörigkeit und eines meiner Forschungsfelder, sondern exemplarisch auf die Bedeutung der Spiritualität für die Pastoral und die Pastoraltheologie. Die ignatianische Spiritualität mit ihren narrativen und normativen Quellen ist nicht nur von historischem Belang, sondern auch für die Gegenwart bedeutsam, in der die Suche nach Spiritualität auch die (Pastoral)Theologie in die Pflicht nimmt, die christlichen Quellen des geistlichen Lebens, auch die der Mystik im Sinn eines Ressourcement wieder neu zum Fließen zu bringen. Man vergesse nicht, wie stark der Befreiungstheologe Gustavo Gutiérrez nicht nur die soziale, sondern auch die spirituelle und mystische Dimension mit dem Hinweis anmahnt, „aus dem eigenen Brunnen zu trinken" (beber en su propio pozo).

Die Erweiterung und Vertiefung des Feldes pastoraltheologischer Reflexion signalisieren keineswegs eine Vereinnahmung in das ohnehin weite Feld, sondern eine verstärkte Kooperation mit den Nachbardisziplinen. Mir scheint es ein Gebot der Stunde zu sein, Intra- und Interdisziplinarität der theologischen Disziplinen voranzubringen, nicht allein zum eigenen Nutzen, sondern auch zum Nutzen der jeweils anderen. Zur wachsenden Binnendifferenzierung der theologischen Fächer gehört eine wachsende Verknüpfung nach außen, um einer *splendid isolation* entgegenzuwirken. Wie könnte die Theologie ohne die Welt der Christus- und Marien-Bilder auskommen oder der Ikonographie und Kunstwissenschaft keinen Einlass gewähren? Wie könnte sich Pastoraltheologie mit einer applikativen Hermeneutik des normativ Vorgedachten begnügen, ohne die Gegenwartssituation auch in ihrer empirischen Gestalt wahrzunehmen und zu reflektieren? Sozialformen, Ritualformen, Solidarformen brauchen, ohne ihre sakramentale oder kirchliche Eigenheit zu gefährden, den interkulturellen und interreligiösen Vergleich.

Theologie, die an der Universität im Haus der Wissenschaften lebt, steht nicht bloß vor einer apologetischen Aufgabe, ihre Existenz zu legitimieren, weil sie mit ihrem Gottes- und Kirchenbezug über eine transzendierende Dimension verfügt, welche die wissenschaftlichen Eigenlogiken überschreitet. Mit diesem besonderen epistemischen Zug und Bezug könnte die Theologie Protagonistin für andere Wissenschaften werden, ohne diese als *ancillae* zu betrachten. Vielmehr macht sie auf Kriterien aufmerksam, welche die Wissenschaftsimmanenz transzendieren, indem sie allgemein fragt: Sind die Erkenntnisse gemeinwohlkompatibel oder gibt es ethische Probleme? Oder spezifischer gefragt: Muss aufgrund einer Folgenabschätzung das Karbonzeitalter mit Einschnitten für Wirtschaft und Gesellschaft überwunden werden? Brauchen Religion und Vernunft einander, um Entgleisungen des Religiösen oder Säkularen zu vermeiden?[12]

Überdies lebt die Theologie im Haus der Geisteswissenschaften, mit denen sie sich, wenn diese sich als grenzüberschreitende, dialogische und integrative

---

[12]  Vgl. Jürgen Habermas / Joseph Ratzinger, Dialektik der Aufklärung. Über Vernunft und Religion, Freiburg 2005.

Kulturwissenschaften verstehen, ins Benehmen setzen und ihr spezifisches Selbstverständnis sowie ihr Verhältnis zu Sozial- und Naturwissenschaften klären muss.[13] Gerade die Humanwissenschaften und ihre empirischen Zugriffe in Gestalt von quantitativen und qualitativen Studien sind wichtige Hilfsmittel für die Praktische Theologie, die vor allem die Analytik und Hermeneutik empirischer Studien zu beherrschen hat.

## Kontextuelle Lehre und interkulturelle Forschung

Mein Begriff der Pastoraltheologie, der durch die oben erwähnte „Initiation" und das skizzierte Münsteraner Studium Profil gewonnen hatte, wurde überdies geprägt durch zwei Ereignisse, die in den 1960er Jahren zeitlich koinzidierten und deren fundamentale Bedeutung sich mir im Lauf der Zeit immer mehr erschloss. Das eine war das wissenschaftliche Ereignis des „Handbuchs der Pastoraltheologie" (1964-1969), das von Franz Xaver Arnold, Karl Rahner, Viktor Schurr und Leonhard M. Weber herausgegeben wurde. Es trägt in der Grundlegung die systematischen Handschrift von Karl Rahner (1904-1984), der die Pastoraltheologie als Praktische Theologie konzipierte und als die Wissenschaft der methodischen Reflexion auf den ganzen „Selbstvollzug der Kirche" bestimmte, und zwar „je-jetzt", im Kontext der gegebenen Situation. Dieser Paradigmenwechsel sollte die Pastoraltheologie von der bisherigen Anwenderpraxis zu einer wissenschaftlichen Gestalt führen, die überdies im Haus der Wissenschaften größere Akzeptanz fände. Rahner löste also mit seiner neuen Konzeption das traditionelle Verständnis der Pastoraltheologie als Applikation der dogmatisch, moraltheologisch und kanonistisch vorgegebenen Normen durch ein handlungswissenschaftliches Verständnis ab, das sich nicht in einem zeitlosen Raum abspielt, sondern in konkreten epochalen Situationen. Zu seiner Grundlegung der allgemeinen Pastoraltheologie gehören ekklesiale und anthropologische Momente sowie eine theologische Gegenwartsanalytik; zur Grundlegung der speziellen Pastoraltheologie gehören Träger und Grundfunktionen, sowie spezielle Themen wie Seelsorge, Gemeinde, Grundsituationen und Institutionen. Entscheidend ist dabei, dass Rahner die Vielzahl pastoraler Gegenstände systematisch in ein schlüssiges Konzept zu integrieren vermag. Bei aller Vielzahl seither entwickelter Konzepte scheint mir Rahners theologischer Kern von bleibender systematischer Kraft, wenn er ekklesiologisch die „Präsenz der Selbstmitteilung Gottes an die Welt" trinitarisch fasst, nämlich als Präsenz der innersten

---

[13]  Vgl. Helmut Hoping (Hg.), Universität ohne Gott? Theologie im Haus der Wissenschaften, Freiburg 2007; Wolfgang Frühwald, u.a. (Hg.), Geisteswissenschaften heute. Eine Denkschrift, Frankfurt/M. 1991.

Wahrheit im Sohn und der innersten Liebe im Geist.[14] Dieses Konzept dürfte implizit auch hinter der berühmten Trias von Martyria, Leiturgia und Diakonia stehen, die zur Selbstverständnisformel geworden ist, seit Karl Lehmann und Walter Kasper sie im Zusammenhang der Würzburger Synode ins Spiel brachten. Karl Rahner gehört nicht allein deshalb zu den großen Pastoraltheologen des 20. Jahrhunderts, weil er einen programmatischen und nachhaltigen Neuansatz geliefert hat, sondern auch, weil er selbst pastoraltheologisch gearbeitet hat, indem er sich vom Kontext, von der Zeitsituation, von Zeitgenossen, von Zeitproblemen die Themen hat vorgeben lassen; über diese Arbeitsweise geben seine frühe Sammlung „Sendung und Gnade. Beiträge zur Pastoraltheologie" (1959) und die „Schriften zur Theologie" (1954ff) Aufschluss.

Das andere Ereignis war das Zweite Vatikanische Konzil (1962-1965), an dem Karl Rahner maßgeblich beteiligt war. Dieses für die Kirche und ihre Reform bedeutsame Großereignis, das ich als Jugendlicher miterlebt hatte, war nicht allein für die Gesamtkirche von epochaler Bedeutung. Auch die Pastoraltheologie erfuhr wichtige Orientierungen. Johannes XXIII. forderte, sicher mit Blick auf pastoral orientierte Bischöfe wie Karl Borromäus, ein „pastorales Konzil", was man freilich nicht selten so missverstand, als solle das Konzil nur pastorale, keine dogmatischen Fragen behandeln. Was ein „pastorales Konzil" bedeutet, zeigen die beiden Kirchenkonstitutionen, von denen die dogmatische Konstitution über die Kirche „Lumen gentium" die Kirche *ad intra* in den Blick nimmt, während die Pastoralkonstitution über die Kirche in der Welt von heute „Gaudium et spes" *ad extra* blickt. Letztere hat eine doktrinale und zugleich pastorale Intention, das heißt eine kontextuelle Auslegung des Glaubens. Wie in anderen konziliaren Dokumenten steht die kritische Akzeptanz der modernen Kontexte (Religionsfreiheit) und der fremden Kontexte in ihrer Andersheit (Kulturen, Religionen) zur Debatte. Die „Pastoralität" des Konzils meint also primär eine neue kontextuelle Verhältnisbestimmung.[15] Hier zeigt sich eine deutliche Parallele: Wie für Rahners pastoraltheologische Konzeption der Einbezug der Gegenwartsituation konstitutiv ist, so gilt auch für die Pastoralkonstitution, den jeweiligen Kontext einzubeziehen; paradigmatisch Ehe und Familie, Kultur, Wirtschaft, politische Gemeinschaft, Frieden und Völkergemeinschaft, die natürlich Wandlungen unterworfen bleiben. Doch die Reflexion des geschichtlichen Wandels bleibt die Aufgabe.

Aufgrund des Wandels hat sich die Pastoraltheologie der letzten Jahre fortentwickelt und die Methodologie sowie die Forschungsfelder erheblich erweitert. Dazu haben zahlreiche Kollegen im In- und Ausland durch eigene Konzepte und neuere Handbücher beigetragen, von denen ich viel zu lernen, einiges

---

[14] Karl Rahner, Sämtliche Werke 19: Selbstvollzug der Kirche. Ekklesiologische Grundlegung praktischer Theologie, Solothurn-Freiburg 1995, 51-61, 31.
[15] Vgl. Michael Sievernich, Die ‚Pastoralität' des Zweiten Vatikanischen Konzils, in: Mariano Delgado / Michael Sievernich (Hg.), Die großen Metaphern des Zweiten Vatikanischen Konzils. Ihre Bedeutung für heute, Freiburg/Br. 2013, 35-58.

zu kritisieren und jedes Mal zu danken hatte, weil sie zu denken gaben. Dazu zählen, wenn ich mich auf einige katholische Kollegen, keineswegs erschöpfend, beschränke, die Beiträge von Norbert Mette, auch er ein Schüler Exelers, sowie von Konrad Baumgartner, Rolf Zerfaß, Ottmar Fuchs und Rainer Bucher; die Handbücher zur Pastoraltheologie von Paul Michael Zulehner, Casiano Floristán, Stefan Knobloch, Herbert Haslinger; aber auch die literarischen Anregungen von Erich Garhammer und die Wege zu einer „ästhetischen", wahrnehmenden Pastoraltheologie von Walter Fürst. Überdies waren die empirische Orientierung sowie die interdisziplinäre Kooperation mit den Humanwissenschaften wie Religionssoziologie und dem psychologischen und therapeutischen Feld immer nützlich und anregend.

Die praktisch-theologische Reflexion kennt also eine Pluralisierung von Ansätzen, die nicht auf ein Modell zu reduzieren sind, sondern die Vielfalt möglicher Perspektiven aufzeigen. Zwar bilden sich immer wieder „Schulen", doch ändern sie nichts an der bleibenden Situation theologischer Pluralität, die sich aus der Methodenvielfalt, den unterschiedlichen (kulturellen) Kontexten und den jeweiligen hermeneutischen Voraussetzungen ergibt. Daher können handlungstheoretische, semiotische, ästhetische, symbolische, kommunikationstheoretische und andere Ansätze in wechselseitiger Bereicherung koexistieren. In diesem Sinn habe ich immer eine perspektivenoffene Konzeption verfolgt, die kurz erläutert sei.[16]

Da die Gegenstände der Pastoraltheologie nicht kanonisch festgelegt sind, bedarf es eines systematischen Ordnungsrahmens, der das materiale Feld christlichen und kirchlichen Handelns im weiten Sinn definiert, da die Gegenstände nicht unendlich ausgeweitet sein können. Dabei gehe ich von fünf Kernbereichen aus, die differenziert zu betrachten sind und in der Lehre der Pastoraltheologie zu beachten sind. Es handelt sich um folgende klassischen Felder:

(1) Christliche Sozialformen in ihrer Breite: von den Diözesen, Territorialpfarreien und Personalgemeinden zu den Ordensgemeinschaften (Institute geweihten Lebens und Gesellschaften Apostolischen Lebens), zu kirchlichen Verbänden und Vereinen und zu Kleinen Christlichen Gemeinschaften und Neuen Geistlichen Bewegungen sowie zu kleinen Gruppen Betender und Engagierter, Jugendlicher und Alter, Schwacher und Schweigender.

(2) Christliche Rituale in ihrer Breite: von den Gottesdiensten und sakramentalen Ritualen der Initiation, der Lebensvollzüge (Ehe und Ordo), der Daseinsrisiken (Krankensalbung, Versöhnung) bis hin zu den Sakramentalien und der Volksreligiosität.

(3) Geistliche Lebenshilfe deckt die vielen Arten der Seelsorge ab: von der Seelen-Sorge für das Selbst (im Sinn Sailers) zur Seelsorge für Einzelne, Grup-

---

16 Vgl. Michael Sievernich, Pastoraltheologie, die an der Zeit ist, in: Clemens Sedmak (Hg.), Was ist gute Theologie? (Salzburger Theologische Studien 20), Innsbruck-Wien 2003, 225-239.

pen (Lebensalter, Berufe) und Institutionen (Schule, Krankenhaus, Militär, Gefängnis) bis hin zu Formen der Alltagsspiritualität, der kulturellen Diakonie und Anleitung zur Lebenskunst, welche die *ars moriendi* umfasst.

(4) Leibliche Lebenshilfe, die alle Formen der Caritas umfasst: vom diakonischen Handeln vor Ort zur verbandlichen Caritas (Jugend und Alter, Familie, Behinderte) und zu den Freiwilligendiensten und internationalen katholischen Hilfswerken.

(5) Tradierung des Glaubens durch Verkündigung und Mission: Sie umfassen den Dienst am Wort in Zeugnis und Predigt, missionarische Pastoral und Mission in der Weltkirche mit interreligiösen Dialogformen und Förderung von Bildung und Gesundheit, aber auch den Dienst in und an Medien (Print, Rundfunk und soziale Medien).

Dieses breite Spektrum der Pastoraltheologie lässt sich in der Lehre verständlicherweise nicht abarbeiten, wohl aber exemplarisch behandeln. Insofern ist das Schema ein Suchraster und Ideengenerator, der jedoch ergänzungsfähig bleibt. Diese materialen Gegenstandsfelder hängen im Sinn des trinitarischen Ansatzes Rahners innerlich zusammen, freilich nicht zeitlos über Raum und Zeit schwebend. Vielmehr folgen sie kriteriologisch einem Koordinatensystem, dessen Bezugsgrößen zwei Achsen bilden, in deren Raum die genannten Felder stehen. Es handelt sich synchronisch um den Bezug zur Gegenwartssituation, sei es in Gestalt der säkularen Kulturen der späten Moderne oder des globalen Plurals der Kulturen, was der pastoraltheologischen Reflexion eine interkulturelle Note gibt.[17] In diesen Kontexten sind die jeweiligen Felder zu interpretieren und zu gestalten, möglichst in ökumenischer Nähe. Diachronisch handelt es sich um den Bezug zum christlichen Traditionszusammenhang, der das gesamte „kulturelle Gedächtnis" des Christentums umfasst, von der biblischen Tradition und Patristik über die Aussagen des Lehramts und der Konzilien, zu den christlichen Ritualen und Praktiken sowie den künstlerischen Hervorbringungen des Glaubens. All dies bindet die pastoraltheologische Reflexion an diese Tradition im Sinn „theologischer Orte" zurück, die auch neue Orte zu entdecken lehrt.

Beide Achsen zusammen verhindern sowohl einen zeitlosen Traditionalismus als auch eine haltlose Bindung an den Zeitgeist. Tradition und Situation zusammen machen jene konziliare Mischung aus Aggiornamento und Rückgriff auf die Ressourcen aus, welche die Kirche braucht, um ihre Resonanzfähigkeit zu stärken und ihrer Sendung gerecht zu werden. So obliegt es der Pastoraltheologie, einerseits das Gewebe oder den Text der christlichen Tradition im Kontext der kulturellen Gegenwart zu lesen und neue Facetten und Interpretationsweisen zu entdecken, und andererseits umgekehrt die Gegenwartskultur im Licht des Evangeliums und der christlichen Tradition zu lesen und dabei ebenfalls Entdeckungen zu machen. Diese wechselseitige kritische „Lektüre" löst das Gegeneinander von Kirche und Welt ab und vermeidet wechselseitige

---

[17] Vgl. Michael Sievernich, Konturen einer interkulturellen Theologie, in: Zeitschrift für Katholische Theologie 110 (1988), 257-283.

Anathemata. Bei aller möglichen Kritik an der Moderne und ihrer Dialektik spricht die Kirche keine Verurteilungen mehr aus, sondern lernt selbst und sucht, wie das Konzil, über strittige Gegenstände zu verhandeln. Allerdings ist zu berücksichtigen, dass in dem Maß, in dem die Kirche von Verurteilungen abließ und den Dialog suchte, moderne Strömungen wie der „Naturalismus" nicht selten ihrerseits der Versuchung von Anathemata erliegen, was Transzendenz, Religion, Glaube, Kirche angeht, die als vormodern abgetan und gar bekämpft werden.

Wenn die Kirche auf die „verschiedenen Sprachen unserer Zeit" hört, sie unterscheidet, deutet und beurteilt, dann werde die „geoffenbarte Wahrheit immer tiefer erfasst, besser verstanden und passender verkündet werden" können (GS 44). Dafür bedarf es der Translation des Christentums, auch der kulturellen. Jürgen Habermas spricht seinerseits von der „rettenden Übersetzung", gemeint ist die „Aneignung genuin christlicher Gehalte", wie „Verantwortung, Autonomie und Rechtfertigung, wie Geschichte und Erinnerung, Neubeginnen, Innovation und Wiederkehr, wie Emanzipation und Erfüllung, wie Entäußerung, Verinnerlichung und Verkörperung, Individualität und Gemeinschaft".[18] Freilich, wenn diese Übersetzung gelingen soll, dann bedarf es ihrer Verwurzelung im ursprünglich religiösen Sinn, das heißt zum Beispiel, dass die Verantwortung, die ja ein responsorisches Geschehen ist, als Verantwortung *coram Deo* (vor Gott) verstanden wird. Da dies auch für das Repertoire der Pastoraltheologie gilt, also für die Vollzugsweisen der Sozialformen und Rituale, der spirituellen und leiblichen Lebenshilfe, sowie der dialogischen Mission einer multikulturellen Weltkirche, steht diese praktisch-theologische Disziplin vor Aufgaben, sich nicht lokal zu konfinieren, sondern mit globaler Wahrnehmungsfähigkeit aufzustellen. Pastoraltheologie kann christliche und kirchliche Vollzugsformen intra- und interdisziplinär so reflektieren, dass sie eine Optimierung erfahren, die dem kulturellen Gedächtnis des Christentums ebenso zugutekommt wie dem Kontext der zeitgenössischen Kultur.

Im Lauf von drei dichten Jahrzehnten beruflicher Tätigkeit bewegen einen Pastoraltheologen nicht nur die obligatorischen Themen der Lehre und die Pflichtveranstaltungen im Curriculum, sondern auch Fragestellungen, die sich aus Begegnungen, Diskussionen, Diskursen, Anlässen und Anfragen ergeben. Auch für die Forschung gilt, dass man Spezialgebiete bearbeiten kann, ohne sich vor Anfragen und interdisziplinären Grenzüberschreitungen zu verschließen. In diesem Sinn sind eine Reihe Schwerpunkte bleibender oder vorübergehender Art zusammengekommen. Solche Schwerpunkte sind unter anderen das Verhältnis von Christentum und Urbanität und die Pastoral in der Stadt;[19]

---

[18] Jürgen Habermas, Zwischen Naturalismus und Religion. Philosophische Aufsätze, Frankfurt/M. 2005, 115.
[19] Michael Sievernich / Knut Wenzel (Hg.): Aufbruch in die Urbanität. Theologische Reflexionen kirchlichen Handelns in der Stadt (QD 252), Freiburg-Basel-Wien 2013.

Volksfrömmigkeit und Option für die Armen am Beispiel Lateinamerikas; Autobiographie und Religion; der Komplex Schuld, Sünde, Beichte und Vergebung; Pastoral und (ignatianische) Spiritualität; religiöse Landschaft in der späten Moderne; ethische Aspekte der Pastoral; neue Sozialformen der Basisgemeinden und Geistliche Bewegungen; pastorale Dimension des Zweiten Vatikanums; Caritas und (kulturelle) Diakonie. Die Themen spiegeln sich auch in Arbeiten zu hervorragenden Gestalten in Geschichte und Gegenwart, die durch ihr Lebenszeugnis sowie ihre pastorale und / oder missionarische Tätigkeit Bedeutung erlangt haben. Dazu zählen (chronologisch) etwa Ramón Pané, Franz Xaver, José de Acosta (Peru), Petrus Canisius, José de Anchieta (Brasilien), Bartolomé de Las Casas, Matteo Ricci, Xu Guangqi (China), Friedrich Spee, Johann Michael Sailer, François Lafitau (Canada), Friedrich und Dorothea Schlegel, Miguel Agustín Pro (Mexiko), Carl Sonnenschein, Alberto Hurtado (Chile), Alfred Döblin. Bei Las Casas zum Beispiel machte ich die Entdeckung, dass er schon im 16. Jahrhundert den Begriff der „Menschenrechte" (derechos humanos) sachlich und terminologisch im Zusammenhang der Sklaverei prägte, also mehr als 200 Jahre vor der Amerikanischen (1776) und der Französischen Revolution (1789), denen die Menschenrechte nicht für Sklaven galten.

Eine besondere Rolle in meiner Forschung und Lehre spielten und spielen Mission und Evangelisierung als zentrale praktische Vollzüge der Kirche.[20] Das Thema geriet nach der Dekolonisation in der Mitte des 20. Jahrhunderts öffentlich und theologisch ins Abseits, erlebt jedoch aufgrund der neuen religiösen Gemengelage und aufgrund des wachsenden interdisziplinären Interesses einen Aufbruch. Als weiterer temporärer Schwerpunkt hat sich das Pontifikat von Papst Franziskus herauskristallisiert. Es fügte sich aus dem Zusammenspiel der Tatsachen, dass ich Jorge Mario Bergoglio aus früheren Gesprächen in Argentinien und Frankfurt (1986) persönlich kannte, verbunden mit gründlichen Kenntnisse der ignatianischen Spiritualität und der kirchlichen Situation Lateinamerikas und Argentiniens. Das eigene und das anhaltende öffentliche Interesse an diesem Pontifikat sowie seine starke pastorale und evangelisatorische Note haben mich bewogen, es pastoraltheologisch zu begleiten. Dazu gehört, die spirituellen, theologischen und literarischen Quellen dieses Pontifikats zu eruieren,[21] aber auch den neuen Stil zu explizieren, der mit einer *ecclesia semper reformanda* einhergeht.[22]

---

[20] Michael Sievernich, Die christliche Mission in Geschichte und Gegenwart, Darmstadt 2009; ital.: La missione Cristiana. Storia e presente, Brescia 2012.

[21] Papst Franziskus. Texte, die ihn prägten, hg. u. komm. v. Michael Sievernich, Darmstadt 2015.

[22] Eine Auswahlbibliographie meiner Arbeiten findet sich unter: Mariano Delgado / Hans Waldenfels (Hg.), Evangelium und Kultur. Begegnungen und Brüche. FS Michael Sievernich SJ, Fribourg-Stuttgart 2010, 609-621; Universität Mainz, Kath.-Theol. Fakultät: http://www.pastoral.kath.theologie.uni-mainz.de/135.php [13.9.2015].

A.M.J.M. Herman van de Spijker

# Eine rhapsodische Pastoraltheologie

'Ogni colore si espande e si adagia
negli altri colori per essere più solo
se lo guardi' (Giuseppe Ungaretti,
Tappeto)

Meine Geburt dauert(e) lang. Mit dem einen Tag, jenem 17. Juli 1936 ist es
nicht getan, ans Tageslicht kommen dauert noch an. Das kleine, katholische
Brabanter Geburtsdorf heißt Best, hatte damals fast 5000 Einwohner, war bekannt wegen seiner vielen hausgebundenen *klompenmakerijen*, Holzschuh-
werkstätten, war trotz etwas Industrie landwirtschaftlich geprägt. Es hat eine
jahrhundertalte Annakapelle-Tradition, eine neugotische Pfarrkirche, dem
Sankt Odulphus von Brabant gewidmet, weil Chroniken nach am heutigen
Kirchplatz sein Geburtshaus gestanden haben soll. Von den drei später zusätzlich gebauten Pfarrkirchen sind inzwischen zwei geschlossen. Infolge der
schwindenden Zahl der Schwestern ist das Kloster verlassen, teils abgebrochen,
teils anderen Zwecken zugeführt. Das Dorf ist mehr und mehr industrialisiert
und hat seit dem Krieg eine Evangelische Kirche, eine Moschee und vier Mari-
enkappelchen bekommen. Von den 29.000 Einwohnern sind 15 Prozent al-
lochthoner Herkunft. Seit 2000 wohne ich wieder hier, in diesem so geänderten
Geburtsdorf. Einiges des ehemaligen Heimischen ist jetzt bisweilen mit einem
Hauch des Unheimlichen umgeben.

Meine Eltern H. A. van de Spijker (Harry), 1900-1989, und A. H. A. van de
Spijker-Bos (An), 1914-2008, hatten sich vorgenommen, den Kindern, die sie
unter dem Segen Gottes zeugen und empfangen würden, auch die Vornamen
Joseph und Maria zu geben. So bekam ihr erstgeborener und einzig gebliebener
Sohn am 18. Juli ohne Anwesenheit der Mutter die Taufnamen Antonius, Mar-
tinus, Joseph, Maria (Ton). Die beiden Opas gaben ihm nach damaliger, heute
kaum noch aktueller Tradition, je ihren Einzelvornamen. Jahrzehnte später

durfte er die Kinder seiner Schwestern und Schwägern taufen. Von der folgenden Generation ist weder Neffe noch Nichte kirchlich verheiratet, von deren Kindern keins getauft.

Die Geburten meiner fünf Schwestern, von denen zwei im Geburtsvorgang starben, fanden in den erwünschten Zeitabständen statt. Sie bekamen die Vornamen der Omas, zusätzlich Namen von geschätzten oder nicht kirchlich heiliggesprochenen Personen und anschließend die Namen Maria, Joseph. Heutzutage bekommen die meisten (katholischen) Kinder in den Niederlanden nur noch einen oder zwei Vornamen und dies ohne Bezug zu Familientraditionen oder Verehrung jeglicher Heiligen.

Noch nicht dreijährig genoss Ton, bis dann noch Einzelkind und immer zusammen mit seinem Hund „Sio" überall frei im Dorf unterwegs, das Sein und Spiel im Kindergarten (1939-1941), für den ebenso wie für die Mädchenschule eine Schwesterkongregation verantwortlich war. Eine der Schwestern hantierte mit einem Zauberstab, um die Klasse nach ihrer Einsicht bedrohlich zu regieren und instruieren. Man solle den Stab nicht berühren, denn o weh, was dann geschehe. So etwas widersprach seiner Natur und Erziehung. Er griff zu. Nichts geschah, seine freimütige Widerstandsfähigkeit hatte einen Anfang. Zusammen mit einigen Buben bekam er Sonderunterricht und übersprang 1942 die erste Klasse der Volksschule. Der Krieg aber würde ihn von diesem schulischen Zeitvorsprung bald berauben.

Am Mittwoch, 27. Oktober 1943 fand seine Erstkommunion statt: morgens früh um 7 Uhr. Das Anliegen des damaligen Pfarrers lautete: Die Kinder sollten sich aufs Heilige konzentrieren. Die Anfangszeit der Messe bewirkte, dass mehrere Väter, die von der Fabrik dafür nicht frei bekamen, nicht ihre Tochter oder ihren Sohn in die Kirche begleiten konnten. Jahre später und von Generation zu Generation zunehmend, wurde diese den Kindern so einprägsame Feier katechetisch besser vorbereitet und liturgisch sinnvoller und schöner gestaltet. So konnte die Erstkommunion meiner Schwestern ein Glaubensfest der Pfarrei, der Kinder, der Familien werden. Anders als die erste Eucharistiefeier war mir die erste Beichte ein fruchtbarer Boden für eine aufkommende Offenheit für dieses Besinnungssakrament. Man ‚bekenne" auch das Gute.

Wie oft und wann ich während der darauf folgenden Jahre zur Messe oder zur Andacht ging, weiß ich nicht. Jedenfalls beträchtlich weniger als später im Pensionat und Kleinseminar. Wir waren „*kerkelijk*", nicht so sehr „*kerks*" (fleißig teilnehmend an kirchlichen Veranstaltungen). Lebenskräftig aber sind meine Erinnerungen an die Gebete und Frömmigkeitsrituale zu Hause. Kreuz, Herz-Jesu-Statue, Maria-Ikone und Sankt-Joseph-Statue wurden mehr oder weniger ausdrücklich begrüßt. Jeden Tag brennt auch heute noch ein Lichtlein bei der Sankt-Joseph-Statue. In Brabant nennt man Gott „*onze lieve Heer*" (unseren lieben Herrn). Mein erstes Abendgebet lautete: „*goede nacht, lief Heertje, goede nacht lief Vrouwtje, goede nacht alle engeltjes zoet, die mij vannacht bewaren moet*". Dann wurde aufgezählt, worum man den lieben Herrn um Schutz bat: Wasser, Feuer, langdauernde Krankheit und ein schneller Tod. Seit einigen

Jahren hat dieses Gebet erneut biografische Aktualität. Genauso kommen abends spontan die Strophen aus dem Vierzehn-Engelein-Gebet in mir auf. Den Text aus „Des Knaben Wunderhorn" und der Kinderoper „Hänsel und Gretel" habe ich 2011 in meinem meditativen Weihnachtsbrief den Meinen im breitesten Sinn rundgeschickt. Seltsam viele darauf eingehende internationale Reaktionen bekam ich zurück. Das einheimische Pfarrblatt dagegen hat eine Publikation abgelehnt. Das gemeinsame Familienabendgebet hatte den Charakter einer langen, stets wechselnden Liste von Fürbitten. Seit meiner Pubertät gehörte zu meinen täglichen Gebeten die Bitte um die sieben Gaben des Heiligen Geistes. Auch dies ist ein kostbares Erbe meiner Eltern und der Oma J. C. Bos-van den Biggelaar (Hanne). Gebete aus den eigenen Kinderjahren, in denen wir geborgen und jung sein konnten und durften, sind bedeutsam, geben einem Menschen Halt. Dies durfte ich als Krankenhauspriester (1971-1977) bei vielen Sterbenden miterleben. Wenn ich auf eine Menschenstirn ein Kreuzchen zeichne, wie bis zu ihrem Tode die Eltern bei mir, vitalisiert sich deren Wunsch: „Sei gesegnet – werde zum Segen". Hier ist durchaus der existenzielle Unterschied zwischen ‚ein Segen sein' und ‚segnen' fällig.

Da das Elternhaus, ‚*Huize Spijkerhoek'*, groß und komfortabel ist, wurde während der Zeit der Mobilisation (1939-1940) ein Teil gefordert für niederländische Offiziere und später für zwei deutsche Offiziere, die sich im gastlichen und gemütlichen Haus wohlfühlten. Mit allen entstanden herzliche Beziehungen, die mittels Besuche und der von unserer sekretariatsbewanderten Mutter geführten Korrespondenz bis zum Tode der fünf Offiziere anhielten. Die Erstbegrüßung „Heil Hitler" beantworteten meine Eltern so: „Hier wohnt kein Hitler, wir sagen guten Tag". In der Kriegszeit lernte ich die Bedeutsamkeit von „Menschlichkeit zuerst" und dies aus Überzeugung, nicht aus Feigheit und Angst. Menschlichkeit also als Rechtfertigung. Es gab damals ein Schimpflied gegen jene Niederländer, die mit den Idealen des Dritten Reiches sympathisierten. Wir Kinder sangen: „Es ist kein Mann, es ist keine Frau. Es ist ein Landesverräter". Vater wurde deswegen zur Verantwortung gerufen, zum Glück nicht, wie befürchtet, wegen seiner geheimen Widerstandsaktivitäten. Als städtischer Steuereinnehmer und Finanzmann hatte er die nicht ungefährliche Möglichkeit, aus der Bevölkerungsverwaltung Personalien arbeitseinsatzpflichtiger Männer ‚verschwinden' zu lassen.

Ein Teil der Volksschulzeit (1946-1949) verbrachte ich im Pensionat ‚*Sint Louis'* in Weert, weil man dort mehr und besser als in der Dorfschule für später lernen konnte. Eines Tages gab es dort einen Vortrag über irgendetwas, das größtenteils an mir vorbeiging. Eine Aussage aber kam bei mir an, blieb mir. Man könne im Leben nicht so beten, wie es in der Schule und in der Kirche gelehrt wird. Man solle sich selber ein kurzes Gebet zu eigen machen: eins, das man lebenslänglich und überall sagen kann. Bis zum heutigen Tag bete ich immer weniger lang. Die Kurzformel: „Dein Reich komme" prägt einiges in meinem Leben und in meinem Einsatz für die Anderen. Seine Bedeutsamkeit? „Alles hat etwas mit Gott zu tun".

Als Sieben- oder Achtjähriger hatte ich eine Begegnung, die meine Zukunft, mein Leben fundamental geprägt und gesteuert hat. Von einem Einkauf heimkehrend auf der menschenleeren, regennassen Straße sah ich vor mir einen unbekannt gebliebenen Mann gehen. Dieser trug genau wie ich ein Cape, hatte aber keine Regenstiefel an. Ich sah, wie der Straßenschlamm auf die nackten Fersen des Sandalenmannes kam. Ich stand still und betrachtete meine eigenen Regenstiefel. Jahre später trug auch ich Sandalen und eine braune Kutte, so wie der Unbekannte von damals. Mir war etwas eingefleischt worden durch meine Stiefel hindurch.

Bei der Hochzeit 1935 haben meine Eltern einander Lebensraum und Weite versprochen und sich vorgenommen, ihre eventuellen Kinder freizulassen in deren Berufs- und Partnerwahl. Sie haben nie verstanden, weshalb ihr Sohn als Elfjähriger ihnen resolut sagte, Kapuziner werden zu wollen. Nach fast sechzig Jahren weiß ich heute wie damals dafür keine Erklärung, wenigstens keine rationale, abzugeben. Meine Eltern haben damals meinem Wort geglaubt, mich weder zurückgehalten noch stimuliert: sie beteten für ihre Kinder. Mutter war eine gottfrohe Frau. Vater sagte uns, wenn es um Pläne und Zukunftsperspektive ging: „*Als het God belieft, zullen wij …*" (Wenn es Gott beliebt, so werden wir …). Ich verfolgte das Gehen meines Lebensweges quer durchs Elternhaus hindurch. Es war ein Suchen, Verlieren, Behalten und Finden trotz Irrungen und Verwirrungen.

Das Gymnasium der Kapuziner in ‚*Huize Beresteijn*' in Voorschoten (1949-1954) nahm ihn als Student an. Das Lehr-und Lernprogram entsprach dem ihm angeborenen und angetragenen Bedürfnis nach Lebensweite. Damals durfte man sechs Sprachen lernen. Ihn interessierten die dramatischen Berührungen, Begegnungen und Beziehungen der Frauen und Männer in Homers Dichtungen, in den Romanen der Weltliteratur, die in den Klassenstunden ihm näherkamen, und viele andere, die er für sich alleine las und auf sich einwirken ließ. Er lernt in Aufsätzen und Tagebuchführung das Schreiben. Seine Sensibilität für die Vielschichtigkeit des menschlichen Wesens, für die möglichen gordischen Verstrickungen zwischen Menschen entwickelt sich. In Kleingruppen besprach man Theater-, Roman- oder Opernpersonen anhand der Fragen, wen man sympathisch fand, warum wohl, warum nicht, und ob man sich in die Verwicklungen des Menschlichen, allzu Menschlichen einleben konnte. Man fing an mit dem allmählich reifer werdenden Versuch, die Gestalten zu analysieren, sich mit ihnen zu solidarisieren oder nicht zu sympathisieren. Dies alles, um auch die eigene Eigenheit zu „entbergen" (M. Heidegger). Man gelangte mehr oder weniger leicht zum wachsenden Verständnis für das Ansehenswürdige jedes Menschen und für die eigene Anfälligkeit. Man versuchte ohne große Systematik, in die Haut der Dramenpersonen zu schlüpfen. Später habe ich manchmal mit Jugendlichen und Studenten die japanische „*Rashomon*" Geschichte gelesen und besprochen, um sie zu sensibilisieren für das „*principium individuationis*", für die persönliche und personenhafte Einschätzung des einen Vorfalls, von einem Samurai, dessen Frau, von dem Bandit und einem Förster erzählt.

Wichtig war dabei die Herausforderung des einzigartigen Lehrers Pater Dr. h. c. Maximilianus van Moerdijk, eigene Vorzüge und Vorzüge anderer zu verstehen. Seine erlebnisreichen Unterrichtsstunden über Weltliteratur sind unvergesslich, da die bei ihm erworbenen Einsichten aktuell einsetzbar bleiben. Im sechsten vor allem ‚Lern'jahr (1954-1955) nach der Umsiedlung ins neugebaute „Sint Oelbertgymnasium", Oosterhout (N.Br.) konzentrierte man sich auf das kommende Staatsexamen Alpha: Matura 18. Juli hatte aber Erfolg.

Am 21. August 1955 fing das Noviziatsjahr im Kapuzinerkloster „Dolphia" in Enschede an. „Ab heute, dem 31. August 1955 wirst Du, Ton van de Spijker, heißen: Herman van Best". Der Name ist kurz, niederländisch und klingt so profan, dass er immer wieder mit der Frage konfrontiert wird, welcher eigentlich sein Klostername sei. Die Zusammenhänge von Sakralem und Säkularen, fanum und profanum, Wirklichem und Kirchlichem, Eigenem und Klösterlichem werden 2015 anders gesehen und interpretiert als damals. Klosternamen werden ausgetauscht und beim Eintritt ins Kloster nicht mehr verpflichtend. Man benützt mehr und mehr, ja meistens den (verkürzten) Taufnamen. Die Frage nach meinem Namen und damit nach meinem Wesen, nach meinem Wirken bekam allmählich eine suchende Antwort: „Ich bin nur Du, wenn ich vollmenschlich Ich bin". Es geht dabei um das Gespür für die Gemeinsamkeit der Gegensätze, um den Kontakt der Kontraste im eigenen Selbst. Es ist durchaus, es wird durchaus möglich, als Ton auch „nomen" und „omen" von Herman anzunehmen. Wenig also von einer asketischen Forderung, „den alten Menschen ablegen". Echte Treue an sich selbst steht zum ganzen Leben mit allem, was gelebt wurde und geschah. Diese psychoanalytische Selbsterrungenschaft ist eines der Motive, um meine Habilitationsschrift dem Verhältnis von Menschen in ihren Berührungen, Begegnungen und Beziehungen zu widmen. Die erste Auflage davon erschien 1993 mit dem Titel: „Narzisstische Kompetenz – Selbstliebe – Nächstenliebe. Sigmund Freuds Herausforderung der Theologie und Pastoral". Es geht darin um den lebenswichtigen Schritt von der Inkompetenz des Narzissmus im Mythos zu der narzisstischen Kompetenz im Menschenleben. Die narzisstische Kompetenz ist die Fähigkeit und die Zuständigkeit, durch die Entwicklungen und Entwürfen des Lebens hindurch in der Begegnung mit „Elckerlyc" (Jedermann) wohlwollend und wohltuend zwischen Nächstenliebe und Selbstliebe zu balancieren. Narzisstische Kompetenz entwickelt sich im mitmenschlichen Bereich allmählich und bestenfalls in steigender Linie. Sie entwickelt sich nach Möglichkeiten, die Gott, Eltern und andere Menschen einem Menschen nach und nach eröffnen, und nach jenen Möglichkeiten, die sich der Mensch dank der geschenkten und ergriffenen und trotz der verhinderten oder verpassten Chancen mit tastenden Schritten im Laufe des Lebens zu eigen macht und bereits gemacht hat. Narzisstische Kompetenz ist Selbstpotenzierung, keine Selbstpotenz. Einer der Korreferenten war der Psychologe Ludwig J. Pongratz, ein markanter Mann, ein bemerkenswerter Mensch, dem ich leider viel zu spät in meinem Leben und nur einmal begegnet bin. Meine Habilitationsleistungen (Habilitationsschrift, wissenschaftliche Aussprache und Probe-vorlesung) wurden einstimmig von der Fakultät anerkannt. Der Pastoraltheo-loge Rolf Zerfaß hat mich dabei begleitet, sei es nach Virgilius „*non passibus aequis*" (nicht mit mir in gleichem Schritt). In den Niederlanden kennt man und braucht man keine Habilitation für eine Professur. Ich fing damit an, weil ich damit einen Dialog mit dem Würzburger ,corpus doctum' erhoffte, und vor al-lem weil meine Promotion schon Jahrzehnte zurück lag. (Seinen Führerschein lässt man auch gelegentlich erneuern!).

Oberflächlich gesehen ist man als Novize harmonisch eingegliedert in die brüderliche Gemeinschaft. Man ist ja uniformiert durch die gleiche Kleidung und die demütigende große Tonsur. Selber, miteinander und in Begleitung wei-ser Mitbrüder muss man die innere Verbundenheit mit der Ordensspiritualität der Bruderschaft und nicht zuletzt mit dem Tages- und Wochenablauf finden und erleben. Allmählich – in einer lebenslänglichen ,Allmählichkeit' – erhellt sich einem, dass man teilnimmt und teilhat an einem Orden, der einmal dichte-risch ,eine Horde Bohémiens Gottes' genannt worden ist. In einem solchen of-fenen Kreis muss man sich ganz in Frage stellen und in der Fremde und im Befremdenden auffangen. Als Mitglied eines solchen Weltordens kann man ge-stärkt werden in seinen Einigkeitsgefühlen, wenn man bei aller Solidarität seine eigene, wesentlich „solitaire" Solidität erfassen darf. Vertraut werden mit Men-schen jeder Art gelingt nur, wenn man ihnen ihre Fremdheit gönnt und ihr We-sen lässt. Es dauerte damals einige Zeit, um im Orden zwischen Mitbrüdern und Klostergenossen unterscheiden zu können. Am 31. August 1956 wurde kleine Profess abgelegt. Man gehörte zu einem Weltorden. „Ozeanische Gefühle" ka-men dabei nicht auf.

Die anschließenden Jahre (1956-1959) bekommt man als Student im ordens-eigenen Philosophiekloster in Helmond die Chance, das Balancieren zwischen Wissen und Nicht-Wissen einzuüben. Man bekommt viele Antworten auf ei-gene und bis dahin nicht gestellte Fragen. Man lernt die Fragen der Kommilito-nen kennen, in etwa verstehen und entdeckt dabei die Divergenz der Fra-gen(zahl), die Antwortbedürfnisse und Antwortzufriedenheit der Einzelnen. Wichtig dabei ist die Entdeckung, dass die Lektoren – so heißen in mittelalter-lich entstandenen Ordensgemeinschaften die Professoren – mit den vielen Ant-worten selber noch mehr Fragen haben, haben müssen. Zwei von ihnen ließen das Klosterleben hinter sich und wurden reifere Männer in der ehelichen Welt. Ihre biographische Kompetenz ermöglichte diese Auseinandersetzung mit sich selber und ihren Studenten.

Mein Protest gegen Vorlesungen der philosophischen Anthropologie, die den Menschen schlechthin, als wäre er ungeschichtlich und ungeschlechtlich, be-handelten, wurde wohlwollend angehört, blieb aber ohne Auswirkung. Starke Befürworter einer – von ihnen so benannten – strikten Anthropologie' mussten nicht selten in späteren Jahren nachträglich hierfür ihr Zoll entrichten. Die An-dersdenkenden spürten stärker die Notwendigkeit eines Ausgleichs zwischen Leben und Lehre, Empirie und Theorie, Ideal und Wirklichkeit, zwischen dem

Mensch-Sein und dem Selbst-so-und-so-Sein, zwischen dem konkreten Menschen und jedem Menschenbild, egal welcher anthropologischer oder psychoanalytischer Vorliebe und Prägung. Der faktischen Natur dieses oder jenes Menschenkindes seien mehr Rechte, Dimensionen und Möglichkeiten einzuräumen als man in einer uniform konzipierten Lehre über die menschliche Natur schlechthin für möglich hält. Die philosophischen Disziplinen in einem damals einmaligen Zusammenhang mit Psychologie und Soziologie, mit Kunstgeschichte und etwas Ökonomie, mit Spiritualitätsgeschichte und Franziskanologie und nicht zuletzt mit wöchentlich drei Stunden Psychoanalyse (C. J. Jung, V. Frankl, I. Caruso, S. Freud, C. G. Jung) waren eine sinnvolle Herausforderung, die eigene Identität zu finden und zu profilieren. Es ist – so merkt man nachher – mehr als eine damalige Gnade.

Nach den vier Jahren wusste man mittels spezifischer Vorlesungen, aber noch mehr durch den gelebten, zusammen in brüderlichen und bunten Versuchen – mit aller Offenheit für das nicht Vorhersehbare, das bestimmt kommen wird – was ein Leben als Kapuziner an Möglichkeiten und Schwierigkeiten, an Erwartung und Enttäuschungen einem antragen und antun kann. Der 31. August 1959 nahte, um die Profess fürs Leben auszusprechen. Man wagte es: innerhalb der Grenzen des damaligen Ichs. Man konnte es. Die Zeiten der Gottesverlassenheitsgefühle und Zärtlichkeitssehnsüchte hat man noch nicht erlebt. Man tat es: allein und in Gemeinsamkeit mit den Anderen. Alles ist Heil im Geheimnis.

Die Ausbildung in den theologischen Wissenschaften und Disziplinen erfolgte im Kapuziner Theologicum am Rande des Dorfes Udenhout (N. Br.). Man schrieb die Jahre 1959-1963. Starke Akzentverlagerungen im Denken und Fühlen traten hervor. Terminologisch war es noch weitgehend unbestimmbar. Das Theologisieren wurde offener und existenzieller. Ein Beispiel sei hier aufgeführt. Man kam im Kader der Vorlesungen von Pater Mag. Dr. Luchesius A. H. Smits über den Heidelberger Katechismus zu Gedankenaustauschen mit der evangelisch–theologischen Fakultät der Universität Utrecht: Kathederaustausch der Professoren, Diskussionen der Studenten. Evangelische Studenten erleben über Tage die klösterlichen Eigenheiten. Kapuzinerfratres lernen das städtische und akademische Studentenleben kennen, essen und schlafen in meistens recht primitiven Studentenbuden. Man lebte und erlebte gemeinsame Ideale. Man bereicherte einander mit Einsicht in die Traditionen und Erfahrungen, entstanden, gewachsen, gehütet und polemisch profiliert in den getrennten Kirchen.

Viele Gespräche kreisten um die Frage nach der spirituellen Bedeutsamkeit der Heiligen Schrift. Wie lebt, lernt und lehrt man aus dem Wort Gottes. Die Auffassung, man nehme die Bibeln viel zu ernst, zu wörtlich, rief heftige Reaktionen hervor. Jahre später habe ich in einer Festschrift einen Beitrag geschrieben über ‚die Bibel als Quelle des Fanatismus'. Auch die Bibel kann Gott nicht mit Worten fassen. „Er ist das Wort und lässt sich nicht wörtern" (Kurt Marti). In Gesprächen und Vorlesungen über Ethik bei Pater Dr. Theotimus A. J. J. van der Geer und Exegese von Pater Mag. Dr. Venantius A. de Leeuw, bekannt durch seine Ebed-Jahweh Studien, wurde wiederholt die Vermutung geäußert, die Aussage gemacht, dass einiges in der Bibel für das wirkliche und wahre Leben der Menschen keine, eine zweifelhafte oder unklare Bedeutung hat. Manch einer zögerte aber, wenn man konkret wurde. Solche persönliche Entwicklungen und Bereicherungen waren möglich in jener Zeit, die ausdrücklich als fließend, nicht stillstehend erfahren wurde. Man fragte und sagte einander: „Hörst Du es, spürst Du es, hast Du es gesehen"? Und dann kam der Mann, ‚Johannes ist sein Name', der mit seiner Konzilsansage Menschen zu einer ‚Aggiornamento'-arbeit einlud.

Auf dem Primizbildchen des am 30. Juli 1962 geweihten Priesters stand eine Variante von 2 Kor 1, 24 b: „Als Priester berufen zum Mitarbeiter an Eurer Freude". Jede Lebensaufgabe qualifiziere ich als Berufung, jeden Beruf als eine Chance zur Dienstleistung an Gott, Menschen und Welt. Priesterberufliche Überheblichkeit möge mir ferne bleiben. Meine pastorale und diakonale Aufmerksamkeit möge der Vielfalt menschlicher Erfahrungen gewidmet sein. Geteiltes Leid ist halbes Leid und geteilte Freude schafft doppelte Freude. Meine späteren Vorlesungen an der Uni liefen unter dem Titel „Omgaan met ... mensen" (Das Umgehen mit z.B. jugendlichen, leidenden, feiernden Menschen). Dazu kam das auf dem Bildchen nicht ausgeschriebene Versprechen an mich selbst. Ich möchte den Glauben der Menschen nicht beherrschen (2 Kor 1,24 a). Diese Intention rief ein Jahr vorher die Existenzfrage auf, ob es nicht besser wäre, nur bis zur Diakonsweihe weiterzugehen. Früh hat die Beschreibung des Charakters von Don Ferrante in „Promessi Sposi" von Alessandro Manzoni mich beeindruckt: „alla sua natura non piaceva né commandare né obedire" (Ihm behagte weder das Befehlen noch das Gehorchen). Dies gilt sowohl in der Begegnung mit Menschen als auch in der Ausübung der Wissenschaft.

Ein Jahr nach der Priesterweihe konnten die zehn Neupriester dem Provinzial der niederländischen Kapuzinerprovinz ihre Zukunftserwartungen und Berufsvorhaben mitteilen. Bislang war dieses Angebot keine Selbstverständlichkeit, es war ein Signal sich ändernder Auflassungen über Gehorsam. Über die Hälfte wollte in die Mission gehen. Einer schrieb, dass er ausdrücklich nicht missionieren möchte. Er möchte andere Menschen in ihrer Eigenheit lassen und nicht mit katholischen Bekehrungsversuchen ‚einkirchlichen'. Seine Ehrfurcht für alles, was ihm anders war, seine Furchtlosigkeit für alles, was ihm unbekannt war, seine Faszination für das Fremde machte ihn selber seiner Einschätzung nach ungeeignet zu missionieren! Sein Streben ist nicht, Andere in die eigene Glaubensgemeinschaft einzuverleiben, sondern in den Anderen das zu sehen, das zu empfangen und zu ehren, was sie sind: Gegenstück und Ergänzung. Neue Missiologie und dementsprechende Missionierung unterscheiden deutlicher und ehrfurchtsvoller den Unterschied zwischen Reich Gottes und Kirchenzugehörigkeit. Trotzdem bleibt die Frage, ob der Dialog zwischen Christen und Nicht-Christen herrschaftsfrei sei. Schon die Formulierung ‚Nicht-Christen' gebe hierin zu denken!

Den von ihm geäußerten Wunsch, sich weiter in der Moral- und Pastoraltheologie zu spezialisieren, wurde erfüllt. Es mögen nicht immer die Wünsche sein,

die eines Menschen Leben und Sendung bestimmen. Er durfte nach Rom. Lo-
kale innerakademische Abmachungen verhinderten den direkten Einstieg in das
Alphonsianum, hoch geschätzt wegen seines moraltheologischen Programms.
Lokale unbegreifliche Abmachungen zwischen Ordenskollegen und Universitäten verhinderten die direkte Immatrikulation bei der Redemptoristen-Fakultät.
Also sollte man zuerst an der Gregoriana den ‚cursus ad lauream' belegen. Dies
bedeutete zwei Jahre (1963-1965) lang hauptsächlich dogmatisch-theologische
Vorlesungen anzuhören. Die Professoren lasen überwiegend datierte Texte vor.
Auf das in der gleichen Stadt gleichzeitig abgehaltene II. Vatikanische Konzil
wurde in keiner der zu besuchenden Vorlesungen eingegangen. Man vermisste
im Vorlesungsraum jene programmatische Dimension der theologischen Wissenschaft, die Bonaventura mit „ut boni fiamus" angibt. Theologie tendiere nach
Tugend und Tugendhaftigkeit. Der wahre Theologe sei der lebenslängliche
‚Theologant' (= theologandus). Obwohl man Vieles an jener päpstlichen Universität lernen konnte und gelernt hat, „frömmer" wurde man dort nicht.

Die Studenten im internationalen Kapuziner-‚Collegio San Lorenzo da Brin-
disi' an der Via Sicilia trugen noch oder – anders als in ihren Heimatprovinzen
erneut – ihre braune Kutte und bekamen unter strenger Kontrolle des Rektors
wieder ihre große klösterliche Tonsur, die nicht selten auf der Via Veneto oder
an der Fontana di Trevi fotografiert wurden. Es war dort eine peinliche Aufma-
chung. Das ‚pro und contra' Tonsur und Kutte habe ich nacheinander in den
NL, I, D und CH erlebt. Auch das sogenannte Wesentliche lässt sich relativie-
ren! Abends sollten die Studenten vor sieben Uhr zu Hause sein. Man lebte in
der Konzilsstadt ohne eigenes, direktes Leben an den Universitäten, ohne in der
Liturgie und den Klöstern den neuen Wind zu spüren. Man kam aus verschiedenen Ländern und Kontinenten. Fast alle waren dem vatikanischen Zeitempf-
finden voraus, wenn auch in diversen Abständen. Theologiestudenten gingen
auf die Suche nach erfahrbaren ‚Aggiornamento'-Dimensionen. So arbeitete ein
halbes Dutzend deutscher und niederländischer Studenten während ihrer freien
Nachmittage im Foyer Unitas an der Piazza Navona, wo sie für das Dokumen-
tationszentrum und die (spätere) Zeitschrift Concilium Texte abschrieben, ver-
vielfältigten und zusammenhefteten. Viele Texte, die erst an den folgenden Tagen den Konzilsvätern und deren Sachverständigen ausgeteilt wurden, hatten
diese studentischen Hilfskräfte schon vorher gelesen. Dort hatten sie auch die
Gelegenheit, Konzilsberatern und einer bestimmten Kategorie von Bischöfen
zu begegnen.

An jeglicher römischen und päpstlichen Universität waren Studenten auf der
Suche nach Professoren, die bereit waren, ihnen eine freie Themenwahl für ihre
Thesen zu erlauben. Sie waren auf der Suche nach Antworten, die das eigene
Leben, das klassische Rom und der Rumor des Konzils ihnen stellten. So wurde
eine These geschrieben über das Verhältnis der natürlichen Gotteserkenntnis
des I. Vatikanischen Konzils zur Lehre Karl Barths. Die Kernfrage dieser meiner Auseinandersetzung ist die Frage nach der Notwendigkeit und Berechtigung
des Missionierens, verstanden als Bekehrung zum wahren Gott. Diese These

stachelte die Neugierde des Studenten an, ob das II. Vatikanische Konzil die päpstliche Überwertung des I. Vatikanischen modifizieren könne.

Nach dem Studium an der *Gregoriana* folgte kein weiteres Studium in Rom. Der niederländische Doktorand ging nach Würzburg, wo er innerhalb kürzester Zeit – noch keine zwei Semester – seine Lizentiats-These schrieb und sein Rigorosum absolvierte (1965-1966). In den Vorlesungen wurde auch dort das Konzil selten und dann nur noch am Rande erwähnt. Eine wirkliche Auseinandersetzung mit den in Rom erstrebten und bekämpften Entwicklungen fand nicht statt. Dies geschah nur gelegentlich im moraltheologischen Seminar vom Moraltheologen, Professor Alfons Auer, der als Berater regelmäßig in Rom war und mit markanter Treue und einmaliger Verantwortung für seine Studenten zwischendurch schnell nach Würzburg zurückkam, um sie beim Thesenschreiben zu begleiten. Dieser Professor, wie weltoffen auch, zögerte, auf Einladung von Theodor Bovet als katholischer Moraltheologe an einer interdisziplinären und ökumenischen Publikation über Homophilie mitzuarbeiten. Nicht eingelesen in die Thematik, sagte er aus Zeitmangel und Opportunitätsüberlegungen ab. Er bat den Studenten aus den Niederlanden, wo damals rege über Geschlechtlichkeit, Partnerschaft und Elternschaft diskutiert wurde, eine Bestandsaufnahme moraltheologischer Bewertungen der Homosexualität in deutschsprachigen Handbüchern zu machen. Damit war das Untersuchungsfeld abgesteckt, des geschichtlichen Charakters wegen im Voraus gegen innerkirchliche Proteste abgeschirmt und zeitlich in einem Jahr zu bewältigen. Dank sei der ordenseigenen Ausbildung in den Niederlanden, in Sachen Geschlechtlichkeit nahm ich den Auftrag an. Vier Wochen hintereinander machte ich ihm einen Einteilungsvorschlag, den er und ich dann besprachen in Hinblick auf eine präzisere Einteilung. Er war ein Meister im Konzipieren von Inhalten und Formulieren von Gedanken und Anliegen. Einmal dies annähernd im Griff habend, konnte ich an die Arbeit gehen. Die These, die inhaltlich die anfänglich aufgetragene und geplante Thematik weit überschritt, war im Sommer 1966 fertig, wurde eingereicht und angenommen: *,Die gleichgeschlechtliche Zuneigung. Homotropie: Homosexualität, Homoerotik, Homophilie – und die katholische Moraltheologie'*. Der Hamburger Sexuologe Hans Giese und der Fribourger Pastoraltheologe Alois Müller schrieben das Vorwort für die Handelsedition 1968. In der Sexuologie und Moraltheologie ist „Homotropie" ein neu eingeführter Begriff. Von mir da „eingeführt", um die totalen, zusammenhängenden, existentiell untrennbaren und facettenreichen Dimensionen der gleichgeschlechtlichen Zuneigung darstellen und versuchsweise einschätzen zu können. Die Parallelbegriffe „Heterotropie" mit den Dimensionen: Heterosexualität, Heteroerotik, Heterophilie ermöglichen sachgerechte Vergleiche und erleichtern so gegenseitiges Verständnis für das Andere der Anderen. Xenophobie trifft man auch bei den Verständnisvollen an.

Ein neues Wort, ein neuer Begriff ändert nicht ohne weiteres die Sicht der Menschen auf die Wirklichkeit. Alt hantierte Begriffe dagegen lassen nicht gerne eine Erweiterung des Deutungshorizontes zu. Thomas von Aquin (S. Th.

I.II.31.7) nennt homosexuelle Handlungen bestimmter Menschen naturgemäß, natürlich, ‚*connaturales secundum quid*'. In einer römischen Dissertation mit der Auffassung des Aquiners über Homosexualität wird gerade dieser brisante Text nicht erwähnt. Vergleicht man seine Gedanken mit den Selbstaussagen gleichgeschlechtlich empfindender Frauen und Männer, mit belletristischen Beschreibungen und humanwissenschaftlicher Befunden, so kann gefolgert werden, dass die thomistische Einschränkung *„secundum quid"* heute schwer zu verteidigen ist.

Hier ist eine zweifache Kernfrage zu stellen. Die eine Frage – in philosophischer und theologischer Ethik *und* in den modernen Humanwissenschaften kaum thematisiert und reflektiert – ist das Verhältnis von abstrakter Wesensnatur des Menschen als Spezies und konkreter Natur des Einzelmenschen. Die zweite Frage ist, ob man mit dem Unterschied zwischen Ziel- und Erfüllungsgebot, zwischen moral- und pastoraltheologischen Bewertungen zu einer dem Einzelmenschen gerecht werdenden und der Menschheit dienlichen Sicht kommt. In der Fakultätssitzung musste Alfons Auer die – nach späterer Bewertung „unvoreingenommene" – These und deren Bewilligung verteidigen gegen jene seiner Kollegen, die der Meinung waren, dass eine solche Thematik nichts auf einer katholischen Fakultät zu suchen habe. „Meine Herren, wo in den Verordnungen steht so etwas?" Nachdem auch die Exegeten und der Fundamentaltheologe die These als wissenschaftlich anerkannt, inhaltlich und methodisch bewertet hatten, wurde der Autor zum Rigorosum zugelassen, allerdings mit der Mitteilung, dass er die These nicht publizieren sollte. Während des Abendessens, das der gastfreundliche Alfons Auer in seinem Haus ihm anbot, wurde um Verständnis gebeten für den wenig charmanten Vorgang bei der Bewertungsdiskussion. Deswegen habe die These nur ‚*magna cum laude*' bekommen. Das gemeinsam überlegte Vorhaben, diese Lizenziatsthese in Würzburg zu einer Doktoratsthese auszuarbeiten, musste unter diesen Umständen aufgegeben werden. Die akademische Offenheit dafür fehlte.

Da in Fribourg (CH) ein mir namentlich unbekannter Professor die gleiche Thematik auf einen ebenfalls niederländischen Studenten abgeschoben hatte, kam die Idee dort bei einem anderen Professor, zu promovieren. Dazu sollte die Würzburger Arbeit mit einem zusätzlich pastoraltheologischen Band ergänzt werden. Der Pastoraltheologe Alois Müller lehnte ab. Das Ambiente in Fribourg eignete sich nicht für Forschungen über Homotropie. Die dort schon Jahre laufende Untersuchung wurde abgebrochen aus mir nicht einsichtig gewordenen, nie mitgeteilten Motiven. Selbst 1980 noch wurde dort die Dissertation von Gabriel Looser über Homosexualität trotz der positiven Bewertung der drei Begutachter bei einer Probe-Abstimmung abgelehnt und nach Bern verbannt. Am Ende seiner Dissertation zitiert er meine nach und nach aus Parallelen mit Heterotropie erworbene Einsicht: „Die eigentlich humane Konsequenz der Homotropie ist die Homophilie". Dies habe ich augenscheinlich nicht für alle klar genug geschrieben (J. Ratzinger musste nachfragen). Der Moraltheologe Bernhard Fraling, Korreferent bei meiner Habilitation in Würzburg, schätzte in seinem Buch „Sexualethik" (1995) meine distingierende Terminologie. Er hat aber meine Formulierung, dass in der Homophilie die Homosexualität und die Homoerotik „aufgehoben (im Sinne von ‚erhoben') und erhalten" bleiben, unbegreiflicherweise umschrieben als „eine Freundschaft, die von sexueller Aktivität absieht". Ähnliches geschieht in der momentan in Hinblick auf die kommende Bischofssynode im Herbst 2015 geführte Diskussion, dass geschiedene Katholiken, die eine zweite Ehe eingegangen sind, nur zur Kommunion gehen dürfen, wenn sie „asexuell" miteinander, das heißt nebeneinander leben. Ich vertrete die Auffassung, dass kein Menschenwort, einschließlich das hochzeitliche „Jawort", absolut sein kann, da der Mensch selber dies nicht ist. Es ist grausam, Menschen auf Grund einer deswegen ungerechten Forderung den Kommunionempfang zu verbieten und zwar mittels Missachten ihrer neugefundenen Liebe und ihres Gewissens einerseits und mittels eines nicht Beachtens jener Wandlungsworte, welche ein Ziel der Eucharistie zum Ausdruck bringen: „*in remissionem peccatorum*" (zur Vergebung der Sünden).

Heute reift in vielen Ländern die im Effekt verschiedene Einsicht, dass Menschen, deren gleichgeschlechtliche Zuneigung personalisiert gelebt wird, Nutzen verspüren von einer Anerkennung über den eigenen Kreis von Verwandten, Kollegen und Freunden hinaus. Eingetragene Partnerschaften von zwei Frauen oder zwei Männern existieren und ebenfalls staatlich geschlossene Ehen. Stimmungsmachende Warnungen und unbegründete Befürchtungen, dass damit die Mann-Frau-Ehe bedroht wird, werden relativiert und weitgehend entkräftet, wenn man ein Vierfaches bedenkt und in die Diskussion zulässt. Seine Homotropie kann der Mensch nicht nach Belieben in Heterotropie umsetzen. Ehen zwischen zwei Menschen mit je einer andersgeschlechtlichen und gleichgeschlechtlichen Zuneigung sind zwar ein Faktum, aber meistens problematisch, um nicht zu sagen dramatisch. Sublimierung der Geschlechtlichkeit ist anderen Menschen nicht aufzuzwingen. Geschiedene und wiederverheiratete Frauen und Männer haben ihr Gewissen und ihre Epikie.

Wenn Papst Franziskus Protestbewegungen gegen staatliche Anerkennung gleichgeschlechtlicher Partnerschaften in der Slowakei seinen Beifall leistet, ist dies eine verpasste, eine verweigerte Gelegenheit, sich für androtrope Männer und gynäkotrope Frauen einzusetzen. Wenigstens hätte er schweigen können. Solche politische Interventionen sind – psychoanalytisch gesehen – Äußerungen von Allmachtsfantasien. Ekklesiologisch gesehen entspringen sie jener Auffassung von Machtvollkommenheit, die das I. Vatikanische Konzil dem Papst verliehen hat. Selber hat Papst Franziskus den päpstlichen Iurisdiktionsprimat in der kommenden Bischofssynode schon aus Vorsorge hervorgehoben. Mit dem Lobpreis für das slowakische Episkopat ist sein anderswo gehaltenes Plädoyer, dass homotrope Menschen in der Kirche ihren Platz haben, von diesen wohl kaum zu begreifen.

Unverständlich bleibt mir bis zum heutigen Tag das Vorgehen kirchlicher Instanzen in der Schweiz und in Deutschland, die zuerst Teile meiner deutschsprachigen Texte über Heterotropie und Homotropie wortwörtlich übernahmen und einige Jahre später fast das Gegenteil verkündigten. Der Vatikan fordert immer wieder, die Geschlechtlichkeit in die Ehelichkeit und die Ehelichkeit in die Fruchtbarkeit einzugraben. So wird die ‚potentia amandi' (die Fähigkeit des Liebens) übersehen. Die personale Fähigkeit dazu und die persönliche Vollmacht in diesem sei keinem Menschen im Voraus abzustreiten. Man sollte die Geschlechtlichkeit des Menschen drehen wie Kinder ein Kaleidoskop bewegen und so „auf die Suche nach der Geschlechtlichkeit" gehen. So die Zusammenhänge und das Farbenspiel der prokreativen, kreativen, rekreativen, evokativen und provokativen Dimensionen der Geschlechtlichkeit entdecken und erleben. Besonders hier gilt das dem Galileo Galilei zugedachten Wort: „e pur si muove". Jede „Vaticanonisierung" tastet die Freiheit der Menschen, die Freiheit eines Christenmenschen an. Diese Überzeugung hält mich davon zurück, bei einer kirchlichen Trauung dem Bräutigam zu sagen, dass er jetzt die Braut küssen darf. So habe ich ebenso wenig homotropen oder heterotropen Menschen je gesagt, was sie wohl oder nicht dürfen. Und dies getreu dem Gedicht von Ingeborg Bachmann: „Erklär mir, Liebe, was ich nicht erklären kann".

Da Alois Müller in dem Studenten einen zukünftigen Mitarbeiter und nächsten Kollegen sah, kam er mit dem Vorschlag, der Bitte des Rapperswiler Stadtpfarrers entgegenzukommen und eine empirische Pfarruntersuchung durchzuführen zu Gunsten der pastoralen Dienstleistungen. Deswegen verblieb der Doktorand oft in Rapperswil, arbeitete im Pfarrhaus, predigte in der Kirche, machte Hausbesuche und genoss die spezifische Gastfreundschaft und Gastfreiheit, den Kapuzinerklöstern in der weiten Welt eigen. Nebenbei gründete er in der Schweiz den „Jeunesse-Club" für anfänglich achtzehn bis fünfundzwanzig-Jährige. Dieser Club, mit im Laufe der Jahre über zweitausend Mitgliedern, existiert bis heute. Die damit zusammenhängenden Kultur- und Sportreisen, Vorträge, individuelle Begleitung und Eucharistiefeiern hemmten nicht den Vorgang seiner Forschungen. Ein Jahr nach der mit „summa cum laude" abgelegten Prüfungen lag 1970 die Dissertation als Handelsedition: „Befragte Gemeinde. Das christliche Leben in der katholischen Pfarrgemeinde Rapperswil", in den Buchhandlungen und in vielen Wohnzimmern der „Rosenstadt" am Zürichsee. Sie war die erste Pfarreibefragung in der Schweiz, über Jahre die einzige und bis zum heutigen Tag die ausführlichste und differenzierteste. Ausführlich, weil anhand von offenen und geschlossenen Fragen des schriftlich auszufüllenden Fragenbogens die Erlebniswelt der Pfarrgemeinde in den verschiedensten Dimensionen des persönlichen, gesellschaftlichen und kirchlichen Lebens erforscht wurden. Differenziert, weil die Ergebnisse sowohl geschlechtsspezifisch als nach zehn Lebensaltersgruppen nuanciert wurden. So entstand eine klare Bestandaufnahme, konnte initiativreiches Ausgangsmaterial zum pastoralen Handeln und zu einem gemeindlichen „Miteinander" geboten werden. Rückblickend muss man sagen, dass die pastoraltheologische Bedeutsamkeit und die pastoralen Auswirkungen solcher Studien – und vergleichsweise ebenfalls jener der Nimwegener „Empirischen Theologie" – nicht selten einseitig überschätzt wurden. Diese Einsicht muss man sich auch nachher in eigener Sache zu eigen machen. Man entdeckt dann, wie es auch in der Wissenschaft Modetrends gibt.

Das Angebot, neben Alois Müller pastoraltheologisch und professoral zu arbeiten, stand 1969-1970 im Raum. Nach dem geplanten Studienaufenthalt in Los Angeles könne der Neodoctor beginnen. Es kam anders. Die niederländische Kapuzinerprovinz nahm ihn in Anspruch. Er war ja zum Studieren ausgeschickt worden, um innerhalb der ordenseigenen Ausbildungsklöster zu lehren. Anfangs der sechziger Jahre gab es im Lande noch über siebzig Philosophica-, Theologica-Seminare und eine katholisch-theologische Fakultät (Nijmegen). In den siebziger Jahren schrumpfte deren Zahl. Nur einige noch konnten sich, meistens befristet, halten. Sieben staatlich anerkannte und vom Staat finanzierte katholisch-theologische Fakultäten waren der Restbestand. Kaum Priesterkandidaten, zahlreiche Austritte, geringe Zahl an Laientheologen und Laientheologinnen – dies alles bewirkte, das sich allmählich nur fünf, vier, drei Fakultäten halten konnten. Heute 2015 gibt es in den Niederlanden noch „eine" kirchlich anerkannte katholisch-theologische Fakultät, entstanden aus jenen von Utrecht und Tilburg. Die ehemalige *„Rooms Katholieke Universiteit, Nijmegen"*, jetzt „Radbouduniversiteit" genannt, hat keine kirchlich anerkannte theologische Fakultät mehr. Man könne dort ,Weltreligionen' studieren.

Meine zögernde Rückkehr ins Vaterland 1970 war keine reine Freude. An den damals noch existierenden Fakultäten gab es keine offenen Stellen. Es hieß sich spontan bewerben, auf die Suche nach Arbeit gehen und dies außerhalb der Universitäten. Nach einem Jahr pastoraler, diakonaler und priesterlicher Arbeit in einem Amsterdamer Volks- und Rotlichtviertel wurde ich (1971-1977) „Pastor" im *„Sint Joseph Ziekenhuis"*, in Deventer, einer alten Hansastadt. Als Mitglied des medizinischen Stabes – eine Einzelposition in der niederländischen Krankenhauswelt –, als Lehrer in Ethik und Religion bei dem auszubildenden Pflegepersonal, als Begleiter von Kranken und Tausender Sterbender und deren Verwandten, bekam und erwarb ich mir eine einflussreiche und breit dienstbare Position. Man bekam eine bis dahin in diesem Ausmaß ungekannte Gelegenheit, persönliche Fähigkeiten und fachspezifische Kompetenzen einzusetzen. Man besprach Themen wie Schwangerschaftsabbruch und Euthanasie in Konfrontation mit und zur Erhellung der eigenen Krankenhauspraxis. Man durfte junge Menschen in pflegerischer und ärztlicher Ausbildung einiges an Wissen beibringen und mit ihnen am Bett der Patienten auf Wirksamkeit ausloten. Das dort gemeinsam Erlernte und Erlebte ging Studenten und dem Pastor und Lehrer zu Herzen. In so einer gemeinsamen und geteilten Erfahrung wird auch der lehrende Mensch ein Lernender. Miteinander in einer Welt mit kranken, leidenden, sterbenden, trauernden, verstorbenen Menschen, mit dienenden, versorgenden, helfenden, heilenden, anderen Ermutigung schenkenden Menschen sollte gezeigt werden, worauf es im Leben ankommt. Das Gebet „Dein Reich komme" für alle Sterblichen, alle Sterbenden, alle Verstorbenen, ist nicht nur dort am Platz.

Ein Text aus der Apokalypse 2,19 nimmt in der Vielzahl und Vielfalt neutestamentlicher Stellen über Glaube, Hoffnung, Liebe einen besonderen Platz ein. Nur hier wird die anderswo stets geschlossene Einheit der drei in Reihenfolge unterschiedlich aufgeführten Grundhaltungen geöffnet. Das programmatische Wort „Dienstbarkeit" steht „innerhalb" der Trias. Dienstbarkeit ist das Herz, das Liebe, Glaube, Hoffnung am Leben hält. Dem sterblichen Menschen dienen hat österliche Zukunft.

Sechs Jahre später (1977-2001) war ich lehrtätig als Pastoraltheologe und Poimeniker an der „*Universiteit voor Theologie en Pastoraat*" in Heerlen. Karl Rahner hat 1970 in seinem Aufsatz „*Neue Ansprüche der Pastoraltheologie an die Theologie als Ganzes*" (Schriften IX, 127-147) die U.T.P. exemplarisch angesprochen und als musterhaft dargestellt. Die Fakultät ist keine theologische Fakultät im üblichen Sinne. Sie ist eine pastoraltheologische Fakultät. Das ganze Studium ist von der Pastoraltheologie als praktischer Soteriologie konzipiert. Das menschenverbundene und weltoffene Konzept dieser Pastoraltheologie spricht sich sowohl wissenschaftstheoretisch als auch lehrplanmäßig für eine Hervorhebung der praktischen Vernunft aus. Damit findet eine Art Ablösung der allzu ausschließlichen Betonung der theoretischen Vernunft statt. Die Zielsetzung dabei ist Ausbildung der Studentinnen und Studenten für ihre zukünftigen „pastoralen" Aufgaben. Vierzig Prozent aller Vorlesungen und Seminare sind den theologischen Wissenschaften, dreißig Prozent der Philosophie und Humanwissenschaft wie Psychologie, Soziologie und Agogik gewidmet. Pastoraltheologie ist hier als Oberbegriff (*theologia pastoralis generalis*) zu verstehen. Ihre Disziplinen sind: Charismatik (Spiritualitätslehre), Diakonik, Homiletik, Kanonistik, Katechetik, Kybernetik (Gemeindeaufbaulehre), Liturgik, Missiologik und Poimenik (Seelsorgelehre). Wichtig dabei ist die Einsicht, dass jede Disziplin eine spezifische Dimension in den anderen Disziplinen hat. Ein Beispiel: Die poimenische Dimension in der Liturgie ist anwesend, wenn unter anderem in den Fürbitten das Interesse für die Vielfalt der Individuen und Gruppen ausgesprochen wird und man etwas spürt von der spezifischen Art einer Gemeinde. Warum betet man so oft oder exklusiv für die Verheirateten und selten oder nie für die Geschiedenen, Alleinstehenden, Zusammenlebenden? Für die Fürsten und nie für die Förster? Mit einem Gebet „für das Gesamtvolk" ist es nicht getan. Ein anderes Beispiel: pastorale Briefe mögen neben poimenische „Weidung" auch kerygmatische „Weisung" erhalten.

Viele Vorlesungen und Seminare sind themenzentriert und werden intradisziplinär gestaltet. Zwanzig Prozent ihrer totalen Studienzeit widmen Studentinnen und Studenten den pastoralen Feldorientierungen und Praktika in Pfarrei, Krankenhaus, Gefängnis, Schule, Armee, Ausbildungszentren, Fabrik oder auf Tätigkeitsfeldern in der dritten und vierten Welt. Während dieser Einsätze und ebenfalls nachher werden sie mittels Supervision, theologischer Reflexion und pastoraler Methodik begleitet: auf Werke und Wirksamkeit hin. Dies geschieht sowohl individuell, in Klein- und Jahrgangsgruppen. Die „doktoraalthesen" haben durchschnittlich einen Umfang von zweihundertfünfzig Seiten. Ihre Thematik muss für die Pastoral mit und an Menschen als auch für die „pastores" selber bedeutsam sein. Sie wird sowohl theologisch als auch humanwissenschaftlich erörtert. Wenigstens eine pastoraltheologische Disziplin und eine humanwissenschaftliche muss dabei mit einbezogen werden. Außerdem haben Literaturforschung und empirisch durchgeführte Feldforschung einander in Frage zu stellen und zu ergänzen.

Das Ganze ist von einem einheitlichen Prinzip im Sinne von Ausgangspunkt, nicht Standpunkt, geprägt. Es handelt sich um eine Ausbildung, die Männer und Frauen befähigt, den facettenreichen pastoralen Beruf pastoraltheologisch verantwortet zu gestalten und kritisch kreativ und konkret auf den dem Menschen dienlichen Tagesstand bringen zu können. Dabei fungiert als Leitmotiv die Überzeugung, dass die in den Niederlanden genannten „pastoraalwerksters – pastoraalwerkers (Laientheologinnen und Laientheologen) und Priester sich aneinander und miteinander an die Menschen innerhalb und außerhalb der christlichen Glaubensgemeinschaft, in und jenseits von kirchlichen Kontexten zu wenden haben. Dazu braucht es personale, kommunikative und wissenschaftliche Kompetenz. Nur Männer und Frauen, die Kenner des Menschlichen und aus der fortdauernden Erfahrung der – aneinander gereiften und miteinander erworbenen – eigenen Menschwerdung zu Könnern des Menschlichen geworden sind, haben das Recht und die Fähigkeit „pastor" – „pastora" zu werden. Über die Möglichkeiten und Schwierigkeiten in diesem schrieb ich ein poimenisches Werkbuch: „Pastorale competentie".

Erhellend für dieses Berufsideal, für die Identität und Spiritualität der Studenten und Studentinnen und ihre (zukünftigen) Berufsaufgaben ist das existentielle Verstehen der biblisch narrativen pastoralen Bildsprache. Den Kernsatz findet man in Genesis 48,15: „Gott, der sich als mein Hirt erwiesen hat, mein Leben lang, bis auf den heutigen Tag, segne euch." Diese Selbsterfahrung sei jeder und jedem, sei allen gegönnt, die ihren Beitrag zur Menschwerdung, Menschenverbundenheit und Gottesbegegnung der anderen liefern wollen. Viele vom Fakultätsteam herausgegebene Bücher bezeugen dieses Anliegen. Publikationen jenes Pastoraltheologen, dem der Bereich der Poimenik anvertraut war, verdanken vielerlei den Gesprächen mit Kolleginnen und Kollegen in Heerlen, in den Niederlanden und innerhalb der Konferenz der deutschsprachigen Pastoraltheologen und Pastoraltheologinnen, von der er Mitbegründer und Mitglied ist, und während fünfundzwanzig Jahren Beirats- oder Vorstandsmitglied war. In diesen Gremien und nach seiner Pensionierung während drei Semestern an der Kapuzinerhochschule in Münster lernte und lehrte er seine Interpretation des Fachgebietes, dabei das Mahnwort von Ferdinand Fromm im Gedächtnis behaltend, dass „unsere Zunft kein Haufen Einzeltalente sein soll".

Jahrelang ging es in einer kollegialen Selbstkritik der Heerlener Studenten und Dozenten gut voran. Die Studentenzahl nahm zu, die Finanzen reichten aus und ermöglichten schon für die Fachgruppe Pastoraltheologie zehn Lehrstühle. Der praktische Stab, verantwortlich für Supervision, theologische Werk- und Selbstreflexion, bestand aus sechs Personen. Dazu kamen noch die Humanwissenschaftler und Wissenschaftlerinnen. Anerkennung wurde dankbar und bescheiden genossen. Allmählich aber tasteten staatliche Sparmaßnahmen, schwindende Studentenzahlen, Konkurrenz zwischen Kolleginnen und Kollegen und nicht zuletzt bischöfliche und sonstige innerkirchliche Verdächtigungen und Intrigen die Wirksamkeit der U.T.P. an. Ihre Existenz wurde bedroht. Eine Fusion mit der theologischen Fakultät der Universität Nijmegen (1991-1992) gab ihr noch einige Jahre weiteres Leben. Dann kam das Ende um die Jahrtausendwende. Auch die theologische Fakultät in Nijmegen ist nicht mehr.

Die theologischen Fakultäten verschwinden, das kirchliche Leben verdampft. Lehrte man in der Vergangenheit – sei es mit wechselnden Interpretationen – *„extra ecclesiam nulla salus"* (außerhalb der Kirche kein Heil), so kann man heute – und dies vielleicht transparenter als früher – lernen, dass es auch andere, bestenfalls weniger verschüttete Suchfelder für Heil gibt. Man denke hier an: *„extra mundum nulla salus"*; *„extra homines nulla salus"* und – man sollte nicht übertreiben – *„extra sexualitatem nulla salus"*. Nach Jesu Einladung in Mk 3.3: „Mensch, richte dich auf und stelle dich in die Mitte" bevorzuge ich: „Außerhalb der Menschen kein Heil".

Die Kirchen sind in einer Krise. Menschen aller Zeiten unterschätzen ihre Heilsbedürftigkeit und übertreiben ihre Heilsfähigkeit. Die Kirche als Institution, die sich das Prädikat „heilig" zueignet, ist noch mehr als der Einzelmensch gefährdet, hier zu einem Ausgleich zu kommen. Die Bitte: „Schau nicht auf unsere Sünden, sondern auf das Gebet deiner Kirche" sanktioniert unmögliche Gegensätze und dogmatisiert diese in einer liturgischen Gebetssprache. Gott möge neben unseren Sünden auch auf ‚unseren' Glauben, auf ‚unsere' Liebe und Dienstbarkeit, auf ‚unsere' Hoffnung schauen. Kein kirchliches Gebet kann Anspruch darauf erheben, Heil und Unheil nach Belieben zu sortieren, sich selber zuzuteilen oder anderen abzusprechen.

Das Kernthema der Vorlesungen und Publikationen des Heerlener Poimenikers und ebenfalls seiner pastoralen und priesterlichen Arbeit ist die pastorale Metaphorik. Poimenik betrachtet, bewertet und konkretisiert die methodisch fundierte, humanwissenschaftlich und theologisch reflektierte Begleitung („Weidung") von Menschen als Einzelpersonen oder als kategoriale Gruppen und Gruppierungen bei ihrer „Selbstentbergung", Selbstentscheidung, Selbstverantwortung und Selbstgestaltung im Laufe ihres Lebens, nicht zuletzt in krisenhaften Lebensphasen und herausfordernden Lebensumständen und Lebensbezügen. Diese Begleitung läuft über Gespräch, Gebet, Brief, Buch, Bilder, Begegnung, Besuch und Beziehung. Mein Buch *„Gott, du bist ein Engel"* markiert dieses poimenische Anliegen im Tobit-Buch: „sich selbst werden" – „inmitten der Menschen" – „Gott entgegen".

Dem CIC nach dürfen nur Papst, Bischöfe und Priester „pastor" genannt werden. Jesus Christus ist in einer nur ihm eigenen *„coincidentia oppositorum"* als ‚Schaf' Gottes ‚Schäfer' der Menschen, als kleinstes meist von anderen abhängiges und zu versorgendes „Lamm Gottes" (Joh 1,29.36) „der gute Hirt". Poimenologisch gesehen möge das Ideal der Christenheit, „eine Herde von Weidenden", keine Herde im Tritt der Hirten werden. Das personengebundene und rollenfixierte Auseinanderklaffen von „Weiden" und „Geweidet werden" entspricht nicht der biblisch pastoralen Bildsprache, erschwert die Subjektwerdung des Menschen und untergräbt das Kollektivempfinden, die Solidarisierung der Menschen. Die dem Laienstand aufgelegte „Verschafung" und die dadurch bei den Klerikern entstandene „Verhirtung" blockieren die Zusammengehörigkeitsgefühle des Volkes Gottes. In Best, meinem Geburtsdorf, wo ich jetzt wieder wohne, ‚stirbt' das kirchliche Interesse. Trotzdem müsste man lange intensiv suchen, um die „Ab"wesenheit Gottes zu finden.

Im Jahre 1936 erschien der französische Priesterroman von Georges Bernanos: „Journal d'un curé de campagne". Er stirbt ohne die Gnadenmittel, die Tröstungen, welche die Kirche für die Sterbenden bereithält, im Hause eines ausgetretenen Priesters, der zögert, ihm die erbetene Absolution zu erteilen, nachdem der herbeigerufene diensttuende Priester noch nicht eingetroffen ist. Die letzten Worte des so urkirchlichen Landpfarrers sind: „Was macht das schon aus. Alles ist Gnade." ('Alors, 'qu'est-ce que cela fait, tout est grâce'). Diese Einsicht, wie „relativ" das Kirchliche ist, wächst in mir. Mit eigenem Reifen reift das Gottesreich.[1]

# Anmerkungen

## Zum Titel:

Rhapsodie ist eine Einheit von zusammengefügten Oden, wörtlich von an einander ‚genähten' Oden. Eine rhapsodische Pastoraltheologie entsteht, wenn Leben, Lernen und Lehren nicht dreierlei sind. Deshalb ist bewusst und gezielt auf Zwischenüberschriften verzichtet worden, damit ‚teppichgemäß' die farbenfrohe Verwobenheit von Allem mit Allem ausgerollt werden kann.

---

[1] Eine Auswahl meiner Publikationen findet sich unter: http://www.theologie-und-kirche.de/herman-van-de-spijker.pdf [10.8.2015].

## Zum Untertitel

Im italienischen Wort ‚solo' klingt sowohl ‚allein', als auch ‚einsam' durch. Das niederländische und deutsche Wort ‚apart' umfasst sowohl das Besondere. das eigenartig Reizende einerseits als auch das von anderen Abgehobene, das ‚allein-'Stehende, das Ichhafte, das Selbstständige, das Individuelle andererseits. Deshalb hier eine eigene Übersetzung des Gedichtes von Giuseppe Ungaretti: ‚Jede Farbe breitet sich aus und gibt sich auf in den anderen Farben, um aparter zu sein, wenn du hinsiehst.' Eine aparte Farbe steht nie apart, wird und wirkt umso aparter im Bezug zu anderen Farben. Das menschliche, mitmenschliche Leben wird verglichen mit dem Weben eines Teppichs. So sieht Psalm 139 die Erschaffung des Menschen als das farbenfrohe Weben aus einem Knäuel. Nach dem Talmud bedeutet ‚goläm' Embryo, gesehen als unbearbeitetes Knäuel.

HERMANN STEINKAMP

# Seiteneinsteiger

In unserem Konzept der Fortbildung von Seelsorger(innen) in der Hospizarbeit, wo ich „nach Dienstschluss" mitarbeite, spielt ein Buch der Psychotherapeutin Verena Kast eine wichtige Rolle: „Was wirklich zählt, ist das gelebte Leben", mit dem Untertitel „Die Kraft des Lebensrückblicks".

Dies gilt in zweifacher Hinsicht: Wer im Hospiz mitarbeiten will, als Seelsorger, Ehrenamtliche oder Sozialarbeiterin, sollte sich zunächst mit seinem eigenen Tod und seinem ‚gelebten Leben' auseinander setzen, bevor er/sie Sterbende begleitet. Denn das ist der Kern der personalen Kompetenz bei der Begleitung Schwerkranker und Todgeweihter: mit ihnen ihr Leben rückblickend zu verstehen und annehmen zu können

Ich schicke diesen Blick in die Hospiz-Arbeit voraus, um mich zweier Fallstricke zu vergewissern, die beim Thema „Biographie und Pastoraltheologie" lauern:

- nachträglich Grautöne zu kolorieren, Scheitern wegzublenden, Misserfolge und Durststrecken zu verdrängen;
- das letzte Wort zu behalten, wenn Kontrahenten und Kritiker nicht mehr argumentieren können.

# Erfahrungen als Seiteneinsteiger

Erfahrungen als Seiteneinsteiger hatte ich bereits, bevor ich zur Gilde der Pastoraltheologen stieß, z.B. bei den Pfadfindern. Dort trat ich erst ein, als ich das Alter der Wölflings- und Jungpfadfinderstufe bereits überschritten hatte, also nicht seit Kindertagen dabei war. Später, als die Anzahl durchwachter Zeltnächte als Argument und Nachweis für Praxis-Erfahrung galt, habe ich darüber manchmal gespottet, noch in der Zeit meiner ersten Berufsjahre, die ich als Referent in der Bundeszentrale der „Deutschen Pfadfinderschaft Sankt Georg" im Düsseldorfer Jugendhaus verbrachte.

Bei den Pfadfindern begann übrigens meine Faszination für die kleine Gruppe, die damals noch „Meute" oder „Sippe" hieß und von Geheimnissen umwittert war, z.B. dass jedes Mitglied eine bestimmte Rolle haben sollte: Kornett, Koch, Zeugwart, Clown usw.

Dass letzterer manchmal auch ein Außenseiter war, der sich bemerkbar machen und dadurch „drinnen" sein wollte, habe ich erst später verstanden, als ich das Handwerk der „Angewandten Gruppendynamik" lernte. Dies fiel in die Zeit einer beruflichen Weichenstellung, die – nach einer schweren Entscheidung gegen die Alternativen Berufspfadfinder und Journalist – für eine Dozentur in der Münsteraner Akademie für Jugendfragen ausfiel und später irgendwann in die Universität führte.

Meine ersten Erfahrungen als Seiteneinsteiger in die Philosophische Fakultät der Universität Bonn habe ich als eine Reihe glücklicher Fügungen in Erinnerung. Nur mit einem bischöflichen Examen („Introitus"; später Diplom) ausgestattet, mit dem man nichts anderes anfangen konnte als Priester zu werden, fand ich dort bald einen Doktorvater, der lediglich mein Abiturzeugnis sehen wollte, mir nicht nur gleich ein Dissertationsthema gab, sondern mich bald auch als wissenschaftlichen Mitarbeiter einstellte. Mit Norbert Blüm, der dort zur gleichen Zeit promovierte, morgens in der Frühstückspause über Gott und die Welt (der Arbeit) zu philosophieren, gehört in die Reihe dieser guten Erinnerungen.

Ganz anders emotional getönt habe ich den Wiedereinstieg in meine ‚alte‘ Theologie erlebt, einige Jahre später, nachdem ich mich innerlich bereits von der Universität für immer verabschiedet hatte, ohne eindeutiges Berufsziel.

Schon nach nur einem Jahr als Dozent an der Münsteraner Akademie für Jugendfragen überredete mich ihr damaliger Direktor Wilhelm Dreier, mit ihm nach Würzburg zu ziehen, wohin er, als erster Laie in Deutschland an einer theologischen Fakultät, auf den dortigen Lehrstuhl für Christliche Sozialwissenschaft berufen worden war. Seiner Einladung folgend, ihn beim Aufbau des Instituts zu unterstützen, und der Logik einer Assistentenstelle entsprechend, nahm ich dort meine zweite Promotion in Angriff. Im Unterschied zum Bonner Seiteneinstieg war mir in Würzburg der Stallgeruch der theologischen Fakultät vertraut. Zu Wilhelm Dreier hatte sich bereits zuvor in der Jugendakademie eine kollegiale Beziehung entwickelt, die wir in gemeinsamen Seminaren fruchtbar machen konnten, indem wir uns gegenseitig Kompetenzschwerpunkte zugestanden, ich ihm seine theologischen und volkswirtschaftlichen, er mir meine soziologischen und gruppendynamischen.

## Kurioses Berufungsverfahren

Das Thema der sozialethischen Dissertation „Gruppendynamik und Demokratisierung" sowie die Wahl der beiden anderen Prüfer (des Moraltheologen Georg Teichtweier und des Pastoraltheologen Heinz Fleckenstein) fügten sich zu einer glücklichen Konstellation: dass im gesamten Rigorosum das Wort ‚Gott' nicht fiel und auch sonst nichts im engeren Sinn ‚Theologisches' zur Sprache kam. Damit war die zweite theologische Prüfung (nach dem „Introitus-Examen") überstanden, bei der meine minimalen theologischen Grundkenntnisse nicht auffielen.

Die Publikation der Dissertation (1973) und die zur gleichen Zeit abgeschlossene Gruppendynamiker-Ausbildung im „Deutschen Arbeitskreis für Gruppenpsychotherapie und Gruppendynamik" (DAGG) gaben nur zwei Jahre später den Ausschlag in einem kuriosen Berufungsverfahren an der Münsteraner Fakultät. Der dortige Pastoraltheologe Adolf Exeler hatte zusammen mit mir an einem der ersten gruppendynamischen Trainings in der Frühphase des DAGG teilgenommen und war von dieser neuen Methode offenbar so fasziniert, dass er sie in den Lehrbetrieb der Pastoraltheologie zu integrieren erwog. Als durch das Ausscheiden des Kollegen und späteren Limburger Bischofs Franz Kamphaus dessen Professur am Münsteraner „Seminar für Pastoraltheologie und Religionspädagogik" frei wurde, gab Exeler mir einen Wink, mich zu bewerben.

Weil drei Mitglieder der Berufungskommission, Peter Lengsfeld, Ferdinand Menne und Norbert Mette, ebenfalls an neuen Lernmethoden interessiert waren, erhielt ich die notwendigen Stimmen. Der Seiteneingang in die Theologische Fakultät öffnete sich mir als Gruppendynamik-Trainer, nicht als im herkömmlichen Sinn für „Pastoraltheologie und Religionspädagogik" qualifizierter Theologe.

Später, als Dekan berechtigt, die geheime Personalakte einzusehen, erfuhr ich, wie knapp die Mehrheit für meine Berufung war und mit welcher Begründung die frei gewordene Homiletik-Professur flugs in „Pastoralsoziologie und Religionspädagogik" umgewandelt wurde: weil sie nur so zu meinen beiden Promotionen passte und diese damals auch die Habilitation ersetzten.

Die Ambivalenz der schweren Entscheidung, von Würzburg nach Münster zu wechseln, hatte ich insgeheim, wie einem Los, an den Ausgang des Verfahrens delegiert. Daraus resultierte meine – im Rückblick waghalsige und arrogante – Vorgehensweise, das 'Vorsingen' nicht wie vorgesehen einer Vorlesung zu beginnen, stattdessen die Kommission mit einem Handout-Thesenpapier in eine Diskussion zu verwickeln. Das entsprach zwar meiner damaligen Überzeugung, dass 'Selbsterfahrung' und Gruppendiskussion die einzig sinnvollen Lernformen seien, aber das sahen vor allem die Professoren in der Kommission und meine späteren Kollegen natürlich ganz anders.

In der folgenden Berufungsverhandlung habe ich meine Weigerung wiederholt, überhaupt Vorlesungen zu halten, stattdessen nur Seminare und gruppendynamische Laboratorien (wie die damals noch hochtrabend und irreführend genannt wurden). Im Unterschied zum irritierten Prorektor und Dekan akzeptierten die beiden Kollegen im „Seminar für Pastoraltheologie und Religionspädagogik", Adolf Exeler und Dieter Emeis, meine Bedingung ohne Widerspruch, wenn auch nicht ohne Hintergedanken: Zu jener Zeit wurde Konkurrenz unter Kollegen u.a. über Hörerzahlen ausgetragen, und ich konnte daher in diesem Wettbewerb nicht bedrohlich werden. Bei den gruppendynamischen Veranstaltungen, wo jeweils nur 12 bzw. 24 Teilnehmer zugelassen waren, herrschte über viele Jahre ein faktischer numerus clausus, weshalb wir in jedem Semester mit komplizierten Auswahlverfahren den Andrang steuern mussten.


## Lustvolle Erinnerungen eines „Blinden Passagiers"


Ich konnte mit dem „Seiteneinsteiger"-Makel auch deshalb gut leben, weil ich über fast 10 Jahre die Hälfte meines Wochenstunden- Lehrdeputats mit dem am Ende jedes Semesters einwöchigen (= 4 Wochenstunden zählenden) gruppendynamischen Training bestritt, das meist in einer Bildungsstätte stattfand. Diese glücklichen Jahre („gelebten Lebens") wurden durch den allzu frühen Tod Adolf Exelers jäh unterbrochen, weil dadurch u.a. die Notwendigkeit entstand, dass ich Vorlesungen halten musste, um das entsprechende Deputat für die Studierenden zu garantieren.

Mit diesen glücklichsten Jahren meiner Lehrtätigkeit verbinde ich aber auch die Erinnerung an eine der Pflichten, die ich nur widerwillig erfüllt habe: Prüfungen. Sie riefen auf eine hinterhältige Weise, meistens einmal pro Semester, meine „Seiteneinsteiger"-Gefühle wach, die ansonsten fast in Vergessenheit geraten wären, u.a. bedingt durch die Tatsache, dass ich schon bald zum Dekan der Fakultät gewählt worden war und mich unversehens 'mitten drin' empfand.

Während die Prüfungen der Diplomtheologen, bei denen neben den Kandidaten nur eine wissenschaftliche Mitarbeiterin als Protokollantin anwesend war, fanden die Abschluss-Examina der Lehramtsstudierenden in einer anderen Konstellation statt: Den Kandidaten saßen jeweils zwei Professoren und ein Prüfungs-Vorsitzender gegenüber. Letzterer, Vertreter der staatlichen Schulbehörde, in der Regel auch Theologe, sowie ein Kollege für die Sektionen Biblische Theologie und Kirchengeschichte, während ich für die Sektionen Systematische und die Praktische Theologie zuständig war.

Je eine halbe Stunde lang prüfte jeweils der eine, während der andere das Protokoll führte. Mich befielen vor diesen Prüfungen bis zum Schluss meiner Dienstzeit deshalb jedes Mal diffuse Ängste, ähnlich wohl denen der Kandidaten, weil ich ständig fürchtete, die Tatsache meiner minimalen theologischen Kenntnisse könnte auffallen, deren Umfang auf dem Niveau meines vormaligen ‚Introitus'-Examens eingefroren war. Diese wiederum waren auch deshalb so dürftig, weil ich während meines Theologiestudiums alle möglichen Aktivitäten (Fußball, Tischtennis, Schwimmen, Jugendarbeit u.ä.) betrieben, aber kein wirkliches Interesse an Theologie entwickelt hatte. Selbst in der Protokollanten-Rolle geriet ich oft in Bedrängnis, weil ich die Fragen des Kollegen nicht verstand oder die Antworten nicht bewerten konnte.

Ein Effekt dieser Prüfungen bestand darin, dass ich, zuhörend, meine mind-map „Theologie" wenigstens da und dort zum Fleckerlteppich anreichern konnte, im Übrigen entmutigte es mich zunehmend, wenn ich während dieser Prüfungen vom reichen Wissen meiner Kollegen, auch über den Tellerrand ihrer jeweiligen

Spezialdisziplin hinaus, eine Ahnung bekam. Die „Seiteneinsteiger"-Rolle drohte, sich um das Segment „blinder Passagier" anzureichern.

## Religionspädagogik in Randzonen

Nicht einmal für den religionspädagogischen Teil meiner Lehrtätigkeit hätten meine systematischen Kenntnisse, wie ich sie immer im Gespräch mit Kollegen wie Norbert Mette erahnte, zu einer Habilitation gereicht. Anfangs konnte ich auf Erfahrungen in der Jugendarbeit und der Akademie für Jugendfragen zurückgreifen. Als unhinterfragte Qualifikation galt zudem, dass ich als Berater der Sachkommission „Diakonie" während der Würzburger Synode für das Praxisfeld „Kirchliche Jugendarbeit" berufen worden war und große Teile der Vorlage des späteren Synodenpapiers „Ziele und Aufgaben kirchlicher Jugendarbeit" als Ghostwriter entworfen hatte.

Wegen der relativ großen Zahl von Studierenden, deren Weg zur Theologie über die Jugendarbeit geführt hatte, gehörten Hauptseminare zu Themen aus diesem

Bereich zum festen Bestand meines Lehrangebots, auch wenn das Etikett „außerschulische Pädagogik" ihre Nachrangigkeit gegenüber dem Religionsunterricht bewusst hielt. Unter dem Einfluss engagierter Student(innen) erkundeten wir – dann und wann gemeinsam mit meinem Kollegen Karl Baus, der im Dozententeam für Schulpraxis und Didaktik des Religionsunterrichts zuständig war – Themen im Grenzgebiet von „Kirchlicher Jugendarbeit und Religionsunterricht" (so ein Thema mehrerer Hauptseminare in den 1980-er und 1990-er Jahren). Ein spezieller Schwerpunkt resultierte in diesem Grenzgebiet aus der Tatsache, dass immer häufiger Studierende sich bereits während ihres Studiums als Mitarbeiter(innen) bei den „Tagen religiöser Orientierung" (TRO) engagierten, einerseits, um ihr Budget aufzubessern, andererseits um schulpraktische Erfahrungen zu sammeln. Sie motivierten mich, Seminare zu diesem jungen Praxisfeld (kirchlicher Jugendarbeit, wie sie es verstanden!) zu planen, in denen sie von meinen Erfahrungen mit „Themenzentrierter Interaktion" (TZI) profitieren wollten. Einzelne waren selbstbewusst genug, ihren Anspruch geltend machend, im Leitungsteam dieser Hauptseminare mitzuwirken. Später organisierten einige von ihnen, die bei TRO im Team zu arbeiten gewohnt und davon begeistert waren, spezifische Übungen als „Team-Supervision" und luden mich ein, als Supervisor mit ihnen zu arbeiten. Solche Formen der Kooperation „auf Augenhöhe" habe ich als Highlights meiner Lehrtätigkeit in Erinnerung (als „gelebtes Leben").

Aus solchen nicht-alltäglichen Erfahrungen der Seminar-Routine resultierte irgendwann, als ein entsprechendes Angebot unseres Instituts fehlte, mein Entschluss, meine einzige explizit religionspädagogische Vorlesung zu versuchen, und zwar zum Thema „Man kann Kindern nur dann den Frieden erklären, wenn man ihnen ‚den Frieden erklärt'„. Dieses Motto wurde auch deshalb zu einer meiner friedenspädagogischen Lieblingsideen, weil es die Dialektik zwischen „Sach- und Beziehungsebene" eines theologisch und religionspädagogisch gleichermaßen relevanten Lernstoffs in den Blick rückt.

Die so genannte „Beziehungsebene", Kern und Alltag gruppendynamischer Praxis, spielte im Übrigen auch über viele Jahre eine zentrale Rolle in unserem, meist einmal pro Semester stattfindenden Doktoranden-Kolloquium, zu dem prinzipiell nur Studierende zugelassen wurden, die mindestens „ein Bein in der Praxis" hatten (Jugendarbeit, TRO, Telefonseelsorge, Krankenhaus, TZI u. ä). Deshalb stießen immer wieder auch einzelne Theologen, Psychologen und Pädagogen zu uns, die bereits beruflich eine entsprechende Tätigkeit ausübten. Der Erfahrungsaustausch, der bei jedem Treffen am Anfang oft mehrere Stunden in Anspruch nahm, erfolgte im Modus „ich-naher" Kommunikation und wechselseitigen Feedbacks, wie sie in Selbsterfahrungsgruppen üblich sind. Diese Art, von ihren jeweiligen Praxisfeldern zu berichten, entlastete mich selbst von dem Über-Ich-Anspruch (übrigens auch mancher meiner Kollegen), alle möglichen kirchlichen und religionspädagogischen Praxisfelder aus Erfahrung zu kennen.

# Gemeinde anders denken

Für das „Kerngeschäft" der Pastoraltheologie (Gemeinde, Katechese, Liturgie) konnte ich dagegen nur wenig relevante Erfahrungen vorweisen. Ich hatte, nach Ende der Messdienerzeit, nie in einer Pfarrgemeinde mitgearbeitet, auch nicht ehrenamtlich, schon gar nicht in der Leitung. Priester, möglichst Pastor (gewesen) zu sein, galt damals noch immer als Königsweg zu einer Professur für Pastoraltheologie. Also blieben wiederum nur „Seiteneinstiege".

Meine erste Veröffentlichung zum Thema ‚Gemeinde', die später häufig zitiert wurde, entwarf eine Typologie, der eine gruppendynamische Theorie-Matrix (die so genannte „Struktur-Prozess-Dialektik") zugrunde lag („Gemeinde als kleinste Verwaltungseinheit", „aktive Gemeinde" und „Gemeindepastoral als Gemeinwesenarbeit"). Den ersten Idealtypus hatte ich seit Kindertagen am eigenen Leib erlebt, den zweiten kannte ich als die euphorisch gefeierte Reform-Idee der Würzburger Synode von den dortigen Diskussionen, den dritten aus („Seiteneinsteiger"-)Erfahrungen aus der Praxis der Sozialarbeiter-Fortbildung in der Jugendakademie sowie aus Vorstudien zu einem geplanten Habilitationsprojekt, das ich dann – nach dem Abschied von der Christlichen Sozialwissenschaft – nicht mehr realisiert hatte.

Aber es gab einen anderen „Seiteneinstieg", der sich später als weitaus fruchtbarer erweisen sollte: die Affinität der beiden Sozialformen „Gruppe" und „Basisgemeinde". Die Faszination der Berichte von diesem Gemeindetypus, die uns aus Lateinamerika erreichten, ging von deren politischem Engagement ebenso aus wie von ihrer Koinonia-Praxis. Deren Vergleich mit dem hiesigen kirchlichen Vereinswesen, zu dem Koinonia hierzulande herunter gekommen ist, leuchtete mir aufgrund meiner Erfahrungen in Intensiv-Gruppen unmittelbar ein: Oft sagten Studenten am Ende eines gruppendynamischen Seminars, dort wären sie, punktuell und temporär, ihren Gemeinde-Träumen begegnet.

Mein wachsendes Interesse an den Basisgemeinden führte dazu, dass ich im Winter 1986/87 ein Forschungsfreisemester in Brasilien verbrachte, um vor Ort diese Praxis kennenzulernen. Dass ich die intensivsten Begegnungen und Erfahrungen in Kontexten der ‚pastoral da terra', der Teilnahme an Landbesetzungen der sem-terra-Bewegung machen konnte, verdankte ich damals eher zufälligen Kontakten mit Missionaren und einheimischen Priestern. Später dienten sie als Anstoß, die Praxis der Sozialpastoral näher zu erkunden. Deren Konzepte studierten wir erneut und intensiver in den frühen 1990-er Jahren, während eines weiteren Forschungssemesters (WS 1992), zusammen mit meinem Freund und Kollegen Norbert Mette. Sie wurden bald zu einem gemeinsamen Schwerpunkt unserer hiesigen Arbeit, nachdem wir sie beim Leitershofener Kongress der deutschsprachigen Pastoraltheologen (1993) vorgestellt und als Gegenmodell zur herrschenden „Kooperativen Pastoral" ins Gespräch gebracht hatten.

Dieser Kongress wurde zu einer Sternstunde der „Fünferbande" (als die wir 5 Kollegen Norbert Greinacher, Ottmar Fuchs, Leo Karrer, Norbert Mette und ich) damals bekannt waren, eine Gruppe mit ähnlichen politisch-theologischen Optionen, der Theologie der Befreiung mehr oder weniger nahestehend. Wir hatten im Verlauf des Kongresses einen Textentwurf für die spätere „Leitershofener Erklärung" vorgelegt, die das Paradigma der Sozialpastoral als Alternative zum herrschenden Konzept der „Kooperativen Pastoral" formulierte. Er wurde wider Erwarten von einer Mehrheit der Teilnehmer verabschiedet. Unser Triumph währte jedoch nur kurze Zeit. Schon die später veröffentliche Fassung war inzwischen so weichgespült, die Konturen verwischend, damit sie auch in den Diözesen Beachtung finden sollte.

Dass dies nicht bzw. nur da und dort geschah, haben wir als Indiz dafür interpretiert, dass über die Kontroverse um „Kooperative Pastoral vs. Sozialpastoral" ein tiefer liegender theologisch-ideologischer Konflikt ausgetragen wurde und wird: um die Theologie der Befreiung.

Einer Episode an der kleinen Lutheraner-Universität Escola superior de teologia in Sao Leopoldo (RS/Brasilien), die mich 1999 zu einer Gastprofessur eingeladen hatte, verdanke ich einen Hinweis auf das praktisch-theologische Kernproblem dieser Kontroverse. In einem Gespräch mit dortigen Kollegen stand plötzlich das Bild von der „Diakonie als Einfallstor" (der Befreiungstheologie in Europa) im Raum: Ein argentinischer Kollege warf spontan ein: „Dann wird zuerst die Ekklesiologie aus den Fugen geraten." Klartext: wenn die Diakonie den Primat unter den drei Grundfunktionen der Kirche bekäme (was Jesus sicherlich empfohlen hätte), wäre das Modell der abendländischen Volkskirche mit seinem Latein am Ende.

Seit ich den Traum von grundlegenden Veränderungen der hiesigen Praxis der Volkskirche aufgegeben hatte, konnte ich dennoch immer wieder in lokalen und regionalen Initiativen mitarbeiten, z.B. als wissenschaftlicher Begleiter eines Forschungsprojekts des Bistums Aachen „Diakonische Pastoral vor Ort", wo wir über einen längeren Zeitraum Chancen einer „Diakonisierung der Gemeinde" (Jürgen Moltmann) erkundet haben. Die eher ernüchternden Ergebnisse zeigten, dass lokale Veränderungen ohne grundlegende strukturelle Reformen der Großkirche Eintagsfliegen bleiben. Dennoch blieb ein Funke Hoffnung, dass Caritas und Diakonie am ehesten Ansatzpunkte für eine solche Reform sein könnten.

## Sozialpastoral und Diakonie

Mein Interesse an Praxis und Konzepten der Sozialpastoral resultierte insofern von Beginn an nicht nur aus den Erfahrungen in den Basisgemeinden, die für

mich mehr und mehr zu einem kritischen Maßstab für die Praxis hiesiger Pfarrgemeinden wurden. Es knüpfte ebenso deutlich an meinen Erfahrungen in den
Bereichen hiesiger Caritas und Diakonie an.

Für meine erste Vorlesung im Wintersemester 1983/84, die ich, der Not der
Vakanz des Exeler-Lehrstuhls gehorchend, anbieten musste, konnte ich zum
Glück auf Material zurückgreifen, das ich für ein Hauptseminar zum Thema
„Caritas und Gemeinde" gesammelt und vorbereitet hatte. Dieses wiederum be-
stand aus heterogenen Dokumenten und Materialien aus der Zeit meiner mehr-
jährigen Tätigkeit als Berater der neuen Stabsabteilung „Caritas und Pastoral",
die der Deutsche Caritasverband in Freiburg nach dem II. Vatikanum und der
Würzburger Synode ins Leben gerufen hatte. Sie sollte den Versuch unternehmen, die Langzeit-Folgen der strukturellen Abspaltung der Caritas von der
Pfarrgemeinde zu erkunden und womöglich Kurskorrekturen anzubahnen.

Im gleichen Zeitraum konnte ich hautnahe Erfahrungen mit ähnlichen Prob-
lemen der „Zweitstruktur" in der evangelischen Diakonie machen, und zwar als
Mitarbeiter der Bodelschwingh´schen Anstalten Bethel, wo wir, ein „Team für
Gruppendynamik und Organisationsentwicklung" (TAGO), über insgesamt 20
Jahre Diakone und andere Mitarbeiter in gruppendynamischen Seminaren für
ihre Tätigkeit in verschiedenen Praxisfeldern (Heilpädagogik, Psychiatrie, Be-
hindertenarbeit, Heimleitung usw.) ausgebildet haben.

Die konfessionsspezifischen Unterschiede zwischen institutionalisierter
Caritas und Diakonie ließen die Konturen der beiden Traditionen der „organisierten Nächstenliebe" schärfer wahrnehmen und so für die Lehre fruchtbar machen. In meiner eigenen Lehr- und Forschungspraxis bildete sich aus den beiden
angrenzenden und teilweise überlappenden Praxisfeldern „Caritas/Diakonie"
und „Sozialpastoral" sowie ihrer praktisch-theologischen Reflexion in den
1990-er Jahren mehr und mehr der Lehr- und Forschungs-Schwerpunkt „Diakonik" heraus. Dieser sollte in der Folgezeit, zusammen mit dem Thema der
„Pastoralmacht", einer der beiden Akzente der letzten Phase meiner „Lehr- und
Wanderjahre" als Pastoraltheologe werden.

# Vergewisserung

Bevor ich über die letzte Etappe und den letzten thematischen Schwerpunkt
meines beruflichen Weges Rechenschaft geben will, scheint mir eine Reflexion
des Mottos „Seiteneinsteiger", vor allem eine Vergewisserung seiner biographischen Erdung an der Zeit. Der Begriff kam mir spontan in den Sinn, als ich
diesen Text zu schreiben begann. Er transportiert also offenkundig mehr als Erinnerungen, Fakten und „rote Fäden": Gefühle immer neuer Fremdheit, auch

von Beschämung und Verletzungen, aber durchaus auch positive: Erinnerungen an Sternstunden, „gelebtes Leben", durchsetzt von verschämt-augenzwinkernd-triumphierenden Einfärbungen.

Dass „Seiteneinsteiger"-Erinnerungen andere überwiegen und vor allem emotional überlagern, macht mich im Blick auf mein lebensgeschichtlich letztes großes Thema („Pastoralmacht") nachdenklich. Der Selbstverdacht: meinem spontanen Interesse und der langjährigen Beschäftigung mit diesem Thema könnte ein unbewusster antiklerikaler oder gar antikirchlicher Affekt zugrunde liegen (wie übrigens da und dort immer wieder geraunt wurde).

Natürlich kenne ich auch die gegenteilige Erfahrung, „von Beginn an dabei" gewesen zu sein. Das fing in der Zeit als Messdiener an: Ich war der weitaus jüngste in unserer Pfarrei. Schon mit 5 Jahren weckte mich meine Mutter jeden Morgen sehr zeitig, weil ich in der Frühmesse im nahen Schwesternhaus „dienen" sollte. Im „Klösterchen", wie es in unserem Bergarbeiterviertel in Gelsenkirchen-Buer genannt wurde, lebten 5 Ordensfrauen, von denen eine den Kindergarten betrieb, eine andere als Krankenschwester tätig war, immer mit dem Fahrrad im Viertel unterwegs, angesehen und beliebt auch bei „den anderen", wie wir evangelische und Nichtchristen „in einen Topf warfen".

Dass sich meine fromme Mutter mit ihrem Messdiener eine Eintrittskarte zum exklusiv-intimen Kreis der fünf Ordensschwestern besorgte, die mit ihrem Hauskaplan ihre private Frühmesse feierten, habe ich erst viel später begriffen. Auch den Grund der Scham, die ich empfand, wenn sie im Familien- und Freundeskreis immer wieder einmal berichtete, dass ich am Altar umgekippt und eingeschlafen war.

Ich durfte nach dem Gottesdienst, allein mit dem Priester aus dem nahen Pfarrhaus, zum Frühstück bleiben, dessen kulinarischen Quantensprung gegenüber unserem familiären ich mit der Zeit schätzen lernte, ebenso wie das diffuse Empfinden von so etwas wie „Erwählung", an das ich mich später oft erinnerte, als man uns dies als Insassen des bischöflichem Knabenkonvikts und später des Priesterseminar einredete.

In diese Richtung setzte sich (bzw. meine Mutter in geheimer Koalition mit dem Kaplan) später meine religiöse Sozialisation fort, wobei die beiden den Kairos beim Wickel packten, dass ich den vorgesehenen Berufsweg als Erbe der väterlichen Schneiderei vorzeitig wegen meiner ausweglos „linken Hände" abbrechen musste.

Ob die subtile mütterliche Steuerung in Richtung Priester-Laufbahn von ähnlich frommen Motiven geleitet war wie für den „jüngsten Messdiener aller Zeiten", blieb lange ungeklärt. Ihre angestrengt unterdrückte Distanz zu Mechtild, meiner späteren Lebensgefährtin, könnte darauf hindeuten, dass sie mich lieber mit „Mutter Kirche" geteilt hätte als mich an eine Schwiegertochter zu verlieren. Ihre Lieblingsidee, ‚Haushälterin' in einem Pfarrhaus zu werden, könnte man aber wohlwollend auch anders deuten: Ihre ältere Schwester hatte in dieser Funktion neben einer chronischen Selbstlosigkeit auch beachtliche Fertigkeiten in Küche und Garten erworben.

In diesem frommen familiären Milieu machte meine „Erwählung" zum Priestertum durchaus Sinn, auch wenn mein Vater sie eher stumm und verdrossen hinnahm. Vielleicht war diese Entscheidung ihm lieber als seinen allesamt tüchtigen Handwerker-Brüdern die Schande eines manuell lernbehinderten Sohnes eingestehen zu müssen. Jedenfalls stand ihm der Sinn nie nach Höherem; er verachtete Zeitgenossen, die „was Besseres" sein wollten. Meine zweite Promotion hat er später mit dem einzigen Satz kommentiert: „Hauptsache, du kannst davon leben."

So jäh wie die Schneider-Lehre endete auch der zweite Versuch, der mit dem Priester-Beruf. Kurz vor der Subdiakonats-Weihe verließ ich fluchtartig das Priesterseminar, gerade noch rechtzeitig vor dem Zölibatsversprechen. Dieses Mal jedoch und seither tönten diffuse Empfindungen der Ächtung des Abtrünnigen das Selbstbild des „Seiteneinsteigers", von ehemaligen Weggefährten subtil geschürt und mit dem Etikett „Gekippter" allenfalls leicht entschärft. Da blieben Reste eines Makels, eines Scheiterns, das jedes spätere berufliche Selbstbild eintrübte. Theologe zu sein, geriet nie zu einem befriedeten Ego-Empfinden; ich konnte zu meinem Beruf keine so feierliche Beziehung entwickeln, wie einzelne meiner früheren Seminarkollegen zu ihrer späteren Priester-Rolle.

Seine positive Konnotation verstärkte sich zunächst durch den „Seiteneinstieg" in die Philosophische Fakultät der Universität Bonn, wo ich bald einen Doktorvater und eine Stelle als wissenschaftlicher Mitarbeiter fand, mit der ich ziemlich zügig meine erste Promotion finanzieren konnte. Ich wollte möglichst schnell „in die Praxis". Dort machte ich eine erste wichtige neue Erfahrung, die sich zu einer weiteren Facette des „Seiteneinsteigers" entwickeln sollte, ich nannte sie bald „Grenzgänger".

In meine erste Anstellung im Jugendhaus Düsseldorf brachte ich langjährige Mitgliedschafts- und Ehrenamtlichen-Erfahrungen bei den Pfadfindern sowie einen frischen Doktortitel mit. Mit ersterem war ich uneingeschränkt willkommen, der „Doktor" irritierte den dortigen Stallgeruch, der u.a. durch eine tief sitzenden Skepsis gegenüber „Theoretikern" geprägt war, die beim Zelte aufstellen, Brücken- und Lagertürme-Bauen irgendwann durch manuelle Defizite auffielen.   Grenzgänger zwischen Praxis und Theorie, schon wieder!

Später hat mir mein langjähriger Freund Joachim Scharfenberg, einer der Pioniere der Deutschen Gesellschaft für Pastoralpsychologie (DGfP), die Augen geöffnet für Mechanismen, durch die das hohe Ansehen und die Attraktivität der „Grenzgänger"-Rolle zu erklären ist. Er machte es mir anhand seiner eigenen Erfahrungen in der Hochschullehrer-Rolle klar: Wer unter den Uni-Kollegen eine praktische „Zweitqualifikation" vorweisen konnte, als Psychoanalytiker, Gemeindeberater, TZI- und Gruppendynamik-Lehrer, Supervisor u.ä., die in der Regel durch die Mitgliedschaft in der DGfP als nachgewiesen galten, hatte deswegen, meist ungeprüft, einen höheren Status. Das galt auch umgekehrt: Die wenigen Hochschullehrer in der DGfP, wo die Mehrheit der Mitglieder professionelle, d.h. durch Zusatzqualifikationen ausgewiesene Seelsorger waren, galten als doppelt qualifiziert, z.B. für Vorstandsposten. Ich konnte Joachim aus eigener Erfahrung spontan zustimmen. Das Etikett „Praktiker" oder „Zweitberuf" macht in der Universität deshalb ‚was her', weil die dortige Standard-Karriere durch Bücherstudium und Erwerb von möglichst viel Theoriewissen angebahnt wird und viele Professoren ihr empfundenes Defizit an Praxiserfahrung zu kaschieren bemüht sind.

Mir selbst hat die „Grenzgänger"-Rolle einen komfortablen zusätzlichen Effekt beschert: Ich konnte mit ihrer Hilfe die negativen Anteile der „Seiteneinsteiger" Rolle besser bewältigen.

Der Makel des „Gekippten" freilich lebte nach Jahren wieder auf und verschärfte sich unmittelbar nach meinem Umzug nach Münster um den eines „schwarzen Schafes", das ich immer mit meinem „Redeverbot im Bistum" verband. Das kam so: Unser damaliger Generalvikar und spätere Bischof von Trier, Dr. Hermann-Josef Spital, besuchte mich unmittelbar nach unserer Ankunft in Münster, um mich willkommen zu heißen und bot mir als erstes das Du an. Damit wollte er wohl einen Schlussstrich unter eine gemeinsame Vorgeschichte ziehen, die zu meiner Zeit im Bischöflichen Knabenkonvikt, dem Collegium Ludgerianum, begann. Von diesem Internat („Kasten") pilgerte ich jeden Freitag zum Domplatz, wo der Bischöfliche Kaplan Dr. Spital in einer kleinen Suite im Bischöflichen Palais residierte. Dort durfte ich, als einziger der damaligen Ludgerianer, von unserem Spiritual zu meinem Privat-Beichtvater „überwiesen", mein wöchentliches Sündenbekenntnis „ablegen". „Erwählung" pur!

Kurze Zeit vor dem Abitur – während einer von jenem Spiritual jährlich organisierten Sommerfreizeit für handverlesene Ludgerianer im Schweizer Wallis – war ich ‚auserwählt', in einer Dreier-Seilschaft den höchsten Viertausender, den „Dom" (Mischabel) zu besteigen. Geführt wurden wir von einem Schweizer Bergführer, dem Priester Seppi Sarbach. Der Dritte in der Seilschaft war Herr Kaplan Spital, der eigens zu dieser Viertausender-Besteigung (übrigens ähnlich vorzeigbar wie die Zeltnächte bei den Pfadfindern!) aus Münster angereist war, eingeladen von unserem Spiritual, mit dem er eng befreundet war. Der Anstieg war für ihn mühsam, weil er nicht trainiert war. Die letzten hundert Meter zum Gipfel schaffte er nur mit seinem legendären starken Willen, beim Abstieg mussten wir zwei anderen ihn mit großer Anstrengung am Seil halten. Keine Details, de mortuis nil nisi bene.

Das Du-Angebot habe ich für beide Vorgeschichten als „Strich drunter" erlebt und verstanden. Schon kurze Zeit später geriet die neu definierte Beziehung wieder in Turbulenzen. Ich hatte in der Katholischen Akademie in München einen Vortrag über „Kirchliche Jugendarbeit" gehalten und beiläufig Erinnerungen an meine Erfahrungen im Jugendhaus Düsseldorf eingestreut, u.a. über Zeltnächte in Jugendlagern für Jungen und Mädchen.

Kaum zurück in Münster lud mich Generalvikar Dr. Spital vor, der in KNA von der Münchner Veranstaltung gelesen hatte. Er forderte Rechenschaft über meinen Standpunkt zu sexualpädagogischen Fragen. Weil ihn meine Antworten

(„Leben in Fülle" u.ä.) nicht zufrieden stellten, forderte er mich auf, zwei klärende Aufsätze zu veröffentlichen, je einen zu Fragen katholischer Sexualmoral und zu meinem Wahrheitsverständnis. Weil ich ihm beide nicht zusagen wollte, entzog er mir die Redeerlaubnis im Bistum Münster. Das Verbot wurde bislang nicht aufgehoben.

Zwischenfazit: Der Rollenmix aus Seiteneinsteiger, Schwarzem Schaf und Grenzgänger bestand nicht durchgängig und überall.

Rückblickend wird mir klar, dass ich „Seiteneinsteiger" vor allem mit dem Fach der Pastoraltheologie und der „Konferenz der deutschsprachigen Pastoraltheologen" verbinde und die „Grenzgänger"-Rolle mit der Münsteraner Fakultät und der DGfP.

Neben der Erfahrung einer frühen Mitgliedschaft in der Kirche, „von Beginn an", gab es auch andere dieser Art, z.B. als Gründungsmitglied der „Deutschtürkischen Gesellschaft der Knoblauchfreunde e.V." mit Sitz in Bonn, der Zentrale der Arbeiterwohlfahrt, wo ich lange Jahre in der Fortbildung mitgearbeitet habe.

Auch in der Deutschen Gesellschaft für Pastoralpsychologie (DGfP), wo Katholiken eine kleine Minderheit bilden, fühlte ich mich von Anfang an „mittendrin, statt nur dabei", war bald Mitglied im Vorstand und Vorsitzender der Gesellschaft.

Meinen letzten „Seiteneinstieg", bei der Hospizbewegung, habe ich nicht mehr wie die früheren erlebt. Ich war dort gleich willkommen, ohne mehr leisten zu müssen als die Altgedienten. Das mag auch mit der Altersweisheit zusammen hängen, die dort gehütet wird und mir selbst zunehmend hilft, eine Art heiterer Distanz zu meiner Biographie und religiösen Sozialisation zu gewinnen: in der letzten Phase aus dem Zentrum an den Rand treten und von dort gelassen dem Treiben zuschauen, wo wir Menschen, verständlicherweise, die Hauptrolle in unserem Lebensfilm spielen.

## Schatten der Hirtenmacht

Am Ausgangspunkt des vorangegangenen Exkurses stand die Frage nach dem Stellenwert und dem biographischen Ort des „Pastoralmacht"-Themas als womöglich einem Schlüssel zum Verständnis meiner „Pastoral"-Theologie. Sie soll abschließend erörtert werden.

Auf das Thema der „Pastoralmacht" bin ich vor etwa 20 Jahren gestoßen. Mein Kollege Hermann Stenger, der damals an seinem Buch „Im Zeichen des Hirten und des Lammes" arbeitete, gab mir den Hinweis auf einen Text des französischen Philosophen Michel Foucault in der Zeitschrift „Lettre Internationol". Unter dem Titel „omnes et singulatim" brachte Foucault dort erstmals den Begriff „Pastoralmacht" ins Gespräch.

Der Titel des Textes weist auf einen ‚Schatten' der „Macht der Hirten" hin, dessen Sorge gleichermaßen dem einzelnen Schaf und der Herde als Ganzer gilt. Die These elektrisierte mich förmlich, weil mir sogleich hundert „Schuppen von den Augen" fielen. Das Gewand, in dem die Pastoralmacht daherkommt, signalisiert dem ersten Blick Sorge und Wohlwollen (des „guten Hirten"); erst dem zweiten Blick enthüllt sich ihr Schatten: Kontrolle des Hirten, der darüber wacht, dass keines der Schafe die Herde verlässt. Diese Mischung aus Wohlwollen und Kontrolle war mir seit Kindertagen immer wieder und in unterschiedlichen Facetten begegnet. Seit meinem ersten Buch über „Die sanfte Macht der Hirten" (1999) wurde mir auch die subtile Hintergründigkeit der Tatsache bewusst, dass ich etwa bis zur „Halbzeit" meiner Berufslaufbahn in einer theologischen Disziplin gearbeitet hatte, deren Bezeichnung auf die Hirten-Metapher hindeutet und die auf eine Geschichte der abendländischen Kirche ausgerichtet ist, deren Praxis bis heute mit dem „Hirt-und-Herde-Bild" gekennzeichnet wird.

Mein Unbehagen an dem Begriff „Pastoral" hatte mich bereits zum Zeitpunkt meiner Abschiedsvorlesung im Jahr 2004 mit dem Gedanken spielen lassen, sie als Plädoyer für die Abschaffung des Begriffs zu nutzen. Weil ich nicht als zorniger alter Mann durch den „Seitenausgang" weggehen wollte, habe ich den Gedanken verworfen und stattdessen das Thema „Parrhesia – die Wahrheit zwischen uns" gewählt. Unter diesem Topos aus dem Spätwerk Foucaults konnte ich u.a. meine Erfahrungen und Erinnerungen an Lehrveranstaltungen zur Sprache bringen, in denen die Kommunikationsform der Parrhesia eine zentrale Rolle gespielt hatte: von mir persönlich mit „ich" statt mit „man" zu sprechen, latente Konflikte beim Namen zu nennen, einander zu mehr Autonomie und Selbststeuerung zu motivieren, indem wir uns offen und mutig mitteilen, einander via feedback „spiegeln", wie wir uns mehr oder weniger konsequent auf dem Weg zu diesem Ziel bewegen.

Die beiden folgenden Veröffentlichungen, offiziell schon ‚im Ruhestand', sind von meiner Inspiration durch M. Foucault und die Auseinandersetzung mit ihm geprägt: „Seelsorge als Anstiftung zur Selbstsorge" (2005), das Thema meiner letzten Vorlesung im Wintersemester 2003/04, variiert den Topos der Selbstsorge im Subjekt-Konzept des späten Foucault. Meine Streitschrift „Diakonie statt Pastoral" (2012) begründet meine „vorrangige Option" für die Diakonie, die sich in der Akzentverschiebung meiner Forschungsinteressen und Tätigkeitsschwerpunkte „von der Mitte zum Rand" immer deutlicher konturiert hatte.

Mein Plädoyer für die Abschaffung des Begriffs „Pastoral" mag man hinter dem Titel und zwischen den Zeilen lesen. Die ersten programmatischen Aussagen von Papst Franziskus über die Akzentverlagerung von „Binnenraum-Pflege" zur Präsenz der Kirche unter den „Armen und Bedrängten aller Art" empfinde ich als Rückenwind, von seiner irenischen Art (vor allem durch Taten und Gesten) zu „sprechen", möchte ich lernen.

In meiner (versprochen!) letzten Veröffentlichung zum Thema („Lange Schatten der Pastoralmacht") (im Druck) reflektiere ich – rückblickend – einerseits den Einfluss, den Foucault auf meine Arbeiten zu praktisch-theologisch relevanten Themen genommen hat: Gefängnis- und Psychiatrie-Seelsorge, Psychotherapie als „Erbin der Beichtväter", Alternativen zur („pastoralen") Gemeindeleitung, pastorale Supervision u.ä. Diese Handlungsfelder bzw. Langzeitwirkungen der Pastoralmacht stehen allesamt für die gesellschaftliche Bedeutung des Begriffs, den bereits Foucault selbst als Typisierung einer politischen Machtform verstanden hat, deren historische Wurzel im biblisch-semitischen Denken in der Hirten-Metapher über die christliche Kirche im Abendland lebendig erhalten wurde. Im Unterschied zu meinen ersten Arbeiten über „Die sanfte Macht der Hirten" (1999) und „Seelsorge als Anstiftung zur Selbstsorge" (2005) interessieren mich zunehmend ihre gesellschaftlichen Gesichter und Auswirkungen.

## Gouvernementalität als neue Pastoralmacht

Mit wachsender Aufmerksamkeit verfolge ich seit geraumer Zeit einen neueren Diskurs über das von Foucault inspirierte Gouvernementalitäts-Theorem, der den globalen neo-liberalen Machtkomplex der Koalition von Staat und Ökonomie samt seinen Auswirkungen auf die Bewusstseinsformen der Massen thematisiert. In diesem Diskurs taucht unverhofft der Begriff der „neuen Pastoralmacht" auf. Hier ist sie endgültig aus ihrem kirchlichen Kontext ‚ausgewandert' und gleichwohl in zentralen Momenten wiederzuerkennen, z.B. indem das Merkmal der ‚individualisierenden Macht' in einem neuen Gewand auftaucht: im „unternehmerischen Selbst", der neo-liberalen Variante des homo oeconomicus, der als „Dezentralisierung ins Extrem" der kapitalistischen Logik gilt.

Aber auch ein anderer thematisch-theoretischer Zusammenhang zwischen der „alten" und „neuen" Pastoralmacht ist unübersehbar: zwischen Macht und Subjekt, den beiden zentralen, dialektisch aufeinander bezogenen Topoi der Philosophie Foucaults. Die im Begriff Gouvernementalität benannte Interdependenz von (globalem) ‚Gouvernement' und der von ihr geprägten ‚Mentalität' der zugerichteten Käufer und ‚Einzelunternehmer', denen diese Form der Herrschaft als alternativlos eingeredet wird. Darin scheint mir der Foucault'-sche Terminus den der (neo-liberal gesteuerten) Globalisierung an analytischer Schärfe noch zu überbieten.

In der Weise, wie sich Foucaults Gouvernementalitäts-Begriff (als Kritik des exzessiven Kapitalismus) und die zugehörigen, komplementären Bewusstseinsformen miteinander verzahnen, erkenne ich zwei zentrale Merkmale und ‚rote Fäden' meiner praktisch-theologischen Arbeit wieder: die befreiungstheologisch begründete Kritik weltweiter Ungerechtigkeits-Strukturen („Option für die Armen") und das Interesse für die „Praktiken der Subjektivierung" (Foucault), als die ich meine ‚Arbeit' am menschlichen Subjekt (Seelsorge, Gruppendynamik, Supervision) verstehe und verstanden fühle.

Weil der Begriff der Gouvernementalität auf die tödliche Bedrohung beider hinweist, der guten Schöpfung Gottes durch die Zerstörung der natürlichen Ressourcen der Erde und seines Ebenbildes durch die Reduktion auf Kunden- und Käufer-Rollen, samt der dazu eingesetzten Medien seiner Verdummung und Verblödung: deshalb sind Glaube und Religion zu erbittertem Widerstand gefordert.

Wo dieser große Zusammenhang auch als „Neue Pastoralmacht" bezeichnet wird, können sich die christlichen Kirchen und die „Pastoral"-Theologie schon deshalb nicht aus der weltweiten Anti-Globalisierungs-Bewegung und Kapitalismus-Kritik ausklinken und neutral bleiben. Weil der Begriff der „Pastoralmacht" an ihre historische Mitschuld an dieser Entwicklung bzw. ihre Apathie ihr gegenüber erinnert, stellt sich mir gegenwärtig die Frage, ob es besser ist, ihn aus dem Sprachgebrauch zu verbannen oder ihn als Erinnerung und als ‚Stachel im Fleisch' zu verwahren.

HERMANN STENGER

# Biographische Fragmente

Aus einem Interview von Michael
Felder und Hermann Stenger
ausgearbeitet und kommentiert von
Johann Pock

Der folgende Beitrag ist aus einem Interview entstanden, das Michael Felder im Jahr 2012 mit Hermann Stenger geführt hat. Der transkribierte Text wurde sprachlich überarbeitet und zu logischen Sinneinheiten zusammengefasst.[1] Aufgrund des plötzlichen Todes von Michael Felder blieb auch dieses Interview unvollendet. Der Gesundheitszustand von Hermann Stenger lässt eine Fortführung oder Neufassung des Interviews nicht zu. Daher stellen die folgenden Seiten Fragmente und Blitzlichter aus der Biographie dar, die dem Interviewer und dem Interviewten zum damaligen Zeitpunkt wichtig erschienen.

Das Interview wurde in Dießen am Ammersee geführt, wo Stenger seit Dezember 1998 zunächst in einer eigenen Wohnung, dann ab 2008 im Seniorenwohnheim „Augustinum" gewohnt hat. Nicht lange nach dem Interview übersiedelte er in ein Pflegeheim.

Diese Fragmente ergänzen gewissermaßen einen autobiographischen Aufsatz, den Hermann Stenger 1995 verfasst hat.[2] Eine Kurzbiografie findet sich in seiner Festschrift zum 80. Geburtstag.[3]

---

[1]   Das Interview ist auf vier kleinen Kassetten vorhanden und transkribiert. Das Interview wurde von Michael Felder „per Sie" geführt. Aus meiner Verbundenheit in der gemeinsamen Zeit der Treffen der österreichischen PastoraltheologInnen von 1996-2007, an denen Hermann Stenger auch nach seiner Emeritierung regelmäßig und mit großem Eifer teilgenommen hat, verwende ich im Text die vertrautere Anrede mit „Du".

[2]   Vgl. Hermann Stenger, Gestaltete Zeit. Notizen über meinen beruflichen Werdegang, in: ders., Für eine Kirche, die sich sehen lassen kann, Innsbruck-Wien 1995, 150-161.

[3]   Vgl. Franz Weber / Thomas Böhm / Anna Findl-Ludescher / Hubert Findl (Hg.), Im Glauben Mensch werden. Impulse für eine Pastoral, die zur Welt kommt. FS Hermann Stenger zum 80. Geburtstag (Tübinger Perspektiven zur Pastoraltheologie und Religionspädagogik 7), Münster-Hamburg-London 2000, 330-331. Diesem Buch entstammt auch das Autorenbild – ebd., 3.

# 1. Kindheit und Jugend

Lieber Hermann, blicken wir zunächst auf Deinen persönlichen Werdegang. Du stammst ja aus einer großen Familie. Wie sahen Deine Kindheit und Jugend aus – und welchen Einfluss hatten sie auf Deine Entwicklung?

Ich wurde als jüngstes von sechs Geschwistern 1920 geboren.[4] Mein Vater Josef war gelernter Forstwirt und hat Volkswissenschaften studiert. Da in der Zeit ziemlich viel Geld vorhanden war, hat er den Beruf nicht ausgeübt, sondern er hat sich eher der Kunst gewidmet. In Dießen am Ammersee, wo ich aufgewachsen bin, war seine Vorliebe, Kirchenführungen im Dießener Münster zu machen. Da hat er mich öfters mitgenommen – ich kenne mich da in der Kirche ziemlich gut aus. Am eindrücklichsten war wohl diese wunderschöne Krippe, die es in Dießen gibt, die ja auch jetzt, glaube ich, wieder renoviert wird.[5] Die hat mich natürlich am meisten interessiert.

Ich bin – soziologisch gesprochen – also „bürgerlich" aufgewachsen. In der Frühzeit ging es da groß her mit großen Festen, vielen Gästen und vielen Autos. In unserem Haus habe ich auch viel Klerus gesehen – es war also ein „klerikales" Haus. Durch die örtliche Nähe hatten wir gute Beziehungen zu St. Ottilien, und mein Vater hat dort in der Landwirtschaftsschule unterrichtet.

In Dießen war ich aber nur von 1920 bis 1934. Danach ging ich ins Internat und war eigentlich weg von Dießen.

Wurdest du also in Deinem Elternhaus stark religiös geprägt? Es kam ja viel Klerus ins Haus. Gab es aber auch andere Momente der Erziehung, an die Du Dich erinnerst?

Mein Vater war ein ausgesprochen frommer Mann, der täglich zur Messe gegangen ist. Das ist ungefähr ein Viertel-Stunde-Weg. Aber es ist nie der Versuch gemacht worden, mich irgendwie zu vereinnahmen. Es gab bei uns zugleich einen Geist der Freiheit, was rückblickend sehr wohltuend ist. Meine Mutter Anna hingegen war eher etwas ängstlich. Sie hatte viel Kontakt mit den Padres von St. Ottilien. Leider ist sie schon relativ früh (1935) gestorben.

Meine Taufkirche war das jedoch nicht. Getauft wurde ich in der Frauenkirche in München.

Gab es auch eine Prägung durch die Pfarrei oder die Pfarrer in Dießen, oder durch die Gottesdienste?

---

[4]  Am 29.8.1920 in München.
[5]  Die Krippe wurde im Jahr 2012 renoviert. Es ist eine Krippe aus der Werkstatt des Weilheimer Bildhauers Franz Xaver Schmädl (1705 bis 1777).

Ich muss gestehen, dass ich nicht besonders gern ministriert habe. Vielleicht hängt das damit zusammen, dass das Ministrieren eine zu feierliche Angelegenheit war. Ich erinnere mich ein eine Episode: Da war der Kardinal Faulhaber öfters bei uns zu Gast und hat ein paar Ferientage gemacht. Die kannten sich von Lothringen her, und für diesen Zweck hatte ich ein eigenes Ministrantengewand bekommen. Das war mir dann doch ein bisschen zu aufwändig, das Ganze.

Was mich aber viel mehr als Kind und Jugendlicher beschäftigt hat, war der Missionsgedanke. Wir waren ja in der Nähe von St. Ottilien. Und dort gibt es die Zeitschrift „Heidenkind". Da bin ich vorne drauf abgebildet, als zehnjähriger Knabe. Also, die Mission hat mich eher fasziniert. Warum ich dann nicht nach St. Ottilien gegangen bin, das weiß ich nicht.

In diese Zeit der Kindheit fällt doch auch die Einführung des Christkönigsfestes.[6]

An die genauen Feiern erinnere ich mich nicht. Jedenfalls gab es meines Wissens auch eine Prozession, denn Prozessionen gab es damals sehr viele. Das Fest hatte dann wohl auch etwas zu tun mit dem Führer-Verständnis. Vielleicht ist das jetzt eine Rückprojektion – jedoch gibt es im Internat in Simbach am Inn, auf der anderen Seite von Braunau, den Spruch: „Wir brauchen keinen Führer, wir haben schon einen!"

Prozessionen und Volksfrömmigkeit spielen in Bayern eine große Rolle, ebenso die Heiligenverehrung. Gleichzeitig bist du aber vom Elternhaus her eher von der „höheren" Kunst geprägt worden. Wie verbindest du diese beiden Zugänge?

Gefragt nach meiner Einstellung zur Volkskirche, bin ich sehr vorsichtig, niemanden zu verletzen. Ich glaube, auch da sind viele Werte enthalten, die vielleicht nicht immer meine eigenen Werte sind. Aber sie enthalten doch für viele Leute ganz wichtige Dinge. Dazu zählen wohl die Prozessionen in Dießen oder der Leonhardi-Ritt mit den Pferden durchs Dorf. Ich finde es wichtig, dass diese Formen erhalten bleiben, wenn es irgendwie geht.

Wie verlief Deine schulische Ausbildung? Gibt es da Momente, die dir in Erinnerung sind?

Ich ging zunächst drei Jahre in die sogenannte Volksschule in Dießen am Ammersee. Und dann kam ich weg nach Simbach am Inn. Das war ein Internat mit Schule und zwar eine Volksschule im Übergang zum Gymnasium. Dieses wurde von den Englischen Fräulein geführt.

Und darauf besuchte ich das Internat und Gymnasium in Weiden in der Oberpfalz, das von den Augustinern betrieben wurde.

---

6  Das Christkönigsfest wurde von Papst Pius XI. mit seiner Enzyklika „Quas primas" am 11. Dezember 1925 eingeführt, zur 1600-Jahr-Feier des Konzils von Chalzedon.

Aus dieser Zeit Anfang 1935 weiß ich noch, wie die Auseinandersetzung mit dem Nationalsozialismus langsam zugenommen hat – und wie wir in einer bewussten, naiv-jugendlichen Gegnerschaft dazu gelebt haben, An einen Konflikt erinnere ich mich noch: Wir waren mit unseren Fahrrädern auf Tour auf der anderen Seite des Inn, in Österreich. Und da sind wir dann einmal von Nazis eingesperrt worden. Wir haben aber gesagt, dass sie uns als Deutsche nicht so einfach in Österreich einsperren können. Das hat dann ziemliche Spannungen gegeben, aber nach zwei Tagen sind wir weiter gefahren. Aber das war eher romantisch als dass wir den Ernst der Lage verstanden hätten.

Wie hast du denn generell diese Zeit der Machtergreifung Hitlers in Deiner Jugend erlebt? Hast du das Verhalten der Kirche gegenüber dem Nationalsozialismus wahrgenommen als Jugendlicher?

Mein Elternhaus stand in deutlicher Gegnerschaft zu Hitler. Es gab da eine große Zurückhaltung. Und ich selber war zum Glück weder bei der HJ noch beim Jungvolk. Kirchlich hat sich mein Elternhaus identifiziert mit der Einstellung von Kardinal Faulhaber Denn Faulhaber war mit der Familie befreundet.

Wir haben aber die wirklich kritischen Positionen damals nicht mitbekommen. Als ich 1947 vom Krieg zurückkam, bin ich sehr bald zu Faulhaber gegangen, um ihn zu begrüßen. Da hat er mich groß empfangen mit einem Care-Paket. Dies war unsere Ebene der Begegnung, weniger jene der kirchlichen Auseinandersetzungen.

Wie ging es dann nach der Zeit in Dießen weiter? Du musstest ja mehrmals Deine Schule wechseln.

1935 sind wir von Dießen weggezogen nach Schönsee in die Oberpfalz. Der deutsche Staat war uns viel Geld schuldig, und als Ersatz dafür haben wir ein sogenanntes „Wiederaufbauobjekt" bekommen. Konkret war das ein Bauernhof, der ziemlich heruntergekommen war. Den haben wir hergerichtet und wieder in Gang gebracht – bis heute!

Ich bin also gewissermaßen vom bürgerlichen Haus in Dießen zum Bauernhof in die Oberpfalz gezogen, nahe an der tschechischen Grenze, vielleicht fünf Kilometer entfernt.

Mein Vater war da aber nicht selbst der Landwirt, sondern er hat die Landwirtschaft betrieben. Da es sehr großer Betrieb war, hat er sich vor allem um die buchhalterischen Belange gesorgt. Es gab aber auch gleichzeitig einen Verwalter.

Hat dich diese ländliche Umgebung auch noch geprägt – du warst ja 15 Jahre alt beim Umzug.

Prägung ist vielleicht zu viel gesagt. Es hat mir dort jedoch sehr gut gefallen. Es war ein freies Leben in der Landschaft. Für meinen Vater war es jedoch nicht so einfach.

Wie ging Deine schulische Ausbildung in dieser Zeit weiter?

Nach unserem Umzug in die Oberpfalz wechselte ich 1935 in ein Internat der Redemptoristen in Gars am Inn. Dieses Internat wurde aber vor dem Krieg 1938 geschlossen. Ich blieb aber bei den Redemptoristen und wechselte nach Günzburg. In diesem humanistischen Gymnasium habe ich dann 1940 das Abitur gemacht.

Was war dann Deine Motivation, bei den Redemptoristen einzutreten?

Zunächst war ich ja viele Jahre im Internat bei den Redemptoristen. Und nach meinem Abitur bin ich an die Ordenshochschule der Redemptoristen, nach Gars am Inn.

Der Ordensgründer, Alfons von Liguori, spricht davon, *„für die verlassenen Seelen"* zu wirken. Und wenn man genauer hinschaut, ist das ein ähnlicher Ansatz wie bei den Arbeiterpriestern. Und ich war ja später in Frankreich bei den Arbeiterpriestern. Dieser missionarische Ansatz, verbunden mit dem diakonischen Einsatz, das hat mich von Anfang an interessiert.

# Der Krieg

Nach dem Abitur kamst du also 1940 zunächst zu den Redemptoristen. Du musstest aber auch in den Militäreinsatz und wurdest nach nur einem Semester des Theologiestudiums eingezogen. Nach einer Verwundung hast du die Leutnant-Laufbahn eingeschlagen und warst danach in Frankreich. Am Schluss folgte hier noch der Kampf gegen die Invasion, bei der Du beteiligt warst. Du kamst dann nach England in die Gefangenschaft. Du hast gesagt, dass die Gefangenschaft bei den Engländern eine „glimpfliche Lösung" war.

Wenn ich an diese Zeit zurück blicke, sehe ich mich mit einer Verwundung am Rücken und am Oberarm in einem Mannschaftspanzerwagen, wo viele Verwundete sind und ein Arzt seine Tätigkeit verrichtet. Er amputiert und operiert im fahrenden Panzer. Wir schauen, dass wir vom Fleck kommen, und fahren Richtung Norden, Richtung Küste nach England. Dort befindet sich ein großes Feldlazarett, wo es uns dann paradiesisch gut geht.

In der englischen Gefangenschaft war die Verpflegung einwandfrei. Und ich war zunächst in Windermere, im Lake District – und das ist zufälligerweise die Partnerstadt von Dießen am Ammersee, das ist kurios! Dann war

ich in Colchester, in Südengland. Da waren Theologen, ein ganzes Theologencamp. Die deutschen und englischen Bischöfe haben sich sehr ge-
kümmert, dass wir studieren konnten – im Anschluss an das Oscott- Col-
lege in Birmingham. In Windermere waren es neben der Theologie noch
viele andere Fächer, in denen unterrichtet wurde: sehr viel Jurisprudenz,
Physik etc.

Du warst also einerseits dabei bei diesem Schlusskampf, und warst als Soldat
letztlich auch in der Verteidigung des dritten Reiches involviert – und gleichzeitig gab es bei dir diese theologische Prägung. Wie hast du diese Spannung
erlebt – einerseits Befehle zur Verteidigung geben zu müssen, noch einmal
Menschenleben einzusetzen für eine völlig sinnlose Sache – und zugleich als
Theologe um den Wert jedes einzelnen Lebens zu wissen. Hast Du damals darüber nachgedacht oder hat Dich das auch innerlich zerrissen?

> Zu einem bewussten Konflikt ist es nicht gekommen. Ich frage mich na-
> türlich rückblickend, was wollte ich eigentlich? Ich wollte ja sogar aus dem
> Lager Windermere ausbrechen. Wir hatten damals schon einen unterirdi-
> schen Gang gebaut – doch dann hat der Pfarrer gesagt: *„Du spinnst ja,*
> *warum machst du so Sachen?"* Und dann bin ich glücklicherweise in ein
> anderes Lager verlegt worden, wo das Theologencamp entstanden ist.
> Aber vorher war der für mich im Nachhinein völlig unverständliche Ver-
> such, aus Windermere auszubrechen – aber wohin wollte ich denn? Zu den
> Nazis? Ja, da habe ich keine Antwort.

Wie kann man sich so ein Theologencamp vorstellen, wo man in der Gefangenschaft Theologie betreibt? Ihr wart auf einer Insel, und drumherum tobte noch
das Chaos. Konnte man das ausblenden – oder hat es die Theologie beeinflusst,
die dort getrieben wurde? Immerhin gibt es ja auch die Aussage: „Nach
Auschwitz kann man Theologie nicht mehr so betreiben wie davor."

> An die genauen Akzentsetzungen in der Theologie damals kann ich mich
> nicht erinnern. Aber der Haupteindruck war der, dass sich die Kirche (so-
> wohl jene von England als auch jene von Deutschland) sehr um uns be-
> müht hat. Das betraf einerseits die Verpflegung, die problemlos funktio-
> nierte. Aber wir wurden auch mit Büchern versorgt.
>
> Unser theologisches Studium wurde von einem Professor aus Birmingham
> geleitet – und es wurde begleitet von vielen handwerklichen Arbeiten.
> Über die konkrete Rolle von Kirche oder Theologie während des Krieges
> oder danach wurde damals nicht nachgedacht. Unsere Lehrbücher waren
> ja jene aus der Vorkriegszeit.

1947 kamst du dann frei. Kannst du dich an den Moment erinnern, an dem du
wieder sagen konntest: Jetzt bin ich wieder ein freier Mensch?

> Ja, das Gefühl der Freiheit war sehr deutlich. Wir sind dann an der Küste
> von England auf ein Schiff gebracht worden und dann mit dem Schiff
> übers Meer nach Norddeutschland, vielleicht Bremen. Von dort ging es

nach Hildesheim und verschiedene Zwischenlager. Wo ich genau entlassen worden bin, das weiß ich nicht einmal mehr. Jedenfalls bin ich einige Tage später mit der Bahn in der Oberpfalz angekommen – und dann war es aus. Das war Anfang 1947, am 2. Februar.

# Studien- und Ausbildungszeit

Wie ging es mit Studium nach der Rückkehr aus der Gefangenschaft in England weiter?

Zurück aus England habe ich – nach einem gebührenden Urlaub – an der Hochschule der Redemptoristen in Gars am Inn das Theologiestudium fortgesetzt und abgeschlossen. Im Orden habe ich nach dem Noviziat 1948 die erste Profess abgelegt und im September 1950 die ewige Profess.

Wann wurdest du dann geweiht?

Meine Priesterweihe war im Jahr 1951. Und von Ratzinger sage ich immer, er ist mein „Syn-Diakonos". Wir sind nämlich miteinander zu Diakonen geweiht worden. Ich vermute, wenn ich heute den Ratzinger irgendwo treffen würde, würde er mich wohl nicht erkennen. Aber wir haben sicher viele Vorlesungen gemeinsam angehört, z.B. jene von Guardini.

Und wie kamst du dann von der Theologie zur Psychologie?

Nach Abschluss meines Theologiestudiums hat einer der dortigen Professoren, Viktor Schurr,[7] mich gefragt, ob ich weiter studieren möchte, ein zweites Fach. In seiner schwäbischen Art hat er dann dazu gesagt: *„Sie müssen auch Tiefenpsychologie studieren."* Wahrscheinlich hat er nicht recht gewusst, was das ist, aber da er für alles sehr aufgeschlossen war und das etwas für die Pastoral wichtiges ist, hat er mir dazu geraten. Und so kam ich zu meinem Zweitstudium. Aber auch die Ordensleitung wollte, dass ich ein zweites Fach studiere, um später an der Ordenshochschule unterrichten zu können.

Ich bin zunächst nach München und wollte mich beraten lassen. Die Fächer, die mir damals wichtig erschienen, waren Fundamentaltheologie, Psychologie und eigenartigerweise Märchenwissenschaften. Es gab damals einen Professor in München, der hatte einen guten Ruf in dieser Rich-

---

[7]  Viktor Schurr (1998-1971) war Redemptorist. Er lehrte Dogmatik in Gars am Inn, aber auch einige Jahre Pastoraltheologie an der Accademia Alfonsiana in Rom. Bekannt wurde er vor allem durch seine pastoraltheologischen Werke zur Predigt, aber auch im Umfeld des Konzils (Gaudium et Spes).

tung, und ich war für Bilder und Symbole damals schon sehr aufgeschlossen, und daher habe ich Märchenwissenschaften als drittes Fach genommen. Und Märchenwissenschaften liegen ja sehr nahe an der Tiefenpsychologie dran.

Daraufhin bin ich persönlich zum Guardini gegangen und habe ihm meine Pläne gesagt. Ich hatte schon zuvor mit ihm wegen einer Zeitschriftenredaktion korrespondiert, sodass wir uns nicht ganz unbekannt waren.

Und er hat sofort zugestimmt. Ich hatte damals zwei Jahre Zeit zum Spezialstudium, was natürlich zu wenig war. Guardini hat mir empfohlen, das Studium richtig und gründlich mit Abschluss durchzuführen. Er hat mir dann freundlicherweise persönlich – gemeinsam mit Lersch[8] und Vetter[9] – einen Studienplan für Psychologie erstellt, Kontakte hergestellt und damit den Start in das Studium sehr erleichtert.

Ich habe in dieser Zeit auch viele seiner Vorlesungen gehört, das war dann die Zeit, wo ich dem Ratzinger begegnet bin.

Was waren Deine Schwerpunkte im Psychologiestudium – bzw. welche Erfahrungen aus dieser Zeit sind Dir noch besonders in Erinnerung geblieben?

Das Psychologiestudium habe ich 1954 mit Diplom abgeschlossen. Inhaltlich habe ich mich dabei sehr stark für die Unterschichten interessiert. In München gibt es den Hotterbunker. Das ist ein Bunker aus dem Zweiten Krieg.[10] 1951 habe ich dort mit den Obdachlosen Weihnachten gefeiert und später dann im Rahmen des Psychologiestudiums ein langes Praktikum gemacht für „Psychologie bei den Obdachlosen".

Die schriftliche Arbeit für das Vordiplom hatte den Titel „*Strukturpsychologische Zusammenschau proletarischer Wesenszüge.*" Es handelte sich um eine Kombination von Philipp Lersch und der Proletarierliteratur in Frankreich.

Du hast dann im Zuge Deines Psychologiestudiums auch Praktika im Ausland gemacht, vor allem in Frankreich.

Für mein Auslandspraktikum bin ich nach Pacy-sur-Eure in der Region Haute-Normandie, nicht weit von Lisieux. Der dortige Pfarrer einer Landgemeinde, René Olivier, war ein sogenannter Arbeiterpriester – mit den ganzen bekannten Konflikten im Hintergrund. Mit ihm war ich bis zu seinem Tod befreundet und habe ihn oft besucht.

Psychologie zu studieren, das war damals für einen Theologen ja nicht das Übliche. Die katholische Kirche hatte ja eher Berührungsängste im Blick auf die Psychologie. Gab es diesbezüglich keine Vorbehalte?

---

[8]  Philipp Lersch (1898-1972) war von 1942-1966 Professor für Psychologie in München.
[9]  August Vetter (1897-1976) war u.a. Professor für Psychologie in München.
[10]  Der Bunker ist heute denkmalgeschützt und liegt in der Hotterstraße.

Doch, es gab sehr deutliche Vorbehalte gegenüber der Psychologie. Es kam sogar während meines Studiums ein römisches Monitum heraus, dass Theologen sich nicht mit Tiefenpsychologie befassen sollten.[11] Mit diesem Schreiben bin ich damals zu unserem Provinzial und habe mit ihm darüber geredet und gefragt: „Was soll ich denn da machen – ich habe das Studium ja angefangen, das kann man doch nicht einfach aufhören!" Der Provinzial war so ein biederer, nüchterner Mann, der hat gesagt: *„Kümmern Sie sich um nichts, das machen Sie weiter und dann ist die Sache in Ordnung."* Man sieht: meine Umgebung vom Orden her war sehr vernünftig!

Warum bist du dann nach dem Diplom in Psychologie nach Wien gegangen?

Meine Motivation, von München nach Wien zu wechseln, lag an meinem Interesse an Caruso[12], weil der Herr von Gagern,[13] ein Psychotherapeut in München, kein Lehranalytiker war. Ich hatte zwar bei von Gagern mit der Analyse begonnen; da er jedoch nur einen Teilbereich abdeckte, bin ich (jedoch nicht im Zwiespalt) von ihm weg nach Wien zu einem voll ausgebildeten Analytiker, wie das Caruso war.

Wien ist ja die klassische Stadt der Psychoanalyse. Hast Du in Deinem Studium noch etwas von der „goldenen Zeit" erlebt oder gespürt?

Es gab in Wien diesen Arbeitskreis für Tiefenpsychologie, den Wiener Kreis; durch diese Gruppe gab es selbstverständlich auch viele Kontakte. Neben Caruso, der ja eine bewegte Geschichte hatte (er stammte aus der Ukraine, aus Tiraspol), war mir eine Person besonders wichtig, mit der ich bis zur Gegenwart noch Kontakt habe, der Augustinus Karl Wucherer-Huldenfeld. Ihn habe ich immer wieder getroffen und ich war zur gleichen Zeit in der Analyse. Ich muss so ungefähr eineinhalb Jahre in Wien gewesen sein.

Wie hast du diesen Studienaufenthalt gestaltet?

Ich habe bewusst nicht im Haus der Redemptoristen gewohnt, sondern in der Nähe von Caruso, mit einem Fußweg von vielleicht 15 Minuten. Ich wohnte in einem „Greisenasyl". Das war ein wunderschönes Blockhaus mit Butzenscheiben-Fenstern. Die Bewohnerinnen des Hauses wurden von einem alten Geistlichen seelsorglich betreut. Es war ein in seiner Art ein sehr vornehmer Laden und regiert von einer Ordensschwester.

Gab es aus Deinem Orden oder von kirchlicher Seite Spannungen, da Du als Ordensmann immer wieder zu einem Psychoanalytiker gegangen bist? Waren das nicht zwei ganz unterschiedliche Welten?

---

[11]   Vgl. Suprema S. Officii Monitum vom 15. Juli 1961, AAS 53 (1961), 571.
[12]   Graf Igor Alexander Caruso (1914-1981) war ein bedeutender Psychoanalytiker.
[13]   Dr. med. Friedrich E. Freiherr von Gagern veröffentlichte 1952 das Werk „Seelenleben und Seelenführung".

Nein, das lief sehr gut, und ich kann mich da an keine Spannungen erinnern. Ich vermute, dass ich keiner bin, der dazu neigt, Spannungen aufzubauen, sondern eher sie abzubauen. Aber die psychoanalytischen Lehrsitzungen – das war nicht einfach, gewissermaßen eine „Höllenfahrt der Selbsterkenntnis".

Es waren für mich persönlich sehr prägende und beeindruckende Zeiten. Man macht ja eine solche Analyse nicht nur für sich, sondern im Blick auf die anderen. Ich wollte jedoch nie Psychotherapeut werden, sondern eine in die Seelsorge integrierte Tiefenpsychologie entwickeln.

## Dissertation und Konzilszeit

Du hast dann Deine Arbeit 1961 als Dissertation publiziert mit dem Titel: „Wissenschaft und Zeugnis. Die Ausbildung des katholischen Seelsorgeklerus in psychologischer Sicht". War das dann eine Synthese, eine Frucht des Studiums und der Ausbildung in der Psychoanalyse?

Den Hintergrund meiner Arbeit bildet eine Arbeit eines Schweizers, von den Immenseer Missionaren, über die Psychologie des Internats. Seinen Ansatz habe ich weitergeführt. Aus meinen bisherigen Erfahrungen war mir klar, dass wir einen Klerus brauchten, der deutliche Bildung hat im Sinne von Max Scheler. Damit meine ich, er sollte nicht nur ein Herrschafts- und Beherrschungswissen haben, sondern eine echte Bildung, denn ohne Bildung gibt es auch keine fundierte Religiosität. Bildungswissen ist ein anspruchsvoller Vorgang, der die Person betrifft.

Heute würde ich die Arbeit nicht mehr so bezeichnen. Denn es geht nicht mehr um den „Seelsorgeklerus", sondern es ist eine grundsätzliche Frage, die alle in der Kirche hauptberuflich tätigen Personen betrifft, die Laien also genauso.

Und der Beratungsdienst, den ich in München vor diesem Hintergrund aufgebaut habe, besteht ja jetzt seit 40 Jahren. Im wissenschaftlichen Bereich gab es auf die Dissertation dann eine sehr gute und positive Resonanz. Es gibt einen ganzen Ordner mit Rezensionen.[14]

Konntest du Deine Erfahrungen und Erkenntnisse aus dem Psychologiestudium und der Dissertation in der Praxis umsetzen?

---

[14] Vgl. dazu: Eignung für die Berufe der Kirche. Klärung – Beratung – Begleitung, hg.v. Hermann Stenger, unter Mitarbeit v. Karl Berkel / Klemens Schaupp / Friedrich Wulf, Freiburg-Basel-Wien 1988.

Ja, ich wurde zum einen in viele Beratungsgespräche eingebunden, auch in Bildungsfragen. Ich hab ja dann in München vorab im Institut VOD gearbeitet. Viele Jahre hindurch habe ich dort auch eine Schwesternschulung gemacht.

Nochmal eine Frage zu den Arbeiterpriestern oder auch die Aufmerksamkeit für diese Unterschichten: Als das Experiment beendet wurde (wenn man das überhaupt als Experiment bezeichnen möchte) von Pius XII.: Wie hast Du das empfunden? Das II. Vatikanum hat dann diesen diakonischen Ansatz einer Kirche, die bei den Schwächsten, den Ärmsten zu sein hat, wieder rehabilitiert. Wie hast du diese Debatte mit Pius XII. und der Kritik an den Arbeiterpriestern erlebt?

> Es war vermutlich vor allem der Eindruck, dass diese Leute zu wenig nahe an der Realität des Lebens dran sind. Ich hatte das Gefühl, dass sie über Dinge urteilen, die sie eigentlich nicht kennen.

Mit Deiner Dissertation und Deinem Einstieg in die Beratungstätigkeit befinden wir uns in den Jahren kurz vor dem Konzilsbeginn. Wie hast du diese Jahre erlebt?

> Nach meiner Dissertation habe ich zunächst in München an der Hochschule der Jesuiten Vorlesungen und Seminare gehalten. Ich war Dozent in der Ordenshochschule der Redemptoristen in Gars. Als diese geschlossen wurde, bin ich gleichzeitig mit Karl Rahner von München an die Fakultät in Innsbruck gewechselt.

> Inhaltlich habe ich zu der Zeit bereits Pastoraltheologie gelehrt.

Wie war der Austausch mit ihrem Kollegen Karl Rahner? Gab es da im Vorfeld des Konzils Gespräche?

> Der direkte wissenschaftliche Austausch mit Rahner war gering. Aber es gab einen guten persönlichen Austausch. Es gibt ein interessantes Beispiel: Rahner hat mich gebeten, die Diplomarbeit eines Jesuiten, der viel Jugendarbeit gemacht hat, anzuerkennen. Wir haben ihn dann gemeinsam unterstützt, damit er das Studium abschließen konnte.

Hat man im Orden vor dem Konzil über die Erwartungen gesprochen? Du hattest ja auch einen sehr bekannten Mitbruder, Bernhard Häring, der auf dem Konzil ja einen entscheidenden Impuls gegeben hat zur Ehepastoral und Familie, in Gaudium et Spes. Gab es da vor dem Konzil einen Austausch mit ihm?

> Mit Häring habe ich zwar schon geredet. Aus mir nicht mehr bekannten Gründen gab es zwischen uns aber gewisse Spannungen. Ich habe da (wie es auch bei anderen Spannungen meine Art war) versucht, diese abzubauen – und wir haben uns dann auch im Frieden verabschiedet. Einen größeren fachlichen Austausch mit ihm gab es daher nicht.

Was waren Deine persönlichen Erwartungen vor dem Konzil? Es wurde ja schon 1959 ausgerufen – und warst in diesen Jahren in der Einstiegsphase in die

Wissenschaft. Hast du das Gefühl gehabt, das Konzil hat gerade auch für die Pastoraltheologie neue Wege geöffnet?

Ich gehörte in der Zeit sicher zu den sogenannten „Progressiven". Die Vorgänge im Umfeld des Konzils habe ich als durchaus positiv erlebt, auch ganz persönlich für mich. Ich konnte mich mit sehr vielen Vorgängen sehr gut identifizieren.

## Persönliche Prägungen und Schwerpunkte

Deine pastoraltheologischen Schwerpunkte zeigen sich ja bei den Publikationen: Zum einen „Den Menschen nachgehen"; dann: „Offene Seelsorge als Diakonie in der Gesellschaft." Die Unterschichten, die Arbeiterpriester haben dich interessiert – also eine Kirche, die den Menschen nachgeht, dorthin, wo sie leben. Hat sich dieser Schwerpunkt langsam entwickelt?

Ja, das geht natürlich weit zurück in das Studium. Durch Viktor Schurr lernte ich die „nouvelle theologie" kennen. Daher war ich dann auch in Frankreich. Und meine Diplomarbeit beschäftigte sich mit dem französischen Proletariat.

Was verstehst du dann konkret unter der „offenen Seelsorge"? Meinst du damit eine Seelsorge, die den auf die Gemeinde fixierten Binnenblick aufbrechen möchte?

Ich habe diesen Ausdruck nicht erfunden. Aber es geht mir um beides: Das Ernstnehmen der volkskirchlichen Traditionen, aber auch die Öffnung auf alle Menschen hin.

Womit ich mich in diesem Zusammenhang später stark identifiziert habe, ist das Buch meines Nachfolgers Franz Weber über die interkulturelle Theologie.[15] Mit dem Gemeindebegriff, der da drinnen ist, kann ich viel anfangen. Ich bin sehr vorsichtig im Umgang mit der Volkskirche, damit die Werte, die da vermittelt werden, nicht beschädigt werden.

Am stärksten ist meine Gemeindetheologie jedoch von ganz woanders her beeinflusst. Das war der Aloys Goergen.[16] Er hatte sich im Krieg sehr engagiert, um Juden zu retten. Später war er in München eine Zeitlang Präsident der Kunstakademie gewesen, mit einem Lehrstuhl für Ikonographie. Der war Priester. Und in seiner Gemeinde wurde z.B. liturgischer Tanz

---

[15] Vgl. Franz Weber, Gewagte Inkulturation: Basisgemeinden in Brasilien: eine pastoralgeschichtliche Zwischenbilanz, Mainz 1996.

[16] Aloys Goergen (1911-2005) war u.a. auch Professor für Liturgiewissenschaft in Bamberg.

gepflegt, das habe ich dort manchmal miterlebt. Er hat mir die Bedeutung des Zusammenhangs von Gemeinde und Eucharistie erschlossen.

Welche Personen haben dich theologisch und persönlich am meisten geprägt?

Da war das Ehepaar Leist in München – Fritz[17] und Marielene. Er war Religionsphilosoph. Bei ihm hat mich der lebendige Zugang zu den Texten der Schrift fasziniert. Wenn ich auf die Exegese meiner Studienzeit blicke, so war diese nicht genügend vital. Und mit Leist und seiner Frau bin ich doch dem Judentum sehr nahe gekommen. Im Haus Leist gab es auch viele persönliche Kontakte mit Juden.

Dann gab es den Alois Guggenberger[18] bei uns im Haus in der Hochschule in Gars, der uns sehr früh mit Teilhard de Chardin in Verbindung gebracht hat.

Beeinflusst hat mich auch Ida Friederike Görres: Ich wollte ursprünglich eine Dissertation verfassen über ein kirchenkritisches Schreiben von ihr. An diesen Text anschließend habe ich sehr früh eine empirische Untersuchung gemacht.

Auch mit Luise Rinser hatte ich Kontakt und ich kannte sie persönlich ziemlich gut. Wir haben uns schon in München gesehen und dann in Innsbruck wieder.

Ja, und schließlich Albert Görres.[19] Mit ihm habe ich in Wien den Beratungsdienst organisiert. Der ist dann nach München gegangen. Das war eine jener Personen, mit denen man sehr gut zusammenarbeiten konnte.

Neben Deiner universitären Tätigkeit hast du also auch psychologische Beratungsstellen aufgebaut.

Ja, das waren Beratungsdienste für kirchliche Berufe – also für jene, die hauptberuflich in der Kirche tätig sind.

Gab es in diesem Zusammenhang eine Kooperation mit dem Recollectio-Haus in Münsterschwarzach und mit Wunibald Müller?

Ja, mit Wunibald Müller stehe ich immer noch in sehr guter Verbindung. Ich habe immer wieder Personen dorthin vermittelt. Und ich kann mich noch daran erinnern, wie wir gemeinsam für dieses Haus den Entwurf gemacht haben. Das entstand auf einem Spaziergang. Ich erinnere mich, wie wir da die Idee miteinander durchgekaut haben und er dann die Initiative ergriffen hat.

Warst du auch mit den anderen Pastoralpsychologen im Austausch?

---

[17] Fritz Leist (1913-1974) war Psychotherapeut und lehrte Religionsphilosophie an der Philosophischen Fakultät in München.

[18] Alois Guggenberger CSsR (1903-1981) war 1963 Gründungsmitglied der Gesellschaft Teilhard de Chardin.

[19] Albert Görres (1918-1996) war Psychoanalytiker und Psychotherapeut und lehrte als Professor an der TU München.

Ja, ich war mit Isidor Baumgartner in sehr angenehmer kollegialer Verbindung. Und sehr nahe steht mir Heribert Wahl. Bei ihm war ich auch öfters im Haus. Wir haben auch oft über seine Arbeit gesprochen.

Gibt es noch Personen aus Deiner früheren Zeit, die Dein Denken oder Deine theologische Arbeit mit beeinflusst haben?

Da gibt es einige Personen, an die ich mich gerne erinnere. So z.B. an den Bernhard Vogel, der bei uns in der Jugendgruppe war. Und dann gibt es noch den Eduard Adorno,[20] der dann später in Württemberg Minister wurde. Adorno war in Südfrankreich im Krieg mein Unteroffizier. Da haben wir uns doch ziemlich angefreundet. Der Kontakt hat bis zu seinem Tod angedauert. Er ist ja in Wörishofen gestorben vor einiger Zeit.

Und eine weitere Person hat in meinem Denken eine relativ große Rolle gespielt: die Maria Probst.[21] Sie war Vizepräsidentin im Deutschen Bundestag und hat sehr viel im caritativen Bereich gewirkt und gearbeitet. Da ist sie als eine *Maria Hilf* bekannt geworden. Die spielt für mich eine ziemlich große Rolle wegen ihres Engagements.

Kann man sagen, dass die zwei Pole Deines Arbeitens einerseits die Seelsorge an den Seelsorgerinnen und Seelsorgern, andererseits die Beratung und auch die Hilfe bei der Organisation auf Leitungsebene waren? Und hast du da nicht viele Widerstände erlebt und eine gewisse „Beratungsresistenz" erfahren?

Ich habe sehr viel mit Organisationsentwicklung zu tun gehabt. Es ging mir dabei nicht nur um die Einzelperson, sondern auch um die Strukturen, in denen die Organisationen arbeiten.

Ich hatte das Glück, dass in meinem Umfeld viele Verantwortliche der Beratung gegenüber sehr offen waren. Eine große Rolle spielte in Innsbruck der Klaus Egger.[22] Er war zunächst bei mir Homiletiker in Innsbruck und ist dann Generalvikar der Diözese Innsbruck geworden. Er war lange Zeit auch im Beratungsbereich tätig.

Was war dir in der Beratung der Seelsorger und Seelsorgerinnen wichtig?

Mir war immer wichtig, dass die Seelsorger selber, ob Laien oder Priester, eine wirkliche Gemeindeerfahrung machen können. Und die wird ihnen ja bis heute weithin vorenthalten. So wie die Strukturen sind, kann diese Erfahrung, die ich da im Auge habe, nicht entstehen. Und ich glaube, dass dort, wo es diese Erfahrung gibt, das auch für die eigene Persönlichkeit von großer Bedeutung ist und persönlich hilfreich sein kann.

---

[20] Eduard Adorno (1920-2000) war von 1961-1972 Mitglied des Bundestags und von 1972-1980 Minister für Bundesangelegenheiten in Baden-Württemberg.

[21] Maria Probst (1902-1967) war von 1949-1967 im Deutschen Bundestag und als erste Frau von 1965-1967 Vizepräsidentin.

[22] Prälat Dr. Klaus Egger war von 1989-1998 Generalvikar.

Dieses wirkliche Gemeindebewusstsein, das über organisatorische Zusammengehörigkeit natürlich weit hinausgeht, ist zentral. Und da war es mir so wichtig, dass die in der Seelsorge Tätigen fähig sind, mit Menschen diesen lebendigen Kontakt zu pflegen. Gerade an diesem Kontakt fehlt es meiner Meinung nach heute oft weithin.

Wie stehst du zu den jüngsten strukturellen Entwicklungen in unseren Diözesen?

Es wird immer Strukturen brauchen, das ist klar. Ich halte aber nichts von diesen großräumigen Strukturen, sondern bin eher für das Zusammenfügen von kleineren Einheiten. Also vielleicht bis zu 100. Mit Zahlen bin ich da aber vorsichtig.

Danke für das Gespräch!

HERIBERT WAHL

# Unterwegs in Theologie, Psychoanalyse und Pastoralpsychologie

Autobiographische Erinnerungen
und Erfahrungen

# 1. „Laienhafter" Einstieg

Ein augustinisches Biographie-Gebet wird es wohl nicht werden. Aber auch keine psychologische Selbst-Anamnese. Etwas dazwischen. Der Versuch, mit all den hoch selektiven, tendenziell verzerrten und (re)konstruierten Erinnerungsfetzen einen Weg nachzuzeichnen, der mich über heterogene Stationen am Ende nicht ganz genau an die Stelle zurück gebracht hat, die sich in frühester Kindheit einzeichnete – oder „in den Leib einschrieb" (inscription; embodiment), wie die moderne Psychoanalyse sagt: also nicht an die einst angezielte Stelle eines römisch-katholischen Priesters (sicher auch gern an der Universität). Aber auch nicht allzu weit entfernt davon: „nur" Theologieprofessor; das freilich als „Laie" und lebenslanger „Laientheologe", der bis heute nicht das Wort Gottes in der Eucharistiefeier auslegen darf.

Doch halt! Hier meldet sich bereits eine Gegen-Erinnerung, mir kostbar und wichtig genug: In den späten 1970er und frühen 1980er Jahren gab es in St. Ursula (München-Schwabing) einen Stadtpfarrer, der – ehedem Jugendpfarrer – nach Konzil und Deutscher Synode mir (ich war noch nicht einmal promovierter Assistent) regelmäßig den Predigtdienst anvertraute. So habe ich von Samstag-Abend über drei Eucharistiefeiern am Sonntag-Vormittag bis zur Abendmesse gerne fünfmal „durchgepredigt", manchmal auch noch gleichzeitig Orgel gespielt, die Lesung vorgetragen und Kommunion ausgeteilt. Tempi passati, wie auch die ökumenischen Aufbrüche dieser Zeit, die ich mit meiner lutherisch-evangelischen Frau Erika, aus einer kirchenverbundenen sächsischen Herkunftsfamilie stammend, damals hoffnungsvoll teilte.

Apropos pastorale Vorbilder ohne große Selbst-Proklamationen: Wenn besagter Stadtpfarrer sich wieder einmal zu weit vorgewagt hatte, wurde er – auch damals schon – denunziert und vom Kardinal (Julius Döpfner) pflichtgemäß einbestellt. Es soll dabei manchmal laut zugegangen sein – aber danach war alles wieder gut… Jener bodenständige Seelsorger stand nicht nur beim München-Besuch von Johannes Paul II. auf der Theresienwiese mit einem großen Plakat („Wider den unmenschlichen Umgang mit Laisierungsanträgen") für seine Überzeugung ein. Richard Lippold war auch wegen seines sozial-diakonischen Engagements in entsprechenden Kreisen als „Kommunistensau" verschrien, wenn er mit seinen Plastiktüten in die Häuser der Bedürftigen ging. Von dieser – im Vergleich zu heute – angenehm lebendigen Kirchen- und Pastorale-Praxis-Erinnerung zurück zum langen Anweg.

## 2. Eine oberschwäbisch-katholische Kindheit und Jugend im kleinstädtischen „Milieu" von Ravensburg (1945-1965)

Eine unauffällige religiöse Sozialisation als Einzelkind, das mit Eltern und Großeltern aufwuchs und nach dem Tod der Oma (als ich fünf war) jeden Sonntag mit dem geliebten, zum Freund gewordenen Opa zur Kirche ging; das beim Jahrgängerausflug das Tischgebet sprechen durfte und bei der Primiz die Kerze trug (der Neupriester aus dem Haus gehörte zur Familie des Kurienkardinals Ehrle). Mit acht Jahren versuchte ich mich an einer ersten Adventspredigt, die ich noch besitze. Man muss nicht lange raten, was dieser kleine Junge bald werden wollte. Obwohl da zuvor schon auch Wünsche da waren, die ich dem Rektor der Universität Tübingen, Theodor Eschenburg (von meinem Vater als stellvertretendem Oberbürgermeister empfangen) auf seine Frage gut schwäbisch nahe zu bringen suchte: „en Polizei". Warum? Weil der etwas zu bestimmen hat…

Die etwas mehr als übliche pfarrliche Karriere umfasste Ministrieren, später Schola (jahrelang zu den Festtagen Gregorianischer Choral, dessen Totalrasur durch die Liturgiereform mir so gar nicht gefiel); Vorbeter (simultan mit dem Priester die deutschen Texte des „Schott" im Mikrofon an der Seite vortragen); Orgeldienst. Während meine Kameraden Skifahren gingen.

Jetzt fällt mir natürlich die Parallele auf zur vorher geschilderten Schwabinger liturgischen Polypraxie. Ins Ministrieren kam ich übrigens ohne jede „Ausbildung" eines Morgens hinein, als zur 6-Uhr-Messe der ältere Ministrant fehlte, der Kaplan aber meinte, das kriegten wir schon hin. Auch er so etwas wie ein heimliches Vorbild, denke ich heute: ein überaus imposanter junger Priester mit wallendem blondem Haar, weltgewandter Konvertit aus der evangelischen Kirche, der es verstand, die „stille lateinische Messe" in 15 Minuten ästhetisch formvollendet und ohne jede Hast zu „zelebrieren". Auch seine Konversion wirkte unterschwellig beeindruckend, war doch im katholischen Milieu der Freien (ehedem sogar Paritätischen) Reichsstadt Ravensburg vorkonziliar von Ökumene nichts zu spüren; bei meiner frommen Mutter sogar dumpfe Ängste: Einen Film über Luther durfte ich ausdrücklich nicht ansehen; die Vaterunser-Doxologie der „Evangelischen" durfte man nicht beten... Als sie 1959 im Herbst verstarb, nur ein halbes Jahr nach meinem geliebten Großvater, war das für mich 14jährigen ein Tiefschlag, den ich nur scheinbar wegsteckte und der meinen Berufswunsch wahrscheinlich verfestigte.

Im Humanistischen Gymnasium prägten mich ein strammer Jesuit, der aus der Indienmission erzählte und monatelang mit uns das Johannes-Evangelium las und einfach paraphrasierte; der erwähnte Bistumspriester, der aus Rom die Gregorianik mitbrachte; schließlich ein jüngerer Priester, der in Tübingen studiert hatte und auch religionspädagogisch auf der Höhe war – auch wenn er sich zunächst ebenfalls mit der Liturgiereform schwer tat und mit „Una voce" sympathisierte; nicht wegen des Gregorianischen Chorals, sondern wegen „Ostung" und „celebratio versus populum", was ich nicht so teilen konnte. Er richtete eigens für ein paar prospektive Priesteramtskandidaten einen Hebräischkurs ein, für den er sich erst wieder fit machte. Dadurch hatte ich mit Latein, Griechisch und Hebräisch bereits das ganze Sprachenprogramm mit dem Abitur in der Tasche; wobei Altphilologie mir immer auch als Möglichkeit erschien.

# 3. Theologie in Tübingen und Paris, nachkonziliar (1965-1970)

Dann also 1965 zur Theologie ins „Wilhelmsstift" nach Tübingen – doch nur für ein Jahr. Dann erschien es mir angesichts der Zölibatsverpflichtung realistischer und ehrlicher auszutreten. Ich wollte aber dennoch unbedingt ein Fach als „Laientheologe" weiter studieren, das mich faszinierte und das aufzugeben ich mir nicht vorstellen konnte. Bald entschied ich mich, anschließend die psychotherapeutische Richtung einzuschlagen. Zu meinem Glück geriet ich bereits in Tübingen an die anspruchsvollen Vorlesungen des Altmeisters der deutschsprachigen Psychoanalyse, Wolfgang Loch, der dieses Interesse (obwohl ich kaum etwas verstand) weckte und am Leben hielt; er hat später auch das Zweitgutachten zu meiner interdisziplinären Dissertation erstellt.

Am Konzilsende in Tübingen Theologie zu studieren, hieß natürlich, Küngs Vorträge und Begleitkommentare als „Peritus" zu hören und insgesamt den konziliaren Aufwind zu spüren, bei den theologischen Lehrern, aber auch praktisch im „Stift" (erstmals Hausschlüssel!). Die Beschlüsse und Konzilstexte im Einzelnen spielten, wenn ich das richtig erinnere, gar nicht die ausschlaggebende Rolle (sie waren ja längst nicht so verbreitet und kommentiert); wohl aber war eine Atmosphäre zu spüren, ein kirchliches Klima und eine Aufbruchsstimmung, die heute so weit entfernt erscheinen, aber in diesen Jahren auf uns für immer prägend wirkten. Auch der emeritierte Papst Benedikt XVI. erwähnt in seiner ganzen (uns 1967 brandfrisch vorgetragenen) „Einführung in das Christentum" das Zweite Vatikanum nur ein einziges Mal: Als es von der „sündigen" Kirche sprach, habe man dem Konzil höchstens vorgeworfen, „noch viel zu zaghaft darin geblieben" zu sein, „so stark steht der Eindruck von der Sündhaftigkeit der Kirche in unser aller Bewusstsein"[1]. Aber konziliare Theologie steckte darin.

Ich erkläre mir diese Konstellation heute so: Das auf dem Konzil entscheidende Grundgeschehen von Kirche-Sein – das ja faktisch unter ungeheuren Auseinandersetzungen, Spannungen und Konflikten vor sich ging – bildete einen haltenden Hintergrund, eine Art „background process", der noch unterhalb der – gewiss wichtigen und auch dramatischen – Textproduktion des Konzils mit ihrer ganzen theologischen, menschlichen und kirchenpolitischen Hochspannungsdynamik verlief: Man musste, zugespitzt gesagt, gar nicht dauernd von diesem ekklesialen Geschehen, diesem konziliaren „Selbstvollzug" reden und einander wechselseitig Texte um die Ohren hauen; das lag in der Luft! Zugleich fand natürlich bereits längst der reale, „publizistisch-politische" Kampf zwischen den unterschiedlichen Lagern und Positionen um die „richtige" Hermeneutik statt, wovon ich damals nicht viel mitbekam.

Leider waren die Alte Kirchengeschichte sowie die praktischen Fächer (z.B. Liturgie) zu meiner Zeit nicht besetzt, aber ich war von meiner humanistisch-philologisch-philosophischen Schulprägung sowieso „klassisch" einseitig interessiert: Zentral waren Dogmatik, Fundamentaltheologie, Philosophie und Exegese. Da hatte Tübingen damals natürlich auch ökumenisch etwas zu bieten: Wir hörten „nebenbei" begeistert Ernst Käsemann und Jürgen Moltmann, aber auch den alten Ernst Bloch und Walter Schulz sowie Walter Jens, der Woche für Woche im Auditorium Maximum die aktuelle deutsche Literatur erschloss; wir konnten also die vom Konzil gewünschte kulturelle Offenheit, gerade in der Priester- und Theologenausbildung, mit Freude praktizieren.

Zum Auslandsstudium ging ich 1967/68 ans Institut Catholique in Paris und freute mich, neben Daniélou, Cazelles u.a. auch Paul Ricœur zu begegnen und bei Claude Tresmontant an der Sorbonne ein Referat über Adolf von Harnack zu halten. Statt mich freilich ins Leben der Sprache und in die Sprache des Lebens in dieser faszinierenden Stadt zu stürzen, verbrachte ich leider die meiste

---

[1]   Joseph Ratzinger, Einführung in das Christentum, Freiburg/Br. 1968, 282.

Zeit in der Bibliothek der Jesuiten, um Literatur für meine Zulassungsarbeit zu sammeln: Sie beschäftigte sich mit dem exkommunizierten Erzmodernisten Alfred Loisy, betreut von Joseph Ratzinger (damals schon auf dem Absprung nach Regensburg).

Nach fünf Jahren Studium (bei Fink, Seckler, Möller, Küng, Ratzinger, Auer, Schelkle, Haag, Biemer u.a.), das bei allen Tübinger Meriten, vor allem dem kritisch offenen, geschichtsorientierten Geist, doch auch Schwächen und Lücken aufwies, ging ich 1970 nach München, um das für eine psychoanalytische Ausbildung berufspolitisch nötige Psychologie-Diplom zu erwerben.

# 4. Psychologie in München – Lehranalyse und psychoanalytische Ausbildung – theologische Promotion in Freiburg (1970-1978)

Es begann eine theologieferne Phase, mit Selbst-Erfahrung in einer psychoanalytischen Gruppe, da es mir seelisch durch die biographischen Umbrüche dieser Jahre nicht gut ging. Das trockene akademische Psychologiestudium wurde erst in den Klinischen Semestern interessant, da es in München immerhin einen psychoanalytischen Zweig gab, unter Leitung von Albert Görres, mit Antoon Houben und Thea Bauriedl. Mit meiner Diplomarbeit („Das Menschenbild der Ich-Psychologie") legte ich gleich eine brauchbare Basis für die theologische Dissertation, geplant zunächst in München. Da ich jedoch einen der knappen Lehranalyse-Plätze bei Johannes Cremerius in Freiburg angeboten bekam, verlegte ich auch mein Promotionsprojekt an den dortigen Lehrstuhl für Moraltheologie. Letztlich keine glückliche Entscheidung, wie sich herausstellen sollte: Der Inhaber wandelte sich in diesen Jahren vom konzilsoffenen zum zunehmend restaurativen Vertreter seines Fachs, der eine (mir sehr unangenehme) Polemik gegen meinen Tübinger Lehrer Alfons Auer und die „Autonome Moral" vom Zaun brach. Zwar hatte er mein interdisziplinäres Vorhaben akzeptiert, christliche Ethik und ihr Menschenbild psychoanalytisch zu beleuchten. Doch gab es inhaltlich keinerlei Austausch darüber, und als Rektor der Universität Freiburg ließ er meine eingereichte Dissertation ein Jahr kommentarlos liegen, bis das überaus positive Zweitgutachten des renommierten Analytikers Loch aus Tübingen den Stein ins Rollen brachte. Mit meinem „Doktorvater" gab es seit der Promotion (1978) bis zu seinem Tod nie mehr auch nur ein einziges Gespräch.

In dieser Freiburger Zeit erlaubte mir ein weiteres Stipendium der „Studienstiftung des Deutschen Volkes" (die mich seit Studienbeginn förderte), neben der vierstündigen Lehranalyse (pro Woche) diese Dissertation anzufertigen. Exemplarisch versuchte ich, mit dem Instrumentarium und im Dialog mit der damaligen psychoanalytischen Ich-Psychologie interdisziplinär etwas für die Moraltheologie herauszuarbeiten, was mir dringend einer Durchleuchtung zu bedürfen schien: Ich wollte (wie ich es bereits in der Diplomarbeit für die moderne Psychoanalyse geübt hatte) wichtige unterschwellige (un- und vorbewusste), also auch theologisch nicht reflektierte, anthropologische Hintergründe der Moraltheologie im Umgang mit Aggression, Sünde etc. herausarbeiten. Und so war dieses Vorhaben für mich – zunächst noch ganz auf der systematischen Schiene – auch ein guter Einstieg ins interdisziplinäre Denken und Arbeiten.

# 5. Einstieg ins interdisziplinäre Denken und Arbeiten

„In der Seelsorge sollen nicht nur die theologischen Prinzipien, sondern auch die Ergebnisse der profanen Wissenschaften, vor allem der Psychologie und der Soziologie, wirklich beachtet und angewendet werden, so dass auch die Laien zu einem reineren und reiferen Glaubensleben kommen." (Gaudium et spes 62)

Was als selbstverständliches Plädoyer für die Einbeziehung der Humanwissenschaften in Theologie und Seelsorge wirken könnte, war während des Konzils durchaus umstritten. Psychologie und Soziologie sollten nach Meinung so mancher Konzilsväter entweder weggelassen oder zumindest klar sondiert werden: Nur eine „gesunde und wahre" (sana et vera) Psychologie bzw. eine „christliche" Soziologie sollten überhaupt Erwähnung finden. Die besonders von der französischen Nouvelle Théologie (Marie-Dominique Chenu, Yves Congar, Henri de Lubac) geprägten Verfasser des zitierten, neu in die Pastoralkonstitution eingefügten Passus setzten daher mit Absicht unmittelbar die berühmte Passage aus der Eröffnungsansprache Johannes' XXIII. voran: Er hatte die Theologen eingeladen, „stets nach einer geeigneteren Weise zu suchen, die Lehre den Menschen ihrer Zeit mitzuteilen" (communicare) und dafür zwischen der Hinterlassenschaft des Glaubens selbst bzw. seinen Wahrheiten und der „Weise, in der sie verkündet werden", unterschieden – ohne Sinn und Inhalt zu verändern.

In dieser pastoralen Perspektive werden die Human- und Sozialwissenschaften als wichtige Instrumente betrachtet, um den Glauben besser zu kommunizieren. Für den derart ernst genommenen Erfahrungsbezug der Verkündigung in der je gegenwärtigen Kultur wird übrigens im nächsten Satz auch die Welt der Kunst insgesamt einbezogen (GS 62, 3-5); denn nur so können die Glaubenden „aufs engste verbunden [coniunctissime] mit den anderen Menschen ihrer Zeit leben und danach streben, ihre Denk- und Fühlweisen, die durch die Kultur des Geistes ausgedrückt werden, vollkommen zu erfassen" (GS 62,6). Damit ist das hohe Niveau des Eingangssatzes der Pastoralkonstitution erreicht, dort übrigens mit demselben elementartheologischen Grundwort der coniunctio, des Verbundenseins, überschrieben, das sich in zahlreichen Konzilstexten

findet und das sich mir – von der Psychologie des Selbst und seiner Beziehungs-
gestalt her – als genaue Entsprechung aufgedrängt hat: „de intima coniunctione
Ecclesiae cum tota familia gentium" (GS 1,1). Eine ganze Symboltheorie in
praktisch-theologischer Absicht habe ich versucht, daraus zu entwickeln – und
erst spät auch diese „Verbindung" der theologischen Forschung mit der eigenen
Zeit (coniunctio cum proprio tempore: GS 62,7) entdeckt, um zu einem volleren
Verstehen des Glaubens zu gelangen.

Nimmt man schließlich die ausdrückliche Option für mehr „Laientheologen"
hinzu, denen für diese Aufgabe (munus) – wie den Klerikertheologen auch –
eine „gerechte", ihrer Fachkompetenz und Erfahrung entsprechende For-
schungs-, Denk- und Meinungsfreiheit ausdrücklich zugesprochen wird (GS
62,7), dann scheint eigentlich mein eigener Weg in der Theologie wie vorge-
zeichnet... Nur etwas umwegiger war er.


# 6. Therapeutische Gehversuche und theologischer Neuanfang: Assistentenzeit und Habilitation (1977-1993)


Erneuter Ortswechsel: Während der Jahre in Freiburg hatte ich geheiratet.
Meine Frau, Dr. rer. pol. Erika Wahl, hatte ihre Arbeit im Bayerischen Wirt-
schaftsministerium aufgenommen. So zog es mich zurück nach München, als
sich dort die Möglichkeit eröffnete, meine Lehranalyse bei Lotte Köhler fortzu-
setzen und die psychoanalytische Ausbildung abzuschließen (1983). Die erste
Stelle an der Münchner Nervenklinik (Psychosomatische Abteilung) stellte sich
allerdings für mich als absoluten Berufsanfänger, ohne Erfahrung und abgeschlossene Ausbildung, rasch als hoffnungslose Überforderung heraus
(1977/78). Aus der tiefen Depression, in der ich daneben das Promotionsver-
fahren in Freiburg zu einem doch noch guten Ende (summa) brachte (1978),
half mir – nach einem kurzen Zwischenspiel am Max-Planck-Institut für Psychiatrie – der glückliche „Zufall" auf einen neuen Weg, der sich als für mich
passend erweisen sollte: Über einen befreundeten Psychologen und Theologen,
den ich noch heute im „Beratungsdienst für kirchlichen Berufe" treffe, erhielt
ich die Anfrage, ob ich an der Assistentenstelle am Lehrstuhl für Pastoraltheologie interessiert sei.

Obgleich mir dieses Fach fremd geblieben war (eine der Tübinger Lücken!),
überlegte ich nach einem Gespräch mit dem Lehrstuhlinhaber Hans Schilling
keinen Moment und sagte zu. Denn ich spürte sofort eine theologische Offenheit, Nähe und Grundübereinstimmung, die sich über die 18 Jahre, die ich mit
ihm arbeiten konnte, bewahrheitete und bewährte. Dazu kam das gute Klima im
Institut für Praktische Theologie: Zusammen mit dem Religionspädagogen

Erich Feifel und seinen Mitarbeitern entstand eine persönlich wie fachlich tragende Arbeitsgemeinschaft, in der man sich freundschaftlich aufeinander verlassen konnte. Als Gast in Feifels Doktoranden- und Habilitandenkreis lernte ich Jürgen Werbick (später Münster), Paul Wehrle (später Weihbischof in Freiburg, der leider nie Bischof werden durfte), Konrad Baumgartner (später Regensburg), Ludwig Mödl (Regens von Eichstätt, später Nachfolger Schillings) und natürlich immer mehr meinen Freund Ehrenfried Schulz (später Nachfolger Feifels) kennen und schätzen. Später stieß Karl Bopp als Doktorand, Habilitand und mein Nachfolger als Akademischer Rat (später Benediktbeuern, nun leider „abgewickelt") dazu. All diesen zu Freunden gewordenen Kollegen verdanke ich viel.

Hans Schillings – ebenfalls ein „Tübinger", wie auch Feifel – große Offenheit für die Human- und Sozialwissenschaften, sein Interesse und sein enormes Wissen auch in der (Tiefen)Psychologie boten mir den Freiraum, in den Seminaren pastoralpsychologische Themen in großer Breite anzubieten,

> z.B. Kommunikation und Beziehung (Gesprächsführung in der Seelsorge) I und II; Die Bibel in der Seelsorge; Kirchliche Beratung als Diakonie (mit Exkursionen); Spiritualität, Selbsterfahrung und Theologiestudium; Pastoralpsychologische Aspekte der Bilder vom Seelsorger und Priester; Hat Seelsorge eine therapeutische Dimension?; Grundkurs „Psychoanalyse für Theologen" I und II; Der Umgang mit Sünde und Schuld; Sexualität und Seelsorge; Bibelarbeit in der Gemeinde (mit Prof. Seidl); Der Laie in der Kirche (mit Prof. Neuner); Traum und Gotteserfahrung. Exegetische und psychologische Analyse biblischer Traumberichte (mit Prof. Wehrle); Exegese und Tiefenpsychologie (mit Prof. Laub).

Von wenigen (präklerikalen) Widerständlern abgesehen, stieß das auf Interesse, auch wenn die Angebote noch vor dem berühmten „Praxisschock" nach dem Studium erfolgten. Einzig die Seminaristen wussten in der Mehrzahl damals schon, was sie unbedingt brauchen würden (systematische Fächer) und was bestimmt nicht relevant sei bzw. mit der Amtsgnade mitgeliefert würde (praktische Fächer) – eine Linie, die sich in meiner Trierer Zeit traurig bestätigte und sogar verstärkte. Durch eine ministeriell-diözesane Planungspanne war zudem in all diesen Jahren die Pastoraltheologie das einzige praktische Fach, das in der Prüfungsordnung fürs Lehramt überhaupt nicht vorkam; also musste man das verständlicherweise auch nicht „belegen" oder gar studieren.

Während inzwischen ringsum Assistentenkollegen auch im Laienstand habilitiert wurden, trug mein „Chef" lange Bedenken, ob das im Fach Pastoraltheologie funktionieren könnte. Nach allzu langem Zögern wagten wir es doch, und ich machte mich an eine Thematik, die mich schon lange umtrieb: Ich wollte mit Hilfe der modernen Psychoanalyse den sprachlich arg gebeutelten Begriff „Symbol" in eine Gestalt bringen, die seinem theologischen Gewicht gerecht würde und jenseits des pejorativen Geredes („*nur* symbolisch") theoretisch wie praktisch brauchbar wäre. Im Lauf der Erarbeitung wurde mir – von den missbräuchlichen Verwendungen in der Wissenschafts- wie in der Alltagssprache her – klar, dass ein humanwissenschaftlich wie theologisch sinnvoller Gebrauch nicht über Substantiv-Definitionen, sondern nur pragmatisch-kommunikativ über das symbolische *Erfahren* von etwas oder jemandem zu erreichen sei; von isolierten, arbiträren Bedeutungsfixierungen („die Kerze, das Brot usw. *ist* ein Symbol für…") war damit Abschied zu nehmen – gerade im Blick auf theologische, v.a. auch sakramentale Wirklichkeitserschließung. Dafür bot sich mir die klare Beziehungsorientierung (relational turn) der aktuellen Psychoanalyse an, die eine – auch theologisch tragfähige – Alternative bietet zur alten (katholischen) Subjektivismus-Angst – auch hier ist ja umgekehrt das fatale Missverständnis schnell zur Hand, jeder psychologische Zugang zu biblischen oder lehramtlichen Texten sei eben „nur symbolisch", damit aber: nicht wirklich, „objektiv-real". Und schon ist man in der Objektivismusfalle gelandet. Konsequentes Beziehungsdenken schützt – auch trinitätstheologisch fundiert – vor beiden Straßengräben, dem subjektivistischen und objektivistischen gleichermaßen.

Unvergesslich bleibt mir in dieser schwierigen Zeit mein Freund Hermann Stenger (Pastoraltheologe in Innsbruck und einer der Gründerväter der DGfP, der Deutschen Gesellschaft für Pastoralpsychologie, der ich seit 1984 angehöre). Bei einem Abendessen bei uns zuhause stärkte er mir den Rücken und machte Mut, jetzt unbedingt durchzuhalten, als ich gerade mal wieder große Zweifel hegte, ob das ganze Habilitationsprojekt „kirchenpolitisch" überhaupt Chancen habe. Immer wieder trafen wir uns später nicht nur offiziell, auf den Kongressen der Pastoraltheologen und der Pastoralpsychologen und beim Münchner „Beratungsdienst für kirchliche Berufe" (den er mit ins Leben gerufen hat); auch privat gab es anregenden Austausch und Ermutigung, wobei Hermann die besondere Begabung hatte, sein Gegenüber auch für seine eigenen Projekte und Gedanken so kreativ und anregend „anzuzapfen", dass man selber bereichert von dannen zog. Solche persönlich wie fachlich, emotional wie intellektuell herausfordernden und „passenden" Gesprächspartner findet man selten.

Die Habilitation ging schließlich 1993 völlig problemlos über die Bühne, und ich fragte mich nachträglich schon, wozu all die Selbsteinbremsungen gedient hatten – außer der Folge, dass ich nun, nach dem Doppelstudium und der psychoanalytischen Vollausbildung (neun Jahre), doch ein älterer Knabe von 48 Jahren war. Ich hatte zwar eine Akademische Oberratsstelle auf Lebenszeit und war Privatdozent; ich fühlte mich nach wie vor an unserem Institut auch menschlich überaus wohl und vertrat meinen Chef in der Vorlesung, hatte eine Gastprofessur bzw. Gastvorlesung in Graz und Innsbruck und vertrat den Münchner Lehrstuhl in der Vakanz (WS 1994 bis SS 1996). Aber seit Feifel und dann auch mein „Chef" und inzwischen Freund Hans Schilling emeritiert waren, stellte sich die Frage einer Bewerbung schon. In München selbst gab es – trotz eines ehrenwerten Listenplatzes – realistisch gesehen letztlich keine wirkliche Chance. Ich durfte zwar den C4-Lehrstuhl vertreten, aber ansonsten kam ich als „Hausberufung" und Laie dazu nicht in Frage.

# 7. Auf dem Weg nach Trier – die Zeit an der Theologischen Fakultät (1997-2010)

Zwei Bewerbungen verliefen – fast erwartungsgemäß – im Sand: In meinen beiden früheren Universitätsorten, in Freiburg (wohin ich eigens eingeladen wurde, mich zu bewerben) wie in Tübingen (wohin ich ebenfalls sehr gern gegangen wäre), gingen die Lehrstühle an Kleriker. So bewarb ich mich nach Trier, wo ich bereits durch einen Lehrauftrag (WS 1996/97) wichtige Personen der Theologischen Fakultät und die liebenswerte alte Römer-Stadt kennengelernt hatte. Erfreulicherweise hat mich dann auf Ersuchen der Fakultät der unvergessene Bischof Dr. Hermann Josef Spital (+2007) als Nachfolger von Heinz Feilzer (mit dem mich seitdem eine herzliche Freundschaft verbindet) zum WS 1997/98 berufen. Ein Bischof später unvorstellbar.

Anders als in München war ich nun auch in die pastorale Berufseinführung des Bistums eingebunden; eine mir bis dahin unvertraute Aufgabe, in die mich mein erster Assistent, Dr. Gundo Lames, mit seiner hohen fachlichen und menschlichen Kompetenz hilfreich einführte. Dazu kamen von Anfang an erfahrene Kollegen wie Georg Köhl und Martin Lörsch (heute mein Nachfolger in Trier). So entwickelte sich über die Jahre eine ungemein vertraute, verlässliche und auch theologisch sehr einmütige Kollegialität und Freundschaft, die ich vermisse. Am Lehrstuhl setzte sich das gute Klima fort mit den nachfolgenden Assistenten Stefan Nober und Christoph Morgen, mit dem damaligen Rektor und religionspädagogischen Kollegen Wolfgang Lentzen-Deis, dem langjährigen Studiendekan Josef Steinruck und sehr vielen Kollegen, mit den engagierten Sekretärinnen und mit motivierten Studierenden (meist Laien).

So war die Zeit in Trier – trotz der Pendlermühsal von 13 Jahren – eine menschlich erfüllte, aber fachlich nicht immer unbelastete Zeit, in der ich einiges publizieren und vertreten konnte, was mir am Herzen lag, insbesondere die Herausgeberschaft eines Bandes zu den Spuren, die das Vatikanum II bei uns pastoraltheologischen Fachvertretern eingeprägt und hinterlassen hat.[2]

Als späte Erfüllung eines Versprechens, das ich einst Hans Schilling geben musste, sehe ich mein Buch zur Sakramentenpastoral:[3] versuchte ich doch darin, meine Symboltheorie, die in der Habilschrift recht komplex, breit und auch kompliziert entfaltet war, „ad usum Delphini", wie Hans Schilling mahnte, also „für den Dauphin verständlich", umzusetzen, und zwar exemplarisch bezogen auf die Sakramente, ihre Theorie und Praxis. Ich hoffe, es ist mir gelungen, die theologisch-praktische Nützlichkeit dieses Konzepts soweit zu entwickeln, dass

---

[2]    Heribert Wahl, Den „Sprung nach vorn" neu wagen. Pastoraltheologie ‚nach' dem Konzil – Rückblicke und Ausblicke, Würzburg 2009.

[3]    Heribert Wahl, LebensZeichen von Gott – für uns. Analysen und Impulse für eine zeitgemäße Sakramentenpastoral, Würzburg 2008.

andere damit weiter arbeiten können. Die Wahrnehmung und fruchtbare Rezeption, die sich inzwischen in einigen Dissertationen und Habilitationen jüngerer KollegInnen niederschlägt, freut mich.

Neben der Arbeit an der Universität war ich Mitglied im Diözesanpastoralrat und später (als ich nach Bischof Spitals Rücktritt nicht mehr berufen wurde) sehr gern im Katholikenrat, wo ich in Kommissionen und im Plenum die engagierte und offene Gesprächskultur der Katholikinnen und Katholiken schätzte. Mit Freude habe ich auch redaktionell gearbeitet: Einige Jahre hatten mein Kollege Wolfgang Göbel (Moraltheologie) und ich die Herausgeberschaft der Trierer Theologischen Zeitschrift (TThZ) inne, und seit Jahrzehnten bin ich gern im Redaktionskreis der interdisziplinär und ökumenisch ausgerichteten Fachzeitschrift für Seelsorge und Beratung „Wege zum Menschen" (WzM) tätig.

Zu den überaus positiven Erfahrungen meiner beruflichen Tätigkeit zählen (bis heute) die regelmäßigen Einladungen zu pastoralpsychologischen Fortbildungen von lutherischen Pfarrerinnen und Pfarrern, die mich aus norddeutschen Landeskirchen (Hannover; Hamburg; Braunschweig; Göttingen) erreichen und wo ich – mit lebendiger ökumenischer Resonanz – auch mein Symbolkonzept vorstellen und pastoral wie liturgisch diskutieren konnte und kann. Die Kontakte ergeben sich aus der DGfP und deren tiefenpsychologischer Sektion. Dennoch hätte ich es schön gefunden, wenn ich auch aus einem katholischen Bistum im Süden oder Westen der Republik einmal eine solche Einladung erhalten hätte. An dieser Stelle empfinde ich lebensgeschichtlich eine unangenehme, merkwürdige konfessionelle Aufspaltung: neben dem innerkatholischen Kleriker-Laie-Schisma (s.u.) eine schlichte Ausblendung von eigener katholischer Seite. Wenn man paranoid genug wäre, könnte man an „vertrauliche" Einladungs- oder Auftrittsverbote von offizieller Seite denken; leider gibt es ja Systemeigenschaften, die solche abwegigen Phantasien unterstützen.

Als belastend empfand ich den Kurs einer obersten Kirchenleitung, die meine Trierer Zeit durchzog, von „Christus Dominus" an über manche klar postkonziliare, nicht immer sensible Kursbereinigungen. Und als ich in einem Aufsatz in unserer TThZ kritische Anmerkungen zum innerkirchlichen Klima[4] vorlegte, gab es anscheinend – aber nur indirekt, nie im offenen Austausch – empörten Widerspruch aus Kreisen des Priesterseminars, in denen man, einem „on dit" zufolge, bald auch „Novenen" für mich abhielt, vor allem als ich es, schon emeritiert, auch noch wagte, im Jahr 2011 das „Memorandum von Theologieprofessoren und -professorinnen zur Krise der katholischen Kirche" mit dem Titel „Kirche 2011 – ein notwendiger Aufbruch" zu unterzeichnen – als einziger aus der Fakultät. Wenig später zog mein geschätzter Kollege Joachim Theis nach.

---

4  Heribert Wahl, Die Angst der Steuerleute, die zurückrudern – und die Trauer derer, die im Boot sitzen (bleiben). Eine pastoraltheologisch-psychologische Glosse: „Trauer und Angst" in der Kirche von heute statt „Freude und Hoffnung" (Gaudium et spes)?, in: TThZ 117 (2008), 338-348.

Damit hatten wir uns freilich in die Schar jener „theologischen Zwerge" eingereiht, als die der Sozialethiker der Fakultät in der „Deutschen Tagespost" alle
311 professoralen Unterzeichner abqualifiziert hatte. Das änderte nichts an der
freundlich-kollegialen Grundstimmung beim monatlichen Stammtisch der Fakultät, bei dem das angesprochen, aber dann schnell als „Missverständnis" abgetan wurde...

Ich wusste natürlich schon früher, dass ich als Psychologe, zumal auch noch
als Psychoanalytiker, immer ein gewisses Unbehagen ausgelöst haben muss
(mit dumpfen Drewermann-Assoziationen?), obwohl ich mich bewusst aus innerer Überzeugung immer gehütet habe, unverlangt irgendwelche (in meinen
Augen sowieso deplatzierten) „Deutungen" oder sonstige Psycho-Sottisen von
mir zu geben. Aber das Misstrauen war zu spüren, und vielleicht war das mit
ein Grund, dass der Bischof in Nachfolge von Hermann Josef Spital, der heutige
Kardinal von München, Reinhard Marx, in den sechs Jahren seiner Trierer
Amtszeit mit mir kein einziges Gespräch geführt geschweige denn mir je irgendeinen fachlichen Auftrag erteilt oder anvertraut hat. Das hat mich als einzigen praktisch-theologischen Lehrstuhlinhaber mit einer vollen psychoanalytischen Ausbildung im katholischen Raum schon nachdenklich gestimmt. Auch
die Bischofskonferenz hat da offensichtlich andere Wege und Personen gefunden, sich beraten zu lassen, als so einen konziliaren Tübinger Freigeist. Immerhin hat es mich gefreut zu hören, dass ein (ausländischer) Bischof zu meinen
inkriminierten Besorgnissen in der TThZ 2008 gesagt habe, „wenn er aber doch
recht hat…".

# 8. Laienhafter Ausstieg

Wenn ich mir diese letzten Zeilen zu Gemüte führe, stoße ich auf eine unterschwellige Bitterkeit, die ich nicht verleugnen kann. Sie hängt gefühlsmäßig
mit dem tiefen „pastoralen Schisma" zwischen Klerus und Laien zusammen,
das einfach so viel emotionale Durchschlagskraft aufweist, dass all die vielen
persönlichen Bande und tiefen Freundschaften mit priesterlichen Kollegen dagegen letztlich nicht ankommen. Insofern ist diese „Spaltung" nach wie vor
nicht nur real, sondern realität-schaffend (wohl noch mehr gegenüber Frauen
als „Doppellaien"), auch wenn ich sie mir psychoanalytisch noch so klar vor
Augen führen kann: Es handelt sich um eine (für die Kirche selbst und die Menschen in ihr) destruktive, „paranoid-schizoide Struktur" (Bion), die zwanghaft
nur nach dem absoluten Muster von „entweder/oder" funktionieren kann. Denn
sie kann das komplementäre psychische Muster des Aushaltens von Spannungen und Widersprüchen nicht gelten lassen, sondern muss es konsequent und
erbarmungslos (z.B. gegenüber Wiederverheirateten) unterdrücken – obwohl

dieses biblische Muster doch im grundkatholischen „sowohl/als auch" längst erkannt wäre – allerdings nicht im oberflächlichen Sinn verlogener Kompromisse und augenzwinkernder Unglaubwürdigkeit (womit wir Katholiken dann aus der Außenperspektive gern und oft nicht zu Unrecht belegt werden); „et/et" vielmehr im Sinn kognitiv wie emotional höchst anspruchsvoller psychischer Arbeit an der immer bedrohten Spannungs- und Pluralitätstoleranz.

Der große, am Religiösen sehr interessierte britische Analytiker Wilfred R. Bion hat diese unabdingbar zum Leben und zur Identität jedes Einzelnen, aber auch von Gruppen und Institutionen nötige Grundspannung umgangssprachlich einmal ganz einfach mit den beiden Polen „*Sicherheit*" (klares Abtrennen und Differenzieren) und „*Geduld*" (Warten- und Aushalten-Können) benannt. Beide Pole brauchen wir in oszillierender Schwingung. Eine solch adventlich-eschatologische Offenheit stünde uns in der römisch-katholischen Kirche heute gut an, wo die Waage manchmal bedenklich einseitig und panisch nach der „Sicherheits"-Seite hin ausschlägt und ein Papst Franziskus entsprechend belächelt oder auch bekämpft (und leider unfair abgewertet) wird; ein Bischof von Rom, der offensichtlich ein untrügliches Gespür (sensus fidei) für die Grundbalance des Glaubens und seine barmherzige „Geduld" in sich hat und nach außen trägt. In diese Richtung habe ich meinen früheren Angst- und Sorge-Aufsatz fortgeschrieben und ermutigende Spuren und Hinweise in „Evangelii Gaudium" (2013) gefunden.[5] Eine wirklich „lernende Kirche" kann dann auch glaubhaft und angstfrei lehren und verkündigen.

Mein Ausscheiden aus der universitären Arbeit in Trier, in der es auch Projekte mit an Religionspsychologie Interessierten gab; der Abschied von der Berufseinführung im Priesterseminar; von den gemeinsamen Seminaren mit Georg Köhl in der überdiözesanen Ausbildung im Priesterseminar Lantershofen – all das fiel mir nur insofern leicht, weil mich das Pendeln zunehmend anstrengte; es fiel eher schwer, weil ich gern unterrichtet und dabei immer von allen auch weiter gelernt habe. Eine kostbare Erfahrung war die Abschiedsfeier an der Fakultät, als mein Freund Karl Bopp mir einen Vortrag schenkte und alle drei Assistenten (Lames, Nober, Morgen) das Überraschungsgeschenk einer Festschrift zu meinem 65. Geburtstag präsentierten. Ihr sympathischer Titel und die darin versammelten Beiträge so vieler Kollegen und Freunde kennzeichnen meine Gehversuche treffend; das Vorwort eröffnet eine für mich überraschende, kompakte Werksicht, die mir auch mich selbst in neuer Beleuchtung zeigt.[6]

So bleibt im Rückblick insgesamt eine Dankbarkeit, in die ich auch meine Frau und unsere beiden Töchter einschließe, die mich in all den Jahren der Trennung und Ferne gestützt und ertragen haben; dass die eine Tochter als Theologin

---

[5]  Freude und Hoffnung der Steuerleute, die vorwärts rudern, und Ermutigung aller – im Boot und außerhalb. Pastoraltheologisch-psychologische Glosse zu „Evangelii gaudium", in: TThZ 124 (2015), 245-260. Die beiden Aufsätze bilden ein pastoralpsychologisches Diptychon.

[6]  Gundo Lames / Stefan Nober / Christoph Morgen (Hg.), Psychologisch, pastoral, diakonisch. Praktische Theologie für die Menschen (Heribert Wahl zum 65. Geburtstag), Trier 2010.

in die Pastoral geht und die andere Psychoanalytikerin wird, sehe ich als interessante Ausdifferenzierung meiner beiden „Beine", auf denen ich den Weg bis hierher zu gehen versucht habe.

FRANZ WEBER

# Eine Pastoraltheologie, die aus dem Leben zum Leben kommt?

## Versuch einer Rechenschaft über meine Hoffnung

Es spricht mich immer sehr an, wenn Menschen einfach aus ihrem eigenen Leben erzählen und Rückschau halten, ohne sich selbst und ihre Leistungen selbstgefällig zur Schau zu stellen. Denn dafür gibt es bei näherem Hinsehen und ehrlichem Erinnern an das eigene Lebenswerk fürwahr keinen Grund. Jedes Menschenleben ist und bleibt Fragment. „Stückwerk ist unser Erkennen, Stückwerk unser prophetisches Reden" (1 Kor 13,9) und Stückwerk auch unsere Theologie. Was die Erinnerung daran jedoch zu einer befreiend-erlösenden Erfahrung macht, ist die Gewissheit des Glaubens, dass all das, worauf ich zurückschaue, „gnaden-voll" ist, dass letztlich alles als Gnade erkannt werden kann, dass ich auch mein kleines Leben als eine vom großen Gott des Lebens geschenkte und durch viele Begegnungen beschenkte und geprägte Existenz annehmen darf. Von daher kann und darf ich von all dem, was sich in meinem Leben ereignet hat, auch nur in Dankbarkeit sprechen – und ohne die eitle Anmaßung, dem Geheimnis der eigenen Biographie restlos auf die Spur kommen zu wollen. Ich habe es für mich selbst immer wieder als spannend und aufschlussreich erlebt, dem Sitz im Leben meines Glaubens und meiner Theologie auf die Spur zu kommen und einige Orte und Erfahrungen zu benennen, an denen und durch die meine Pastoraltheologie Gestalt angenommen hat. Ich bin zur Überzeugung gelangt, dass *„eine Theologie, die nicht aus dem Leben kommt, nicht zum Leben kommt."* Sie fließt weder in mein eigenes Leben zurück, noch erreicht sie das Leben anderer, für die ich als Theologe von Gott sprechen und ihn als den Gott meiner Hoffnung bezeugen soll.

Gespräche, die „zu später Stunde" geführt werden, zeichnen sich manchmal durch besondere Ehrlichkeit aus. Da kommt oft spontan und ungeschützt zur Sprache, was untertags und bei offiziellen Anlässen verschwiegen wird, was

aber in der Tiefe unseres Seins schlummert und die eigentliche Antriebskraft
für unser Mühen und Nachdenken ist. Wir, die wir hier als Pastoraltheologen
biographisch Farbe bekennen, haben unser wissenschaftliches Tagewerk in
Lehre und Forschung wohl zum größten Teil hinter uns. Wir werden nicht mehr
„evaluiert", sondern dürfen uns in Gelassenheit und Dankbarkeit selbst „evalu-
ieren" und unser Leben und Schaffen mit all seinen Grenzen dankbar als „wert-
voll" erkennen. Wir teilen uns mit, wir teilen miteinander, was uns „zuteil
wurde", wir teilen denen, die nach uns kommen, mit, was uns zu und in unserer
Pastoraltheologie bewegt hat.

# 1. Grund und Boden

In meinem Fragen nach dem Sinn meines Lebens und Tuns, auf der Suche nach
einer authentischen Verwirklichung meiner Träume und Projekte, in meinem
Bemühen, in dem, was ich als meine Berufung zu erkennen glaubte, einigermaßen in der Spur des Evangeliums zu bleiben und ganz gewiss auch in meinem
theologischen Nachdenken war ich auch nicht selten in Gefahr, den Boden unter
den Füßen zu verlieren. Das lag wohl auch daran, dass ich immer wieder den
Wunsch in mir verspürte, die asphaltierten gesellschaftlichen und kirchlichen
Haupt- und Nebenstraßen zu verlassen und auch von gut markierten Routen ins
freie Gelände abzubiegen. Obwohl ich mich im Grunde meines Herzens eher
als ängstlicher Mensch erfahre, habe ich doch manchmal den Mut aufgebracht
und Lust daran verspürt, Abenteuer zu wagen, Neuland unter meine Füße zu
nehmen, unbekannte Flüsse mit starker Strömung zu überqueren und über Stock
und Stein eine Richtung für mein Leben zu suchen. Was mir dabei eine gewisse
Sicherheit gab, war zweifellos die von Dankbarkeit erfüllte Rückbesinnung auf
meine Herkunft, das Fluss-aufwärts-Gehen zu den Quellen meines Lebens, wo
ich auch den Ursprung meines Urvertrauens in das Leben und meines Glaubens
an einen mich liebenden und mich begleitenden Gott entdeckte. Ich fühlte mich,
im Bild gesprochen, in den Schleudererfahrungen meines Lebens zurückgewor-
fen auf jenen Grund und Boden, auf dem ich geboren wurde und aufgewachsen
bin. Dort bin ich immer wieder „gut gelandet". Diese Basis möchte ich hier
wenigstens andeutungsweise beschreiben, weil dort die Wurzeln einiger meiner
späteren Lebensentscheidungen und meiner pastoraltheologischen Grundoptio-
nen zu suchen sind.
   Ich wurde am 24. September 1945 in einem Dorf in der Weststeiermark, etwa
20 Kilometer von Graz entfernt, geboren. Der Zweite Weltkrieg war gerade zu
Ende, russische Soldaten waren von Ungarn her auch in meine Heimat einge-
rückt. Mein aus dem Krieg heimgekehrter Vater wurde von ihnen ergriffen und

wäre wohl verschleppt worden, hätte meine Mutter sich nicht mutig und entschlossen für seine Freilassung eingesetzt. Aus den späteren Erzählungen meiner Eltern und Verwandten über diese unsichere Zeit ist mir vor allem in Erinnerung geblieben, dass wir durch den bescheidenen Ertrag einer kleinen Landwirtschaft keinen Hunger litten und dass man bei mir zu Hause das Wenige, das
vorhanden war, nach Möglichkeit mit denen teilte, die scharenweise aus der
Stadt kamen, um im Tausch gegen Kochtöpfe und Kleider irgendwelche Le-
bensmittel zu ergattern. Es waren – in einem tieferen Sinn des Wortes – durchaus „armselige" Verhältnisse, in denen ich mit meinem um eineinhalb Jahre älteren Bruder aufwuchs. Denn die Begrenztheit der Mittel und die Einfachheit in
Wohnung und Kleidung verhinderten nicht, dass wir eine glückliche Kindheit
hatten, weil wir als Kinder von viel Liebe umgeben waren und den Eltern, Großeltern und Verwandten offensichtlich viel Freude in ihr hartes und entbehrungs-
reiches Leben brachten. Unter den Armen in Brasilien habe ich lange danach
erlebt, dass man auch mit wenig an Besitz zufrieden und glücklich sein kann
und dass man aus dieser Erfahrung heraus vielleicht auch das Evangelium Jesu
besser versteht. „Selig die Armen ..." – In meiner Erinnerung berühren sich
meine Kindheit und mein Leben in der Mission. Beides bildet wahrscheinlich –
bewusst oder unbewusst – die Erfahrungsbasis für mein theologisches Nachdenken über die Option für die Armen und über Vieles mehr, was mir bis heute
keine Ruhe lässt.

Einen frohen und befreienden Glauben, zu dem aber auch kritisches Nachdenken gehörte, hat mir vor allem meine Mutter vorgelebt. Sie musste von
Kindheit an hart arbeiten. Sie war vielfach begabt und wäre gern auf eine höhere
Schule gegangen, was natürlich unter ihren Verhältnissen ganz und gar unmöglich war. Sie war deshalb nie verbittert, sie war eine fröhliche kreative Frau, die
gerne tanzte und dichtete und für die Nachbarn und für viele Menschen Ratge-
berin und Nothelferin war. Wenn ich mich daran erinnere, wie sie Kranken bei-
stand, mit ihnen betete und wie sie Sterbende begleitete, dann war sie im
wahrsten Sinn des Wortes eine Seelsorgerin im ganzheitlichen Sinn. Durch das
Vorbild meiner Mutter ist in mir schon in der Kindheit der Wunsch gewachsen,
für andere da zu sein. Meiner Mutter, meiner Familie und meiner Heimatge-
meinde verdanke ich auch die emotionale Beheimatung in den Symbolwelten
und Grundvollzügen der katholischen Volksfrömmigkeit, die ich im Zuge meiner Aufklärungsprozesse im Anflug von intellektuellem Hochmut kritisierte
und eine Zeit lang auch ablehnte, deren Wert als „Lebenssynthese" ich aber
später durch das hautnahe Erleben lateinamerikanischer Volksreligiosität wie-
derentdeckte und theologisch zu reflektieren begann.

Für einen „geistlichen Beruf", wie man damals sagte, fehlten bei uns daheim
aber zunächst alle Voraussetzungen. Als Kleinbauernfamilie, die noch dazu
dem eher als „rot" verschrieenen Arbeitermilieu nahe stand, standen wir der
Pfarrgemeinde eher fern, obwohl wir ziemlich regelmäßig zum Sonntagsgottes-
dienst gingen. In der Kirche spielten nur die so genannten „Bürger" und größe-

ren Bauern eine Rolle. Ich kann mich nicht erinnern, dass der Pfarrer vor meinem Seminareintritt jemals bei uns „Kleinkeuschlern" zu Besuch gekommen wäre. Meine Mutter nahm das mit einem wachen Gespür kritisch wahr. Sie hat mir schon in jungen Jahren die Augen für manche Unrechtsverhältnisse in Kirche und Gesellschaft geöffnet. Im Rückblick erscheinen mir die diesbezüglichen Gespräche mit ihr wie eine frühe Einschulung in mein späteres befreiungstheologisch orientiertes Denken und Handeln.

Aber ich rückte bald vom Rand fast in die Mitte. Ich bekam einen besseren Platz vorne in der Kirche. Ich wurde Ministrant und begann aus eigener Initiative eine Jungschargruppe aufzubauen. Und plötzlich überraschte und schockierte ich meine Eltern mit dem Entschluss, Missionar zu werden. Der Kontakt zu einem Steyler Missionar und die Lektüre einer Kindermissionszeitschrift hatten mich auf diese Fährte gelockt. Es waren abenteuerlich „wilde" Vorstellungen von „Heidenmission", die damals meine Phantasie beflügelten. Aber es war zumindest so etwas wie ein Ursprungsimpuls für eine Berufung, die mein Leben bald in diese Richtung lenken sollte. Ich konnte damals nicht voraussehen, wie oft ich meine alten Vorstellungen von Mission, meine „Missionspraxis" und meine theologische Reflexion darüber noch in Frage stellen, korrigieren und neu orientieren würde.

Doch noch sprach fast alles gegen einen solchen Weg. „Bua, wer soll denn das Studium bezahlen?" Mein Vater war total dagegen und meine Mutter schlug die Hände über dem Kopf zusammen, weil sie unsere finanziellen Möglichkeiten realistisch einschätzte. Doch die Lehrer in Volks- und Hauptschule drängten darauf, dem begabten Kind doch den Weg ans Gymnasium in der Stadt zu ermöglichen. „Die Armen helfen den Armen" – Eine Großtante erklärte sich spontan bereit, mit ihrer Rente die Kosten für die Unterbringung in einem kleinen Seminar der Comboni-Missionare zu übernehmen, das weit und breit das billigste war. Ich verdanke es dieser internationalen Missionsgemeinschaft, für die ich mich später entschieden habe, dass sich mir überhaupt eine Möglichkeit zum Studium bot. Die Internatserziehung war zunächst ziemlich eng und streng. Sie hat mir aber sicher nicht geschadet, weil ich entdeckte, wie ich mir schlau und entschlossen meine eigenen Freiheiten herausnehmen konnte. Meine Lernschritte bei den Comboni-Missionaren, die Studien an verschiedenen Orten, die mir meine Ordensgemeinschaft ermöglichte, die verschiedenen Aufgaben, die ich in ihr übernahm, all das lässt sich im Rückblick immer wieder als Lebensweg erkennen und charakterisieren, der mich in die Weite führte. Zu einem Weitblick und Weltblick zu finden, immer wieder die Augen zu öffnen für die Realität „von Freude und Hoffnung, Trauer und Angst der Menschen von heute, besonders der Armen und Bedrängten aller Art" (GS 1), das war wohl so etwas wie die Grundsehnsucht meines Lebens.

Ich kam also durch die Comboni-Missionare ans Gymnasium in Graz. Dort eröffnete sich mir eine ganz andere Welt, die für mich neu und ungewohnt war, die mir ein wenig Angst machte, die mich aber zugleich faszinierte. Ich war neugierig und wollte auf jeden Fall viel lernen. Wir „Buam vom Land" hatten es anfangs nicht leicht. Wir sind inmitten der Kinder der Akademikerfamilien durch unseren Dialekt und durch unsere ärmliche Kleidung aufgefallen. Manche der Lehrer haben uns von oben herab behandelt, andere haben uns gefördert. Wir mussten uns behaupten und uns Anerkennung verschaffen. Ich hatte mir in meiner Klasse und an der Schule durch Leistung und Kameradschaft bald meinen Platz erkämpft und gewann an Selbstbewusstsein. Welche Bildungs- und Aufstiegschancen haben die Kinder der Armen dieser Welt aber sonst? Wer fördert sie, dass sie es lernen, zum „Stallgeruch" ihrer Herkunft aus ärmlichen Verhältnissen zu stehen, ihre Minderwertigkeitskomplexe zu überwinden und zu einem gesunden Selbstbewusstsein zu finden? Was gibt den Armen Würde und Ansehen? Wie sehr haben mich später diese Fragen bewegt. Meine eigene Biographie hat mir geholfen, sie tiefgreifender zu reflektieren.

In der Oberstufe des Gymnasiums begann freilich auch für mich in manchem der Boden unter der Füßen zu wanken. Ich wurde von meinen Mitschülern in meiner kirchlichen Sozialisierung und Positionierung in Frage gestellt. Ich gewann Lust daran, mich auch mit kirchenkritischen Lehrern zu streiten und für meine Überzeugung einzutreten. Ein aufgeschlossener Religionslehrer gab mir Mut zur kritischen Auseinandersetzung mit meinem eigenen Glauben. Ihm verdanke ich auch den ersten Kontakt mit den Fragen, denen sich genau zu dieser Zeit das Zweite Vatikanische Konzil stellte. Die Erneuerung der Liturgie, das Anliegen der Ökumene, die Mission der Kirche und ihr Verhältnis zur Welt von heute: Das waren die Themenkreise, die ich damals im Rahmen meiner mündlichen Matura mit Eifer studierte. Aber welches Studium sollte ich wählen und welchen Lebensweg sollte ich einschlagen? An der Theologie hatte ich schon Geschmack gefunden. Doch auch das Studium der alten und neuen Sprachen habe ich in Erwägung gezogen. Die Medizin hätte mich auch interessiert, um mich ganz praktisch in den Dienst von Menschen zu stellen. Ich war ein lebenslustiger und freiheitsliebender Student mit vielen Freundschaften. War ich wirklich zu einem Leben in einem Missionsorden berufen? Durch meine Internatszeit bei den Comboni Missionaren war ich auf ein spannendes Lebensprojekt aufmerksam geworden, das ich – hin und her gerissen zwischen dieser und anderen Lebensformen – wenigstens versuchsweise in Angriff nehmen wollte. So trat ich – sehr zur Überraschung meiner Lehrer, Mitschüler und meiner Verwandtschaft – nach dem Gymnasium in das Noviziat ein.

# 2. Studien- und Lernjahre nach dem Konzil

Es war ein Sprung ins kalte Wasser einer spirituell sehr engen vorkonziliaren Ordensausbildung, die ich zum einen noch ernst nehmen wollte, die ich anderseits aber bereits sehr in Frage stellte. Ich überlebte diese Phase wahrscheinlich deshalb, weil ich in meinem Denken schon an andere Ufer unterwegs war, die ich in meinem Philosophiestudium in Bamberg und vor allem in den theologischen Studienjahren an der Gregoriana in Rom erreichte. Das Jahr 1968 war auch an der Theologie nicht spurlos vorübergegangen. Die alte Kirche war mir wissbegierigem, nach Freiheit hungernden Theologiestudenten zunehmend fragwürdig geworden. Ich nahm die frische Luft des Zweiten Vatikanischen Konzils in vollen Zügen in mich auf. Das taten auch die meisten unserer Jesuitenprofessoren. Es war eine Studienzeit im Aufbruch der Theologie an neue Ufer. Ich erinnere mich unter anderem an die Diskussionen um die Enzyklika „Humanae Vitae", in der es damals noch keine Redeverbote gab. Wir bekamen durch Exegese und biblische Theologie und durch eine solide Dogmengeschichte einen Einblick in die Dynamik einer lebendigen Tradition des christlichen Glaubens, Grundlagen, deren Bedeutung für die Praktische Theologie ich erst später zu schätzen gelernt habe. Die internationale Zusammensetzung der Professoren und Studierenden öffnete meinen Blick für die Vielfalt der multikulturellen katholischen Weltkirche und der christlichen Ökumene. Da mich fast alle Fachgebiete der Theologie wissenschaftlich interessierten, musste ich mich entscheiden, in welche Richtung mich mein Doktoratsstudium, zu dem mir meine Ordensgemeinschaft großzügig die Möglichkeit bot, führen würde. Zugleich war die alte Sehnsucht, einmal als Seelsorger im Dienst der Menschen zu stehen, nicht erloschen. An der Gregoriana wurde die Pastoraltheologie zu meiner Enttäuschung nur als „theologia minor" betrachtet. Im Germanikum wurden aber regelmäßig Seminare zur Einübung in die pastorale Praxis angeboten. Zugleich besuchte ich nebenbei auch Vorlesungen an der missionswissenschaftlichen Fakultät, die mich mit der Missionsgeschichte und mit den verschiedenen Ansätzen neuerer Missionstheologie in Kontakt brachte.

In der „Hitze des Gefechtes" und der Faszination für das Theologiestudium war die Frage nach der Entscheidung zum Priester- und Ordensleben eine Zeit lang in den Hintergrund getreten. Wieder standen verschiedene Möglichkeiten und Lebensformen zur Wahl. Es war ein hartes Ringen um Klarheit und Berufsklärung, das mich aber in einen Raum der Freiheit führte, in dem ich es einfach wagen wollte, innerhalb dieser internationalen Missionsgemeinschaft der Comboni-Missionare, die ich nun schon besser kannte, im wahrsten Sinn des Wortes mein Glück zu versuchen. Ich wollte das Evangelium leben, in dem ich mich für einen Dienst vor allem an den Armen in einer Kirche des Südens zur Verfügung stellte.

Doch zunächst habe ich nach meiner Ordensprofess und Priesterweihe nach all den Jahren eines guten aber doch etwas abgehobenen und lebensfernen Studiums die Notwendigkeit verspürt, meine Füße wieder auf den Boden kriegen. Da es damals offiziell keinen Pastoralkurs gab, habe ich mir selbst eine Möglichkeit dazu verschafft. Ich habe mich einem befreundeten Pfarrer auf dem feucht-fröhlichen Boden eines südsteirischen Weinortes für eine Mitarbeit in der Seelsorge zur Verfügung gestellt und dort vor allem in der Jugendarbeit

pastorale Basiserfahrungen gesammelt. Nur so konnte ich auch gleichzeitig guten Gewissens an der Theologischen Fakultät der Universität Graz mein Dok-
toratsprojekt in Pastoraltheologie verwirklichen, zu dessen Thematik ich schon
in Rom geforscht hatte: „Mission und Pastoraltheologie".[1] Ich wollte wissen,
ob es in den pastoraltheologischen Lehrbüchern des deutschen Sprachraumes
Ansätze dafür gab, der weltweiten Mission der Kirche in der Praktischen Theologie einen Platz einzuräumen. Diese Frage hat mich auch später wieder beschäftigt. Der Studienzeit in Graz verdanke ich auch erste Einsichten in die Bedeutung der Pastoralpsychologie, die ich durch Karl Gastgeber und Karl Heinz
Ladenhauf kennen lernen durfte.

Eine wissenschaftliche Laufbahn stand damals    und ich sage Gott sei Dank
– noch lange nicht zur Diskussion. Es wäre dafür aus meiner heutigen Sicht auf
jeden Fall zu früh gewesen. Stattdessen durfte ich in der Folgezeit ganz verschiedene Basiserfahrungen sammeln, die für meine Theologie im wahrsten
Sinn des Wortes „Grund-legend" waren. Dass mich die Ordensleitung gleich
nach dem Studium – jung und unerfahren, wie ich war, aber voll Taten- und
Reformdrang – mit der Aufgabe des Novizenmeisters betraute und mich im
Zuge der nachkonziliaren Erneuerung des Ordenslebens und der missionarischen Praxis in die Reformkapitel der Comboni-Missionare berief, habe ich als
Vertrauensbeweis und als Chance zur Entfaltung meiner eigenen Identität wahr-
genommen. Ich konnte meine spirituellen und theologischen Grundanliegen
„ungeniert" und engagiert einbringen. Ich durfte in der Kommission für die
Neufassung der Konstitutionen meiner Gemeinschaft mitarbeiten und habe
durch die Eingaben aus deren verschiedenen Missionsfeldern in Afrika und Lateinamerika Einblick in die spannungsreiche kirchliche und soziale Realität der
Länder und Kirchen des Südens gewonnen. Von einem längeren Aufenthalt in
Südafrika, wo die schwarze Bevölkerung noch unter dem Joch der Apartheid
stöhnte, bin ich schockiert, aber auch sehr bereichert und nachdenklich zurückgekehrt. So lehrreich diese Jahre für mich waren: Die Mission war noch immer
weithin Theorie und „weit weg". Ich spürte immer deutlicher die Notwendigkeit
für einen Aufbruch an die Basis. Die Ordensleitung wollte mich aber für eine
Aufgabe in Rom festhalten, wogegen ich mich mit Erfolg gewehrt habe. Es war
höchste Zeit, dass mir die Mission auf neue Art „auf den Leib rückte".

---

[1]  Franz Weber, Mission – Gegenstand der praktischen Theologie? Die Missionstätigkeit der Kirche in den pastoraltheologischen Lehrbüchern von der Aufklärung bis zum Zweiten Vatikanum
(Bamberger Theologische Studien 9), Berlin u.a. 1999 (zugl. Universität Graz, Dissertation
1974).

## 3. „Theologie mit den Füßen auf dem Boden"

Noch kannte ich das Buch von Clodovis Boff mit diesem Titel nicht, mit dem
der bekannte Befreiungstheologe seine für seine Theologie grundlegenden
Lernprozesse im Amazonasgebiet beschreibt.[2] Die Theologie der Befreiung zu
diskutieren und von Basisgemeinden als der Zukunft der Kirche zu schwärmen
war damals fast so etwas wie eine Modeerscheinung. Als man sich in den progressiven Sektoren im deutschsprachigen Raum mit zunehmenden Widerstän-
den gegen den „Strukturwandel der Kirche" konfrontiert sah, haben nicht wenige ihre Kirchenträume nach Lateinamerika projiziert. Wahrscheinlich war ich
auch davon infiziert, musste aber bei meiner Ankunft im Nordosten Brasiliens
im Jahr 1983 sehr bald einsehen, dass eine neue Form von Kirche und Gemeinde
sich auch dort nur in einem mühseligen und konfliktreichen Prozess der Ekkle-
siogenese (Leonardo Boff) herausbilden kann. In anderen Gebieten Brasiliens
war man damals mit der Einführung von Basisgemeinden schon viel weiter als
in der riesigen noch sehr traditionell geprägten Pfarre im hintersten Winkel des
Bundesstaates Maranhão, für die ich als Pfarrer bestellt wurde und wo ich eine
Neuorientierung der Pastoral in die Wege leiten sollte. Ich wurde mit großer
Herzlichkeit aufgenommen. Die brasilianischen Ordensschwestern, die mit mir
diese Aufgabe übernahmen, gaben mir aber sofort in liebevoller Klarheit zu verstehen, dass ich meine mitgebrachten pastoralen Konzepte im Koffer zu lassen
und mich radikal auf das Wagnis der Inkulturation einzulassen hatte. Damit begann für mich ein mühsamer aber fruchtbarer Lernprozess, der zunächst vor
allem im Erlernen der Sprache der einfachen Leute bestand, die sich ganz anders
anhörte als das Portugiesisch, das ich in den Sprachkursen studiert und geübt
hatte. Als faszinierend und theologisch fragwürdig zugleich empfand ich zunächst auch die bunte Symbolwelt der Volksfrömmigkeit, die mich aber doch
in Vielem an meine eigenen volkskirchlichen Wurzeln erinnerte.

Vor allem aber ging es jetzt darum, die ganz anderen Lebenswelten der Menschen dort in Ehrfurcht „wahr-zu-nehmen" und sie in ihrer Fremdheit sein zu
lassen. Ohne diesen grundlegenden Lernprozess wären meine späteren Bemühungen um eine wissenschaftliche Erforschung der kulturellen Wurzeln der brasilianischen Basisgemeinden in eine falsche Richtung gelaufen. Lernen durfte
ich aber vor allem, dass es in dieser neuen Art von Kirche und Gemeinde vor
allem darum ging, dass die Armen nicht mehr Objekte unserer Missionstätigkeit
blieben, sondern in ihrer Würde als Träger der Evangelisierung anerkannt wurden. Und als solche habe ich sie auch erlebt, die einfachen Frauen und Männer,
die an der Peripherie der Stadt und in den weit entfernten Siedlungen im Urwald
die kleinen Gemeinden leiteten und mit ihnen Wortgottesdienste feierten, weil

---

[2]   Clodovis Boff, Mit den Füßen am Boden. Theologie aus dem Leben des Volkes, Düsseldorf
      1986.

ich mit meinem Pastoralteam nur sehr selten zur Feier der Eucharistie dorthin kommen konnte.

Der Beginn meiner acht Lernjahre „im Busch" fiel in eine Zeit, in der in Brasilien noch die Militärs an der Herrschaft waren und in der wir uns in den zahlreichen Landkonflikten entschlossen auf die Seite der Kleinbauern stellten. Der Militärpolizei und den Großgrundbesitzern waren alle, die den Einsatz für die Armen und Rechtlosen als wesentlichen Teil ihrer Pastoral betrachteten, ein Dorn im Auge. Die 70-iger und 80-ziger Jahre des letzten Jahrhunderts wurden in Lateinamerika nicht umsonst als „Jahrzehnte des Blutes und der Hoffnung" bezeichnet. Was sich in dieser Zeit in Brasilien und in anderen lateinamerikanischen Ländern ereignete, hat mich sehr geprägt und bildete die Grundlage für meine späteren theologischen Überlegungen zur theologischen und pastoralen Verbindlichkeit der „vorrangigen Option für die Armen" und zu Ansätzen einer befreiungstheologisch orientierten Sozialpastoral, an deren Notwendigkeit man ganz aktuell auch bei uns keinen Zweifel lassen sollte. Oder wollen wir etwa im Kontext Mitteleuropas nicht mehr zur Unverzichtbarkeit der Diakonie und der prophetischen Anwaltschaft der Kirchen Stellung beziehen?

Als meine Pfarre im Nordosten an meinen brasilianischen Nachfolger übergeben wurde, nahm ich schweren Herzens Abschied von Menschen, die mir trotz ihrer kulturellen Andersartigkeit in der Schlichtheit ihres Lebens und ihres Glaubens zu Schwestern und Brüdern geworden waren. Vor meiner Rückkehr nach Europa konnte ich am missionswissenschaftlichen Institut in São Paulo, das unter der Leitung des bekannten deutschbrasilianischen Theologen Paulo Suess stand, meine pastoralen Erfahrungen reflektieren und theologisch vertiefen. Hier erwachte in mir wieder die alte Liebe zur wissenschaftlichen Theologie und zum missions- und pastoralgeschichtlichen Quellenstudium. Die Vorlesungen und Seminare mit bekannten Theologen, Historikern und Kulturanthropologen aus ganz Lateinamerika eröffneten mir neue Perspektiven auf die Kirchenerfahrung der Basisgemeinden, denen nun nicht mehr nur mein pastoraler Einsatz, sondern auch mein Forschungsinteresse galt. Während meines Studiums blieb ich jedoch an den Wochenenden auch in Tuchfühlung mit Gemeinden an der urbanen Peripherie von São Paulo, wo ich noch einmal eine andere Realität von Kirche erlebte.

Aber warum und wofür sollte ich mich eigentlich nun auf ein wissenschaftliches Forschungsprojekt einlassen? Ich hatte noch von keiner Seite einen direkten Auftrag dazu, obwohl meine Ordensleitung mit meiner Rückkehr in den deutschsprachigen Raum die Hoffnung verband, ich könnte dort doch den einen oder anderen missionswissenschaftlichen Lehrauftrag übernehmen. Welche Zukunft erwartete mich im alten Europa? Hatte ich der Kirche und Theologie in der alten Heimat überhaupt etwas zu sagen und „mitzubringen"? Es begann ein schwieriger Prozess der „Re-inkulturation" in eine gesellschaftliche und kirchliche Wirklichkeit, die mir in der Zeit meiner Abwesenheit ziemlich fremd geworden war und die Suche nach einem, nach meinem Ort, in der Universitätstheologie. Ottmar Fuchs, mein Studienkollege aus Bamberger Zeiten, war von meinem Vorhaben, die Entstehung und den Werdegang der brasilianischen Basisgemeinden in einem Habilitationsprojekt zu erforschen, sofort angetan und erklärte sich bereit, gemeinsam mit dem Kirchenhistoriker und Lateinamerikakenner Johannes Meier meine Arbeit zu begleiten.[3] Diesen beiden Kollegen und dem „Fuchsstall", d.h. dem Bamberger Forschungskreis der DoktorandInnen und HabilitantInnen verdanke ich es, dass ich meine – manchmal sehr anderen – Positionen und Optionen in heißen Auseinandersetzungen zur Diskussion stellen konnte, dass ich immer mehr Lust an der Pastoraltheologie bekam und mir allmählich auch selbst einen möglichen Einstieg in die akademische Theologie zutraute. Erste Lehraufträge in Graz, Linz, Brixen, Bamberg und Innsbruck ließen mich erfahren, dass ich mit meinen Themen auch bei den Studierenden auf Interesse stieß. Neben Ottmar Fuchs waren es vor allem Kollegen und Kolleginnen wie Karl Heinz Ladenhauf, Maria Elisabeth Aigner, Matthias Scharer, Markus Lehner, Franz Gruber, Ulrike Bechmann, Klemens Schaupp, Roman Siebenrock und andere, die mir Mut machten, den Sprung vom „Busch" in die akademische Theologie zu wagen. Mit der Berufung nach Innsbruck (mit 1.9.1997) wurde mir ein Raum eröffnet, in dem ich allmählich jene Schwerpunkte in Lehre und Forschung entfalten konnte, die mir ein pastorales und wissenschaftliches Anliegen waren und die allmählich zum Fokus meiner Pastoraltheologie werden sollten.

# 4. Die Kirche hat nicht eine Mission – sie ist Mission

Der Innsbrucker Lehrstuhl für Pastoraltheologie hatte durch meine Vorgänger Hermann Stenger und Klemens Schaupp eine klare Ausrichtung erfahren. Ich schätzte diese Kollegen und hatte keine Zweifel an der Bedeutung der Pastoralpsychologie. Ich war auch froh, dass diese Tradition durch die Assistentin Anna Findl-Ludescher und durch die Assistenten Gerhard Waibel und Johannes Panhofer weitergeführt wurde. Selbst hatte ich noch keine klaren Vorstellungen davon, mit welchem Ansatz von Pastoraltheologie ich dieser Fakultät und ihren Studierenden am besten einen Dienst erweisen konnte. Eine Theologie ‚à la carte' wollte ich nicht servieren, sondern eigene Akzente setzen. Durfte man den kolonial belasteten Begriff Mission überhaupt noch unverkrampft verwenden? Ich hatte nach meiner Rückkehr aus Brasilien den Eindruck, dass dieses alte vielsagende Wort nahezu vollständig in der Mottenkiste der Theologie verschwunden war, obwohl das Zweite Vatikanische Konzil im Missionsdekret mit

---

[3]   Franz Weber, Gewagte Inkulturation. Basisgemeinden in Brasilien: eine pastoralgeschichtliche Zwischenbilanz, Mainz 1996 (zugl. Bamberg, Habilitation 1995).

einer trinitätstheologischen Begründung gelehrt hatte, dass „die pilgernde Kirche ihrem Wesen nach missionarisch" (AG 2) sei? Warum sollte ich der Mission als Grundauftrag der Kirche nicht auch in meiner praktisch theologischen Reflexion einen besonderen Stellenwert einräumen und der verschwindenden Missionswissenschaft innerhalb der Praktischen Theologie ein Heimatrecht gewähren? Neu war diese wissenschaftstheoretische Verortung dieser theologischen Randdisziplin in einem Hauptfach ja nicht. Sie begegnet bereits im 19. Jahrhundert bei den Praktischen Theologen der Tübinger Schule und wurde von Karl Rahner im Handbuch der Pastoraltheologie aufgegriffen und neu begründet. Ich hatte gute Gründe, meinen Fachbereich als „Interkulturelle Pastoraltheologie und Missionswissenschaft" neu zu benennen. Ich bin damit an der Fakultät auf ein positives Echo gestoßen und konnte nun damit beginnen, in Lehre und Forschung mein eigenes Profil zu entwickeln.

Ich kam nie dazu, eine eigene Theorie interkultureller Theologie zu entwickeln. Die internationale Zusammensetzung der Studierenden an der Innsbrucker Fakultät hat mich aber zu einer Praxis eines interkulturellen partizipativen Theologietreibens herausgefordert. Dabei war mir die Einübung einer gegenseitigen unvoreingenommenen Wahrnehmung der kulturellen und religiös-kirchlichen Eigenart der jeweils anderen ein besonderes Anliegen. Eine (richtig verstandene) „vergleichende Pastoraltheologie", wie sie seinerzeit der Münsteraner Religionspädagoge Adolf Exeler vertrat und praktizierte, gewann in Innsbruck vor allem im Kreis der Doktorandinnen und Doktoranden dort an Gestalt, wo sich Studierende aus dem Norden und Süden der Weltkirche in der Darstellung und Diskussion ihrer je eigenen kulturell und ortskirchlich geprägten Forschungsgebiete austauschten und gegenseitig herausforderten. Einen privilegierten Raum für eine auch existentiell erfahrene interkulturelle Theologie bildete für mich immer wieder der Universitätslehrgang „Kommunikative Theologie", in dem die TeilnehmerInnen in einer „Weltkirchenexkursion" in Kurzaufenthalten in Indien, Taiwan, Süd- und Ostafrika, in Mexiko und Brasilien die Möglichkeit hatten, eine andere Kultur und Ortskirche in ihren sozialen Spannungsfeldern kennen zu lernen. Ich habe immer wieder darauf hingewiesen, dass im global village und in einer global church eine Theologie im deutschsprachigen Raum, die ihre provinzielle Enge nicht erkennt und aufbricht oder gar in einem eurozentrischen Superioritätskomplex nicht zu einer Kommunikation mit anderen kontextuellen Theologien fähig und bereit ist, anachronistisch wird und ekklesiologisch zu hinterfragen ist. Die nachrückende Generation unseres Faches sollte sich auf jeden Fall den Fragen stellen, die sich aus einer neuen faktischen Katholizität der Kirche für weltkirchliches Lernen und interkulturelles Theologietreiben ergeben.

# 5. Vom Leben und Überleben der Gemeinden

Der Einblick, den ich durch die Erforschung der Geschichte der Basisgemeinden gewann, hat mich gelehrt, dass Kirche auch unter schwierigen, ja unmöglichen Bedingungen möglich wird und am Leben bleibt, wenn sie „in den Seelen erwacht" (Romano Guardini) und vor Ort als Glaubens- und Solidargemeinschaft erlebbar wird. Wo und wie findet die Mission in der Weltkirche von heute ihre Fortsetzung? Wie können Menschen zum Glauben an Jesus Christus kommen, wenn sie nicht auf eine Gruppe von Menschen treffen, von denen sie sich angesprochen und angenommen fühlen? Muss das Evangelium nicht in einer Gemeinschaft erlebt werden? Nach meinen Erfahrungen und Nachforschungen in Lateinamerika wollte ich auch der Gemeindeentwicklung in anderen Teilen der Weltkirche auf die Spur kommen. Ich bin in mehreren Forschungsaufenthalten den „Kleinen Christlichen Gemeinschaften" in Südafrika und Mosambik, in Kenia, Uganda und Tansania nachgegangen und habe durch die Untersuchungen meiner Doktoranden und Diplomanden verschiedene Gemeindeformen in Asien und Ozeanien kennen gelernt. In unserer „Interkulturellen Gemeindetheologie" wollten Ottmar Fuchs und ich einige dieser Prozesse der Gestaltwerdung von Kirche bekannt machen und sie der Theologie und Gemeindepraxis hierzulande zu bedenken geben.[4] Ich bin im Rückblick dankbar, dass ich dafür zum Beispiel im Redaktionsteam der Zeitschrift Diakonia, im Vorstand und im Beirat der Konferenz der deutschsprachigen PastoraltheologInnen, durch Kollegen wie Leo Karrer, Norbert Mette, Udo Schmälzle und einige andere, und auch bei Kongressen und Vorträgen genügend Gelegenheit bekam.

Ich war mir immer bewusst, dass sich Gemeindeerfahrungen nicht von einem kulturell ortskirchlichen Kontext in einen anderen übertragen lassen. Sie können aber als Spiegel dienen, in dem wir auch die Situation der Gemeinden in Europa selbstkritisch unter die Lupe nehmen. Was hat es uns zu sagen, dass die katholische Kirche in vielen Ländern des Südens deshalb Wurzeln geschlagen hat und zu neuem Leben erwacht ist, weil einige kontinentale und nationale Bischofskonferenzen die Dezentralisierung der riesigen Pfarreien und die Bildung kleiner christlicher Gemeinden zur pastoralen Priorität erklärt haben? Dadurch ist die Kirche vielerorts zu einer einheimischen, auch von den Leuten selbst getragenen, inkulturierten „Kirche des Volkes Gottes" geworden.

Auch in Europa hatten nicht wenige Theologen nach dem Konzil von einer neuen Art von Kirche geträumt. Karl Rahner hatte 1972 in einem aufsehenerregenden Buch einen Strukturwandel zu einer Kirche vorausgesagt, „die sich von unten her durch Basisgemeinden [...] aufbaut."[5] Es hat zum einen sicher mit der

---

[4]   Franz Weber / Ottmar Fuchs, Gemeindetheologie interkulturell. Lateinamerika – Afrika – Asien (Kommunikative Theologie 9), Mainz 2007.

[5]   Karl Rahner, Strukturwandel der Kirche als Aufgabe und Chance, Freiburg/Br. 1972, 115.

von den Kirchen des Südens sehr verschiedenen Situation der Kirche im deutschen Sprachraum, zum anderen aber auch mit der mangelnden Reformbereitschaft und dem fehlenden Mut zu pastoralen Experimenten zu tun, dass die Gemeindeentwicklung hierzulande stagnierte oder in eine folgenschwere Gegenrichtung verlief: Aufgrund des rapide zunehmenden Priestermangels wurden die traditionellen Pfarrstrukturen nicht kleiner, sondern immer größer und unpersönlicher. Auch große Pfarreien wurden und werden zu Mega-Seelsorgeeinheiten zusammengelegt. Die Kirche verliert dadurch den Boden unter den Füßen und den Kontakt zu den Menschen, die sich in zunehmenden Maß um ihre kirchliche Heimat und um die Feier der Eucharistie an ihrem Lebensort betrogen fühlen. Ich habe es als meine Gewissenspflicht als Gemeindeseelsorger und Pastoraltheologe angesehen, auf diese folgenschweren Sterbeprozesse aufmerksam zu machen. Als „interkultureller Gemeindetheologe", dem es immer ein Anliegen war, Gemeindeerfahrungen aus anderen Ortskirchen zu Gehör zu bringen, muss ich besorgt und provozierend feststellen: Die Gemeindeentwicklung im deutschsprachigen Raum ist – weltkirchlich gesehen – ein Sonderfall, und für manche Betroffenen ein Trauer- und Sterbefall von Kirche. Trotz dieser meiner kritischen Situationsanalyse habe ich nie aufgehört, mich in der prekären pastoralen Notsituation meiner Verantwortung als Pastoraltheologe und Priester zu stellen. Ich habe mich in Innsbruck selbst als Pfarrer für die Leitung eines Seelsorgeraumes mit drei größeren Pfarreien zur Verfügung gestellt. Ich habe mich unter anderem sehr für die Leitung von Pfarren durch Laien eingesetzt und dabei immer wieder auf entsprechende positive Erfahrungen in der Weltkirche verwiesen, damit sich Kirche auch weiterhin vor Ort und im Ort ereignen und am Leben bleiben kann und auch kleinere Pfarreien eine Chance zum Überleben bekommen.

# 6. Seelsorge als Aufgabe des gesamten Gottesvolkes

Wenn ich von Pastoral als Hirtendienst spreche, wie uns das mein Vorgänger Hermann Stenger in seinem beeindruckenden „Hirtenbuch"[6] vor Augen gestellt hat, dann kommen mir nicht nur Bischöfe, Priester, Diakone, Ordensleute und PastoralassistentInnen in den Sinn. Ich habe Frauen und Männer vor Augen, die am Land und an den Randzonen der Städte die kleinen Gemeinden leiteten. Ich denke spontan an Menschen, denen ich in den „Kleinen Christlichen Gemeinschaften" in Afrika begegnet bin. Ich sehe sie vor mir, wie sie im Bibelteilen das Evangelium zum Leben brachten und in den Gottesdiensten in farbenfrohen

---

6    Hermann Stenger, Im Zeichen des Hirten und des Lammes. Mitgift und Gift biblischer Bilder, Innsbruck-Wien 2000.

liturgischen Gewändern mit Musik und Tanz das Leben feierten und mitten in oft menschlich und sozial ziemlich hoffnungsloser Lage Hoffnung stifteten. Meine Gedanken sind diesbezüglich ganz aktuell bei all denen, die ich jetzt hier in meinem Umfeld im Dienst an den Menschen erlebe: in der Klinikseelsorge, im Hospiz, in den vielen Beratungsstellen und im diakonischen Alltag der Pfarreien. Stehen sie nicht alle als „Hirtinnen und Hirten" im Dienst am Leben? Ich erlebe mich als Priester natürlich auch selbst als Seelsorger und ich bin dankbar für die hauptamtlichen Seelsorger im Pastoralteam meines Seelsorgeraumes. Aber was wären wir ohne unsere zahlreichen (aber auch weniger werdenden) MitarbeiterInnen, ohne die Frauen und Männer, Kinder und Jugendlichen, die nach wie vor auf vielfache Art und Weise und mit Freude in unseren Pfarrgemeinden am Werk sind?

So habe ich – bei aller möglichen und vielleicht auch notwendigen begrifflichen Unterscheidung ihrer verschiedenen Formen und Träger – immer entschieden für ein umfassendes Verständnis von Seelsorge plädiert, in dem der pastorale Dienst der Kirche an den Menschen in einem guten Miteinander von Charismen, Diensten und Ämtern wahrgenommen wird. Aus meinen verschiedenen Gemeindeerfahrungen weiß ich um die Notwendigkeit einer auch durch die Weihe sakramental begründeten Gemeindeleitung, wende mich aber entschieden gegen alle alten und neuen Formen von klerikaler Machtausübung und Bevormundung, die auch hochmotivierten Mitarbeiterinnen und Mitarbeitern die Freude an der Kirche verdirbt. Ich bedaure es sehr, dass die Theologie der sogenannten „Dienstämter" („ministries", „ministerios"), wie sie in manchen Kirchen des Südens entwickelt und in die pastorale Praxis umgesetzt wurde, auf der Ebene der Gesamtkirche keine Weiterführung gefunden hat und dass es – wohl aus Angst vor tiefgreifenden strukturellen Veränderungen – in unserer katholischen Kirche nicht zu einer Öffnung der Zulassungsbedingungen zu den Weiheämtern gekommen ist. Weil das Festhalten an historisch bedingten Formen des Amtes einer Mehrheit in der Kirche offensichtlich wichtiger erscheint als dogmatisch und ekklesiologisch vorrangige sakramentale Grundvollzüge, bleiben viele – und gerade die kleinen Gemeinden der Armen, aber auch eine zunehmende Zahl von Gemeinden in unseren Breiten – ohne die eucharistische Feier des Todes und der Auferstehung des Herrn. Als einer, der aus eigener Anschauung weiß, welche „Entzugserscheinungen" und Sterbeprozesse sich daraus für das Gemeindeleben ergeben, werde ich als Theologe und Priester nicht aufhören, auf diesen verantwortungslosen Zustand aufmerksam zu machen.

# 7. Option für die Armen als Testfall für eine hoffnungsstiftende Theologie und Kirchenpraxis

Rainer Bucher hat mir einmal bei einem offiziellen Anlass das Zeugnis ausgestellt, ich würde mich dafür einsetzen, dass die Theologie keine akademischen Spielchen spielt, sondern im Spiel des Lebens mitspielt – und ich füge hinzu: hoffnungsvoll für das Leben Partei ergreift. Damit hat er mich voll und ganz durchschaut. Ich betrachte es in der Tat als wichtigstes Kriterium für die Auswahl unserer Themen, dass in unserer Pastoraltheologie sichtbar wird, dass der Mensch der Weg der Kirche ist und dass wir uns mit unserer Theologie vor allem dort herausgefordert wissen, wo Leben und Würde des Menschen bedroht sind. Der Fokus meines eigenen Theologietreibens hat sich im Laufe der Zeit auf verschiedene Themenbereiche gerichtet, die offensichtlich – stärker als mir manchmal bewusst war – in sehr engem Zusammenhang mit dem stehen, was mir in meiner eigenen Biographie an und in meinen Weg gestellt wurde und was mir mein Leben an Anschauungsmaterial geliefert hat. Wenn ich das Wort „Fokus" wörtlich nehme und nach einem „Brennpunkt" suche, nach dem Thema, das mir bis heute am meisten auf den Nägeln und im Herzen brennt, dann sind es zweifellos all die brennenden und brandaktuellen Fragen, die mit dem Verhalten der Kirchen und Religionen gegenüber den Armen, Elenden und Ausgestoßenen in unserer Welt zu tun haben.

„Die Ausgeschlossenen sind nicht Ausgebeutete, sondern Müll, Abfall."[7] Papst Franziskus protestiert in „Evangelii gaudium" heftig gegen eine Weltwirtschaft der Ausschließung, die tötet,[8] und zur Folge hat, dass große Massen der Weltbevölkerung nicht nur am Rande der Gesellschaft stehen, sondern überflüssig sind und wie menschlicher Rest- und Problemmüll nur schwer „entsorgt" werden können. Ich habe Arme erlebt, die ihre Würde bewahrt und um sie gekämpft haben. Ich habe zu viel gesehen an menschenunwürdigem Elend an den endlosen Peripherien lateinamerikanischer und afrikanischer Großstädte und in Flüchtlingslagern, als dass ich diese Bilder einfach ausblenden könnte. Ich habe aber auch immer wieder erleben dürfen, dass unsere und andere christliche Kirchen diese so genannte „vorrangige Option für die Armen" als pastorale Grundentscheidung im Überlebenskampf von Menschen unspektakulär alltäglich in die Tat umsetzen. Ich habe diese Option und ihre biblischen, historischen und theologischen Grundlagen seinerzeit zum Thema meiner akademischen Antrittsvorlesung gemacht und mich in Lehre und Forschung um eine Grundlegung einer „optionalen" Theologie gemüht, die sich nicht scheut, parteiergreifend Stellung zu beziehen. Wo steht unsere Theologie angesichts der

---

[7]  Papst Franziskus, Die Freude des Evangeliums. Das Apostolische Schreiben „Evangelii gaudium" über die Verkündigung des Evangeliums in der Welt von heute, Freiburg/Br. 2013 (= EG) 53.

[8]  Vgl. ebd.

Überlebensprobleme der Menschheit, der Armut im eigenen Land und des An-
sturms der Flüchtlinge?

In meiner Abschiedsvorlesung habe ich im Widerspruch zur gängigen Meinung, in der unsere Kirche vielfach als „Jammergestalt" bezeichnet und erlebt
wird, nach Spuren der Hoffnungsgestalt einer diakonischen und prophetischen
Kirchen- und Gemeindepraxis gesucht – und ich bin fündig geworden. Es
kommt auch auf den theo-logischen Blickwinkel an. *„Seid stets bereit, jedem
Rede und Antwort zu stehen, der nach der Hoffnung fragt, die euch erfüllt!"* (1
Petr 3,15) Von dieser klaren Aufforderung habe ich mich gerade dann in Frage
stellen lassen, wenn mich die Not der Menschen und manche Zustände in Kirche und Gesellschaft in die Niederungen der Hoffnungslosigkeit und der Resignation gezogen haben. Menschlicher Zuspruch, Durchhalteparolen und Mut-
machlieder haben mir da meist auch nicht sehr weitergeholfen, wohl aber die
„Grundsätze", denen ich seinerzeit im Dokument „Unsere Hoffnung" der Würzburger Synode begegnet bin und die ich in mein Leben und in meine Pastoraltheologie mitgenommen habe. Wenn *„der Name Gottes tief eingegraben (ist)
in die Hoffnungs- und Leidensgeschichte der Menschheit"* und wenn *„der Gott
unseres Glaubens der Grund unserer Hoffnung ist, und nicht der Lückenbüßer
für unsere Enttäuschungen",* dann ist *„der Weg der Kirche der Weg gelebter
Hoffnung [...] Er ist auch das Gesetz aller kirchlichen Erneuerung. [...] Die
Welt braucht keine Verdoppelung ihrer Hoffnungslosigkeit durch Religion"* und
Theologie. *„Sie braucht und sucht (wenn überhaupt) das Gegengewicht, die
Sprengkraft gelebter Hoffnung."*[9]

---

[9]   Gemeinsame Synode der Bistümer in der Bundesrepublik Deutschland. Beschlüsse der Voll-
      versammlung. Offizielle Gesamtausgabe I, Beschluss: Unsere Hoffnung. Ein Bekenntnis zum
      Glauben in dieser Zeit, I, 1. 2., durchges. u. verbess. Aufl., Freiburg/Br. 1976.

ROLF ZERFASS

# „Der Mensch wird des Weges geführt, den er wählt."

Ein biographisches Interview von
Christian Bauer[1]

Welchen Titel würdest Du, mit Blick auf Deinen bisherigen Weg, für dieses biographische Interview vorschlagen? Ein etwas steiler Einstieg, ich weiß – aber hättest Du vielleicht eine Idee?

Ich würde ein von Johannes Bours bekannt gemachtes Wort aus dem Talmud wählen, das mich schon lange beschäftigt: „Der Mensch wird des Weges geführt, den er wählt."[2]

---

[1]  Aufgrund der zunehmenden Demenz von Rolf Zerfaß wurde dieses ‚Interview' nachträglich aus veröffentlichten Äußerungen zusammengestellt. Sie sind also keine Antworten auf die nachträglich ‚hinzukonstruierten' Fragen, sondern aus ihrem ursprünglichen Sinnzusammenhang herausgelöst und in einen neuen hineingestellt. Angezielt wird keine systematische Gesamtdarstellung des Zerfaß'schen Denkens, sondern ein möglichst lebendiges Gespräch, wie es ‚hätte sein können'. Rolf Zerfaß konnte diesen Text leider nicht mehr autorisieren, er geht daher allein auf das Konto des ‚Interviewers' und des Herausgebers. Wir hoffen dennoch, dass dieses fingierte Gespräch nicht völlig außerhalb seiner möglichen Antwortrichtung liegt. In jedem Fall sind die ‚Antworten' in gewisser Weise charakteristisch für seine Pastoraltheologie.

[2]  Vgl. Christian Bauer, Am Anfang steht Erfahrung. Eine biographische Spurensuche bei Rolf Zerfaß, in: C. Bauer / O. Fuchs (Hg.), Ein paar Kieselsteine reichen. Pastoraltheologische Beiträge von Rolf Zerfaß, Ostfildern 2009, 11-64, 11.

# 1. Kaplanszeit

Ein solcher Weg ist zwar nicht zwangsläufig, in gewissem Sinn aber folgerichtig. Seine Entdeckungen lassen sich nicht im Voraus planen. Ich erinnere mich noch gut daran, wie Du den Weg Deiner pastoraltheologischen Entdeckungen vor einigen Jahren im Doktorandinnen- und Doktoranden-Kolloquium von Ottmar Fuchs nachgezeichnet hast. Beginnen wir mit Deiner Kaplanszeit im Bistum Trier. Schon damals war Dir der kirchliche Binnenraum nicht weit genug. Du hast die Begegnung mit ‚Anderen' gesucht.

> „Ich war auf meiner Kaplansstelle vielen ‚Kirchenfremden' begegnet – wir machten damals noch systematisch Hausbesuche! – und erlebte mich selber vor den Fragen der Menschen immer wieder am Ende mit meinem Latein. Als ich einem älteren Seelsorger davon erzählte, antwortete er mir: ‚Immer, wenn Sie von einem solchen Hausbesuch heimkommen, sollten Sie am Abend, wenn Sie die Komplet beten, nicht vergessen, ein *Te Deum* anzufügen! Sie sind einer ernsthaften Frage gewürdigt worden!' So hatte ich […] damit begonnen, meine Kirche […] mit den Augen der Anderen zu sehen, aber ich war noch auf der Suche nach einer Sprache, die diese Außenperspektive […] als Dimension des Glaubens selbst zur Geltung bringen konnte."[3]

Diese Außenperspektive war Dir immer wichtig; Du hast Dich immer gegen reine „theologische Binnenschiffahrt"[4] gewehrt – denn auch Kirchenmenschen haben kein „Dauerabonnement auf Seelenfrieden und unfallfreies Fahren"[5]. Eine für Deinen Weg entsprechend wesentliche Entdeckung im ‚geographischen' Außen der deutschen Kirche geht auch auf Deine Kaplanszeit zurück. Es handelt sich um ein „Ferienerlebnis in Burgund"[6]:

> „Wir waren zu vier Kaplänen unterwegs und hatten […] ausgemacht, dass wir uns in den romanischen Kirchen und Klöstern die Zeit nehmen wollten, die Bibel zu lesen. In Fontenay saß ich also und las […] in den Kleinen Propheten […]. Ich blickte auf und fand gegenüber […] die Kleinen Propheten aufgereiht. Ich dachte mir: Hättet ihr die mal gelesen, statt hier Choral zu singen! […] Beim Durchwandern der leergelassenen Kreuzgänge, beim Blick in die hohen Gewölbe und in die Gesichter der Heiligen, die durch die Hammerschläge derer verwüstet waren, die in der Französischen Revolution anrückten, um die Symbole der verhassten Feudalherren zu

---

[3]  Rolf Zerfaß, Gemeinde als Ort der Hoffnung, in: W. Bahr / H.-P. Hurka (Hg.), Basisgemeinden in Österreich, Wien 1986, 13-37, 67.

[4]  Rolf Zerfaß, Zur Organisation des Studiums der Praktischen Theologie, in: ders. / N. Greinacher (Hg.), Einführung in die Praktische Theologie, München 1976, 63–76, 69.

[5]  Rolf Zerfaß, Vorwort zur deutschen Ausgabe, in: Henri Nouwen, Schöpferische Seelsorge, Freiburg-Basel-Wien 1989, 5-8, 6.

[6]  Zerfaß, Exodus – Exil – Diaspora, 65.

zerstören, wurde mir klar: Hier hat sich noch einmal das Gericht am Hause Gottes ereignet."[7]

Du schaust auf die pastoralen Ruinen der Vergangenheit – und ziehst theologische Schlüsse für die Gegenwart?

„Konnte es sein, dass sich im Weg der Kirche in die Neuzeit der Weg Israels in die Zerstreuung […] noch einmal abbildete […]? War das, was wir als ‚Säkularisierung' beklagten, in den Augen Gottes eine […] Einladung, uns wieder auf ihn zu verlassen […]? […] Und dann, am Schluss der Reise, die Begegnung mit Taizé! Was für eine ruhige Zuversicht, mitten in dieser religiös versteppten Landschaft. Ich bin damals aufgewühlt und sehr glücklich nach Hause gefahren. Mein Stöbern in den Texten der Kleinen Propheten […] hatte die Wahrnehmung meiner Welt verändert; in den Ruinen von Burgund ist mir eine hermeneutische Schlüsselerfahrung beschert worden."[8]

Du hast immer wieder von entsprechenden ‚Disclosure-Erfahrungen' erzählt. Was ist darunter zu verstehen und was heißt es, sie auch wirklich bewusst als ein Signal des Geistes Gottes wahrzunehmen?

„In jedem Fall heißt es, Disclosure-Erfahrungen, wenn sie zuteil werden, auszuschreiten, nachklingen zu lassen, in der Erinnerung wieder aufleben zu lassen, mit ihrem Rückenwind zu segeln. […] Sie sind für die religiöse Sprache ebenso unverzichtbar wie das ‚Ich', die erste Person singular präsens, das von dieser Disclosure-Erfahrung herkommt. […] Und immer ist das Echo dieser Disclosure-Erfahrung Dank und Zuversicht: ‚Du hast meine Füße auf weites Land gesetzt' (Ps 31,9) […]."[9]

Die biographische Schlüsselerfahrung, von der Du gerade berichtet hast, ist nicht nur typisch für Deinen ‚homiletischen' Umgang mit der Hl. Schrift, sie hat auch in der Pastoral unmittelbare Wirkung entfaltet. Unter dem Motto *Die Chancen des Exils* hast Du im darauffolgenden Advent zusammen mit der Trierer Studentengemeinde einen Besinnungstag zum Brief des Propheten Jeremia an die Exilierten in Babylon (Jer 29,1.4-14) veranstaltet – und diesem Brief dann auch 1968 Deinen ersten pastoraltheologischen Aufsatz gewidmet: *Engagement in Babel*. Die in den 1960er Jahren entdeckte Exilsthematik hat im Subtext Deiner Pastoraltheologie weitergewirkt. In Deiner Würzburger Abschiedsvorlesung ist sie dann abermals – und zwar programmatisch – an die Oberfläche des Diskurses getreten. Welche Frage hat Dich dabei am meisten beschäftigt?

„War das, was wir über das wandernde Volk Gottes bislang zu sagen wussten, schon die ganze Wahrheit? Die ganze Wahrheit muss doch wohl auch davon sprechen, dass zu diesem Weg nicht nur der Auszug […] in das

---

[7] Ebd., 65f.
[8] Ebd., 66.
[9] Rolf Zerfaß, Textpredigt. Grundkurs Predigt 2, Düsseldorf [2]1997, 149; 209; 211.

Land der Verheißung gehört, sondern auch der Auszug [...] ins babylonische Exil [...] Dann aber haben wir die Metapher vom Volk Gottes auf dem Weg bislang nur halb verstanden. Wir haben uns nur die Erfolgsgeschichte Israels zu eigen gemacht, [...] nicht aber seinen Abstieg in die Zerstreuung unter die fremden Völker. [...] Es scheint an der Zeit, neu und vertieft zu fragen, welchen Weg denn das Volk Gottes tatsächlich genommen hat [...] – in der Hoffnung, neue Dimensionen der Schlüsselmetapher vom wandernden Volk Gottes zu entdecken [...], die erlauben, nicht nur den optimistischen Aufbruch der 60er Jahre, sondern auch die tiefen Irritationen der 80er und 90er Jahre [...] zu begreifen."[10]

Wir müssen also lernen, die konziliare Rede vom Volk Gottes neu zu verstehen?

„Das enorme Echo, das dieses neue Leitbild der Kirche weltweit ausgelöst hat, kann nur daraus erklärt werden, dass hier eine spirituelle Schlüsselmetapher gefunden worden ist. [...] Das Bild war unverbraucht, von biblischer Schlichtheit, eine Chiffre der Hoffnung, reich an Facetten. Es ermöglichte ein neues Zueinander im Innern der Kirche und ein neues Verhältnis nach außen hin [...]. Das war 1965. Heute stellt sich die Frage: Gilt dieses Leitbild noch in unserer Kirche? Wodurch hat es Schaden genommen? Haben es nicht zu viele Wallfahrts- und Fronleichnamspredigten auf das Kleinformat handlicher Prozessionsfrömmigkeit heruntergeschraubt?"[11]

Was bedeutet das heute, im Jahr 2015?

„Wir stehen im Übergang von einer Kirche, die sich selbst behauptet [...] hin zu einer Kirche, die teilnimmt an dem, was die Menschen bewegt und umgekehrt ihnen Anteil an dem gibt, was sie als ihr Erbe hütet. [...] Sie akzeptiert die ihr mittlerweile in den meisten Kontinenten der Erde zugemutete Minoritätsrolle. Aber gerade so – im Horchen auf die Tiefe der Stimmen, in und unterhalb der Konfessionen, Religionen und Kulturen – entdeckt sie neu ihre Identität. [...] So wird sie fähig, von einer Pastoral der Eroberung Abschied zu nehmen zugunsten einer Pastoral der Präsenz unter den anderen [...]. Statt über die schlechten Zeiten zu klagen [...], begreift sie die gegenwärtige Situation als eine Einladung des Geistes Gottes, eine neue Gestalt des Kircheseins zu entwickeln, eine neue pastorale Kultur."[12]

Kommt von daher auch Dein besonderes Interesse für die französische Kirche?

„Hier gibt es nichts mehr, was noch durch quälende Kompromisse zu rechtfertigen oder am Leben zu halten wäre. [...] Die Trauerarbeit ist ge-

---

[10]  Rolf Zerfaß, Das Volk Gottes auf dem Weg in die Minderheit? Zur pastoralen Aktualität einer zentralen Erfahrung Israels, in: Bauer / Fuchs (Hg.), Ein paar Kieselsteine reichen, Ostfildern 2009, 162-177, 163f.

[11]  Ebd., 162f.

[12]  Ebd., 170f.

tan. Das Leben konnte neu beginnen – auf den Trümmern. [...] Entsprechend tritt das übliche Lamento über den Niedergang der Sitten oder die bösen Oberhirten in den Hintergrund [...] Wer hier nicht kneift, sondern das, was aus klerikaler Perspektive ‚Vorfeld' heißen mochte, als den eigenen Lebensraum begreift, [...] wird zunehmend freier und fähiger Andersdenkenden zu begegnen, ihre Erfahrungen zu achten und sich [...] der eigenen Identität zu vergewissern."[13]

Diese pastorale ‚Auferstehung' der französischen Kirche in den Ruinen einer großen Vergangenheit klingt wie ein Blick in die Zukunft unserer Kirche hierzulande. Wir könnten also von ihr noch einiges lernen?

„Sie ist uns insoweit auf dem Weg in die Diaspora schon ein paar Generationen voraus. Viele Mauern sind längst eingestürzt, die man bei uns mit großem Energieaufwand noch aufrechtzuerhalten bemüht ist. Aber schon ein Besuch in den neuen Bundesländern vermag die Augen dafür zu öffnen, was auch bei uns [...] die Stunde geschlagen hat. [...] So ist nicht verwunderlich, dass in der deutschsprachigen Theologie der Gegenwart die Frage nach dem Gesicht einer Kirche in der Minderheit vor allem von den Kirchen in der DDR vorangetrieben worden ist. [...] Die Diaspora wird zu einem exemplarischen Lernort des Glaubens."[14]

Warst Du selbst auch einmal im Osten?

„Nach einem Priesterkurs in Erfurt 1976 machte ich einen kurzen Besuch bei Bischof Aufderbeck. Als wir uns verabschiedeten, schenkte er mir ein Büchlein und schrieb als Widmung seinen Wappenspruch hinein: ‚In tribulatione et regno et patientia'. [...] Als ich durch die grauen Straßen von Erfurt zurückging, in bescheidene Schaufensterauslagen schaute, wusste ich auf einmal, was christliche Hoffnung meint: Solidarität in der Bedrängnis, in der Erwartung des Reiches Gottes und im Durchhalten in Jesu Namen."[15]

Dieser Wahlspruch scheint Dich wirklich beeindruckt zu haben. Wie andere Bibelverse, die für Dich biographische Relevanz gewonnen haben, taucht er auch in Deinen Schriften immer wieder auf. Aber noch einmal zu Deiner Kaplanszeit: Sie hat Dir auch eine homiletische Disclosure-Erfahrung beschert – die Entdeckung jener großen Kraft von kleinen Gruppen.

„Ich bin dankbar, dass ich dieser Verheißung schon als Kaplan zu trauen lernte, als mich – kurz vor meinem Ausscheiden aus der Gemeindeseelsorge im Frühjahr 1964 – mein Pfarrer bat, doch noch die Fastenpredigten für die Gemeinde zu übernehmen. Ich fühlte mich dieser Aufgabe allein nicht gewachsen und sagte erst zu, als mir ein kleiner Kreis befreundeter

[13] Rolf Zerfaß, Studienfahrt nach Paris vom 9.6.82-12.6.82, in: Pastoraltheologische Informationen 2 (1982), 329-334, 330.
[14] Zerfaß, Das Volk Gottes auf dem Weg in die Minderheit, 171f.
[15] Zerfaß, Gemeinde als Ort der Hoffnung, 13.

Laien aus der Gemeinde versprochen hatte, diese Predigtreihe [...] mit vorzubereiten und auch kritisch zu begleiten. Bei dieser Gelegenheit habe ich die inspiratorische Kraft einer Gruppe [...] für die Predigt entdeckt. Diese [...] Erfahrung habe ich in den folgenden Jahren [...] für die Predigtausbildung fruchtbar zu machen versucht."[16]

## 2. Weg in die Wissenschaft

Damit sind wir nun auch schon beim nächsten Schritt Deines Weges: dem in die wissenschaftliche Pastoraltheologie. Du solltest die Trierer Homiletik übernehmen. Welche Frage hat Dich dabei beschäftigt?

„Wie lernen Hochschullehrer zu lehren? Diese Frage stellte sich mir, als ich im Sommersemester 1964 nach drei Jahren Seelsorgetätigkeit freigestellt wurde, um mich auf die Übernahme der Homiletik in Trier vorzubereiten. Was also tun? Vom Predigerseminar Pullach, wo ich hospitieren wollte, erhielt ich eine Absage, also hospitierte ich in Passau bei G. Fesenmayer am Priesterseminar, machte auf seinen Rat hin einen Stimmbildungskurs und bei F. Schweinsberg an der Gewerkschaftsschule in Essen jenen Rhetorikkurs, der mir im Kreis von einem Dutzend Gewerkschaftlern und Gewerkschaftlerinnen die didaktische Schlüsselerfahrung bescherte."[17]

Rhetorik hast Du also im ‚Außen' der Kirche, bei einem gewieften Gewerkschaftstrainer gelernt. Wie hat er mit Euch gearbeitet?

„Ihr könnt alle seit dem zweiten Lebensjahr frei reden [, sagte der Trainer]. Es gibt keinen Grund, das aufzugeben, nur weil Euch bei der Betriebsversammlung 200 Kollegen zuhören. Ihr habt jetzt eine Stunde Zeit, dann legen wir los. Ihr erklärt mir, weshalb wir ein Betriebsverfassungsgesetz brauchen. Ihr redet, wie euch der Schnabel gewachsen ist. Hauptsache, ihr habt etwas auf dem Herzen. Ihr macht Fehler, und ich sammle sie auf wie Tennisbälle. So kriegen wir Stück für Stück auch die Theorie zusammen, die wir brauchen."[18]

Das klingt schon verdächtig nach Deiner eigenen, pastoraltheologischen Hochschuldidaktik. Wie ging es weiter?

---

[16] Rolf Zerfaß, Vorwort, in: ders., Für uns Menschen. Predigten zum Lesejahr B, Düsseldorf ²1997, 7-9, 8.

[17] Rolf Zerfaß, Das Würzburger Curriculum, in: M. Steinhäuser / W. Ratzmann (Hg.), Didaktische Modelle Praktischer Theologie, Leipzig 2002, 438-462, 438.

[18] Ebd., 438f.

„Nach Trier zurückgekehrt machte ich […] in Saarbrücken bei H. Geissner die Ausbildung als Sprecherzieher und lernte erste Theoreme zur Analyse […] öffentlicher Rede kennen und entsprechend die Predigt als Kommunikationsprozess innerhalb des gesellschaftlichen Systems Kirche – damals waren solche Begriffe noch Zungenbrecher – zu sehen. Erstmals gewann ich einen außertheologischen Standort, der einen kritischen Blick auf die gemeindliche Predigtpraxis und deren theologische Legitimierungsversuche […] gestattete. Erstmals stellte sich die Frage nach der Möglichkeit, ob und wie diese beiden Perspektiven zu integrieren seien – theoretisch und praktisch, intellektuell und spirituell."[19]

Diese Entdeckung der Humanwissenschaften für die Pastoraltheologie führte Dich dann weiter zur Habilitation bei Adolf Exeler nach Münster.

„Mit dieser Frage im Hinterkopf habe ich mich 1968-1970 in Münster in der Soziologie und Publizistik umgeschaut; sie hat mich bei meiner historischen Analyse des Streits um die Laienpredigt geleitet, aber auch bereits 1967 in mein erstes gruppendynamisches Training gelockt und wenig später die Pastoralpsychologie als Paralleldisziplin der Homiletik entdecken lassen. Langsam zeichnete sich die Möglichkeit ab, die Erfahrungsebene der Menschen, also auch der Studierenden (als Hörende und Predigende, samt ihrer theologischen und spirituellen Lerngeschichte) zum Ausgangspunkt praktisch-theologischer Reflexion überhaupt zu machen, d.h. Homiletik nicht länger als bloße Anwendungsdisziplin zu betreiben, sondern im Rahmen einer theologischen Theorie kommunikativen Handelns."[20]

Damit ist ein weiteres wichtiges Stichwort gefallen, das dann 1972 auch Deine Würzburger Antrittsvorlesung zum Thema *Herrschaftsfreie Kommunikation – eine Forderung an die kirchliche Verkündigung?* prägen sollte. In Münster hattest Du zuvor Habermas für Dich entdeckt – mit welchen Konsequenzen?

„Von einem theologisch verstandenen Kriterium herrschaftsfreier Kommunikation her lassen sich verlässliche […] Indikatoren dafür entwickeln, was jedenfalls keine Verkündigung des Evangeliums ist. Verkündigung als befreiendes Wort muss die Menschen öffnen. Wenn also die Leute nach der Predigt enger und engherziger geworden sind, […] war das keine Verkündigung des Evangeliums. […] Wer in der Verkündigung der Freiheit des Evangeliums Raum gibt […], der beginnt wie von selbst auch daran zu arbeiten, dass in der Gesellschaft überhaupt die Freiheitschancen wachsen. […] In dieser Weise […] praktizierte Freiheit wird definitiv einsichtig machen, dass kirchliche Verkündigung und herrschaftsfreie Kommunikation zusammengehören."[21]

---

[19]  Ebd., 439.
[20]  Ebd.
[21]  Rolf Zerfaß, Herrschaftsfreie Kommunikation, in: Bauer / Fuchs (Hg.), Ein paar Kieselsteine reichen, Ostfildern 2009, 82-102, 101.

Der biographische Entdeckungsort dieser Optionen ist ein Münsteraner Habermas-Lesekreis ehemaliger Innsbrucker Doktoranden um Helmuth Peukert. Gehen wir daher an diesem Punkt Deiner Biographie noch einmal für einen Moment zurück nach Innsbruck. 1955 hast Du zum Studium dorthin gewechselt und 1963 bist Du dort zum Doktor der Theologie promoviert worden. Auch Deine Innsbrucker Jahre haben Dich sehr geprägt. Gerne hast Du erzählt, wie Karl Rahner einmal beim Kaffeetrinken mit Kindern spielte. Er zog seinen Rosenkranz aus der Tasche und hat mit ihm Eisenbahn gespielt. Ein großer Theologe wird wieder zum Kind und spielt mit seinem Rosenkranz Eisenbahn – so etwas gefällt Dir. Was hat Dich an Karl Rahner sonst noch beeindruckt?

> „Niemand hat diese unverfügbare Anwesenheit Gottes als Horizont unseres Lebens, als namenloses Geheimnis, dem wir uns nur anbetend aussetzen können, leidenschaftlicher beschrieben als Karl Rahner. Wir haben Gott nicht in unserem Besitz (auch nicht im Tabernakel). Wir haben ihn nicht im Griff und können ihn nicht auf den Begriff bringen."[22]

Hatte diese Theologie eines unendlich geheimnisvollen Gottes bei Karl Rahner auch pastorale Konsequenzen?

> „[Die Kirche darf] […] sich nicht selbst zum letzten […] Maßstab ihres Wirkens machen. […] Zuerst und zuletzt geht es um Gott […]. Genau die strikte Besinnung auf Gott als den letzten Horizont allen Lebens […] führt aber keineswegs vom Menschen weg […]."[23]

Sondern zum Menschen hin? Was hat das mit dem universalen Heilswillen Gottes zu tun, dessen Gnade auf ‚anonyme' Weise auch außerhalb der Kirchenmauern wirkt? Und was bedeutet das für die Pastoral?

> „Die Kirche gibt es nicht einfach, sie ist nur […], indem sie sich selbst überschreitet. […] [Der] […] Gott, auf den hin die Kirche sich überschreitet, ist in ihr und neben ihr längst am Werk. Daran zu glauben, verändert den pastoralen Stil grundlegend. […] Diese neue Sicht […] kann gewonnen werden mit dem Übergang […] zu einer […] ‚mystagogischen' Pastoral. Der Begriff ‚mystagogisch' greift […] zurück auf den altkirchlichen Begriff der ‚mystagogischen Katechese'. […] Dahinter stand das didaktische Prinzip: zuerst die Erfahrung – dann die Reflexion. Zuerst handelt Gott an uns – dann reden wir über das, was er an uns getan hat."[24]

Und was hat Karl Rahner mit diesem Prinzip gemacht?

> „Dieses Prinzip überträgt Rahner auf die Pastoral der Kirche insgesamt; denn immer gilt, was ein altes Gebet der Kirche in die Worte faßt: ‚Du kommst all unserem Tun mit deiner Gnade zuvor'. […] Der Selbstvollzug

---

[22]  Rolf Zerfaß, Die kirchlichen Grundvollzüge, in: Konferenz der Bayerischen Pastoraltheologen (Hg.), Das Handeln der Kirche in der Welt von heute. Ein pastoraltheologischer Grundriß, München 1994, 32-50, 39ff.

[23]  Ebd., 39f.

[24]  Ebd., 44f.

der Kirche gelingt […] nur, wo sie selbst daran glaubt, dass Gott ihrem Tun vorausgeht […]. Die Kirche bringt also den Menschen nicht etwas, was diese […] noch nicht haben, sondern deckt auf, was Gott ihnen längst schon schenkt […]. Das führt zu einer neuen pastoralen Spiritualität […]."[25]

Dann ist auch die vielzitierte (Neu-)Evangelisierung keine Einbahnstraße?

„Evangelisiert werden immer beide oder niemand: die Welt und die Kirche, die Hörer und die Prediger, […] die Zweifelnden und die Glaubenden. […] Wir müssen […] [von] einem pastoralen Sendungsbewußtsein [lassen], das nur geben und nicht empfangen will, nur lehren und nicht lernen. Wir können von den Kirchenfremden viel lernen, sogar von […] Leuten, die Umwege gemacht und Federn gelassen haben. […] Wer sich für diese Erfahrungen nicht interessiert, […] taugt nicht für das Reich Gottes."[26]

Das Lehramt ist also auch ein ‚Lernamt‘, das den Spuren Gottes in der Welt nachgeht. Gnade außerhalb der Kirchenmauern – für viele ist das noch immer eine enorme Herausforderung bzw. Heraus-Forderung (im wahrsten Sinn des Wortes).

„Wir müssen Gott falsch verstanden haben. […] Es gibt keinen Gott für Katholiken. Das wäre ein Götze. Unser Gott ist der Gott, der Himmel und Erde gemacht hat. Deshalb ist er in allem am Werk. Gott innen und außen – das […] ist die befreiende Perspektive des Zweiten Vatikanischen Konzils gewesen. Dort hat […] die Kirche […] den binnenkirchlichen Horizont überschritten und gerade so ihren Auftrag neu zu formulieren vermocht"[27].

Karl Rahner, der einen wesentlichen Anteil an diesem konziliaren Aufbruch hatte, war auch Teil einer besonderen theologischen Konstellation im 20. Jahrhundert: der sogenannten Innsbrucker Verkündigungstheologie. Er stand darin für den pastoralen Sinn des Dogmas, sein pastoraltheologischer Kollege und Mitbruder Josef Andreas Jungmann hingegen für die dogmatische Bedeutung der Pastoral. Jungmann war nicht nur der theologische Kopf der genannten Innsbrucker Verkündigungstheologie, sondern auch Dein Doktorvater, bei dem Du mit einer liturgiegeschichtlichen Arbeit promoviert wurdest. Teilst Du seine Kritik an einer ‚verkündigungsfernen‘ Theologie?

„Die Liebe der Theologen zu den Abstrakta kommt nicht von ungefähr. Sie erspart ihnen das genaue Hinschauen, gestattet den ungestörten Gedankenflug in luftiger Höhe. Dort kann man sich die Probleme der Menschen

---

[25] Ebd., 45f.
[26] Rolf Zerfaß, Was sind letztlich unsere Ziele? Pastoralpsychologische Thesen zur Motivationskrise in der Pastoral der Kirchenfremden, in: Katholische Glaubensinformation (Hg.), Erfahrungen mit Randchristen. Neue Horizonte für die Seelsorge, Freiburg 1985, 43-64, 53f; 63.
[27] Rolf Zerfaß, Lebensnerv Caritas. Helfer brauchen Rückhalt, Freiburg/Br. ²1995, 104f.

ausdenken und sie anschließend kühn und tiefsinnig lösen. [...] Die Welt-
fremdheit dieser Erwägungen ist nicht weniger weltfremd als die römi-
scher Lehrdokumente [...]."[28]

Ähnliche theologische Sprachprobleme kennen wir auch aus der Pastoral. Was
lässt sich aus Deiner Sicht dagegen tun?

„Ob Katechismusjargon oder gehobene Kanzelprosa [...] – solche Sprache
verrät ein Erfahrungsdefizit, das nur durch den Exodus aus dem Milieu
überwunden werden kann [...] Das Rezept wider den Kanzeljargon [...]
heißt daher: Hinaus an die Hecken und Zäune! Engagement in der Caritas,
Hausbesuche bei Leuten, die keine Bücherwand im Wohnzimmer haben,
Mitgliedschaft in Vereinen, die nicht mit der Kirche zu tun haben [...]
usw."[29]

‚Erfahrungsdefizit' ist ein gutes Stichwort. Ich kann dem durch ein gezieltes
Mich-Aussetzen an ‚anderen' Orten begegnen – aber finde ich eine entsprechende Erfahrungsdichte nicht auch an den kirchlich ‚eigenen' Orten?

„Die ganze Bibel ist ja nichts anderes als ein Sack voller Lebenserfahrungen! Besonders das Alte Testament bietet nicht so sehr ‚Kirchenerfahrun-
gen', als vielmehr vitale Lebenserfahrungen! Wenn daher gegenwärtig einer seine Erfahrungen sortiert und mit anderen bespricht, also die Eigener-
fahrungen im Lichte der Fremderfahrung zu klären sucht, so tritt die Bibel
wie eine weitere Stimme aus der Geschichte hinzu und lässt das Licht ihrer
Erfahrung mit Gottes Anwesenheit und mit Gottes Abwesenheit auf unsere
Erfahrungen fallen."[30]

Gottes Anwesenheit *und* Abwesenheit? Was meinst Du damit und hättest Du
ein biblisches Beispiel dafür?

„Warum blenden wir [zum Beispiel] so häufig aus der Emmausgeschichte
die Hälfte ihrer Botschaft aus? Wir [...] freuen uns daran, daß Jesus sich
[...] uns ratlosen Wanderern zugesellt [...]; wir predigen und meditieren
aber nicht darüber, was die Geschichte doch auch erzählt: daß er ‚sich ihren
Augen entzieht' [...] Wir verwenden die Emmausgeschichte [...], um zu
veranschaulichen, daß die Eucharistie das Sakrament der Gegenwart
Christi ist; wir unterschlagen, daß die Eucharistie genauso ernsthaft als das
Sakrament der Abwesenheit Christi begriffen sein will. Wäre er nämlich
da, so brauchten wir das Mahl [...] nicht, um uns seiner zu erinnern."[31]

---

[28] Rolf Zerfaß, Spruchpredigt. Grundkurs Predigt 1, Düsseldorf [4]1995, 147.
[29] Ebd., 147ff.
[30] Rolf Zerfaß, Aus Betroffenen werden Beteiligte, in: Bauer / Fuchs (Hg.), Ein paar Kieselsteine
reichen, Ostfildern 2009, 124-130, 129.
[31] Rolf Zerfaß, Christliche Gemeinde – Heimat für alle? Bedingungen und Möglichkeiten aus der
Sicht Praktischer Theologie, in: Bauer / Fuchs (Hg.), Ein paar Kieselsteine reichen, Ostfildern
2009, 104-122, 120.

Einen solchen realistisch-ambivalenten Erfahrungsbezug, der auch Gottes mögliche Abwesenheit mit einbezieht, finden wir besonders auch im Alten Testament. Hat Deine besondere Liebe zum Alten Testament mit den vielen entsprechenden Lebensgeschichten zu tun, die wir darin finden?

„Sie treten uns im AT reicher und farbiger entgegen als im NT, dessen Erzählbestände auf die Evangelien und die Apostelgeschichte, winzige Passagen der Briefliteratur und die Offenbarung beschränkt und kerygmatisch viel stärker ausgeplündert sind. Deshalb kommt den alttestamentlichen Perikopen heute eine große seelsorgliche Bedeutung zu. Sie sind den Hörern gewiss historisch fremder als die des NT, aber lebensweltlich stehen sie ihnen näher: ‚Freude und Hoffnung, Trauer und Angst der Menschen von heute, besonders der Armen und Bedrängten' (Prolog der Pastoralkonstitution) kommen in ihnen zu Wort. […] Die alttestamentlichen Texte dürfen nicht zurechtgestutzt werden, bis sie als Unterfutter für das Brokatgewand der neutestamentlichen Texte passen, mit denen sich die Braut Christi schmückt […]."[32]

Kannst Du ein Beispiel für eine spätere Theologie nennen, die dieser Erfahrungsdichte entspricht und in der – Stichwort: Verkündigungstheologie! – Theologie und Verkündigung des Evangeliums nicht auseinanderfallen?

„Clemens von Alexandrien, der große christliche Guru, der die intellektuelle Jugend dieser antiken Großstadt um sich sammelt, [war] ein altkirchlicher Marcel Legaut, der die Wissenschaft an den Nagel gehängt hat, weil ihn die Alternative fasziniert […]: die andere Weisheit und der andere Lebensstil. Aus dem unmittelbaren Gesprächszusammenhang heraus wird er zu einem der ersten Theoretiker christlicher Verkündigung. Es ist keine Theorie vom grünen Tisch. Auf die Frage, was man tun soll, um einen Menschen zum Glauben zu führen, gibt er die Antwort: Ich würde ihn für ein Jahr in mein Haus einladen! Verkündigung ist noch nicht herausgelöst aus dem Lebenszusammenhang von Gastfreundschaft und Gespräch"[33].

Was bedeutet das für den Umgang mit unseren großen theologischen Begriffen? Hättest Du da vielleicht ein paar Tipps?

„(1) Gebrauche […] keinen Begriff, den Du nicht auch zu Hause über den Tisch hinweg einem Gesprächspartner gegenüber verwenden würdest. […] (2) Frage bei jedem theologischen Begriff: Welche Erfahrung hat zu diesem Begriff geführt? Welche Geschichte hat in ihm ihren Niederschlag gefunden? Und dann erzähle diese Geschichte und beschreibe diese Erfahrung. […] (3) Frage Dich bei jedem ‚schönen' (angelesenen) […] Terminus: Was ändert sich dadurch […] in meinem Alltag? Sprich von diesen Änderungen, und gib so diesem Lieblingsbegriff […] wieder Bodennähe,

---

[32] Rolf Zerfaß, Mein Freund David, in: Bauer / Fuchs (Hg.), Ein paar Kieselsteine reichen, Ostfildern 2009, 66-80, 75f.
[33] Zerfaß, Spruchpredigt, 15.

Normaltemperatur. Lass die Luft heraus! (4) Wenn Du merkst, dass Du
jetzt für einen Gedanken sehr viel mehr Platz und Zeit brauchst, so [...]
verkleinere Dein Thema [...] Wer genau und erfahrungsbezogen spricht,
wird in seinen Themen bescheidener, und diese Bescheidenheit ist ein
wichtiges Kriterium, dass er von etwas Wesentlichem redet. Ein Lump,
wer mehr gibt, als er hat."[34]

# 3. Professor in Würzburg

1972 wirst Du Professor für Pastoraltheologie und Homiletik in Würzburg, wo
Du im Internat der Benediktiner von Münsterschwarzach bereits Dein Abitur
gemacht hast. Zu den großen Themen Deiner ersten Professorenjahre gehören
Wissenschaftstheorie und Studienreform. 1974 wird in Wien der zweihun-
dertste Geburtstag des Fachs gefeiert und in dem von Dir mit herausgegebenen
Jubiläumsbuch *Praktische Theologie heute* ist zum ersten Mal Dein ‚handlungs-
theoretischer Regelkreis' zu finden:

> „Ohne dass zu diesem Zeitpunkt der Handlungsbegriff schon theologisch
> angemessen eingeholt gewesen wäre, habe ich 1974 das [...] Modell eines
> handlungstheoretisch orientierten Reflexionsgangs in der Praktischen The-
> ologie vorgelegt, der sich von dem Entscheidungsdruck der gegenwärtigen
> Situation in die Auseinandersetzung mit der eigenen Überlieferung treiben
> lässt, um Kriterien zu finden für den situationsgerechten Selbstvollzug der
> Kirche in die offene Zukunft Gottes hinein."[35]

Diese Interpretation Deines ‚Regelkreises' gefällt mir sehr gut – „in die offene
Zukunft Gottes hinein". Mir ist er sonst immer ein wenig sozialtechnologisch
vorgekommen: Praxis I – Situationserhebung – Überlieferungsabgleich – Theoriebildung – Praxis II. Noch Fragen? Generell stehst Du der Steuerbarkeit von
pastoralen Prozessen eher kritisch gegenüber. Wie siehst Du das im gegenwärtigen Strukturwandel der Kirche, in dem man versucht, von einer überkomme-
nen Praxis I zu einer neuen Praxis II zu kommen?

> „Bischofskonferenzen, Diözesanpastoralräte, Ordinariate planen wie ver-
> rückt, d.h. in der [...] theologisch durch nichts zu rechtfertigenden An-
> nahme, sie seien dazu da, für die Gemeinden zu denken [...], damit nur ja
> niemand an der Basis selber auf den Gedanken kommt, sich darüber Ge-
> danken zu machen, was hier und heute wirklich an der Reihe wäre. Dabei

---

[34] Ebd., 149.
[35] Rolf Zerfaß, Gottesdienstliches Handeln, in: Edmund Arens (Hg.), Gottesrede – Glaubenspraxis. Perspektiven theologischer Handlungstheorie, Darmstadt 1994, 110-130, 111f.

verknüpfen sich die alten kirchlichen Vorbereitungsphasen [...] mit den neuen technokratischen Planungsallüren [...]: das Leben unserer Gemeinden gerät zu einem Nachvollzug dessen, was in den Terminkalendern der Hauptamtlichen vorprogrammiert ist. Der Heilige Geist hat nicht mehr die geringste Chance für einen Einfall, denn er findet uns vollauf damit beschäftigt, seinen nächsten programmierten Auftritt vorzubereiten."[36]

Wäre es denn nicht naiv, auf alle Versuche kirchlicher Planung zu verzichten?

„Ich weiß natürlich, daß es aus einer hochkomplexen Gesellschaft [...] keinen Weg zurück gibt in die bäuerliche Welt von Galiläa oder von Solentiname. Aber ich möchte doch angesichts des wachsenden kirchlichen Planungsapparats fragen dürfen, wie der mit der Sorglosigkeit zusammengeht, die ... zur Substanz der Nachfolge Jesu gehört. Ob Jesus nicht angesichts der ungeheuren kirchlichen Papierproduktion seufzen würde: ,Um all das sorgen sich die Heiden. Euer Vater im Himmel weiß, daß ihr das braucht. Sorgt euch darum zuerst um das Reich Gottes und seine Gerechtigkeit – und zwar hier und jetzt –, alles andere wird euch nachgeworfen' (Mt 6,33)."[37]

Damit wären wir bei Deinem theologischen Leib- und Magenthema: dem Reich Gottes. Was bedeutet es in diesem Zusammenhang?

„Überall, wo es nach dem Konzil zu einer neuen pastoralen Kultur gekommen ist [...] steht im Zentrum [...] Jesu Wort: ,Suchet zuerst das Reich Gottes und seine Gerechtigkeit – alles weitere wird euch dazugegeben werden.' (Mt 6, 33). ,Zuerst' meint: Vor [...] dem vielen, was sich auf eurem Terminkalender breitmacht [...]: Zuerst das Reich Gottes und seine Gerechtigkeit [...] Alles andere erledigt sich von selbst, ist eine Zugabe, mit der ihr sicher rechnen dürft."[38]

Heißt das, dass sich auch die pastoralen Prioritäten von dorther neu sortieren? Im Sinne eines unbedingten „Vorrangs der Gottesfrage"[39] und damit auch eines nicht minder grundsätzlichen „Vorrangs der Lebensfragen vor den Kirchenfragen"[40] – wie beispielsweise auch im Falle einer gelungenen Predigt?

„Sie rückt das, was läuft, zurecht, in dem sie es in den Horizont des Reiches Gottes rückt. Dadurch entmachtet und entzaubert sie, was sich aufbläht und uns besetzt hält. [...] Sie hat damit alle innerkirchlichen Zielsetzungen rigoros ins zweite Glied zu verweisen: die Taufe und den Papst, den Rosenkranz und die ökumenische Bewegung, die Fernstehenden, den Bistumspatron und das Laienapostolat. Dies alles ist nur insoweit wichtig, als

---

[36]  Zerfaß, Gemeinde als Ort der Hoffnung, 34.
[37]  Ebd., 34f.
[38]  Rolf Zerfaß, Kirche in der Minderheit – Gott in ihrer Mitte?, in: G. Lange (Hg.), Die Kirche in der Welt von heute – und morgen?, Bochum 1996, 65-89, 84.
[39]  Zerfaß, Mein Freund David, 77.
[40]  Ebd.

es dem Kommen Gottes selber dient […]; denn niemand ist so sehr in Gefahr, das Reich Gottes zu verfehlen, wie eine Kirche, die sich mit dem Reich Gottes verwechselt."[41]

Dem entsprechenden „ekklesialen Atheismus"[42] in der Pastoral, von dem auch Dein Schüler Paul M. Zulehner gesprochen hat, stellst Du Dein eigenes Konzept einer „Pastoral im Horizont der Gottesherrschaft"[43] entgegen:

> „Diese Relativierung, d.h. Rückbindung und Unterordnung der Kirchenthematik unter die Frage, wer Gott für uns ist und ob auf ihn Verlass ist, […] hilft […] aus dem Kirchenkrimskrams heraus, in den […] Hauptamtliche rund um die Uhr verstrickt sind. Dieser […] Ekklesiozentrismus produziert ja bei vielen […] den fatalen Eindruck, die Kirche verwechsele sich selber mit Gott, ihre Ordnungen […] seien wichtiger als das, was Jesus bewegt hat: Gottes Herrschaft und Reich."[44]

Das klingt sehr gut. Aber was hat es mit dem Strukturwandel der Pastoral zu tun, der unsere Diözesen im Augenblick so sehr beschäftigt?

> „Am letzten Tag einer Studienreise, die mich in den 80er Jahren mit einem evangelischen Kollegen durch die Vereinigten Staaten führte, um den Stand der Homiletik dort kennenzulernen, waren wir Gäste im Gottesdienst einer Baptistengemeinde im Schwarzenviertel von Harlem. Fasziniert verfolgten wir, wie sich unter den leisen Swing-Melodien eines Klaviers die Saalkirche füllte und wie sich aus der freundschaftlichen Begrüßung unmerklich der Gottesdienst entwickelte; wie die Gemeinde den Chorgesang mittrug und durch Zwischenrufe und Beifall den Prediger stimulierte. Der Gottesdienst war erst richtig in Gang gekommen, als wir nach mehr als zwei Stunden zum Flugzeug mussten. Da erklärte der Prediger der Gemeinde: „Jetzt müssen unsere beiden Gäste gehen, aber zuvor werden sie uns noch erzählen, was Gott derzeit in Deutschland tut."[45]

Keine leichte Frage! Was hast Du geantwortet?

> „Ich habe mich damals um eine Antwort gedrückt, aber die Frage lässt mich bis heute nicht los. In ihrer Naivität steckt eine doppelte Provokation. Sie setzt den äußersten Horizont dessen, was ist, in Beziehung zu einer konkreten […] gesellschaftlichen Realität. Und sie fragt nach dem derzeitigen Stand dieser Beziehung. Sie fragt nach dem Hier und nach dem Jetzt Gottes. Unter dem Hier versteht sie nicht die Kirche, sondern die Gesellschaft, als deren Teil sich die Kirche gerade erst zu begreifen beginnt […].

---

[41] Zerfaß, Textpredigt, 52.
[42] Zerfaß, Mein Freund David, 76.
[43] Zerfaß, Kirche in der Minderheit, 83.
[44] Zerfaß, Mein Freund David, 75f.
[45] Rolf Zerfaß, ‚Gemeindeerneuerung' oder ‚Gemeindeentwicklung'. Das Volk Gottes lernt, sich helfen zu lassen, in: Bauer / Fuchs (Hg.), Ein paar Kieselsteine reichen, Ostfildern 2009, 150-159, 150.

[...] Damit bringt sie uns in Verlegenheit im Blick auf die Pastoral in Deutschland; denn auch die Unschuldslämmer in unseren Reihen werden schwerlich sagen: Gott ist derzeit voll davon in Anspruch genommen, die Kooperative Pastoral bei uns zu installieren."[46]

Noch einmal zurück zu Deinen ersten Berufsjahren als Professor. Du hast Dich in dieser Zeit mit ganzer Kraft in die hochschuldidaktische Debatte geworfen. PastoraltheologInnen sollten sich nicht zu bloßen „Dessertköchen der Theologie"[47] degradieren lassen, die als praxisorientierte ,Studienabschlussgarnierer' dem theologischen Gesamtmenü lediglich ein finales Sahnehäubchen aufsetzen. Stattdessen müsse im Studium von Beginn an jene praktische Dimension *aller* theologischen Fächer eine Rolle spielen, von der – um noch einmal auf die Konstellation der Innsbrucker Verkündigungstheologie zurückzukommen – auch Karl Rahner immer wieder sprach und derentwegen es Joseph Andreas Jungmann zufolge ein eigenes theologisches Fach braucht. Hättest Du – in Zeiten modularisierter Studiengänge, in denen akademische Freiheit immer härter erkämpft werden muss – einen Tipp für heutige Studierende?

„Vor allem muss der Spielraum zur Selbstorganisation des Studiums genutzt werden. Er ist größer als man glaubt, aber er wird nur von dem entdeckt [...], der begriffen hat, dass das Studium nicht eine Art Wartesaal für das eigentliche Leben ist, sondern selbst ein Stück Leben, für dessen Gelingen und Misslingen man die Verantwortung nicht auf anonyme Studienordnungen [...] abschieben kann. [...] Zunächst muss ich herausbekommen, was mich interessiert [...]. [...] Es ist im Grunde gleichgültig, an welcher Ecke einer in die Theologie einsteigt, wenn er nur eine Fährte entdeckt [...] hat. Wenigstens an der einen oder anderen Ecke [...] muss er eine Verbindung zwischen dem Stoff [...] und seiner eigenen [...] Motivation entdecken [...]. An dieser Stelle muss er einsteigen, seine Vorerfahrungen mit der Theologie ins Gespräch bringen [...]. [...] [Nur so wird] [...] wenigstens ein Hauch von dem [erfahrbar], was etwa die Theologie Lateinamerikas in Atem hält."[48]

# 4. Alltagsgeschäft eines Pastoraltheologen

Was Dich in Deinem professoralen Arbeitsalltag dann immer wieder in Atem gehalten hat, waren konkrete pastorale Herausforderungen. Einer davon ist der

---

[46] Ebd.
[47] Zerfaß, Zur Organisation des Studiums der Praktischen Theologie, 65.
[48] Ebd., 75f.

allenthalben zu spürende kirchliche Dauerstress und als dessen Folge eine gewisse Ungastlichkeit der Pastoral. Wie hast Du beides wahrgenommen?

> „Falls man nicht vor dem überfüllten Schreibtisch der Sekretärin abgefer-
> tigt, sondern tatsächlich in ein Sprechzimmer hineinkomplimentiert wird,
> ist auch dies in aller Regel ein Ausbund an Ungastlichkeit: uralter, ererbter
> Wohnzimmertisch oder billigste Kaufhausstühle, gehäkelte Tischdecke o-
> der Resopalplatte, stapelweise Heftchen, Bistumsblätter, Gotteslob, in der
> Ecke die Abziehmaschine für das Pfarrblatt; auf dem Tisch der überdimen-
> sionale Aschenbecher der Baufirma, die vor 15 Jahren das Kirchendach
> reparierte. Der Pfarrer wühlt in Abrechnungen […], die Aktentasche für
> die nächste Religionsstunde unterm Arm. Seine nervösen Augenbrauen
> verraten: ‚Was immer du auf dem Herzen haben mögest, lieber Christ,
> fasse dich kurz […]!'“[49]

Das haben sicherlich schon viele so erlebt. Welche Konsequenzen hat diese Art
von ‚Pastoral' im kirchlichen Alltag?

> „So gewöhnen wir uns an, Termine wahrzunehmen und außer Terminen
> nehmen wir fast nichts mehr wahr: nicht die traurigen Augen einer Mitar-
> beiterin, nicht das leichte Zögern in der Stimme eines Kranken, das uns
> sagen möchte, dass das Eigentliche noch gar nicht ausgesprochen ist […].
> Wir sind ja schon auf dem Sprung zum nächsten Termin: Beerdigung,
> Krankenkommunion, die Tischmütter für die Erstkommunikanten: Mappe
> raus, alles klar? Priester sind nicht mehr zu haben, wenn man sie braucht,
> sondern frühestens Ende nächster Woche, beim besten Willen. Selbst der
> Heilige Geist […] hat vor Ende nächster Woche nicht die geringste
> Chance."[50]

Was bedeutet das im Alltag einer Pfarrgemeinde?

> „Wir sind ständig dabei vorzubereiten, schüren Vorfreude, heizen Erwar-
> tungen an für den großen Tag, wenn das Christkind kommt, wenn der liebe
> Heiland kommt, wenn der Bischof kommt […]. Und ist der große Tag vor-
> bei, schütteln wir uns einmal kräftig und stürzen uns in die Vorbereitungen
> mit der nächsten Gruppe auf den nächsten großen Tag. Erstkommunion-
> kinder, Brautpaare wachsen so schnell nach, daß wir uns die geheime Hoff-
> nungslosigkeit erst gar nicht einzugestehen brauchen, die uns ob dieses
> Treibens alle Jahre wieder den Rücken hinaufkriecht. Ist Jesus dazu ge-
> storben, daß sich dieses kirchliche Karussell dreht?"[51]

Gute Frage. Was ist demgegenüber Deine Option?

---

[49] Rolf Zerfaß, Menschliche Seelsorge. Für eine Spiritualität von Priestern und Laien im Gemeindedienst, Freiburg-Basel-Wien ⁵1991, 23f.
[50] Ebd., 39.
[51] Ebd., 35f.

„Stirb nicht im Warteraum der Zukunft! Dieses Wort von H. Cox gilt auch
der christlichen Gemeinde: Stirb nicht im Warteraum der Zukunft! Deine
Hoffnung geht nicht auf etwas, was es erst demnächst gibt, sondern auf
das, was jetzt und hier zum Durchbruch kommen will: jetzt oder überhaupt
nicht! Der Heilige Geist kommt nicht erst mit dem Bischof, sondern schon
in dieser Firmrunde, in der wir miteinander über das Leben nachdenken;
diese Stunde des Gesprächs ist nicht nur Vorbereitung, sondern die Sache
selbst"[52].

Eine Pastoral, die anderen und deutlich entspannteren Leitmotiven wie jenem
der Gastfreundschaft folgt, über das Du Deinen wohl bekanntesten Aufsatz geschrieben hast („Seelsorge als Gastfreundschaft"), hast Du auf Deinen Reisen
erlebt. Hättest Du auch dafür ein biographisch verbürgtes Beispiel?

„Ich selber habe Gastfreundschaft auf einer Fahrt durch die Bretagne wieder entdeckt, als wir spätabends in St. Maur, einem Kloster am Unterlauf
der Loire, ankamen. [...] Wir waren zwar brieflich angemeldet, hatten uns
aber verspätet – und saßen schon eine halbe Stunde später [...] vor der
aufgewärmten Abendmahlzeit mit sämtlichen Vor- und Nachspeisen. Das
Nachtlager war denkbar einfach [...] und der Sonnenaufgang über den Ne-
beln der Loire am nächsten Morgen war unvergeßlich schön."[53]

In Deinem Beitrag erzählst Du dann von einem pastoraltheologischen Fund-
stück – einer kleinen Begrüßungstafel, die Dir das Geheimnis dieses Ortes der
Gastfreundschaft erschlossen habe. Was stand darauf?

„Die Kommunität von St. Maur freut sich, dir eine Rast auf deiner Reise
anbieten zu können. Gib dich aber nicht damit zufrieden, von uns zu profitieren [...] Laß uns auch profitieren von dem, was du lebst, was du weißt
und was du hoffst. Schenke uns die Gemeinschaft mit dir als Gegengabe
für dein Zusammensein mit uns. Daß unser Zusammentreffen an diesem
Ort dazu führt, miteinander zu sprechen und miteinander zu teilen – das
wünschen wir und nichts anderes. Die Abtei von St. Maur wird das sein,
was wir hier gemeinsam tun."[54]

Das wäre ein wunderbares Leitbild auch für jede Pfarrgemeinde! Für Dich ist
es vor allem ein „Stück christlicher Lebenskunst im Alltag"[55]. Was bedeutet es
denn für den Umgang mit den ‚Anderen' im pastoralen Alltag?

„Eine von Gastfreundschaft geprägte Pastoral hat eine eminent missionarische Kraft, weil sie auf Proselytenmacherei verzichtet. [...] Das Paradox
der Gastfreundschaft besteht darin, daß sie [...] zu der Entdeckung verhilft,
daß sie als freie Menschen erschaffen sind; frei, ihre eigenen Lieder zu
singen, frei, ihre eigene Sprache zu sprechen [...] und auch frei, wieder zu

---

[52] Zerfaß, Gemeinde als Ort der Hoffnung, 35f.
[53] Zerfaß, Menschliche Seelsorge, 11f.
[54] Ebd., 12.
[55] Ebd., 16.

gehen und dem zu folgen, zu dem sie selbst berufen sind. Darum ist das holländische Wort für Gastfreundschaft ‚Gastvrijheit'. [...] Eine Seelsorge, die wieder das Vertrauen der Menschen zurückgewinnen will, muss gerade ihre versteckten Ansprüche aufgeben. Im Klartext heißt das: Gastfreundschaft ist nicht dazu da, die Leute zu ändern, sondern ihnen einen Raum anzubieten, in dem Veränderung für sie möglich wird."[56]

Für ein solches zwischenmenschliches Freiheitsgeschehen braucht es nicht wenig Gottvertrauen. Wie siehst Du das?

„Gastfreundliche Seelsorge ist darum durchaus unsentimental: sie [...] konfrontiert den anderen gerade auch durch ihre zeitliche Befristung damit, daß er [...] berufen [ist] [...], auf eigenen Füßen zu stehen und seiner eigenen Wege zu gehen. Noch die Gelassenheit, mit der ich den anderen verabschiede, ist ein Ausdruck meines Glaubens [...], daß Gott mit ihm ist, der uns für eine Weile zusammengeführt hat, weil bei ihm nichts unmöglich ist."[57]

Das leuchtet mir ein. Aber noch einmal: Was bedeutet es für den Alltag unserer Pfarrgemeinden, die noch immer nicht gewohnt sind, ihre Türen für Menschen zu öffnen, die möglicherweise ganz ‚anders ticken'?

„Die Vorstellung, dass wir nicht nur [...] politische Freunde und ökumenische Verwandte [...] einladen, [...] löst zunächst vielleicht noch Schwindelgefühle aus. Aber es wird zur Verlebendigung unserer Gemeinden [...] ungleich mehr beisteuern, als die vielen ‚Anregungen' und ‚Handreichungen', die von gutbezahlten Bildungsreferenten am Schreibtisch ausgedacht und für teures Geld ungebeten und gebührenfrei in die Pfarrhäuser gekarrt werden."[58]

Eine spirituelle Haltung der Gastfreundschaft ist also wichtiger als die Transformationsprogramme kirchenamtlicher ‚Steuerungsgruppen'. Viele Pfarrgemeinden wollen das ja auch: ihre Fenster und Türen möglichst weit öffnen für Menschen aus anderen Sozialmilieus (Stichwort: Sinusstudien). Und sie sind enttäuscht, wenn die Performer, Expeditiven oder Prekären dann trotz allem nicht in Scharen zum Pfarrfest kommen. Was läuft hier möglicherweise falsch?

„Der Gastgeber, ohnehin in seinen eigenen vier Wänden in der stärkeren Position, hat die Chance, die Szenerie zu entwerfen, vor der sich die gesamte Begegnung abspielt. [...] Von dem Gast, der ohnehin auf fremdem Feld spielen muss, wird dementsprechend vor allem erwartet, das Programm zu akzeptieren, das der Gastgeber ‚so liebevoll ausgesucht' hat."[59]

---

[56] Ebd., 21/25.
[57] Ebd., 29.
[58] Ebd., 28.
[59] Ebd., 26f.

Eine ressourcenstarke Komm-her-Pastoral der Gastfreundschaft braucht die Heraus-Forderung durch eine risikobereite Geh-hin-Pastoral der Gastexistenz im Sinne von Papst Franziskus. Geht es nicht wie am Beginn des Christentums um eine Kirche gastfreundlicher Hausgemeinden *und* umherziehender Wanderprediger[60], die nicht nur einladende Herbergen am Rand des Lebensweges anbietet, sondern zunehmend auch selbst auf die Gastfreundschaft anderer angewiesen ist? Ist es von daher nicht auch eine gewisse Chance, dass wir uns vermehrt der Gesellschaft aussetzen müssen?

> „[Ich frage mich, ob] [...] es nicht in Wahrheit eine sehr gute Ausgangsbasis für ein Seelsorgsgespräch ist, dass ich an die Tür des Krankenzimmers anklopfe und der Kranke mich bei sich einlassen muss? Dass ich lernen muss, mich zuerst seiner Freiheit auszuliefern [...], um zu ermessen, was es bedeutet, dass er sich meiner Freiheit [...] anvertraut? Ob das nicht ein Weg sein könnte, wie sich auch in unserer Seelsorge Gottes Kraft in unserer Schwäche offenbart?"[61]

Eine solchermaßen jesusbewegte „Kirche ohne Geldbeutel und Vorratstasche und Schnallenschuhe"[62] setzt jenen spirituellen Weg der Bettelorden fort, mit dem Du Dich ja schon in Deiner Habilitationsschrift über die mittelalterliche Laienpredigt auseinandergesetzt hast. Mit welchen pastoralen Folgen?

> „[Das] Wort der Kirche [könnte] mehr [...] Kraft gewinnen [...], wenn sie mutiger auf der Spur Jesu bliebe und sich selber denen anvertraute, zu denen Jesus sie schickt: ‚Geht eurem Auftrag nach! [...] Tragt keinen Vorratsbeutel mit euch, keinen Reisesack und kein zweites Paar Schuhe [...] Wenn ihr ein Haus betretet, dann sprecht: Friede sei diesem Hause.'"[63]

Wir sind dann also weniger in der Rolle des Gastgebers als in der eines Gastes, der als Fremder an fremde Türen klopft?

> „Gastfreundliche Seelsorge lernt man nicht in der Rolle des Gastgebers, sondern in der des Fremden. Wer niemals Gast war, kann auch kein guter Gastgeber sein. Ist unsere Kirche in Deutschland vielleicht deswegen so wenig gastfreundlich, weil sie es gänzlich verlernt hat, Fremdling zu sein?"[64]

Welche pastoralen Rückwirkungen hätte die Wiederentdeckung einer entsprechenden Diasporaspiritualität, die damit rechnet, dass wir Christinnen und Christen in der Welt „Fremde und Beisassen" (1 Petr 2,11) sind?

---

[60] Vgl. Christian Bauer, Lerne am Herd die Würde des Gastes. Für den missionarischen Ortswechsel einer ‚Geh-hin-Kirche', in: Diakonia 41 (2010), 351-358; sowie ders., Spuren in die Nachfolge? Zukunft aus dem jesuanischen Wandercharisma, in: Pastoraltheologische Informationen 32 (2012), 13-34.
[61] Zerfaß, Menschliche Seelsorge, 30f.
[62] Rolf Zerfaß, Welche Wege führen aus der Gotteskrise?, in: Bauer / Fuchs (Hg.), Ein paar Kieselsteine reichen, Ostfildern 2009, 180-204, 5.
[63] Zerfaß, Menschliche Seelsorge, 31f.
[64] Ebd., 30.

„,Wir sind nur Gast auf Erden' – das Lied gilt nicht nur für uns als einzelne; wir singen es vielleicht zu oft beim Requiem und zu wenig am Kirchweihfest. Der Pilgerstatus [...] kommt [...] der christlichen Gemeinde als ganzer zu. [...] Erst wenn wir dies in aller Schärfe in den Blick nehmen, können wir ermessen, [...] wie sehr [...] die christlichen Gemeinden sich ins genaue Gegenteil dessen gewandelt haben, was sie einmal waren [...]: Paroikia, das Wort, das einmal [...] prinzipielle Unbehaustheit der christlichen Gemeinde in der Welt bezeichnet hat, ist über das lateinische Wort Parochia in das deutsche Wort Pfarrei eingegangen und zum Inbegriff der Stabilität [...] geworden."[65]

Die nachkonziliare Gemeindetheologie hat versucht, diese Stabilität in Bewegung zu bringen. Inmitten der damit verbundenen Gemeindeeuphorie hast Du daran erinnert, dass auch die lebendige christliche Pfarrgemeinde noch nicht das Reich Gottes ist. Wie verhalten sich Gemeindepastoral und Gottesherrschaft zueinander – und zu jenem Begriff der Hoffnung, der Dich seit Deiner in Regensburg begonnenen, aufgrund Deines Wechsels nach Innsbruck aber nicht abgeschlossenen Diplomarbeit zur *elpis* beschäftigt hat?

„,Gemeinde als Ort der Hoffnung' [...] – [ich bin mir] unsicher, ob wir da nicht eine zu große Formel in den Mund genommen haben, eine Feuerwerksformel, die für einen Augenblick den nachtschwarzen Himmel zu verzaubern vermag, aber für den Tag nicht taugt. [...] Weil unsere Gemeinden, bei Licht betrachtet, keine solchen Orte der Hoffnung sind, allenfalls Orte, an denen einzelne wider alle Hoffnung hoffen. Wenn wir [...] uns durch [...] Phantasien von einer Gemeinde die irgendwo in Lateinamerika und irgendwann einmal auch bei uns ein Ort der Hoffnung sein könnte, den Rückweg in unseren Alltag nicht doppelt schwer machen wollen, müssen wir nüchtern zusehen, wovon wir reden, wenn wir Gemeinde sagen. [...] Eine Gemeinde wird in dem Maß zu einem Ort der Hoffnung, als sie den einzelnen ernst nimmt. [...] Nicht die Gemeinde hofft, glaubt, leidet, sondern die einzelnen Christen in der Gemeinde glauben, hoffen, werden gerettet oder gehen verloren. Nur dem einzelnen, nicht der Gemeinde, kommt der Würdetitel des Subjekts zu!"[66]

Damit sind wir auch schon bei einer anderen wichtigen Entdeckung Deiner Würzburger Professorenjahre: der Diakonie. Gemeindetheologie braucht eine diakonische Ausrichtung[67], das Reich Gottes ist auch ihr letzter Maßstab. Der Titel Deiner Würzburger Vorlesung zur Einzelseelsorge bringt es auf den Punkt:

---

[65]  Zerfaß, Christliche Gemeinde, 110f.
[66]  Zerfaß, Gemeinde als Ort der Hoffnung, 14ff.
[67]  Siehe auch explizit Herbert Haslinger, Lebensort für alle. Gemeinde neu verstehen, Ostfildern 2005.

*Einer allein ist nicht zu wenig.* Wie hast Du selbst die Diakonie, die reichgottesfrohe Ausrichtung der gesamten Pastoral am einzelnen Menschen, denn für Dich als einen theologischen Ort entdeckt?

„Ich ging jeden Samstag in die geschlossene Abteilung der Psychiatrie, besuchte dort die Patienten und hielt abschließend Gottesdienst. Daraus sind dann […] ‚Gesprächsrunden für Patienten‘ entstanden […]. Es ging uns darum, die Patienten in ihrer Würde zu bestärken, indem wir als Seelsorger eine Brücke zu ihrer normalen Welt bildeten. Und so haben wir auch die Gottesdienste gehalten, als eine Brücke zum Leben der Gemeinden verstanden, die auch in der geschlossenen Anstalt nicht abbrechen darf. Daraus entstand die Idee, auch für die Zeit nach der Entlassung Treffen zu organisieren, Wohngemeinschaften, Anlaufstellen, wohnbereichsnahe Auffangbecken, je nach Krankheitsgrad. Daraus wurde dann die ‚Würzburger Brücke‘, die jetzt in der Scanzonistraße 4 ein Begegnungszentrum und in der Juliuspromenade 3 eine Beratungsstelle hat.“[68]

Was hat dafür den Ausschlag gegeben?

„Ich bin von einem Stationsarzt darauf aufmerksam gemacht worden, wie absurd die ‚Drehtürpsychiatrie‘ ist: Die Patienten kommen heim, werden wieder krank und werden wieder eingeliefert, weil die kleine Unterstützung fehlt, die sie brauchten, um wieder Fuß zu fassen. Uns war von Anfang an klar, dass wir nur Hilfe zur Selbsthilfe bieten durften, keine großen Institutionen, sondern einen Verein, in dem die Kranken selbstbestimmend mitwirken können. […] Wie lerne ich, andere Menschen so zu begleiten, dass ihre Eigeninitiative maximal zum Tragen kommt?“[69]

Was bedeutet das für die Psychiatrieseelsorge?

„Auch ich muss dabei lernen, und zwar vom Kranken, und dazu muss ich mich auf seine Welt einlassen. Und dabei merke ich, dass in der psychischen Erkrankung eine Art Protest und Widerstand gegen ein unzumutbares Leben steckt. Der psychisch Kranke springt gewissermaßen heraus aus dieser unerträglichen Welt. Er tut etwas, was wir auch als glaubende Menschen tun, sobald wir die Bibel aufschlagen oder in den Gottesdienst gehen: Wir gehen dabei auch bewusst aus der Alltagswelt heraus in eine andere Welt, […] die uns Abstand vom Alltag gibt. Wer glaubt und sich auf den Weg Jesu macht, ist „ver-rückt“ und stellt die Welt auf den Kopf! Der Unterschied ist freilich der, dass wir dann bewusst wieder in den Alltag zurückgehen, während der psychisch Kranke diesen Rückweg alleine nicht schafft.“[70]

---

[68] Zerfaß, Aus Betroffenen werden Beteiligte, 124.
[69] Ebd., 124f.
[70] Ebd., 125.

Ihr habt dann also – typisch deutsch! – einen Verein gegründet, die *Würzburger Brücke*, deren Vorsitzender Du von 1978 bis 1990 warst. Welche Erfahrungen waren für Dich und Deine Mitstreiter damit verbunden?

„Die nächsten Jahre wurden für mich und die Freunde, die sich zunächst unter meinen Studenten, dann in der Hochschulgemeinde und schließlich in der Stadt gewinnen ließen, zu einem Crashkurs in Sachen Diakonie, Sozialpolitik, Vereinsrecht und angewandter Gruppendynamik. Was wichtiger war: Uns gingen die Augen auf, wie […] stigmatisiert und ausgegrenzt psychisch kranke Menschen mit dem einzigen Leben, das sie haben, zurechtkommen müssen."[71]

Du hast Dich selbst einmal als einen „Seiteneinsteiger in Sachen Diakonie"[72] bezeichnet und von „diakonischen Lehrjahren"[73] gesprochen. Gab es noch andere caritastheologische Disclosure-Erlebnisse?

„Eine andere Schlüsselerfahrung war für mich ein Abend bei den ‚Anonymen Alkoholikern'. […] Eindrucksvoll war […] der Mut, von eigenen Desastern zu sprechen, also: ‚Ich heiße Fritz und bin Alkoholiker.' So fängt das immer an. Und dann gehen sie knüppelhart miteinander um. Als einer, der noch auf dem Trip war, erklärte, er werde es auch so schaffen und gehe zur Gruppe nur seiner Frau und Kinder wegen, sagte ein anderer zu ihm: ‚Solange, bis du nicht in die Gosse gefallen bist und dir deine Zähne am Pflaster ausgeschlagen hast, solange wirst du nicht trocken werden. Du musst aufhören, das für die anderen zu tun, du musst es für dich selber tun.' Und dann erzählten sie ihre Leidensgeschichte. Dass sie dabei so aufrichtig waren und so kritisch gegen jede Art von Selbstbetrug, und zugleich zugewandt und einfühlsam für das Leid des anderen, das war sehr eindrucksvoll."[74]

Du hast Dich in den Folgejahren entschlossen in das diakonische Feld begeben und auch den caritastheologischen Diskurs mitgeprägt. Was hat sich in all den Jahren denn als Dein persönliches Credo in Sachen ‚diakonische Kultur' des Umgangs miteinander herausgeschält?

„Unübertrefflich fand ich sie damals ausgedrückt in einem Satz von Ulrich Bach, dem Theologen im Rollstuhl: ‚Das, was wir können […] und das, was wir nicht können –, alles gehört uns gemeinsam; und für uns miteinander wird's schon reichen.' Dieser Satz ist so etwas wie mein diakonisches Credo geworden. Von ihm aus habe ich mich in den folgenden Jah-

---

[71]  Zerfaß, Auf dem Weg zu einer diakonischen Unternehmenskultur, 132.
[72]  Ebd., 131.
[73]  Ebd., 133.
[74]  Zerfaß, Aus Betroffenen werden Beteiligte, 125f.

ren vorsichtig auch auf die Caritas meiner Kirche eingelassen, ihre Einrichtungen, ihre Mitarbeiter/innen und deren Verlegenheiten kennengelernt."[75]

Wie siehst Du die Debatte um das kirchliche Arbeitsrecht?

„Das Interesse, einen sozialen Beruf zu erlernen, verrät […] meines Erachtens eine Grundoption, die aller Ehren wert ist. […] Da tut es mir leid, wenn der Eindruck entsteht, dass die Kirche diese Mitarbeiter in ihrer Entscheidung […] nicht genug würdigt. […] Ich bedaure […], dass die Kirche die Mitarbeiter zunächst einmal auf das anspricht, was sie nicht haben, anstatt das aufzugreifen, was sie haben […] Jesus hat einmal einem Gesetzeslehrer, der mit ihm diskutierte, anerkennend gesagt: ‚Du bist nicht weit vom Reich Gottes‘ (Mk 12,34). Ich fände es wunderbar, wenn die Kirche dem Mitarbeiter, der mit einer sozialen Motivation kommt, ansprechen würde mit den Worten: ‚Du bist nicht weit vom Reich Gottes! […]‘"[76]

Welche Bedeutung hätte dieser ‚reichgottesfrohe‘ Perspektivenwechsel für andere pastorale Orte der Kirche?

„Wir wären von allen guten Geistern verlassen, würden wir bedauern, daß es außerhalb der Kirche auch Christentum gibt […] Jesus selbst hat ja dem fremden Exorzisten, auf den ihn seine Jünger hingewiesen haben, weil er in seinem Namen Dämonen austrieb, nicht verwehrt, dies zu tun, sondern gesagt: ‚Wer nicht gegen uns ist, ist für uns‘ (Mk 9, 40). Wir müssen daher das außerkirchliche Christentum zunächst als eine Wirkung des Geistes in der Welt begreifen […]: ich muss mich darüber freuen, dass es die AWO, Amnesty International und das Rote Kreuz gibt! […] Bloßen Humanismus gibt es […] nicht. Wo ein Humanismus am Werk ist, der wirklich den Menschen ernst nimmt, ist das so ein schwieriges Geschäft, dass ich als Theologe immer unterstellen muß, hier sei bereits der Heilige Geist im Spiel"[77].

Noch einmal: Welche Konsequenzen hätte das für die übrige Pastoral, zum Beispiel für den Alltag unserer Pfarrgemeinden:

„Im Horizont der Gottesherrschaft erledigt sich alle falsche Ekklesiozentrik. […] Ich träume manchmal davon, ein Dekan […] bäte eine Gruppe von Firmlingen oder Zivildienstleistenden darum, einen Atlas des diakonischen Engagements vor Ort zu erstellen, in dem nicht nur die Stützpunkte des eigenen Verbandes, sondern auch die der Konkurrenz eingetragen würden: die Beratungsstellen, Heime, Sozialstationen, die Gefängnisse und Kliniken, wo immer Juden und Samariter, Christen und Moslems, AWO und Rotes Kreuz, Selbsthilfe- und AI-Gruppen sich zum

---

[75] Zerfaß, Auf dem Weg zu einer diakonischen Unternehmenskultur, 132.
[76] Zerfaß, Lebensnerv Caritas, 43.
[77] Ebd., 47.

Nächsten derer machen, die keinen Nächsten haben. Ob hier der weitverbreitete Kirchenjammer nicht rasch an ein Ende käme?"[78]

Von der Caritas ging Dein pastoraltheologischer Weg in den 1990er Jahren dann weiter zur Organisationsentwicklung. Im Zentrum stand ein Krankenhausprojekt bei den Waldbreitbacher Franziskanerinnen. Wie kam das?

„Auslöser für dieses Projekt war die schmerzliche Einsicht der Schwesterngemeinschaft, aufgrund des Nachwuchsmangels ihre 20 Krankenhäuser entweder abstoßen zu müssen oder sie [...] zu befähigen, auf ihre Weise die Vision eines christlichen Krankenhauses franziskanischer Prägung weiterzuführen. Das Projekt setzte darum strategisch bei den Krankenhausdirektorien an – als der Schaltstelle, von der aus dann in den folgenden Jahren eigenverantwortlich nach oben [...] wie nach unten [...] fortentwickelt werden sollte, was dann an der Reihe sein würde."[79]

Wie ging es dann weiter?

„Die Direktorien [...] waren bereit, sich geschlossen (d.h. jeweils der leitende Chefarzt, der Verwaltungsdirektor und die Pflegedienstleitung – in einigen Fällen mit der Oberin identisch) zu beteiligen. In vier Trainingsgruppen [...] durchliefen sie [...] vier Klausur-Workshops [...] und nahmen [...] dazwischen das Supervisionsangebot der Trainer vor Ort in Anspruch. Wir konnten in den Workshops [...] prozessorientiert arbeiten, weil der organisatorische Umbau des Gesamtkonzerns schon lief und reichlich Reflexionsstoff lieferte."[80]

Was war dabei Eure Rolle als Prozessbegleiter?

„Wir haben als Trainer der Versuchung widerstanden, ein perfekt ausgetüfteltes Lernprogramm zu servieren (was besonders den Ärzten anfangs sehr zu schaffen machte); stattdessen haben wir ein ‚minder strukturiertes‘ Angebot gemacht, um die Kreativität der TeilnehmerInnen zu stimulieren [...]. Sie erlebten auf diese Weise, wie viel Initiative [...] sie wecken können, wenn sie ihren MitarbeiterInnen [...] genügend Spielraum lassen. Bei uns lief das unter dem Slogan: ‚Betroffene beteiligen‘."[81]

Das wäre kein schlechtes Motto auch für die diözesanen Umbauprozesse der Gegenwart. Es klingt gut – aber hast Du auch ein Beispiel?

„Bei Schwester Anna, einer gestandenen Saarländerin, klingelt das Telefon: ‚Schwester Oberin, können sie runterkommen und uns die Farbe angeben?‘ Will heißen: die Anstreicher haben auf einer Wand im Erdgeschoss drei Vorschläge für den neuen Innenanstrich des Krankenhauses angebracht. Auf dem Weg treppab schießt es Schwester Anna durch den

---

[78] Ebd., 93.
[79] Zerfaß, Auf dem Weg zu einer diakonischen Unternehmenskultur, 133.
[80] Ebd.
[81] Ebd., 136f.

Kopf: Betroffene beteiligen! Unten angekommen sagt sie: ‚Was soll ich euch die Farbe angeben? Fragt doch die Stationen, welche Farbe sie haben wollen!' Das Echo ist gigantisch – den Chefärzten wird schwindlig, als Schwesternschülerinnen und Putzfrauen sich in die Diskussion einschalten. Aber am Ende kommen alle Stationen auf einvernehmliche und ausgewogene Lösungen. Das regionale Fernsehen rückt an. Der Identifikationsschub mit dem Haus ist nicht mit Geld zu bezahlen![82]

Was könnte man aus Euren Erfahrungen lernen?

„In dem Augenblick, wo die eigenen Fragen […] zu Wort kommen dürfen in der Weise, dass die Beteiligten sich nicht mehr durch vorfabrizierte Antworten beschwichtigen lassen – weder vom Zentralkomitee der Katholiken noch vom angereisten Professor X –, kommt Bewegung in die Szene: Die Beteiligten entdecken, […] dass der Geist Gottes in ihnen seufzt und nach Veränderung der Verhältnisse drängt. […] Sie entdecken, dass ihr eigenes Glück und ihr eigener Lebenssinn […] auf dem Spiel steht."[83]

# 5. Leben im Ruhestand

Das ist eine schöne Vorlage für meine letzten Fragen. Du bist einer der bekanntesten deutschsprachigen Pastoraltheologen, warst lange Vorsitzender der Konferenz der deutschsprachigen Fachvertreterinnen und Fachvertreter und Du hast den Artikel „Pastoraltheologie" im LThK verfasst. Ottmar Fuchs nennt Dich gar den „Nestor"[84] des Fachs. Scharen von Studierenden sind nicht zuletzt auch Deinetwegen zum Freijahr nach Würzburg gekommen. Um einen Platz in Deinem Homiletikkurs zu bekommen, haben manche sogar vor dem Lehrstuhl kampiert. Martyria und Diakonia, Evangelisierung im Wort und in der Tat, waren die Schwerpunkte Deiner pastoraltheologischen Arbeit – und in beiden Bereichen wurdest Du mit einem Preis ausgezeichnet: 2001 mit dem Johann-Hinich-Wichernpreis der evangelischen Diakonie und 2007 mit dem deutschen Predigtpreis für Dein homiletisches Lebenswerk. Zusammengehalten und aufeinander hin geöffnet werden Martyria und Diakonia durch ein weiteres wichtiges Stichwort Deines Weges: die Spiritualität – und damit auch die Frage nach dem eigenen Glück und dem eigenen Lebenssinn. Sie steht ja schon im Untertitel Deines Bestsellers *Menschliche Seelsorge* (1985), der Dich zusammen mit *Grundkurs Predigt I* (1987) und *Lebensnerv Caritas* (1995) bekannt gemacht

---

[82] Ebd., 137
[83] Zerfaß, Gemeindemodelle, 84.
[84] Ottmar Fuchs, Zum Geleit. Gottes Volk im Exil?, in: Theologische Quartalschrift 185 (2005), 157.

hat: *Für eine Spiritualität von Priestern und Laien im Gemeindedienst.* Gibt es auch hier biographische Entdeckungszusammenhänge?

„Im September 1979, in einem book-shop auf dem Universitätsgelände in Chicago sprang mir zunächst nur der Titel in die Augen: ‚Creative ministry'. Von Henri Nouwen hatte ich bis dahin noch keine Zeile gelesen. So konnte ich nicht ahnen, dass dieses Taschenbuch die kostbarste Mitgift war, die ich über den großen Teich mit nach Hause nehmen sollte. [...] Hier wird zugelassen, angeschaut, beim Namen genannt [...] – und ruhig in das Licht des Evangeliums gerückt, in den Horizont der unabgegoltenen Verheißungen Gottes. [...] Schöpferische Seelsorge – das ist kein neuer pastoraler Slogan, kein neues Erfolgsrezept. Es ist eher der leise [...] Abschied von den Slogans und Erfolgsrezepten in der Pastoral. Es ist der Versuch, auch in der Seelsorge mit Gott zu rechnen [...]. Das ist eigentlich schon alles. Der Rest ergibt sich von selbst – und ist immer eine Überraschung."[85]

Henri Nouwen war einer jener geistlichen Autoren, bei dem Dir etwas aufgegangen ist. Was bedeutet Spiritualität für Dich persönlich?

„Christliche Spiritualität ist kein frommer Nebelschleier über der Realität, sie springt in ganz konkreten Situationen auf, [...] ist lebensbezogen, alltagsdienlich, plausibel. Sie spricht, wenn überhaupt, von Gott nur sehr verhalten, nicht aufdringlich. Daher versucht sie, religiösen Überdruck abzulassen. [...] Und daher kommt sie in einer Sprache daher, die weniger fromm ist als pfiffig. Sie verblüfft [...] Deshalb setzt authentisch christliche Spiritualität immer etwas in uns frei; sie macht [...] Lust zu leben."[86]

Das klingt nicht unbedingt nach dem Arbeitsalltag eines Pastoraltheologen oder anderer Menschen – da ist oft wenig Platz für ‚lustvoll' gelebtes Leben.

„Wer in dieser Weise den anderen festschreibt, ist selber tot. Solche Leblosigkeit ist besonders häufig in Gremien anzutreffen, bei den Leuten mit den langen Gesichtern: sehr bedeutend, sehr informiert, ungemein wichtig, [...] aber ohne Biographie [... ]; sie haben keine Wünsche, keine Kanten, keine Freunde; sie sind durch nichts mehr zu überraschen, durch nichts mehr zu verführen (außer durch die Berufung in ein weiteres Gremium), nur ungeheuer alt."[87]

Was bedeutet das für mich persönlich?

„Wir können nicht über unsere menschliche Situation nachdenken, ohne uns zu fragen: Wo bin ich persönlich in den letzten zehn Jahren geblieben?

---

[85]  Zerfaß, Vorwort zur deutschen Ausgabe, 5; 8.

[86]  Rolf Zerfaß, Mitarbeiterinnen und Mitarbeiter im kirchlichen Dienst – ein Qualitätsmerkmal für Heimerziehung, in: Verband katholischer Einrichtungen für Heim- und Heilpädagogik (Hg.), Leben lernen. Erzieherische Hilfen gestalten und sichern, Freiburg/Br. 1998, 19-36, 29f.

[87]  Zerfaß, Menschliche Seelsorge, 47.

Bin ich älter geworden oder jünger? Lebendiger oder toter? Und wenn sich einer sagen müsste: Ich bin fürchterlich ins Schleudern geraten, ich habe Seiten an mir entdeckt, die mich tief ängstigen, […] dann ist dies zwar eine traurige Geschichte, aber es ist immerhin eine Geschichte. Er ist lebendig geblieben. Und deshalb ist noch überhaupt nichts verloren."[88]

Kein Grund also für gesteigerte Lebensangst?

„Das Leben ist riskant […]. Du kannst deine Unschuld bewahren […], aber nur um den Preis, daß du nicht lebst. Und das wird dann deine Schuld sein: daß du wie der Knecht im Gleichnis dein Leben in der Erde vergraben hast […]. Es ist ja eigentlich kein fauler Knecht, sondern ein ängstlicher Knecht […]. […] [Gott selbst] stört die Möglichkeit, daß wir schuldig werden, weit weniger als das Mißtrauen, das wir gegen das Leben hegen […]. Wenn wir dem Leben nicht trauen, […] trauen wir dem Gott nicht, der uns in dieses Leben hineingestellt hat, obwohl es riskant ist."[89]

Dann ist der pastorale Alltagsstress, von dem wir schon gesprochen haben, auch nicht im Sinne Gottes – sondern eine spirituelle Herausforderung?

„Atemlose Seelsorger, ausgepowerte Laienmitarbeiterinnen dienen dem Glauben nicht, sondern machen ihn suspekt. […] Die Kommunionkatechese, die nur den Kindern etwas bringt, aber nicht den Tischmüttern, bringt in Wahrheit auch den Kindern nichts. […] ‚Ich habe keine Zeit' heißt in Wahrheit: Ich habe kein Maß. […] Weil die Pfarrer selbst kein Maß haben, überfordern sie die ehrenamtlichen Mitarbeiter."[90]

Steht also nicht nur die Kirche in der Gefahr, sich selbst mit Gott zu verwechseln, sondern auch ihre geweihten oder nichtgeweihten MitarbeiterInnen?

„Allgegenwart ist ein Attribut Gottes; wenn wir Gott zu imitieren versuchen, kommt nur jene scheußliche Pseudopräsenz heraus, jene elende geteilte Aufmerksamkeit, die eine alte Dame, wie mir ein evangelischer Vikar erzählt hat, einmal so charakterisierte: ‚Herr Vikar, Sie sind nicht immer da, aber wenn Sie da sind, sind Sie da. Der Herr Pfarrer ist immer da. Aber er ist nie da.'"[91]

Was würde die Spiritualität einer wirklich menschengerechten Seelsorge unter dem Primat des Reiches Gottes in diesem Zusammenhang bedeuten?

„Im Horizont der Gottesherrschaft entlarvt sich alle Hektik in der Seelsorge als das, was sie in Wahrheit ist: ein Tribut an den Zeitgeist […] Wer mit dem Kommen der Gottesherrschaft rechnet, kann sich leisten, auch einmal nicht da zu sein. Er wird es auch den andern zumuten, und sie wer-

---

[88] Ebd., 48.
[89] Ebd., 64f.
[90] Zerfaß, Was sind letztlich unsere Ziele, 61f.
[91] Zerfaß, Menschliche Seelsorge, 56.

den darüber selbständig werden. Er gewinnt den Mut, dort Grenzen zu setzen, wo seine eigene Verfügbarkeit am Ende ist: ‚Ich habe jetzt eine Stunde Zeit für Sie.‘ Nach dieser Stunde entläßt er den andern in die Hand Gottes hinein, ohne Furcht, etwas zu verpassen. […] Unsere Gemeinden brauchen […] keine Übermenschen. Unsere Gemeinden brauchen Menschen. Auch Gott braucht nur Menschen.“[92]

Wenden wir uns einem letzten Punkt Deiner Biographie zu. Vor einigen Jahren hast Du Deine wunderbare Gattin geheiratet, verbunden mit Deiner Laisierung als Priester der Diözese Trier. Hast Du einen Ratschlag für Menschen, die vor einer ähnlichen Lebensentscheidung stehen? Welchen Rat gibst Du für die Wahl jenes „unverwechselbar eigenen Weges“[93], den entlang Gott uns führen will?

„Wer […] zu einer Entscheidung über den eigenen Lebensweg kommen will, muss sich unter Gottes Augen die eigenen Sehnsüchte bewusst machen. Es ist ja niemand anders als Gott selbst, der […] den Hunger nach Leben in uns eingesenkt hat. […] Meine Stimme ist nur die, die aus den Tiefen meines Herzens hervorbricht und sich gegen das Stimmengewirr durchsetzt, das meinen Kopf besetzt hält. Ohne dass wir mit uns selbst in Kontakt kommen und vor Gott zu dem stehen, was wir uns im Inneren wünschen, […] bleibt auch alle Spiritualität etwas Aufgesetztes, weil der Grund des Herzens unerlöst bleibt.“[94]

Danke für das Gespräch!

---

[92] Ebd., 55ff.
[93] Zerfaß, Textpredigt, 147.
[94] Rolf Zerfaß, Gemeindemodelle. Anläufe wider die Geistlosigkeit, in: Bibel und Liturgie 61 (1988), 82-87, 85.

PAUL M. ZULEHNER

# Meine Pastoraltheologie
# biographisch

Meine religiös-kirchliche Entwicklung spiegelt den bewegten Gang unserer Kirche in den letzten Jahrzehnten wider. Großgeworden bin ich in einem religiösen Biotop: Ich hatte eine strenggläubige, sehr marianische Mutter, einen Vater mit einer eher verschämten und unaufdringlichen, aber kirchlich engagierten Gläubigkeit, einen rhetorisch überdurchschnittlich begabten Onkel, der als spätberufener Jurist Priester wurde, liturgisch stets in der ersten Reihe ging und zugleich überaus traditionsverhaftet war. Ich wuchs als Ministrant von klein auf in diese bergende und stabile religiöse Welt hinein. Rosenkranz, Herzjesufreitag, regelmäßiger Kirchgang und häufiges Beichten waren mir eine Selbstverständlichkeit. Ich lernte auch mehr den strengen moralischen Anspruch der Kirche, erlebte eine weithin vaterlose (der Vater war für Hitler im Krieg) ländliche Kindheit im oberen Mühlviertel, erlebte den Einmarsch der Russen und die Rückzugsgefechte der SS, sah wie in den letzten Kriegstagen in der Nacht der Nachbarsort brannte, erbte schon in der Familie ein – wie ich erst spät in Krisen meiner zölibatären Lebensform entdeckte – verschattetes Verhältnis zu allem Leibhaftigen, lernte nicht tanzen, hatte nur Freunde bei den Sängerknaben der Schotten in Wien, betrieb viel Sport und lernte am Konservatorium der Stadt Wien Klavierspielen.

Nach der Matura schwankte ich zwischen Dirigent werden oder Jesuit. Um die zweite Option offen zu halten, ging ich nicht ins Wiener Priesterseminar, sondern zum Studium zu den Jesuiten nach Innsbruck. Dort war schon mein älterer Bruder zum Theologiestudium. Auch er wurde Priester, nahm aber trotz des gleichen Studiums in seiner spirituellen und theologischen Entwicklung eine andere Richtung, was es ihm erleichterte, den von meinem Onkel gegründeten Oberösterreichischen Rosenkranz-Sühnekreuzzug nach dessen Tod und bis zu seinem Tod zu führen, bevor dieser mit dem Gesamtösterreichischen in Wien bei den Franziskanern fusioniert wurde. Bei den Benediktinern lernte ich singen, bei den Jesuiten denken. Ich liebe bis heute den Gregorianischen Choral und seine spirituelle Kraft, schätze aber ebenso den jesuitischen Scharfsinn und die ignatianische Gabe der Unterscheidung der Geister.

Mein langer Weg zur Pastoraltheologie

Meinem Studium in Innsbruck bei den Jesuiten verdanke ich viel. Es entführte mich aus dieser kleinen Welt geschützter und selbstverständlicher Frömmigkeit. Dies war in jener Zeit, da Karl Rahner hin und wieder von seinem Oberen Rede- und Schreibverbote für Aussagen auferlegt worden sind, die kurze Zeit später vom Zweiten Vatikanischen Konzil in das Lehrgut der Kirche Eingang gefunden haben. Mich beeindruckte die Demut des großen Theologen, mit dem ich 1980 zu seinem achtzigsten Geburtstag zusammen mit Andreas Heller ein Gespräch zur Theologie der Seelsorge[1] führen konnte. In bleibender Erinnerung ist mir sein Spruch: Wenn ich mit einer Aussage innerkirchlich anstoße, dann gibt es zwei Möglichkeiten: Entweder hab ich mich geirrt, dann gehe ich zurück. Oder ich war zu früh dran.

Aber nicht nur Karl Rahner war mir wichtig. Sein Bruder Hugo Rahner hatte mir den Zugang zur Kirchengeschichte und noch mehr zur Patristik in einer eutrapelischen Weise erschlossen. Bei Karl Rahner wiederum erlernte ich die Lust an der Vertiefung der herkömmlichen Schultheologie in Richtung der Auseinandersetzung mit der modernen Kultur, Philosophie und Sprache: Traditionelle Schultheologie und zeitgenössische Theologie erlebte ich nicht als Bruch und Widerspruch. Ich begann also früh eine „pontifikale" Neigung zu entwickeln: zwischen Tradition und Situation, zwischen konservativ und progressiv, und positionierte mich schon früh in die offene und offensive Mitte der Kirche.

Viel verdanke ich Joseph Andreas Jungmann, ohne dessen Missarum solemnia[2], dessen Erarbeitung wir in seinen Vorlesungen mitverfolgen konnten, die Liturgiereform des Konzils wohl nicht so einfach gelungen wäre. Ich erinnere mich an eine Vorlesung nach dem Konzil, wo er auf die Anordnung der eucharistischen Feier zu reden kam: die Mahlanordnung und die prozessuale Anordnung. Beide, so betonte er, seien Ausdruck des vertieften Kirchenbildes des Konzils, die Abendmahlgemeinschaft sowie das pilgernde Gottesvolk. Bedauerlicher Weise ist die prozessuale Anordnung heute von den Traditionalisten derart vereinnahmt, dass sie kaum noch als genuine Darstellung der Vatikanischen Volk-Gottes-Theologie angesehen wird.

Am Institutum Philosophicum Oenipontanum der Theologischen Fakultät, an dem ich bei Johannes Schasching wissenschaftlicher Assistent war, wurde das Interesse an der Religionsforschung geweckt: Ich promovierte 1961 zur Frage

---

[1]   Paul M. Zulehner / Karl Rahner, Denn du kommst unserem Tun mit deiner Gnade zuvor. Zur Theologie der Seelsorge heute, Ostfildern 2002.

[2]   Josef Andreas Jungmann, Missarum Sollemnia. Eine genetische Erklärung der römischen Messe, Wien-Freiburg-Basel 1962.

der „Religion ohne Kirche", gestützt auf eine Umfrage unter Arbeitern des Stahlwerks VOEST in Linz.[3] Die Gemeinschaft des Internationalen Theologenkonvikts Canisianum und dort Freundschaften mit US-Amerikanern, Vietnamesen, Afrikanern, Koreanern bescherte mir einen über Europa hinausreichenden weltkirchlichen Horizont.

Dennoch: Pastoraltheologie war in Innsbruck kein Thema: Sie wurde so gut wie nicht unterrichtet. Walter Croce gab Katechetik, der begnadete Reinhold Stecher, später Bischof von Innsbruck, übte mit uns in Schulklassen eine vorzügliche praktische Religionspädagogik. Mein Interesse galt damals, anstellungsbedingt, dem Handeln der Kirche in der Gesellschaft, also mehr der Sozialethik. Ich arbeitete an der Geschichte der sozialen Theorie und Praxis der Katholischen Kirche[4], und entwickelte ein neugieriges Interesse am Thema Kirche und Austromarxismus[5]. Meine zweite Dissertation 1964 wies mich so sehr als einen fundierten Brückenbauer zwischen den lange verfeindeten gesellschaftlichen „Mächten" Kirche und Austromarxismus aus, dass ich, als Kardinal König Versöhnungsgespräche zwischen der Kirche und der Kreisky-SPÖ begann, in die gemeinsame Arbeitsgruppe berufen wurde.

Nach Wien zurückgekehrt wurde ich während meiner Zeit als Kaplan in einer Wiener Arbeiterpfarrei und drei Jahren in der Leitung des Wiener Priesterseminars Assistent am Institut für Ethik und Sozialwissenschaften bei Rudolf Weiler. Ich erhielt 1969 ein Dreijahres-Stipendium der deutschen Alexander-von-Humboldtstiftung, das mich zu Thomas Luckmann nach Konstanz und danach ein Jahr zu Karl Rahner nach München führte. Ich studierte das damals von der Religionssoziologie noch favorisierte Deutungsmodell der „Säkularisierung von Staat-Kirche-Gesellschaft"[6] und wollte damit in der Sozialethik habilitieren. Knapp vor der Fertigstellung gelangte ich auf die Liste des Lehrstuhls für Sozialethik in Graz. Dann aber endete mein Weg in der Sozialethik abrupt. Trotz verbriefter Zusagen, dass die Arbeit angenommen werden könne, fielen die Gutachter um. Der Grund war klar: Meine Berufung nach Graz sollte zugunsten meines Assistenten-Kollegen Valentin Zsifkovits unterbunden werden: Was auch gelang. Ich war meinem Chef vergleichsweise zu kritisch und aufgeschlossen und wegen meiner vielen Kontakte zu führenden Sozialdemokraten zu „links". Heute betrachte ich das als große Ehre, weil ich damit das Schicksal von Kardinal König teilte, der von den „Rechten" in Land und Kirche als linksliberal eingeschätzt wurde, was auch er im Sinn dieses plakativen Begriffs nicht

3   Paul Michael Zulehner, Religion ohne Kirche? Das religiöse Verhalten von Industriearbeitern, Wien-Freiburg-Basel 1969.

4   Johannes Schasching, Die soziale Botschaft der Kirche von Leo XIII. bis Johannes XXIII, Innsbruck 1961.

5   Paul Michael Zulehner, Kirche und Austromarxismus. Eine Studie zur Problematik Kirche Staat Gesellschaft, Freiburg 1967.

6   Paul Michael Zulehner, Säkularisierung von Gesellschaft, Person und Religion. Religion und Kirche in Österreich, Wien-Freiburg i.Br.-Basel 1973.

war und auch ich nicht bin. Ich lernte den Spruch des gut befreundeten Journalisten Günther Nenning schätzen, der meinte: „Die Kirche bewegt sich zur Mitte, das heißt nach links." Auch mein Weg verlief zur offenen Mitte.

Heute betrachte ich dieses Karriere-Hindernis als eine Art Fügung Gottes, der mich offenbar in der Pastoraltheologie und nicht in der Sozialethik haben wollte, um eine lebensgeschichtlich nicht einfache Zeit spirituell etwas vereinfacht auszudrücken. Ich ging zu Rolf Zerfaß nach Würzburg. Das religionsforscherisch bei Thomas Luckmann erarbeitete Material fokussierte ich auf pastorale Fragestellungen hin und publizierte zur schon veröffentlichten sozialwissenschaftlichen Grundlagenarbeit zur Säkularisierung die Studie „Religion nach Wahl"[7], wo ich mich der Begegnung zwischen Kirche und sozialdemokratischen Arbeitnehmern widmete. Meine bei Johannes Schasching im Zuge der Erforschung der religiösen Lage von Industriearbeitern durchgeführte Studie war die Grundlage dafür, dass ich in den Beirat des von Erzbischof Franz Jachym 1962 gegründeten Instituts für kirchliche Sozialforschung berufen wurden und an Forschungsprojekten mich beteiligen konnte.

Dieser mein langer Weg zur Pastoraltheologie erwies sich rückblickend als große Chance. Ich lernte in Theorie und Praxis die Lage und Entwicklung der Religion und religiöser Institutionen in modernen Gesellschaften zu erforschen und zu verstehen. Dabei behielten Theorie und Praxis stets ihre produktive Spannung bei. Schon früh erkannte ich dank vieler erhobener Daten, dass die „Säkularisierungsannahme" weniger die Entwicklung deutet, sondern zu einem Gutteil ideenpolitisch ist. Durch sie soll herbeigeführt werden, was als vermeintliche Lage deutend beschrieben wurde. Die Säkularisierungstheorie wurde mir angesichts meiner anwachsenden Forschungsdaten als zunehmend fragwürdig. Heute, nach vierzig Jahren Langzeitforschung zur Religion im Leben der Österreicherinnen 1970-2010[8], deute ich die weltanschauliche Lage moderner Kulturen als „Verbuntung". Weltanschauliche Vielfalt prägt nicht nur die eins werdende Welt, sondern auch die einzelnen Kulturen. Die Frage ist allerdings, ob diese Vielfalt friedlich ist und zum Wohl der Menschheit Freiheit, Gerechtigkeit und Frieden fördert, oder ob die Religionen einen durchaus möglichen „clash of civilizations" zu einem „clash of religions" verschärfen.

---

[7]   Paul Michael Zulehner, Religion nach Wahl. Grundlegung einer Auswahlchristenpastoral, Wien 1974.

[8]   Paul Michael Zulehner, Verbuntung. Kirchen im weltanschaulichen Pluralismus; Religion im Leben der Menschen 1970-2010, Ostfildern 2011.

# Pastoraltheologische Lehrjahre

Ich war rasch gezwungen, eher unvorbereitet in die pastoraltheologische Lehrarbeit zu springen. Schon bald nach meiner Habilitierung in Pastoraltheologie und Pastoralsoziologie bei Rolf Zerfaß in Würzburg im Jahre 1973 erhielt ich einen Ruf nach Bamberg und zeitgleich nach Passau. In Bamberg widmete ich mich den drei großen Lebenswenden Heirat, Geburt und Tod und verfasste gestützt auf meine ersten Vorlesungen ein Lehrbuch, das lange ein Bestseller blieb.[9] In der Studie über die VOEST-Arbeiter sowie bei meiner Arbeit als Kaplan hatte ich gelernt, wie wichtig diese Lebensübergänge für die Menschen sind und wie nachhaltig sie auch jene an die Kirche binden, die sonst kein commitment haben und vom Glaubenskosmos wenig erahnen. Ich lernte das Tun der Kirche als Ritendiakonie[10] schätzen.

Vor die Wahl gestellt, nach Bamberg oder nach Passau zu gehen, entschied ich mich für Passau. Meine alte Mutter und meine Geschwister lebten in der Nähe, darunter mein geistig behinderter Bruder Hans (1934-2010). Diese Entscheidung war für meine pastoraltheologische Entwicklung goldrichtig. Denn Passau wurde für mich eine Art pastorales Laboratorium. Der damalige Bischof Antonius Hofmann und sein Nachfolger Franz Xaver Eder waren pastoral sensible Hirten der Diözese, die, so würde Papst Franziskus formulieren, „nach der Herde rochen". Zudem arbeitete mit Johannes Sommer ein Pastoralamtsleiter, der für pastorale Innovation aufgeschlossen war. In seiner Zeit wurden eine moderne Berufseinführung sowie eine Gemeindeberatung aufgebaut. Der Grundkurs gemeindlichen Glaubens ist mit Josef Fischer und dem nach Sommer gekommenen Pastoralamtsleiter Max Huber entwickelt worden.[11] Grundlage dieses pastoralen Handlungsmodells war die mystagogische[12] Seelsorgskonzeption von Karl Rahner. Von ihr theologisch orientiert sollten die Errungenschaften des Zweiten Vatikanischen Konzils in die pastorale Praxis der Diözese behutsam implementiert werden. Den Höhepunkt erreichte dieses gemeinsame Ringen um eine zeitgerechte Pastoral einer überschaubaren Diözese im Prozess der „Pastoralen Entwicklung Passau" (PEP) unter Bischof Franz Xaver Eder, bei der dem Geschäftsführer Helmut Höfl eine bedeutsame Rolle zukam.[13] In vielen

---

9   Paul Michael Zulehner, Heirat, Geburt, Tod. Eine Pastoral zu den Lebenswenden, Wien 1976, ⁵1987.

10  Paul Michael Zulehner, Ritendiakonie, in: Die diakonale Dimension der Liturgie, hg.v. Benedikt Kranemann / Thomas Sternberg / Walter Zahner, Freiburg 2006, 271-283.

11  Paul Michael Zulehner / Josef Fischer / Max Huber, „Sie werden mein Volk sein". Grundkurs gemeindlichen Glaubens, Düsseldorf 1985; Paul Michael Zulehner, Grundkurs gemeindlichen Glaubens. Ein Arbeitsbuch, Düsseldorf 1992.

12  Stefan Knobloch / Herbert Haslinger, Mystagogische Seelsorge. Eine lebensgeschichtlich orientierte Pastoral, Mainz 1991.

13  Helmut A. Höfl, Passauer Pastoralplan 2000. Gott und Menschen nahe; pastorale Entwicklung Passau, Passau 1999.

Gesprächen mit herausragenden Persönlichkeiten in und außerhalb der Kirche (so beispielsweise mit Rainer Kunze), in vielen Konferenzen in den Pfarrgemeinden und unter Hauptamtlichen, wurde ein juwelartiger Passauer Pastoralplan entworfen und vom Bischof zu Pfingsten 2000 in Kraft gesetzt. Konsequent setzte dieser Pastoralplan inhaltlich auf die Beschlüsse des Zweiten Vatikanischen Konzils, definierte eine Reihe von Projekten zur schrittweisen Entwicklung des kirchlichen Lebens und Wirkens mit dem Ziel, einer Kirchenentwicklung zu dienen, die diese „Gott und den Menschen nahe" bringt. Für meine Pastoraltheologie bedeutete diese Mitarbeit an pastoralen Entwicklungsprozessen enorm viel. Es gibt offensichtlich eine der Praxis innewohnende pastoraltheologische Theorie (also eine Art „Pastoraltheologie von unten"), die fachwissenschaftlich reflektiert werden muss und die eben theoriebildend ist. Pastoraltheologie ohne engste Verbindung mit denen, welche das Leben und Wirken der Kirche tragen (Pfarrgemeinden und ihre Räte, Ehren- und Hauptamtliche, Kirchenleitung, Orden, Verbände und Katholische Aktion, Caritas und Bildung), ist abstrakt, boden- und daher folgenlos. Sie bleibt im elfenbeinernen Turm der wissenschaftlichen Reflexion.[14]

Lehrreich, zugleich auch enttäuschend, war, dass sich – gestützt auf Denuntiationen – sieben Römische Kongregationen mit diesem kleinen Dokument befassten und es in einer bedenklichen Weise kritisierten. Der bis heute streng geheim gehaltene Versuch der obersten Kirchenleitung, Bischof Eder zu einer Rücknahme mancher Formulierungen und Positionen (wie Stärkung der Laien) zu bewegen, misslang. Bischof Eder und mit ihm die aufgebrochene Diözese Passau erhielt daraufhin mit Wilhelm Schraml einen Bischof, der das Kunststück schaffte, der Öffentlichkeit verbal die Fortsetzung der Pastoralen Entwicklung zu versprechen und sie zugleich auftragsgemäß autoritär zu stoppen. Alle pastoralen Bausteine, die der pastoralen Entwicklung dienten (wie Berufseinführung, Gemeindeberatung) sind inzwischen gleichfalls zur Bedeutungslosigkeit rückgebaut.[15]

Pastoraltheologisch besehen zeigt der Vorgang, dass die „geleitete Synodalität" von Bischof Eder an den guten Willen seiner Person gebunden und kirchensystemisch nicht verankert war. Das machte es möglich, durch die Auswechslung des Bischofs einer Diözese einen neuen pastoralen Kurs aufzunötigen. Dasselbe machte die zentrale Kirchenleitung konsequent nach dem Konzil und noch härter in jenen Weltregionen, in denen Bischöfe die Theologien der Befreiung unterstützt haben. Natürlich finden sich immer Personen im Klerus und unter den sonstigen Kirchenmitgliedern, die dann den neuen aufgesetzten Kurs mittragen. Faktisch aber hat dieser Rückbau der Pastoral auf traditionelle Muster zu einer tiefen Kluft zwischen der Diözesanleitung und einem Großteil der

---

[14]  Paul Michael Zulehner, Aufbrechen oder untergehen. So geht Kirchenentwicklung; das Beispiel des Passauer Pastoralplans, Ostfildern 2003.

[15]  Paul Michael Zulehner, Rückbau der Beteiligungskirche. Eine pastorale Fehlentwicklung, in: Stimmen der Zeit 221 (2003), Heft 7, 435-448.

Pfarrer, haupt- und ehrenamtlichen Laien und Pfarrgemeinden, aber auch Orden und Einrichtungen geführt. Die Erfahrung des mehrjährigen Pastoralen Entwicklungsprozesses kann freilich der Diözese nicht verloren gehen. Sie schlummert unter der Decke und wird eines Tages neuerlich Kraft und Dynamik entfalten.

Pastoraltheologisch waren diese Geschehnisse überaus lehrreich. Ich lernte, wie sich die Kirche praktisch weiterentwickeln kann und wie komplex dieser von vielen Pastoraltheologen übersehene Reformprozess ist. Memoranden und Kirchenvolks-Begehren werden der Herausforderung – wie sich an den frustrierenden Nichtergebnissen zeigt – dieser Komplexität und Machtstruktur der Kirche nicht gerecht.[16]

# Wien

1984 erhielt ich – nach einer vorausgegangenen vergeblichen Bewerbung, die mit dem Schlag-Wort: „Zulehner ist ja nur Soziologe" unberücksichtigt geblieben war – den Ruf an die Universität in jene mitteleuropäische Stadt, in der ich 1939 geboren worden war. Es ist der weltälteste Lehrstuhl für Pastoraltheologie, unter Kaiserin Maria Theresia 1774 zur Ausbildung der staatlichen Religionsdiener gegründet. Jetzt war es an der Zeit, die vielfältigen Erfahrungen von Bamberg und Passau zu systematisieren. Mit einem sehr kreativen Team von Assistentinnen und Assistenten wurde die vierbändige Pastoraltheologie[17] entworfen. Sie blieb – mit inhaltlichen Weiterentwicklungen – die Hauptgrundlage meiner Lehrtätigkeit in Wien und wurde auch ins Italienische übersetzt[18]. Der Hauptband ist die Fundamentalpastoral und baut die wissenschaftliche Reflexion des Handelns von Christen und ihrer kirchlichen Gemeinschaften entlang von drei Fragen auf: Sind Leben und Wirken zeitgerecht (Kairologie), sind sie jesusgemäß (Kriteriologie) und haben wir den Mut, unser Tun durch eine kluge Entwicklungsarbeit stets Gott und den Menschen reformerisch anzunähern (Praxeologie).

Manche halten meine Pastoraltheologie für zu kirchlich und setzen dieser eine am Kommen des Reiches Gottes orientierte Konzeption gegenüber – ein Gegensatz, den ich bis heute nicht verstehe. Denn was sollte, so lernte ich bei

---

[16] Paul Michael Zulehner, „Seht her, nun mache ich etwas Neues". Wohin sich die Kirchen wandeln müssen, Ostfildern 2011.

[17] Paul Michael Zulehner, Fundamentalpastoral. Kirche zwischen Auftrag und Erwartung, Düsseldorf 1989; Gemeindepastoral. Orte christlicher Praxis 1989; Übergänge. Pastoral zu den Lebenswenden 1990; Pastorale Futurologie. Kirche auf dem Weg ins gesellschaftliche Morgen 1990.

[18] Paul Michael Zulehner, Teologia pastorale, 4 vol., Brescia 1992.

Rolf Zerfaß, der sich wiederum auf Clemens von Alexandrien stützte, die Kirche anderes sein als jene Lyra in der Hand des Christus-Orpheus, der auf ihr zu Gunsten der dem Tod verfallenen Eurydike-Menschheit ein Lied des Lachens, der Hoffnung und der Auferstehung erklingen lässt?[19] Manche ordneten mich einer Art „Rekrutierungspastoral" zu, der es nur darum ginge, mit allen Mitteln Menschen – an diesen desinteressiert – für den Erhalt des Dienstleistungsbetriebs Kirche zu gewinnen. Ich weiß zwar nicht, wo ich je einen solchen Unsinn gesagt oder geschrieben habe. Doch bin ich überzeugt, dass es sich lohnt daran mitzuwirken, dass alle, die von Gott seiner Kirche „hinzugefügt" (Apg 2,47) wurden, in ihr ihrer Berufung und ihren Begabungen gemäß am Leben und Wirken zu Gunsten aller Menschen in der eins werdenden Welt professionell mitwirken (können). Kirchlich zu sein heißt für mich dabei immer auch kritisch-loyal reden und handeln. Kritik ist so besehen ein Zeichen meiner fachkundigen Loyalität zur Kirche. Würde ich dieses prophetisch-kritische Amt als Pastoraltheologe bequem und feig unterlassen, wäre ich eben nicht loyal. Unlängst sagt mir jemand: Du hast gar keine Feinde. Ich fragte dagegen: Was mache ich nur falsch? Mich meiner Kirchensympathie zu schämen, ist mir in den vielen Jahren nie in den Sinn gekommen, obgleich mich nicht wenige Entscheidungen von Verantwortlichen in der Kirche manchmal in Richtung Zynismus und innere Emigration gedrängt haben. Die Ereignisse in Passau waren diesbezüglich ein bedrohliches Lehrstück.

Wien war aber nicht nur der Ort einer Systematisierung meiner bisherigen bausteinartigen pastoraltheologischen Erfahrungen und Einsichten. Als ich nach meiner Berufung einen Antrittsbesuch bei Kardinal Franz König machte, riet er mir, nicht wie meine Kollegen im deutschsprachigen Raum mich nach Lateinamerika zu orientieren, sondern nach Ost(Mittel)Europa, also jenen Raum, der einst zur k. u. k. Monarchie gehörte, von Lemberg bis Zagreb, von Bratislava bis Siebenbürgen. Unverzüglich begann ich, diesen Rat durch einen intensiven Dialog mit den Betroffenen umzusetzen. Für jedes Land suchte ich jemanden aus der Kirchenleitung und aus der Pastoraltheologie, gründete ein Netzwerk und plante ein Förderprogramm für die Kirchen in Ost(Mittel)Europa, das bis heute den Namen „Pastorales Forum" trägt. Um die fachliche Stärke der Forschenden und Lehrenden an den pastoraltheologischen Lehrstühlen zu unterstützen, wurde das Projekt „Aufbruch" entworfen. Zwei Fragen waren leitend: Wie positionierten sich die christlichen Kirchen in der Zeit der „Totalität", des religionsaggressiven Kommunismus? Und wie repositionierten sie sich nach der Wende?[20] Die Studie wurde zehn Jahre später wiederholt, eine

---

[19]  Paul Michael Zulehner, Kirchenvisionen. Orientierung in Zeiten des Kirchenumbaus, Ostfildern 2012.
[20]  Miklós Tomka / Paul Michael Zulehner, Religion in den Reformländern Ost(Mittel)Europas, Ostfildern 1999.

weitere „Welle" ist unter der Federführung von András Máté-Tóth (Szeged[21]) für 2017 in Planung.[22] Sie wurde nicht nur von den vielen Pastoraltheologinnen und Pastoraltheologen der einzelnen Länder getragen. Zum Gelingen trug der 2010 plötzlich verstorbene führende Religionssoziologe aus Ungarn Miklos Tomka nachhaltig bei. Die reichen religionssoziologischen Ergebnisse wurden in drei Fachsymposien diskutiert und für die Entwicklung der Kirche im jeweiligen Land fruchtbar gemacht. Eine kompakte „Pastoraltheologie" fasste die Ergebnisse publizistisch zusammen.[23] Die Einsicht wuchs, dass die Kirchen nach dem Fall des Kommunismus viel „entlernen" müssen, wozu sie der Kommunismus mit seiner Religionsvernichtungspolitik genötigt hatte, dass sie aber nach der Wende nicht einfach die westlichen Kirchen imitieren können, sondern, die Erfahrungen der 40jährigen „kommunistischen Gefangenschaft" auswertend, einen eigenständigen Weg weitergehen müssen. Das ist auch für die westeuropäischen Kirchengebiete hilfreich, weil so im wechselseitigen Dialog die beiden „Lungen Europas" (Johannes Paul II.) voneinander lernen können. Es geht auf die Dauer ja nicht an, dass die Kirchen in Ost(Mittel)Europa es sich nach der Wende mit dem neuen Feind des „westlichen Liberalismus" bequem einrichten.

Das zweite Anliegen des Pastoralen Forums war die Förderung von Personen, also human investment. Das Stipendienprogramm „Beine, nicht Steine"[24] ermöglichte es bislang etwa 120 Personen, in Wien zu promovieren oder zu habilitieren. Sie bilden eine bunte Gruppe: Männer und Frauen, römische Katholiken, griechische Katholiken, Orthodoxe, Kleriker und Laien, und das aus den Ländern Ukraine, Polen, Tschechien, Slowakei, Ungarn, Rumänien, Bulgarien, Slowenien, Kroatien, Serbien, Bosnien-Herzegowina. Pastoraltheologie fördert also Kirchenentwicklung, indem sie einzelne Personen qualifiziert. Das ist die eine Seite, die aber nicht die andere Seite ersetzt: die Weiterentwicklung von modernen Strukturen für die Kirche in den jungen Reformdemokratien Ost(Mittel)Europas.

---

[21] „Sein" Lehrstuhl für Religionswissenschaft ist durch eine dreijährige Anschubfinanzierung, vermittelt durch das Pastorale Forum, gegründet worden. Máté-Tóth ist ein Stipendiat der ersten Stunde, hat in Wien promoviert und habilitiert.

[22] Miklós Tomka / Paul Michael Zulehner, Religionen und Kirchen in Ost(Mittel)Europa. Entwicklungen seit der Wende; Aufbruch 2007 Tabellenband (mit den vergleichbaren Daten von Aufbruch 1997), Wien 2008; Miklós Tomka, Expanding religion. Religious revival in postcommunist Central and Eastern Europe, Berlin 2011.

[23] András Máté-Tóth / Pavel Mikluščák, Nicht wie Milch und Honig. Unterwegs zu einer Pastoraltheologie Ost(Mittel) Europas, Ostfildern 2000.

[24] Veronika Prinz-Fülöpová, „Beine statt Steine fördern". Aus dem interkulturellen Erfahrungsschatz der Stipendiatinnen und Stipendiaten des Pastoralen Forums. Eine pastoraltheologische Studie, Wien 2012, Dissertation.

# China

Eine Zeitlang trug ich mich mit dem Gedanken, eine Europäische Pastoraltheologie zu erarbeiten. Ich suchte nach Pastoraltheologen in den anderen europäischen Ländern, fand solche außerhalb des deutschen Sprachraums in Italien und Spanien und viele in Ost(Mittel)Europa. Dazu war ich, mit Jan Kerkhofs SJ aus Leuven befreundet, seit 1982 an den Europäischen Wertestudien[25] beteiligt und hatte Zugang zu Daten über die sozioreligiöse Entwicklung auf dem Kontinent. Dann aber kam ein Auftrag, in China pastoraltheologisch zu arbeiten.

Schon früh hatte mich meine pastoraltheologische Arbeit nach Asien geführt. Besuche bei Bischof Labayen in Infanta (auf den Philippinen – fachliche Kontakte der Wiener Fakultät mit theologischen Einrichtungen in Manila gibt es über Veronika und Gunter Prüller-Jagenteufel bis heute), einer Partnerdiözese des Vikariats Wien-Süd unter dem damaligen Weihbischof Florian Kuntner, lehrten mich anschaulich und nachhaltig, wie die Praxis der Befreiung aussehen kann. Sechs Fortbildungswochen mit Missionarinnen und Missionaren auf Taiwan führten mich in die kirchliche Arbeit im Kontext chinesischer Kultur ein. Dort lernte ich, dass die Arbeit der Kirche in Asien zweidimensional sein müsse: Um in Gottes Art bei den Armen zu sein, braucht es eine soziale Dimension; um aber mit der alten Kultur in einen Dialog einzutreten, ist eine kulturelle Dimension erforderlich. Wie wichtig gerade die letztere ist, wurde mir klar, als ich 2008 über meinen Freund und Kollegen aus München, Peter Neuner, die Einladung erhielt, Pastoraltheologie am Nationalen Priesterseminar in Beijing zu unterrichten.

Ich erinnere mich, dass eine der ersten Fragen der Studierenden an mich war: Wie steht es um das Heil der Buddhisten und der Maoisten, der Konfuzianisten und Daoisten? Welchen Auftrag haben wir als Kirche für sie? Ich habe meine Pastoraltheologie in Europa entwickelt, auf dem Hintergrund der bewegten Geschichte des Christentums in diesem alten Kontinent, die geprägt war von der Konstantinischen Ära in ihrer nachreformatorischen Form, deren Nachwirkungen in der Sozialgestalt und in den Handlungsmustern bis heute untergründig fortwirken. Zudem bin ich selbst großgeworden im Rahmen eines ziemlich einfachen Heilspessimismus augustinischer Art, der mit einer massa damnata rechnet und lehrte, dass es außerhalb der Kirche kein Heil gebe. Die vermeintliche Pastoral der „Kirchenrekrutierung" war in einer tiefen Ebene letztlich eine Pastoral der „heilspanischen Errettung" möglichst vieler durch die Taufe (oder

---

[25] Paul Michael Zulehner, Vom Untertan zum Freiheitskünstler. Eine Kulturdiagnose anhand der Untersuchungen „Religion im Leben der Österreicher 1970 bis 1990" – „Europäische Wertestudie-Österreichteil 1990, Freiburg 1991; Paul Michael Zulehner / Hermann Denz, Wie Europa lebt und glaubt. Europäische Wertestudie, Düsseldorf 1993; Hermann Denz, Die europäische Seele. Leben und Glauben in Europa, Wien 2002; Regina Polak, Zukunft. Werte. Europa. Die Europäische Wertestudie 1990-2010: Österreich im Vergleich, Wien 2011.

evangelisch das Wort), was so weit ging, wie ich in meiner Passauer Zeit in der Epistola pastoralis des Habsburgerbischofs Josephus Dominicus Lamberg aus dem Jahre 1726 nachlesen konnte, dass notfalls die Hebammen mit einer Taufspritze im Mutterschoß das Kind für das Heil zu retten hatten. Der Heilspessimismus ging also mit einem exklusiven Kirchenbild einher, das in Europa zudem noch konfessionell zugespitzt wurde. Orthodoxe Kirchen anerkennen die Taufe anderer christlicher Kirchen nicht. Rettet Gott nur Orthodoxe?

Auf die Frage der chinesischen Studierenden nach dem Heil der anderen hätte ich traditioneller Weise sagen müssen: Entweder gewinnt und tauft ihr sie oder sie gehen verloren. Nun hatte natürlich das Zweite Vatikanische Konzil in dieser Frage eine Weichenstellung weitreichender Art vorgenommen. Es gehöre zur bleibenden Bedeutung des Zweiten Vatikanischen Konzils, dass wir ungehindert durch die Gemeinschaft der Kirche fragen dürfen, ob wir hoffen dürfen, dass Gott am Ende alle rettet, so Karl Rahner[26]. Nur: Haben wir das in der Grundlegung unserer europäischen Pastoraltheologie hinreichend aufgenommen und auf ein entsprechendes Bild von der Kirche und ihrer Praxis bedacht? Ich arbeite derzeit daran, und machte dies eine Zeitlang in Kooperation mit der Habilitandin Petra Steinmair-Pösel, die aber inzwischen zur Sozialethik gewechselt ist. Was dabei entstehen soll, ist eine interdisziplinär grundgelegte „Weltpastoral". Diese handelt vom heilenden Heils-Wirken Gottes in der eins werdenden und doch zerrissenen, von Gewalt, Gier und Lüge (René Girard[27]) geprägten Menschheit. Es geht von einer tiefen Einheit der Menschheit aus – oder wie die Kirchenväter es schon gesagt haben, von der „einen menschlichen Natur". Zugleich fällt der Blick auf die wachsende Differenzierung, „Durchmusterung" (Carsten Bresch), kulturelle und weltanschauliche Verbuntung. Dieser Menschheit und ihrer Geschichte ist Gott zuinnerst, er selbst ist die treibende und heilende Kraft in Richtung Vollendung, die Jesus das Reich Gottes nennt und das angefangen hat, in ihm (seiner Menschwerdung, seinem Leben und Leiden, seinem Tod bis zu seiner Auferstehung) unwiderruflich angekommen zu sein. In diese Richtung wirkt Gott in allen durch seinen Heiligen Geist, trotz der schuldhaften und tragischen dämonischen Gegenmächte, die der Vollendung der Menschheit und der einzelnen Menschen in Richtung der allein rettenden Liebe (Mt 25) im Weg steht. Wenn das in allen stattfindet, dann oftmals – so Hans Urs von Balthasar – in „verhüllter Weise"; in der Gestalt von wahrhafter, Geist-gewirkter Liebe, die allein rettet (Mt 25). [28]

Von da aus kann die Mission der Kirche verdeutlicht werden. Sie enthüllt das Woher und Wohin der Geschichte, feiert und erzählt, dass „auf ihn hin" alles erschaffen ist (Kol 1,15), dass Jesus durch die Auferstehung zum Christus und

---

[26] Karl Rahner, Die bleibende Bedeutung des Zweiten Vatikanischen Konzils, in: Stimmen der Zeit 197 (1979), 795-806.

[27] René Girard, Ich sah den Satan vom Himmel fallen wie einen Blitz. Eine kritische Apologie des Christentums, München 2003.

[28] Hans Urs von Balthasar, Spiritus Creator, Einsiedeln 1967, 165.

damit zum Erstgeborenen der vollendeten Schöpfung, deren Haupt geworden ist und dass er seit seiner Erhöhung am Kreuz (nach und nach) alles an sich ziehen wird, den ganzen Kosmos. Das macht die vollendete Schöpfung zum allumfassenden „kosmischen Christus". Die Universalität des Heils und ihr tiefe Einung mit dem Auferstandenen, einem von uns, werden auf diese Weise versöhnt. Manche befürchten darin eine Vereinnahmung der anderen für das Christentum oder gar für die Kirche. In Wahrheit handelt es sich aber um die Verausgabung eines unbeirrbar treuen Gottes für alle.

Für dieses Ausreifen nimmt Gott ein Volk in Dienst – einst Israel, dessen Berufung und Erwählung keinesfalls zu Ende ist und das in einer schöpferischen Einheit mit der Berufung der Kirche steht. Seinen Jüngern, den Mitgliedern der ersten Jesusbewegung, aus der sich seine Kirche formte, sagt Jesus: „Ihr seid das Licht der Welt." Und: „Ihr seid das Salz der Erde". Licht heißt „enthüllen", was Gott in der Tiefe der Menschheit durch seinen Heiligen Geist an Liebe wirkt. Enthüllen heißt vom „Erbheil" (Hermann Stenger) reden, vom Woher und Wohin der Schöpfung, bedeutet leben, erzählen und feiern der Größe und Würde des Menschen und der Großtaten Gottes. Die Kirche singt in ihren Psalmen von der Sehnsucht des maßlosen Gottes nach dem Menschen und der maßlosen Sehnsucht des Menschen nach Gott (Psalm 63). Weil die Kirche aber – mit den Menschen mitfühlend – weiß, wie sehr durch „dämonische Gegenmächte" Gewalt, Gier und Lüge, die alle drei aus der Angst entspringen (Monika Renz[29]), dieses Heilshandeln Gottes in der einen Geschichte durchkreuzt und behindert wird, ist sie auch Salz, Heilsalz. Das macht die Kirche nicht (wie bisher) durch dunkles Moralisieren und angstmachende Katechese. Vielmehr entfaltet sie neuerlich das, was ihr Jesus als Heiland vorgelebt und vorpraktiziert hat. Sie wird in der Nachfolge des Heilands zum Heil-Land (Markus Beranek[30]). Enthüllen und Heilen werden so zu den beiden großen Grundgesten jeder christlichen Kirche.

All das gilt es exegetisch, im Dialog vor allem mit den ostkirchlichen Vätern, den Mystikerinnen und Mystikern des Mittelalters, mit den Theologen rund um das Zweite Vatikanische Konzil zu fundieren: Eine Arbeit, welche die Schätze der Tradition neu durchsucht und dabei fündig wird. Eine Schlüsselrolle spielt das bewegende Bild vom „kosmischen Christus", der in der neueren Theologie, aber auch außerhalb des Christentums, ein zentrales Vollendungsbild ist.

Solch eine „Weltpastoral" braucht es nicht nur in der katholischen Kirche, sondern in allen christlichen Kirchen. Sie kann eine brauchbare Grundlage für den interreligiösen Dialog ebenso bilden wie für einen Dialog mit den überaus bunten Atheisten der Welt. Das gemeinsame Fundament ist die persönliche wie die politische Liebe, in der wir Christen das Wirken des einen Geistes Gottes

---

[29] Monika Renz, Erlösung aus Prägung, Paderborn 2008.
[30] Markus Beranek, Gemeinde als Heil-Land. Erfahrungen heilsamer Gemeindepraxis im Rahmen der Studie „Gemeinde als Heil-Land" und theologisch-spirituelle Perspektiven, Wien 2002.

sehen und das die Grundlage dafür bietet, dass alle Menschen für Freiheit, Gerechtigkeit und Frieden als Spuren des anbrechenden Reiches Gottes zusammenarbeiten können.

## Pontifikales

Johann Schasching und die Anbindung an das 2001 unter kirchenpolitisch fahrlässigen Bedingungen geschlossene Institut für kirchliche Sozialforschung haben meine Freude an der Religionsforschung geweckt. Dank dieser Qualifikation, die der leider zu früh verstorbene Freund, der international ausgewiesene empirische Soziologe Hermann Denz (1949-2008) in langjähriger Zusammenarbeit gefördert und kritisch weiterentwickelt hat, habe ich mich über die Jahre mit den verschiedenen Gruppen der Kirche befasst: mit den einfachen Mitgliedern (auch ökumenisch, neuestens auch mit Blick auf die Muslime)[31], den ehrenamtlichen Pfarrgemeinderäten in Österreich[32], und vor allem mit den Hauptamtlichen: mit Theologiestudierenden an der Fakultät in Wien, den PastoralreferentInnen[33], den Diakonen[34], den Priestern[35]. Wie auch in „profanen Studien"

---

[31] Paul Michael Zulehner, Verbuntung. Kirchen im weltanschaulichen Pluralismus. Religion im Leben der Menschen 1970-2010, Ostfildern 2011; ders., Seht her, nun mache ich etwas Neues (Jes 43,19). Wohin sich die Kirchen wandeln müssen, Ostfildern 2011.

[32] Paul Michael Zulehner, Der Reichtum der Kirche sind ihre Menschen. Pfarrgemeinderäte beleben die Kirchengemeinden; Bericht über eine Umfrage, Ostfildern 2010; Paul Michael Zulehner / Anna Hennersperger, Damit die Kirche nicht rat-los wird. Pfarrgemeinderäte für zukunftsfähige Gemeinden, Ostfildern 2010.

[33] Paul Michael Zulehner / Katharina Renner, Ortsuche. Umfrage unter Pastoralreferentinnen und Pastoralreferenten im deutschsprachigen Raum, Ostfildern 2006.

[34] Paul Michael Zulehner / Elke Patzelt, Samariter - Prophet - Levit. Diakone im deutschsprachigen Raum; eine empirische Studie, Ostfildern 2003; Paul Michael Zulehner, Dienende Männer. Anstifter zur Solidarität. Diakone in Westeuropa, Ostfildern 2003.

[35] Paul Michael Zulehner, Priester im Modernisierungsstress. Forschungsbericht der Studie Priester 2000, Ostfildern 2001; Paul Michael Zulehner / Anna Hennersperger, „Sie gehen und werden nicht matt" (Jes 40,31). Priester in heutiger Kultur; Ergebnisse der Studie Priester 2000, Ostfildern 2001.

– etwa an Männern[36] und Frauen[37] – hat sich auch in den Studien an den verschiedenen Personengruppen in der Kirche gezeigt, dass es in diesen eine bunte Vielfalt gibt. In Umfragen werden – gestützt auf viele Einzelaussagen – Befragte mit einer verwandten Einstellung zu Clustern gebündelt.

- So zeigen sich bei den Geschlechtern Traditionelle, Pragmatische, Suchende und Moderne. Bilden diese die gewünschte und mit unterschiedlichen Geschwindigkeiten bei den beiden Geschlechtern stattfindende Entwicklung der Geschlechterrollen ab? Um eine solche Vermutung der querschnittigen Vielfalt zu überprüfen, werden die Studien in Abständen wiederholt.

- Das ist uns auch bei der Untersuchung der Menschen hinsichtlich ihrer Religiosität, des von ihnen bewohnten „Glaubenshauses" und seiner „Einrichtung" sowie bezüglich des kirchlichen Commitments gelungen. Kirchliche, Religiöse, Skeptiker und Atheisierende lassen sich unterscheiden. Seit 1970 beobachten wir eine dramatische Verschiebung zwischen diesen vier Haupttypen: von den Kirchlichen hin zu den Religiösen; die Atheisierenden nehmen zu. Die Skeptiker bilden zahlenmäßig die stärkste Gruppe.

- Unter den PastoralreferentInnen haben wir – fokussiert auf ihre Positionierung innerhalb einer zu Ende gehenden „Priesterkirche" – pure und bedingte Laien sowie virtuelle und reale Presbyter entdeckt.

- Die Diakone formieren sich in drei Typen: Da sind die Samariter, die sich der Not unmittelbar stellen und sich für die Diakonisierung der Gemeinden zuständig fühlen; die Propheten, die zugleich notproduktive Strukturen erkennen und abbauen wollen, und schließlich die Leviten, die im presbyteralen Standby stehen und jederzeit bereit wären, das Charisma der Ehe und die Berufung zum Priesteramt zu kombinieren.

- Die Priester schließlich haben sich in ihrem Dienst an Hand der Orientierung an der ererbten Tradition und der Situierung in der modernen Welt positioniert. Vier Haupttypen konnten gut abgesichert abgegrenzt werden: weltabgewandte Kleriker, weltzugewandte Gottesmänner, weltgewandte Kirchenmänner, weltverwandte Gemeindeleiter.

---

[36] Paul Michael Zulehner / Andrea Slama, Österreichs Männer unterwegs zum neuen Mann? Wie Österreichs Männer sich selbst sehen und wie die Frauen sie einschätzen; eine empirische Studie im Auftrag der Republik Österreich; erweiterter Forschungsbericht, Wien 1994; Paul Michael Zulehner / Rainer Volz, Männer im Aufbruch. Wie Deutschlands Männer sich selbst und wie Frauen sie sehen; ein Forschungsbericht, Ostfildern 1999; Paul Michael Zulehner, Manns-Bilder. Ein Jahrzehnt Männerentwicklung, Ostfildern 2003; Männer in Bewegung. Zehn Jahre Männerentwicklung in Deutschland. Ein Forschungsprojekt der Gemeinschaft der Katholischen Männer Deutschlands u. der Männerarbeit der Evangelischen Kirche in Deutschland, Baden-Baden 2009.

[37] Paul Michael Zulehner / Petra Steinmair-Pösel, Typisch Frau? Wie Frauen leben und glauben, Linz 2011.

Vor allem die zentraleuropäische Priesterstudie, die auch in Polen und in der Ukraine bei griechisch-katholischen Priestern gemacht worden war – neuestens ist die Orthodoxe St. Tichon-Universität in Moskau an einer gemeinsamen Studie an Orthodoxen Priestern in Russland interessiert – , lässt erkennen, wie sich auf gemeinsamem Boden Vielfalt entwickeln kann. Das überkommene Erbe durchläuft offenbar in jedem engagierten Menschen lebensgeschichtliche Grundhaltungen, die wie ein Filter wirken. Es wird aus dem reichen Erbe das herausgenommen, was zur Persönlichkeit passt. Eine der am meisten wirksamen Grundhaltungen scheint in unserer Kultur die Stellung zu Freiheit/Autorität zu sein. Dieses Persönlichkeitsmerkmal enthält die Einstellung zu einem wesentlichen Aspekt der modernen Welt: ihrer Wertschätzung für das Individuum, für Mündigkeit, Selbstbestimmung, Partizipation, Meinungs- und Religionsfreiheit, Gewissen. An diesen Aspekten scheiden sich die Priester, aber auch die Kirchenmitglieder. Damit hängt die Bewertung von „Vorgaben" zusammen: Normen, Autoritäten und Rollen/Institutionen. In dem von uns untersuchten Zeitraum von 1970-2010 gab es im Autoritarismus enorme Verschiebungen. In der Achtundsechziger-Kulturrevolution wurde allen als repressiv eingestuften Fremdsteuerungen der Kampf angesagt. Seither sind Autoritäten, Normen und Institutionen (auch profane!) in einer tiefen Legitimationskrise. Diese kulturelle Verschiebung sagt aber noch keinesfalls, wie der je einzelne biographisch (familiär, durch peers, schulisch, durch Partner und ArbeitskollegInnen geformt) zu dieser Freiheit und Selbststeuerung steht. Es gab und gibt immer Personen, die sich schwer tun, eine „eigene Identität" auszubilden. Zudem wird das Leben heute immer unübersichtlicher (Jürgen Habermas[38]). Das macht die individuelle Freiheit immer „riskanter" (Ulrich Beck[39]). So lässt sich verstehen, dass seit der Mitte der Neunzigerjahre die Zahl jener, vorab junger Menschen zunimmt, welche die lästige Last der Freiheit wieder loswerden wollen. Wir gehen in eine Zeit der Führer und der geschlossenen Gruppen. Fundamentalismen haben Konjunktur, in Gesellschaft und Kirchen. Eine gewaltige Herausforderung für die Kirchen!

In dieser Lage besteht die Gefahr einer immer stärkeren und kämpferischen Polarisierung. Lager bilden sich, die einander „belagern". Die Grimmigkeit und Aggressivität der Auseinandersetzungen hat damit zu tun, dass den autoritär Besorgten das Anderssein der Anderen bedrohlich vorkommt.[40] Manche fundamentalistische[41] Kreise würden heute Scheiterhaufen errichten – was auch tat-

---

[38] Jürgen Habermas, Die neue Unübersichtlichkeit, Frankfurt/M. 1996.

[39] Ulrich Beck, Riskante Freiheiten. Individualisierung in modernen Gesellschaften, Frankfurt 1994.

[40] Günter Hole, Fanatismus. Der Drang zum Extrem und seine psychischen Wurzeln, Freiburg 1995.

[41] Peter Berger / Anton C. Zijderveld, In praise of doubt. How to have convictions without becoming a fanatic, New York 2010.

sächlich geschieht, wenngleich nicht real, dafür aber medial (wie manch „katholisches" Internetportal eindrücklich vor allem in den Mailings deutlich belegt).

Dabei könnte Vielfalt Reichtum sein. Denn im Lauf eines einzelnen Lebens wachsen nur Anteile der komplexen Möglichkeiten. Wir sind alle einseitig. Andere realisieren gerade in dem, dass sie anders sind, was bei mir unentwickelt ist. Moderne Unternehmen praktizieren Diversitymanagement[42]. Sie nützen gezielt die Unterschiede und sind gerade deshalb erfolgreicher als andere. Die Pastoraltheologie könnte zu einem solchen Diversitymanagement auch in der Kirche ermutigen. Dazu könnte jede und jeder bei sich anfangen. Ich hatte das Glück, einen theologisch wie spirituell anders ausgerichteten Bruder zu haben, mit dem ich mich blendend verstand, bei dem ich aber eben wegen des guten Einvernehmens lernen konnte, was anders möglich und redlich ist. Jemand, der Opus-Dei-nahe ist, könnte sich mit einem von Wir-sind-Kirche anfreunden. Jemand von der Bewegung Emmanuel könnte mit einem von der Pfarrerinitiative gut sein und in engem Austausch stehen. Erforderlich sind auch Zusammenkünfte, hinter verschlossenen Türen wie in der Öffentlichkeit, wo mit Einfühlung und Verständnis die unterschiedlichen Positionen vorkommen und in Beziehung gesetzt werden können. Das würde dem Wirken der Kirche nur nützen. Die Pastoraltheologie könnte solche Vorgänge anregen, begleiten, auswerten. Das wäre im Sinn meiner Fundamentalpastoral ein höchst dringlicher Beitrag zur Praxeologie, zur Poimenik, wie die evangelischen Kolleginnen und Kollegen[43] sagen, zur Hirtenaufgabe[44] in der Kirche, die ja nicht nur den Amtstragenden zugeeignet ist.

## „Rom verstehen lernen"

In meiner langjährigen pastoraltheologischen Forschungs- und Lehrarbeit war ein kirchenpolitischer – von vielen belächelter – Leitgedanke: „Rom verstehen lernen"[45]. In dieser Hinsicht habe ich mich mit meinem väterlichen Freund und Kollegen Hermann Stenger fest verschworen. Es war uns ein gemeinsames Bemühen geworden, wohl wissend, dass besserwisserische kalte und professorale

---

[42]  Marco Bambach / Christine Kuhn-Fleuchaus, Diversity-Management. Unsichtbare Potenziale fördern, Stuttgart 2011; Sönke Dohrn, Vielfalt und Innovation. Strategisches Diversity-Management für Innovationserfolg, Aachen 2011.

[43]  Manfred Josuttis, Segenskräfte. Potentiale einer energetischen Seelsorge, Gütersloh 2002.

[44]  Hermann Stenger, Im Zeichen des Hirten und des Lammes. Mitgift und Gift biblischer Bilder, Innsbruck 2000.

[45]  Jüngstens in: Paul Michael Zulehner, Aufruf zum Ungehorsam. Taten, nicht Worte reformieren die Kirche, Ostfildern 2012.

Kritik lediglich zur Abwehr und zur Ausgrenzung führt. Das zeigt sich ja beispielsweise in Deutschland, aber auch in der Schweiz, dass in der Pastoralkommission der Bischofskonferenz die universitäre Pastoraltheologie mehr als spärlich vertreten ist. Das ist ein bedauerlicher Zustand zum Schaden der pastoralen Entwicklung dieser Ortskirchen. Dass es zu solchen Synergien nicht kommt, daran sind meiner Einschätzung nach beide Seiten schuld.

Ich hatte das unverdiente Glück, dass ich – wohl auf Vorschlag von Johannes Schasching SJ und gestützt durch Kardinal König und gewünscht vom damaligen Präsidenten Kardinal Martini und seinem Generalsekretär bei der CCEE Ivo Führer, dem späteren Bischof von St. Gallen – 1985 zu einem der zwei ständigen Berater und Ghostwriter des jeweiligen Präsidenten des CCEE nominiert wurde, einen Dienst, den ich zusammen mit dem Dogmatiker Hervé Legrand OP vom Institut Catholique in Paris fünfzehn Jahre lang ausgeübt habe.[46] Wir waren an der Erstellung der Arbeitsunterlagen der Versammlungen der Europäischen Bischöfe sowie vor allem an der Ausarbeitung der die Beratungen bündelnden wegweisenden Schlussrede des jeweiligen Präsidenten beteiligt. So lernte ich in vielen Nachtsitzungen, in denen nach Abschluss der Beratungen in den Arbeitszirkeln der Bischöfe die Schlussrede des Präsidenten in vier Sprachen zu erarbeiten war, die großen Kirchenmänner Basil Hume, Carlo M. Martini und Miloslav Vlk aus nächster Nähe kennen. Dazu eine große Anzahl interessanter Bischöfe, die in der Vorbereitungskommission saßen oder zu den Delegierten der Bischofskonferenzen gehörten. Ich erinnere mich noch deutlich, wie für die Schlussrede von Carlo M. Martini zum Symposium über „Geburt und Tod als Herausforderung der Evangelisierung" der auch für die österreichische Politik in Bezug auf Euthanasie versus Hospizbewegung wegweisende Satz geschmiedet wurde: „So, wie die Eltern die Kinder zur Welt bringen, müssen künftig auch die Kinder ihre Eltern aus der Welt begleiten *können*." Jahre danach landete dieser Satz in einem Sozial-Hirtenwort der Österreichischen Bischöfe und wurde im Parlament von Minister Martin Bartenstein bei der Einführung der Hospizarbeit zitiert. Die sozialpolitisch innovative Formel war ein starker Appell an intergenerationelle Solidarität und für den sozialpolitischen Ausbau einer Gesellschaft, die sich nicht nur an ihrer Produktivität bewertet, sondern auch und vor allem daran, ob auch Leben, Leiden und Sterben ein menschliches Angesicht behalten können.

Im Rahmen dieser Arbeit bekam ich aus erster Hand mit, wie die Weltkirchenleitung die Bischofskonferenzen der einzelnen Kontinente in ihrer (römischen) Spur hält. Als die Mauer in Europa gefallen war, hatte der Rat der Europäischen Bischofskonferenzen (CCEE) unter Kardinal Martini ein Symposium über „Freiheit, Gerechtigkeit und Wahrheit leben im Umkreis des Evangeli-

---

[46]  Rat der europäischen Bischofskonferenzen (CCEE): Die europäischen Bischöfe und die Neu-Evangelisierung Europas. Stimmen der Weltkirche 32, hg.v. Sekretariat der Deutschen Bischofskonferenz und dem CCEE-Sekretariat, Bonn-St. Gallen 1991.

ums" vorbereitet. Der Vatikan veröffentlichte ohne Absprache mit dem Präsidenten Martini, dass es im Vatikan eine Europasynode geben werde. Es wurde zudem die Geschäftsordnung des CCEE dergestalt verändert, dass nur Vorsitzende einer Bischofskonferenz Präsidenten werden können – was Martinis Wiederwahl unmöglich machte.

Im Lauf der Jahre wurde mir auch klar, wie der Vatikan die Entwicklung der Kirche zumal in Westeuropa einschätzte und bis heute sehr besorgt ist, dass die westeuropäische „moderne" Entwicklung nach dem Fall der Mauer auch auf Osteuropa übergreift. Westeuropa, so ist ja auch im Apostolischen Schreiben von Johannes Paul II. Christifideles laici (1988) zu lesen, gilt als säkularisiert, verweltlicht. Zwar hatte das CCEE schon 1985 entschieden, künftig das von der Religionssoziologie aufgegebene Deutungswort von der Säkularisierung nicht mehr zu verwenden. Der Vatikan aber blieb dabei: wobei Benedikt XVI. als das gefährlichste Moment an der Säkularisierung den Relativismus brandmarkte. Die Kirche in Westeuropa sei eben von diesem Geist der Säkularisierung in weiten Teilen erfasst. Das sei, so immer lautstärker die Diagnose, vor allem durch die fahrlässige Öffnung der Kirche zur modernen Welt auf dem Konzil geschehen. Deshalb stecke (auch) die (katholische) Kirche in einer tiefen Krise, wie man am Niedergang der Kirchgangszahlen, der Priesterweihen, der Ordensberufungen erkennen könne.

Nun kämen gerade aus diesem Krisengebiet der katholischen Weltkirche unentwegt Reformwünsche: Kölner Erklärung, Kirchenvolks-Begehren, Memorandum, Pfarrerinitiative sind Marksteine auf diesem langen Weg. Die Bewertung dieser Wünsche aus der Sicht Roms ist klar und einfach. Sie sind nicht die Lösung der Krise, sondern lediglich weitere Symptome der Auflösung. Die Liste der Themen des Verfalls ist aus der Sicht Roms lang: Es gebe eine Verweltlichung in der Ämterfrage, in ökumenischen Belangen, in moralischen Fragen, beim Wunsch nach der Frauenordination, hinsichtlich der Laxheit gegenüber Geschiedenen, die wieder heiraten, angesichts des Wunsches, dass es in der römisch-katholischen wie in der griechisch-katholischen Kirche neben den ehelosen auch verheiratete Priester geben solle, was die Partnerschaften von gleichgeschlechtlich Liebenden betrifft. Auf der Basis dieser Bewertung von Reformwünschen ist es klar, dass diese in der römischen Kirchenleitung keinerlei Gehör finden können. Statt Verweltlichung müsse die Kirche eine „Entweltlichung" (Benedikt XVI.) erfahren. Reformen werden folglich kategorisch abgelehnt. Die Diskussion über Fragen wie die Frauenordination wurde verboten.

Nach Jahrzehnten des frustrierten Wünschens scheint das den schrumpfenden und zugleich überalterten konziliaren Reformkreisen zu reichen. Sie verabschieden neuestens keine Resolutionen mehr, sondern verabschieden sich von ihnen. Sie wünschen nicht mehr, sondern handeln. Taten, nicht Worte, so ihre Überzeugung, reformieren die Kirche. Die Österreichische Pfarrerinitiative geht diesen Weg des „Ungehorsams", darauf pochend, dass sie sich durchaus auf dem Boden der christlichen Tradition bewegen, die aber weiter ist als die rö-

misch-katholische, wie die Praxis etwa der orthodoxen Kirchen in Scheidungs-
fragen oder die griechisch-katholische Kirche in der Frage der Lebensform für
Priester zeigt. Die Pfarrer halten diese alternativen Praxisformen nicht nur für
durchaus christlich, sondern zugleich für „zeit- und menschennäher", für die
Herausforderungen der heutigen Pastoral für angemessener.

Ähnliches geschieht in gläubigen Gruppen weltweit, was die Feier der Eucharistie betrifft. Die halten sich an einen Text des Kirchenlehrers Tertullian
aus dessen postmontanistischen Zeit (Karthago 209), wo er in einem anderen
Zusammenhang mit der gängigen und selbstverständlichen Praxis argumentiert,
dass die Gemeinden für das „tinquere und offerre" (Taufe und Eucharistie) jemanden aus ihrer Mitte zum Vorstehen für den Fall nehmen, dass die kirchliche
Autorität ihnen keinen Ordinierten zugewiesen hat.[47]

Neben den Sachfragen, die sich in solchen Vorgängen verbergen, wird für
meine pastoraltheologische Forschung ein zentrales Problem immer deutlicher:
Die Kluft zwischen der christlichen Praxis in den Gemeinschaften und den Gemeinden koppelt sich immer mehr von dem ab, was die Kirchenleitung für richtig hält. Es kommt, wie Eugen Biser[48] das nannte, zu einem „vertikalen
Schisma", das andere wiederum „horizontales Schisma"[49] oder „pastorales

---

[47] „Nonne et laici sacerdotes sumus? scriptum est: regnum quoque nos et sacerdotes deo et patri
suo fecit. differentiam inter ordinem et plebem constituit ecclesiae auctoritas et honor per
ordinis consessum sancitifcatus a deo. ubi ecclesiastici ordinis non est consessus, et offers et
tinguis et sacerdos es tibi solus; scilicet ubi tres, ecclesia est, licet laici." [„Sind nicht auch wir
Laien Priester? Es steht geschrieben: ‚Er hat uns zu Königen gemacht und zu Priestern für Gott
und seinen Vater.' Den Unterschied zwischen Priesterstand und Laien hat die Autorität der
Kirche festgesetzt und die von Gott geheiligte Rangstellung im Kreise der Kleriker. Wo kein
kirchlicher Stand eingerichtet ist, da bringst du das heilige Opfer dar und spendest die Taufe
und bist für dich allein Priester; selbstverständlich ist da eine Kirche, wo drei beisammen sind,
mögen es auch Laien sein."] Tertullian: De exhortatione castitatis, 7.3. – Literatur dazu: Hervé
M. Legrand, The Presidency of the Eucharist According to the Ancient Tradition, in: Worship
53 (1979) 413-438; Alexandre Faivre, Les laics aux origines de l'Église, Paris 1984; Pierre van
Beneden, Haben Laien ohne Ordinierte die Eucharistie gefeiert? Zu Tertullians „De
exhortatione castitatis" 7,3, in: Archiv für Liturgiewissenschaft 29 (1987) 31-46; „De exhortatione castitatis", anders als im LThK [Freiburg 8 (1964),1371] eingereiht [Altaner, B. / Stui-
ber, A., Patrologie, Freiburg ⁸1978, 158], stammt aus der vormontanistischen Zeit. – Darüber
berichtet neben Tertullian auch der Kirchengeschichtsschreiber Theodoret von Cyrus (393 bis
vermutlich 466): Kirchengeschichte 1,23,5. Zitiert nach tzt 43. – Tertullian schreibt diesen Text
im Rahmen einer eher moralischen Frage – ob denn nicht auch Laien, wenn sie verheiratet sind
und den Partner/die Partnerin durch Tod verlieren, wieder heiraten dürfen. Den Priestern ist das
in der ostkirchlichen Tradition untersagt. Den Diakonen in der Westkirche auch. Tertullian
begründet die Wiederheiratsverbote mit dem Hinweis daraus, dass doch alle priesterlich sind
und beruft sich dann auf die offenbar selbstverständliche Praxis, dass, wenn kein ordinierter
Priester der Gemeinde hinzugefügt wurde, sie eben einen aus ihrer Mitte nehmen, der
priesterlich handelt, ohne dadurch Priester zu werden. Bei der Taufe ist das bis heute
selbstverständlich möglich.

[48] Erstmals in: Der Spiegel 5/1989.

[49] Helmut Krätzl, Mein Leben für eine Kirche, die den Menschen dient, Innsbruck 2011, 172ff.

Grundschisma"[50] bezeichnen. Das Problem haben dabei aber nicht so sehr die Gemeinden, sondern vielmehr die Kirchenleitung. Sie verliert – gewiss: in nur wenigen, aber wichtigen – pastoralen Fragen ihre Gestaltungsmacht. Und das ist für die Leitung ebenso schädlich wie langfristig für die Glaubwürdigkeit der Kirche. Die Kirchenleitung zahlt einen hohen Preis dafür, dass sie die dem Wesen der Kirche innewohnende Synodalität nicht ausreichend pflegt. Es klingt ziemlich hilflos, dass angesichts des Wunsches vieler zu einem ergebnisoffenen Dialog zwischen Kirchenleitung und Kirchenvolk (Gemeinschaften und Gemeinden) ein Bischof sagte: „Ich führe doch einen Dialog, ich rede ja zu den Menschen." Er wird bald allein dastehen, mit einer kleinen Schar unterwerfungsbereiter Menschen.

Eine solche Gemeinschaft wird sich aber nicht mehr „kirchlich" nennen können, weil sie in der Gestaltung der Kultur in allen Bereichen nicht mehr anwesend, sondern „sektoid" geworden ist. Diesen Weg ins Ghetto hat Jesus aber nicht vorgesehen, wenn er von der „kleinen Herde" sprach, die Licht auf dem Weltberg und (das biblische Bild etwas updatend) Salz in der Weltsuppe sein sollte (Mt 5,13f).

---

[50] Paul Audet, Priester und Laie in der christlichen Gemeinde. Der Weg in die gegenseitige Entfremdung, in: Der priesterliche Dienst I: Ursprung und Frühgeschichte, Qd 46, Freiburg 1970, 115-175; Paul Weß, Ihr alle seid Geschwister. Priester und Gemeinde, Mainz 1983; Paul Michael Zulehner, Gemeindepastoral. Kirche ereignet sich in Gemeinden, erschöpft sich aber nicht in diesen, Düsseldorf 1989.

# Autorenverzeichnis

Bauer, Christian, geb. 1973
Prof. f. Interkulturelle Pastoraltheologie in Innsbruck seit 2012.

Baumgartner, Isidor, geb. 1946,
Prof. f. Pastoraltheologie und Pastoralpsychologie in Passau 1993-2011.

Baumgartner, Konrad, geb. 1940
Prof. f. Pastoraltheologie in Eichstätt 1976-80; in Regensburg 1980-2006.

Bommer, Josef, geb. 1923
Prof. f. Pastoraltheologie in Luzern 1972-1988.

Felder, Michael, 1966-2012
Prof. f. Pastoraltheologie, Religionspädagogik und Homiletik in Fribourg/Ch. 2009-2012.

Fuchs, Ottmar, geb. 1945
Prof. f. Pastoraltheologie in Bamberg 1981-1998; in Tübingen 1998-2014.

Fürst, Walter, geb. 1940
Prof. f. Pastoraltheologie in Bonn 1985-2006.

Greinacher, Norbert, geb. 1931, Prof. f. Pastoraltheologie in Tübingen 1969-1998.

Hofer, Peter, geb. 1944
Prof. f. Pastoraltheologie in Linz 1994-2009.

Karrer, Leo, geb. 1937
Prof. f. Pastoraltheologie in Fribourg/CH 1982-2008.

Knobloch, Stefan, geb. 1937
Prof. f. Pastoraltheologie in Mainz 1988-2002.

Mödl, Ludwig, geb. 1938
Prof. f. Pastoraltheologie in Luzern 1988-1992; in Eichstätt 1992-1996; in München 1996-2003.

Pock, Johann, geb. 1965
Prof. f. Pastoraltheologie in Bonn 2007-2010; in Wien seit 2010.

Schmälzle, Udo, geb. 1943
Prof. f. Pastoraltheologie in Münster 1987-2008.

Schwalbach, Helmut, geb. 1936
Prof. f. Praktische Theologie an der KFH Mainz 1974-2001.

Sievernich, Michael, geb. 1945
Prof. f. Pastoraltheologie in Frankfurt – St. Georgen 1988-2003; in Mainz 2003-2011.

Van de Spijker, A.M.J.M. Herman, geb. 1936
Prof. f. Pastoraltheologie an der Universiteit voor Theologie en Pastoraat in Heerlen 1977-2001; an der Radbouduniversiteit in Nijmegen 1992-2001.

Steinkamp, Hermann, geb. 1938
Prof. f. Pastoralsoziologie und Religionspädagogik in Münster 1975-2004.

Stenger, Hermann, geb. 1920
Prof. f. Pastoraltheologie in Innsbruck 1977-1990.

Wahl, Heribert, geb. 1945
Prof. f. Pastoraltheologie in Trier 1997-2010.

Weber, Franz, geb. 1945
Prof. f. Interkulturelle Pastoraltheologie und Missionswissenschaft in Innsbruck 1997-2012.

Zulehner, Paul, geb. 1939
Prof. f. Pastoraltheologie in Passau 1974-1984; in Wien 1984-2008.

Zerfaß, Rolf, geb. 1934
Prof. f. Pastoraltheologie in Würzburg 1972-1999.